JN001408

新版 社会福祉士実習指導者テキスト

公益社団法人日本社会福祉士会［編集］

中央法規

新版 社会福祉士実習指導者テキストの発刊に際して

2018（平成30）年３月に、厚生労働省の社会保障審議会（福祉部会福祉人材確保専門委員会）において「ソーシャルワーク専門職である社会福祉士に求められる役割等について」（以下「報告書」）が取りまとめられました。

報告書では、地域共生社会の実現に向け、社会福祉士がソーシャルワーク機能を発揮し、制度横断的な課題への対応や必要な社会資源の開発といった役割を担うことが求められています。そして、これらの実践力を身につけた社会福祉士を養成するために、養成カリキュラムの内容や実習及び演習の充実が提言されました。

新カリキュラムでは、地域における包括的な相談支援体制の仕組みを理解する科目として「地域福祉と包括的支援体制」が創設されたほか、ソーシャルワーク実習では、地域における多様な福祉ニーズや多職種・多機関協働、社会資源の開発等の実態を学ぶことができるよう、時間数が180時間から240時間に拡充され、２か所以上の事業所で実習を行うことになりました。

特に新カリキュラムでは、「講義―演習―実習」の循環が重要とされ、この具現化にあたっては、実習指導者の更なる資質向上を図る実習指導者講習会が担う役割は非常に重要と言えます。

そこで、本会は、新たに「実習指導者講習会講師養成プロジェクトチーム」を立ち上げ、日本ソーシャルワーク教育学校連盟と協力し、新カリキュラムに対応した実習指導者講習会プログラム及びテキストの開発を行いました。

また、各都道府県社会福祉士会と連携してフォローアップ研修や、旧カリキュラムにおける実習指導者講習会の修了者に対するアップデート研修も開催し、社会福祉士実習指導者養成の更なる充実に努めて参ります。

社会福祉士は、2020（令和２）年６月の地域共生社会の実現のための社会福祉法等の一部を改正する法律案に対する参議院の附帯決議を踏まえ、包括的な支援体制の構築に向け、中核的な役割を果たしていくことが求められています。

当テキストを用いて学んだ実習指導者と実習指導者によって導かれた社会福祉士が、さまざまな分野でのソーシャルワーク実践を通して、ソーシャルワーク専門職として、中核的な役割を果たしていくことを期待します。

2022年３月

公益社団法人日本社会福祉士会

会長　西島善久

新版 社会福祉士実習指導者テキストの発刊にあたって

2000（平成12）年に公益社団法人日本社会福祉士会（以下、「本会」）の実習指導者養成研究会が行った調査では、実習指導を担当する現場では多くの負担感や悩みを抱えた社会福祉士が存在した。その後本会は、実習指導者養成システムを研究し、『社会福祉士実習指導者テキスト』を編纂し、実習指導者の養成研修を開始した。それでも当時は、「プログラム例を作成するのはとても無理」「うちの施設では実習生は受け入れられない」といった声も聞かれた。それから20年を経て、無理と言われていた相談援助実習は定着し、多くの施設で質の高い実習が行われ、日本のソーシャルワーク発展の礎となっている。

今回、カリキュラムの改正により相談援助実習がソーシャルワーク実習に替わることになった。これは単なる名称変更ではなく、ソーシャルワーク実習であることが明確に求められているということである。また、実習時間が240時間に増え、実習先も機能が異なる2か所以上で行うことが必要となったが、これはジェネラリストとしての基礎的実践力が求められているということである。

今回のカリキュラムの改正により、現場の社会福祉士の負担の増大が予想されるが、本会ではできるだけその負担を軽減しながら質の高い実習を行うためにテキストの改訂と新カリキュラム対応の実習指導者講習会を行うこととした。

今回のテキストは、初の試みとして日本ソーシャルワーク教育学校連盟の協力を得て作成し、具体的な記述、例示を心がけた。本書の内容はミニマムスタンダードであるが、基本的には達成が求められる内容である。しかし、その達成の水準や達成方法については、現場の現状によって工夫されてもよいものと考えている。その意味では、今後、多くの施設で「地域共生社会の実現に貢献する社会福祉士を育てる」ことが可能になる手引きとして活用されることを目指した。

特に今回の改訂では、実習プログラムについて、2か所以上実習という改正に対応するため、「基本実習プログラム」と「個別実習プログラム」の連携が重要になってくるので、それに対応したプログラム例を提示した。

また、日本ソーシャルワーク教育学校連盟との協働は、実習に送り出す養成校側と受け入れる現場とが手を取り合って実習を行うことで、ソーシャルワークを正確に伝え、ねらいに即した実習が行われ、時代の変化や社会の要請・期待に応えることのできる社会福祉士の養成に貢献すると確信している。

本会としても書籍を発行して終わりではなく、旧カリキュラムに対応した実習指導者講習会を受講した社会福祉士に向けたアップデート研修等、実習指導者をフォローする体制を整えていく予定である。

日々の多忙な業務に加えて、新しい実習体制で実習生を受け入れることは大変な負担になるが、自らのソーシャルワーク専門職としての質を高め、専門職としての使命を果たすためにも、当テキストを活用し実習指導者としての学びを深めていただきたい。本会はそうした皆さまを支え、共に歩んでいく所存である。

2022年3月

実習指導者講習会講師養成プロジェクトチーム

リーダー　田上　明

目次

第2章 実習マネジメント論

第3章 実習プログラミング論

第4章

実習スーパービジョン論

資料編

第 1 章

実習指導概論

はじめに

本章は「実習指導概論」という名称からもわかるように、実習指導者である社会福祉士がソーシャルワーク実習を受け入れるにあたって理解しておく必要がある基本的な考え方や枠組みについて扱っています。具体的には以下の３つの内容から構成されています。

第１節は「ソーシャルワーク専門職である社会福祉士の役割と意義」です。はじめに、戦後から社会福祉士国家資格制度ができる以前の展開、特に国家資格制度創設までの流れについて概観しています。次に、社会福祉士国家資格制度の概要について関連する資格・認定制度、研修制度、過去のカリキュラム改正の要点も含めて整理しています。続いて、社会福祉士養成教育の背景としての福祉政策の動向について、近年の福祉政策の理念としての「地域共生社会の実現」とそれに連なる社会福祉法の改正ポイントを紹介した後、社会保障審議会福祉部会福祉人材確保専門委員会報告書で示されたソーシャルワーク専門職である社会福祉士に求められる役割と「地域共生社会の実現」に向けて求められるソーシャルワークの機能について述べています。

第２節は「ソーシャルワーク実習の制度上の枠組みと意義」となっています。まず、2019（令和元）年に行われた社会福祉士養成課程における教育内容等の見直しの基本前提について確認した上で、具体的な教育内容の要点をまとめています。さらに、厚生労働省通知で示されているソーシャルワーク実習・実習指導の「ねらい」と「教育に含むべき事項」について、今回の教育内容の見直しで追加・変更された点を中心に実習指導者が理解しておくべき内容を整理しています。

第３節は「ソーシャルワーク実践とソーシャルワーク実習」についてです。最初に、ソーシャルワークについてグローバル定義やジェネラリスト・ソーシャルワーク、ミクロ・メゾ・マクロを意識した実践といった基本的かつ重要な事項について概観しています。次に、ソーシャルワーク実習の目的・意義に関する一般的内容を踏まえた上で、実習関係三者（実習担当教員・実習指導者・実習生）の関係についてみた後、実習指導者に求められる４つの役割を説明しています。最後に、実践現場にとっての実習受け入れの意義について説明しています。

なお、実習マネジメント論、実習プログラミング論、実習スーパービジョン論の内容は、それぞれ第２章～第４章で詳細に扱っているため、本章ではそれらに関する内容は実習指導概論の理解のために必要とされる最小限の内容を取り上げています。

以上の内容は、第２章以降で扱われているソーシャルワーク実習・実習指導に関する具体的内容について、実習指導者の立場から理解するための導入として位置づけられるものです。

第1節

ソーシャルワーク専門職である社会福祉士の役割と意義

1 ソーシャルワーク専門職の国家資格創設前史

戦後の日本では、占領主体である連合国軍最高司令官総司令部（GHQ）による「救済ならびに福祉計画の件」（SCAPIN404）や「社会救済」（SCAPIN775）などに基づく各種の福祉改革が行われました。1950（昭和25）年5月に公布された（新）生活保護法（昭和25年法律第144号）では、保護の実施機関である都道府県知事及び市町村長の補助機関として社会福祉主事の配置が規定され、「社会福祉主事設置に関する法律」（昭和25年法律第182号）によってその任用資格や設置基準が定められました。

しかし、1951（昭和26）年に同法は廃止され、新たに成立した社会福祉事業法（昭和26年法律第45号、現・社会福祉法）において任用資格として社会福祉主事が規定され、都道府県及び市ならびに福祉事務所を設置する町村は社会福祉主事を置くこと、その職務は福祉三法に定める援護、育成または更生の措置に関する事務を行うこととなりました。1960年代になると、社会福祉の実施体制が「福祉三法体制」から「福祉六法体制」へと拡充し、それに呼応して社会福祉主事の業務範囲も拡大していきました。

1960年代には日本ソーシャルワーカー協会、日本医療社会事業協会（現・日本医療ソーシャルワーカー協会）、日本精神医学ソーシャル・ワーカー協会（現・日本精神保健福祉士協会）という3つのソーシャルワーカーの団体が存在していましたが、身分や資格、教育制度に関する確立を求める活動を展開していました。地方自治体レベルでは、1967（昭和42）年3月、東京都社会福祉審議会が知事からの諮問に対して「東京都における社会福祉専門職制度のあり方に関する中間報告」を公表するなどの動きもみられましたが、政府の社会福祉分野で働く者への関心・方策は総じて皆無に等しい状況でした。

1969（昭和44）年、中央社会福祉審議会は厚生大臣（当時）からの社会福祉向上の総合方策に関する諮問を受け、職員専門分科会を設置し、社会福祉専門職問題についての検討を開始しました。1970（昭和45）年には佐藤栄作内閣で閣議決定された「新経済社会発展計画」において、高度経済成長を背景として社会福祉分野における給付・サービス面の改善・充実をはかるとともに、関連する社会福祉施設等の体系的整備・拡充及びこれに必要な要員の養成確保と処遇の改善をさらに推進することが目指されました。

このような動向に対応し、1971（昭和46）年11月、中央社会福祉審議会職員問題専門分科会起草委員会より「社会福祉の全分野にまたがる専門職制度」として「社会福祉専門職員の充実強化方策としての『社会福祉士法』制定試案」が提示されるに至りました。そこでは、社会福祉士（仮称）制度を「ソーシャルワーカーを中心とする公私の社会福祉専門職者を包括的に捉える専門職の制度」と規定し、「社会福祉士を『名称独占』の資格としながらも、一部の職種については事実上『業務独占』の資格であること」を求めました。この「試案」は社会福祉士単独での国家資格化を提案するもので、社会福祉士制度が二段階（一種・二種）に区別されていました。しかしながら、社会福祉関係者のなかで反対論も少なからず存在し、合意形成を得ることができなかったことから、1976（昭和51）年５月に正式に白紙撤回され国家資格の創設は見送られました。

これ以降、社会福祉専門職のための国家資格制度の創設はなかなか進みませんでしたが、大きな転機となったのは1986（昭和61）年に東京で開催された第23回国際社会福祉会議です。ここでの議論において、日本の社会福祉専門職をめぐる状況の未熟さが浮き彫りとなったことが影響し、政府による社会福祉専門職の国家資格創設の動きが一気に加速していきました。翌年の1987(昭和62)年３月、中央社会福祉審議会等福祉関係三審議会合同企画分科会から「福祉関係者の資格制度について」（意見具申）が出され、福祉専門職のための国家資格の制度化について意見具申が行われました。そこでは、国家資格制度の創設の必要性について、①高齢化と福祉ニードへの専門的な対応、②国際化と福祉専門家の養成、③シルバーサービスの動向と資格制度の必要性の３点が指摘され、それを踏まえた対応として社会福祉士国家資格の制度化案が示されました。その結果、1987（昭和62）年５月、「社会福祉士及び介護福祉士法」（昭和62年法律第30号、以下「社会福祉士法」）が成立・公布され、社会福祉専門職のための国家資格の１つとして社会福祉士が誕生しました。社会福祉士は英訳で「Certified Social Worker」とされており、ソーシャルワーク専門職の国家資格とされています。

2 社会福祉士国家資格制度の概要

（1）資格取得ルートと社会福祉士の法的定義・義務

社会福祉士養成課程については厚生労働省令や指針・通知で定められています。なお、本テキストが主に対象とするソーシャルワーク実習・実習指導に関する省令・通知の内容は第２節で扱います。社会福祉士資格は、一定の受験資格を有する者が国家試験に合格した後、所定の登録を行うことで取得することができます。社会福祉士の資格取得方法には**図1-1**のように多様なルートが用意されています。

社会福祉士法において、社会福祉士とは「第28条の登録を受け、社会福祉士の名称を用いて、専門的知識及び技術をもって、身体上若しくは精神上の障害があること又は環境上の理由により日常生活を営むのに支障がある者の福祉に関する相談に応じ、助言、指導、福祉サービスを提供する者又は医師その他の保健医療サービスを提供する者その他の関係者との連絡及び調整その他の援助を行うことを業とする者」（同法第２条）とされています。第２条の「福祉サービスを提供する者又は医師その他の保健医療サービスを提供する者その他の関係者との連絡及び調整」という文言は、2007（平成19）年の社会福祉士法改正で追加されたもので、社会福祉士にとって「連絡・調整」という役割が法律上明確に位置づけられました。

社会福祉士法第48条にあるように、社会福祉士は医師・看護師などの医療系国家資格にみられるような「業務独占」ではなく「名称独占」の資格です。そのため、社会福祉士でなければ従事することができない業務が法律上定められているわけではありません。しかしながら、現代において複雑化、多様化している個人の生活課題はもとより、地域課題さらにはナショナル／インターナショナルレベルの社会問題までを視野に入れて展開されるソーシャルワーク実践を担う専門職業人であろうとするならば、社会福祉士資格はソーシャルワーク専門職としての業務遂行上、必須条件であるといっても過言ではないでしょう。それは2019（令和元）年の社会福祉士養成課程における教育内容等の見直しの起点となっている「社会保障審議会福祉部会福祉人材確保専門委員会報告書」（2018年、以下「社保審報告書」）のタイトルが、「ソーシャルワーク専門職である社会福祉士の役割等について」となっていることからも確認することができます。

図 1-1　社会福祉士の資格取得ルート

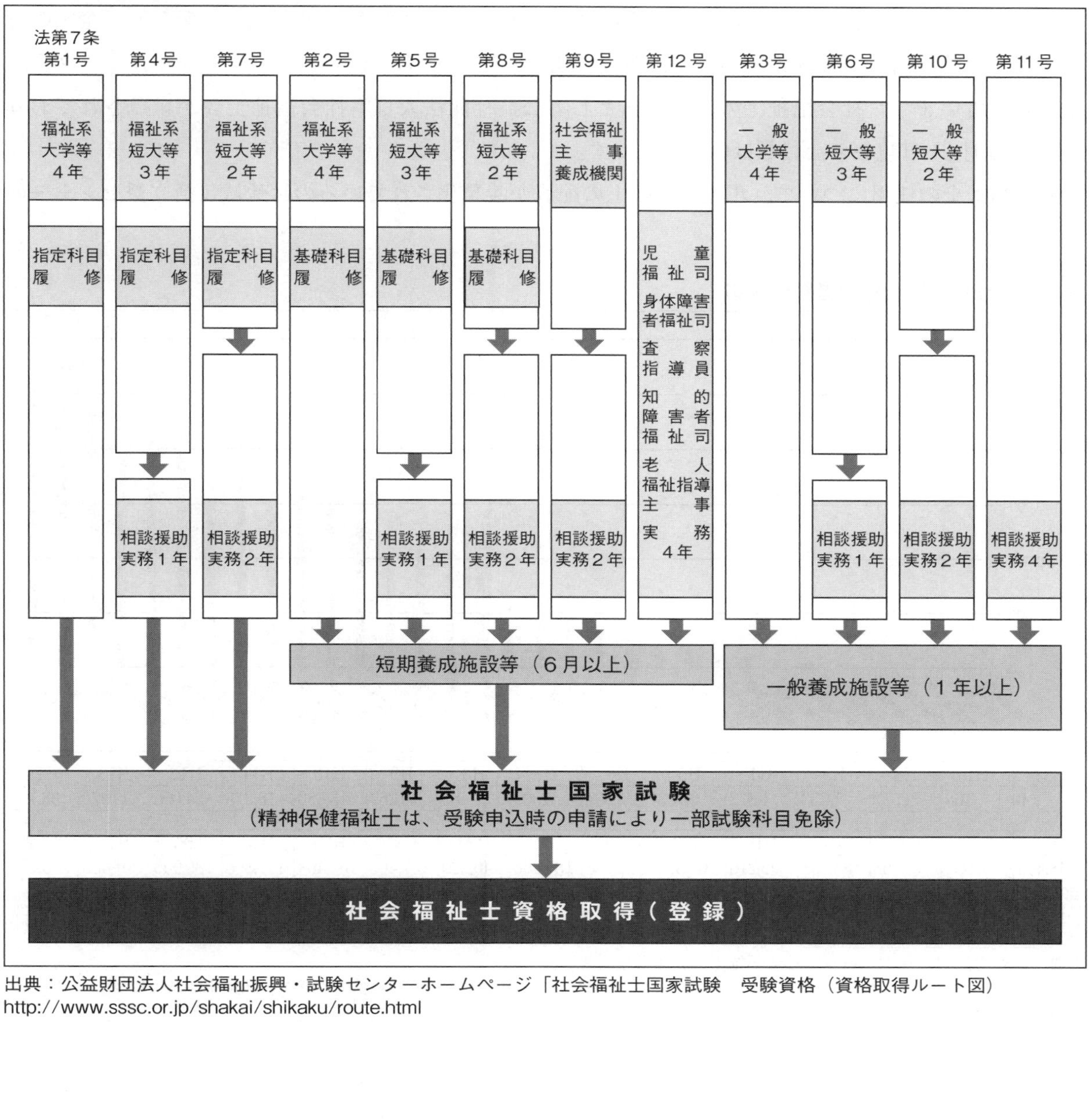

出典：公益財団法人社会福祉振興・試験センターホームページ「社会福祉士国家試験　受験資格（資格取得ルート図）
http://www.sssc.or.jp/shakai/shikaku/route.html

今日、国家資格制度の創設から30年以上が経過しました。今後、社会福祉士の業務や役割について法律上の業務独占を実現することは容易ではないと想像できますが、その専門性に対する社会的な期待や承認という観点からみると、社会福祉士は「実質的な業務独占」へ向けてさらに歩みを進めていくことが求められます。

社会福祉士法第4章では、社会福祉士の義務として「誠実義務」「信用失墜行為の禁止」「秘密保持義務」「連携」「資質向上の責務」「名称の使用制限」が規定されています。これらの義務のうち、「誠実義務」「資質向上の責務」は2007（平成19）年の社会福祉士法改正で新たに設けられたものです。また、「連携」についても「地域に即した創意と工夫を行いつつ、福祉サービス関係者等との連携」という内容に変更されました。社会福祉士法に規定されている社会福祉士の義務は、日本ソーシャルワーカー連盟の「ソーシャルワーカーの倫理綱領」や日本社会福祉士会の「社会福祉士の倫理綱領」(2020年6月30日採択）の内容と重なるものも多く、「法律上の義務」のみならず「ソーシャルワーク専門職の職業倫理」という意味でも重要です。

（2）社会福祉士の登録者数・就労状況

2021（令和３）年９月末日現在における社会福祉士の登録者数は約26万人で（**図1-2**)、全国の行政機関、相談機関、福祉施設・事業所、医療機関、NPO・NGO、独立型等でソーシャルワーク実践を展開しています。社会福祉士の職能団体として公益社団法人日本社会福祉士会が組織されており2021年３月31日現在の会員数は約４万人です。

社会福祉士の任用について、現在、法律上の配置が義務化されているのは地域包括支援センターの

図1-2　社会福祉士登録者数の推移

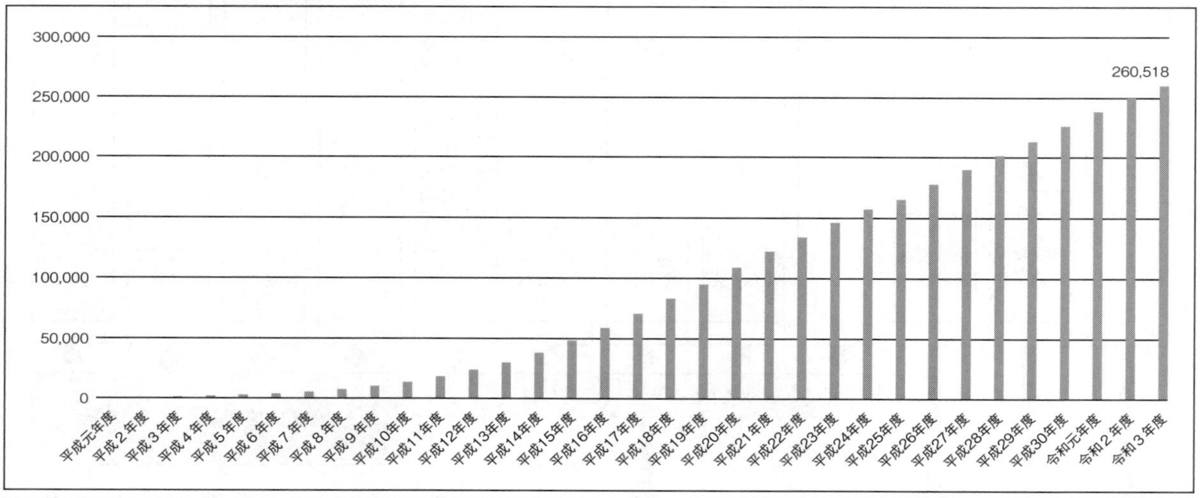

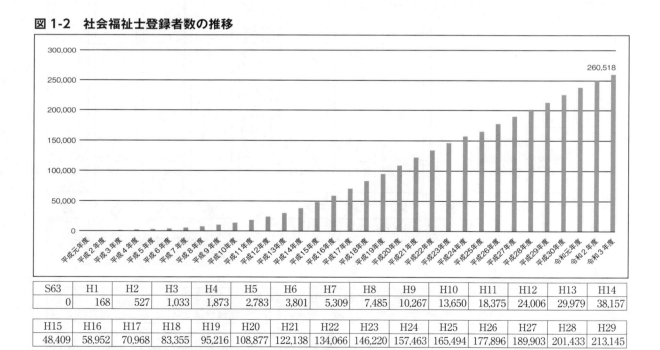

S63	H1	H2	H3	H4	H5	H6	H7	H8	H9	H10	H11	H12	H13	H14
0	168	527	1,033	1,873	2,783	3,801	5,309	7,485	10,267	13,650	18,375	24,006	29,979	38,157

H15	H16	H17	H18	H19	H20	H21	H22	H23	H24	H25	H26	H27	H28	H29
48,409	58,952	70,968	83,355	95,216	108,877	122,138	134,066	146,220	157,463	165,494	177,896	189,903	201,433	213,145

H30	R1	R2	R3
226,283	238,696	250,346	260,518

出典：厚生労働省ホームページ「社会福祉士・介護福祉士等」
https://www.mhlw.go.jp/stf/seisakunitsuite/bunya/hukushi_kaigo/seikatsuhogo/shakai-kaigo-fukushi1/shakai-kaigo-fukushi3.html

図 1-3　就労している施設等

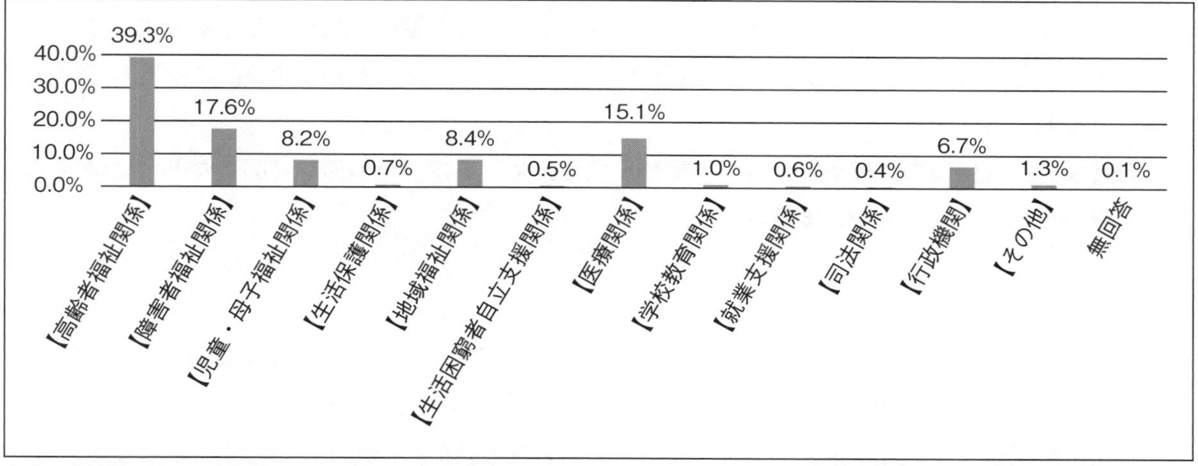

出典：公益財団法人社会福祉振興・試験センター「令和２年度社会福祉士・介護福祉士・精神保健福祉士就労状況調査結果」p.9

みですが、今日における生活問題や社会問題の多様化・複雑化・深刻化を反映し、社会福祉士の活躍の場は上記の施設・機関・事業所に加え、教育分野（スクールソーシャルワーカー）、司法分野（刑務所での支援及び刑余者の社会復帰支援など）、自殺防止や依存症への支援、社会的排除や孤立・ひきこもり・生活困窮者への支援、災害時の支援、性的マイノリティや外国人への支援（多文化共生）など、活躍の場はますます広がってきています。

社会福祉士の就労状況について公益財団法人社会福祉振興・試験センター「令和２年度社会福祉士・介護福祉士・精神保健福祉士就労状況調査結果」によると、「福祉・介護・医療の分野で仕事をしている方（n = 77,576）は「高齢者福祉関係」39.3％ともっとも高く、次いで「障害者福祉関係」17.6％、「医療関係」15.1％、「地域福祉関係」8.4％、「児童・母子福祉関係」8.2％、「行政機関」6.7％と続いています（**図 1-3**）。

（3）2007（平成 19）年社会福祉士養成課程の見直しの要点

2007（平成 19）年、社会福祉士法の改正に基づく社会福祉士養成課程の大幅な見直しが行われ、2009（平成 21）年４月から新たな社会福祉士養成課程が適用されました。その背景には、社会福祉士制度の施行から 20 年が経過し、その間に社会福祉を取り巻く環境の変化を踏まえて社会福祉基礎構造改革が行われるなど、社会福祉士を取り巻く状況が大きく変化したことがあります。そして今後の社会福祉士に求められる役割として「直接援助機能」「媒介的機能」「地域福祉増進機能」の３点が示されました[1)]。具体的には以下のとおりです。

❶福祉課題を抱えた者からの相談に応じ、必要に応じてサービス利用を支援するなど、その解決を自ら支援する役割
❷クライエントがその有する能力に応じて、尊厳をもった自立生活を営むことができるよう、

1)　厚生労働省社会・援護局福祉基盤課「平成 19 年度社会福祉士養成課程における教育内容の見直しについて」

関係するさまざまな専門職や事業者、ボランティア等との連携を図り、自ら解決することのできない課題については当該担当者への橋渡しを行い、総合的かつ包括的に援助していく役割

❸地域の福祉課題の把握や社会資源の調整・開発、ネットワークの形成を図るなど、地域福祉の増進にはたらきかける役割

この際、社会保障審議会福祉部会では「これまでの社会福祉士養成教育では社会福祉士として求められる高い実践力を習得することができていないのではないか」という厳しい意見が出されました。例えば、実習教育について本来社会福祉士として求められる技能を修得することが可能となるような実習内容になっていないこと、福祉系大学等における教育内容は大学等の裁量に委ねられていることから、その内容にばらつきがあることなどが課題として挙げられました。特に注目すべきことは、「実践力の高い社会福祉士の養成を確保していく観点から、実習の質の担保及び標準化が図られるべきである」との方向性が示されたことです。高い実践力を備えた社会福祉士の養成にとって実習の重要性がいっそう明確化されたといえます。

以上から、新たな社会福祉士養成課程においては、先に挙げた３つの役割を国民の福祉ニーズに応じて適切に果たしていくことができるような知識及び技術を身につけられるようにするために求められる実践的な教育内容になるよう見直しが行われました。主な改正点は以下の 10 点に整理することができます。①養成時間数の増加（一般養成施設 1050 時間から 1200 時間へ、短期養成施設 600 時間から 660 時間へ、大学における指定科目が 12 科目から 22 科目へ）、②「地域福祉の基盤整備と開発に関する知識と技術」に関する科目の新設（福祉行財政と福祉計画、福祉サービスの組織と経営）、③「サービスに関する知識」に関する科目の新設（保健医療サービス、就労支援サービス、権利擁護と成年後見制度、更生保護制度）、④「相談援助演習」の時間増（120 時間から 150 時間へ）、⑤実習・演習担当教員の要件として国が指定する実習・演習担当教員講習会の受講を義務化（新たに実習・演習担当教員としての資格を得ようとする場合）、⑥実習・演習担当教員１名につき学生は 20 名以内とする、⑦実習指導者は原則社会福祉士資格取得後３年以上の相談援助業務経験があり、国が指定する実習指導者講習会を修了した者とする（経過措置あり）、⑧１人の実習指導者が同一時期に指導できる実習生数は５名までとする、⑨実習は一の実習施設・機関において 120 時間以上行うことを基本とする、⑩大学等においても実習担当教員による週１回以上の定期的巡回指導の義務化（ただし、少なくとも１回以上の巡回指導を行い実習施設・機関と十分な連携をとることを前提に養成校における指導も可能）などである。

以上の改正点で実習関係の事項は⑤～⑩ですが、これらは「実習の質の担保及び標準化」を目指した改正の結果といえます。⑨の内容以外は、2019（令和元）年の社会福祉士養成課程における教育内容等の見直し後も変更はありません。2007（平成 19）年の改正で特に注目すべきは、⑦にあるように実習指導者は原則社会福祉士資格取得後３年以上の相談援助業務経験があり、国が指定する実習指導者講習会を修了した者とするとされたことです。これは、専門職及びその養成教育にとっての重要な条件である「自己再生産システム」が制度的に担保されたことを意味します。「社会福祉士が社会福祉士を養成する」仕組みが確立されたことは、「実践力の高い社会福祉士」を養成する観点からも

重要であり、実習指導者となる社会福祉士はこのことを理解しておく必要があります。

（4）認定社会福祉士制度と日本社会福祉士会の生涯研修制度

2006（平成18）年12月に社会保障審議会福祉部会から出された「介護福祉士制度及び社会福祉士制度の在り方に関する意見」において、職能団体が取り組むこととして「資格取得後の体系的な研修制度の充実や、より専門的な知識及び技能を有する社会福祉士を専門社会福祉士（仮称）として認定する仕組みの検討」が挙げられました。2007（平成19）年の社会福祉士及び介護福祉士法等の一部を改正する法律の成立時には、衆議院・参議院でより専門的対応ができる人材を育成するため、専門社会福祉士の仕組みについて早急に検討を行うことが附帯決議されました。それを受け、日本社会福祉士会は「専門社会福祉士研究委員会」を設置し、研究事業などを通した検討の結果、2011（平成23）年10月に認定社会福祉士認証・認定機構が設立され、認定社会福祉士制度の運用が開始されました。認定社会福祉士制度は、「認定社会福祉士」[2)]と「認定上級社会福祉士」[3)]の２種類があります。詳細は認定社会福祉士認証・認定機構のホームページを参照してください。

ソーシャルワーク専門職である社会福祉士は、自らの力量を維持・向上させるために自己研鑽の責務を有します。「社会福祉士の倫理綱領」では、倫理基準の「Ⅳ専門職としての倫理責任」に「専門性の向上」が明記されており、社会福祉士は最良の実践を行うために専門性の向上に努めなければなりません。社会福祉士資格の取得はソーシャルワーク専門職としてのゴールではなく、スタートラインに立ったに過ぎません。社会やニーズの変化に適切に対応し専門性をより高めていくためには、各種研修へ継続的に参加するなど学び続けることが不可欠です。そのため、日本社会福祉士会では生涯研修制度を設け、生涯にわたって研鑽を重ねることを支援しています。生涯研修制度は、基礎課程と専門課程の２つからなっています。詳細は日本社会福祉士会のホームページで確認してください。

このように、ジェネラリスト・ソーシャルワークの実践能力を有する専門職の国家資格である社会福祉士を基礎として、その上に分野別のより高度な専門性を身につけていくことにより、社会福祉士の専門性を社会へ発信するとともに、活躍の場をさらに広げていくことが重要になっています。なお、社会福祉士養成校団体による認定資格制度としては、日本社会福祉士養成校協会（現・日本ソーシャルワーク教育学校連盟）が2010（平成22）年度より開始した「社会福祉士等ソーシャルワークに関する国家資格有資格者を基盤としたスクール（学校）ソーシャルワーク教育課程認定事業」があります。

2）社会福祉士及び介護福祉士法の定義に定める相談援助を行う者であって、所属組織を中心にした分野における福祉課題に対し、倫理綱領に基づき高度な専門知識と熟練した技術を用いて個別支援、多職種連携及び地域福祉の増進を行うことができる能力を有することを認められた者をいう。

3）社会福祉士及び介護福祉士法の定義に定める相談援助を行う者であって、福祉についての高度な知識と卓越した技術を用いて、倫理綱領に基づく高い倫理観をもって個別支援、連携・調整及び地域福祉の増進等に関して質の高い業務を実践するとともに、人材育成において他の社会福祉士に対する指導的役割を果たし、かつ実践の科学化を行うことができる能力を有することを認められた者をいう。

3 社会福祉士養成教育の背景としての福祉政策の動向

（1）地域共生社会の実現

今日における少子高齢化や人口減少の波は、多くの地域社会で社会経済の担い手の減少を招き、耕作放棄地や空き家、商店街の空き店舗の増加など、さまざまな課題を顕在化させています。地域社会の存続への危機感が生まれるなか、社会保障や産業などの領域を超えてつながり、地域社会全体を支えていくことが、これまでにも増して重要となっています。また、対象者別・機能別に整備された公的支援についても、昨今、さまざまな分野の課題が絡み合って複雑化したり、個人や世帯単位で複数分野の課題を抱え、複合的な支援を必要とするといった状況がみられ、従来のような縦割りに基づく対応が困難な状況となっています。

そのような状況を背景に、今日における福祉改革の基本コンセプトとして打ち出されたのが「ニッポン一億総活躍プラン」（平成28年6月2日閣議決定）で示された「地域共生社会の実現」です。これは、2015（平成27）年9月に「新たな福祉サービスのシステム等のあり方検討プロジェクトチーム」からの報告として示された「誰もが支え合う地域の構築に向けた福祉サービスの実現—新たな時代に対応した福祉の提供ビジョン—」（以下「新福祉ビジョン」）が基になっています。

「新福祉ビジョン」では、少子高齢化や人口減少が進行するなかで、福祉ニーズが多様化・複雑化しており、福祉の提供において「包括的な相談から見立て、支援調整の組み立てに加えて、資源開発し、総合的な支援が提供され、誰もがそのニーズに合った支援を受けられる地域づくり」を行う新しい地域包括支援体制を構築するとともに、新しい支援体制を支える環境の整備（人材の育成・確保等）を行い、地域住民の参画と協働により、誰もが支え合う共生社会の実現を目指す必要があるとの旨が示されました。

その提案を受けて掲げられた「地域共生社会の実現」とは、子ども・高齢者・障害者などすべての人々が地域、暮らし、生きがいを共に創り、高め合い、支え手側と受け手側の区別を超えて、地域のあらゆる住民が役割を持ち、支え合いながら、自分らしく活躍できる地域コミュニティを育成し、福祉などの地域の公的サービスと協働して助け合いながら暮らすことのできる仕組みの構築を目指すものです。そのため、育児、介護、障害、貧困、さらには育児と介護が同時に直面する家庭など、世帯全体の複合化・複雑化した課題を受け止める、市町村における総合的な相談支援体制づくりを進め、2025（令和7）年を目途に全国展開を図るための取り組みが進められています。

「地域共生社会の実現」のためには、福祉施策が担う「支え・支えられる関係が循環し、誰もが役割と生きがいをもつ地域社会の醸成」だけでなく、社会・経済活動の基盤としての地域での「人と資源が循環し、地域社会の持続的発展の実現」の視点も重要とされており、地域での暮らしを構成する幅広い関係者による「参加」と「協働」が求められています（**図1-4**）。

一方で、「地域共生社会の実現」に向けて総合的かつ包括的な支援やその体制構築を担うことができる専門人材の養成・確保は国家的課題であることから、ソーシャルワーク専門職である社会福祉士に対する社会的かつ政策的期待はますます高まっており、それが先の社保審報告書を踏まえた2019（令和元）年の社会福祉士養成課程における教育内容等の見直しにつながっています。

図 1-4　地域共生社会のイメージ

出典：厚生労働省地域共生社会のポータルサイト
https://www.mhlw.go.jp/kyouseisyakaiportal/

(2) 地域共生社会の実現に向けた社会福祉法改正のポイント

今日の福祉改革の基本コンセプト＝福祉政策の基本理念として位置づけられている「地域共生社会」の実現を目指す各種の施策の要旨は、「新福祉ビジョン」以降に行われた社会福祉法の改正内容に見出すことができます。以下では、近年における３回の法改正のポイントを確認します。

1）2016（平成 28）年改正

2016（平成 28）年３月 31 日に成立・公布された「社会福祉法等の一部を改正する法律」（改正社会福祉法）の主な柱は、「社会福祉法人制度の改革」と「福祉人材の確保の促進」の２点です。前者は第一に経営組織のガバナンスの強化、第二に事業運営の透明性の向上（再投下可能な財産額がある社会福祉法人に対して社会福祉充実計画作成の義務化など）、第三に財務規律の強化、第四に地域における公益的な取り組みを実施する責務（社会福祉法人の公益性・非営利性を踏まえ、法人の本旨から導かれる本来の役割を明確化した社会福祉法第 24 条第２項の創設）等です。後者は介護人材確保に向けた取り組みの拡大や介護福祉士の国家資格取得方法の見直しによる資質の向上等が挙げられています。

2）2017（平成 29）年改正

2017（平成 29）年の改正は、前年の 12 月に公表された「地域における住民主体の課題解決力強化・相談支援体制の在り方に関する検討会」（地域力強化検討会）の中間まとめの内容を踏まえたものです。2017（平成 29）年６月２日に公布された「地域包括ケアシステムの強化のための介護保険法等の一部を改正する法律」による社会福祉法の改正（平成 30 年４月１日施行）のポイントは次の３点です。

第一に「我が事・丸ごと」の地域福祉推進の理念が規定されました。地域福祉の推進の理念として、支援を必要とする住民（世帯）が抱える多様で複合的な「地域生活課題」について、住民や福祉関係者による把握及び関係機関との連携等による解決が図られることを目指す旨が明記されました。第二に１点目で挙げた理念を実現するため市町村が包括的支援体制づくりに努める旨を規定したことです（**図 1-5**）。第三に地域福祉計画の充実です。市町村及び都道府県が地域福祉（支援）計画を策定するよう努めるとともに、福祉の各分野における共通事項を定める上位計画として位置づけられました。

3）2020（令和２）年改正

2017（平成 29）年の改正社会福祉法の附則を根拠として 2020（令和２）年の改正が行われました。2020（令和２）年６月５日に成立、同 12 日に公布された「地域共生社会の実現のための社会福祉法等の一部を改正する法律」（令和３年４月１日施行）は、地域共生社会の実現を図るため、地域住民の複雑化・複合化した支援ニーズに対応する包括的な福祉サービス提供体制を整備する観点から、市町村の包括的な支援体制の構築の支援、地域の特性に応じた認知症施策や介護サービス提供体制の整備等の推進、医療・介護のデータ基盤の整備の推進、介護人材確保及び業務効率化の取り組みの強化、

図 1-5　地域共生社会の実現に向けた包括的支援体制のイメージ

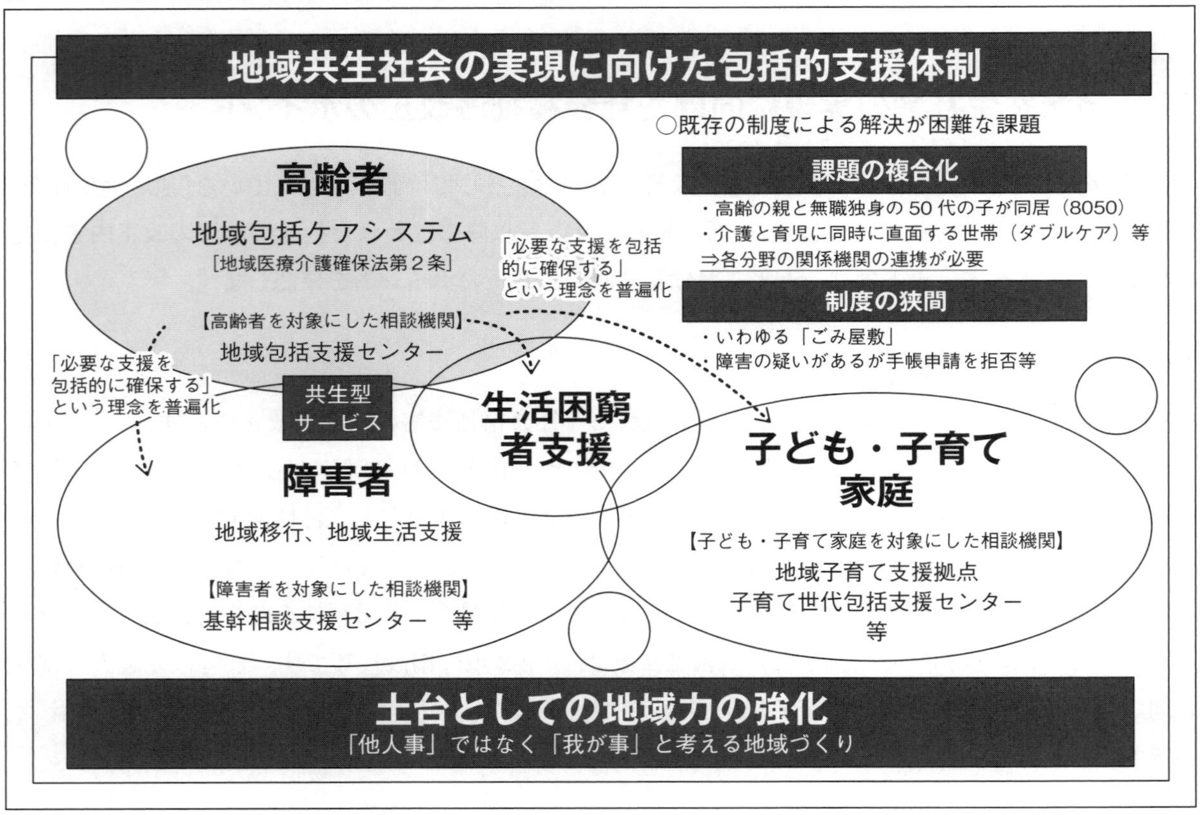

出典：厚生労働省ホームページ「『地域共生社会』の実現に向けて」
https://www.mhlw.go.jp/file/06-Seisakujouhou-12600000-Seisakutoukatsukan/0000184506.pdf

社会福祉連携推進法人制度の創設等の所要の措置を講ずることを趣旨としています。

改正の骨子は、2019（令和元）年12月に出された「地域共生社会に向けた包括的支援と多様な参加・協働の推進に関する検討会」（地域共生社会推進検討会）の最終とりまとめに由来します。そこでは、新たなアプローチとして、専門職による対人支援は「具体的な課題解決を目指すアプローチ」と「つながり続けることを目指すアプローチ（伴走型支援）」の２つを両輪とすることが提案されています。さらに、「伴走型支援」は「専門職による伴走型支援」と「地域住民同士の支え合いや緩やかな見守り」の２つが想定されています（**図1-6**）。

そのなかで社会福祉法の改正に関する事項としては、①地域住民の複雑化・複合化した支援ニーズに対応する市町村の包括的な支援体制の構築の支援、②社会福祉連携推進法人制度の創設の２点があります。ここでは①のみ取り上げます。①は社会福祉法に基づく新たな事業を創設するもので、市町村において既存の相談支援等の取り組みを活かしつつ、地域住民の複雑化・複合化した支援ニーズに対応する包括的な支援体制を構築するため、介護、障害、子ども、生活困窮者の相談支援に係る事業を一体的に実施する「包括的相談支援事業」（断らない相談支援）、就労支援、居住支援などを提供することで社会とのつながりの回復を目指す「参加支援事業」、地域社会からの孤立を防ぐとともに、地域における多世代の交流や多様な活躍の場を確保する「地域づくり事業」を中核とする重層的支援体制整備事業に関するものです（市町村による任意事業ですが、実施する場合は３つを一体的に実施することを必須とし、国による交付金があります）。また、3つの事業を支える事業として「アウトリーチ等を通じた継続的支援事業」「多機関協働事業」を設けました（**図1-7**）。

図1-6　対人支援を構成する2つのアプローチ

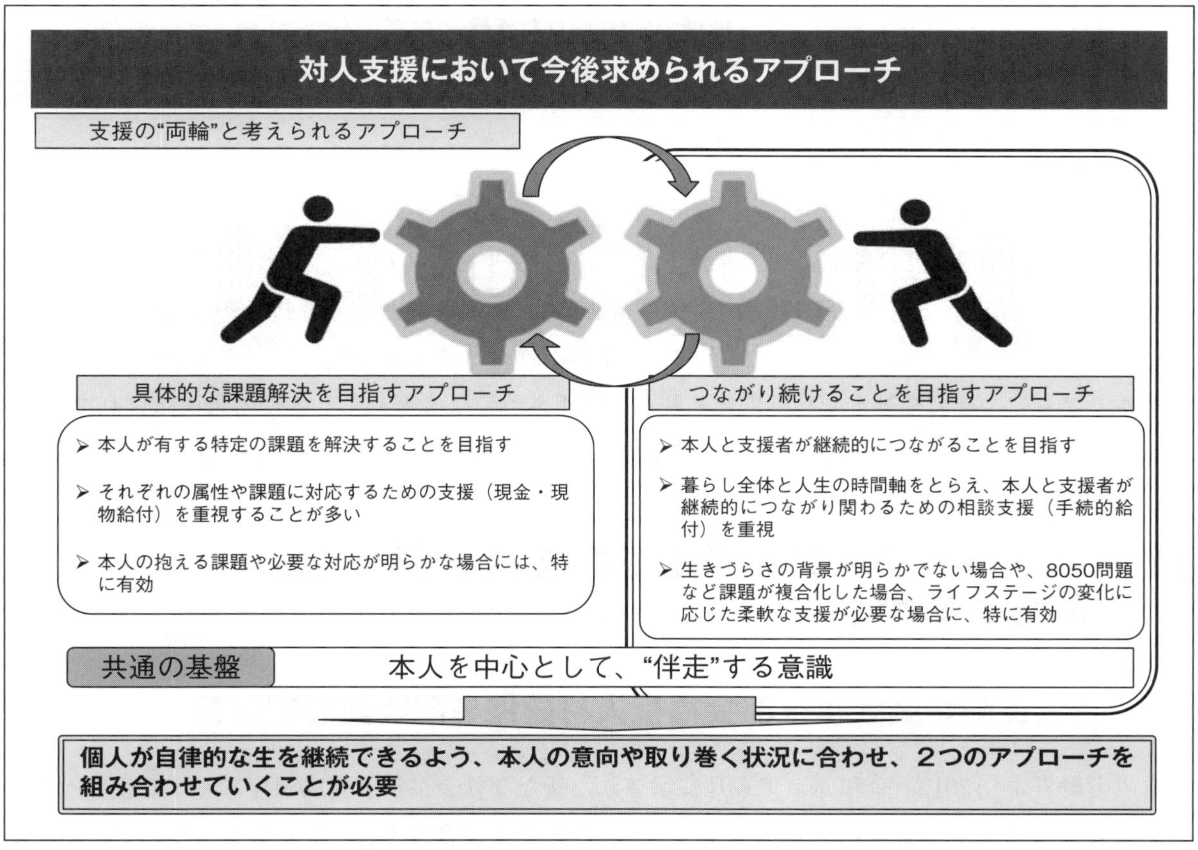

出典：地域共生社会に向けた包括的支援と多様な参加・協働の推進に関する検討会（地域共生社会推進検討会）「最終とりまとめ（概要）」令和元年12月26日

図 1-7　重層的支援体制整備事業のイメージ

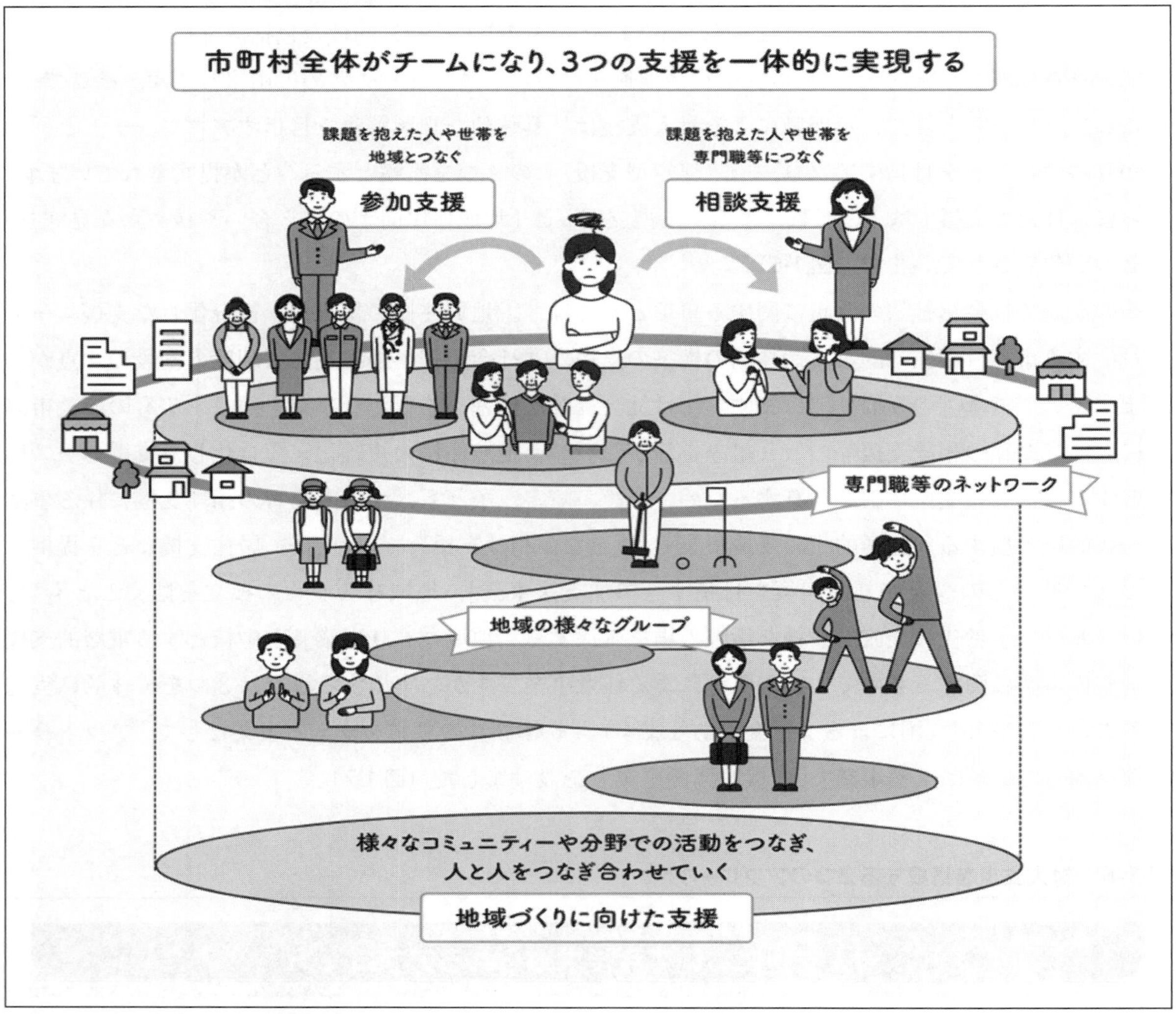

出典：厚生労働省地域共生社会のポータルサイト
https://www.mhlw.go.jp/kyouseisyakaiportal/

本改正案の審議過程では参議院厚生労働委員会（令和２年６月４日）において、重層的支援体制整備事業が介護、障害、子ども及び生活困窮者の相談支援等に加え、伴走型支援、多機関協働、アウトリーチ支援等の新たな機能を担うことを踏まえ、同事業がより多くの市町村において実施されるようにするとともに、社会福祉士や精神保健福祉士が活用されるよう努めることが附帯決議されました。これはソーシャルワーク専門職である社会福祉士への期待のあらわれといえるでしょう。

4 ソーシャルワーク専門職である社会福祉士に求められる役割

（1） 社会保障審議会福祉部会福祉人材確保専門委員会報告書

厚生労働省より 2019（令和元）年６月に示された新たな社会福祉士養成課程における教育内容等の見直しの内容は、2018（平成 30）年３月に公表された社保審報告書「ソーシャルワーク専門職である社会福祉士に求められる役割等について」の内容を踏まえたものです。ここでは、社保審報告書の内容を概観し、「地域共生社会の実現」に向けて今日の社会福祉士に求められる役割や実践能力について確認していきます。

社保審報告書では、今日において既存の制度では対応が難しいさまざまな課題が顕在化しつつあることが指摘されています。例えば、制度が対象としていない生活課題への対応や複合的な課題を抱える世帯への対応、外部からは見えづらい個人や世帯が内在的に抱えている課題への対応など、ニーズの多様化・複雑化に伴って対応が困難となるケースや、社会保障分野だけでなく教育分野や司法分野などの多様な分野における課題等です。その上で、ソーシャルワーク専門職である社会福祉士には「地域住民等とも協働しつつ、多職種と連携しながら、課題を抱えた個人や世帯への包括的な支援のみならず、顕在化していない課題への対応といった役割も担っていくことが求められる」[4] としています。さらに、社会福祉法人の「地域における公益的な取組」に関する責務規定（社会福祉法第24条第2項）を受け、「社会福祉法人に所属する社会福祉士は、ソーシャルワークの機能を発揮し、地域の福祉ニーズを把握し、既存資源の活用や資源の開発を行う役割を担うことが期待される」[5] と指摘しています。

その上で、「社会福祉士が担う今後の主な役割」として、「地域共生社会の実現」に向けて、①複合化・複雑化した課題を受け止める多機関の協働による包括的な相談支援体制[6] や、②地域住民等が主体的に地域課題を把握して解決を試みる体制[7] の構築を進め、その後の運営推進において中核的な役割を担うとともに、新たに生じるニーズに対応するため、ソーシャルワーク機能を発揮することが求められています。具体的には以下のとおりです[8]。

「社会福祉士が担う今後の主な役割」の具体的内容

❶複合化・複雑化した課題を受け止める多機関の協働による包括的な相談支援体制の構築

○社会福祉士には、アウトリーチなどにより個人やその世帯全体の生活課題を把握するとともに、分野別、年齢別に縦割りとなっている支援を多分野・多職種が連携して当事者中心の「丸ごと」の支援とし、地域住民等が主体的に地域課題を把握して解決を試みる体制づくりと連動して、必要な支援を包括的に提供していくためのコーディネートを担うことが求められる。

❷地域住民等が主体的に地域課題を把握し、解決を試みる体制の構築

○地域住民だけではなく、社会福祉法人や医療法人、ボランティア、特定非営利活動法人（NPO法人）、教育機関、地元に根付いた商店や企業等の主体も地域社会の構成員であるという意識をもち、連携して取り組みを進めることが必要である。こうしたなかで、社会

4）社会保障審議会福祉部会福祉人材確保専門委員会「ソーシャルワーク専門職である社会福祉士に求められる役割等について」（平成30年3月27日）、p.4

5）同上

6）福祉のみならず、医療、保健、雇用・就労、住まい、司法、商業、工業、農林水産業、防犯・防災、環境、教育、まちおこし、多文化共生など、多様な分野の支援関係機関が連携し、地域住民等が主体的に地域課題を把握して解決を試みる体制とも連動しつつ、必要な支援を包括的に提供するとともに、既存のサービスでは対応が難しい課題等について、必要に応じて新たな社会資源を創出していく体制である。

7）多機関協働による包括的な相談支援体制と連携を図り、地域住民等が、地域福祉を推進する主体及び地域社会の構成員として、近隣住民による見守りや日常の地域活動のなかで身近な圏域に存在する多種多様な地域課題や表出されにくいニーズに気づき、行政や専門機関とともにその解決に向けてそれぞれの経験や特性等を踏まえて支援を行う体制である。

8）前掲4）、pp.4～5

福祉士には、地域住民に伴走しつつ、

・地域住民等と信頼関係を築き、他の専門職や関係者と協働し、地域のアセスメントを行うこと
・地域住民が自分の強みに気づき、前向きな気持ちややる気を引き出すためのエンパワメントを支援し、強みを発揮する場面や活動の機会を発見・創出すること
・グループ・組織等の立ち上げや立ち上げ後の支援、拠点となる場づくり、ネットワーキングなどを通じて地域住民の活動支援や関係者との連絡調整を行うこと

等の役割を果たすことが求められる。

○また、社会福祉士には、個別の相談援助のほか、自殺防止対策、成年後見制度の利用支援、虐待防止対策、矯正施設退所者の地域定着支援、依存症対策、社会的孤立や排除への対応、災害時の支援、多文化共生など、幅広いニーズに対応するとともに、教育分野におけるスクールソーシャルワークなど、さまざまな分野においてソーシャルワークの機能を発揮していく役割を果たすことが求められる。

社会福祉士がこれらの役割を担うために必要な教育内容として具体的に次の２点が指摘され[9]、2019（令和元）年の社会福祉士養成課程における教育内容等の見直しが行われました。

○社会福祉士が、個人及びその世帯が抱える課題への支援を中心として、分野横断的・業種横断的な関係者との関係形成や協働体制を構築し、それぞれの強みを発見して活用していくため、コーディネーションや連携、ファシリテーション、プレゼンテーション、ネゴシエーション（交渉）、社会資源開発・社会開発などを行うとともに、地域のなかで中核的な役割を担える能力を習得できる内容とすべきである。

○また、自殺防止対策、成年後見制度の利用支援、虐待防止対策、矯正施設退所者の地域定着支援、依存症対策、社会的孤立や排除への対応、災害時の支援、多文化共生などの場面においても、社会福祉士に期待がされており、ソーシャルワークの基本を習得することを土台として幅広い福祉ニーズに対応できるようにするための実践能力を習得できる内容とすべきである。

（2）「地域共生社会の実現」に向けて求められるソーシャルワークの機能

社保審報告書では、ソーシャルワークの機能として権利擁護・代弁・エンパワメント、支持・援助、仲介・調整・組織化、社会資源開発・社会開発などが挙げられています。加えて、複合化・複雑化した課題を受け止める多機関の協働による包括的な相談支援体制及び地域住民等が主体的に地域課題を

9）前掲 4）、pp.8 ～ 9

把握して解決を試みる体制の構築や運営を推進していくにあたっては、以下にあるようなソーシャルワークの機能が相互に補完し合いながら発揮される必要があるとされています。

地域共生社会の実現に向けて求められるソーシャルワークの24機能

【複合化・複雑化した課題を受け止める多機関の協働による包括的な相談支援体制を構築するために求められるソーシャルワークの機能】

・地域において支援が必要な個人や世帯及び表出されていないニーズの発見
・地域全体で解決が求められている課題の発見
・相談者が抱える課題を包括的に理解するための社会的・心理的・身体的・経済的・文化的側面のアセスメント
・相談者個人、世帯ならびに個人と世帯を取り巻く集団や地域のアセスメント
・アセスメントを踏まえた課題解決やニーズの充足及び適切な社会資源への仲介・調整
・相談者個人への支援を中心とした分野横断的な支援体制及び地域づくり
・必要なサービスや社会資源が存在しない、または機能しない場合における新たな社会資源の開発や施策の改善の提案
・地域特性、社会資源、地域住民の意識等を把握するための地域アセスメント及び評価
・地域全体の課題を解決するための業種横断的な社会資源との関係形成及び地域づくり
・包括的な相談支援体制に求められる価値、知識、技術に関する情報や認識の共有化
・包括的な相談支援体制を構成するメンバーの組織化及びそれぞれの機能や役割の整理・調整
・相談者の権利を擁護し、意思を尊重する支援や方法等の整備
・包括的な相談支援体制を担う人材の育成に向けた意識の醸成

【地域住民等が主体的に地域課題を把握し、解決を試みる体制を構築するために求められるソーシャルワークの機能】

・潜在的なニーズを抱える人の把握、発見
・ソーシャルワーカー自身が地域社会の一員であるということの意識化と実践化
・地域特性、社会資源、地域住民の意識等の把握
・個人、世帯、地域の福祉課題に対する関心や問題意識の醸成、理解の促進、福祉課題の普遍化
・地域住民が支え手と受け手に分かれることなく役割を担うという意識の醸成と機会の創出
・地域住民のエンパワメント（住民が自身の強みや力に気づき、発揮することへの支援）
・住民主体の地域課題解決体制の立ち上げ支援並びに立ち上げ後の運営等の助言・支援
・住民主体の地域課題解決体制を構成するメンバーとなる住民や団体等の間の連絡・調整
・地域住民や地域の公私の社会資源との関係形成
・見守りの仕組みや新たな社会資源を作るための提案
・「包括的な相談支援体制」と「住民主体の地域課題解決体制」との関係性や役割等に関する理解の促進

ここで注意しておかなければならないことは、これらのソーシャルワーク機能は、「地域共生社会の実現」のために新たに提示されているものではなく、ミクロ･メゾ･マクロの各レベルにおけるソーシャルワーク実践のなかに従来から存在している機能であるということです。

したがって、ソーシャルワーク専門職である社会福祉士は、日々の実践において先のソーシャルワーク機能を発揮することが期待されています。今回の社会福祉士養成課程における教育内容等の見直しは、学生がこれらのソーシャルワーク機能を発揮できる実践能力を習得できることを意図しており、その学習過程でもっとも重要な位置を占めているのは、学生が実践現場に身を置き、ソーシャルワーク専門職である社会福祉士＝実習指導者から直接指導を受けるソーシャルワーク実習であることはいうまでもありません。実習指導者は、ソーシャルワーク専門職である社会福祉士として、実習生がそれらのソーシャルワーク機能を発揮できる実践能力を習得するという最終的な目標に向かって、自らの所属先において実習受け入れ体制を整える必要があります。実習においては、実習生に対して日々の業務や実践のなかでソーシャルワーク機能がどのように発揮されているかを実際に示し、その実践をソーシャルワークの価値・知識・技術に基づいて説明することが求められています。その意味で、実習指導者である社会福祉士は前記のソーシャルワーク機能の内容を十分に理解しておくことが求められます。

第2節

ソーシャルワーク実習の制度上の枠組みと意義

1 2019（令和元）年社会福祉士養成課程における教育内容等の見直しの要点

（1）「講義－演習－実習」の学習循環

先の社保審報告書及び2007（平成19）年の社会福祉士法の改正に伴うカリキュラム改正以降の社会状況の変化や新たな法制度の創設等を踏まえ、社会福祉士養成課程の教育内容等の見直しが行われました。その結果は2019（令和元）年６月に公表され、関係省令・通知が2020（令和２）年３月に示されました。①修業年限が３年を超える養成施設等（修業年限が４年の福祉系大学等）では2021（令和３）年度入学者から、②修業年限が２年を超え３年以下の養成施設等は2022（令和４）年度入学者から、③修業年限が１年を超え２年以下の養成施設等は2023（令和５）年度入学者から、④修業年限が１年以下の養成施設等は2024（令和６）年度入学者から、それぞれ新たな社会福祉士養成課程が適用されます。

新たな社会福祉士養成課程では、23科目が指定科目として設けられソーシャルワークの専門的援助技術を総合的かつ実践的に習得するため、講義で学習したその理論や知識について、演習を通じて活用方法等を実践的に習得し、実習においてクライエントの状況に合わせた知識・技術の適切な活用や実践上の課題の発見につなげるなど、「講義－演習－実習」の学習循環を構築するとともに、実習や演習を充実させることで確実にソーシャルワーク専門職である社会福祉士に必要な実践能力を習得できることを志向しています（**図1-8**）。

（2）「相談援助」から「ソーシャルワーク」へ

従来のカリキュラムでは、社会福祉士法における社会福祉士の定義を踏まえ、科目名に「相談援助」が使用されてきました。ただし、福祉系大学等の養成校で開講する科目名は「相談援助」の読み替え

図 1-8　新たな社会福祉士養成課程の全体像

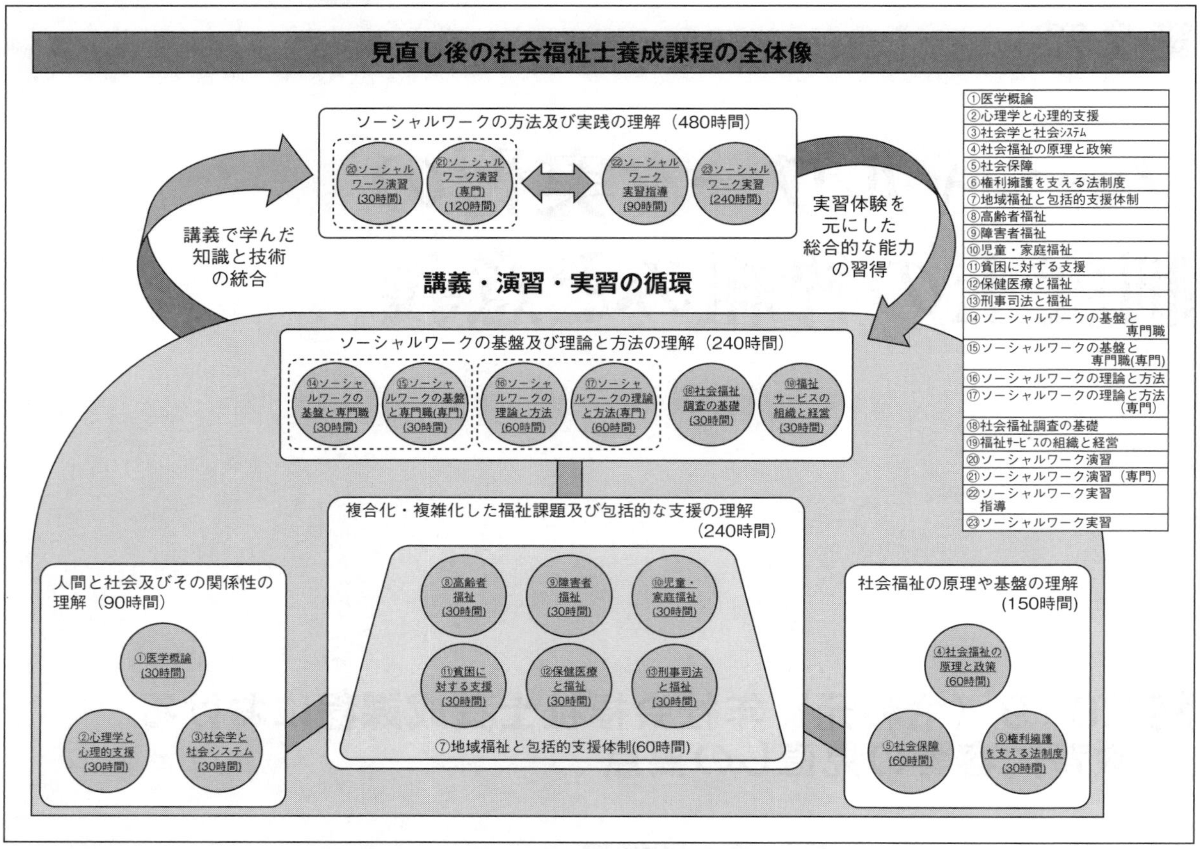

出典：厚生労働省ホームページ「見直し後の社会福祉士養成課程の全体像」
https://www.mhlw.go.jp/content/000604998.pdf

表現として「ソーシャルワーク」の使用が認められてきた経緯があります。また、実践現場においても「ソーシャルワーク」という表現は市民権を得ていることに加え、社保審報告書においても「相談援助」に代えて「ソーシャルワーク」という表現を用いて、今後の社会福祉士のあり方等を提言しています。そのため、新たな社会福祉士養成課程では科目名に「ソーシャルワーク」という表現を用いることになりました。なお、社会福祉士法第２条第１項に規定する社会福祉士の業を総称する「相談援助」という表現については従前のままですが、ソーシャルワーク専門職である社会福祉士は、社会福祉士法で規定された「相談援助」の内容を超えた役割を担うことが求められます。

（3）教育内容等の見直しの主な事項（実習以外に関する事項）

実習を除く教育内容等の見直しの要点は次の５点に整理できます。

第一に、地域共生社会の実現に向けた包括的な相談支援体制の構築に関する分野横断的横串し科目として「地域福祉と包括的支援体制」(60 時間）が創設されました。

第二に、ソーシャルワーク機能を学ぶ科目（講義・演習）について、社会福祉士と精神保健福祉士の養成課程で共通して学ぶべき内容（共通科目）を新たに設定するとともに、社会福祉士として専門的に学ぶべき内容（専門科目）が明確になるよう再構築しました。

第三に、司法領域に関する教育内容を見直し、従来の「更生保護制度」から「刑事司法と福祉」へと変更され精神保健福祉士との共通科目となりました（時間数は 15 時間から 30 時間へ増加）。

第四に、従来、大学等においては一部の科目は選択科目（「人体の構造と機能及び疾病」「心理学理論と心理的支援」「社会理論と社会システム」のうちの１科目を履修、「就労支援サービス」「権利擁護と成年後見制度」「更生保護制度」のうちの１科目を履修すればよい）となっていましたが、今回の見直しにより全ての科目が必修化されました[10)]。

最後に、社会福祉士と精神保健福祉士の両資格を取得することを希望する者の負担を軽減するため、共通科目が従来の11科目420時間から13科目510時間へ拡充されました。

（4）教育内容等の見直しの主な事項（実習に関する事項）

実習に関する教育内容等の見直しの主な事項は以下の２点です。まずは、実習及び演習の充実です。地域における多様な福祉ニーズや多職種・多機関協働、社会資源の開発等の実態を学ぶことができるよう、実習の時間数を180時間から240時間に拡充し、２か所以上の実習施設・機関で実習を行うこととなりました。その際、１か所の実習施設・機関で180時間以上の実習を行うことが基本とされています。ただし、福祉専門職である介護福祉士、精神保健福祉士の資格を有する者（履修中の者を含む）が社会福祉士養成課程において実習を行う場合、60時間を上限に実習を免除するとともに、精神保健福祉士の資格を有する者は共通科目である「ソーシャルワーク演習」（30時間）の履修を免除することができます。

次に実習施設・機関の範囲の見直しです。実習を行う施設等について、相談援助業務の実務経験として認められる施設等と同等にするとともに、新たに都道府県社会福祉協議会、教育機関、地域生活定着支援センター、基幹相談支援センターや子ども家庭総合支援拠点、地域若者サポートステーション等を加え、地域における多様な福祉ニーズを学べるよう実習施設・機関の範囲が拡充されました。

2 厚生労働省通知における ソーシャルワーク実習・実習指導の内容

（1）実習に関する事項

ソーシャルワーク実習に関する事項は、通知「大学等において開講する社会福祉に関する科目の確認に係る指針について」（最終改正：令和２年３月６日元文科高第1122号・社援発0306第23号、以下「科目確認の指針」）を例にとると、次のように規定されています。

> ７　実習に関する事項
> (1)　実習先は、巡回指導が可能な範囲で選定するとともに、ソーシャルワーク実習を担当する教員は、少なくとも週１回以上の定期的巡回指導を行うこと。ただし、これにより難い場合は、実習期間中に少なくとも１回以上の巡回指導を行う場合に限り、実習施設

10）「人体の構造と機能及び疾病」「心理学理論と心理的支援」「社会理論と社会システム」は、新カリキュラムでそれぞれ「医学概論」「心理学と心理的支援」「社会学と社会システム」と名称変更され、「就労支援サービス」は廃止されるとともに、「権利擁護と成年後見制度」「更生保護制度」はそれぞれ「権利擁護を支える法制度」「刑事司法と福祉」となった。

との十分な連携の下、定期的巡回指導に代えて、学生が大学等において学習する日を設定し、指導を行うことも差し支えないこと。

(2) ソーシャルワーク実習は、相談援助業務の一連の過程を網羅的かつ集中的に学習できるよう、1の実習施設において180時間以上行うことを基本とすること。

ア ソーシャルワーク実習は、機能の異なる2か所以上の実習施設等で実施すること。

イ 180時間以上の実習を行う機関・事業所においては、相談援助業務の一連の過程の学習に加え、複数の機関・事業所や地域との関係性を含めた包括的な支援について学習すること。

(3) 精神保健福祉士養成課程における「ソーシャルワーク実習」、介護福祉士養成課程における「介護実習」を履修している者については、実習のうち60時間を上限として免除可能とすること。

(4) 実習内容、実習指導体制及び実習中のリスク管理等については実習先との間で十分に協議し、確認を行うこと。

(5) 各実習施設における実習計画が、当該実習施設との連携の下に定められていること。

(6) 実習指導者は、社会福祉士の資格を取得した後、相談援助の業務に3年以上従事した経験を有する者であって、科目省令第4条第7号に規定する講習会（以下「社会福祉士実習指導者講習会」という。）の課程を修了したものであること。

(7) ソーシャルワーク実習において知り得た個人の秘密の保持について、教員及び実習生に対して徹底を図ること。

(8) ソーシャルワーク実習指導を実施する際には、次の点に留意すること。

ア ソーシャルワーク実習を効果的に進めるため、実習生用の「実習指導マニュアル」及び「実習記録ノート」を作成し、実習指導に活用すること。

イ 実習後においては、その実習内容についての達成度を評価し、必要な個別指導を行うこと。

ウ 実習の評価基準を明確にし、評価に際しては実習先の実習指導担当者の評定はもとより、実習生本人の自己評価についても考慮して行うこと。

(9) ソーシャルワーク実習を実施する際には、健康診断等の方法により、実習生が良好な健康状態にあることを確認した上で配属させること。

(1)の実習担当教員による週1回以上の巡回指導を行うこと（実習施設・機関との十分な連携のもとで1回以上の巡回指導といわゆる「帰校制による指導」を組み合わせることを含む）は従来のカリキュラムから変更はありません。(2)は従来の実習は「1の実習施設において120時間以上行うことを基本」とされてきましたが、今回の見直しにより「180時間以上を基本」と変更されました。また、機能の異なる2か所以上の実習施設・機関で実施すること、180時間以上の実習では複数の機関・事業所や地域との関係性を含めた包括的な支援について学ぶことが求められています。

(6)の実習指導者要件については、従来から変更はなく、すでに実習指導者資格を有する者は新カリキュラムにおいても引き続き実習指導者となることができます（新カリキュラムに対応した実習指導者講習会を受講し直す必要はありません)。なお、社会福祉士及び介護福祉士法施行規則及び社会福祉士介護福祉士養成施設指定規則の一部を改正する省令(令和2年3月6日厚生労働省令第26号)において、1つの実習施設・機関におけるソーシャルワーク実習の実習生数は、従来と変わらず同一期間において実習指導者1名あたり5名までとなっています。

(2) ソーシャルワーク実習の「ねらい」と「教育に含むべき事項」

ソーシャルワーク実習・ソーシャルワーク実習指導の「ねらい」と「教育に含むべき事項」は、今回の教育内容等の見直しを踏まえ、「社会福祉士養成施設及び介護福祉士養成施設の設置及び運営に係る指針について」(最終改正:令和2年3月6日社援発0306第21号、以下「養成施設運営指針」)及び「社会福祉士学校及び介護福祉士学校の設置及び運営に係る指針について」(最終改正:令和2年3月6日元文科高第1122号・社援発0306第22号、以下「学校運営指針」)において以下の内容となりました。

ソーシャルワーク実習(240時間)

【ねらい】

❶ソーシャルワークの実践に必要な各科目の知識と技術を統合し、社会福祉士としての価値と倫理に基づく支援を行うための実践能力を養う。
❷支援を必要とする人や地域の状況を理解し、その生活上の課題(ニーズ)について把握する。
❸生活上の課題(ニーズ)に対応するため、支援を必要とする人の内的資源やフォーマル・インフォーマルな社会資源を活用した支援計画の作成、実施及びその評価を行う。
❹施設・機関等が地域社会の中で果たす役割を実践的に理解する。
❺総合的かつ包括的な支援における多職種・多機関、地域住民等との連携のあり方及びその具体的内容を実践的に理解する。

【教育に含むべき事項】

実習生は次に掲げる事項について実習指導者による指導を受けるものとする。
①利用者やその関係者(家族・親族、友人等)、施設・事業者・機関・団体、住民やボランティア等との基本的なコミュニケーションや円滑な人間関係の形成
②利用者やその関係者(家族・親族、友人等)との援助関係の形成
③利用者や地域の状況を理解し、その生活上の課題(ニーズ)の把握、支援計画の作成と実施及び評価
④利用者やその関係者(家族・親族、友人等)への権利擁護活動とその評価
⑤多職種連携及びチームアプローチの実践的理解
⑥当該実習先が地域社会の中で果たす役割の理解及び具体的な地域社会へのはたらきかけ
⑦地域における分野横断的・業種横断的な関係形成と社会資源の活用・調整・開発に関する理解

⑧施設・事業者・機関・団体等の経営やサービスの管理運営の実際（チームマネジメントや人材管理の理解を含む。）
⑨社会福祉士としての職業倫理と組織の一員としての役割と責任の理解
⑩ソーシャルワーク実践に求められる以下の技術の実践的理解
　アウトリーチ、ネットワーキング、コーディネーション、ネゴシエーション、ファシリテーション、プレゼンテーション、ソーシャルアクション

ソーシャルワーク実習担当教員は巡回指導等を通して実習生及び実習指導者との連絡調整を密に行い、実習生の実習状況についての把握とともに実習中の個別指導を十分に行うものとする。

1）「ねらい」の内容

ソーシャルワーク実習の「ねらい」は５点ですが、「ねらい❶」は、本科目の最終的な目標として理解することができます。「ねらい❷❸❹❺」の４点は、「ねらい❶」に従属する下位目標といえるものですが、そのなかで「ねらい❸❹❺」は先の社保審報告書の指摘を受けた結果といえます（第１節の4参照）。また、「ねらい❸」はソーシャルワーク実習においてソーシャルワークの一連の支援プロセスを経験することを求めており、２か所以上の実習施設・機関のうち180時間以上の実習を行う実習において取り組むべきもので、その前提には「ねらい❷」があります。

さらに、「ねらい❹❺」は相互に連関していると理解することができます。つまり、「ねらい❺」の内容を学ぶなかで、「ねらい❹」を同時並行的かつ実践的に理解していくことが想定されます。そこでは、個別支援における多機関・多職種及び地域住民などの関係者との連携はもちろんのこと、地域支援・地域づくりを含む総合的かつ包括的な支援に向けた多機関・多職種、地域住民などの関係者との連携も実践的に理解することを通して、社保審報告書で示されたソーシャルワーク機能を担うことができる力量の習得が期待されます。

2）「教育に含むべき事項」の内容

次に「教育に含むべき事項」（以下「教育事項」）についてみていきましょう。①から⑩の教育事項のうち、「教育事項③」は従来のカリキュラムから「実施及び評価」が追加されています。これは「ねらい❸」に対応するもので、180時間以上の実習を行う機関・事業所においては、インテークあるいはエンゲージメントから評価に至るソーシャルワークの展開過程のすべてを経験することが求められていることを意味します。このような実習展開を可能とするためには、実習生の事前学習、実習担当教員による事前指導、実習指導者による実習基本プログラムの作成、そして三者での事前打ち合わせ（事前訪問）が十分に行われる必要があります。また、「教育事項⑦⑩」も新カリキュラムにおける新たな内容です。

「教育事項⑦」は社保審報告書で指摘された「社会福祉士が担う今後の主な役割」（p.15）、つまり「地域共生社会」の実現に向けた❶複合化・複雑化した課題を受け止める多機関の協働による包括的な相談支援体制の構築、❷地域住民等が主体的に地域課題を把握し、解決を試みる体制の構築に関係する

内容です。さらに、「教育事項⑦」は社会福祉法人の「地域における公益的な取組」(社会福祉法第24条第2項)を実習プログラムに組み込んだ形で展開していくことも想定しながら、「教育事項⑤⑥」とも関連させて実習生が学びを深めていくことができるような実習展開が期待されています。これは「ねらい❹❺」に対応するものです。

最後に「教育事項⑩」ですが、これは240時間のソーシャルワーク実習を展開していくなかで、①~⑨の教育事項を実習で実施する際に用いられる技術として理解することができます。よって、実習指導者である社会福祉士からすれば、基本/個別実習プログラムのなかに溶け込ませる形で実習生が理解できるよう提示すること(やってみせること)や実習生が試行的に実施する機会を設定することが必要となります。

(3) ソーシャルワーク実習指導の「ねらい」と「教育に含むべき事項」

次にソーシャルワーク実習指導についてです。「施設運営指針」及び「学校運営指針」にはソーシャルワーク実習指導は「ねらい」が4点、「教育に含むべき事項」が11点示されています。

ソーシャルワーク実習指導(90時間)

【ねらい】

❶ソーシャルワーク実習の意義について理解する。
❷社会福祉士として求められる役割を理解し、価値と倫理に基づく専門職としての姿勢を養う。
❸ソーシャルワークに係る知識と技術について具体的かつ実践的に理解し、ソーシャルワーク機能を発揮するための基礎的な能力を習得する。
❹実習を振り返り、実習で得た具体的な体験や援助活動を、専門的援助技術として概念化し理論化し体系立てていくことができる総合的な能力を涵養する。

【教育に含むべき事項】

次に掲げる事項について個別指導及び集団指導を行うものとする。
①実習及び実習指導の意義(スーパービジョン含む。)
②多様な施設や事業所における現場体験学習や見学実習
③実際に実習を行う実習分野(利用者理解含む。)と施設・機関、地域社会等に関する基本的な理解
④実習先で関わる他の職種の専門性や業務に関する基本的な理解
⑤実習先で必要とされるソーシャルワークの価値規範と倫理・知識及び技術に関する理解
⑥実習における個人のプライバシーの保護と守秘義務等の理解
⑦実習記録への記録内容及び記録方法に関する理解
⑧実習生、実習担当教員、実習先の実習指導者との三者協議を踏まえた実習計画の作成及び実習後の評価
⑨巡回指導

⑩実習体験や実習記録を踏まえた課題の整理と実習総括レポートの作成
⑪実習の評価及び全体総括会

内容は従来の相談援助実習指導から大きな変更はありません。ただし、「ねらい❸」は、今回の教育内容等の見直しの趣旨を反映した新たな内容となっています。

「教育に含むべき事項」(以下「教育事項」)については、主に養成校(実習担当教員)における事前指導として「教育事項①～⑦」及び「教育事項⑧」の一部(実習生、実習担当教員、実習先の実習指導者との三者協議を踏まえた実習計画の作成)が、実習中の指導として「教育事項⑨」、事後指導として「教育事項⑧」の一部(実習後の評価)と「教育事項⑩⑪」がそれぞれ行われます。ただし、これらの内容は実習指導者にとっても決して無関係ではありません。

実習指導者は実習開始前に基本実習プログラムを作成し、実習生の事前訪問等に備えます。実習中は毎日あるいは定期的に実習スーパービジョンを行い、実習後は実習評価を行うことや実習報告会へ参加して助言するなど各段階で重要な役割を担うことになります。

また、「教育事項①～⑪」の内容は、先の「科目確認の指針」(p.21)の内容と整合するものとなっています。例えば、「教育事項⑧」は「科目確認の指針」の「7　実習に関する事項」の「(4)実習内容、実習指導体制及び実習中のリスク管理等については実習先との間で十分に協議し、確認を行うこと。」「(5)各実習施設における実習計画が、当該実習施設との連携の下に定められていること。」「(8)ソーシャルワーク実習指導を実施する際には、次の点に留意すること。」に対応しています。さらに、「教育事項⑥」は「(7)ソーシャルワーク実習において知り得た個人の秘密の保持について、教員及び実習生に対して徹底を図ること。」、「教育事項⑩⑪」は「(8)イ　実習後においては、その実習内容についての達成度を評価し、必要な個別指導を行うこと。ウ　実習の評価基準を明確にし、評価に際しては実習先の実習指導担当者の評定はもとより、実習生本人の自己評価についても考慮して行うこと。」とそれぞれ対応しています。

(4) ソーシャルワーク実習の「ねらい」「教育に含むべき事項」と実習プログラミング

ソーシャルワーク実習の実施において重要なことは、「科目確認の指針」にある「教育事項①～⑩」の内容について実習施設・機関の分野・機能の違いにかかわらず、実習生がすべての項目を学ぶ(経験する)ことが求められているということです。これは実習指導者である社会福祉士からすれば、2か所以上の実習施設・機関でのソーシャルワーク実習を通じて、実習生が「教育事項①～⑩」を網羅的に学ぶことができるよう自らの所属先において「基本実習プログラム」を用意する必要があることを意味します。実習指導者は事前訪問や事前打ち合わせの際に実習生の状況や実習計画書(個人的な興味・関心について書いたものではない)、事前学習・準備内容などを確認しますが、その内容に基づき「基本実習プログラム」を作成するということではありません。「基本実習プログラム」は厚生労働省通知にあるソーシャルワーク実習の「教育事項」に基づき、実習生・実習担当教員との事前打ち合わせの前に用意した上で、実習時間・形態、実習生の学年や実習計画書を含む事前の準備状況、養成校からの要望、実習施設・機関の事情などを勘案し、「個別実習プログラム」を完成させることになります。この点に関する詳細は１か所目と２か所目の実習施設・機関それぞれの役割分担の考え方等も含め「第３章実習プログラミング論」で解説しています。

なお、「基本実習プログラム」の作成は、実習施設・機関あるいは実習指導者である社会福祉士だけで作成するということではなく、養成校の実習担当教員との情報共有や協働作業により一緒に作り上げていくものです。「個別実習プログラム」の場合は実習生を加えた三者での協働作業となります。「基本実習プログラム」の具体的な作成方法は、日本社会福祉士会によるフォローアップ研修などを活用することもできます。

［基本実習プログラム」を実習指導者である社会福祉士がしっかりと用意することができるとすれば、その所属先である実習施設・機関は、複雑化・複合化したニーズや制度の狭間に生じている生活問題へ対すること、そのために包括的な支援体制の一翼を担うことなど、地域共生社会の実現に向けて求められる役割を組織として果たしていくことにもつながります。

なお、ソーシャルワーク実習を実施する際の時間配分や実習施設・機関の組み合わせなどについては、養成校により多様な形態が想定され、具体的には**図 1-9**、**図 1-10** のようなイメージとなります。

3 ソーシャルワーク実習を2か所以上で行う意味

2021（令和３）年度から施行された社会福祉士養成課程におけるソーシャルワーク実習は、従来の相談援助実習から単に実習時間が延長されただけでなく、①地域における多様な福祉ニーズ等の実態を複数の実習施設において学ぶことができるように「機能が異なる２以上の実習施設で行うこと」、②ソーシャルワークの一連の過程や総合的かつ包括的な支援の実態を十分な期間を確保して学ぶことができるように「１の実習施設において180時間以上の実習を基本とすること」を要件としています。

「機能が異なる実習施設」とは、①「病院と地域包括支援センター」「社会福祉協議会と救護施設」のように異なるサービスを提供している施設や事業所、②「障害者支援施設と母子生活支援施設」のように、異なる対象に対してサービスを提供している施設や事業所、③「特別養護老人ホームと老人デイサービスセンター」「児童養護施設と児童相談所」のように、主たる対象が同じであっても、提供するサービス内容や地域のなかで果たす機能が異なる施設や事業所を指すものです。なお、同一法人が運営する施設や事業所で２か所以上の実習を行うことも可能となっています。

では、ソーシャルワーク実習を機能の異なる２か所以上の実習施設・機関で行うことにはどのような意味があるのでしょうか。それについては次の２点を挙げることができます。

第一に、実習生が複数の実践現場での実習を経験することによって、多様な場･形態で存在するソーシャルワーク実践を理解することです。従来の相談援助実習でも１か所で120時間以上というルールとなっていたため、例えば120時間＋60時間のように２か所（以上）で実習を行うことは可能でしたが、多くの場合、実習は１か所180時間という形態で実施されていました。つまり、多くの実習生は配属された１つの実習施設・機関での実習経験からソーシャルワーク実践を理解し実践能力を習得する必要がありました。しかし、ソーシャルワーク実践は基盤となる価値・知識・技術が共通することを前提としつつも、対象や実践現場の機能等によって多様であることも事実です。そのため、今回のカリキュラム改正でソーシャルワーク実習について２か所以上で実施することが原則となったことにより、実習生は基本的には少なくとも２つ以上の実践現場でソーシャルワーク実践を学ぶことがで

図 1-9　ソーシャルワーク実習の実施パターン

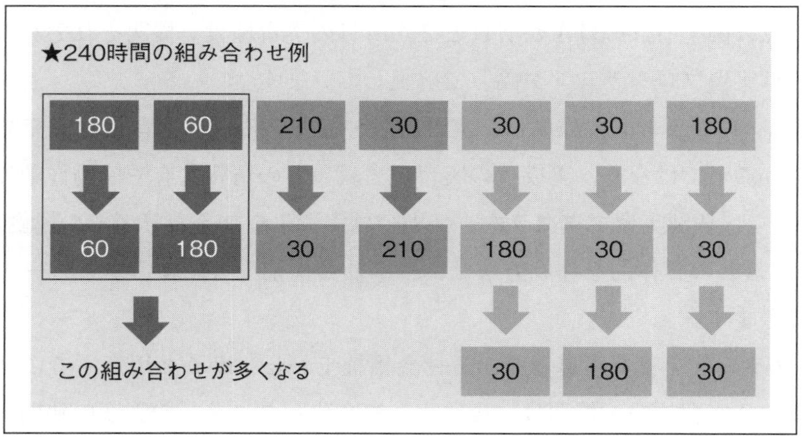

図 1-10　ソーシャルワーク実習の実施例
例1：施設・事業所の機能が異なる（対象が異なる）場合

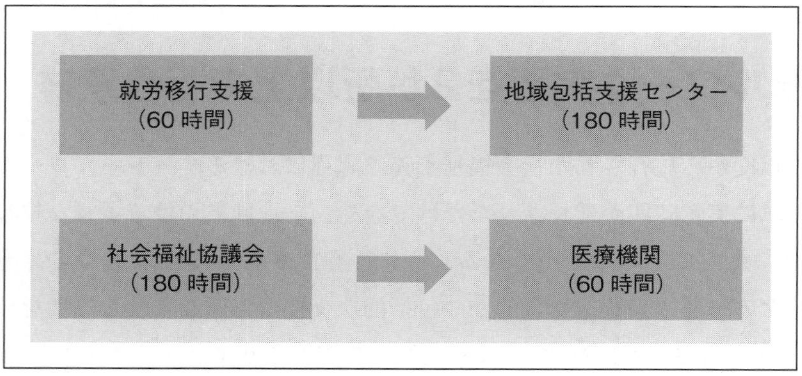

例2：主たる対象は同じであるが、施設・事業所の機能が異なる

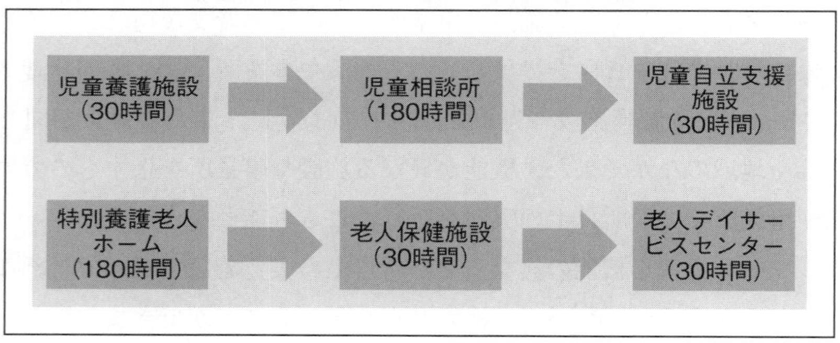

例3：1つの施設・事業所において、実習期間を2つに分けて行う場合

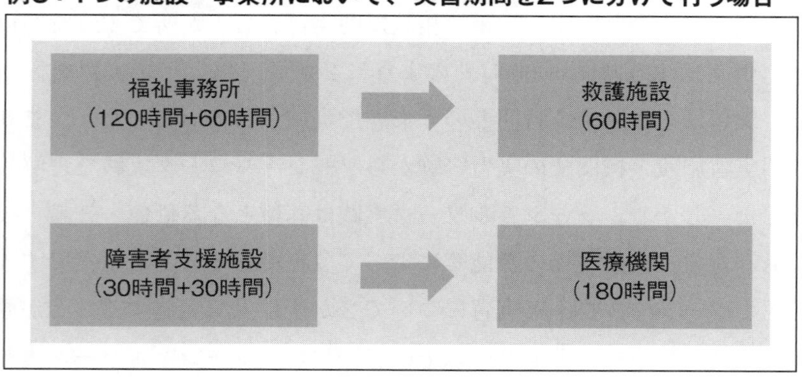

きるようになり、実習時間が延びたことも相まって、より多様なソーシャルワーク実践に直に触れる機会を得ることが可能となります。これを、ソーシャルワークの魅力を伝えるチャンスと捉えていくことが重要です。

第二に、第一の点でも述べたように、ソーシャルワーク実践を支える価値・知識・技術は分野・領域の違いにかかわらず共通性があることを理解することです。ソーシャルワーク実践は分野や領域による特徴や独自性があることは当然ではあるものの、社会福祉士養成課程はソーシャルワーク専門職である社会福祉士を「ジェネラリスト」として養成することを志向しています。つまり、特別養護老人ホームの生活相談員、児童養護施設の児童指導員、医療機関の医療ソーシャルワーカーといったある分野・領域で実践する人材（職種）を養成することとは異なるということです。ジェネラリストとしての社会福祉士を養成する教育課程の要がソーシャルワーク実習であると考えれば、それは実習生がジェネリックな視点をもって実践を行うソーシャルワーク専門職として社会福祉士に必要な実践能力を習得するための学習機会となる必要があります。実習指導者である社会福祉士は、自らの所属先（あるいは分野・領域）でのソーシャルワーク実践を踏まえて「基本実習プログラム」を作成するため、その内容は自ずとスペシフィックな内容となります。実習生が実習中に経験することや学びの内容も同様です。その際、実習指導者はスペシフィックなソーシャルワーク実践から学びを得る実習生に対して、分野・領域の特性や実習施設・機関の固有性を基礎とした実習指導を行いつつも、そのスペシフィックな実践や実習内容をジェネリックな視点から説明する力が求められます。「スペシフィックな実習経験や学びをジェネリックな視点から振り返り一般化する」作業は、実習後に養成校での指導において行われますが、実習中においても実習指導者は実習生がジェネリックなソーシャルワーク（の基盤となる価値・知識・技術）を理解することができるよう説明することを通じて、「ソーシャルワーク専門職である社会福祉士像」を明確に伝えていくことが求められます。

第３節

ソーシャルワーク実践とソーシャルワーク実習

1 現代におけるソーシャルワークとは

（1）バイオ・サイコ・ソーシャルモデルとジェネラリスト・ソーシャルワーク

ソーシャルワークは人間を「状況のなかの人」として捉えることを基本的視点としています。これを踏まえると、ソーシャルワークにおける対象把握では、次のような理解が基本ということになります[11)]。

> …（略）…相互に関係する人間と環境のなかでクライエントがおかれている困難状況を把握しようとすると、より厳密にはバイオ（bio）／サイコ（psycho）／ソーシャル（social）という３つの側面からクライエントの状況や環境を把握する必要がある。…（略）…バイオ・サイコ・ソーシャル・モデルでは、クライエントのおかれている困難な状況は、こうした生理的・身体的要因、精神的・心理的要因、そして社会環境的要因がそれぞれに独立したものではなく、相互に関連し合い、複合的に作用し合って困難な状況をもたらしていると捉える。

ソーシャルワーク実践が、人と環境の相互作用に注目し、目の前の状況を包括的に把握することを志向するものであるとの理解に立てば、バイオ・サイコ・ソーシャルモデル（以下「BPS モデル」）はソーシャルワークにおける対象理解の基本的視角ということができます。**図 1-11** は BPS モデルと

11）日本ソーシャルワーク教育学校連盟『「社会福祉士養成課程の見直しを踏まえた教育内容及び教育体制等に関する調査研究事業」実施報告書』厚生労働省令和元年度生活困窮者就労準備支援事業等補助金社会福祉推進事業、2020 年、p.99

図 1-11　BPS モデルとソーシャルワーク実践

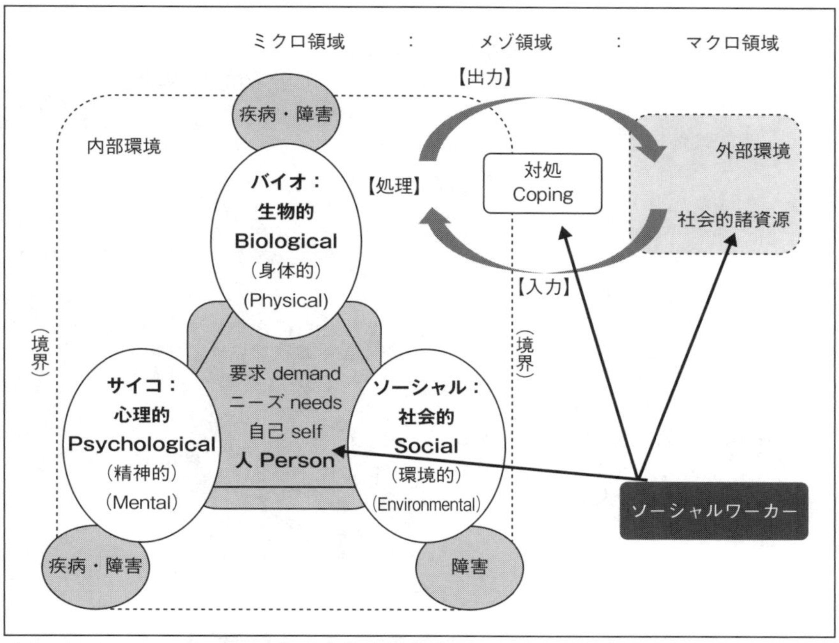

出典：日本ソーシャルワーク教育学校連盟編『最新 社会福祉士養成講座・精神保健福祉士養成講座⑫ ソーシャルワークの理論と方法［共通科目］』中央法規出版、2021年、p.25

ソーシャルワーク実践の関係を示したものです。ソーシャルワーカーによるアセスメントと介入（実践）は、人、その人の環境、そして両者の相互作用に向けて行われます。BPS モデルはソーシャルワークが多角的見地から人間を捉え、理解することを可能にする上で欠かせないものです。

1990 年代以降に確立した現在のソーシャルワークの理論構造と機能の体系は、「ジェネラリスト・ソーシャルワーク」と呼ばれています。それは、統合化以降のソーシャルワークを構成する価値・知識・技術を一体的・体系的に構造化したものであり、ソーシャルワーク専門職である社会福祉士の価値・知識・技術の基盤を提供しています。社会福祉士はジェネラリストとして養成され、また実践しているとされていますが、換言すれば「ジェネラリスト・ソーシャルワークの実践者として養成され、それを実践する者」と表現することができます。

ジェネラリスト・ソーシャルワークは、その前段階としてのエコロジカル・ソーシャルワークに影響を強く受けながら価値を基盤に置きつつ、人と環境の関係性（相互作用）、状況（環境）のなかの人の理解、支援課題の把握やそれに対する対処方法などが、ケースワーク・グループワーク・コミュニティオーガニゼーションといった個別のアプローチを超えた体系として登場しました。ソーシャルワークは人と環境の相互作用にかかわる実践であることから、社会の変化に伴い実践やその理論的基盤も変わっていきますが、ジェネラリスト・ソーシャルワークは今日におけるソーシャルワークの姿として理解することができます。

（2）ソーシャルワーク専門職のグローバル定義

2014（平成 26）年 7 月、メルボルンで開催された国際ソーシャルワーカー連盟（IFSW）総会及び国際ソーシャルワーク学校連盟（IASSW）総会において「ソーシャルワーク専門職のグローバル定義」が採択されました。日本語定義の作業は社会福祉専門職団体協議会[12]と日本社会福祉教育学校連盟（当

図 1-12　ソーシャルワーク専門職のグローバル定義の主要な要素

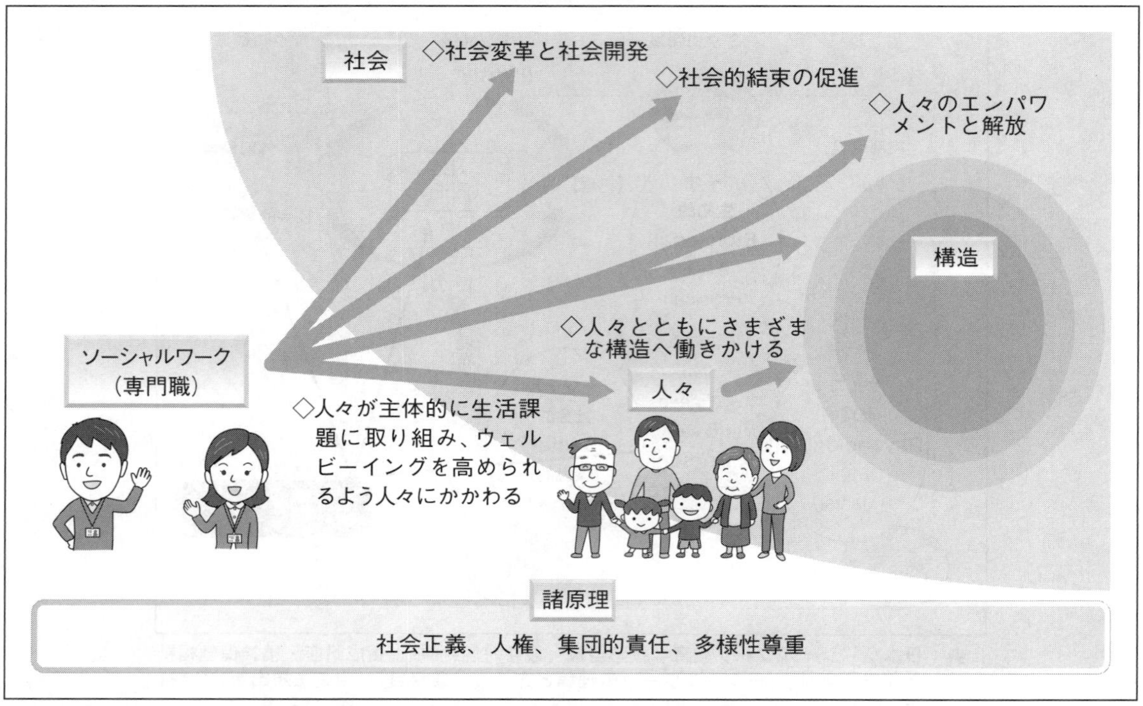

出典：日本ソーシャルワーク教育学校連盟編『最新 社会福祉士養成講座・精神保健福祉士養成講座⑪ ソーシャルワークの基盤と専門職［共通・社会専門］』中央法規出版、2021 年、p.55

時）が協働で行いました。ソーシャルワーク専門職である社会福祉士は、日々のソーシャルワーク実践において以下の内容を体現する必要があります。「ソーシャルワーク専門職のグローバル定義」の主要な要素は**図 1-12** のようにイメージすることができます。

ソーシャルワーク専門職のグローバル定義

ソーシャルワークは、社会変革と社会開発、社会的結束、及び人々のエンパワメントと解放を促進する、実践に基づいた専門職であり学問である。

社会正義、人権、集団的責任、及び多様性尊重の諸原理は、ソーシャルワークの中核をなす。

ソーシャルワークの理論、社会科学、人文学、及び地域・民族固有の知を基盤として、ソーシャルワークは、生活課題に取り組みウェルビーイングを高めるよう、人々やさまざまな構造にはたらきかける。

この定義は、各国及び世界の各地域で展開してもよい。

日本ソーシャルワーカー連盟（JFSW）は、「日本におけるソーシャルワークは、独自の文化や制度に欧米から学んだソーシャルワークを融合させて発展している。現在の日本の社会は、高度な科学技術を有し、めざましい経済発展を遂げた一方で、世界に先駆けて少子高齢社会を経験し、個人・家族から政治・経済にいたる多様な課題に向き合っている。また日本に暮らす人々は、伝統的に自然環

12）公益社団法人日本社会福祉士会、公益社団法人日本医療社会福祉協会、公益社団法人日本精神保健福祉士協会、NPO 法人日本ソーシャルワーカー協会で構成され、IFSW に日本国代表団体として加盟していた。現在は「日本ソーシャルワーカー連盟（JFSW）」となっている。

境との調和を志向してきたが、多発する自然災害や環境破壊へのさらなる対応が求められている。」との認識に立ち、「グローバル定義」及び「アジア太平洋地域における展開」を継承した上で、ソーシャルワーク専門職のグローバル定義の日本における展開として次の４点を重要視するとしています[13]。

ソーシャルワーク専門職のグローバル定義の日本における展開

①ソーシャルワークは、人々と環境とその相互作用する接点にはたらきかけ、日本に住むすべての人々の健康で文化的な最低限度の生活を営む権利を実現し、ウェルビーイングを増進する。
②ソーシャルワークは、差別や抑圧の歴史を認識し、多様な文化を尊重した実践を展開しながら、平和を希求する。
③ソーシャルワークは、人権を尊重し、年齢、性、障がいの有無、宗教、国籍等にかかわらず、生活課題を有する人々がつながりを実感できる社会への変革と社会的包摂の実現に向けて関連する人々や組織と協働する。
④ソーシャルワークは、すべての人々が自己決定に基づく生活を送れるよう権利を擁護し、予防的な対応を含め、必要な支援が切れ目なく利用できるシステムを構築する。

（3）ソーシャルワーク実践におけるミクロ・メゾ・マクロの連関

ソーシャルワーク実践は個人・家族を対象としたミクロレベルの実践のみならず、コミュニティや組織などを対象とするメゾレベル、社会資源開発や政策提案といったソーシャルアクションを含むマクロレベルの実践までを射程に入れていることをあらためて確認しておきます。

実際、2019（令和元）年の社会福祉士養成課程における教育内容等の見直しでは、ミクロレベルに加え、メゾ・マクロレベルでの実践がソーシャルワーク専門職である社会福祉士によりいっそう期待されています。

図1-13は、ミクロ・メゾ・マクロの各レベルにおける「実践方法（例）」（左）と「目指す効果の方向」（右）について、日本ソーシャルワーク教育学校連盟による「ソーシャルワーク演習のための教育ガイドライン」の内容を踏まえて作成されたものです。ソーシャルワーク専門職である社会福祉士が、日々の実践を行うレベルやはたらきかける対象・方法は多様ですが、ソーシャルワーク実践は３つのレベルで存在し、同時に相互に連関しながら展開されていることを理解しておくことが重要です。

2 ソーシャルワーク実習の目的・意義・構造

（1）ソーシャルワーク実習の目的と意義

社会福祉士養成課程において、ソーシャルワーク実習は指定科目の１つとして設けられています。

13）日本ソーシャルワーカー連盟（JFSW）「ソーシャルワーク専門職のグローバル定義の日本における展開」
http://jfsw.org/definition/japan/

つまり、ソーシャルワーク専門職である社会福祉士を養成するための教育課程における要となる科目（教育機会）といえます。ちなみに国家資格制度が創設される前からソーシャルワーク教育を行ってきた大学等の教育課程でも実習が重要視されてきた歴史があります。いずれにしても、今日に即して考えれば、ソーシャルワークに係る価値・知識・技術が統合されたものとしてのソーシャルワーク実践を体現しているのがソーシャルワーク専門職である社会福祉士＝実習指導者であり、実習生はソーシャルワーク実践現場＝実習施設・機関へ一定期間身を置くことで、実習指導者からの指導を受けながら実践的な学びを深めていくことが想定されています。

これは、ソーシャルワーク実習が単なる実践現場の見学や体験学習を行うためのものではなく、ボランティアの延長や個人的な興味・関心に基づく社会経験を積む機会とも明確に異なるものであることを表しています。ソーシャルワーク実習は、ソーシャルワーク専門職である社会福祉士の養成という明確な目標志向性をもっていることを実習指導者のみならず実習担当教員・実習生も理解しておかなければなりません。ソーシャルワークの実践能力を習得するには、それが行われている現場での実践的な学びが欠かせません。養成校での講義や演習は実習と同様に重要な学びのプロセスであることはいうまでもありませんが、社会福祉士養成課程がソーシャルワーク専門職である社会福祉士の養成を志向している以上、実習生にとって実践現場へおもむく実習での学びは、「本物」を目の当たりにする実習経験を通して必要な実践能力を習得しつつ、自らの専門職像を描く重要な機会といえます。

これらを踏まえると、ソーシャルワーク実習は以下のように表現できます。「社会福祉士養成課程がソーシャルワーク専門職養成を志向した教育として展開されるならば、その一部である『ソーシャルワーク実習』は、実習生が一定の専門的水準を有するソーシャルワーク実践の現場に身を置くこと

図 1-13　ミクロ・メゾ・マクロの各実践レベルにおける方法と目指す効果の方向

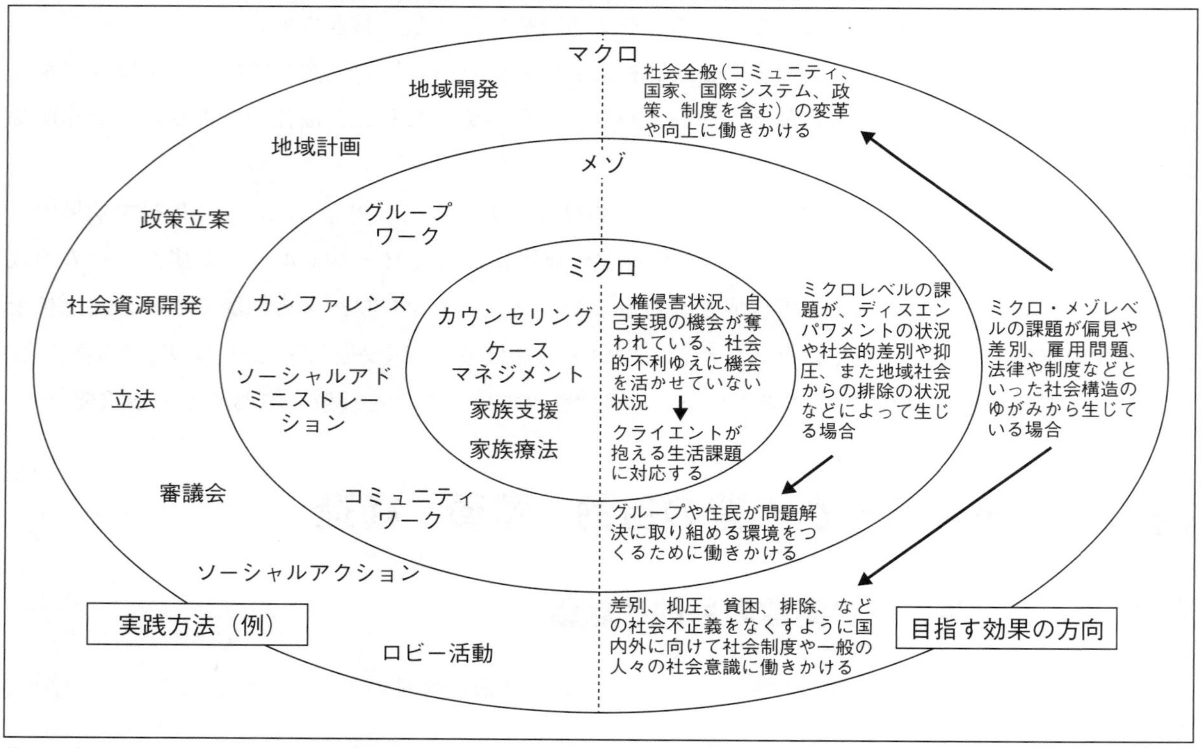

注：日本ソーシャルワーク教育学校連盟「ソーシャルワーク演習のための教育ガイドライン」2020 年、pp.19 〜 21 を参考に渡辺裕一が作成

出典：日本ソーシャルワーク教育学校連盟編『最新 社会福祉士養成講座・精神保健福祉士養成講座⑪ ソーシャルワークの基盤と専門職［共通・社会専門］』中央法規出版、2021 年、p.257

によって（臨床参加型）、実習先である施設・機関等の理解、組織内の社会福祉士の位置・役割の理解を含めつつ、そこで展開される実践行動（performance）を現場の実践過程と照合することで、事前の学びを踏まえた価値・知識・技術の総体としてのソーシャルワークの実践能力（competence）の獲得を目指すものである（目標志向型）」[14]。

このような性格をもつソーシャルワーク実習の内容は、第２節**2**(2)で紹介した厚生労働省通知における「ねらい」と「教育に含むべき事項」で示されており、それをより具体的に整理したのが日本ソーシャルワーク教育学校連盟による「ソーシャルワーク実習教育内容・実習評価ガイドライン」（p.291）です。詳細は資料を参照してください。

なお、ソーシャルワーク実習の意義について、日本ソーシャルワーク教育学校連盟「ソーシャルワーク実習指導・実習のための教育ガイドライン」では次の３点に整理されています。

①「実践の学問」である社会福祉学の学びは、ソーシャルワークの実践及び実践現場との関係を抜きにしては成り立たない。
②実習は社会福祉・ソーシャルワークの理論と実践とを統合的に学ぶ機会となる。
③ソーシャルワークの方法や技術も、講義や演習だけで学べるものではなく、現任のソーシャルワーカーの動きから、また自らが現場に身を置くことで実践的経験的に習得できるものである。

(2) ソーシャルワーク実習における「実習指導者」「実習担当教員」「実習生」

ソーシャルワーク実習は実習担当教員（養成校）・実習指導者（実習施設・機関）・実習生の三者関係として理解できますが、実際にはクライエント（あるいは家族・地域住民）も含めた四者関係で成り立っているといえます（**図 1-14**）。

ただし、四者のなかで実習において一定の責務を有しているのは実習担当教員（養成校）・実習指導者（実習施設・機関）・実習生の三者であることが重要な点です。その具体的内容を示しているのがソーシャルワーク実習のモデル契約書・合意書・指針であり、実習関係者三者が果たすべきミニマム・スタンダードとして理解することができます。それが成り立つには三者それぞれに一定の資質・能力が具備されている必要があります。実習担当教員と実習指導者に要件が設けられていることは、そのような理由からも説明することができます。実習生には養成校ごとに養成課程全体あるいは実習関係科目において一定のハードルが設けられ、それをクリアすることが求められているはずです。

一方、クライエント（あるいは家族・地域住民）は常に最善の利益を享受する権利を有する存在であるため、実習生とかかわること、実習生の学びに協力する義務を有しているわけではありません。ただし、実習は「未来のクライエントの最善の利益」に向けた後継者養成の重要な教育機会といえる

14) 日本ソーシャルワーク教育学校連盟編『最新 社会福祉養成講座⑧ ソーシャルワーク実習指導・ソーシャルワーク実習［社会専門］』中央法規出版、2021 年、p.104 を一部改変

図 1-14　ソーシャルワーク実習における三者及び四者関係

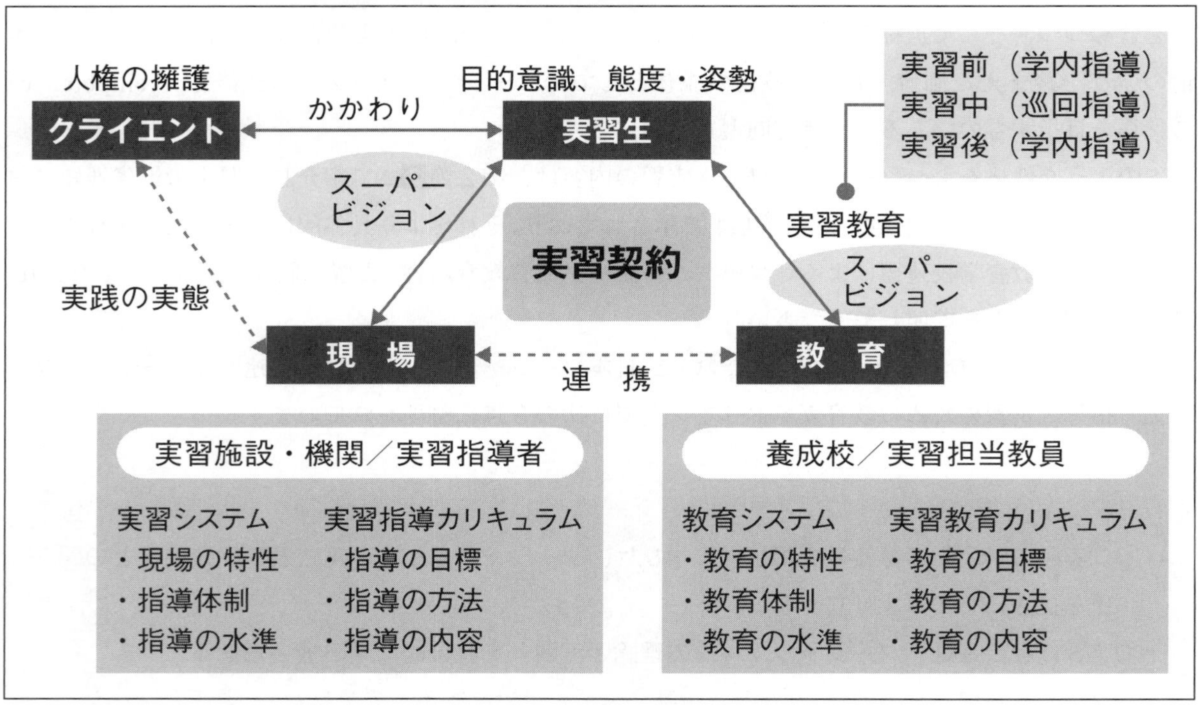

ことから、実習指導者はクライエント（あるいは家族・地域住民）へ適切な説明・情報提供に基づく同意を得た上で、実習生を実践現場へ受け入れることになります。それは実践現場からすればある種のリスクを含んでいるため、実習指導者の役割としてリスクマネジメントを含む「実習マネジメント」の適切な遂行が求められることになります。

その際に重要なことは、実習施設・機関として「実習マネジメント体制」を構築することです。これは、実習の受け入れ及び実習指導は実習指導者が個人的に担うものではなく、実習施設・機関が組織として受け入れ対応する必要があることを意味します（詳細は「第２章実習マネジメント論」を参照）。

ソーシャルワーク実習前・中・後における三者の役割は次のように理解することができます（**図 1-15**）。実習担当教員（養成校）は実習生を実習施設・機関へ送り出すにあたり、実習に向けたレディネス（実習に求められる態度・知識・技術などに関する準備性）を担保するために適切な事前教育を行う責務があります。また、実習中には実習担当教員による巡回指導・養成校による指導、実習終了後には事後教育を実施します。実習教育の最終的な責任は養成校にありますが、実習前・中・後の一連の展開においては実習の目的を達成するために実習担当教員／養成校と実習指導者／実習施設・機関の円滑な情報共有やコミュニケーションに基づく連携が極めて重要となります。また、ソーシャルワーク実習では２か所以上での実習が求められるため、１か所目の実習施設・機関（の実習指導者）と２か所目の実習施設・機関（の実習指導者）をつなぐ実習担当教員の調整機能が重要となってきます。実習担当教員は、１か所目の実習施設・機関での実習生の学習成果や到達度・課題などを、２か所目の実習施設・機関（の実習指導者）へ伝え、個別実習プログラムの内容の調整などを円滑に行うことができるよう適切に橋渡しを行います。

実習指導者（実習施設・機関）は組織内に実習受け入れ体制（実習マネジメント体制）を構築し、基本実習プログラムを作成した上で実習生を受け入れます。実習生は実習担当教員より、実習施設・

図 1-15 ソーシャルワーク実習前・中・後における三者の役割

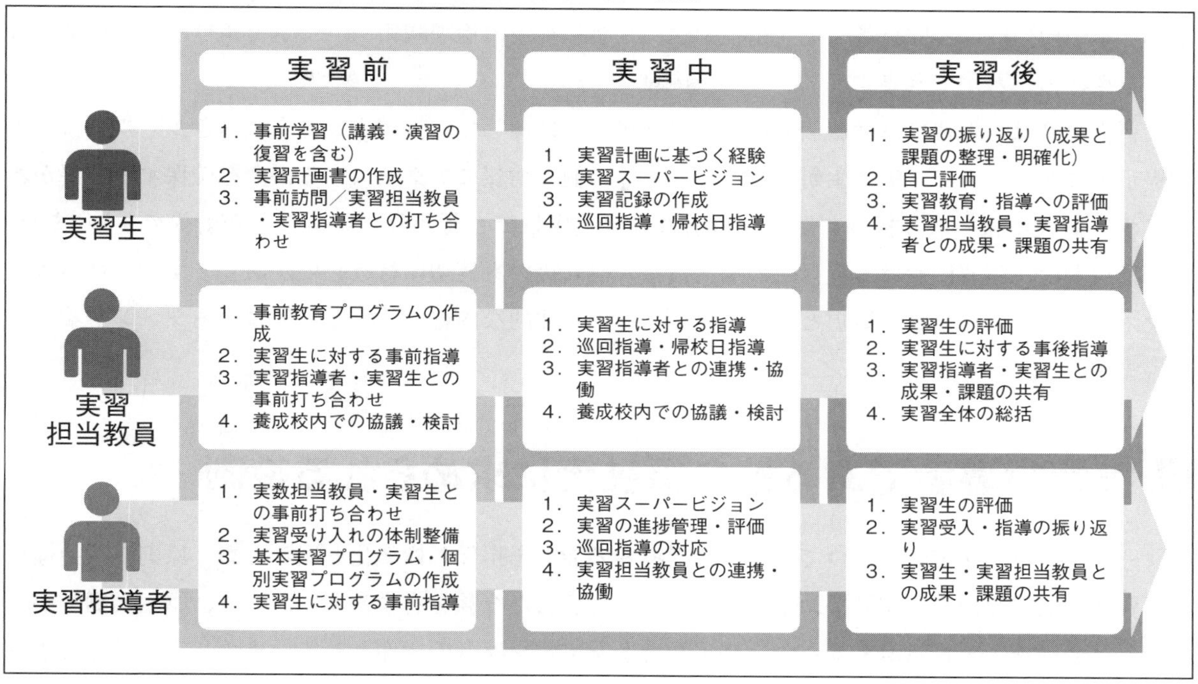

機関に関する情報や関係する知識・技術に関する指導を受けた上で、実習計画書（案）を作成し、事前訪問（事前打ち合わせ）で実習指導者に提示・説明します。その内容に関する実習指導者・実習生・実習担当教員間で合意した結果を踏まえ、最終的な実習計画書が確定し、実習指導者はそれと連動した個別実習プログラムを作成し、実習が開始となります。実習中は実習の進捗及び実習生の様子を適切に管理しつつ、サポートし支えながら、必要な助言や指導を行い、スーパーバイザーとしての役割を果たし、最終的には実習生を評価します（実習スーパービジョンに関する詳細は「第４章実習スーパービジョン論」を参照）。

実習生は、実習担当教員の指導の下で実習に向けた事前学習等の事前準備を行い、モチベーションも含め一定のレディネスを備えておくことが求められます。実習では積極的に学ぶ姿勢を保持しながら、実習計画書や個別実習プログラムに沿ってソーシャルワーク実践が行われている場、社会福祉士が組織内で担っている役割・業務、社会福祉士が担っているソーシャルワーク機能やソーシャルワーク実践の実際について学びます。そのなかでは実習指導者のみならず、他職種・他職員、クライエント、家族、地域住民、関係する施設・機関のスタッフなど、多くの人々や組織とかかわるとともに、実習中はスーパーバイジーとしての役割を遂行することになります。このとき、実習生は実習指導者と実習担当教員の二重のスーパービジョン関係のもとにおかれることになります。実習後は実習経験を振り返り、成果と学習課題を言語化する作業に取り組みます。

なお、実習の実施にあたっては実習生がクライエント等の個人情報に接することが不可欠です。ソーシャルワーク専門職である社会福祉士が対人援助専門職の１つであることを踏まえれば、実習生が個人情報にふれることなくソーシャルワークの実践能力を習得するための実習を行うことは困難です。一方、実習生は実習における個人情報の取り扱いに関する各種のルールを順守する義務を有しますが、その際に根拠となるルールの具体例として「個人情報の保護に関する法律」（平成 15 年法律第 57 号）ならびに「個人情報の保護に関する法律についてのガイドライン（通則編）」（平成 28 年個人情報保護委員会告示第６号）、それを基礎として具体的な留意点・事例等を示した「医療・介護関係事業者における個人情報の適切な取扱いのためのガイダンス」（平成29年4月14日、同年5月30日適用、令和2年10月9日一部改正）、社会福祉士法、社会福祉士の倫理綱領、ソーシャルワーク実習契約書などを挙げることができます。

実習指導者は、実習における個人情報の取り扱い方に関して、実習生が遵守すべきルールや留意点を提示・説明した上で、実習生がクライエント等の個人情報にアクセスする機会を確保する必要があります（個人情報の取り扱いに関する事前教育は養成校でも行われていることが前提です）。また、実習指導者は、実習における実習生の個人情報の取り扱いも適切に行う必要があります。これらは実習マネジメントに含まれる事項となりますが、その具体的な内容は「第2章実習マネジメント論」で扱います。

3 実習指導者である社会福祉士に求められる役割

ソーシャルワーク実習においては、実習指導者の能力を担保し標準化を図るため、原則、社会福祉士の資格を取得した後、相談援助業務に3年以上従事した経験を有する者であって、厚生労働省が指定する社会福祉士実習指導者講習会を修了した者を実習指導者の要件としています。実習指導者講習会は、「実習指導概論」（講義2時間）、「実習マネジメント論」（講義2時間）、「実習プログラミング論」（講義3時間）、「実習スーパービジョン論」（講義2時間、演習5時間）の計14時間です。

ソーシャルワーク実習における実習指導者の役割を考える場合、次の2点が前提となっています。第一に、実習教育は養成校と実習施設・機関との組織同士の連携・協働に基づいて行われるということです。実習担当教員や実習指導者の個人技による対応であってはなりません。

第二に、後ほど詳述する実習指導者の4つの役割は基本的に実習担当教員と共通しているということです。第一で述べた相互に連携・協働するための条件ともいえます。実習担当教員と実習指導者間で求められる役割とそれに対する認識を共通化することで、より効果的な実習指導を展開することが可能となります。

以下では、日本社会福祉士会の実習指導者養成研究会の成果として提示された4つの役割を紹介します。重要なことは4つの役割はそれぞれ独自性がある一方で、相互に連関した形で遂行される必要があるということです。

（1）実習マネジメント

実習指導者が実習生を個人の業務として受け入れ指導することは大きな負担となります。実習は組織として受け入れ、実習生を組織として指導するという体制を構築することが極めて重要です。そのためには実習指導者は実習マネジメントを適切に行うことが必要となります。実習マネジメントの詳細は「第2章実習マネジメント論」で扱いますので、ここでは基礎的な内容の紹介にとどめます。

1）組織内マネジメント

ソーシャルワーク専門職である社会福祉士の養成教育の一部である実習は、実践現場からみれば将来の社会福祉業界を担う後継者養成と位置づけることができます。それは未来（のクライエント）に対する大きな社会的責任を伴っていることから、その点について組織内の各部署・メンバーへはたらきかけ、組織として共有することが重要です。組織内で上記の内容が共有された後、実習指導者は実習を組織として受け入れるために必要な環境・条件を整える役割を担います。例えば、実習（受入）委員会などのチームの立ち上げ、基本実習プログラムの作成、関係書類（様式）の整備、スーパービジョンの時間を確保するための業務調整などがあります。

2）対養成校及び他施設・機関マネジメント

実習は実習指導者の所属する組織内で完結するわけではなく、他の組織・施設・機関等との連携・協働が要請されます。それは総じて組織外マネジメントといえますが、その第一の対象は養成校です。養成校との円滑な連携・協働は実習の成否を分けるといっても過言ではありません。また、実習では実習施設・機関以外で実習生が学ぶことも想定されます。その際、目的や内容、実習生の人数、移動手段、事前準備などについて、依頼先の組織・施設・機関などとの連絡調整を行う必要があります。

（2）実習プログラミング

実習指導者が実習生を受け入れるにあたって用意する実習プログラム（基本実習プログラム・個別実習プログラム）を作成する過程を実習プログラミングといいます。実習プログラミングについては「第３章実習プログラミング論」で詳しく書かれていますので、ここでは概略的な内容のみを扱います。従来の相談援助実習においては「三段階実習プログラム」が採用されてきましたが、新カリキュラムにおけるソーシャルワーク実習では、従来の考え方や実習プログラミングの知見・蓄積を踏まえつつ、「240時間すべてがソーシャルワーク実習である」という観点から、必要な学びが可能となるような実習プログラミングが必要となります。

1）厚生労働省通知の内容を踏まえた実習プログラミング

第２節**2**(2)で紹介したとおり、厚生労働省通知ではソーシャルワーク実習の「ねらい」と「教育に含むべき事項」が明示されており、実習指導者はその内容を網羅した形で基本実習プログラムを作成することになります。基本実習プログラムは「教育に含むべき事項」を実習指導者の所属先で実施する場合、実習生の状況や事前学習・準備内容などにかかわらず、ベースとなる実施内容を組み込んだものとして用意します。そこには、実習に臨むにあたって実習生に求めたい事前学習の内容・範囲の明示も含まれます。特に、新カリキュラムで追加された内容である「支援計画の実施及び評価」「地域における分野横断的・業種横断的な関係形成」「ソーシャルワーク実践に求められる技術の実践的理解」に関するプログラミングについて留意する必要があります。

2）実習の実施形態に対応した実習プログラミング

ソーシャルワーク実習の実施形態は集中型・分散型・通年型・混合型あるいは通勤型・宿泊（滞在）型など養成校により多様です。これは従来の相談援助実習でもみられたことでしたが、新カリキュラムにおけるソーシャルワーク実習でも同様のことがいえます。今回新たに加わったことは、実習が２か所以上で行われることに伴い、実習時間の組み合わせと実施時期（学年）もさまざまなパターンが想定されるということです。１か所目としての受け入れなのか、２か所目としての受け入れなのか、実習生の状況や実習計画書、事前学習・準備内容などにより、実習指導者が実習生ごとに用意する個別実習プログラムの内容も変わってきます。

（3）実習スーパービジョン

実習生の実習の成否や学びの到達度は、実習スーパービジョンに大きな影響を受けます。実習スーパービジョンについては「第４章実習スーパービジョン論」で詳しく扱っていますので、以下では基本的内容の確認にとどめます。一般に、スーパービジョンは３つの機能（管理的機能・教育的機能・支持的機能）から説明されています。効果的なスーパービジョンが展開されるためには、スーパーバイザーとスーパーバイジーが共に役割を遂行することが前提となります。実習スーパービジョンでは前者が実習指導者、後者が実習生となり互いの役割を理解した上で、それぞれが果たすべき役割を遂行する必要があり、それは実習契約などの相互合意を基礎としています。実習指導者は先の３つの機能を果たすことが期待されますが、実習生は実習指導者に記録などで自らの理解度や疑問を言語化すること、ホウレンソウ（報告・連絡・相談）を適切に実行すること、積極的な姿勢で実習に臨むことなどが求められます。

（4）社会福祉士像の伝達

ソーシャルワーク実習はソーシャルワーク専門職である社会福祉士の養成における要となることはすでに述べました。実習指導者である社会福祉士が実習生を指導するということは、自らのソーシャルワーク実践を実習生に見せ、その基盤である価値・知識・技術を説明し、可能な限り実習生に実際に「やってみる」経験をさせることを通して、ソーシャルワーク専門職である社会福祉士像を伝えることになります。そのためには、実習指導者である社会福祉士が自らの日々の業務・実践をソーシャルワークとして認識していることが前提となります。実習生に伝えることができる内容は、実習指導者である社会福祉士の専門職としての力量によって決定されるといっても過言ではありません。

2007（平成 19）年のカリキュラム改正で示された社会福祉士に求められる役割（直接援助機能・媒介的機能・地域福祉増進機能）は今日でも有効と考えられますが、それに加えて今日においては第１節**4**で紹介した社保審報告書で指摘された内容（「社会福祉士が担う今後の主な役割」）も、社会福祉士像の伝達において含まれるべきものです。その意味で、実習指導者である社会福祉士及び所属組織は現在の業務や役割を点検し、時代や社会の要請により応えられる社会福祉士像を再構築した上で、実習生に対して明確に説明できることが求められます。

4 実践現場にとっての実習受け入れの意義

実習指導者をはじめ、所属組織は日々の業務において大変多忙な状況にあります。そのため、養成校から実習依頼がきた場合に「業務多忙により対応困難」という理由で断ることも少なくないはずです。「本務はクライエントの支援であるので、実習生の指導はそれより優先順位が低く、余裕があれば対応する追加的なもの」という認識があるのかもしれません。しかし、実習の受け入れは実習指導者とその所属組織にとっても意義のあるものです。以下、４つの観点から説明します。

(1) 個人及び組織としてのソーシャルワーク実践力の向上につながる

ソーシャルワーク専門職である社会福祉士には、日頃からソーシャルワークに関する最新動向にアンテナを張り、専門職として生涯にわたって学び成長し続ける姿勢が期待されます。しかし、日々の業務の多忙さや組織内のさまざまな要因により、学び成長する機会が十分ではなく、専門職としてのモチベーションの維持が難しい場合もあるかもしれません。実習指導者になるということは、自らの日々の業務や実践をベースとして実習生を指導することを意味します。そのため、実習生を受け入れることは必然的に自身のソーシャルワーク実践を振り返り、その実践水準を認識しつつ、不足している点を明確化することにつながります。また、実習生の受け入れに伴い養成校(実習担当教員)とかかわることで、ソーシャルワークや福祉施策に関する最新動向に触れることにもなり、自らのソーシャルワーク実践の改善･向上に有効な知識等のアップデートの機会となることも期待できます。これは、実習指導者である社会福祉士のみならず、結果的には組織としてのソーシャルワーク機能を高めることにもつながります。

(2) 組織が提供する支援・サービスの質や事業の評価をする機会につながる

各福祉施設・機関が提供している支援・サービスの質や実施している事業等の効果を評価するものとして、(3)で述べる福祉サービス第三者評価事業がありますが、実際にはそれだけではありません。クライエントとその関係者や地域住民からの評価に加え、実習生や実習担当教員も基本/個別実習プログラムを通して、実習施設・機関の実践水準や事業等の効果を評価する主体となり得ます。実習生は第三者性をもって実習施設・機関に入ってくる存在といえるため、実習指導者あるいは実習施設・機関が自らの実践を実習生の視点を通して振り返り、より良い組織として適切な支援・サービスを提供し、事業・活動を展開していくことにつながる効果も想定することができます。

(3) 福祉サービス第三者評価に対応することで社会的責任を果たすことにつながる

各福祉施設･機関は必ずしも「福祉サービス第三者評価」の対象とは限りません。しかし､ソーシャルワーク実践の質や効果､法人組織のあり方に関する客観的評価の重要性はますます高まっています。例えば､厚生労働省「「福祉サービス第三者評価事業に関する指針について」の全部改正について」(最終改正:平成30年3月26日子発0326第10号･社援発0326第7号･老発0326第7号)に基づく「福祉サービス第三者評価基準ガイドラインにおける各評価項目の判断基準に関するガイドライン」では、人材確保・育成が適切に行われているか、実習生の受け入れが適切な体制のもと効果的に行われているかを問う項目が設けられています。そこでは、評価の判断基準は実習生の受け入れ体制を整備しているかにとどまらず、効果的なプログラムを用意する等、積極的な取り組みを実施しているかも含まれています。福祉サービスを提供する組織としてより効果的な実習指導体制や実習プログラムを準備するなどの対応を行うことが、第三者評価においてより良い結果を得ることにもつながります。

(4) スタッフや組織としての成長に加え、人材確保にもつながる体制づくりにつながる

実習生に対する組織的かつ適切な実習指導体制（主にスーパービジョン体制）は、OJT など組織内で人材を育てる体制づくりに応用することが可能です。日常業務におけるスーパービジョン体制をはじめ、研修機会など人材の成長に必要な資源を実習受け入れのためだけに構築・活用するのではなく、組織の人材教育のために活用できる育成体制とすることで、実習の受け入れがスタッフの利益となり、より高い質の支援やサービスの提供につながれば、それは結果的に組織の利益にも資するものとなります。その体制づくりに、実習を通してつながりをもった実習担当教員の協力を得ることも期待できます。

一方で、実習経験や実習指導者との出会いが、多くの実習生の進路選択に影響を与えていることも事実です。実習指導者をはじめとするスタッフがやりがいと誇りをもって働くことができている実践現場は、実習生にとっても魅力的に感じられるはずです。実習が「社会福祉士としてここで働きたい」と感じる組織（環境）を作ることは、将来的な人材確保にとっても有効といえます。

第2章
実習マネジメント論

はじめに

マネジメントは、ソーシャルワーク専門職にとって、さまざまな場面で用いる基本的な技術の１つです。このマネジメントの技術を、私たちの後進を育成する実習において、「社会福祉士の倫理綱領」Ⅳ専門職としての倫理責任　6（教育・訓練・管理における責務）「社会福祉士は、教育・訓練・管理を行う場合、それらを受ける人の権利を尊重し、専門性向上に寄与する。」に基づいて活用していくこと、つまり、実習マネジメントの実践が専門職として求められています。

また、実習指導は、実習施設・機関の実習指導者が個人で受け入れるものではありません。実習施設・機関の業務として、実習指導に取り組みます。その意味でも、実習マネジメントの実践が求められています。

第１節では、実習におけるマネジメントの意義と対象について学びます。ここでは、実習マネジメントの意義とともに、実習マネジメントとは何かを理解します。そして、実習施設・機関と養成校の共通の使命を実習指導に取り組む基盤に、実習マネジメントの対象として実習施設・機関システム、養成校システム、実習生システム、クライエントシステムと社会環境をそれぞれ理解します。

第２節では、実習マネジメントの体制として、実習施設・機関における実習マネジメント体制及び養成校における実習マネジメント体制について学びます。加えて、それぞれ体制を理解した上で、実習指導者と実習担当教員の協働について理解します。

第３節では、実習におけるリスクマネジメントについて、基本的な対応方法を理解した上で、実習生のリスクと対応方法、クライエントや利用者、地域住民（以下「クライエント等」）のリスクと対応方法、実習施設・機関のリスクと対応方法についてそれぞれ学びます。

第４節では、実習における個人情報保護について、社会福祉士の倫理綱領と個人情報の保護に関する法律（個人情報保護法）を基本的な視点として、実習における個人情報保護とは何か、マネジメントとしてクライエント等関係者の個人情報の適切な取り扱い（ガイドライン含む）、実習生の個人情報保護について学びます。

第５節では、実習マネジメントの流れと必要な具体的準備・対応について、実習受け入れ前から実習期間終了後までの流れと、必要な具体的準備・対応としての年次計画の作成、実習受入マニュアルの作成、実習契約の締結（スーパービジョン契約も含む）、実習開始前から実習終了後までの対応、２か所以上の実習における実習施設・機関間の調整について学びます。

第1節

実習マネジメントの意義と対象

1 実習マネジメントの意義

これまで社会福祉士の実習においては、ともすれば、「学ばせていただく人」としての実習生の立場ばかりが強調されていなかったでしょうか。そして、実習生が、実習期間中、もちうる力を十分に発揮できない弱い立場におかれることはなかったでしょうか。

確かに、ソーシャルワーク実習を受け入れている実習施設･機関の一義的な目的は、その実習施設･機関が果たすべき機能・役割を担うことにあります。実習生を受け入れる取り組みが二次的なものとして認識されていたり、とても業務に余裕があるとはいえない実践現場において「このような大変な状況でも受け入れてあげている」という見方が生まれたりすることは理解できます。しかし、そのような見方に基づいて実習生の受け入れをしたとき、単に「リスク」や「負担」が限りなくゼロに近くなるように実習内容や対応のあり方が検討されるかもしれません。

このような実習施設・機関の対応では、実習生の学びを極端に制限すること、実習施設・機関や実習指導者の個人的な価値観に基づいて実習生のあるべき姿を押しつけること、実習生自身の個人情報が保護されないことなどが起きてしまいます。実習施設・機関の決定が絶対的に尊重され、実習生や養成校の実習担当教員は、「学ばせていただく人・機関」という関係になると、より良く学び、実習生の権利を擁護するための意見などを言いづらい力関係になってしまいます。

実際に、「個人情報保護を理由に、実習施設･機関での個人情報へのアクセスを必要以上に制限する」「見学や観察のみに終始する」「クライエント等との接触を厳しく制限される」「自席で終了したケース記録を読むだけで1日が過ぎてしまう」「実習指導者とほとんど言葉を交わさないまま実習期間が終わってしまう」「ハラスメントを受ける」ことなどが実習で発生しています。

一方で、今後、ソーシャルワーカー（社会福祉士）はよりいっそう、社会からその活躍を求められるとともに、それぞれの実践現場がより実践力の高い後進を育成していくことは、喫緊の課題ともいえます。後進をより良く育成していくための仕組みとして、前述のような状況は望ましいとはいえません。せっかく労力をかけて、使命感をもって取り組んでいる実習指導であっても、先に示した実習の状況は、実習生の「将来、ソーシャルワーカーとして活躍したい」という希望を打ち砕き、後進不在の状況を生み出す要因となる可能性もあります。

反対に、ソーシャルワーク実習での経験を、簡単ではないが有意義なものであったと振り返ることができ、実習指導者との出会いが素晴らしいものであったと感じられるならば、実習指導者は実習生にとってのソーシャルワーカー（社会福祉士）の１つのロールモデルとなり、彼らがソーシャルワークの道を志す強い動機づけとなり得ます。

そこで求められるのが実習マネジメントです。実習マネジメントとは、ソーシャルワーク実習の目的を達成するために、限られた資源（人的資源・物的資源・財政的資源・時間的資源（機会）・情報的資源（ノウハウ含む）等）を、効果的、効率的に活用することであり、実習施設･機関と関連施設･機関、養成校におけるそれぞれの実習実施体制の構築やさまざまな連携・協働の具体的なあり方、事故やハラスメントなどのリスクマネジメントや対応、個人情報に関する適切な取り扱いや保護、書類やツールの適切な取り扱い等を含みます。

実習マネジメントの必要性を理解するにあたり､日本ソーシャルワーク教育学校連盟が行った｢2019年度 社会福祉士・精神保健福祉士 全国統一模擬試験受験者への進路意向等アンケート調査結果（速報）（現役学生 7000 人の進路意向）（令和２年３月 12 日）」にある「就職予定先・就職活動先の選択にあたり、実習の経験から肯定的または否定的な影響を受けたか」という質問に関連する結果を紹介します（**表 2-1**）。

表 2-1　進路選択と実習経験の関連

	肯定的な影響	否定的な影響	影響なし・他群
実習経験の進路選択への影響	3,660 人（52%）	992 人（14%）	2,396 人（34%）

	「肯定的な影響」を受けたという回答のうち	「否定的な影響」を受けたという回答のうち
実習先施設・機関の影響	2,165 人（59.2%）	525 人（52.9%）
実習先の職員（実習指導者以外）の影響	1,806 人（39.1%）	385 人（38.8%）
実習先の実習指導者の影響	1,243 人（49.3%）	290 人（29.2%）

※複数回答

はじめに、実習施設・機関そのものが実習生の進路選択に肯定的・否定的な影響をともに与える可能性が高い点に注目しましょう。これは実習マネジメントのみならず、後進育成において実習施設・機関そのもののマネジメントが大きな影響を与えていることを示唆しています。実習施設・機関そのもののマネジメントは、実習マネジメントに大きな影響を与えています。実習生は実習期間中、部分的ではあるものの、実習施設・機関そのもののマネジメント下におかれます。そのため、職員のような立場で、実習に関係するマネジメント以外の実習施設・機関のマネジメントのあり方に触れる機会となります。同時に、実習課題として、実習施設・機関のマネジメントのあり方に触れる機会もあります。

次に注目したいのは、実習先の職員（実習指導者以外）から影響を受けたという回答が、肯定的・

否定的な影響を受けたと回答している人がそれぞれの約4割程度を占めている点です。実習中は、実習指導者以外の職員とかかわる機会が多くあります。この結果だけでは、実習指導者以外の職員のどのような対応等が影響を与えたのかはわかりません。しかし、実習指導者が中心になり、どのように実習マネジメントを実施していくかによって、今後、実習指導者以外の職員による肯定的な影響を高め、否定的な影響を減らしていくことを目指すことが必要です。

最後に、実習指導者が実習生の進路選択に対して、肯定的・否定的な影響を与えている可能性が高い点です。実習施設・機関や実習先の職員（実習指導者以外）と比べ、実習指導者から否定的な影響を受けたという回答は多くありません。しかし、社会福祉士国家資格の受験資格取得にかかわる実習の実習指導者は、原則的にソーシャルワーク専門職であることを踏まえると、29.2％という値は決して低いとはいえないのではないでしょうか。直接の実習指導者として、また、実習マネジメントの中心的な担い手として、実習生の進路選択に大きな影響を与えていることを自覚しなければなりません。

では、私たちは、どのように実習を通して後進の育成に取り組めばよいでしょうか。実習マネジメントに関連する課題は多岐にわたっていますが、例えば次のような点が挙げられると思います。

表 2-2　実習マネジメントに関連する課題（例）

- どのように養成校の実習担当教員や実習生と連携・協働していけばよいか。
- どうすれば実習時間を最大限有効に活用し、効果的・効率的に実習の目的・目標を達成することができるか。
- どうすれば実習生は安心・安全に実習できるか。
- どうすれば養成校との間で円滑な書類のやり取りや連絡調整ができるか。
- どうすれば実習生やクライエント、実習施設・機関の利益を守りながら実習の成果を上げることができるか。
- どうすれば実習に関係する資源を最大限に活用できるか。

実習の取り組みにおいて、「教育・訓練・管理において、それを受ける人の権利を尊重し、専門性の向上に寄与」すべく、実習マネジメントを実践することが求められています。また、実習指導者が1人のソーシャルワーカーとして、養成校の実習担当教員や実習生と力を合わせ、実習生を中心に実習関係者がもちうる力を最大限に発揮できる環境を構築するためにも、マネジメントの技術を活用することが必要不可欠です。

2 実習マネジメントの基盤（実習施設・機関と養成校の共通の使命）

実習マネジメントは、実習施設・機関内で完結するものではありません。また、実習指導者が1人で取り組むものでもありません。実習には多くの人がかかわっており、実習に関連する施設・機関、特に養成校の実習担当教員や実習生も、それぞれの立場で実習マネジメントに取り組みます。また、実習マネジメントは、実習指導者や実習施設・機関のためだけに行うものではありません。実習マネジメントの担い手が、それぞれのもつ使命や目的のために取り組みます。

実習指導者と実習施設・機関、実習担当教員と養成校が、ともにそれぞれの実習マネジメントの役割を果たすために大切なのが、実習マネジメントの基盤となる、①実習施設・機関と養成校の「共通の使命」の合意形成、②信頼のおけるスムーズな実習運営体制と実習指導体制の構築、③実習施設・

機関と養成校の間の契約（協定）に基づく関係構築の３点です。

(1) 実習施設・機関と養成校の「共通の使命」の合意形成

実習施設・機関と実習指導者は何のためにソーシャルワーク実習を受け入れているのでしょうか。また、養成校と実習担当教員は何のためにソーシャルワーク実習に取り組んでいるのでしょうか。

「仕事で指示されたから（実習施設・機関、養成校）」「受け入れることになったから（実習施設・機関)」「偶然、養成校に就職したから（養成校)」では、ソーシャルワーク実習が実習生にとって有意義な経験となる可能性が低下することが懸念されます。

実習施設・機関／実習指導者及び養成校／実習担当教員は、「共通の使命」について合意を形成しておくことが必要です。それぞれの立場からソーシャルワーク実習に取り組む理由がありつつ、「ソーシャルワーカーとしての使命」「ソーシャルワーカーとしての価値」「ソーシャルワーカーとしての倫理」「後進の育成と専門職としての研鑽」といった共通の使命（**図 2-1**）に合意し、この合意を基盤に、ともに実習生にかかわっていくことが、より効果的・効率的な実習とするために必要です。

図 2-1　実習施設・機関／実習指導者及び養成校／実習担当教員の共通の使命

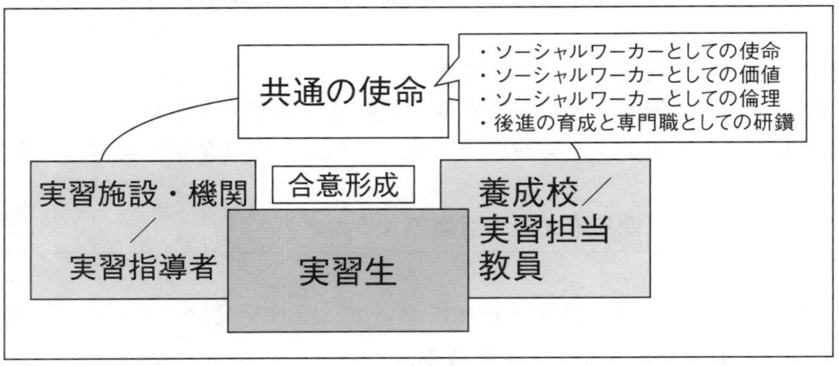

出典：一般社団法人日本ソーシャルワーク教育学校連盟「2021年度社会福祉士・精神保健福祉士実習演習担当教員講習会『ソーシャルワーク実習マネジメント論』」スライド

(2) 信頼のおけるスムーズな実習運営体制と実習指導体制の構築

実習施設・機関及び養成校には、それぞれ信頼のおけるスムーズな実習運営体制と実習指導体制を構築する必要があります。実習運営体制とは、実習受け入れの受付・決定から実習期間終了・事後対応までの養成校との連絡調整、実習受け入れに必要な人材や予算の割り当て（実習指導者資格の確認等含む)、さまざまな事柄に対応する意思決定等を行う体制を指し、実習指導体制とは、実習指導者等によるスーパービジョンの実施体制をはじめ関連部署・実習施設・機関との連絡調整、実習生・養成校の実習担当教員との連絡調整を含む、実習生に対する指導を実施する体制を指します。実習運営体制と実習指導体制は互いに大きな影響を与え合っており、両者ともが実習の成否を握る重要な体制です。

実習指導者や実習担当教員が単独で実習指導や実習運営に必要な事務手続きを担当することや実習に関連する意思決定を行うことなどは、安心・安全に実習を運営するのに十分な体制とはいえません。実習施設・機関及び養成校それぞれの規模や状況によって体制のあり方は異なりますが、実習施設・

図 2-2　実習施設・機関における実習指導・運営体制の例

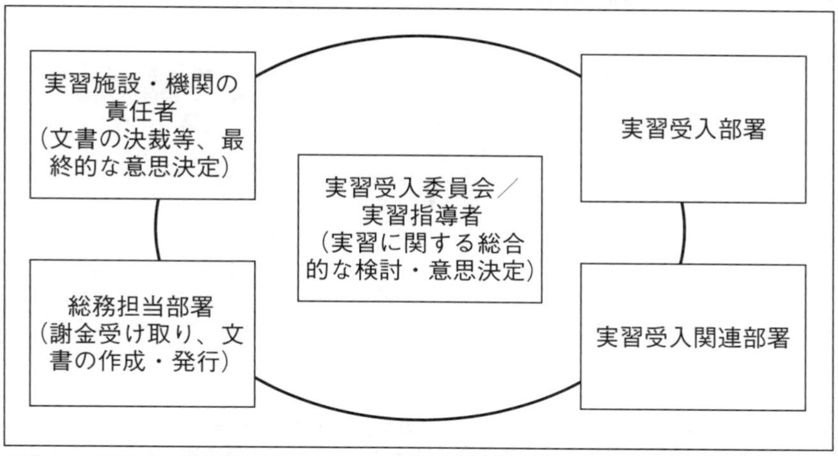

出典：一般社団法人日本ソーシャルワーク教育学校連盟「2021 年度社会福祉士・精神保健福祉士実習演習担当教員講習会『ソーシャルワーク実習マネジメント論』」スライド

機関と養成校が互いに信頼をおけるスムーズな実習運営体制と実習指導体制が確保されることが望ましいといえます。

図 2-2 に実習施設・機関における実習指導・運営体制の例を挙げました。実習に関連する複数の部署のスタッフによって実習受入委員会が構成されています。実習受入委員会のメンバーの構成は、それぞれの実習施設・機関の規模や種類によってさまざまです。社会福祉士以外の実習を受け入れているような規模の大きな実習施設・機関では、さまざまな専門職が実習受入委員会のメンバーとして参加し、それぞれの専門職に関する実習受け入れのあり方をともに検討することもあります。実習施設・機関の規模が小さい場合や社会福祉士の実習受け入れのみを行っている場合には、実習指導者講習会を受講済みの社会福祉士によって構成されることもあります。なかには、十分に実習受入委員会を構成できていない場合もあるでしょう。いずれにしても、実習受け入れを個人として行うのではなく、組織としての意思決定が可能な実習受入体制を構築していくことが重要です。そのためには、実習受入委員会を組織化することは大変有益で、実習受け入れを行う上で目指すべき姿といえます。

同様に、実習指導者は、実習施設・機関の規模や状況によって異なります。実習受入部署の職員が実習指導者を担当する場合や総務担当部署の職員が実習指導者を担当する場合、実習施設・機関の責任者が実習指導者を兼ねている場合などもあり、実習施設・機関によりさまざまです。

実習受入担当者が総務部署におかれ、実習指導者が実習受入部署にいるという場合も少なくありません。一概に何が望ましいということはいえませんが、いずれにしても大事なのは、各実習施設・機関の規模や状況に応じて、スムーズな実習指導及び実習運営体制を検討・構築することです。

実習指導者は、養成校側の実習指導・運営体制がどのようになっているかについても、理解しておく必要があります。**図 2-3** として、養成校における実習指導・運営体制の例を示しますが、これも養成校の規模や状況によって異なります。例えば、規模の小さな養成校の場合には、実習センターや実習指導室のような部署がなく、実習担当教員が中心になって事務的な手続きも、実習生への指導もすべて１人で実施している場合があります。

実習施設・機関が複数の養成校から実習生を受け入れている場合には、それぞれの養成校の実習指導・運営体制を理解し、対応していくことになります。養成校のなかには、実習指導に関する窓口は実習担当教員、書類の作成や送受信等の実習運営に関する窓口は実習指導室の担当者、というように

図 2-3　養成校における実習指導・運営体制の例

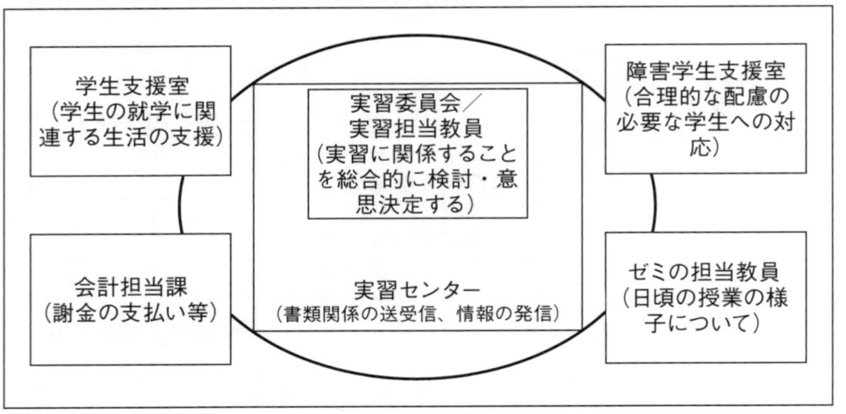

出典：一般社団法人日本ソーシャルワーク教育学校連盟「2021 年度社会福祉士・精神保健福祉士実習演習担当教員講習会『ソーシャルワーク実習マネジメント論』」スライド

窓口が異なることも少なくありません。養成校側では、窓口が異なっていてもそれぞれの窓口で起きていることを共有できるように工夫し、円滑な実習指導・運営体制を構築することが求められます。

実習施設・機関及び養成校の実習マネジメント体制については、第２節でそれぞれ詳しく説明します。

（3）実習施設・機関と養成校の間の契約（協定）に基づく関係構築

より良く連携・協働していくためにはお互いの責任や役割を理解し、合意形成することが必要不可欠です。実習自体は、実習施設・機関／実習指導者及び養成校／実習担当教員が連絡調整し、連携・協働ができる体制によって実習を運営します。その前提として、実習生に対する教育の第一義的な責任は養成校／実習担当教員にあり、一方で、実習に関係するクライエント等をはじめとする実習施設・機関の関係者の利益に関する第一義的な責任は、実習施設・機関／実習指導者にあるということを確認します。

第一義的に何に対して責任を有しているか、お互いに理解し合った上で、その責任を担い合い、より良くその責任を果たせるように連携・協働していくという意識を共有する必要があります。「第一義的に○○に責任がある」とすると、ともすれば「○○」に責任を押し付ける理由になりかねません。意思決定等における責任の所在を明確にする意味もありますが、一方的に「○○」の責任に帰すという意味で受け取るべきではなく、その責任を理解し合い、共有して、分かち合うことができる関係を両者が構築することが重要です。

そして、実習指導者と実習担当教員の連携・協働の基盤として、実習施設・機関と養成校の間で契約（協定）を取り交わします。両者の間で契約（協定）を取り交わすことにより、組織対組織の責任の所在と内容を明らかにし、関係者それぞれの役割と責任と守られるべき権利について相互に確認します。

実習の受け入れは、養成校の実習担当教員との個人的なつながりを起点に開始することも少なくありません。その個人的な信頼関係は実習をより良いものにするためにも大切です。しかし、実習自体は組織間での契約（協定）に基づいて行われることを踏まえておく必要があります。

実習運営や指導は、実習施設・機関及び養成校の組織としてのあり方・考え方と両者の関係に強く影響を受けます。両者の関係が良好で信頼関係に基づくものであれば、実習に関する連絡調整や実習内容及び役割分担に関する打ち合わせ等も円滑なものになります。両者がお互いの責任や役割を理解し合った上で契約（協定）が結ばれることが、両者が実習を連携・協働によって実施していく上での基盤となります。この両者の連携・協働については、第２節で詳しく説明します。

3 実習マネジメントの対象

（1）実習マネジメントの対象の全体像

はじめに、**図 2-4** の実習マネジメントの対象の全体像を理解します。実習では、実習施設・機関／実習指導者と養成校／実習担当教員及び実習生の三者関係、また、これにクライエント等を加えた四者関係が強調されることが多くあります。これらの関係性は、実習を進めていく中心的な関係性として重要です。しかし、実際の実習には、より多くのシステムがかかわっています。

システムとは、境界線をもつ複数の要素の集合体を意味します。実習にかかわる一人ひとりを要素とし、その人々によって構成されるつながりがそれぞれシステムとして認識されます。「実習施設・機関システム」「養成校システム」「実習生システム」「クライエントシステム」の４つのシステムがそれぞれ境界線をもち、実習生を要にする形で重なり合っています。また、これらすべてのシステムは、社会環境との間で交互作用関係にあることがわかります。

マネジメントの対象として、また、マネジメントに関係するものとして、より多くの関係性を考慮に入れておく必要があります。実習に関係するもの、いわゆるステークホルダーとして、実習マネジメントの対象を広く認識しておくことが、実習指導及び運営により良く取り組むために求められています。

図 2-4　実習におけるステークホルダーの全体像

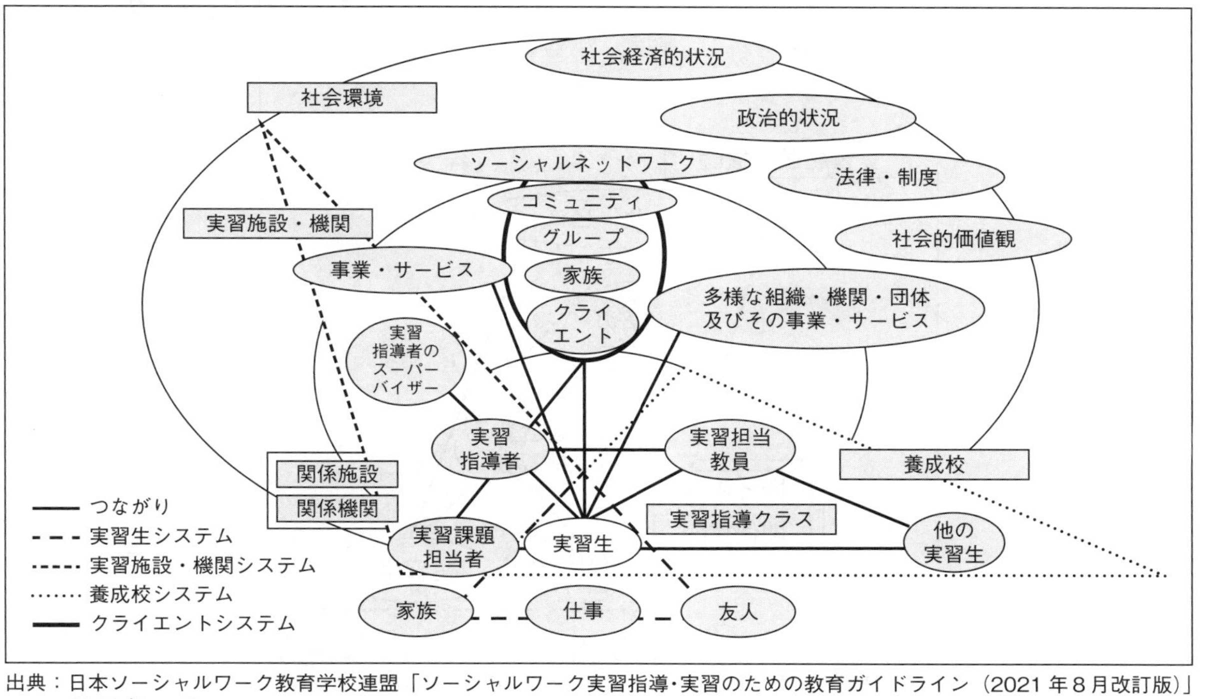

出典：日本ソーシャルワーク教育学校連盟「ソーシャルワーク実習指導・実習のための教育ガイドライン（2021 年８月改訂版）」2021 年、p.7

そこで、ここでは実習マネジメントの対象を、「実習施設・機関システム」「養成校システム」「実習生システム」「クライエントシステム」「社会環境」に整理します（**図 2-4**）。これらは、実習指導者が直接的にマネジメントの対象とするシステムとは限りません。しかし、これらは実習の成否に大きな影響を与えているシステムです。実習指導者は、それぞれのシステムの状態と交互作用に注意を払い、必要に応じて他のシステムのマネジメントに協力することも検討します。実習指導者は実習施設・機関システムのマネジメントに中心的な役割を果たしますが、他のシステムの協力を必要とすることもあります。これらのシステム全体とシステム間の交互作用を含む、実習生を中心とした実習におけるステークホルダーの全体像（**図 2-4**）を、実習マネジメントの対象として理解します。

（2）実習施設・機関システム

実習施設・機関システム（**図 2-5**）は、主に実習指導者がマネジメントを担うシステムです。実習生に対する直接的な実習指導及びスーパービジョンを担当するほか、実習施設・機関として複数の実習指導にかかわることができるスタッフがいる場合や、内部に二次的な実習受け入れが可能な部署や施設・機関がある場合は、実習課題担当者への実習指導の依頼、実習期間中の関係施設・機関等といった二次的な実習受入施設・機関への依頼、関係する事業やサービス及びクライエントシステムとの実習に関係する調整など、実習指導体制全体にかかわる調整をします。

ここでの実習課題担当者とは、実習指導者のマネジメントのもとで、実習プログラムに含まれる一部の日程について、直接的に実習生の指導を担当する実習施設・機関の職員を指します。実習課題担当者は、社会福祉士が担うこともありますが、保健師等の他の職種が担うこともあります。実習指導者は、実習課題担当者との間で、当日のプログラムで取り組む課題の意味を十分に打ち合わせておくことが必要です。また、実習生の振り返りの時間を設け、具体的な実施内容と達成度を確認できるよ

図 2-5　実習施設・機関システム

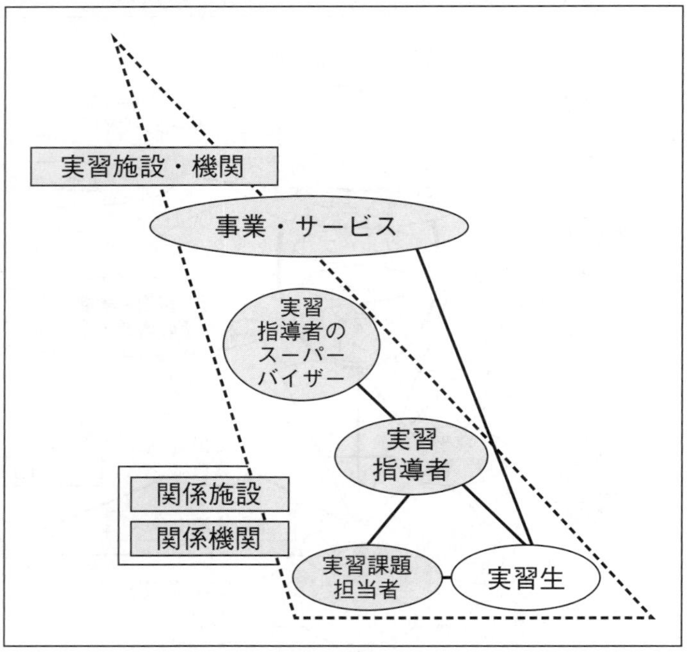

出典：日本ソーシャルワーク教育学校連盟「ソーシャルワーク実習指導・実習のための教育ガイドライン（2021 年 8 月改訂版）」2021 年、p.7 から抜粋

うに意識する必要があります。

実習施設・機関システムのマネジメントを担う実習指導者は、実習課題担当者や他部署への依頼・調整を適切に行うことにより、活用可能な資源が実習に対して効果的・効率的に機能するようにはたらきかけます。そして、それぞれで何が起きているのかを十分に把握し、発生する可能性のある事故や問題のリスクに事前に対応することや発生した問題に対して組織として適切に対応することに取り組みます。

意思決定を組織的に行うための体制づくりは必要不可欠です。例えば、実習受入委員会を設置することも有効です。また、実習指導者の実習施設・機関システム内でのポジションはそれぞれ異なりますが、実習指導者が実習指導・運営について振り返り、相談できるスーパーバイザーが内部にいることも重要です。実習受入委員会が中心になって、実習施設・機関としての承認を得た実習生等受入規程や実習受入マニュアル、実習生へのしおりなどのツールの作成に取り組むことができます。これらは、組織としての実習受け入れのためのツールであり、そのためにも組織としての意思決定を行う体制づくりは重要です。

これらのほかにも、実習の運営に関係する事務を総務部署が担う場合や実習指導者が総合的に１人で担う場合など、実習施設・機関それぞれの状況があります。

（3）養成校システム

養成校システム（**図 2-6**）に関する実習マネジメントは、主に実習担当教員が担います。実習生は、実習担当教員から直接の実習指導及びスーパービジョンを受けるほか、帰校日指導を実習指導クラスで実施する場合は、ほかの実習生との実習体験の共有を通して、学びを広げたり、深めたりします。実習指導クラスでは十分に守秘義務が守られる環境において、個人情報の適切な取り扱いのもと、実習体験に関する情報が共有されます。

養成校には、１人の実習担当教員が実習指導･運営に関する意思決定を担っているところもあれば、実習指導及び運営に関する意思決定を行う実習委員会が組織され、実習運営関連の事務を行う実習指導室などが置かれているところもあります。規模の大きい養成校では、専任教員や事務職員が所属して実習運営・指導を全体的に担当する実習センターのような仕組みをもっていることもあります。実習担当教員として巡回指導などを非常勤講師が担当している場合もあり、養成校システムのマネジメントを十分に担えない可能性もあります。この場合には、養成校担当者との連絡調整を密にし、養成

図 2-6　養成校システム

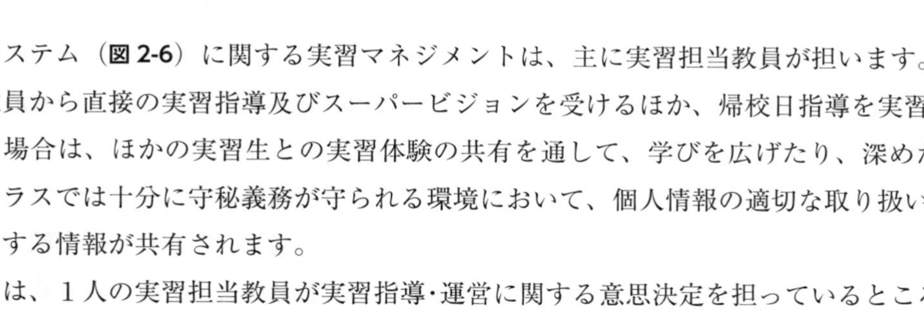

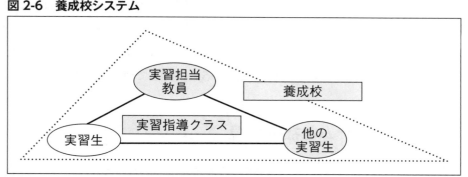

出典：日本ソーシャルワーク教育学校連盟「ソーシャルワーク実習指導・実習のための教育ガイドライン（2021 年８月改訂版）」2021 年、p.7 から抜粋

図 2-7　実習生システム

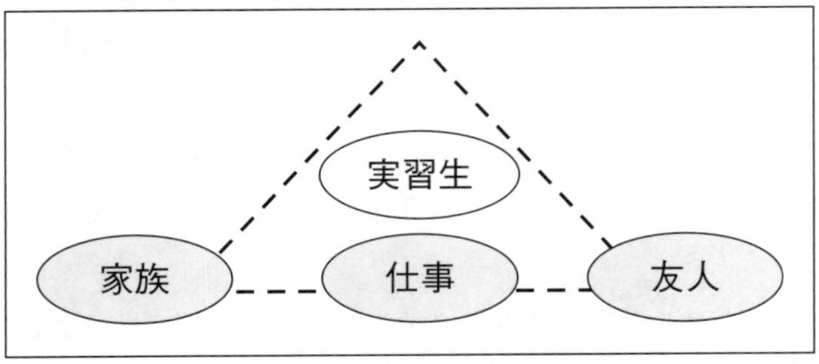

出典：日本ソーシャルワーク教育学校連盟「ソーシャルワーク実習指導・実習のための教育ガイドライン（2021 年 8 月改訂版）」2021 年、p.7 から抜粋

校システムのマネジメントの機能を担当している専任教員や事務職員と十分にコミュニケーションをとることが必要です。

（4）実習生システム

実習生本人の状態に加え、個人的な家族の状況や仕事（アルバイト）、友人関係などは、実習へのモチベーションや取り組みの積極性に大きな影響を与えます。主に実習生本人が実習生システム（**図 2-7**）のマネジメントに取り組みますが、実習期間中にもさまざまな出来事が発生することが考えられ、実習生自身がうまく対処できないこともあります。うまく対処できていない場合には、実習課題への取り組みに集中できなくなることや積極性の低下、実習時間外に求められる学習への対応が不十分になること、健康問題、出勤時間への遅れや欠席につながることもあります。

実習生のなかには、経済的な理由や仕事上の理由などから、実習中も仕事やアルバイトを続けながら、実習に取り組む実習生もいます。養成校で認められていない場合、アルバイトを続けざるを得ない事情を実習指導者や実習担当教員に相談できないこともあり、そのまま実習に取り組み、何か問題が起きてはじめて知ることもあります。

もし、実習期間中に実習生のモチベーションの低下に気づいたとしても、「実習生は積極的に取り組むもの」「もっと努力すべき」「学ばせていただく者としての姿勢がなっていない」というようにあるべき姿を押し付けるだけでは、状況は変化しません。実習指導者は実習期間中、実習生の実習への取り組みの状況を観察しつつ、実習生システムが実習への取り組み状況に何らかの影響を与えている可能性に注意を払う必要があります。また、状況に応じて、実習生への配慮や対応が必要なこともあります。実習生自身が困難に立ち向かう状況において、実習指導者や実習担当教員がどのように対応したかが、実習生にとってのソーシャルワーク専門職のイメージに強い影響を与えることもあります。

しかし、実習生の個別事情にどの程度配慮すべきかの判断は大変困難です。特別な対応が必要な場合には、養成校の実習担当教員と十分な連携の上、対応を検討していく必要があります。

（5）クライエントシステムと社会環境

実習に関係するクライエントシステム（**図 2-8**）の実習に関するマネジメントは、実習プログラムに応じて主に実習指導者が担います。まず重要なのは、実習によってクライエントに可能な限り不利

図 2-8　クライエントシステムと社会環境

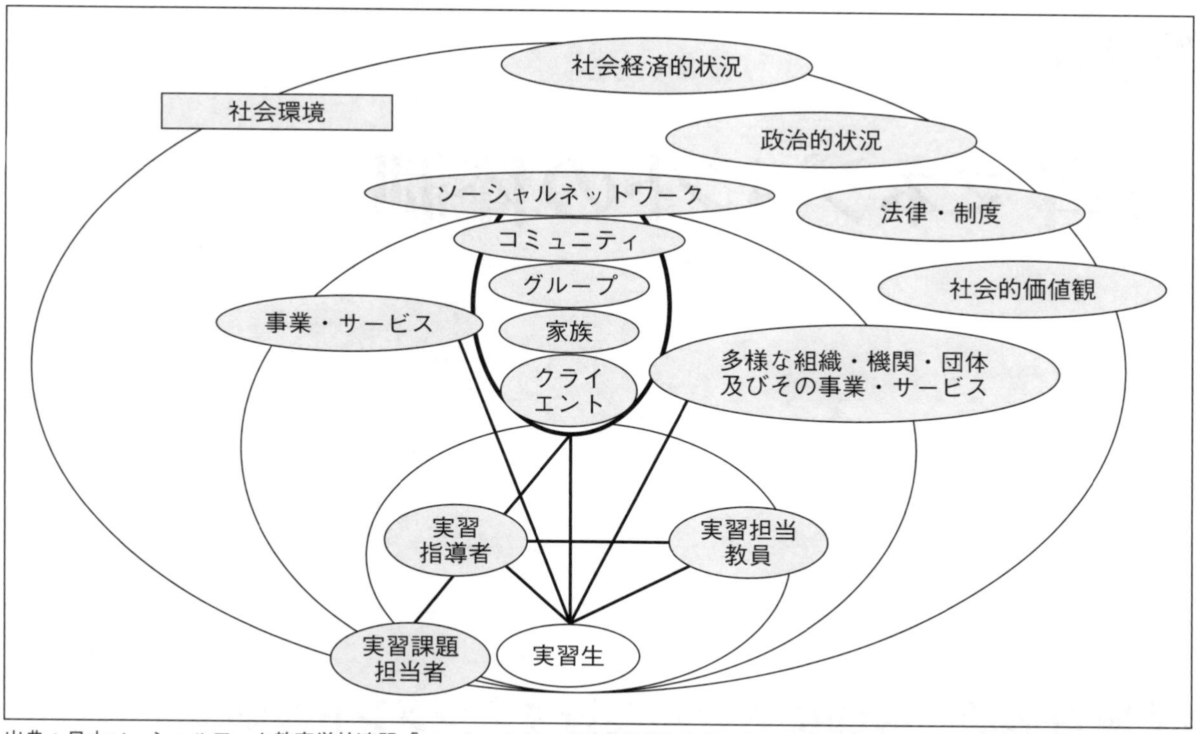

出典：日本ソーシャルワーク教育学校連盟「ソーシャルワーク実習指導・実習のための教育ガイドライン（2021 年 8 月改訂版）」2021 年、p.7 から抜粋

益が生じないようにマネジメントに取り組むこと、また、発生した事象に関しては、その不利益が最小化するように対応することです。

図 2-8 では、クライエントシステムに直接かかわりをもつ実習指導者、実習課題担当者及び実習生は、クライエントシステムが社会環境とどのような関係にあるか、どのような影響を受けているかを踏まえて、マネジメントに取り組むことを示しています。同時に、実習指導者、実習課題担当者及び実習生は、自分たち自身も社会環境からどのような影響を受けているかを常に意識することが求められます。

実習施設・機関の種別にかかわらず、実習に影響を与えるものとして社会環境を捉えておくことが、実習指導者のリスク管理や対応に求められます。また、効果的・効率的、かつ、安全に実習を実施するためには、社会環境の変化に応じて、実習マネジメントの方法やあり方も変えていく必要があります。

第2節

実習マネジメントの体制

1 実習施設・機関における実習マネジメント体制

（1）実習施設・機関における実習の位置づけ

実習は、実習指導者個人としてではなく、実習施設・機関にとって「必要なもの」としてしっかりと位置づけ、受け入れることが、実習施設・機関としての実習マネジメント体制を構築する上でとても重要です。残念なことに、実習生の受け入れが実習施設・機関や実習指導者にとって「忙しい業務のなかで余計な仕事が増える」「やらなくていい仕事を引き受けている」という本来の業務の二次的な位置におかれてしまうこともあります。

しかし、実習施設・機関にとって実習生の受け入れは、本来の施設・機関としての業務の一部であり、大きな意義があります。実習受け入れの意義を実習施設・機関の職員間で共有することによって、実習を「必要なもの」「本来業務の一部」としてしっかりと位置づけることが重要です。同時に実習受け入れの意義にソーシャルワーカー以外の他の職員も合意できるような実習施設・機関における実習マネジメント体制を構築することが求められています。

（2）実習施設・機関における実習の実施体制

1）実習の受け入れに関する共通認識の形成と相互支援

実習は実習指導者のみが受け入れるのではなく、実習施設・機関全体で受け入れるという意識をもつことが、より円滑で効果的な人材育成につながります。また、実習生が安心して実習に取り組む環境を作るのに役立ちます。

そのため、実習を受け入れる意義に関する共通認識に加え、具体的な実習場面で必要な共通認識を形成することが必要です。共通認識とすべき事項と内容は施設・機関により異なりますが、基本的なことも当たり前にせず、しっかりと共通認識を形成するための説明等を実施しましょう。共通認識が形成されることによって、実習生への権利侵害やハラスメント、二次的実習受入施設・機関で対応に困るなどの問題を未然に防止することに役立ちます。例として、**表 2-3** のようなことに関して共通認識を形成する必要があります。

表 2-3　共通認識を形成する内容（例）

- 「社会福祉士」の「ソーシャルワーク実習」を履修している実習生を受け入れていること
- 実習生の担当業務内容や実習プログラムの目的と内容、評価のポイント
- 実習生が組織情報やクライエント等の個人情報を取り扱う際の考え方
- 実習生の個人情報の保護に関する考え方
- 実習生がクライエント等と直接かかわる際の留意点
- 実習におけるハラスメントの捉え方
- 実習生が作成・提出した書類等の取り扱い（流れ）

実習施設・機関内で形成された共通認識に基づいて、部署間・担当者間の相互支援が可能となります。例えば、実習指導者が実習指導に時間を割く場合の通常業務のサポート、実習生の達成度に応じた実習プログラムの見直しへの協働、実習記録の提出等手続きに関する混乱の回避に向けたサポートが可能です。

2）実習に関する意思決定の仕組みと実習受入組織の形成

はじめに、実習指導者の施設・機関内での位置づけとその責任・権限、担当する実習関連業務を確認します。そして、総務部署や二次的な実習受入部署との役割分担を明確にします。

社会福祉士の実習受入体制の確認として、実習受入業務を担う部署や責任者の組織内での明確化、社会福祉士の実習指導者講習会を受講済みの職員がどの部署に何人いるかの確認、各部署で行われている実習の状況及び担当者の確認等を行います。

その上で、実習受入委員会等の組織内の仕組みを構築し、施設・機関の承認を得ます。職員の異動や退職などによって、体制が変更となることもあるので、毎年の確認が必要です。養成校とのやり取りで改めて確認が必要になるため、毎年の確認ができているとその後の手続きがスムーズになります。

実習に関する意思決定の仕組みのなかで、実習指導者にどの程度の権限を認められるかは、実習施設・機関の規模や実習受入組織の有無等によって違いがあるので、それぞれでしっかり確認する必要があります。

実習に関する意思決定の仕組みとも関連して、実習施設・機関内に実習受入組織を形成し、機能させることは、円滑で安全な実習を運営する条件の１つともいえます。なお、実習受入組織は、実習施設・機関から承認を受けたものである必要があります。その承認のもと、実習指導者個人ではなく、組織的に次の**表 2-4** に挙げる例のような内容について検討したり、実施したりする場になります。

施設･機関によっては、社会福祉士だけでなく複数の種類の実習を受け入れている場合もあります。複数の部署が横断的に実習受入組織の形成に協力することが、施設・機関内の実習環境をより良くするのに役立ちます。

3）特別な事態への対応体制の確認

実習中に発生する特別な事態への対応について、発生を可能な限り未然に防止することに加えて、

表 2-4　実習受入組織での検討・実施内容（例）

・実習受け入れに関する条件、業務分担、責任の所在、権限の検討 ・実習受け入れ環境の調整や整備 ・部署間や担当者間の連携の依頼・確認 ・部署間や担当者間での連絡・調整・役割分担・情報共有の確認 ・実習プログラム（基本・個別）の確認・調整 ・養成校との連絡調整の仕組み ・養成校からの依頼への対応の検討 ・実習継続・中断・中止の判断基準 ・実習を円滑に行うためのツール（実習生へのしおり、実習受入マニュアル、実習受入等規程、誓約書等）の作成・管理

発生した場合の対応体制を確認しておく必要があります。特別な事態とは、業務上の事故や損害、ハラスメントの発生といった内部での事態にとどまらず、災害発生時のクライエント等及び職員の命を守るための対応も含まれます。

これらは、リスクマネジメントとして大変重要で、実習中におけるリスクに限らず、施設・機関として特別な事態の発生に適切に対応するための体制が整備されていることを確認する必要があります。実習生も、実習施設・機関の業務にかかわる者として、リスクマネジメントで求められる行動を遵守し、施設・機関の一員として行動することが求められます。

実習指導者は、施設・機関の特別な事態への対応体制を確認し、実習生に対してその対応と取るべき行動を十分に説明することが必要です。

2 養成校と実習生にかかわる実習マネジメントと実習担当教員との協働

（1）養成校にかかわる実習マネジメント

実習受け入れでは、実習施設・機関のみで検討する内容ばかりではなく、養成校及び実習担当教員との打ち合わせによる調整と合意形成が必要なものも多くあります。そこで実習指導者には、養成校にかかわる実習マネジメントと実習担当教員との協働が求められます。

はじめに、実習委託契約（協定）の前に、契約に関する事前協議が必要です（**表 2-5**）。養成校の実習依頼に対して受け入れの内諾をしていたとしても、契約の内容に合意できなければ、実習受け入れは実現しません。

養成校の実習担当教員が実習施設・機関に訪問することや、実習指導者が養成校に出向くこと、オンラインでのビデオミーティングの活用、電話やメールでのやり取りによって、事前協議を行うことが考えられます。また、事前協議にあたっては、実習施設・機関で作成した実習受入マニュアルや養成校が作成する実習の手引き等を活用することができます。このような事前協議を経て取り交わされた実習委託契約（協定）を基本として、実習を進めていくことになります。

表 2-5　事前協議での確認内容（例）

・実習受け入れ条件 ・提出書類、依頼文書の様式や内容 ・実習期間（日程）、基本実習プログラム ・実習施設・機関内の実習実施体制と役割分担 ・養成校の実習指導内容 ・養成校の施設・機関への対応体制 ・実習評価の方法とプロセス ・実習生への合理的配慮の必要性 ・緊急時の対応方法と体制 ・巡回指導（帰校日指導）の方法や時期の確認 ・実習生が加入する保険の内容

（2）実習生にかかわる実習マネジメント

実習生に対しては、事前のオリエンテーションでのやり取りを通して、協議を行います。実習生との事前のオリエンテーションは、実習開始の1か月前には実施することが望ましいと考えられており、多くの養成校では1か月前を目安に事前の実習生へのオリエンテーションを実習施設・機関に依頼しています。養成校との契約に基づき、実習受け入れに関する実習施設・機関としての教育に関する責任・義務が生じるため、実習指導者は、実習生との間で**表 2-6** のことを明確にしておくため、1回もしくは複数回の事前のオリエンテーションを実施します。

表 2-6　事前のオリエンテーションでの確認内容（例）

・実習施設・機関の概要（設置根拠、運営指針、組織構成、施設・機関の見学・紹介、管理職はじめ職員の紹介ほか） ・実習受入方針（クライエントとのかかわりの考え方、受入部署と実習生の担当業務・座席、使用するPCとパスワード、備品の使用、電話の対応、ロッカー、服装、休憩、持ち物、実習ノートの提出方法、実習時間ほか） ・実習指導者の役割と責任（スーパービジョンの実施計画、安全管理、健康管理、心理的サポートほか） ・実習生に求められる責任（実習に取り組む態度、SNSの扱い、個人情報保護、遅刻・欠勤時の連絡ほか） ・実習契約の要点 ・実習中断・中止 ・安全管理及び健康管理（業務上のリスク、緊急時の対応・行動計画、トラブル発生時の連絡先の確認ほか） ・個別実習プログラム案（実習指導者）と実習計画書案（実習生）の内容のすり合わせと合意 ・クライエント等の個人情報の適切な取り扱い ・実習生の実習誓約書（p.110） ・実習生の個人情報保護と権利

事前のオリエンテーションは、実習受け入れにおける重要なプロセスです。単に実習施設・機関としての考え方を実習生に伝えるだけでなく、そのことに対する実習生の疑問に答えたり、必要な調整をしたりすることになります。また、実習内容について、実習施設・機関の「基本実習プログラム」

を参考に、実習生自身が実習担当教員の指導を受けて作成した実習計画書案と実習指導者が作成した「個別実習プログラム」案のすり合わせを行います。厚生労働省通知に示されている教育に含むべき事項により、実習で網羅して身につけるべき知識や技術はすべての実習生に共通していますが、実習生や養成校によって、強調点や希望するプログラム内容には違いがあります。このすり合わせにより、実習指導者は、当該実習生の「個別実習プログラム」を確定します。実習生は、実習計画書を確定し、両者の内容が一致します。実習前に理解しておくべきことについて、実習生に課題を出すことも検討します。

実習施設・機関の職員の顔や名前を一致させることや職場の雰囲気に慣れることなどを目的に、複数回の訪問を行うことがあります。また、実習生が希望すれば、ボランティアの仕組みなどを活用して、実習施設・機関の活動に実習前に参加することなども有効です。実習が開始される前に、実習生が施設や地域を訪問する必要がある事前課題を出題することもあります。これらは、限られた実習の時間数を最大限に有効なものにするための取り組みであり、実施上は、実習指導者によるマネジメントが必要です。

実習施設・機関として、実習生向けの資料（実習生へのしおり（p.103））を作成しておく必要があります。この手続きを通して、実習指導者と実習生が、専門的なスーパーバイジー・スーパーバイザーの関係にあることを確認します。これらの確認によって実習生は、実習指導者を自分がソーシャルワーカーとして成長するために重要な存在として、実習施設・機関を安心して学びを得ることができる場所として認識することができます。

第3節 実習におけるリスクマネジメント

1 リスクに対する基本的な対応方法

実習におけるリスクマネジメントとは、実習に関連して発生することが予測される事故やトラブルを未然に防ぐための予防措置、及びそれらが発生した場合の不利益を最小限にするための対応措置を適切に行うことです。

実習に限らず、実習を受け入れている施設・機関では日頃から多岐にわたるリスクマネジメントの取り組みが求められていることは言うまでもありません。全国社会福祉法人経営者協議会がまとめた「社会福祉法人・福祉施設におけるリスクマネジメントの基本的な視点〔改訂版〕」(2016年)では、社会福祉法人経営におけるリスクの全体像として、次の**表2-7**の6点を挙げています。そして、法人経営者はそれらを正しく把握し、それぞれの経営上のリスクに対し、的確に必要な対策を講じる必要を指摘しています。

表2-7　社会福祉法人経営におけるリスクの全体像

- サービス提供行為に起因するリスク
- 財務的側面（市場）からのリスク
- 財産喪失のリスク
- 人事・労務のリスク
- 違法行為による法的なリスク
- 外部の経営環境の変化によるリスク

出典：全国社会福祉法人経営者協議会「社会福祉法人・福祉施設におけるリスクマネジメントの基本的な視点〔改訂版〕」2016年、p.5の内容を一部改変し作成

そして、これらのリスクに包括的に対応するための業務横断的なリスクマネジメント委員会を設置し、リスクマネジャーを配置して委員会をより機能的に運営していけるリスクマネジメント体制を整えることなどが求められています。

また、リスクに対する対応手段は、「リスクコントロール（損害の予防や拡大防止等の技術操作)」

と「リスクファイナンシング（損害発生を予想した損害発生後の資金操作）」の２つに整理されています。「リスクコントロール」では、主に「予防・低減」として損失の原因となる事象の発生そのものを抑える予防措置の活動が重要であることを指摘しています。また、「リスクファイナンシング」では、実習生が実習に関係する保険に加入していることを確認しておくことが重要であり、これにより金銭面におけるリスクを保険の仕組みに転嫁します。

実習施設･機関で何らかの事故等が起きた場合は、クライエント等への責任を果たすのは実習施設･機関です。保険の適用の有無にかかわらず、実習施設・機関の責任を明示し、適切に対応措置を講じることが必要です。

事故やトラブルに対する基本的な理解として、１つの重大事故の陰には多くの軽微な事故が発生していることを示した「ハインリッヒの法則」や、さまざまな要素の弱点が重なって事故が発生していることを示した「リーズンの軌道モデル」を踏まえる必要があります。「リーズンの軌道モデル」を踏まえると、実習における事故やトラブルも、実習生をはじめ個人のみの責任と考えることにはなりません。また、「ハインリッヒの法則」を踏まえると、軽微な事故やトラブルへの予防措置や対応措置を適切に行うことによって、大きな事故の発生を予防するという視点をもつことができます。

リスクコントロールの名のもとに、実習内容・プログラムを「見学」や「閲覧」のみに制限することは、実習目的の達成を難しくします。一方で、実習生や実習指導者の準備状況が不十分なまま難易度や危険度の高い業務を実習生に任せることは無謀です。単に「実習生が○○だから事故・トラブルが起きた」と捉えるのではなく、事故やトラブルの発生を実習施設・機関の組織的・構造的な課題として捉え、リスクマネジメントに取り組んでいくことが必要です。

ここではこれらの基本的な理解を踏まえ､実習に関連して「実習生」「クライエント等」「実習施設･機関及び実習指導者」「養成校及び実習担当教員」において、それぞれどのような事故やトラブルが予測されるのかとその対応方法について説明していきます。

2 実習生のリスクと対応方法

実習生は、実習先への通勤途中、実習プログラムの活動中において、自分自身に怪我や病気（精神状況等含む）が発生するリスクがあると同時に、対人・対物の損害を発生させる可能性があります。

例えば、プログラムに時間的な余裕を確保しておくことも大切ですが、どうしても予定が延びてしまうことや遅れてしまうこともあります。遅れを取り戻そうとして、移動を急ぐ場合などに、事故が起きるリスクは高まります。急な予定の変更や遅延に備えて、遅れている状況を連絡し合えるように準備しておくことも、リスクを低減させるために有効です。

プログラムの最中には、クライエント等と直接かかわる機会もあります。その際にクライエント等に怪我を負わせてしまう事象は、実習生に限らず、発生する可能性があります。特に、実習プログラム当日のみかかわりをもつ実習生は、普段のクライエント等の様子や特徴を知らなかったり、場に慣れておらず極度に緊張したりしているなど、新人職員の初日と同じような状況におかれていると考えられます｡実習生の状況をしっかりと観察できるように体制を整えることや適切な声かけを行うこと、他のスタッフにも実習生の様子の観察や声かけをお願いしておくなど、予防措置を講じます。万が一事故が起きた場合の金銭的な損失に備えて、実習生は養成校を通して保険に加入しているはずです。実習指導者として、実習生が加入している保険の補償内容や範囲を確認しておくことも重要です。

また、実習指導者や他の職員、クライエント等と実習生の間で、ハラスメント等のトラブルが発生する可能性があります。実習生は、実習中は関係者のなかで弱い立場におかれやすく、ハラスメントを受けるリスクが高まります。実習中に実習生に何が起きているか、複数の職員や関係者が気づくことができるよう実習プログラムの透明性を確保しておくことも、予防措置として機能します。また、万が一、このような事象が発生した場合には、「実習生だからうやむやにしてよい」ということではなく、実習施設・機関の職員に発生した場合と同様に対応措置を講じることによって、実習生を守ることが必要です。

これらの状況は、実習の実施形態（通勤型・施設等宿泊型、地域滞在型、短期集中型・長期分散型）などによっても異なるため、実施形態等の特徴に合わせた予防措置を検討し、実施することが求められています。

3 クライエント等のリスクと対応方法

クライエント等においては、実習に関連した権利侵害や個人情報の不適切な取り扱いを受けるリスクがあります。クライエント等に対する責任は基本的に実習施設・機関が負っており、実習指導者は、実習プログラムを実施するなかでクライエント等に対する権利侵害や個人情報の不適切な取り扱いが発生しないように、クライエント等に対する説明と同意の確認を繰り返し行う必要があります。

倫理綱領に基づいて実践するソーシャルワーク専門職にとって、クライエント等の権利侵害状況に気づくことは重要なスキルでもあります。予防措置として、実習生がクライエント等の受ける権利侵害状況に敏感に気づけるように、十分な教育を行うことや個人情報の適切な取り扱いについて理解を深めることが必要です。

実習期間中は、実習プログラムにかかわるクライエント等に権利侵害等の不利益が発生していないか、絶えずモニタリングします。実習生に対する実習期間中のスーパービジョンを定期的かつ計画的に行っていくことは、モニタリングの機会として有効です。

特に近年では、実習生がSNSにクライエント等の個人情報をアップしてしまうなど、不適切な取り扱いが発生するリスクが高まっていると認識すべきでしょう。未来のソーシャルワーク専門職を養成しているという観点からも、実習施設・機関及び養成校において徹底したクライエント等の権利に関する教育を行っていく必要があります。

4 実習施設・機関及び実習指導者のリスクと対応方法

実習の運営において実習施設・機関及び実習指導者には、第三者からの苦情、問題の指摘、損害賠償の訴えが発生するリスクがあり、予防措置と対応措置が求められます。一方で、これらの苦情や問題の指摘、損害賠償の訴えが不適切なものと判断される場合には、私たちは専門職としての立場を擁護する責任もあります。

いずれにしても、実習期間中にかかわらず、常にこれらの苦情や指摘、訴えに対して窓口をオープンにしておくこと、これらの訴え主との真摯で誠実なコミュニケーションを行うことにより、問題の拡大を回避するように取り組まなければなりません。

また、実習生による施設や法人の情報の外部へのリークが発生するというリスクもあります。実習生が情報に触れる権限を徹底して保護・管理するような機密性の高い情報を取り扱う会議に参加する機会はあまりないかもしれませんが、事務所内の資料が目に入ったり、会話が耳に入ったりする可能性はあります。実習生が実習上で知り得る内容には、外部に知られてしまうと実習施設・機関及び関係者に損害が発生するような情報が含まれる可能性は否定できません。

実習生には、クライエント等の個人情報の保護だけでなく、「実習上知り得た内容に関する守秘義務」が課せられていることを十分に理解できるように説明する必要があります。また、この守秘義務は、実習期間中だけではなく、実習終了後にも負うことを確認します。

万が一、実習生による情報のリークによる損害が発生した場合に備え、損害の補償について、実習契約（協定）において事前に文書化しておくことが望ましいといえます。「このような事象は発生しない」と決めつけず、実習施設・機関における情報管理や実習生への教育といった予防措置を徹底すると同時に、対応措置を検討しておくことが必要です。

同時に、実習施設・機関内でのクライエント等への権利侵害や不正行為の発生に実習生が気づくこともあります。実習施設・機関におけるリスクマネジメントの観点からは、実習生がクライエント等への権利侵害等や不正行為に気づき、指摘できる信頼関係を実習指導者と構築することは大変有益です。実習施設・機関に関係するクライエント等の権利を擁護し、実習施設・機関のリスクマネジメントに必要な透明性を高めることに貢献します。

一方で、実習生本人は、ソーシャルワークの実習生としての倫理と自分を受け入れてくれている実習施設・機関、また、実習施設・機関に実習を依頼している養成校との間に挟まれ、強いジレンマを感じることがあります。実習生が実習施設・機関におけるクライエント等への権利侵害や不正行為に気づいた場合の手続きについては、実習生と実習担当教員との間で取り決めておくのはもちろん、実習生と実習指導者との間でもしっかりと確認しておくことが必要です。

5 養成校及び実習担当教員のリスクと対応方法

実習指導者として、養成校及び実習担当教員によるリスクマネジメントについても、理解しておくべきです。

ソーシャルワーク実習は、社会福祉士国家試験受験資格の取得に必要な単位として実施するものです。ソーシャルワーク実習の単位認定には、養成校の種別にかかわらず、実習指導者の要件及び関連書類の作成、時間数のカウント、記録、評価の実施、証明書の発行といった手続きや条件があります。これらについては、実習期間の終了時に、せっかく受け入れた実習がソーシャルワーク実習として認められないような事態が発生することを避けるため、事前に十分に確認することになります。

単位認定に必要な条件の確認も含め、実習教育に関する第一義的な責任は、委託元である大学が負っていますが、実習を受け入れる実習施設・機関の側でも単位認定に必要な条件を理解し、養成校とのやり取りができるようにすることで、リスクに対する予防措置となります。養成校側の対応や説明で不明な点があれば、遠慮なく問い合わせるなど、相互の信頼関係を構築することが重要です。

実習契約に基づいて、養成校は実習中の過失等により実習施設・機関、クライエント等及び第三者が損害を受けた場合、賠償責任保険の範囲で、実習生もしくは養成校が責任を負います。例えば養成校は、実習生が実習中に知り得た個人情報を適切に取り扱っているかどうかなどを管理する体制を、実習指導者と連携して確保する必要があります。

同時に養成校は、実習生の安全を守り、権利を擁護する役割があります。養成校は、実習生の個人情報を知り得る限りすべて実習施設･機関に伝えるということではなく、必要最小限の範囲で提供し、要配慮個人情報の取り扱いには本人同意を中心に、適切に配慮を行います。

また、養成校は、実習中にハラスメントに関係する問題が発生しないよう実習施設・機関に対して主に実習に関係するハラスメントについて十分な理解を促します。実習生に対しても、ハラスメントに関する十分な理解を促すことによる予防措置を講じます。万が一、実習に関係するハラスメントが発生した場合にも、養成校は、実習生が実習担当教員にすぐに相談できる体制を整えます。ハラスメントが発生した場合、実習生自身が自分自身の行動を責めることもあります。実習担当教員への相談が遅れてしまう可能性もあり、考慮に入れる必要があります。

実習時間中の事故に対して、養成校は緊急連絡・対応の体制を明確にしておきます。実習時間中に事故が起きないよう十分な予防措置を講じる必要がありますが、養成校は実習時間中でなくとも、実習期間内において実習生に関係する事故がある場合に連絡を受けられる体制を整えます。事故の内容によっては、実習生が実習施設・機関に連絡を入れられない可能性もあります。実習担当教員及び実習センター・指導室など、実習生からの連絡を受け付ける場所と方法を複数用意し、必要に応じて実習施設・機関との連絡調整を行うことができる体制を整えます。

6 その他に想定されるリスクと対応方法

その他の想定されるリスクとして、自然災害（地震、津波、風水害等）の発生が挙げられます。実習時間中に自然災害が発生した場合の対応については、養成校と実習施設・機関の間で事前に明確にしておく必要があります。災害発生時の緊急連絡体制を明確にし、実習生及び実習指導者と共有しておきます。連絡が難しい場合も想定されますが、その場合は実習施設・機関のガイドラインに従って実習生の安全を確保し、事後に養成校への連絡を行うなど、契約（協定）書に基づいた対応を行います。

実習の前日や当日の朝、実習生の通勤中に自然災害が発生する可能性も考えられます。自然災害による実習の中断や中止は、現場の状況をもっとも理解している実習施設・機関の判断が中心となりますが、実習生の安全への配慮から、養成校によって判断される場合もあります。「災害が発生しているのだから、養成校はこう動くだろう」というように決めつけることなく、連絡を取り合って確認し、対応することが必要です。養成校との連絡が取れない場合でも、安全を最優先に実習生への対応を決定します。

さまざまな感染症等への感染リスクへの対応も事前に検討しておく必要があります。実習生によって感染症を持ち込むリスクと実習中に実習生が感染するリスクの両方について、予防措置を検討しておく必要があります。実習施設・機関はそれぞれに接するクライエント等に違いがあり、必要な感染症対策は違います。また、クライエント等に提供する食品等に触れる可能性の有無など、実習内容によっても必要な感染症対策には違いがあります。

感染症に対する抗体価検査や腸内細菌検査を事前に実施するかどうか、マスクの着用を義務づけるかどうかなど、具体的な対応は個々の実習施設・機関や養成校の事情や考え方によるでしょう。しかし、実習生の事情により、これらの検査や予防接種を受けることができない可能性もあり、実習生の人権への配慮も必要です。実習生の多様性を尊重することも求められています。

急激な新規感染症の感染拡大時においては、十分な情報収集を行うことが重要です。新規感染症の感染拡大に関する情報にとどまらず、厚生労働省及び文部科学省、日本ソーシャルワーク教育学校連盟から発出される情報等を確認し、養成校とよく打ち合わせの上、意思決定をしていく必要があります。例えば、新型コロナウイルスの感染拡大や浸水被害によって通常の実習が実施困難な状況が認められた場合には、国から通知が発出され、柔軟な実習の実施方法が認められることがありました。さまざまな状況に対する意思決定の内容は、これらの通知等を踏まえて行われます。実習施設・機関によって異なりますが、養成校でもそれぞれ判断が異なるので、複数の養成校から実習生を受け入れている場合には、それぞれの養成校とよく話し合い、対応を検討する必要があります。

7 実習継続が困難な状況に関する判断

さまざまな事情で実習継続が困難な状況となり、実習中止の判断が必要な場合には、実習指導者と実習担当教員による十分な協議が必要です。実習生の実習への取り組み態度等については、「実習生へのしおり」や「実習受入等規程」「誓約書」の書式等に明記することによって、実習中止の判断の根拠となります。ただし、単に実習生の実習に対する姿勢・態度等を表面的に捉えて実習中止を判断するのではなく、実習生システムに発生している事象等が大きな影響を与えていることもあります。

実習生の実習への取り組み態度やクライエント等に対する姿勢・態度に関する繰り返しの指導や指示に従わず、クライエント等及び実習施設・機関等の利益を損ねる場合やリスクマネジメント等に大きな問題が生じる場合には、実習継続が困難になる場合があります。

実習生の居眠りや遅刻、無断欠勤などは、実習生が抱えている問題やその背景にある何らかの事情を示唆している可能性もあります。単に実習中止を検討するのではなく、実習生との対話を通して、どのような配慮が必要かを検討することも実際の実習指導の現場では行われています。

実習中止の判断は、実習生に大きな影響を与えることは言うまでもありません。実習生への指導について、養成校及び実習担当教員に一義的な責任がありますが、実習指導者と実習担当教員の間で十分に協議し、実習生に対する教育的配慮を検討する必要があります。この場合、実習生が不在のまま実習生の実習状況等について打ち合わせる可能性もありますが、実習中止に関する協議を行う際に実習状況等に関する情報交換をすることについて、実習生に事前に説明をしておく必要があります。また、必要に応じて、実習生も含む三者での協議を実施する場合があります。

実習継続が困難となる事情は、実習生の実習の取り組み状況によるものとは限りません。事故や感染症の拡大等、実習施設・機関の事情で実習を継続できない場合や養成校の事情によって中止の判断がなされる場合、ハラスメントや体調不良等によって実習生本人から実習中止を申し出る場合もあります。

どのような場合でも、実習指導者と実習担当教員の協議に基づいて、十分な説明責任を果たすことが求められます。

第4節

実習における個人情報の適切な取り扱い

実習では、実習指導者や実習生、実習担当教員も、ソーシャルワーク専門職を養成する関係者として、倫理綱領及び行動規範に則って個人情報を取り扱うことやプライバシーを尊重することが求められています。同時に、個人情報の取り扱いに関しては、「個人情報の保護に関する法律（個人情報保護法）」及び関連するガイドラインに基づく対応も求められます。

実習生が実習施設・機関内で活動する上で、実習施設・機関に集まるクライエント等の個人情報に触れることは避けられません。また、効果的な実習プログラムを作成する上で、実習生が個人情報に触れ、取り扱うことを避けることはできません。そこで、クライエントの個人情報が取り扱われることによるクライエントに対する権利侵害の発生を予防しなければなりません。

そのため、実習指導者は、効果的な実習プログラムの作成と個人情報の適切な取り扱いとの間でジレンマを抱えることになります。では、具体的にどのように対応することが個人情報を適切に取り扱うことになり、効果的な実習プログラムの実施を可能にすることができるでしょうか。本節では、実習における個人情報の適切な取り扱いに関する具体的な対応を検討していきます。

1 ソーシャルワーク専門職の倫理綱領と個人情報保護法

実習における個人情報保護といえば、まず思い浮かぶのが、個人情報保護法かもしれません。しかし、はじめにソーシャルワーク専門職としての実践の基盤である倫理綱領における守秘義務及びプライバシーの保護について確認をしておく必要があります。

（1） 実習における個人情報の適切な取り扱いと倫理綱領・行動規範

実習生は、一定の期間に限り実習施設・機関に所属し、クライエント等をはじめさまざまな方々の個人情報に触れ、取り扱うことになります。実習生は、ソーシャルワーク専門職となるための実習に取り組む立場から、養成校における実習指導や演習において個人情報の適切な取り扱いに関する十分なトレーニングを受け、実習に取り組む必要があることは言うまでもありません。その必要性を示す第一の根拠は、社会福祉士の倫理綱領及び行動規範にあることを理解することが必要です。

2020（令和２）年６月に採択された「社会福祉士の倫理綱領」Ⅰクライエントに対する倫理責任８（プライバシーの尊重と秘密の保持）では、「社会福祉士は、クライエントのプライバシーを尊重し秘密を保持する。」と示され、該当する社会福祉士の行動規範（2021（令和３）年３月採択）には、次のように説明されています。

表 2-8　社会福祉士の行動規範における「プライバシーの尊重と秘密の保持」

８．プライバシーの尊重と秘密の保持

社会福祉士は、クライエントのプライバシーを尊重し、秘密を保持しなければならない。

8-1　社会福祉士は、クライエントが自らのプライバシーの権利を認識できるように働きかけなければならない。

8-2　社会福祉士は、クライエントの情報を収集する場合、クライエントの同意を得なければならない。ただし、合理的な理由がある場合（生命、身体又は財産の保護のために緊急に必要な場合など）は、この限りではない。

8-3　社会福祉士は、業務の遂行にあたり、必要以上の情報収集をしてはならない。

8-4　社会福祉士は、合理的な理由がある場合を除き、クライエントの同意を得ることなく収集した情報を使用してはならない。

8-5　社会福祉士は、クライエントのプライバシーや秘密の取り扱いに関して、敏感かつ慎重でなければならない。

8-6　社会福祉士は、業務中であるか否かにかかわらず、また業務を退いた後も、クライエントのプライバシーを尊重し秘密を保持しなければならない。

8-7　社会福祉士は、記録の取り扱い（収集・活用・保存・廃棄）について、クライエントのプライバシーや秘密に関する情報が漏れないよう、慎重に対応しなければならない。

社会福祉士の行動規範に基づいて考えれば、個人情報の適切な取り扱いが求められるのは、実習の期間中だけではありません。行動規範には「８－６　社会福祉士は、業務中であるか否かにかかわらず、また業務を退いた後も、クライエントのプライバシーを尊重し秘密を保持しなければならない。」とあります。一定の期間に限られる実習施設・機関での実習ではありますが、実習生は実習終了後も実習に関連して得たクライエントの個人情報を適切に取り扱い、プライバシーを尊重することが求められます。

実習生が個人情報に触れることを一律に禁止するのではなく、個人情報を適切に取り扱う知識・技術が身についているか、どのようにトレーニングをしてきたかを、しっかりと確認することが大切です。

実習における個人情報の適切な取り扱いを考えるにあたり、はじめに倫理綱領を挙げたのは、当該条文を確認するためだけではありません。倫理綱領には、クライエントの利益を最優先に考えることや、クライエントの権利を擁護し、その権利を促進することが明記されています。個人情報保護法の運用にあたり、常にソーシャルワーク専門職としての倫理的な判断を意識することが求められています。

（2）実習と個人情報保護法

個人情報保護法は、「個人情報の適正かつ効果的な活用が新たな産業の創出並びに活力ある経済社会及び豊かな国民生活の実現に資するものであることその他の個人情報の有用性に配慮しつつ、個人の権利利益を保護すること」を目的としています（法第１条）。2005（平成 17）年４月の全面施行後、複数の改正を経て、ガイドライン等の見直しが行われています。

個人情報保護法には、情報技術の進展が著しいことなどから、３年ごとの見直し規定が設けられています。実習指導では、倫理綱領及び行動規範と同じく、個人情報保護法とその関連のガイドライン等の見直しに応じて、個人情報の適切な取り扱いについて、常に検討と見直しが求められているといえます。

個人情報保護法は、第１章から第８章で構成されています。第１章から第３章は基本理念等を規定しており、民間・公的分野を問わずに適用されます。第４章から第８章は民間分野の個人情報取扱事業者等の義務、罰則等を規定し、これに関連するガイドライン等が作成されています。公的分野では、地方公共団体等を対象とした「個人情報保護条例」に規定されています。

実習施設・機関には、民間分野や公的分野のさまざまな施設・機関が実習施設等の範囲に含まれています。すべての実習施設・機関は、個人情報取扱事業者であり、それぞれの実習施設・機関の特性に合わせて個人情報保護方針が検討されています。実習生もそれぞれが所属する実習施設・機関の個人情報保護方針に従うこととなります。実習施設･機関では、それぞれの個人情報保護方針について、実習生に十分に説明する必要があります。

個人情報保護法第２条第１項で定義される「個人情報」とは、「生存する個人の情報」であり、当該情報に含まれる氏名、生年月日、その他の記述等により特定の個人を識別することができるものを指します。死者に関する情報は、遺族等の生存する個人に関する情報でもある場合には、生存する個人に関する情報となります。クライエントの死後においても、個人情報の取り扱いは慎重に行われなければならないことがわかります。

個人情報保護法第２条第３項には、「要配慮個人情報」が「本人の人種、信条、社会的身分、病歴、犯罪の経歴、犯罪により害を被った事実その他本人に対する不当な差別、偏見その他の不利益が生じないようにその取扱いに特に配慮を要するものとして政令で定める記述等が含まれる個人情報」と定義づけられています。具体的には、政令に身体障害、知的障害、精神障害（発達障害を含む。）、その他の心身の機能の障害や被疑者または被告人として、逮捕、捜索、差押え、勾留、公訴の提起その他の刑事事件に関する手続きが行われたことなどが挙げられています。

実習のあらゆる局面において、実習生はこれらの要配慮個人情報に触れることは避けられません。要配慮個人情報の取得や第三者提供においては、本人同意が原則とされていることなど、その取り扱いについて実習生自身が十分に理解しておくことは必要不可欠です。

2 実習における個人情報の適切な取り扱い

実習生は第三者ではなく、一定の期間において実習施設・機関に所属する一員として、各施設・機関の個人情報保護方針を遵守することが求められます。実習の時点で資格をもっていない実習生が、実習施設・機関にあるクライエント等の記録その他の情報に触れるべきかどうか、クライエント等との直接のかかわりを通して個人情報に触れるべきかどうかなどの議論もあります。

しかし、ソーシャルワーク実習の教育に含むべき事項を網羅して学び、必要な価値規範や倫理、知識、技術を習得する上で、ケース記録や各種支援計画の閲覧などを通して個人情報に触れることやクライエント等との直接のかかわりをもつことは必要不可欠です。

そこで重要なのは、実習生が実習上知り得た個人情報等を適切に取り扱うことができるように、実習指導者や実習担当教員が協力して実習生の教育や管理を徹底することです。これは、将来、ソーシャルワーカーとしてクライエントの個人情報に常に触れる仕事につく可能性が高い実習生にとっても、重要な学びとなります。個人情報を適切に取り扱うことによって、実習を安全に実施することができるだけでなく、実習生のソーシャルワーク専門職としての成長に向けて、より効果的な実習プログラムを作成することが可能となります。また、実習施設・機関にとっては、日頃の個人情報保護の取り組みを見直し、適正化する機会となります。

次に、実習における個人情報の適切な取り扱いのための具体的な対応のポイントを示します。

(1) 個人情報の取り扱いに関する誓約書の作成

倫理綱領及び行動規範に加えて、実習生は実習施設・機関に対して個人情報の取り扱いに関する内容を含む誓約書を作成・提出します。誓約書の書式は、養成校が事前に用意することもありますが、実習施設・機関から書式を示し、養成校との合意の上で、実習生が署名し、提出することもあります。特に近年では、SNSをはじめとするソーシャルメディアを通した個人情報の流出のリスクが高まっており、取り扱いについては明確に規定する必要があります。

誓約書は、実習生が実習施設・機関に対して誓約するものですが、その内容については、養成校と実習施設・機関がお互いに確認し、合意しておくことが必要です。

(2) 実習記録におけるクライエント及び関係者の匿名化

ここでは、実習日誌や実習ノートの名称で実習生が作成する記録を「実習記録」と総称します。実習生が実習記録を作成する際に、どのようにクライエント及び関係者の匿名化を行うかについて、明確に説明しておくことが必要です。実習生は養成校の担当教員からもクライエント及び関係者の氏名をどのように記載するかについて、説明・指導を受けています。しかし、養成校では、一般的にどのように取り扱うべきかをすべての実習生に一律に説明することが多く、それぞれの実習施設・機関の事情に応じた説明をすることは難しいという事情があります。

例えば、「利用者の個人名の記述方法には細心の注意を払わなければならない。実習記録であっても利用者の氏名などをアルファベットに置き換える、もしくはイニシャルを使うなど、実習指導者の了解を得た書き方で記録を取る必要がある[1)]」とされています。実習施設・機関によっては、実習記録等へのイニシャルの使用がクライエントの特定につながるとして、不適切な取り扱いとされる場合もあります。

---

1) 日本ソーシャルワーク教育学校連盟編『最新 社会福祉士養成講座⑧ ソーシャルワーク実習指導・ソーシャルワーク実習［社会専門］』中央法規出版、2021年、p.69

実習施設・機関として、実習記録におけるクライエント及び関係者の氏名の記載をどのように取り扱うか、事前に検討し、確認しておくことも必要です。二次的な実習受入部署や実習課題担当者も含め、実習施設・機関内で統一した対応ができるようマネジメント機能を発揮することが期待されます。

(3) 面接や訪問、会議等におけるクライエント等及び関係者への説明と同意

実習生を実習施設・機関として組織の一員とみなして実習を実施する一方で、実習生に対するクライエント等や関係者の見方はそれぞれに異なることが予想されます。例えば、面接や訪問、会議等に実習生が同席する実習プログラムなどを実施する場合には、事前に説明と同意を得る必要があります。説明の際には、実習における実習生の立場と個人情報の取り扱いについて、十分な理解が得られるよう取り組むことが必要です。例えば、実習生は個人情報の取り扱いについてトレーニングを受けていること、実習記録その他に個人名が出ることは一切ないこと、実習生は実習で知り得た個人情報等について守秘義務があり、誓約書を提出していることなどを必要に応じて事前に説明します。実習プログラムや会議の内容等によっては、当事者や責任者への書面での依頼や同意の確認が必要な場合もあり、対応を検討する必要があります。

(4) 個人情報保護及びプライバシー保持のための適切な配慮

個人情報の流出やプライバシーの侵害は、基本的なことに留意していても、ふとした瞬間に発生してしまうことがあり、あらゆる局面において適切な配慮を必要としています。例えば、実習生が実習指導者のスーパービジョンを受けている際に他者に声が聞こえてしまう可能性や、病室でクライエントから話を聞く場合や周囲に人がいるなかで地域の方から話をうかがう際にその会話の内容が他者に聞こえてしまう可能性などは、常に留意しておく必要があります。

実習記録やメモ帳の管理も細心の注意をもって行うように実習生に伝えることが必要です。通勤の途中をはじめ、移動中に落としてしまう可能性や電車のなかなどの公共の場所で開いた際に周囲の人に見られてしまう可能性もあります。実習生に対して「注意するように」と伝えるだけではなく、これらのような具体的な場面をもとに説明します。説明に加えて、実習生の日頃の行動から、その理解度を確認します。

これらの配慮は、個人情報流出及びプライバシー侵害のヒヤリハット事例を踏まえ、定期的な実習の振り返りなどで確認をしておく必要があります。倫理綱領に基づいた行動や判断にも関連しており、ソーシャルワーカーのスキルとして捉えて取り組むべきです。

同時に、実習生は実習指導者やその他の職員らの個人情報保護及びプライバシーの保持に対する姿勢や行動を観察しています。実習指導者やその他の職員らが個人情報の適切な取り扱いやプライバシーを保持する意識を行動で示すことは、実習を通してソーシャルワーク専門職としての個人情報保護及びプライバシーの保持の学びを深めることに対して、大きな役割を果たすといえます。

メゾ・マクロレベルでの問題を検討していく際には、個人情報の主体が誰になるのか、わかりにくいことが多くあります。倫理綱領に基づいた判断や個人情報保護法の遵守を強く意識していても、倫理的ジレンマ等により判断が難しい場合も少なくありませんし、正解が何かわからない事例もあるか

もしれません。そのような場合は、適切に倫理的ジレンマに向き合うことで関係者の不利益の発生を予防したり、損害を最小限にとどめるための対応をしたりすることに、実習生とともに取り組むことも、実習指導者に求められる姿勢です。

3 実習生自身の個人情報の保護

実習生自身も、個人情報を保護されるべき対象です。養成校の実習担当教員は、実習生に関するさまざまな情報を知り得る立場にはありますが、すべてを知っているわけではありません。また、知っている情報であっても、要配慮個人情報（本人の人種、信条、社会的身分、病歴、犯罪の経歴、犯罪により害を被った事実その他本人に対する不当な差別、偏見その他の不利益が生じないようにその取扱いに特に配慮を要するもの）にあたる情報を伝える際には本人同意が必要であり、本人が同意しない場合には実習指導者に伝えません。養成校の実習担当教員が知らない情報を、実習施設・機関の実習指導者が知ることもあります。その情報を養成校の実習担当教員に共有する際にも、実習生本人の同意が必要です。

実習委託契約（協定）書等のモデル様式（p.304）でも、養成校は実習施設・機関に対して実習生に関する個人情報を最小限の範囲で提供することが示されていると同時に、実習施設・機関は実習生の個人情報について守秘義務を負うものとすることが明記されています。

実習生自身や養成校と同様に、実習施設・機関にも実習生の個人情報の保護が求められており、そのためのあらゆる配慮が必要です。例えば、実習前に実習生の情報が書き込まれた個人調書を受け取りますが、その情報は適切に管理しなければなりません。その他、実習を通して実習生の個人情報に触れる機会があり、その個人情報を本人の同意なしに他者に伝えることは不適切です。これらに関連して、実習生に対する評価情報等についても、本人の同意なしに他者に伝えることは適切ではありません。

２か所以上の実習では、自分の施設・機関外から評価情報を問われる可能性もあります。実習生本人から、もしくは、実習生本人及び養成校の実習担当教員との打ち合わせを通して確認するよう伝える必要があります。偶然にも、もう一方の実習施設・機関の実習指導者と個人的なつながりがある場合にも、本人の同席なしに評価情報を伝えるのは避けるべきです。

これらのほかに、実習生の情報が書き込まれた書類や実習生本人が所有する携帯電話、個人情報と関係するカード類の管理などについては、クライエント等や関係者の目に触れないように管理を徹底しなければなりません。

第５節

実習マネジメントの流れと必要な具体的準備・対応

本章の最後に、第１節から第４節でみてきた実習マネジメントに必要な具体的準備と対応を確認します。ここまで実習マネジメントの必要性や内容について説明するなかでそれぞれ折に触れて説明してきていますが､実習受け入れの決定前（実習決定前)､実習受け入れ決定から実習受け入れ開始前（実習前)、実習の受け入れ期間中（実習中)、実習受け入れ期間の終了後（実習後）までの流れに沿って整理し、必要な具体的準備と対応を説明したいと思います。なお、この流れに含まれる手続きは、実習施設・機関の実情によって違いがあります。

また最後に、２か所以上での実習における実習施設・機関間の連絡調整・マネジメントについて、説明したいと思います。

図 2-9　実習マネジメントの流れ（例）

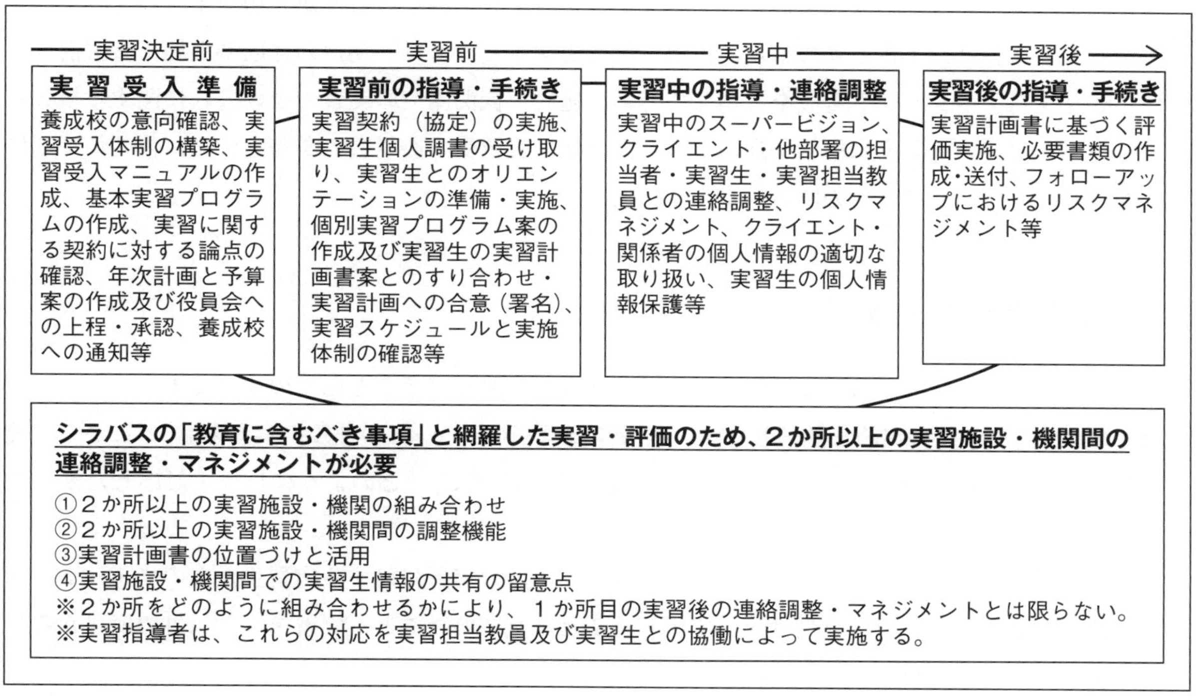

実習決定前
実習前
実習中
実習後
実習受入準備
養成校の意向確認、実習受入体制の構築、実習受入マニュアルの作成、基本実習プログラムの作成、実習に関する契約に対する論点の確認、年次計画と予算案の作成及び役員会への上程・承認、養成校への通知等
実習前の指導・手続き
実習契約（協定）の実施、実習生個人調書の受け取り、実習生とのオリエンテーションの準備・実施、個別実習プログラム案の作成及び実習生の実習計画書案とのすり合わせ・実習計画への合意（署名）、実習スケジュールと実施体制の確認等
実習中の指導・連絡調整
実習中のスーパービジョン、クライエント・他部署の担当者・実習生・実習担当教員との連絡調整、リスクマネジメント、クライエント・関係者の個人情報の適切な取り扱い、実習生の個人情報保護等
実習後の指導・手続き
実習計画書に基づく評価実施、必要書類の作成・送付、フォローアップにおけるリスクマネジメント等
シラバスの「教育に含むべき事項」と網羅した実習・評価のため、２か所以上の実習施設・機関間の連絡調整・マネジメントが必要
①２か所以上の実習施設・機関の組み合わせ
②２か所以上の実習施設・機関間の調整機能
③実習計画書の位置づけと活用
④実習施設・機関間での実習生情報の共有の留意点
※２か所をどのように組み合わせるかにより、１か所目の実習後の連絡調整・マネジメントとは限らない。
※実習指導者は、これらの対応を実習担当教員及び実習生との協働によって実施する。

1 実習決定前

（1） 実習業務の整理と伝達

実習の受け入れを決定する前の準備として、はじめに実習業務の整理に取り組みます。年間でどの程度の人数や日数（時間数）の実習生を受け入れるのか、どのような種別の実習を引き受けるのかを、養成校の依頼や実習施設・機関の都合等に基づいて検討し、どの程度の実習業務が発生する可能性があるかを整理しておきます。この際、実習施設・機関側の実習指導者の異動、施設の建て替えなどの事情も加味して、次年度の受け入れについて実習受入委員会で検討します。

実習受入委員会では、検討した結果をもとに年次計画（案）を作成します。この年次計画（案）を施設・機関の役員会等に提出し、組織としての承認を得る必要があります。

実習に関連する業務は、実習指導者のみで取り組むものではなく、組織的な承認を得て、受け入れをする施設・機関として取り組みます。実習全体の振り返りや養成校の実習報告会・実習指導者会議等への出席、実習の評価の実施、二次的な実習受け入れ、その他さまざまな業務が発生し、実習指導者以外の職員にも負担が生じます。

これらの業務が発生することを、実習指導者の上司や同僚にも伝達し、理解を得ておくことが大切です。実習に関連する業務の全体的な内容や量、業務分掌について、上司や同僚の理解を得ることも、実習マネジメントとして大事な手続きです。

（2） 実習受入体制の確認

実習業務の整理と並行して、実習受入体制の確認をしていきます。実習受入体制は、実習前・実習中・実習後を一貫した方針のもとに編成する必要があります。実習受入体制づくりに関連して、実習受入委員会については本章の第２節で説明しています。実習受入委員会を中心として構築された実習受入体制は、毎年の体制の確認を通して、メンテナンスを欠かさないことが大切です。

実習受入委員会は、実習業務の整理のほか、次に説明する（3）～（8）の作成や実施、実習前・中・後に必要な実習マネジメント全般を分担して行い、施設・機関内での実習の受け入れに関する核となる役割を果たしていくように準備を進めます。その他の実習受入委員会の業務も含め、体制づくりに必要な取り組みについて、次の**表 2-9** に示します。

（3） 年次計画の作成

年次計画（案）を作成する際に、実習指導者が整理しておくべきことは次の４点です。

はじめに、当該年度の実績を整理します。当該年度は、「いつ」「どの種類の実習を」「どこから（養成校等）」「何人」「誰が担当して」「どのような受け入れ体制で」「どのように指導・対応したか」を簡潔にまとめます。

次に、当該年度の評価と振り返りを整理します。当該年度の実習に対する実習生からのフィードバック、実習指導者として実習生を受け入れて感じたこと・気づいたこと、実習指導者以外の職員からのフィードバックをまとめます。

表 2-9　実習受入委員会が取り組む内容

①年次計画（案）・予算（案）を作成する。
②年次計画・予算に基づいて実習の受け入れを実施する。
③組織の情報公開基準に従い、実習受け入れに関する情報を公開する。 ア）実習受け入れの窓口の明確化と公表 イ）実習の受け入れ体制 ウ）実習に関する苦情の受付方法
④ソーシャルワーク実習を円滑に行うためのツールの作成・管理 ア）養成校との連絡調整の仕組み イ）「実習受け入れのしおり」と「基本実習プログラム」の作成と修正 ウ）「個別実習プログラム」に基づいた関連部署・職種との連携と調整 エ）クライエント等への説明と承諾（サービス等の利用開始時に実習の受け入れをしていることを、書類をもって説明し、承諾を得る。また、館内に掲示しておく） オ）実習生の管理・指導に関する資料の作成 カ）クライエント等、実習生の個人情報管理の仕組み キ）リスクマネジメントの仕組み ク）苦情対応の仕組み ケ）実習期間中の情報交換の仕組み コ）反省会の開催 サ）実習指導者ならびに担当者の研修等の計画 シ）実績報告書の作成

出典：日本社会福祉士会編『社会福祉士実習指導者テキスト 第２版』中央法規出版，2014 年，pp.80 ～ 81 の内容を一部改変し作成

これらの記述は、実習受け入れの意味・意義を役員や他の職員に理解を得るために重要です。

３点目に、次年度のソーシャルワーク実習の受け入れの全体像がわかる資料を作成します。次年度の実習受入計画の一覧表（受入期間、時間数、１か所目か２か所目か、実習内容（社会福祉士養成・帰校日）、学校名、受入人数）と実習マネジメントの年間の業務の流れがわかる表（**表 2-10** 参照）を作成します。

この実習マネジメントの年間の業務の流れは、８月から９月頃にかけて 180 時間分の実習を受け入れる場合を想定した例です。それぞれの実習施設･機関で、それぞれの組織の特徴や手続きに応じて、この表を作成してください。

４点目に、実習受け入れに伴う収支バランスがわかる予算（案）を作成します。予算についても、年次計画に合わせて役員会等に提出し、組織として承認を得ておくことが必要です。

これらを実習施設・機関内で共有しておくと、実習業務の整理と伝達の際に役立ちます。これらはそれぞれ、実習を受け入れる施設・機関の規模や種類によって、求められる書類や説明に違いがあるので、自分の所属組織の手続き方法に合わせて、活用してください。これらの手続きを丁寧に行うことによって、施設・機関の業務の一部として実習を位置づけることと、実習に関連する業務の内容と量を上司や同僚に理解してもらい、協力体制を構築することができます。

表 2-10　実習マネジメントの年間の業務の流れ（例）

年度	月	ソーシャルワーク実習受入前対応	ソーシャルワーク実習受入後対応
受入前年度	9月		実習生受け入れ終了、職場内での振り返り、実習生の評価実施、養成校への評価表等の書類の送付
	10月	養成校への次年度の実習に関する意向確認 次年度の実習生の受け入れ検討	「実習受入マニュアル」ほか、実習関連ツールの改訂作業
	11月	実習指導者講習会への参加等	
	12月	次年度実習受入計画（案）・予算（案）の作成	
	1月	次年度実習受入計画・予算（案）の役員会への上程	
	2月	次年度実習受入計画・予算（案）の役員会承認、施設・機関の年次計画・予算（案）への掲載	養成校の実習報告会・スーパーバイザー連絡会等への出席
	3月	施設・機関の年次計画・予算の役員会承認、養成校への次年度実習受入に関する通知、実習委託契約のための協議、契約締結	
受入年度	4月	施設・機関の年次計画、実習受入計画の職員への周知、実習受入委員会での業務内容の確認	前年度の実習受入実績報告書・決算（案）の作成
	5月		前年度の実習受入実績報告書・決算（案）の役員会への上程 施設・機関の年次報告・決算（案）への掲載 施設・機関の年次報告・決算の役員会承認
	6月	実習生を特定するための養成校との調整、養成校との打ち合わせ等の実施	実習受入情報の公開
	7月	実習生への事前のオリエンテーション実施（遅くても実習開始1か月前）	
	8月	実習受け入れ	

（4）養成校への事前確認内容

実習の受け入れにあたり、養成校に事前に確認すべき内容は実習施設・機関によって異なります。実習契約を結ぶ前に協議すべき内容については、すでに第2節の❷に示しています。ここではその「実習契約を結ぶ前の協議」に先立って、養成校の考え方等についてどのような内容を事前に確認しておくか、実習受入委員会等において検討する際の参考に、次の**表 2-11** に内容例を示します。

これらの情報と関連させて実習受け入れの条件等を検討しておくと、前記の事前に確認する内容を

表 2-11　養成校の考え方等について事前に確認する事項（例）

・養成校のソーシャルワーク実習に対する姿勢 ・養成校が当該実習施設・機関を実習先に選び、依頼をした理由 ・実習生と実習担当教員（主に巡回指導を担当する教員）との関係性 ・教員の資格、資質向上に関する方策 ・実習生が実習前にどのようにソーシャルワークを学んできたか ・事故や問題等が起きた場合の養成校の対応体制と対応の考え方 ・実習生が加入する保険の内容 ・養成校の実習指導体制と連絡窓口

質問する根拠となります。これらを「実習契約を結ぶ前の協議」に先立って確認し、養成校の体制が実習受入条件に合致する体制を整えているかどうかを検討するための材料とします。これらの内容は、養成校で作成している「実習要綱」や「実習の手引き」などから確認できることもあります。

（5）実習受入マニュアルの作成

1）実習受入マニュアルの必要性

マニュアルを作成することによって、特に実習生の受け入れに共通して実習中に発生するさまざまな出来事やそれらへの対応、実習を運営していく上で生じる手続きについて、誰がどのように行動するかを示すことができます。実習施設・機関として全体に一貫性のある対応を行うことができるという点で、大きなメリットがあります。実習受入マニュアル（例）（p.87）を合わせて確認してください。

マニュアルがあることで、実習受け入れにかかわる職員が、自らマニュアルを確認し、自分自身がどのように動くべきか理解できるため、効率的な実習運営にも役立ちます。マニュアルには、作成時の話し合いやその後の実習受け入れの経験による話し合いの結果が反映されるため、同じ議論を繰り返す必要がないことや、議論が必要な場合でもマニュアルにある内容をスタートラインにして話し合いを始められるという点でも、効率的な運営に役立つと言えます。

また、実習受け入れの責任者や担当者が異動によって交代する場合にも、引継ぎが容易となり、引き続き同じ流れとルールに基づいて実習を運営することができるという利点もあります。これにより、対外的な、特に養成校からの信頼性も高まります。

2）実習受入マニュアル作成のポイント

実習受入マニュアルは、単に作成すれば機能するものではありません。実習指導者が個人的に作成したものは、組織としてのマニュアルとして機能しません。実習受入マニュアルの作成にあたり、マニュアルとして機能するための条件があり、事前に確認しておく必要があります。次の**表 2-12** にその条件を示します。

表 2-12 の条件を満たした上で、実習受入委員会を中心に議論を尽くし、作成していきます。ここで気をつけたいのは、実習受入マニュアルに「完成」はないということです。実習受け入れの経験を通して、内容の検証を繰り返し見直します。このプロセスを通して実習受入マニュアルを精緻化するとともに、当初は含まれていなかった内容を追加することや時代や制度の変化に伴って内容を更新していくことを継続して行っていくことが必要です。実習受入委員会は、マニュアル作成後も、引き続

表 2-12　実習受入マニュアル作成の条件

・実習受入マニュアル作成について、施設・機関としての承認が得られている。 ・実習受入マニュアル作成担当者の責任と権限について、施設・機関の業務として認められたものとなっている。 ・実習受入マニュアルを作成することと担当者が、組織内で周知されている。 ・実習受入マニュアルの作成手続きが、他の実習にかかわる職員等が参画可能なものであり、透明性が確保されたものとなっている。

き見直しの役割を担い続けることになります。

3）マニュアルの限界

マニュアルは万能ではなく、限界もあります。実習の受け入れにおいて発生する事象は、必ずしもマニュアルに記載されているものとは限りません。想定外の出来事に対しては、実習指導者を中心に実習受入委員会で検討し、施設・機関として決定するプロセスを必要とすることもあります。

一方で、マニュアルであまりにも細かく対応を決めすぎると、記載された内容に縛られ、そのときに求められる柔軟な検討ができなくなることがあります。単に「マニュアルを作成したから、マニュアルどおりに実習受け入れをしていけばいい」として、多様な事情が背景にある出来事を画一的な基準に基づいて意思決定していくことは、さまざまな人の不利益につながることもあり、信用を失うことにつながる可能性もあります。マニュアルには限界があることや、メリット・デメリットがあることを踏まえ、実習を円滑に運営していくための「ツール」として実習受入マニュアルを活用していくことが重要です。

（6）実習生等受入規程の作成

実習生の受け入れにあたって発生する業務の分掌や実習受け入れの年次計画、予算、実習受入マニュアルの作成に加え、より実習運営に関する責任体制を明確にするために、法人として実習生等受入規程（p.108）を作成しておくことも1つの方法です。他の文書と同様に、法人として承認を得ておく必要があります。

（7）実習生へのしおりの作成

実習生へのしおりは、実習を受け入れるにあたって、実習生本人が知っておくべき実習施設・機関の思いや考え方、実習の時間、その他の情報をしおりとしてまとめたものです（p.103）。実習生へのしおりとして作成しておくことによって、実習生への情報提供を抜けや漏れなく行うことができるとともに、実習に関するルールを忘れずに説明し、共有することができます。

（8）ソーシャルワーク実習委託契約（協定）書等（モデル様式）の確認

実習は、実習施設・機関と養成校の契約に基づいて行われるものであり、ソーシャルワーク実習委託契約（協定）書（以下「実習契約（協定）書」（p.304））とソーシャルワーク実習に係る教育と指導に関する合意書（以下「合意書」（p.306））及びソーシャルワーク実習教育ならびに実習指導に関する指針（以下「指針」）（p.310））を確認しておくことは必要不可欠です。実習施設・機関として、養成校が作成した実習契約（協定）書を十分に理解しないまま、契約を結ぶことがないように準備しておく必要があります。実習施設・機関の意向と一致しない場合には、養成校に対して実習契約（協定）書と合意書の書式の変更について、双方で議論することもあります。

いずれにしても、実習契約（協定）書及び合意書の内容を提示するのは養成校です。実習受け入れの内諾をする前に、実習施設・機関としての実習契約（協定）書及び合意書の書式のあり方を十分に実習受入委員会で議論しておくことで、養成校との実習契約（協定）書及び合意書の内容の変更を依頼することができます。

2 実習前

（1）実習契約を結ぶ

1）実習契約の意義と種類

養成校に対して実習生を受け入れる内諾をしたとしても、実際には、実習契約（協定）書に合意できなければ、実習生の受け入れは成立しません。実習契約（協定）を結ぶことは、実習施設・機関と養成校の人材養成等に向けた協働のスタートラインであり、両者の十分な協議に基づいて行われる必要があります。

実習契約を結ぶことを通して、実習運営に関する取り決めや実習中におきる可能性があるさまざまな問題の責任の所在や対応について事前に協議し、問題の発生を未然に防ぎます。また、問題によって生じる不利益を最小化できるように取り組みます。

実習契約の種類は、前記に示した①実習施設・機関と養成校との間の契約のほか、この組織間の契約に即して、②実習施設・機関と養成校の具体的な役割分担の合意形成等の確認（合意書）、③組織のルールや実習生の権利擁護と遵守事項、スーパービジョンに関する実習指導者と実習生との間の契約、④実習施設・機関と二次的な実習受入施設・機関との間での実習内容や条件の合意形成等の確認の４つに整理することができます。

2）実習契約（協定）書（p.304）

実習契約（協定）書に記載されている具体的な内容は次の**表2-13**のとおりです。この表は、実習契約（協定）書をもとに作成しています。例えば、養成校からこのような内容で実習契約（協定）書が示された場合、実習施設・機関としてこの内容に合意できるのか、しっかりと実習受入委員会で検討した上で、組織内の手続きを経る必要があります。

なお、実習契約（協定）書に示されている内容で詳細な説明が必要な内容については、それぞれ「合意書」によるものとされています。

表 2-13　実習契約（協定）書の論点と内容（例）

論点	内容
実習の最終的な責任の所在	養成校が負う。
実習の内容	日数・時間。プログラムは実習施設・機関から示され、養成校との協議により決定する。
実習施設・機関の実習指導責任者の明示	実習指導責任者は、実習施設・機関によって「実習指導者」となる場合のほかに「責任者」を置く場合があるため、職場の実情に応じて適宜修正する。
連携と協力	実習施設・機関と養成校が実習実施に連携・協力することを明示する。
実習生の過失等による実習施設・機関またはクライエント及び第三者への損害の責任	実習生もしくは養成校が賠償責任を負う。その責任の範囲は実習生が養成校を通して加入する賠償責任保険によるものとする。意図的な悪意による事故は保険の対象にならない可能性がある。
実習生の事故及び災害時等に対する責任	実習施設・機関に故意または過失がある場合を除き、実習生もしくは養成校が負う。
緊急時の対応	養成校は実習施設・機関に対してあらかじめ実習中の事故、病気、天災等緊急時における連絡先を伝えておく。やむを得ない事情で連絡が困難な場合は実習施設・機関の判断で対応後、速やかに養成校に連絡する。
クライエントへの責任	実習施設・機関が負う。実習施設機関はクライエントへの権利侵害が生じないように適切に配慮する。
実習生の権利と個人情報保護	実習施設・機関は、実習生の権利を侵害（ハラスメント等）しないよう適切に配慮する。養成校は実習施設・機関に対して実習生に関する個人情報を必要最小限の範囲で伝える。実習施設・機関は実習生の個人情報に守秘義務を負う。
実習生の義務	実習生に対する実習中・後の守秘義務を明記する。その他、実習生は実習指導者の指示に従うことを明記する。
実習にかかる費用	養成校が実習施設・機関に支払う実習指導料（謝金ではない）を明示する。ほかに実習中に生じる費用（宿泊費、飲食費、駐車料、施設利用料等）の扱いを明示する。
実習フィードバック・システム	合意書に基づいて実習フィードバック・システムを構築することを明記する。
契約（協定）書の解除、変更	合意書の「実習中止の措置」に該当する状況に至った場合、実習施設・機関と養成校の協議により解除、変更を行うことができる。
取り決めのない事項	実習施設・機関と養成校の協議による。

3）実習指導者としての留意点

実習契約（協定）書と関連して、実習指導者としての留意点を「クライエントの権利擁護」「実習生の権利擁護」の視点から確認しておきたいと思います。

はじめに、実習におけるクライエントの権利擁護の視点です。ソーシャルワーカーによるクライエントへの権利侵害が発生することがあるのと同じく、実習においても権利侵害が発生する可能性があります。ソーシャルワーク実習におけるクライエントの権利に対しては、実習施設・機関が責任を負うことが、実習契約（協定）書（例）に明記されています。クライエントの権利を擁護しつつ、いかに効果的な実習の機会を担保するか、十分な検討が必要です。検討の結果は、実習受入マニュアルに明記しておくなどの試みも必要です。

次に、実習生の権利擁護の視点です。実習生は実習中において弱い立場に置かれることが多く、ハラスメントの発生や個人情報の流出などのリスクが高まります。実習指導者は、実習生の権利を擁護し、プライバシーを保護する立場にあることを強く自覚する必要があります。実習契約（協定）書（例）には、実習施設・機関に対して、ハラスメント等の権利侵害が発生しないように適切に配慮することと実習生の個人情報に関する守秘義務が明記されています。

過去には、実習指導者による実習生へのストーカー行為やセクシャル・ハラスメントの事例も報告されています。また、実習指導者以外の職員からのセクシャル・ハラスメント等も報告されています。実習生が実習時間以外に職員に飲食の席に誘われていないか、そのことで実習生が悩んでいないかなどにも気を配ります。

実習指導者として、自らが実習生に対するハラスメントをしないことはもとより、ハラスメントが起こらないように組織全体に注意を払うことも求められています。実習生が弱い立場におかれる可能性を理解し、適切に実習が進められるよう配慮していくことは、実習指導者の責任の１つです。

4）合意書（p.306）

組織間で取り交わした実習契約（協定）書に即して、双方の具体的な役割分担や合意形成等の確認を行うために作成するのが合意書です。実習契約（協定）書にも「詳細については合意書に定める」や「合意書に基づき」とされている箇所が複数あります。例えば、実習中止の措置について、実習契約（協定）書には、実習施設・機関と養成校の協議の上で契約の解除や変更を行うことができることが示されており、合意書には具体的な手続きとしてどのような事態が生じた場合に実習中止の措置を協議するか、また、実習指導者と実習担当教員が協議を行うことが明記されています。

5）指針（p.310）

合意書の様式集の第９条には、実習教育ならびに実習指導に関する指針を、「ソーシャルワーク実習教育ならびに実習指導に関する指針」として定め、実習施設・機関と養成校双方が真摯に履行するものとして位置づけられています。

指針（例）は「養成校と実習担当教員の対応」「学生（実習生）の対応」「実習施設・機関と実習指導者の対応」の三者の立場からそれぞれ「事前対応」「実習中の対応」「事後対応」の３つのフェーズでそれぞれが基本的に対応すべき内容が示され、９つの領域から構成されています。

（2）実習生とのオリエンテーション及びスーパービジョン契約

実習生との事前のオリエンテーションにおいて打ち合わせる内容については、「実習生にかかわるマネジメント」ですでに説明しています。改めて確認し、適切に実習生との事前オリエンテーションを実施するよう留意します。具体的な手続きとして、実習指導者と実習生との契約等を確認します。

実習スーパービジョンについては、合意書の「実習関係者の協力義務」に位置づけられると同時に、

「実習フィードバック・システム」においても重要な機会として位置づけられています。「実習フィードバック・システム」の意味は、指針の第６条に示されているので確認してください。実習中のスーパービジョンをどのように実施するか、実習前に決めておく必要があります。

3 実習中

（1）実習中のスーパービジョン

実習契約（協定）や実習合意書、指針、スーパービジョンに関する実習指導者と実習生との間の契約やスーパービジョンの実施計画に基づいて、実習中のスーパービジョンに取り組みます。実習指導者として、実習生とのスーパービジョンの時間を計画的に確保するほかにも、実習の状況に応じたスーパービジョン、実習生の求めによるスーパービジョンの機会をもつ必要があります。

定期的なスーパービジョンでは、実習生が何を事前に準備してスーパービジョンに臨む必要があるかを明確にしておくと、より効果的・効率的なスーパービジョンの実施につながります。

巡回指導及び帰校日指導では、養成校の実習担当教員によるスーパービジョンが行われます。特に、帰校日指導では、どのようなスーパービジョンが実施されたかについて、実習生本人から簡単に報告を受けられるようにしておくことも、双方によるスーパービジョンがより効果的に機能する可能性を高めます。

（2）実習プログラムの運営と連絡調整

実習プログラムの運営にあたり、養成校の担当教員との連絡調整に加え、実習施設・機関の組織内の連絡調整、二次的な実習施設・機関との連絡調整を行うことは必要不可欠です。

実習プログラムには、実習生が実習指導者等とともにほかの施設や機関やクライエント宅へ訪問する機会、会議やイベント等に参加する機会があります。先方の事情やタイミング等によって判断は異なりますが、基本的には、実習生が同行・同席することを予め連絡し、同意を得ておく必要があります。同行する会議の内容によっては、実習生が守秘義務に関する書類を作成し、提出することが求められることもあります。

実習指導者は、これらの手続きを行うことで、クライエントや関係者に対する実習を通した権利侵害が発生しないよう配慮するとともに、実習生に対する権利侵害や不利益が発生しないように連絡調整の役割を果たします。

これらのことからもわかるように、実習指導者は、実習プログラムの運営における連絡調整をリスクマネジメントの一部と認識して、取り組む必要があります。

4 実習後

実習期間は終了しても、実習からの学びは終了していません。実習後の取り組みとして、①実習計画に基づく評価への協力と②実習受け入れの成果の確認と振り返りについて、実習マネジメントの観点から考えたいと思います。ここでの「実習計画」とは、実習指導者が作成する個別実習プログラムと実習生が作成する実習計画書の両方を指す総称です。

（1）実習計画に基づく評価への協力（評価表の作成）

評価への協力（評価表の作成）は、実習計画に基づいて、根拠をもって行われる必要があります。2か所以上・240時間以上の実習で、厚生労働省通知によって示された教育に含むべき事項について、網羅的に十分な学びを得て、技能を習得したかどうかを評価することが求められます。そこで、1か所目と2か所目以降の「個別実習プログラム」の組み合わせによって、網羅的に評価表の項目を評価できるかどうかを確認することが必要です。

また、この評価は、実習生がソーシャルワーカーになるために、実習後にどのようなことに取り組み、自己研鑽を継続していくかを検討する重要な資料となります。実習生に開示されることを予め認識し、真摯な評価を行わなければなりません。また、各項目における点数評価の整合性を担保するとともに、具体的なコメントを記述することも必要です。

実習指導者は、実習生からの疑義や養成校の実習担当教員からの問い合わせにも、根拠をもって説明責任を果たせるよう、準備をしておかなければなりません。

（2）実習受け入れの成果の確認と振り返り

実習受入委員会では、実習期間が終了して間もなく、実習指導者をはじめ、実習の責任者や各部署の実習担当者等の関係者とともに、実習受け入れを振り返ります。その際には、①ソーシャルワーク実習の教育に含むべき事項に基づいた実習プログラム（基本・個別）が有効に機能したか、②実習プログラムの運営のあり方、③実習生への指導のあり方、④実習施設・機関やクライエント等の関係者への影響、⑤施設・機関としてのサービスの質の向上への示唆、⑥養成校及び実習担当教員との連絡調整のあり方等について、振り返ります。

これらをもとに、実習生等受入規程や実習受入マニュアル、実習生へのしおり等のツールの見直しをはじめ、養成校との確認事項等を見直す作業を行います。

5 2か所以上での実習における実習施設・機関間の連絡調整・マネジメント

（1）2か所以上での実習施設・機関の組み合わせ

「令和元年度社会福祉士養成課程における教育内容等の見直し」において、実習は「機能の異なる2か所以上の実習施設・機関」「1つの実習施設・機関で180時間以上の実習、合計240時間」となりました。旧カリキュラムにおいても「1つの実習施設・機関で120時間以上」とされていたことから、2か所以上での実習施設・機関を組み合わせること自体は新しいことではありません。

この見直しでは、実習において地域における多様な福祉ニーズや多職種・多機関協働、社会資源の開発等の実態を学ぶことを可能にするため、実習の教育内容が見直され、実習時間数が180時間から240時間に拡充されています。また、科目の「ねらい」や「教育に含むべき事項」等が、シラバスや授業内容に適切に含まれるよう留意することが求められており、実習も同様に留意して実施する必要があります。

この見直しの主旨を受け、2か所以上の実習施設・機関の組み合わせにより、厚生労働省の通知にある「教育に含むべき事項」を網羅的に習得できるように配慮する必要があります。そこで、養成校の実習担当教員は、2か所以上の実習施設・機関をどう組み合わせれば、実習生が「教育に含むべき事項」を網羅した実習を行い、評価を実施できるか、十分に考慮して240時間以上をデザインすることになります。

養成校の実習担当教員が240時間の実習の組み合わせをデザインする際に必要なのが、各実習施設・機関の基本実習プログラムです。実習施設・機関の実習指導者は、実習受け入れの決定に先立ち、ソーシャルワーク実習の「教育に含むべき事項」を実習施設・機関として実施する方法やプロセスを記載したものとして、基本実習プログラムを作成します。実習生は、実習担当教員の指導を受け、実習施設・機関が作成した基本実習プログラムを基に、実習期間や時間数、ほかの実習施設・機関を踏まえて、実習計画書を作成します。

養成校の実習担当教員は、実習施設・機関の基本実習プログラムを確認し、「教育に含むべき事項」が網羅できるように2か所以上の実習施設・機関の組み合わせを検討します。

2か所以上の実習施設・機関の基本実習プログラムを組み合わせても、「教育に含むべき事項」が網羅されない可能性もあります。養成校の実習担当教員は、実習指導者と協議し、基本実習プログラムへのプログラムの追加等を相談することがあります。実習指導者と実習担当教員が、ともに実習プログラムづくりに取り組む機会をもつことが大切です。

（2）2か所以上での実習施設・機関間の調整機能

「教育に含むべき事項」を網羅的に習得するためには、1か所目と2か所目以降の実習施設・機関との間の調整機能が求められます。この調整機能は主に養成校の実習担当教員によって担われます。実習の実施時期によっては、1か所目の実習での実習目標の達成状況や実習内容の実施状況によって、すり合わせ済みであった2か所目以降の実習の個別実習プログラムの変更が必要になる可能性もあります。

養成校によって、また、実習生によって、1か所目と2か所目以降の実習施設・機関の組み合わせの方法は多様になる可能性もあります。1か所目の実習施設・機関での実習目標の達成状況も、実習生によって異なるかもしれません。それらの状況を踏まえ、ソーシャルワーク実習の教育に含むべき事項を、網羅的に習得できるようにするためには、実習生及び実習担当教員を介した実習施設・機関間の調整機能が必要となります。また、実習担当教員がその調整機能を担う際には、実習指導者の協力が必要となります。調整機能を果たすために、会議等を開催することもあります。

（3）実習計画書の位置づけと活用

調整機能を発揮する上で活用可能なツールとして、実習計画書が挙げられます。実習計画書とは、実習施設・機関が作成した基本実習プログラムをもとに、実習担当教員の指導のもと、実習生が作成するもので、厚生労働省通知に示されている「教育に含むべき事項」を網羅して実習に取り組むことを踏まえ、各事項に対してどのような実習プログラムによって目標を達成しようとするのかを示しています。モデル実習計画書を参照してください。

一方、実習指導者は、養成校からの実習依頼を受け、時間数や日程が確定したところで、実習施設・機関で作成した基本実習プログラムをもとに、当該実習生の個別実習プログラムの案を作成します。個別実習プログラムは、当該実習生の具体的な実習内容と順序を設定した予定表・日程表です。

事前のオリエンテーションで実習生が提出する実習計画書の内容と当該学生の個別実習プログラムの原案とのすり合わせを行います。実習指導者は、このすり合わせの結果を反映させて、実習生の個別実習プログラムを作成します。

このように、最終的に個別実習プログラムを決定するには、実習生及び実習担当教員との事前の打ち合わせが必要です。2か所目の実習では、1か所目の実習施設・機関での実習目標の達成状況も踏まえて、「教育に含むべき事項」を網羅して習得できるように実習計画書が作成されます。2か所目の実習では、事前のオリエンテーション等における実習計画書（実習生作成）と個別実習プログラムの原案（実習指導者作成）のすり合わせを通して、1か所目の実習での実習目標の達成状況を確認し、未実施や未達成の「教育に含まれるべき事項」を含む、個別実習プログラムを作成・決定します。

実習指導者は、この実習計画書を介した打ち合わせを通して、他の実習先で取り組まれたプログラムの内容の確認や、実習目標の達成状況の確認をして、どのように「2か所以上・240時間」のソーシャルワーク実習によって「教育に含むべき事項」の習得に取り組もうとしているのかを理解することができます。

この実習計画書を活用して、実習生及び実習担当教員との会議を開催することも、教育に含むべき事項を網羅的に習得するための調整機能を発揮するのに有効です。また、この会議に、他の実習先の担当者も加えて開催することも考えられます。1か所目終了後にこの会議を再び開催する場合には、1か所目の実習指導者の参加を得ることも、実習生を含む関係者がともに実習目標の達成状況を確認し、共有する上で有効です。

実習生によって作成された実習計画書に記載された実習の具体的な実施内容と実習指導者によって作成された個別実習計画の案をすり合わせる打ち合わせ、そして、それを反映させた個別実習プログラムの決定のプロセスは、実習指導者と実習生及び実習担当教員が実習内容に関する合意を形成するプロセスともいえます。

（4）実習施設・機関間での実習生情報の共有の留意点

2か所以上での実習では、1か所目と2か所目以降の実習施設・機関間で、実習生情報が共有される可能性があります。実習施設・機関の実習指導者がお互いに知り合いであったり、2か所の実習施設・機関が同一法人内にあったりする場合は、実習生を介さずに、実習生情報が共有されてしまう可能性が高まります。例えば、1か所目での実習目標の達成状況等について、実習指導者同士が直接連絡を取り合い、実習生が承知していないにもかかわらず、2か所目以降の実習指導者が実習生情報を得てしまうことも想定されます。

しかし、1か所目の実習施設・機関での実習目標の達成状況や実習の評価に関する情報は、2か所目以降の実習施設・機関での評価に大きな影響を与える可能性があります。その他、情報の共有に要配慮個人情報が含まれてしまう可能性も否定できません。

実習生が、実習指導者によって行われた自分自身の評価を基に振り返りを行い、2か所目以降の実習施設・機関での実習内容を養成校の担当教員や2か所目以降の実習指導者と打ち合わせること自体は、実習の振り返りと教育に含むべき事項を網羅的に習得するという意味で有意義です。しかし、実習生が同意しない、また、同席しない場所での情報の共有は控え、実習生の個人情報やプライバシーを守るよう配慮を行う必要があります。

実習受入マニュアル（例）

この実習マニュアル（例）は、法人、施設・事業所、福祉事務所や児童相談所など、いずれの施設・機関で作成するにしても、その基本となるもの、参考としてもらうものとして作成しています。

社会福祉士養成のためのソーシャルワーク実習受入マニュアル

はじめに

社会福祉士養成のためのソーシャルワーク実習を受け入れることは、利用者・家族等の福祉の向上や地域福祉の拠点として、社会的に開かれた社会資源であってほしいという社会の期待に応えることになる。

国においては、福祉サービスの第三者評価の基本項目の１つに、福祉サービス提供機関等が実習生を適切に受け入れているのか、という項目を位置づけ、実習生の受け入れを実習受入組織の評価の基準としていることから、実習の受け入れは、実習受入組織にとって、利用者・家族等・地域社会等から評価を得る契機とすることができる。

そして、施設が実習生を受け入れることは、社会福祉の専門職を目指すために養成校等で学んだ基礎をもつ実習生という第三者の目に、実習受入組織の実践をつまびらかにすることであり、将来のよりよい福祉人材を確保するための礎を築くことにもなる。

また、施設が福祉サービスの質を向上させ経営の安定を図るためには、養成校等との連携・協力体制を構築していくことは有効である。

１．実習指導のねらいと内容

（１）ねらい

①ソーシャルワークの実践に必要な各科目の知識と技術を統合し、社会福祉士としての価値と倫理に基づく支援を行うための実践能力を養う。

②支援を必要とする人や地域の状況を理解し、その生活上の課題（ニーズ）について把握する。

③生活上の課題（ニーズ）に対応するため、支援を必要とする人の内的資源やフォーマル・インフォーマルな社会資源を活用した支援計画の作成、実施及びその評価を行う。

④実習施設・機関等が地域社会のなかで果たす役割を実践的に理解する。

⑤総合的かつ包括的な支援における多職種・多機関、地域住民等との連携のあり方及びその具体的内容を実践的に理解する。

（２）内容（国通知より）

①利用者やその関係者（家族・親族、友人等）、施設・事業者・機関・団体、住民やボランティア等との基本的なコミュニケーションや円滑な人間関係の形成

②利用者やその関係者（家族・親族、友人等）との援助関係の形成

③利用者や地域の状況を理解し、その生活上の課題（ニーズ）の把握、支援計画の作成と実施及び評価

④利用者やその関係者（家族・親族、友人等）への権利擁護活動とその評価
⑤多職種連携及びチームアプローチの実践的理解
⑥当該実習先が地域社会のなかで果たす役割の理解及び具体的な地域社会へのはたらきかけ
⑦地域における分野横断的・業種横断的な関係形成と社会資源の活用・調整・開発に関する理解
⑧施設・事業者・機関・団体等の経営やサービスの管理運営の実際（チームマネジメントや人材管理の理解を含む。）
⑨社会福祉士としての職業倫理と組織の一員としての役割と責任の理解

2．受入体制

（施設、機関の）各係1名より構成する実習受入委員会（実習委員会）を管理者の監督下に設置し、実習委員会内に担当統括責任者を置き、社会福祉士・社会福祉士養成実習に関する業務を行う。

なお、統括責任者は、実習指導者講習会を受講した社会福祉士資格を有する者が担当し、実習全体の統括責任と実習スーパーバイザーの役割を担う。

実習委員会は、以下の業務を担当する。

①受入窓口
②ソーシャルワーク実習の体制づくり
・実習指導者の選任
・実習指導者の勤務調整
③実習受入計画の作成
④養成校との契約
⑤実習受け入れのしおりの作成
⑥実習プログラムの作成と修正
⑦個別実習プログラムに基づいた関連職種・機関との連携と調整
⑧利用者等への説明と承諾
⑨実習生の管理
⑩実習中のリスク管理
⑪養成校との協議・調整
⑫他施設・機関（二次的実習施設）との調整
⑬実習スーパービジョン
⑭実習の振り返り会の開催
⑮ソーシャルワーク実習指導者及び現場担当者の研修等の計画

（1）受入窓口

受入窓口は、実習委員会全体の業務ではあるが、下記の事務的な連絡等は、管理部門（事務職）の担当職員が行う。

①実習契約に関する書類の作成
②実習指導料に関する手続き（予算作成、請求及び入金確認）

③実習生より提出を受ける書類の管理
④帰校日、巡回指導日の日程等の調整
（2）ソーシャルワーク実習の体制づくり
①実習指導者の選任
来年度の実習受け入れについて、計画作成時に基本実習プログラムに基づく、現場の担当者を選任し、管理者に報告の上業務として任命する。
②実習指導者の勤務調整
実習開始時に混乱を避けるため、実習開始1か月前に組織全体に「個別実習プログラム」を発表し、実習指導者の勤務調整を行う。
（3）実習受入計画の作成
実習委員会は、実習受入手順に従い、○月末までに次年度の実習受入計画を作成し、次年度の事業計画との調整を行う。
（4）養成校との契約
管理課の実習職員は、○月の年度末までに、次年度受け入れを予定している養成校との間で、受入契約書を作成する。
（5）実習受け入れのしおりの作成
実習委員会は、実習生に配布する資料として「実習生へのしおり」（実習生に伝えておく注意事項を書いたもの）を作成する。
（6）実習プログラムの作成と修正
社会福祉士である統括責任者を中心に実習委員会で、基本実習プログラムを作成し、実際の実習を受け入れる際には個別実習プログラムを養成校と調整して作成する。それに基づいたプログラムで実習を展開する。ただし、実習生の理解度に応じ、実習内容の修正を行い、意味のある実習が提供できるよう配慮する。
（7）個別実習プログラムに基づいた関連職種・機関との連携と調整
個別実習プログラムに基づいた実習を展開するため、関連職種、関連機関に対して、事前に指導を依頼する目的を説明し、受入準備を整えてもらう。
また、二次的受入施設には、事前に契約書を交わすか、依頼書を送り、調整を図る。
（8）利用者・家族等への説明と承諾
実習の受け入れについて、利用者や家族とは事前に重要事項説明書等で説明し承諾を取っておき、正式に実習生が決定し、配属となったときに、再度、紹介をする。
（9）実習生の管理
事前訪問時、初日のオリエンテーション時には、「実習生へのしおり」に基づき、実習中の安全確保、個人情報の保護、実習生の責任等を中心に守るべき事柄を伝え、事故が起こらないよう注意する。
また、万一、事故等が起こった際の報告、連絡方法を確認し、実習を中止させる場合についても説明を行う。
（10）実習中のリスク管理
実習中のリスク管理は、施設のリスク対応方針、保険や安全対策、実習契約、実習の特性に配慮して適切に対処し管理する必要がある。そのためには、事前に事故報告者、ヒヤリハット報告などを読ませるなど発生予防措置を講じ、リスクの最小化対策、適切な事故対応を施設のリスクマネジメント委員会と確認しておく。

(11) 養成校との協議

養成校が期待する実習内容を確認するために、規定された実習内容があるか確認し、あるとすれば、養成校と調整した上で個別実習プログラムを提示し、以下の事項について確認をする。

①実習内容に関すること

・何か所目の実習施設・機関に当たるのか

・実習時間は、何時間となるのか

・社会福祉士実習に関するイメージ

・当該組織を選択した理由

②実習における役割分担と責任

・連絡方法

・養成校の窓口及び責任者

・帰校日、巡回指導日

・実習生の個別対応等配慮の情報

・実習評価とプロセス

・事故に関する保障

・損害に関する保障

・賠償責任に関する保障

(12) 他施設・機関（二次的実習先）との調整

実習期間中、他の施設・機関に同行させたり、一時的に実習指導を依頼したりする場合は、正式な依頼（契約書）でなくても、責任者の了解を取る必要があり、最低限そのための依頼文書は作成する。

なお、二次的実習先での事故は、実習受入施設で責任をもって対処する。

(13) 実習スーパービジョン

実習を確実に行うため、実習指導者でもある社会福祉士は、毎日もしくは週１回、プログラムに振り返りの時間を取り、スーパービジョンを行う。

(14) 実習の振り返り会の開催

実習委員会は、実習最終日に、実習に関係した担当者と一緒に実習の反省会を開催し、実習生の感想や実習中に考えた提案を聞き、次回の実習の参考にしたり、業務の振り返りに使う。

(15) ソーシャルワーク実習指導者及び現場担当者の研修等の計画

実習指導者及び現場で指導する担当者に対して、各自のスキルアップを目的に、サービスの質の向上をさせるための研修を行う。

３．実習受入手順

（１）実習受け入れについて、〇月までに実習受入手順書を養成校に送付

（２）養成校より実習依頼書を〇月までに受領

（3）実習委員会で関連職種と調整し、○月までに次年度の受入計画を立て、回答書を発送

（4）次年度の事業計画（案）に実習受入計画を入れる

（5）養成校と契約を結ぶ

（6）年間受入計画を職員、利用者等に説明

（7）実習指導者を選任

（8）実習担当教員と連絡をとる

２か月前に養成校に実習生の資料を請求し、合わせて、実習生へのしおり（手引き）・施設案内・個別実習プログラムを送付し、調整を図る。

（9）実習の事前訪問を受ける

実習生に実習目的と注意事項の確認・プログラムの説明を行い、初日までに自己学習してくる課題等を指示し、以下のことを確認しておく

①指導を担当する実習指導者の紹介

・社会福祉士であること

・実習指導者講習を修了していること

・実習スーパービジョンを担当すること

②施設概要

③実習中の心構え

④特に利用者のプライバシーの保護と人権擁護について

⑤服装・携帯品の確認、身だしなみについて

⑥実習時間の確認

⑦施設案内（更衣室・下駄箱・食堂等の使用方法）

⑧遅刻、欠席の連絡方法について

⑨交通手段についての確認

⑩事故が発生した場合の対応

⑪記録等の提出、記載の仕方

⑫勤務体制

(10) 正式な個別実習プログラムを決定し、関係職種と調整をする。

(11) オリエンテーションを実施する

実習の初日にオリエンテーションを実施し、施設の概要及び実習プログラムの説明、実習配属先、実習指導者の紹介・利用者への紹介を行う。

特にリスク管理についてや個人情報の保護については以下のようにする。

①リスク管理について

リスクマネジメント委員会などの記録や関連の記録を読ませて、説明しておく。

②個人情報の保護について

利用者の権利擁護について説明する。

施設・機関の職員が配慮すべき事項はすべて実習生にも適用される。したがって、職員が配慮すべき事柄で文書化されているものがあれば提示するとよい。

実習受け入れに関する説明は、クライエント等に対して「必ず」「丁寧に」「相手が理解できる

方法で」行うこと。

個人情報保護に関しては必ず実習生に説明し、誓約書をとる。

実習生の権利擁護について説明する。

実習施設・機関は、実習生の個人情報を知りうる立場にあるので配慮し、実習指導者以外の職員には所属養成校、学年、実習目的等を基本情報として提供し、それ以外は必要に応じて情報提供する。

(12) 実習の中間及び実習後に評価をする

(13) 実習生と関係職員とで実習終了時の反省会を実施する

(14) アンケートの実施

(15) 実習受入費用の請求

管理部門の担当者より、実習養成校に実習受入費用を請求する。

(16) 養成校との協議

実習が2か所以上で実施されるため、どの段階の実習か、また実習時間数は何時間か等を確認し、実習プログラムの調整等を依頼する。

4．受入システム運用と周知

(1) 実習生の受入開始

実習委員会が次年度の事業計画に実習受入計画を盛り込み、理事会等で承認されてから、正式な事務作業が開始される。そのため、年度当初になったら、養成校と連絡調整を図り、実際の受入体制を開始させる。

(2) 受入の周知

実習生の配属1か月前に、養成校より実習生の情報（名前、年齢、履修済み科目、終了済み実習内容等）を提供してもらい、個別実習プログラムと一緒に職員へのお知らせを各職場に配布し、実習受入の協力要請と周知をする。

クライエントに対しては、年度当初の事業計画説明会で年間の予定を伝え、実習開始1週間前に、掲示板や回覧等で周知する。

5．実習委員会の位置づけ

実習委員会は、施設長のもととし、通常委員会の1つとして設置する。

6．実習受入マニュアルの改訂

次年度の実習計画を検討する委員会において、当該年度に行われた実習で出された反省やマニュアルの不都合部分を検討し、改訂をするべき事項を施設運営委員会に提案する。

施設運営委員会は、実習委員会から提案された実習マニュアル改訂について協議し、理事会の承認を得て正式改訂をする。

7．必要書類

①実習受入手順書【資料1】（養成校への依頼、手続き等）

②実習依頼書【資料２】（連絡先、実習担当教員名、実習期間、実習生人数、実習の内容等）
③実習受入回答書【資料３】（実習受入可否、実習生人数、実習内容、実習期間、実習指導者氏名・連絡先、受け入れに際しての要望等）
④実習受入辞退書【資料４】
⑤養成校との契約書（養成校で作成が基本）（p.304）
⑥年間受入計画書【資料５】
⑦養成校担当教員への連絡依頼書【資料６】
⑧「基本実習プログラム」、「個別実習プログラム」（第３章）
⑨職員へのお知らせ【資料７】
⑩二次的実習受入施設・機関への実習依頼書【資料８】
⑪実習生へのしおり【資料９】
⑫実習生の個人票、健康診断書
⑬アンケート【資料10】
⑭社会福祉士の倫理綱領（p.278）・社会福祉士の行動規範（p.281）
⑮実習生等受入規程【資料11】
⑯誓約書【資料12】

次頁では、実習受入マニュアルに記載のある必要書類の様式例の一部と若干の解説を示します。

【資料１】 実習受入手順書

（実習施設・機関⇒養成校）

年　月　日

実習担当教員様

＊＊＊実習委員会

連絡先：０＊＊－＊＊＊－＊＊＊＊

担当：＊＊＊＊

実習生受入手順について

拝啓　時下ますますご清栄のこととお喜び申し上げます。

今年度の実習生の受け入れも皆様のご協力によりまして順調に進んでいます。

なお、事務の省力化から、次年度の実習生の受け入れに関して、以下の方法によって決定していますので、ご協力のほどお願いいたします。

なお、すでに実習生の受入依頼をいただいている学校各位におきましては、お手数をおかけすることになりますが、ご協力のほどよろしくお願いいたします。

敬具

記

1．当施設に実習依頼される学校は、実習依頼書（次年度分：別紙）を、＊＊＊実習委員会あてに、○○○○年○月○日までに郵送いただく。

2．＊＊＊実習委員会は、○○○○年○月○日までに、次年度分の実習受入計画を作成し、実習受入依頼のあった各校に返答する。

3．正式に当施設に実習依頼される学校は、○○○○年○月○日までに、次年度の実習を決定していただき、実習受入に関する契約を交わす。

4．該当実習期間の２か月前までに、実習時間、実習依頼内容、実習生の情報等をご提出いただく。

　なお、２か月前までにご連絡がない場合は、中止とさせていただく場合がある。

5．実習予定が変更となり、実習が中止になる場合は、すみやかにご連絡いただく。

【資料2】 実習依頼書

（養成校⇒実習施設・機関）

年　　月　　日

実習依頼書

学　校　名				
所　在　地				
電　話　番　号				
実習担当部署				
実習担当教員名				
実習期間 （時間数・何か所目）		期間	何か所目	実習時間
	第1希望			時間
	第2希望			時間
実習生人数				
実習生の学年				
実習の内容	ソーシャルワーク実習・介護福祉士実習・介護職員初任者実習・その他（　　　　　　　　）			
備考				

＊＊＊＊での実習をお考えの学校におかれましては、お手数ですが、○月○日までに上記にご記入の上、返信用封筒と一緒に＊＊＊実習委員会までご郵送ください。

【資料3】 実習受入回答書

（実習施設・機関⇒養成校）

年　　月　　日

実習受入回答書

＊＊＊大学

担当教員殿

実習生の受入	可能　・　不可能　です。
実習生の人数	名
実習の内容	ソーシャルワーク実習・介護福祉士実習・介護職員初任者実習・その他（　　　　　　　　）
実習期間	年　　月　　日～　　月　　日
実習時間	時間
実習担当部署	実習委員会
実習指導者	
連絡先	0＊＊－＊＊＊－＊＊＊＊

その他

2か月前には実習生の情報をご提供ください。その時点で資料等を送ります。

社会福祉法人　＊＊＊会

XX施設　　施設長　＊＊　＊＊

【資料４】 実習受入辞退書

（実習施設・機関⇒養成校）

○年○月○日

＊＊大学

実習担当教員　　　　　　　様

社会福祉法人＊＊＊会

＊＊＊＊＊園

施設長　＊＊　＊＊

実習受入辞退の件

拝啓　時下ますますご清栄のこととお喜び申し上げます。

日頃より当施設の事業活動にご協力いただき、ありがとうございます。

標記の件ですが、貴校からの実習生の受け入れについて、検討した結果、○○により調整がつかず、誠に申し訳ありませんが、辞退させていただくことになりました。

今後とも、当施設の事業活動にご協力のほどよろしくお願いいたします。

敬具

連絡先：社会福祉法人＊＊＊会

＊＊＊＊＊園

＊＊＊実習委員会

ＴＥＬ：０＊＊＊－＊＊＊－＊＊＊＊

【資料５】　年間受入計画書

（実習施設・機関内）

○○年度実習受入計画

年　　月　　日

受入期間	時間数	回数	実習内容	学　校　名	人数
６月１日 ～６月11日	60時間	２か所目	社会福祉士養成 （金曜帰校日）	＊＊大学	１名
８月３日 ～９月５日	180時間	１か所目	社会福祉士養成 （水曜帰校日）	＊＊大学	１名
８月17日 ～８月31日	○○時間		介護福祉士養成	＊＊福祉専門学校	２名
８月25日 ～９月29日	180時間	２か所目	社会福祉士養成 （金曜帰校日）	＊＊大学	１名
２月１日 ～２月12日	60時間	１か所目	社会福祉士養成 （水曜帰校日）	＊＊大学（学部）	１名
３月10日 ～３月24日	○○時間		保育士実習	＊＊専門学校	２名

＊＊＊実習委員会

【資料6】 養成校担当教員への連絡依頼書

（実習施設・機関⇒養成校）

年　　月　　日

＊＊＊大学

実習担当教員　　　　　　　様

＊＊＊実習委員会

拝啓　時下ますます御清栄のこととお喜び申し上げます。平素は格別の御協力を賜り厚くお礼申し上げます。

さて、今年度当施設では、貴校より実習生を受け入れることになっております。これからの福祉を担っていく学生の貴重な現場体験の場となりますよう、職員一同微力ながら精一杯努力したいと考えております。

つきましては、誠に勝手なお願いですが、次のことについて事前の打ち合わせを行いたいと思います。

①実習プログラム内容、②事前教育及び事前実習の内容、③実習課題、④実習記録の記入方法、⑤評価方法について、⑥実習中の事故の際の連絡方法、⑦帰校日等

また、以下に記した実習前に必要な学生への確認事項も、貴校の実習担当の先生に行っていただきたくお願い申し上げます。

なお、学生宛の資料等を同封いたしますので、よろしくお願いいたします。

また、学生の連絡先等を明記した個人票と担当の先生のお名前を一緒に送っていただけると幸いです。

今後ともよろしくお願いいたします。

敬具

【同封資料】

1.「実習生へのしおり」

実習に臨むにあたって事前に知っておくべき諸注意事項が記してありますので、学生に熟読させてください。

2.「＊＊＊の案内」

＊＊＊の簡単な紹介パンフレットです。

3.「基本実習プログラム」及び「個別実習プログラム」

予定している実習プログラムです。希望等がありましたらご連絡ください。

4.「生活のしおり」

＊＊＊利用者に入居（入所）時に渡すしおりです。＊＊＊（施設）での生活について細かく書いてあります。

各校１部ずつですので、必要な場合はコピーして学生にお渡しください。

【実習前に必要な確認事項】

１．事前訪問について

事前学習や学習課題を考えるために事前訪問を実施しています。実習生本人よりご連絡願います。

実習指導者と打ち合わせいただき、来所日を決めさせていただきます。

基本的には、実習前に学生が知っておくべき事柄は、同封した「実習生へのしおり」に記載してあります。その他細かい点については、貴校での実習前学習でご指導いただきたいと思います。

２．オリエンテーションについて

オリエンテーションは、○○に実習委員会が行います。

ご不明な点や質問事項等がございましたら、下記担当者までご連絡下さい。

＊＊＊　実習委員会　担当　＊＊　ＴＥＬ：０＊＊－＊＊＊－＊＊＊＊＊

【資料７】 職員へのお知らせ

（実習施設・機関内）

年　　月　　日

実習生を受け入れるにあたって

＊＊＊　実習委員会

Ⅰ．実習生について

1．氏名：（　　　　　　　　　　）年齢：（　　歳代前半・後半）性別：（　　）

2．学校名：（　　　　　　　　　　　　　　）

3．ボランティア等の経験（　　　　　　　　　　　　　）

4．その他特記事項　（　　　　　　　　　　　　　　　　）

Ⅱ．実習内容ほか

1．（　社会福祉士　）の資格取得のための実習

2．（　　　　　）か所目の実習

3．期間：______月________日（　　　）～　______月______日（　　）

4．時間数　（　　　　）時間

5．担当職員：（　　　　　）

6．個別実習プログラムは、別紙を参照してください。

Ⅲ．実習生受け入れについてのお願い

1．職場を訪問することもありますので、その時は温かく迎えてください。

2．実習には担当職員がいますが、他の職員も積極的に声をかけてください。

3．実習中に知り得た情報は決して漏らしてはいけないことになっていますので、ボランティアと違い安心して情報交換をしてください。

4．実習生には初めてのことばかりですので、事故のないように安全の確保をお願いします。

この内容は、一例ですので、各施設・機関で追加または省略して、関係職員へのお知らせとしてください。

【資料８】 二次的実習受入施設・機関への実習依頼書

（実習施設・機関⇒二次的実習受入施設・機関）

＊＊＊発＊＊号

＊＊年＊月＊＊日

ＸＸ施設

施設長　＊＊＊＊　様

＊＊＊

施設長　＊＊　＊＊

施設見学及び事業活動の説明について（お願い）

　時下ますますご清栄のこととご拝察申し上げます。また、日頃より＊＊＊の事業に対しまして、ご理解を賜り、厚く御礼申し上げます。

　さて、私ども＊＊＊では当施設で実習される学生に、貴施設の○○に関しての知識を深めさせたいと考え、実習期間中に貴施設の見学と事業活動の学習を企画しております。

　つきましては、貴施設の見学と○○に関する事業活動についてご説明願いたく、お願い申し上げます。

　なお、下記の予定で計画しておりますのでご高配の程、よろしくお願い申し上げます。

　ご多忙とは存じますが、どうぞよろしくお願い致します。

記

日　時　＊＊年＊月＊＊日（＊）午前○時○分～午後○時○分

実習生　○○○大学（学校）○年

　　　　　　氏名（　　　　　　　　　）

依頼内容　添付した実習プログラムの○○に対応したもの

連絡先　＊＊＊　実習委員会　＊＊　＊＊

　　　〒＊＊＊－＊＊＊＊　＊＊県＊＊市＊＊１－１－１

　　　　　　　　TEL　０＊＊－＊＊＊－＊＊＊＊

以上

【資料9】 実習生へのしおり

(実習施設・機関⇒養成校)

実習生へのしおり

＊＊＊ 実習委員会

【実習にあたって】

私たち＊＊＊では、これからの社会福祉を担ってくださる学生の皆さんに、社会福祉士養成のためのソーシャルワーク実習の場として当施設を提供し、実習生として受け入れています。

実習に来る皆さんには、ただ実習に来れば学べるというような安易な気持ちで実習に臨むのではなく、自ら貪欲に吸収していこうという姿勢を望みます。

実習にあたっては、前もって自分のテーマを決めてきてください。

また、私たちは決して今の＊＊＊のすべてが正しいなどとは考えていません。私たちの仕事の対象は、「人間の生活」ですから、これでよいということはありえないと思います。実習中に出会った場面を、ただ機械的に鵜呑みにするのではなく、“良い意味での批判的な目”をもって欲しいと思います。職員も人間ですから、間違いを犯すこともあります。良い面も悪い面もすべてをありのままに受け止め、「自分ならどうするか？」を自分自身の頭で考えてもらうことが、もっともよい実習になるのではないかと考えます。

以下、実習にあたっての細かい注意点を述べていきますが、これらの点を踏まえつつ、今回の実習がより実りのあるものとなるよう、頑張ってください。

【実習全般について】

1．食事（昼食等）

ご自身で準備してください。食べる場所、時間は、現場の実習担当職員の指示に従ってください。

2．服装

・実習中の服装は自由です。動きやすい服装を各自で判断してください。ただし、他の施設、機関へ見学や研修に行くこともありますので、節度ある服装を心がけてください。

・上履きは、各自の物を用意してください（スリッパ、サンダル、厚底靴は危険ですので避けてください）。

・入浴介助の見学予定が入っている日は、濡れてもかまわない服装を用意してください（職員は、主に短パンとTシャツを着用しています）。

3．持ち物

・各自の持ち物は、各自で管理していただくことを基本とし、提供する下駄箱、ロッカー（鍵を含む）については、期間中の管理責任は、各自にありますので、清潔、紛失等に注意してください。

・貴重品は、必要以外持参せず、持参した場合は、貸与したロッカーに鍵をかけて保管するか、各自で管理してください。

・実習中、筆記用具及びメモ帳は必ず持参し、記入したメモは、個人情報が記入されている場合、管理は慎重にしてください。
・携帯電話、スマートフォン、パソコン等については、休憩時間以外は使用禁止としています。また、所持も基本的に禁止ですので、貸与したロッカーに鍵をかけて保管するようにしてください。

4．実習時間
・初日の実習時間は、○：○～○：○です。○：○に来所し、事務所に声をかけ、事務手続き等をしてください。
・２日目からは、基本的には○：○～○：○ですが、早出（○：○～○：○）や遅出（○：○～○：○）の日もありますので、実習委員会で作成したスケジュールに沿って実習してください。
・実習時間を厳守し、スケジュールに沿って実習担当職員のところに出向いてください。

5．日程の変更
・自己の都合により、やむを得ず実習予定日に休まなければならないとき、あるいは、早退、遅刻しなければならないときは、必ず事前に担当職員に申し出てください。
・当日、不慮の事故等で出勤できなくなった場合は、必ず連絡を入れてください。
・日程の変更等が生じるときは、実習担当教員にも連絡を入れてください。

6．現場担当職員
・実習期間中は、配属部署の職員が毎日実習課題担当者としてつきます。実習内容は、基本的には実習委員会で作成したスケジュールに沿って行われますが、当日の状況によって変更される場合もあります。実習中は、当日の実習課題担当者の指示に従ってください。

7．実習内容
・実習内容について希望がある場合は、遠慮なく実習委員会に申し出てください。
・利用者自身にかかわる事柄については、本人の了解が必要ですが、特に支障のないものについては、積極的な学習意欲の現れとして、できる限り尊重します。

8．実習記録
・実習記録に職員のコメントが必要な場合は、実習指導者が記入します。
・実習記録の提出は翌日までとしますが、職員のコメント記入は、勤務の関係等で２～３日遅れることがありますので、ご了承ください。

9．健康上の注意
・実習期間中に体調を悪くした場合は、遠慮なく申し出てください。
・健康保険証あるいは写しを必ず持参してください。
・出勤する際に、発熱等があった場合は必ずご連絡ください。

10．実習期間中の事故
・実習期間中の事故は、必ず当日の現場担当職員もしくは実習委員会に届けてください。
・ここでいう事故とは、自己または利用者の怪我、自己または利用者の金品の紛失、物品の破損、利用者・職員とのトラブル等が挙げられます。

11．利用者よりの依頼
・実習時間外などに利用者より個別に対応を依頼された場合、危険性を伴わないものについては積極的に行ってくださって結構です。ただし、事前にその旨を実習指導者に申し出ておいてください。

12. 介助の際の注意点

・万一、身体に触れる介助（特に利用者の身体を抱えたり支えたりする介助）をする場合は、必ず職員とともに行い、方法・手順等について、実習課題担当者の指示に従うようにしてください。

・直接介助（利用者の身体を抱えたり支えたりする介助）を行う際は、腰に無理がかからないよう身体の姿勢に注意してください。

13. 秘密の保持

・利用者より聞いた話は、実習課題担当者、実習指導者以外には伝えないでください。

・利用者があなただけに信頼して話したことは、一切口外しないで結構ですが、そのことが負担となる場合は、本人と話し、実習課題担当者に伝えてください。

・実習中に知り得た情報は、家族であっても、また実習期間が終了しても、利用者の人権を守ることから決して口外しないでください。

14. 振り返り会

・実習最終日に、実習課題担当者、実習委員会委員とともに振り返り会を行います。実習中の感想、疑問に思ったこと、個人的な意見等、どんな些細なことでもかまいませんので、できるだけまとめておいてください。その内容次第で、皆さんの実習がより実りあるものとなりますし、今後の現場経験に大いに役立ちます。

【利用者とのかかわりについて】

1．ここで暮らしている利用者は、すべての方が、さまざまな意味で皆さんより生活経験の豊富な人たちです。言葉遣い・態度等に気をつけてください。

2．利用者の支援を行う際は、一人ひとり障害の状態が違いますので、できるだけ利用者の意思を確かめてからすすめてください。こちらの思い込みや先回りした知ったかぶりなどで介助や援助を行わないでください。

3．利用者のプライバシーを尊重してください。居室に入るときにはノックをし、必ず了解を得てください。また、皆さんは実習の性格上、利用者のいろいろな情報を知ることになると思われますが、その知り得た情報を学習の目的を逸脱して、むやみに他に漏らすことはしないでください。実習記録に記入する際には、A・B・Cや仮名を用いるようにし、その人がわかる名前やイニシャルは使わないでください。

4．＊＊＊は、利用者の生活の場です。皆さんにとってはたんなる一つひとつの実習場面であっても、利用者から見れば、その一つひとつが生活への干渉でもあるのです。皆さんも自宅にいろいろな人が勝手に出入りしたら迷惑でしょう。それと同じです。その点を十分ふまえていただき、学習目的のためにプライベートな部分にかかわらせてくださる利用者に対して、感謝の気持ちをもってかかわっていただきたいと思います。

5．節度をもっていただければ、いろいろな利用者の方がいますので、積極的に話を聞くことを勧めます。

各施設・機関の状況に応じて、食事や服装、持ち物については、変更して活用してください。

【資料10】 アンケート

（実習施設・機関内）

ア ン ケ ー ト

名前＿＿＿＿＿＿＿＿＿＿

実習ご苦労さまでした。今回の実習が、今後の福祉関係の仕事をしていく上で、あなたにとって少しでも役立つことがあれば幸いです。

＊＊＊の実習委員会としても、今後もできる限り多くの実習生を受け入れ、期待に応えられるプログラムを実施したいと考えています。つきましては、今回の実習を振り返り、以下のアンケートにお答えいただきたいと思います。該当するものに○をつけてください。

また、あなたが感じた職員の動きについて率直な感想をお書きください。

評価の基準 （4大変良い　3良い　2不十分　1かなり不十分）

A．基本的知識の理解・習得の状況

1．当施設の組織・業務体系等の理解	（ 4 3 2 1 ）
2．当施設の理念・目的・役割の理解	（ 4 3 2 1 ）
3．利用者の障害や病気についての理解	（ 4 3 2 1 ）
4．ソーシャルワーカーの業務内容に関する理解	（ 4 3 2 1 ）
5．他職種の業務内容に関する理解	（ 4 3 2 1 ）
6．利用者のニーズ・課題に関する理解	（ 4 3 2 1 ）

B．基本的実践技術・技能の習得の状況

1．人権や守秘義務に関する知識	（ 4 3 2 1 ）
2．利用者に対しての共感的・理解的に接する技術	（ 4 3 2 1 ）
3．援助に必要な他職種との連携に関する能力	（ 4 3 2 1 ）
4．場面や相手ごとにふさわしい対人関係を形成する能力	（ 4 3 2 1 ）
5．実習記録や各種記録を的確に作成する能力	（ 4 3 2 1 ）
6．ソーシャルワーク実践に求められる技術の実践的理解	
・アウトリーチ	（ 4 3 2 1 ）
・ネットワーキング	（ 4 3 2 1 ）
・コーディネーション	（ 4 3 2 1 ）
・ネゴシエーション	（ 4 3 2 1 ）
・ファシリテーション	（ 4 3 2 1 ）
・プレゼンテーション	（ 4 3 2 1 ）
・ソーシャルアクション	（ 4 3 2 1 ）

C．実習態度の状況

1．利用者に積極的にかかわることができた （ 4 3 2 1 ）

2．利用者の人権・人格を尊重しようとする態度 （ 4 3 2 1 ）

3．自己理解を深めようとする努力 （ 4 3 2 1 ）

D．その他

1．利用者との個別面談 （ 4 3 2 1 ）

2．個別援助について （ 4 3 2 1 ）

3．個別援助計画について （ 4 3 2 1 ）

4．包括的な支援体制、地域住民等が主体的に地域課題を解決する体制作りについての理解 （ 4 3 2 1 ）

5．職員との意見交換の場について （ 4 3 2 1 ）

6．その他、実習プログラムの疑問点または感想、入れてほしいもの

〔 〕

7．職員の業務で気づいたこと、提案、注意したいこと

〔 〕

8．施設全体を見て、気づいたこと、アイデア、提案などありましたら、お書きください

〔 〕

アンケートにお答えいただきありがとうございました。

＊＊＊実習委員会

【資料11】 実習生等受入規程

（実習施設・機関内）

実習受入計画、業務分掌、実習受入マニュアルを準備することで実習受入が正式な業務として位置づけられたことになりますが、さらに業務としての責任ある体制を明確にするために、法人等において実習受入規程を設けておくことも考えられます。

実習生等受入規程

（趣　旨）

第１条　この規程は、社会福祉法人○○会（以下「法人」という）が運営する各施設（以下「各施設」という）における実習生等の受け入れについて必要な事項を定めるものとする。

（定　義）

第２条　この規程において、実習生等とは学校法人等から依頼された実習生、研修生、小中学校教員免許取得希望者等をいう。

（実習生等の受け入れ）

第３条　施設長は、実習生等を受け入れるときは、実習生等または実習生等の受け入れを依頼する者（以下「実習依頼者」という）から、あらかじめ当該実習の期間、内容等を明記した実習計画等を提出させるものとする。

２　施設長は、前記の実習計画等を受理した後、当該実習計画等の内容を検討した上、業務運営に支障のないと認められるときは、実習生等を受け入れることができる。ただし、施設長は、実習生等を受け入れることが適当でないと認められるときは、実習依頼者に対して、理由を付して受け入れを拒否することができる。

（協力内容）

第４条　施設長は、実習生等を受け入れるときは、次の各号に掲げる範囲内で協力するものとする。

（１）　実習生等に対する指導及び助言を行うこと。

（２）　実習生等に障害者（高齢者）等に対する介護や交流等を体験させること。

（３）　食事の提供を行うこと。

（４）　その他、施設長が特に必要と認めること。

（給食費の徴収）

第５条　施設長は、食事の提供を行ったときは、実習生等から給食原材料費相当額を徴収しなければならない。

（実習委託費）

第６条　施設長は、実習生等の受け入れに伴い、実習依頼者から実習委託費の申し出があったときはこれを受け入れることができるものとする。

（実習期間中の事故防止等）

第７条　施設長は、実習生等を受け入れるにあたり、事故等の発生を防止するため、実習生等及び実習依頼者に対し、あらかじめ注意事項等を伝えるものとし、実習生等がその注意事項を遵守しない場合は、当該実習を中止することができるものとする。

２　施設長は、実習依頼者に対し、実習期間中の事故等に対応した保険に加入しているか否かを確認することとし、保険に加入していない場合には、責任を負えないことがあることを説明するとともに、事故発生時の対応について協力を求めるものとする。

（実習生等の健康診断及び個人情報保護）

第８条　施設長は、実習生等の受け入れにあたって実習生等の検便による細菌検査結果等の報告書の提出を求めることができるものとする。

２　施設長は、実習生等の受け入れにあたって実習等により知り得たクライエント等の個人情報、法人情報について他に漏らさない旨の誓約書の提出を求めることができるものとする。

３　施設長は、養成校において予防すべき伝染病として規定されている感染症等の罹患歴及び予防接種歴の確認を、必要に応じて実習生等に求めることができるものとする。ただし、これらのことによって実習の可否の判断は行わない。

（委　任）

第９条　この規程の施行について必要な事項は、理事長が別に定める。

附　則

この規程は、○○年○月○日から施行する。

【資料12】 誓約書

（実習生⇒実習施設・機関）

誓約書は、養成校で準備していることがありますが、個人情報保護の観点から、実習受入施設・機関においても実習中に知り得た秘密情報に関する守秘義務について誓約書をとることもあります。

誓　約　書

現住所

氏　名

このたび貴法人施設・事業所の実習生として実習活動に際しては、下記の事項を誓約し、厳守いたします。

記

一　次に掲げる情報（以下「秘密情報」という）について、貴法人施設・事業所の許可なく使用、貴法人あるいは貴法人外において、開示もしくは漏洩しません。

①実習活動上知り得たクライエントの情報や秘密事項（「指定居宅サービス等の事業の人員、設備及び運営に関する基準」第33条）

②貴法人が秘密保持すべき対象として指定した情報

③貴法人の人事上、財務上等に関する情報

二　施設から持ち帰る記録に秘密情報は、記載しません。

三　クライエントの氏名、通称を特定すること及びクライエントの情報や評価等に関する内容について、SNS（ソーシャルネットワーキングサービス）への書き込みをしません。

四　貴法人施設・事業所の実習を終了後も、秘密情報を使用、開示もしくは漏洩しません。

五　上記に違反して、貴法人の秘密情報を使用、開示もしくは漏洩した場合、私には、これにより貴法人が被った一切の損害を賠償する義務があることを認めます。

年　　月　　日

社会福祉法人○○会○○施設長　　　　　　　様

第 3 章 実習プログラミング論

はじめに

ソーシャルワーク実習は、ソーシャルワーク専門職としての社会福祉士を養成することを目的としています。そのため、ソーシャルワーク実習の実習生を受け入れる実習施設･機関及び実習指導者は、実習生がソーシャルワーク実習の目標を達成できるよう、実習生が体験する具体的実習内容やその順序等について検討し､それに基づいて計画的に実習を展開していくことが求められます。このように、実習施設・機関においてソーシャルワーク実習の目標を達成するための具体的実習内容やその順序等を記載したものを「実習プログラム」といいます。

これまでの章で確認してきたとおり、ソーシャルワーク実習では機能の異なる2か所以上の実習施設･機関において、合計240時間以上の実習（うち1か所は180時間以上）を行うことが必要ですが、養成校によって実習の実施方法は多様です。そのため、実習施設・機関は固定的な唯一の実習プログラムを作成するのではなく､多様な実習に対応可能な実習プログラムを準備することが求められます。

そこで本章では、多様な実習に対応可能な実習プログラムのあり方、またそのような実習プログラムを作成する方法や過程（実習プログラミング）について理解することを目的に、以下の内容について解説していきます。

第1節では、ソーシャルワーク実習プログラムの考え方として、まず2か所以上で実施されるソーシャルワーク実習における実習プログラムの位置づけとその意義を確認します。その上で、実習プログラミングにおける視点を説明します。

第2節では、実習プログラミングの方法として、基本実習プログラムのプログラミングと、個別実習プログラムのプログラミングをそれぞれ解説していきます（基本実習プログラムと個別実習プログラムについては本章第1節で解説しています)。

第3節では、実習の展開方法として、個別実習プログラムに基づいた実習の進め方や、それを実現するためのポイントについて確認します。

第4節では、実習の評価について、その視点、方法、また注意点について解説しています。上記のとおりソーシャルワーク実習は目標志向型の教育です。そのため、設定された目標の達成状況について適正・適切に評価する方法を理解することも、本章の重要な目的の1つといえるでしょう。

第5節では、代表的な実習種別におけるソーシャルワーク実習プログラムモデルとして、7種別の基本実習プログラムと個別実習プログラムを提示しています。

それでは、各実習施設・機関でソーシャルワーク実習を受け入れるために必要な実習プログラム、また実習プログラミングについて確認していきましょう。

第1節

ソーシャルワーク実習プログラムの考え方

1 ソーシャルワーク実習における実習プログラムの位置づけ

「はじめに」で述べたとおり、実習プログラムとは、実習施設・機関においてソーシャルワーク実習の目標を達成するための具体的実習内容やその順序等を記載したものです。したがって、適切な実習プログラムを作成するためには、その前提としてソーシャルワーク実習の目標について十分に理解することが必要です。

それでは、ソーシャルワーク実習の目標とは何でしょうか。

ソーシャルワーク実習では、ソーシャルワーク専門職としての社会福祉士を養成することを目的としています。養成とは「教育あるいは訓練をして一人前に仕立てること（大辞林 第四版）」とされており、具体的な一定の水準に到達できるように教育・訓練することの意味で用いられます。つまり、ソーシャルワーク実習においても、「まずは福祉現場を知る機会になれば」や「クライエントとかかわって何か気づきを得てもらえればよい」等の抽象的・曖昧な目標ではなく、社会福祉士として最低基準（ミニマムスタンダード）を満たしうる価値・知識・技術を習得するという具体的な目標が必要となります。

このソーシャルワーク実習の「ねらい」と「教育に含むべき事項」（以下「教育事項」）を規定したものが「大学等において開講する社会福祉に関する科目の確認に係る指針について」（最終改正：令和2年3月6日元文科高第1122号・社援発0306第23号、以下「科目確認の指針」）です。

ソーシャルワーク実習の「ねらい」

❶ソーシャルワークの実践に必要な各科目の知識と技術を統合し、社会福祉士としての価値と倫理に基づく支援を行うための実践能力を養う。
❷支援を必要とする人や地域の状況を理解し、その生活上の課題（ニーズ）について把握する。

❸生活上の課題（ニーズ）に対応するため、支援を必要とする人の内的資源やフォーマル・インフォーマルな社会資源を活用した支援計画の作成、実施及びその評価を行う。
❹施設・機関等が地域社会のなかで果たす役割を実践的に理解する。
❺総合的かつ包括的な支援における多職種・多機関、地域住民等との連携のあり方及びその具体的内容を実践的に理解する。

ソーシャルワーク実習の「教育に含むべき事項」

実習生は次に掲げる事項について実習指導者による指導を受けるものとする。
①利用者やその関係者（家族・親族、友人等）、施設・事業者・機関・団体、住民やボランティア等との基本的なコミュニケーションや円滑な人間関係の形成
②利用者やその関係者（家族・親族、友人等）との援助関係の形成
③利用者や地域の状況を理解し、その生活上の課題（ニーズ）の把握、支援計画の作成と実施及び評価
④利用者やその関係者（家族・親族、友人等）への権利擁護活動とその評価
⑤多職種連携及びチームアプローチの実践的理解
⑥当該実習先が地域社会のなかで果たす役割の理解及び具体的な地域社会へのはたらきかけ
⑦地域における分野横断的・業種横断的な関係形成と社会資源の活用・調整・開発に関する理解
⑧施設・事業者・機関・団体等の経営やサービスの管理運営の実際（チームマネジメントや人材管理の理解を含む。）
⑨社会福祉士としての職業倫理と組織の一員としての役割と責任の理解
⑩ソーシャルワーク実践に求められる以下の技術の実践的理解
アウトリーチ、ネットワーキング、コーディネーション、ネゴシエーション、ファシリテーション、プレゼンテーション、ソーシャルアクション

科目確認の指針には、ソーシャルワーク実習全体を通したねらいと教育事項が規定されているものの、具体的な目標は記されていません。これらの教育を通して実習生が達成すべき具体的な目標を示したものが「ソーシャルワーク実習教育内容・実習評価ガイドライン」（日本ソーシャルワーク教育学校連盟）（以下「評価ガイドライン」）（p.291）です。

これらの教育事項、評価ガイドラインを確認してどのような印象をもちましたか。現在の実習施設・機関における業務や実践では、これらの教育事項をすべて体験し、全目標を達成できる実習を行うことは難しい、と感じた方もおられるかもしれません。あるいは、実習生の力量や関心に応じて実習内容を検討するべきではないか、という考えもあるかもしれません。しかし、複雑多様化したクライエントや地域のニーズに応えうるソーシャルワーク専門職としての社会福祉士を養成するには、実習生が目標を達成し、最低水準（ミニマムスタンダード）以上の価値・知識・技術を習得できるような実

習を実施することが必要不可欠といえます。このような実習を実現するために、現在の実習施設・機関において、教育事項に対応した各目標を達成するための具体的な実習内容及び順序等を明記したものが実習プログラムです。そのためソーシャルワーク実習を受け入れる実習施設・機関においては、まず実習プログラムを準備することから取り組むことが必要となります。

2 相談援助実習における3段階実習プログラムからの見直しと変更

社会福祉士養成課程の旧カリキュラムにおける相談援助実習では、日本社会福祉士会・実習指導者養成研究会（2000 － 2002 年度 WAM 助成研究）による提案を基に、180 時間の実習期間を「職場実習」「職種実習」「ソーシャルワーク実習」の３段階に整理して実習プログラムを作成していました。この３段階実習プログラムの考え方は、180 時間という期間の実習をどのように構成し、実習生に何を伝えていくのかを整理する上で有用であり、多くの実習指導者、また実習担当教員に浸透してきました。しかし、今回相談援助実習からソーシャルワーク実習へとカリキュラムが変更されることに伴い、実習施設・機関として新たなソーシャルワーク実習に対応した実習実施を実現していくためにも、この３段階実習プログラムの考え方を変更することとしました。

その大きな理由は、ソーシャルワーク実習の実習時間と実施方法にあります。相談援助実習では 180 時間以上の実習時間が必要であり、また１か所の実習施設・機関で 120 時間以上実習を行うことが定められていました。これに対してソーシャルワーク実習では 240 時間以上の実習が必要となり、また機能の異なる２か所以上の実習施設・機関における実習の実施が求められています（うち１か所では 180 時間以上の実習実施が必要）。そのため、すべての養成校において 180 時間以上の実習と 60 時間以下の実習（養成校によっては 60 時間以上の実習を設定している場合もあり得ます）が実施されることになりますが、このうち 60 時間以下の実習では３段階実習モデルがうまく機能しないことが懸念されたことが１つの理由です。

さらに、ソーシャルワーク実習への変更において、より目標志向型の実習実施が求められていることも、３段階実習プログラムを変更することにした大きな理由です。目標志向型の実習を実現するためには、科目確認の指針で示された教育事項と評価ガイドラインによる達成目標・行動目標の達成に向けてどのような実習内容を実施するのかを検討することが重要です。つまり、２か所以上の実習すべてを通して実習生がソーシャルワーク実習の教育事項を網羅的に体験し、すべての目標の達成を実現することが新たな社会福祉士養成教育に求められています。そこで、各実習施設・機関がこのような共通認識を形成し、それに基づいた実習を実現していくためにも、従来の実習プログラミングの考え方を転換することが必要でした。

これらの理由から、ソーシャルワーク実習における実習プログラミングでは、従来の３段階実習プログラムから、教育事項・達成目標ごとに具体的実習内容を設定する実習プログラムへと変更しています。

それでは、ソーシャルワーク実習における実習プログラムのあり方、またそこでの実習プログラミングについて確認していきましょう。

3 ソーシャルワーク実習における基本実習プログラムと個別実習プログラム

実習プログラムは、ソーシャルワーク実習を機能の異なる２か所以上の実習施設・機関において合計240時間以上実施しなければならないという条件に対応している必要があります。それには以下の２つの意味があります。

- ・２か所以上、240時間のソーシャルワーク実習全体を通して目標を達成する。
- ・ソーシャルワーク実習では学年や時間数にかかわらず各目標の達成を志向する。

まず、「２か所以上、240時間のソーシャルワーク実習全体を通して目標を達成する」ことの意味を確認してみましょう。これは、実習指導者の立場からすると「自らの実習施設・機関での実習のみですべての実習目標を達成できなくても、他の実習機会に目標を達成できる可能性がある」という理解と、「２か所以上の実習での目標の達成状況をどのようにして共有して確認すればよいのか」という疑問につながるものといえます。この２か所以上の実習を通して、実習生がすべての目標を達成できるように、各実習の内容を調整する役割・責任は養成校側にあります。実習施設・機関側には、このような養成校からの実習内容の調整に関する相談に対応できる実習プログラムを準備していることが求められるといえるでしょう。それはつまり、時間数に応じた固定的な実習プログラムを準備する方法では、このような養成校からの相談に応えることが難しくなってしまうことを意味しています。

図3-1では、180時間と60時間の実習を行う実習生Ａに対して、実習施設１と実習施設２がそれぞれ180時間用、60時間用の固定的な実習プログラムで実習を実施した状況を表しています。結果的に、実習施設１で体験できなかった教育事項を、実習施設２でもカバーすることができず、実習生Ａは２か所の実習を合わせても教育事項⑤、⑩－４、⑩－６、⑩－７を体験できずに（その目標を

図3-1　固定的な実習プログラムによる目標達成に向けた弊害

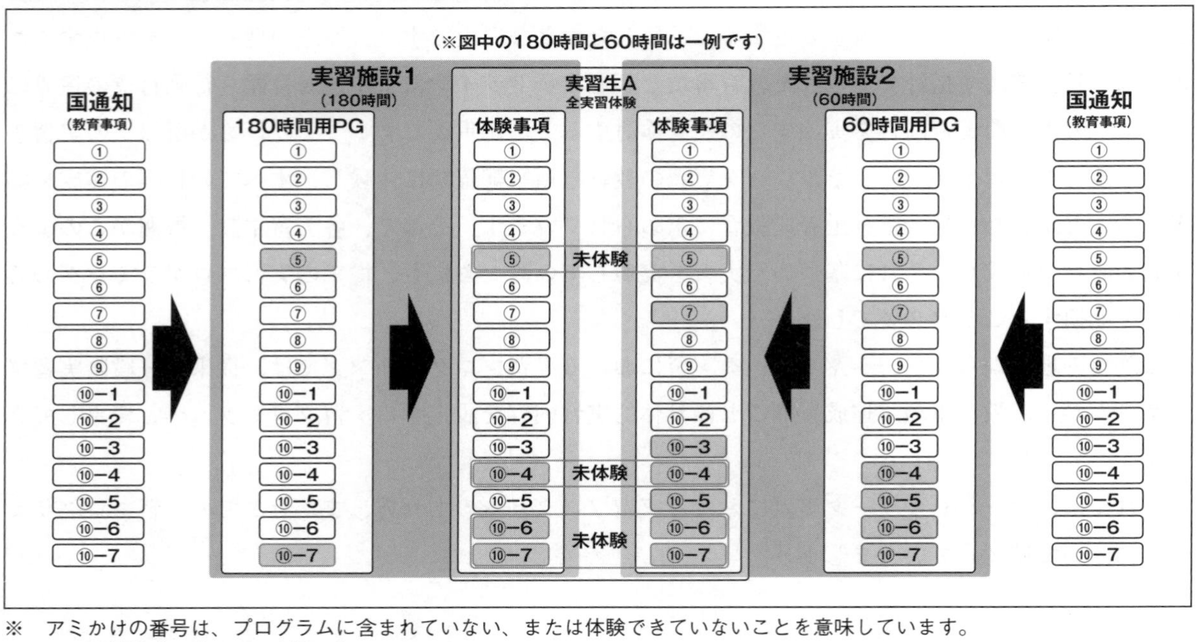

※　アミかけの番号は、プログラムに含まれていない、または体験できていないことを意味しています。
PGは実習プログラムの略記です。

達成できずに）実習を終えることになります。これでは社会福祉士として最低水準の価値・知識・技術を習得することが難しくなり、社会福祉士養成として不十分な実習だったと評価されてしまいかねません。

このような実習にならないためには、まず養成校側がしっかりと実習調整に関する機能を発揮し、２か所以上での実習の学びを踏まえて各実習先で実施する実習内容について調整することが必要です。また実習施設・機関側には、それに応えられる実習プログラムを準備することが求められます。そのため、実習施設・機関では、各教育事項の目標達成に向けた具体的実習内容を記載した基本実習プログラムを作成した上で、基本実習プログラムをもとに実習生の実習時間や目標達成状況等に応じて個別実習プログラムを作成するという２段階の実習プログラミングに取り組むことになります。この基本実習プログラムと個別実習プログラムの定義を確認しておきましょう。

（1）基本実習プログラム

基本実習プログラムとは、ソーシャルワーク実習の各教育事項の目標達成に向けて、各実習施設・機関ではどのような具体的実習内容を実施するのかを記載したものであり、実習のメニュー表的な位置づけになります。

あくまでも各教育事項における具体的実習内容を記載したものであり、各実習生の具体的な実習予定を示すものではありません。

また基本実習プログラムで具体的実習内容を設定できなかった教育事項は、当該実習施設・機関では学ぶことができないことを意味するため、できる限り全教育事項の実施方法を設定することが望まれます（基本実習プログラム　プログラミングシートはpp.124～125、モデルプログラムは第５節参照）。

（2）個別実習プログラム

個別実習プログラムとは、実習生が体験する具体的実習内容と順序等を設定したものであり、一般的にイメージされる各実習生の実習予定表となります。

実習生の実習時間、学年、他の実習での目標達成状況、養成校からの要望等を勘案して、基本実習プログラムをもとに各教育事項のなかで実施する具体的実習内容を取捨選択し、その順序を調整して作成します（個別実習プログラム　プログラミングシートはpp.126～129、モデルプログラムは第５節参照）。

この基本実習プログラムと個別実習プログラムの関係性を示したものが**図3-2**です。まず、各実習施設・機関では、各教育事項・各目標達成を踏まえて、ソーシャルワークの理論と実習施設・機関における業務・取り組みとを結び付けながら基本実習プログラムを作成します（基本実習プログラムのプログラミング）。その上で、養成校からソーシャルワーク実習の依頼がきたら、実習生のさまざまな要素を踏まえて、基本実習プログラムをもとに個別実習プログラムを作成することになります（個別実習プログラムのプログラミング）。

基本実習プログラムと個別実習プログラムを作成することで、実習全体を通して体験できない教育事項が残ってしまうことをどのように防止できるのか、**図3-3**から見てみましょう。

図 3-2　基本実習プログラムと個別実習プログラムの関係性

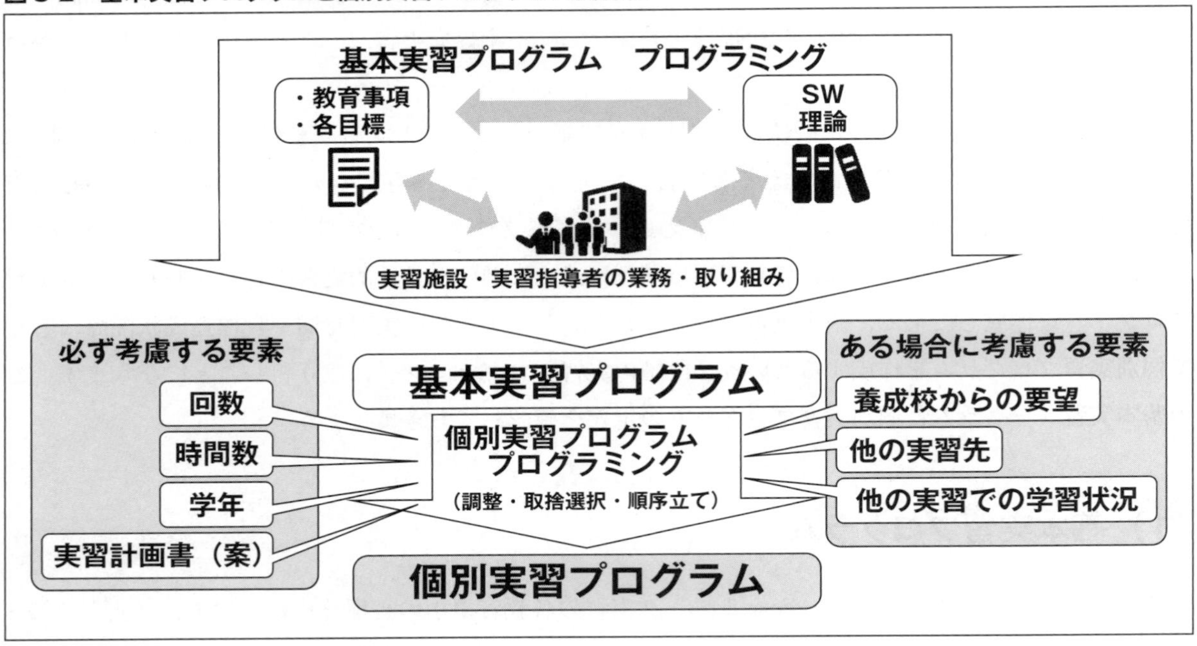

図 3-3　基本実習プログラムと個別実習プログラムによる実習実施

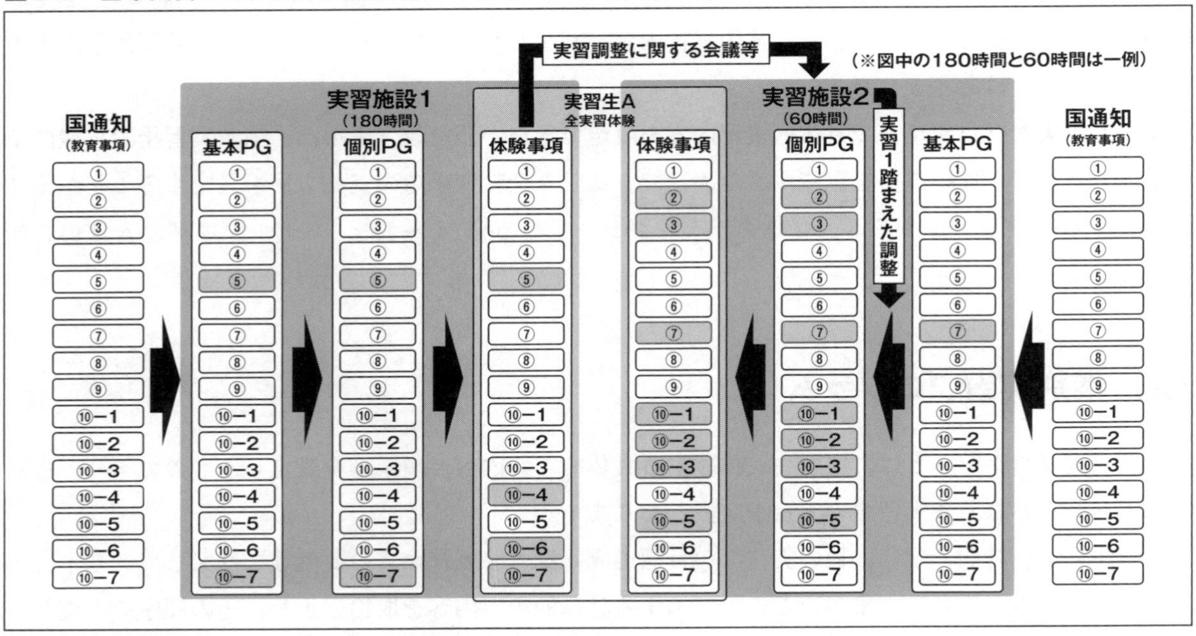

※　アミかけの番号は、プログラムに含まれていない、または体験できていないことを意味しています。
　　PG は実習プログラムの略記です。

実習施設1、実習施設2、それぞれ基本実習プログラムをもとに個別実習プログラムを作成し、それらに基づいて実習が実施されています。実習施設1は180時間実習なので、基本実習プログラムに設定できているすべての教育事項を実施する個別実習プログラムが設定されていますが、それでも実習生Ａはいくつかの教育事項（⑩－４、⑩－６）を体験できずに実習１を終えました。そこで実習施設２では、実習施設１で体験できなかった教育事項について養成校から相談を受け（養成校による実習調整に関する機能の発揮）、それを踏まえて個別実習プログラムを調整し、実習生Ａが未体験の教育事項を重点的に取り組む実習を行っています。これらの結果、実習生Ａは２か所での実習を通してすべての教育事項を体験したことが示されています。

このように、実習施設・機関が実習のメニュー表としての基本実習プログラムを作成し、それをもとに実習生のさまざまな状況に応じた個別実習プログラムを準備することで、養成校や実習生ごとの多種多様な実習に対応することができるようになります。それは結果として、各実習生が未体験の教育事項を残して（つまり、達成できなかった目標がある状態で）すべての実習を終えてしまう事態を防ぐことを可能にします。

加えて、このような実習プログラミングのあり方は、学年や時間数にかかわらず各目標の達成を志向するソーシャルワーク実習の実現にもつながってきます。ソーシャルワーク実習において、実習施設・機関では１年生や２年生の実習生の受け入れを依頼される場合も想定されます。また、それが40時間や60時間など限られた時間の実習であった場合でも、ソーシャルワーク実習としての目標達成を志向した実習内容・順序で実習が行われることが必要です。実習生の力量形成が十分進んでおらず時間数が限られた実習においても、しっかりとした基本実習プログラムがあれば、そこから実施可能な具体的実習内容を選択することで、教育事項の目標達成に向けた個別実習プログラムの作成及び実習実施が可能になります。これはつまり、実習生の学年や時間数にかかわらず、常に目標の達成を志向したソーシャルワーク実習を実施することが可能になることを意味しているといえるでしょう。

4 実習プログラムの意義

基本実習プログラム、個別実習プログラムという２段階の実習プログラミングを行うことにより、どのようなソーシャルワーク実習においても目標志向型の実習が可能になることを確認してきました。ただし、実習プログラムを作成することの意義はそれだけにとどまりません。実習施設・機関及び実習指導者、養成校及び実習担当教員、そして実習生という３者の視点から、実習プログラムを作成することの意義について確認してみましょう。

（1）実習施設・機関及び実習指導者にとっての実習プログラム作成の意義

1）基本実習プログラム

まず基本実習プログラムを作成し、それを養成校に周知することで、実習受入体制が十分に整った施設・機関であること、また目標達成に向けてどのような内容の実習ができるのかをアピールすることができます。これは養成校からの実習依頼を促すだけでなく、人材確保という視点においても十分な教育体制が整っている施設・機関であることのアピールにもなるため（基本実習プログラムは新人研修プログラムにも応用可能）、入職希望者の応募につながることが期待できます。

また、社会福祉士がどのような業務・実践を通してソーシャルワーク機能を発揮しているのかを明確化することで、施設・機関の内外に対して社会福祉士の専門性を表明することができます。

さらに、基本実習プログラムを作成する過程において十分に実施することができない教育事項・達成目標が出てくるとするならば、それは社会福祉士としてソーシャルワーク実践が不十分な点が明確化されたことを意味しており、実習施設･機関や社会福祉士としての実践を振り返る機会となります。

2）個別実習プログラム

実習生ごとに個別実習プログラムを作成することで、その実習で達成すべき目標とそれに向けた具体的実習内容・方法を確定することができます。また、実習の目標・具体的実習内容・方法が確定することで、当該実習生の指導に必要な準備を明確化することができ、さらに当該実習施設・機関において実習にかかわる職員間で共通認識を形成することも可能となります。

このように、目標志向型のソーシャルワーク実習を実習施設・機関全体で実施していく上で、個別実習プログラムを作成することには大きな意義があります。

(2) 養成校及び実習担当教員にとっての実習プログラムの意義

1) 基本実習プログラム

養成校で各実習生の2か所以上の実習の配属先を決定する際、基本実習プログラムが極めて重要になります。各実習施設・機関で実施することが難しい教育事項（つまり達成できない目標）がある場合、基本実習プログラムを確認することで事前に把握することができるからです。そうすれば、2か所以上の実習を通して実施することが難しい教育事項がないように実習生の配属先を決定することができます。

逆に基本実習プログラムが作成されていなければ、養成校で実習生の配属先を決定する際に各実習施設・機関で実施できない教育事項を確認できず、すべての実習を通しても全教育事項を体験できないような組み合わせで配属先を決定してしまう可能性が出てきます。

2) 個別実習プログラム

実習生ごとの個別実習プログラムがあれば、実習担当教員はより具体的な事前指導を行うことができます。具体的な事前指導は実習生の実習へのレディネスを高め、実習中の学びの質を向上させることが期待できます。

(3) 実習生にとっての実習プログラムの意義

1) 基本実習プログラム

実習生は、さまざまな実習施設・機関の基本実習プログラムを確認することで、あらゆる分野・種別の実習施設・機関において、体験する内容は異なりつつもソーシャルワーク実習として同じ目標に向けた学びがあることを理解することができます。つまり、ソーシャルワーク実習が分野・領域ごとのスペシフィックな社会福祉士を養成するものではなく、ジェネラリストとしての社会福祉士養成に向けたものであることをより強く認識することにつながります。

2) 個別実習プログラム

実習生ごとの個別実習プログラムが作成されていれば、実習生は実習のイメージを明確化し、より具体的な事前学習に取り組むことが可能になります。また漠然としていた実習のイメージが明確化されることは、実習に向けた不安を軽減する効果も期待できます。

5 実習プログラミングの視点

実習プログラムには多くの意義があることがわかりました。それでは、実習施設・機関ではどのような視点から実習プログラミングに取り組めばよいのでしょうか。実習プログラミングにおける重要なポイントとして、以下の５点があります。

実習プログラミングにおける5つの視点

❶ジェネラリストとしてのソーシャルワーカーを養成する
❷ソーシャルワークを実践的科学・形式知として伝達する
❸「社会福祉士像」を伝達する
❹「教育のねらい」を達成する
❺「教育に含むべき事項」を実施・体験できる

（1）ジェネラリストとしてのソーシャルワーカーを養成する

ソーシャルワーク実習は、特定の分野・種別の実習施設・機関で実施されますが、各分野・種別ごとの社会福祉士養成ではなく、ジェネラリスト・ソーシャルワーカーとしての社会福祉士養成を目的にしており、実習プログラミングもこの視点から取り組むことが必要です。

そのため、各実習施設・機関及び実習指導者の業務・実践の理解ではなく、それらを通したソーシャルワーク実践の理解に向けた具体的実習内容や理論的説明を設定することが求められます。

（2）ソーシャルワークを実践的科学・形式知として伝達する

ソーシャルワークのグローバル定義にあるとおり、ソーシャルワークは実践に基づいた専門職であり学問です。そのため、ソーシャルワーク実習において、実習指導者は経験主義による暗黙知を伝達したり、職人芸を開示したりするのではなく、理論と根拠に基づいた形式知を伝達し、科学的根拠に基づいたソーシャルワーク実践を開示していくことが必要です。このため、実習指導者には「実践を言葉にする力」が求められます。具体的には、実習生が体験した内容を理論的に説明する機会・方法を実習プログラムに設定することを意識しましょう。

（3）「社会福祉士像」を伝達する

ソーシャルワーク実習の目的はソーシャルワーク専門職としての社会福祉士養成であり、社会福祉士の後継者育成の取り組みといえます。

しかし、残念ながら一部の調査結果（2019年度社会福祉士・精神保健福祉士全国統一模擬試験受験者への進路意向等アンケート調査結果（速報））では、一部の実習生において実習経験が就職予定先・就職活動先の選択に否定的な影響を及ぼしたという結果（全体の１割程度）が示されています（p.46）。これは「実習の逆機能」ともいえる結果であり、社会福祉士後継者育成という視点からすると絶対に避けるべき事態です。どうすればこのような事態を防ぐことができるのでしょうか。

それには、実習生が社会福祉士への志を確立できるよう、社会福祉士としての価値観、姿勢、仕事への想いなどを、実習指導者が実践と言葉の両面から実習生に伝えていくことが重要です。これはまさに、実習生が志したいと思えるような「社会福祉士像」を伝達していくことにほかなりません。実習プログラムは、このような「社会福祉士像」を伝達するための実習という視点から作成することを特に意識してください。しかし、実習の逆機能を防ぐためにはそれだけでは不十分です。前記調査では、実習経験が就職予定先・就職活動先の選択に否定的な影響を及ぼしたと回答した者に、「実習経験で誰・何から影響を受けたか」を確認した結果、もっとも多かったのは「実習先施設・機関」であり、次が「実習先の職員（実習指導者以外）」となっていました。これは、実習指導者１人がいくら頑張っても、実習生が実習から否定的な影響を受ける可能性を排除できないことを示しています。そのため、ソーシャルワーク実習は実習指導者が個人で実施するのではなく、実習施設・機関全体で取り組む体制を整えることが必要不可欠といえます。実習プログラムを作成する段階から実習施設・機関の取り組みに位置づけ、さまざまな人がかかわるチームで取り組んでいくことが重要です。

（4）「教育のねらい」を達成する

社会福祉士は国家資格であり、その養成では国家資格としての定めに対応していることが肝要です。科目確認の指針ではソーシャルワーク実習の５つの教育のねらいが定められているため、これらの教育のねらいに向けた実習が実施されることが必要です。これには、実習プログラミングにおいて以下の点に留意することで対応できます。

・実践と理論とを結びつけるための実践的体験と理論的説明（スーパービジョン）の循環的実施
・クライエント、その家族や地域住民等と直接かかわる機会の設定
・クライエントや地域社会に対する支援計画作成・実施・評価といった一連の支援過程を体験する機会の設定
・「地域社会」という視点から実習施設・機関の役割を理解するための具体的実習内容の設定
・多職種・他機関・他業種・地域等との具体的な連携場面や協働での事業に参画する機会の設定

（5）「教育に含むべき事項」を実施・体験できる

ソーシャルワーク実習において達成すべき目標は評価ガイドラインに示されていますが、それらの達成目標は教育事項ごとに設定されています。つまり、実習プログラムでは教育事項ごとに、それらの目標達成に向けた具体的な実習内容・方法が設定されている必要があります。

本テキストで提示する基本実習プログラミングシートと個別実習プログラミングシートは、教育事項ごとに達成目標に応じた具体的実習内容を設定する様式になっています。このシートを用いることにより、教育事項を実施・体験できる実習プログラムを作成することが可能です。

他方で、p.117でも述べたとおり、基本実習プログラムにおいて教育事項に対する具体的実習内容が設定できていない場合、当該実習施設・機関ではその教育事項は体験できないことを意味します。実習生が網羅的に教育事項を体験できるようにするために、できる限り基本実習プログラムで全教育事項に対する具体的実習内容を設定することが求められます。そのためには、具体的実習内容の体験水準を調整する方法が効果的ですが、この体験水準の調整については第２節（pp.136～138）で詳しく解説しますので、そちらをご確認ください。

(6) 実習プログラム・実習計画書・実習計画の関係

第1節の最後に、これまで確認してきた実習プログラムと実習計画書及び実習計画の関係について整理しておきます。科目確認の指針ではソーシャルワーク実習指導の「教育に含むべき事項」に「⑧実習生、実習担当教員、実習先の実習指導者との三者協議を踏まえた実習計画の作成及び実習後の評価」という記載があります。相談援助実習の実習指導を経験したことがある方や、履修していた方であれば、「実習計画」とは養成校で教員の指導を受けて実習生が作成するものというイメージがあるかもしれません。しかし、本テキストではソーシャルワーク実習の実習プログラム・実習計画書・実習計画の関係について**図 3-4** のように整理しました。

本節で確認してきたとおり、実習プログラムには基本実習プログラムと個別実習プログラムがあり、それらは実習指導者(実習施設・機関)が作成します。実習を受け入れる場合、基本実習プログラムをもとに個別実習プログラムを作成し、これに基づいて各実習生の実習が実施されます。

他方で、実習生は自らの実習に向けて養成校教員の指導を受けながら実習施設・機関の基本実習プログラムを踏まえて実習計画書を作成します。この際、実習指導者側が作成した個別実習プログラムと実習生が作成した実習計画書が異なる内容であれば、実際の実習をどちらに基づいて実施するべきなのか混乱が生じてしまいます。そこで実習前に実習指導者と実習生との事前打ち合わせ等の機会を設け、実習指導者側が作成した個別実習プログラム(案)と実習生が作成した実習計画書(案)を突合し、内容のずれなどがあれば両者が一致するように相互に調整します。

これらのプロセスを経て同一の内容となった個別実習プログラム(確定版)及び実習計画書(確定版)は、どちらも実習計画として位置づけられます。両者の内容は一致しているため、どちらの内容で実習を実施すべきかという混乱も生じません。つまり実習指導者の立場からすると実習計画は個別実習プログラムとして作成するものであり、実習生の立場からすると実習計画は実習計画書として作成するものとなります。最終的には両者は齟齬がないように調整を行うことで同一の内容となり、どちらも実習計画として位置づけられるものになるという関係です。そのため、本章では実習生が作成するものを「実習計画書」と記載し、「実習計画」は確定版となった個別実習プログラム及び実習計画書の両者を意味する用語として用います。この点に留意して読み進めてください。

図 3-4 実習プログラム・実習計画書・実習計画の関係

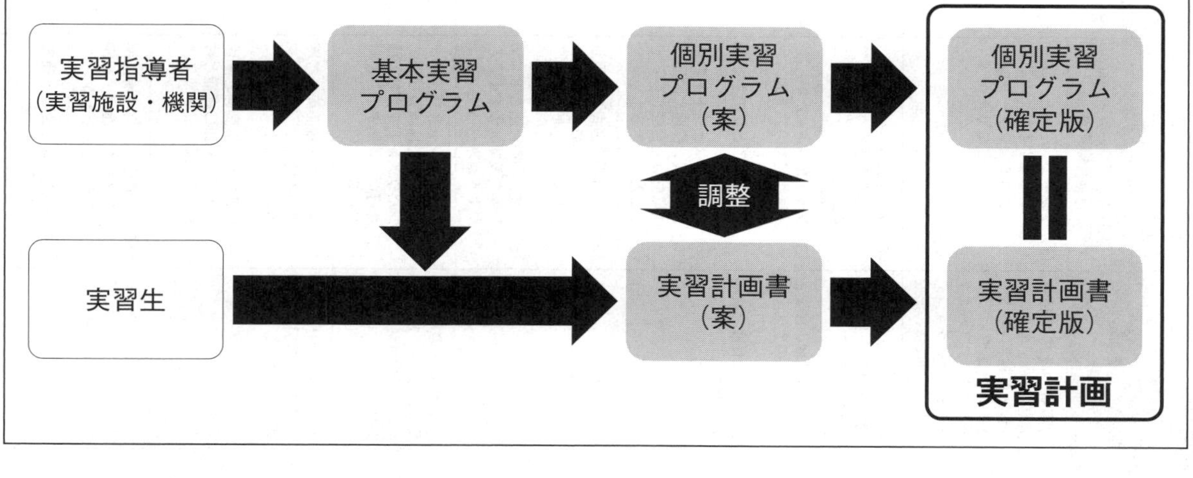

ソーシャルワーク実習　基本実習プログラム　プログラミングシート

実習施設名：	作成メンバー：	作成日：○年○月○日

ソーシャルワーク実習教育に含むべき事項（国通知）		達成目標（評価ガイドライン）※各達成目標の具体例は行動目標を参照	当該実習施設における実習の実施方法及び展開					
			学生に求める事前学習	具体的実習内容				指導上の留意点
				SW 実践の場の理解に関する内容	SWr の理解に関する内容	SW 実践の理解に関する内容	SW 実践の理解に関する内容（発展的）	活用する資料・参照物
①	利用者やその関係者（家族・親族、友人等）、施設・事業者・機関・団体、住民やボランティア等との基本的なコミュニケーションや円滑な人間関係の形成	（1）クライエント等と人間関係を形成するための基本的なコミュニケーションをとることができる						
②	利用者やその関係者（家族・親族、友人等）との援助関係の形成	（2）クライエント等との援助関係を形成することができる						
③	利用者や地域の状況を理解し、その生活上の課題（ニーズ）の把握、支援計画の作成と実施及び評価	（3）クライエント、グループ、地域住民等のアセスメントを実施し、ニーズを明確にすることができる						
		（4）地域アセスメントを実施し、地域の課題や問題解決に向けた目標を設定することができる						
		（5）各種計画の様式を使用して計画を作成・策定及び実施することができる						
		（6）各種計画の実施をモニタリング及び評価することができる						
④	利用者やその関係者（家族・親族、友人等）への権利擁護活動とその評価	（7）クライエント及び多様な人々の権利擁護並びにエンパワメントを含む実践を行い、評価することができる						
⑤	多職種連携及びチームアプローチの実践的理解	（8）実習施設・機関等の各職種の機能と役割を説明することができる						
		（9）実習施設・機関等と関係する社会資源の機能と役割を説明することができる						
		（10）地域住民、関係者、関係機関等と連携・協働することができる						
		（11）各種会議を企画・運営することができる						
	当該実習先が地域社会	（12）地域社会における実習						

⑥	の中で果たす役割の理解及び具体的な地域社会への働きかけ	施設・機関等の役割を説明することができる						
		(13) 地域住民や団体、施設、機関等に働きかけることができる						
⑦	地域における分野横断的・業種横断的な関係形成と社会資源の活用・調整・開発に関する理解	(14) 地域における分野横断的・業種横断的な社会資源について説明し、問題解決への活用や新たな開発を検討することができる						
⑧	施設・事業者・機関・団体等の経営やサービスの管理運営の実際（チームマネジメントや人材管理の理解を含む）	(15) 実習施設・機関等の経営理念や戦略を分析に基づいて説明することができる						
		(16) 実習施設・機関等の法的根拠、財政、運営方法等を説明することができる						
⑨	社会福祉士としての職業倫理と組織の一員としての役割と責任の理解	(17) 実習施設・機関等における社会福祉士の倫理に基づいた実践及びジレンマの解決を適切に行うことができる						
		(18) 実習施設・機関等の規則等について説明することができる						
⑩	1 アウトリーチ	(19) 以下の技術について目的、方法、留意点について説明することができる ・アウトリーチ ・ネットワーキング ・コーディネーション ・ネゴシエーション ・ファシリテーション ・プレゼンテーション ・ソーシャルアクション						
	2 ネットワーキング							
	3 コーディネーション							
	4 ネゴシエーション							
	5 ファシリテーション							
	6 プレゼンテーション							
	7 ソーシャルアクション							

ソーシャルワーク実習　個別実習プログラム（180時間用：概ね160時間～200時間）　プログラミングシート

実習基本情報					
実習施設名：	実習指導者氏名：		実習期間：　年月日（　）～　年月日（　）	他の実習施設	名称：
養成校：	実習生氏名：	学年：　年生	実習回数：　カ所目（全　カ所）　実習時間数：　時間		期間：　年月日（　）～　年月日（　）

	ソーシャルワーク実習教育に含むべき事項（国通知）	達成目標（評価ガイドライン）※各達成目標の具体例は行動目標を参照	当該実習施設における実習の実施方法及び展開：事前学習・事前訪問	具体的実習内容：1～2週目※	具体的実習内容：3～4週目※	具体的実習内容：4～5週目	活用する資料・参照物
①	利用者やその関係者（家族・親族、友人等）、施設・事業者・機関・団体、住民やボランティア等との基本的なコミュニケーションや円滑な人間関係の形成	（1）クライエント等と人間関係を形成するための基本的なコミュニケーションをとることができる					
②	利用者やその関係者（家族・親族、友人等）との援助関係の形成	（2）クライエント等との援助関係を形成することができる					
③	利用者や地域の状況を理解し、その生活上の課題（ニーズ）の把握、支援計画の作成と実施及び評価	（3）クライエント、グループ、地域住民等のアセスメントを実施し、ニーズを明確にすることができる					
		（4）地域アセスメントを実施し、地域の課題や問題解決に向けた目標を設定することができる					
		（5）各種計画の様式を使用して計画を作成・策定及び実施することができる					
		（6）各種計画の実施をモニタリング及び評価することができる					
④	利用者やその関係者（家族・親族、友人等）への権利擁護活動とその評価	（7）クライエント及び多様な人々の権利擁護並びにエンパワメントを含む実践を行い、評価することができる					
⑤	多職種連携及びチームアプローチの実践的理解	（8）実習施設・機関等の各職種の機能と役割を説明することができる					
		（9）実習施設・機関等と関係する社会資源の機能と役割を説明することができる					
		（10）地域住民、関係者、関係機関等と連携・協働することができる					
		（11）各種会議を企画・運営					

			することができる					
⑥		当該実習先が地域社会の中で果たす役割の理解及び具体的な地域社会への働きかけ	(12) 地域社会における実習施設・機関等の役割を説明することができる					
			(13) 地域住民や団体、施設、機関等に働きかけることができる					
⑦		地域における分野横断的・業種横断的な関係形成と社会資源の活用・調整・開発に関する理解	(14) 地域における分野横断的・業種横断的な社会資源について説明し、問題解決への活用や新たな開発を検討することができる					
⑧		施設・事業者・機関・団体等の経営やサービスの管理運営の実際（チームマネジメントや人材管理の理解を含む）	(15) 実習施設・機関等の経営理念や戦略を分析に基づいて説明することができる					
			(16) 実習施設・機関等の法的根拠、財政、運営方法等を説明することができる					
⑨		社会福祉士としての職業倫理と組織の一員としての役割と責任の理解	(17) 実習施設・機関等における社会福祉士の倫理に基づいた実践及びジレンマの解決を適切に行うことができる					
			(18) 実習施設・機関等の規則等について説明することができる					
⑩	1	アウトリーチ	(19) 以下の技術について目的、方法、留意点について説明することができる ・アウトリーチ ・ネットワーキング ・コーディネーション ・ネゴシエーション ・ファシリテーション ・プレゼンテーション ・ソーシャルアクション					
	2	ネットワーキング						
	3	コーディネーション						
	4	ネゴシエーション						
	5	ファシリテーション						
	6	プレゼンテーション						
	7	ソーシャルアクション						

※１～２週目、３～４週目、４～５週目の期間に関する表記は集中実習の場合のイメージであり、通年での実習や一定期間に分散して実習する場合には実習形態に適した期間を設定した上で使用する

ソーシャルワーク実習　個別実習プログラム（60時間用：概ね60時間～90時間）　プログラミングシート

実習基本情報						
実習施設名：	実習指導者氏名：		実習期間：　年 月 日（ ）～　年 月 日（ ）		他の実習施設	名称：
養成校：	実習生氏名：	学年：　年生	実習回数：　カ所目（全　カ所）	実習時間数：　時間		期間：　年 月 日（ ）～　年 月 日（ ）

ソーシャルワーク実習教育に含むべき事項（国通知）		達成目標（評価ガイドライン）※各達成目標の具体例は行動目標を参照	当該実習施設における実習の実施方法及び展開			
			事前学習・事前訪問	具体的実習内容		活用する資料・参照物
				前半（概ね１週目）※	後半（概ね２週目）※	
①	利用者やその関係者（家族・親族、友人等）、施設・事業者・機関・団体、住民やボランティア等との基本的なコミュニケーションや円滑な人間関係の形成	(1) クライエント等と人間関係を形成するための基本的なコミュニケーションをとることができる				
②	利用者やその関係者（家族・親族、友人等）との援助関係の形成	(2) クライエント等との援助関係を形成することができる				
③	利用者や地域の状況を理解し、その生活上の課題（ニーズ）の把握、支援計画の作成と実施及び評価	(3) クライエント、グループ、地域住民等のアセスメントを実施し、ニーズを明確にすることができる				
		(4) 地域アセスメントを実施し、地域の課題や問題解決に向けた目標を設定することができる				
		(5) 各種計画の様式を使用して計画を作成・策定及び実施することができる				
		(6) 各種計画の実施をモニタリング及び評価することができる				
④	利用者やその関係者（家族・親族、友人等）への権利擁護活動とその評価	(7) クライエント及び多様な人々の権利擁護並びにエンパワメントを含む実践を行い、評価することができる				
⑤	多職種連携及びチームアプローチの実践的理解	(8) 実習施設・機関等の各職種の機能と役割を説明することができる				
		(9) 実習施設・機関等と関係する社会資源の機能と役割を説明することができる				
		(10) 地域住民、関係者、関係機関等と連携・協働することができる				
		(11) 各種会議を企画・運営				

			することができる				
⑥		当該実習先が地域社会の中で果たす役割の理解及び具体的な地域社会への働きかけ	(12) 地域社会における実習施設・機関等の役割を説明することができる				
			(13) 地域住民や団体、施設、機関等に働きかけることができる				
⑦		地域における分野横断的・業種横断的な関係形成と社会資源の活用・調整・開発に関する理解	(14) 地域における分野横断的・業種横断的な社会資源について説明し、問題解決への活用や新たな開発を検討することができる				
⑧		施設・事業者・機関・団体等の経営やサービスの管理運営の実際（チームマネジメントや人材管理の理解を含む）	(15) 実習施設・機関等の経営理念や戦略を分析に基づいて説明することができる				
			(16) 実習施設・機関等の法的根拠、財政、運営方法等を説明することができる				
⑨		社会福祉士としての職業倫理と組織の一員としての役割と責任の理解	(17) 実習施設・機関等における社会福祉士の倫理に基づいた実践及びジレンマの解決を適切に行うことができる				
			(18) 実習施設・機関等の規則等について説明することができる				
⑩	1	アウトリーチ	(19) 以下の技術について目的、方法、留意点について説明することができる ・アウトリーチ ・ネットワーキング ・コーディネーション ・ネゴシエーション ・ファシリテーション ・プレゼンテーション ・ソーシャルアクション				
	2	ネットワーキング					
	3	コーディネーション					
	4	ネゴシエーション					
	5	ファシリテーション					
	6	プレゼンテーション					
	7	ソーシャルアクション					

※前半（概ね１週目）、後半（概ね２週目）の期間に関する表記は集中実習の場合のイメージであり、通年での実習や一定期間に分散して実習する場合には実習形態に適した期間を設定した上で使用する

第２節

実習プログラミングの方法

1 基本実習プログラムのプログラミング

本章の「はじめに」で述べたとおり、実習プログラムとは、実習施設･機関においてソーシャルワーク実習の目標を達成するための具体的実習内容やその順序等を記載したものです。そして養成校、実習生ごとの多様な実習に対応するためには、当該実習施設・機関における各目標達成に向けた具体的実習内容のメニュー表的な位置づけとなる基本実習プログラムと、個々の実習生の実習計画となる個別実習プログラムを作成するという２段階の実習プログラミングが必要であることを第１節で説明しました。本節では実習プログラミングの方法として、基本実習プログラムと個別実習プログラムの実習プログラミングをそれぞれ解説していきます。それでは、ソーシャルワーク実習の受け入れに向けて必須となる基本実習プログラムのプログラミングから確認していきましょう。

基本実習プログラムを作成するにあたり、まずは完成したものを確認して、そのイメージを形成することが有効です。本章第５節には種別ごとの７つの基本実習プログラム例を掲載していますので、それらを見てください。本テキストでは共通のプログラミングシート（pp.124 ～ 125 に掲載）を用いて基本実習プログラムを作成していますので、本節においてもこのシートを用いた基本実習プログラムの作成方法について解説していきます。ちなみに本テキストで使用している実習プログラミングシートは日本社会福祉士会のホームページでワードファイルをダウンロードできます。実際に実習プログラムを作成するときにはぜひシートをダウンロードして使用してください。

2 基本実習プログラムのプログラミングのプロセスとポイント

基本実習プログラムのプログラミングのプロセスを示したものが**図 3-5** です。このプロセスには、以下の２つのポイントがあります。

図 3-5　基本実習プログラムのプログラミングのプロセス

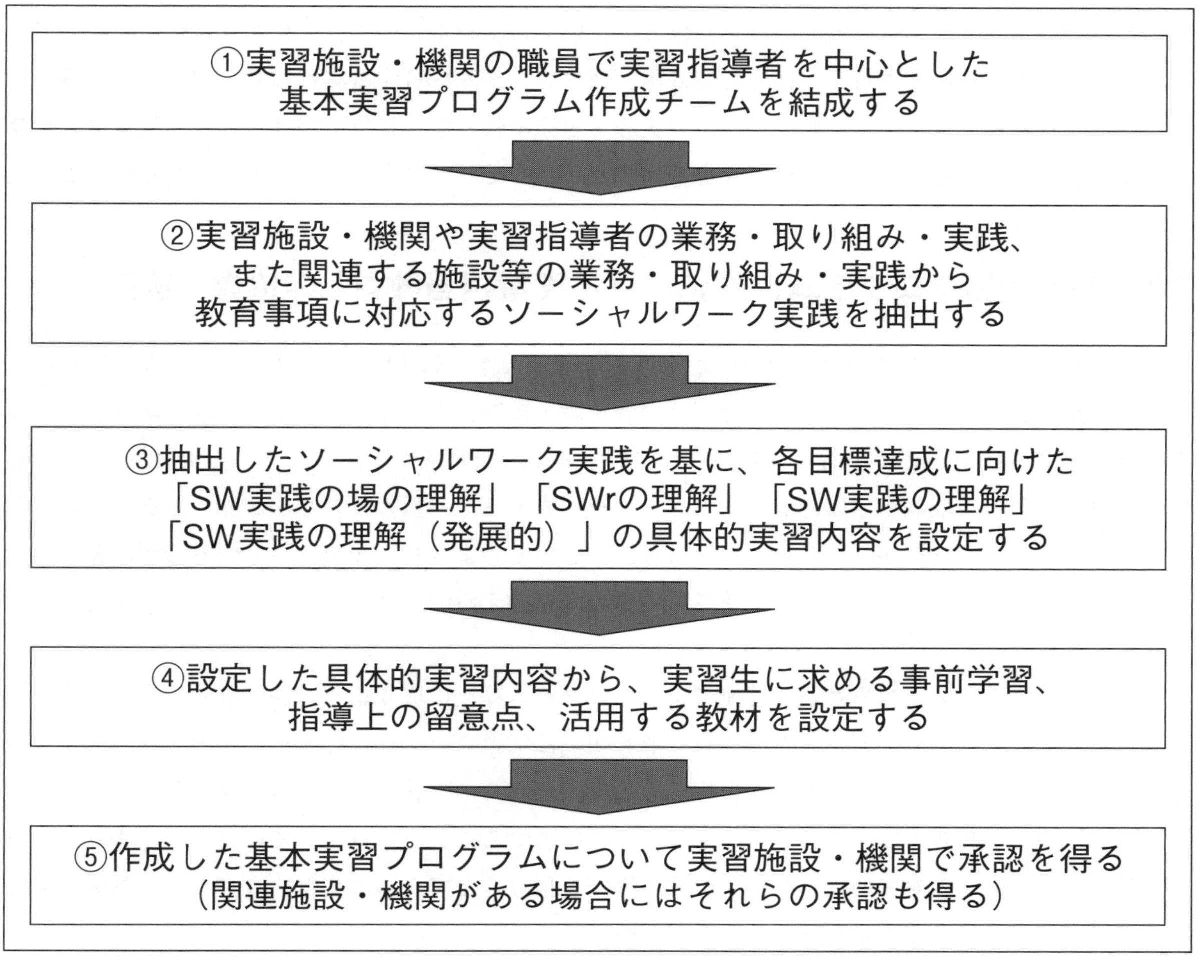
①実習施設・機関の職員で実習指導者を中心とした
基本実習プログラム作成チームを結成する
②実習施設・機関や実習指導者の業務・取り組み・実践、
また関連する施設等の業務・取り組み・実践から
教育事項に対応するソーシャルワーク実践を抽出する
③抽出したソーシャルワーク実践を基に、各目標達成に向けた
「SW実践の場の理解」「SWrの理解」「SW実践の理解」
「SW実践の理解（発展的）」の具体的実習内容を設定する
④設定した具体的実習内容から、実習生に求める事前学習、
指導上の留意点、活用する教材を設定する
⑤作成した基本実習プログラムについて実習施設・機関で承認を得る
（関連施設・機関がある場合にはそれらの承認も得る）

※　SW はソーシャルワーク、SWr はソーシャルワーカーの略記です。

（1）実習受入・実習指導を実習施設・機関全体の正式な業務に位置づけるための工夫

1つ目のポイントは、実習受入・実習指導を実習施設・機関全体の正式な業務として位置づけるための工夫であり、これは**図 3-5** の①と⑤によって実行していきます。

まず①に関して、実習プログラムは当該実習施設・機関の実習指導者が作るというイメージをもたれている方が多いかもしれません。しかし、基本実習プログラムの作成には、実習指導者個人ではなく、実習指導者を中心として実習施設・機関の職員がチームとなって取り組むことが重要です。そのねらいは、実習受け入れ及び実習生の指導を“実習指導者個人の業務”ではなく“実習施設・機関全体の正式な業務”として位置づけることにあります。したがって、有志のメンバーで任意に結成したチームで実習プログラミングに取り組むのではなく、実習プログラムを作成するためのチームを結成すること、職員のチームで実習プログラムを作成することに組織から承認を得ることがポイントとなります。これは結果として、実習プログラム作成を組織の正式な業務に位置づけることにつながってきます。第２章（実習マネジメント論）で述べた実習マネジメント体制を構築する際に、この実習プログラムの作成チームも併せて検討するのが効率的かもしれません。

そして⑤で示したように、チームで作成した基本実習プログラムは、実習施設・機関としての承認

を得て完成します（関連施設・機関での実習内容が設定されている場合にはそれらの承認も必要）。基本実習プログラム作成チームでの作業だけでは、いくら素晴らしい実習プログラムに仕上がっていたとしても完成とはいえません。作成した基本実習プログラムに対する実習施設・機関からの承認を得ることは、実習プログラムに基づいた実習実施を組織全体の業務に位置づけること、実習プログラムに記載された各実習内容を実行可能なものにすることをそれぞれ意味しているといえるでしょう。

（2）基本実習プログラム作成における実習担当教員との協働・連携

基本実習プログラミングの核となるのが②③④の作業です（**図 3-5**）。これには、「教育事項と達成目標・行動目標」「ソーシャルワーク理論」「実習施設・機関、実習指導者の業務や取り組み」の３つをすり合わせる作業が必要であり、それぞれに対する十分な理解が求められます。実習施設・機関、実習指導者の業務や取り組みは、実習プログラムを作成するチームのメンバーがもっともよく知っています。しかし、それらがソーシャルワーク理論としてどのような意味をもっているのか、教育事項や達成目標・行動目標にどのように関連してくるのかを考える際には、一定以上の難しさを感じるかもしれません。

このような場合、実習担当教員と協働で実習プログラム作成に取り組む方法が有効です。上記のとおり、実習施設・機関や実習指導者の業務・取り組みは実習プログラム作成チームのメンバーがもっともよく把握しているものですが、実習担当教員は、それらの業務・取り組み、ソーシャルワーク理論、教育事項と各教育目標、それぞれの対応関係を整理することを得意としています。つまり、実習担当教員がこの３つの対応関係の橋渡しをする役割を担うことで、基本実習プログラムの具体的実習内容を設定しやすくなる効果が期待されます（**図 3-6**）。

また基本実習プログラム作成に実習担当教員が参画することの副次的な効果として、実習プログラム作成を実習施設・機関の正式な業務に位置づけるためのきっかけとなることも期待されます。実習指導者のなかには実習担当教員に協力を依頼することに躊躇する方もいるかもしれませんが、これは

図 3-6　基本実習プログラム作成における実習担当教員との協働・連携

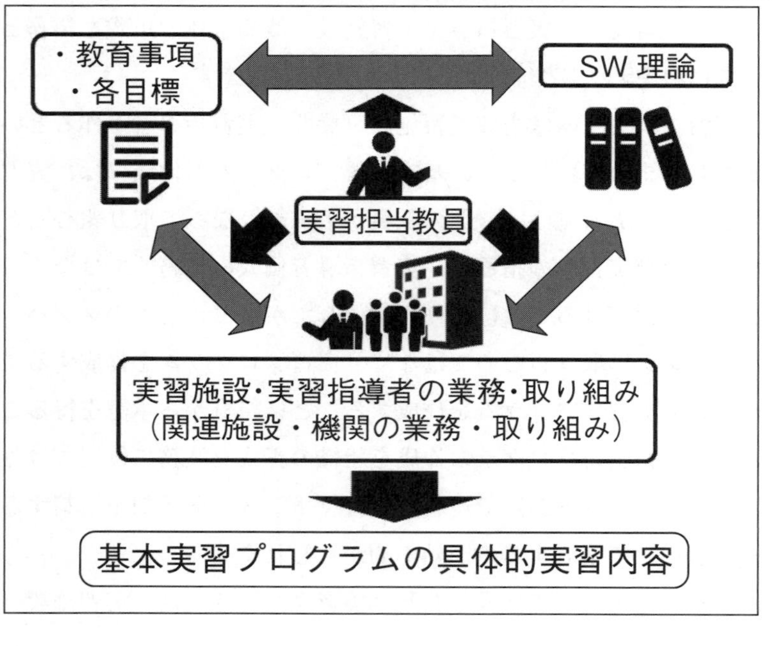

実習担当教員にとっても学びの機会であると同時に、今後実習を依頼できる関係性を実習施設・機関と構築することにもつながるものであり、大きな意義を有しているといえます。社会福祉士養成は養成校と現場とが協働で取り組むものである、という前提に立ち、ぜひ養成校にこのような依頼をしていける関係づくりに取り組んでもらいたいと思います。

3 基本実習プログラミングシートを用いた基本実習プログラムの作成

それでは、基本実習プログラミングシート（pp.124 ～ 125）を用いた基本実習プログラムの具体的な作成方法を確認していきましょう。

（1） 基本情報の記入

まず基本実習プログラミングシート最上段にある基本情報から入力します。

・実習施設・機関名：実習受け入れを行う施設・機関・事業所名を記入します。

・作成メンバー：基本実習プログラム作成チーム全員の氏名を記入しましょう。

・完成日：ここには基本実習プログラムについて実習施設・機関から承認が得られた年月日を記入します。また、基本実習プログラムは、実習受入経験を重ねるなかで具体的実習内容の加筆・削除・修正を行うことが出てきます。新しい具体的実習内容を加筆したり、これまで設定されていたものを修正したりする場合には、改めて組織から承認を得た上で承認日を更新します。

（2） 具体的実習内容の設定

各教育事項を学ぶための具体的実習内容の設定は、基本実習プログラムの核となる作業です。以下の５つの視点から具体的実習内容設定のポイントを確認していきましょう。

1） 達成目標・行動目標（ソ教連ガイドライン）の達成に向けた内容の設定

具体的実習内容を検討する際の１つ目のポイントは、達成目標・行動目標の達成に向けた内容となっているかどうかを確認することです。改めて確認するとわかりますが、科目確認の指針に定められた教育事項は、あくまでも教育事項の記載にとどまり、その事項についてどの程度まで何ができるようになるのかという目標は設定されていません。ソーシャルワーク実習は、ソーシャルワーク専門職としての社会福祉士養成に向けた目標志向型の学習機会であるため、目標を明確にし、その目標達成に向けた体験内容が設定される必要があります。この教育事項に対応した目標を明示したものがソ教連による評価ガイドラインであり、基本実習プログラムではこれに定められた達成目標・行動目標を達成するための具体的実習内容を設定することが重要になってきます。つまり、基本実習プログラムの作成では、まず評価ガイドラインをしっかりと読みこみ、教育事項における達成目標と行動目標について十分な理解を形成するところから始めることが必要です。

図 3-7 は評価ガイドラインの構造を示したものです（評価ガイドラインの全体像は p.291 に掲載）。

図 3-7　評価ガイドライン（一部抜粋）の構造

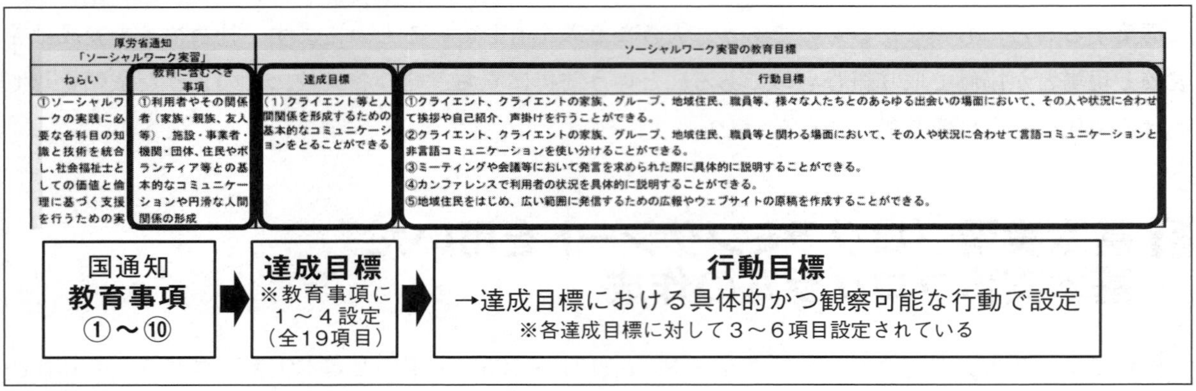

左から、「ねらい」「教育に含むべき事項」「達成目標」「行動目標」が記載されています。１つの教育事項に対して達成目標が１～４つ定められており、また１つの達成目標に対して３～６の行動目標が設定されています。教育事項における達成目標は何かを確認した上で、さらにその達成目標の達成に必要な行動目標を確認することで、各教育事項に設定すべき具体的実習内容の方向性を理解することができます。

本テキストで使用している基本実習プログラミングシートでは、「教育に含むべき事項」とそれに対応する「達成目標」は記載していますが、行動目標は掲載していません。これはスペースの問題で記載していないだけなので、基本実習プログラムの作成時には手元に評価ガイドラインを置いて、行動目標を常に確認しながら作業を行うことが必要です。また、具体的実習内容は達成目標ごとにではなく、教育事項ごとに設定するようになっています。１つの達成目標だけ設定されている教育事項であれば問題ありませんが、複数の達成目標が設定されている教育事項では各達成目標をしっかりと確認し、それらが達成できるように具体的実習内容を設定していくことを忘れないようにしましょう。

このポイントの最後に、教育事項、達成目標、いずれにおいても限られた実習時間ですべてを達成することは難しいと考えるのではなく、240時間の実習を通してこれらの目標を網羅的に達成できるように実習を実施することが重要であることを強調しておきます。実習施設・機関、実習指導者の業務・取り組み、実践において、これらの教育事項に関する内容が十分に実施されていない状況もあるかもしれません。もしそのような状況があるならば、実習施設・機関、また実習指導者のソーシャルワーク実践を見直す機会とし（基本実習プログラムの意義）、それらの内容を実習で教えることができるような実践に取り組んでいくことが、実践・教育の両面において社会福祉士の発展に重要なのではないでしょうか。

2）何を行うのかイメージできる「具体的な体験内容」の記述

まず、以下の具体的実習内容の例示を確認してください。

表 3-1 の①～④は、実習プログラムの具体的実習内容としてしばしば記載されるものかもしれません。しかし、少し修正をすることでよりわかりやすい、具体的な実習内容にすることが可能です。では、「具体的な体験内容」の記述という視点から確認した際、どのような点が修正を要する表記になっているかわかりますか。一見すると問題ないようにも見えるこれらの表記を、どのように修正すればよいのか、それぞれ確認していきましょう。

を設定することが必要であることをこれまで述べてきました。そして、具体的実習内容を設定できない教育事項があった場合には、実習施設・機関や実習指導者の業務や実践を見直す機会につなげていくことの重要性も指摘しました。

ただし、そのような教育事項が出てきたとき、自らの実践を見直す前に、本当に具体的実習内容を設定することができないのかということを今一度確認する必要があります。その際には、自らの実習施設・機関内で実施している業務や実践、あるいは現在進行形で実施している業務や実践に限定するのではなく、関連施設・機関での業務・実践や過去事例も含めて具体的実習内容を設定できないか、という視点から検討していきます。つまり、体験水準を調整することによって、できる限りすべての教育事項に対応する具体的実習内容を設定していくことが、基本実習プログラム作成のポイントとなります。**図 3-8** で、A～Dの４段階の体験水準と、それぞれの水準での具体的実習内容（例）を示しました。体験水準の調整による具体的実習内容設定のイメージづくりの参考としてください。

ただし、この体験水準の調整をすることですべての教育事項に具体的実習内容を設定する方法には、１つ注意しなければいけない点があります。評価ガイドラインの行動目標を確認すると、行動目標は大きく「実施できる系（例：～を理解し、適切な言動をとることができる。～や原稿を作成することができる等）」と「説明できる系（例：～の留意点や方法を説明することができる等）」に分けることができます。体験水準のうち、具体的な実践場面を直接体験する水準Ａと水準Ｂでは具体的な実践場面で直接実習生が能動的に取り組む実習内容を設定することが可能であり、技術習得まで可能であることが期待されます。つまり、「実施できる系」「説明できる系」の両方の目標達成が可能であると考えられます。しかし、水準Ｃと水準Ｄでは“理論的説明によって間接的に理解する”実習内容が設定されるため、「説明できる系」の目標は達成可能であると考えられるものの、「実施できる系」の目標達成は難しくなることが懸念されます。そのため、達成目標だけではなく行動目標もしっかりと

図 3-8　具体的実習内容の設定における体験水準の調整

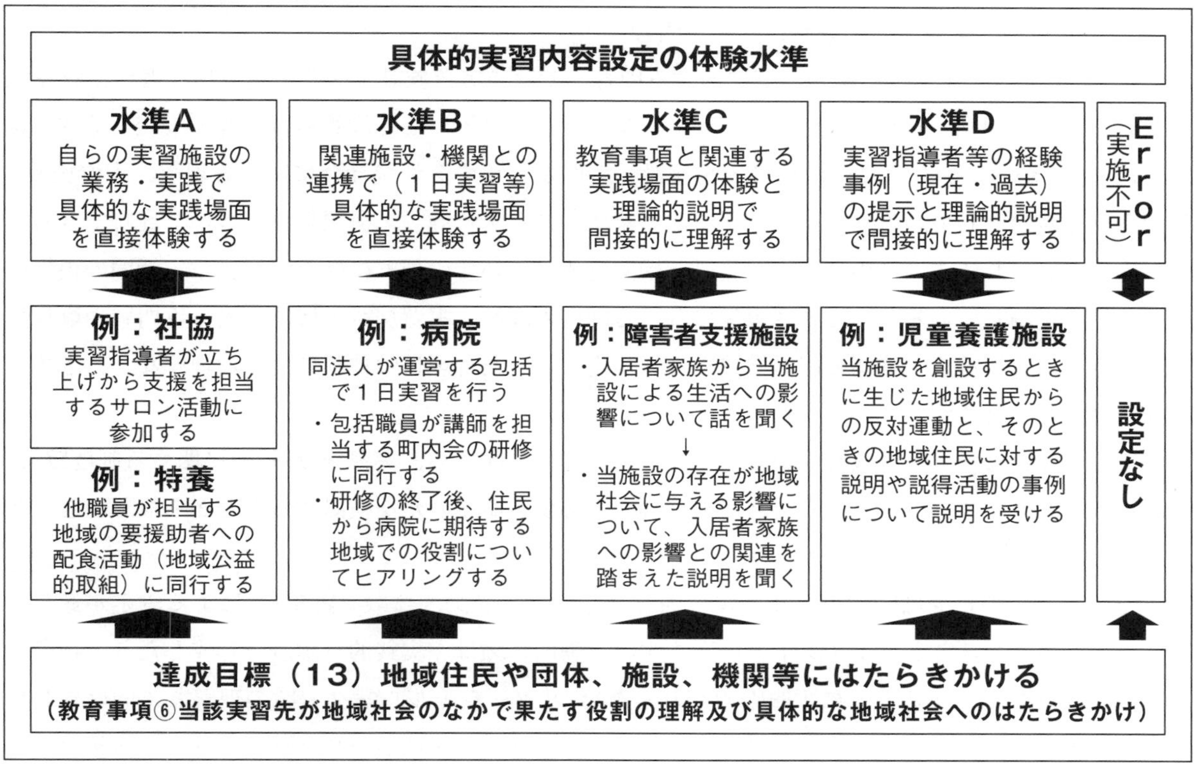

具体的実習内容設定の体験水準
水準A
自らの実習施設の業務・実践で具体的な実践場面を直接体験する
水準B
関連施設・機関との連携で（１日実習等）具体的な実践場面を直接体験する
水準C
教育事項と関連する実践場面の体験と理論的説明で間接的に理解する
水準D
実習指導者等の経験事例（現在・過去）の提示と理論的説明で間接的に理解する
Error（実施不可）
例：社協
実習指導者が立ち上げから支援を担当するサロン活動に参加する
例：特養
他職員が担当する地域の要援助者への配食活動（地域公益的取組）に同行する
例：病院
同法人が運営する包括で１日実習を行う
・包括職員が講師を担当する町内会の研修に同行する
・研修の終了後、住民から病院に期待する地域での役割についてヒアリングする
例：障害者支援施設
・入居者家族から当施設による生活への影響について話を聞く
↓
・当施設の存在が地域社会に与える影響について、入居者家族への影響との関連を踏まえた説明を聞く
例：児童養護施設
当施設を創設するときに生じた地域住民からの反対運動と、そのときの地域住民に対する説明や説得活動の事例について説明を受ける
設定なし
達成目標（13）地域住民や団体、施設、機関等にはたらきかける
（教育事項⑥当該実習先が地域社会のなかで果たす役割の理解及び具体的な地域社会へのはたらきかけ）

確認した上で水準Ｃや水準Ｄの具体的実習内容を設定することが重要です。加えて、水準Ｃや水準Ｄの具体的実習内容であっても、過去に素晴らしい実践を行った事例がある場合には水準Ａや水準Ｂ以上に多くの学びを得られる可能性も十分にあります。

他方で、「実施できる系」の行動目標が多く設定されている達成目標、教育事項であっても、具体的実習内容を設定しないよりは水準Ｃ・Ｄの具体的実習内容を設定する方が望ましいと考えます。比較するまでもなく、一切経験できずに実習が終了するよりは、目標達成が不十分であったとしても実習中に体験できる方が実習生の学びは何倍も大きくなります。現在進行形の実践に限定せずに、これまでの実践（過去事例）も含めて具体的実習内容を検討しましょう。

4）ソーシャルワーク実践の構成要素を踏まえた具体的実習内容の設定

基本実習プログラムの具体的実習内容は、教育事項における目標達成に向けた内容を設定します。そのため、何を理解し、どのような体験をすれば各目標を達成できるのかを考えて具体的実習内容を設定することが必要です。そこで実習生が学ぶべきソーシャルワーク実践の構成要素を便宜的に整理したものが**図 3-9** です。

ソーシャルワークの構成要素としては、例えばピンカスとミナハンが提唱した４つのシステムなど学術的な知見もありますが、ここではソーシャルワーク実習における目標達成に向けた学びの整理という視点から「①ソーシャルワーク実践の場」「②ソーシャルワーカー」「③ソーシャルワーク実践」の３つを提示しました。基本実習プログラミングシートの具体的実習内容は、この整理に基づいて「ソーシャルワーク実践の場の理解に関する内容」「ソーシャルワーカーの理解に関する内容」「ソーシャルワーク実践の理解に関する内容」「ソーシャルワーク実践の理解に関する内容（発展的）」という４つの枠（列）を設定しています。

以下にそれぞれどのような視点から何を設定すべきかを述べていきます。

ソーシャルワーク実践の場の理解に関する内容

「ソーシャルワーク実践の場の理解に関する内容」では、実習施設・機関や実習指導者が業務や実践を行う“場（場所・場面・人々）”を理解することを目的とした具体的実習内容を設定します。**図 3-9** からもわかるとおり、具体的には実習施設・機関が立地する地域社会に関する理解、実習施設・機関が支援対象としているクライエントやその家族、また実習施設・機関自体について理解できるような内容を設定します。このうち実習施設・機関自体についての理解には、実習施設・機関の根拠法令の理解、実施しているサービスや事業に関する制度の理解、実習施設・機関で働く専門職や職員の理解、さらに実習施設・機関の組織構造や就労規定といった管理運営体制に関する理解など、さまざまな内容が含まれます。

実際の作業としては、各教育事項とそこでの目標達成に向けて、実習施設･機関に関する制度政策、地域社会、クライエントなどのうち、何を理解する必要があるのかを検討することから取り組むことが妥当といえるでしょう。

また、これらの目的に向けた具体的実習内容としては、受動的体験（**表 3-2**）による設定が適している場合が多くなることもポイントといえます。能動的体験は、実践的な理解を形成したり、技術力を形成・向上したりすることに主眼がおかれるため、「ソーシャルワーク実践の理解」に向けた具体的実習内容に適しています。ただし、例えば「施設の作業スペースにおいてクライエントと直接コミュ

図 3-9　実習で学ぶべきソーシャルワーク実践の構成要素

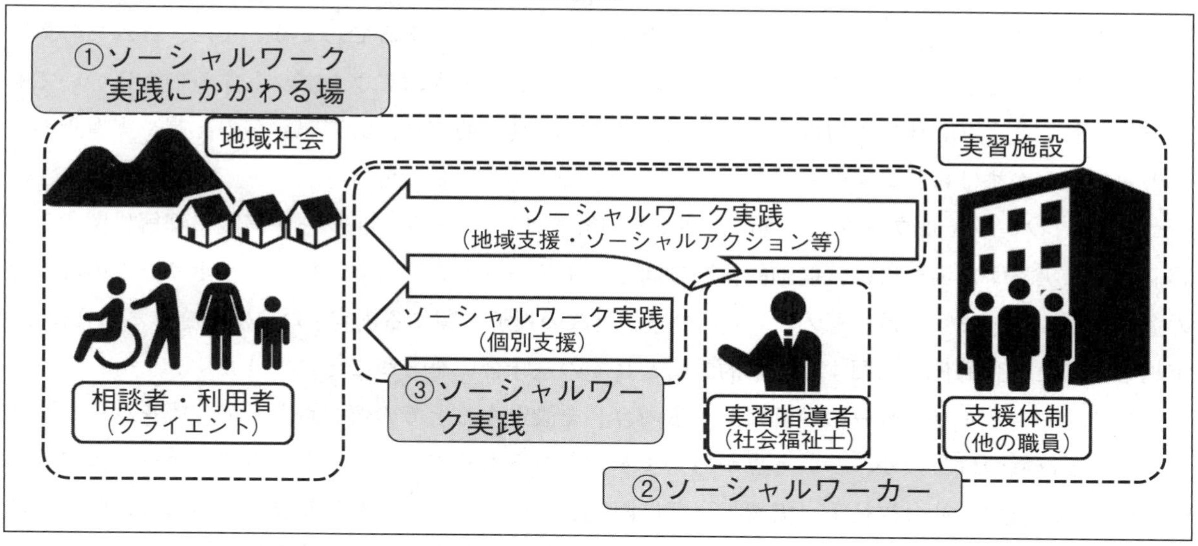

ニケーションをとる（イメージ）」のように、技術力（この場合はコミュニケーション技法）の形成・向上だけでなく、そのコミュニケーションを通した対象者理解の形成も目的に含まれる能動的体験もあります。そのため「ソーシャルワーク実践の場の理解に関する内容」のすべてを受動的体験による具体的実習内容で構成しなければいけないわけではありません。基本的には受動的体験で設定する方が適している場合が多いことを意識しておくとよいでしょう。

さらに、実習前の事前学習等で実施できることを「ソーシャルワーク実践の場の理解に関する内容」に設定しないことも意識すべきポイントといえます。例えば、「実習施設が立地する地域社会の人口や高齢化率などを調べて実習記録にまとめる」「実習施設が実施しているサービスの根拠となる障害者自立支援制度について調べる」等です。これらは「ソーシャルワーク実践の場の理解に関する内容」といえるかもしれませんが、事前学習でも取り組める内容であり、限られた実習期間中に実施することは望ましくありません。このように実習前にも実習生が取り組める学びについては「実習生に求められる事前学習」に設定し、実習前に学習する必要があることを明確化する方法が適切です。他方で、事前学習によって実習生がどの程度理解できているのかを確認するための具体的実習内容（例：事前学習の学びを踏まえて障害者自立支援制度について実習指導者に説明する）であれば、「ソーシャルワーク実践の場の理解に関する内容」に適したものといえます。「ソーシャルワーク実践の場の理解に関する内容」の具体的実習内容の検討では、実習前にできることは何か、実習中でなければできないことは何か、という視点を意識しましょう。

ソーシャルワーカーの理解に関する内容

「ソーシャルワーカーの理解に関する内容」では、実習施設・機関に勤務するソーシャルワーカーについて理解することを目的とした具体的実習内容を設定します。具体的にはソーシャルワーカーが担っている業務や取り組み、それらを遂行する際のソーシャルワーカーの視点や実際の立ち振る舞い、そこで用いている知識や技術、またそれらを通して果たしている役割などを理解できるような内容を設定していくことになります。

これらの目的に向けた具体的実習内容においても、受動的体験（**表 3-2**）による設定が適している場合が多くなります。第５節の基本実習プログラム例を確認するとわかりますが、ソーシャルワーカーへの理解形成に向けて、ソーシャルワーカーから説明を受ける、ソーシャルワーカーを観察する、記録や資料を閲覧する、といった具体的実習内容が適しているといえるでしょう。また、これらの体験を通して学んだことや考察したことを確認するために、どのようにアウトプットするのかについても設定しておくとより具体的実習内容が明確化されます。具体的には、実習記録への記載や実習指導者への報告などが挙げられます。

つまり、「ソーシャルワーカーの理解に関する内容」は、「ソーシャルワーク実践の理解に関する内容」の前に実施する場合には、能動的体験に向けたイメージ形成（モデル提示）やポイントの説明等の意味合いになります。逆に「ソーシャルワーク実践の理解に関する内容」の後に実施する場合には、実施してみた能動的体験に関する理論的説明としての意味合いをもつことになります。

この「ソーシャルワーカーの理解に関する内容」を設定する上での留意点として、誰をソーシャルワーカーと位置づけるのか、という点があります。もちろん基本的にソーシャルワーカーとは実習施設・機関に所属する社会福祉士（実習指導者に限定しない）のことを意味します。他方で、教育事項によっては「ソーシャルワーカーの理解」に向けた観察対象者が、絶対に社会福祉士でなければならないとは言い切れない実習施設・機関もあるのではないでしょうか。もちろん、社会福祉士こそソーシャルワーク専門職であり、ソーシャルワーク実習では社会福祉士である実習指導者から学ぶことが原則です。しかし、例えば教育事項①「利用者やその関係者（家族・親族、友人等)、施設・事業者・機関・団体、住民やボランティア等との基本的なコミュニケーションや円滑な人間関係の形成」の「クライエント等と人間関係を形成するための基本的なコミュニケーションをとることができる」という達成目標に向けた「ソーシャルワーカーの理解に関する内容」に“ソーシャルワーカーがクライエントと会話している様子を観察する”を設定する場合のことを考えてみましょう。ここでいう“ソーシャルワーカー”は、必ずしも社会福祉士でなければならないのでしょうか。地域包括支援センターでは社会福祉士以外の職種も、社会福祉士と同等の基本的なコミュニケーションを行っている可能性があります。福祉事務所では社会福祉主事として長年勤めてきた職員が社会福祉士と同等の基本的なコミュニケーションを行っている可能性もあります。他の分野や領域の実習施設・機関でも近い状況が考えられるかもしれません。このように、教育事項や達成目標によっては、社会福祉士ではなくても十分な資質を備えている職員の実践を通した学びが適している場合も考えられるということです（第5節の基本実習プログラム例の「ソーシャルワーカーの理解に関する内容」における“職員”、“SWr”、“実習指導者”、“社会福祉士”などの表現は、これと関連しています)。

ただし、これらは慎重に検討して設定することが必要です。あくまでもソーシャルワーク実習とは社会福祉士養成を目的とした学習機会であり、社会福祉士の実践を学び、社会福祉士像を伝達していくことが必要であることを意識した上で、このような検討を行うようにしましょう。

ソーシャルワーク実践の理解に関する内容

「ソーシャルワーク実践の理解に関する内容」では、ソーシャルワーク実践について、実践的な能力の習得を目的とした具体的実習内容を設定します。具体的には、ソーシャルワークによるさまざまな実践について“模擬的”に、または“実際の場面”で実施・体験することを通した技術力の形成・習得、または実践的な理解の形成に向けた内容を設定していきます。

これらの目的に向けた具体的実習内容には能動的体験（**表3-2**）の設定が適しています。能動的な体験には上記のように“模擬的”に体験する方法と“実際の場面”で実施・体験する方法とがありますが、実習生にとっては“実際の場面”で体験するほうが、臨場感あふれる実習としての直接的な学びを得られることが期待されます。しかし、実習生自身が“実際の場面”で体験できるかどうかは、クライエントに不利益を与えてしまう可能性や、関係機関や関係者にかける負担などの視点から慎重に検討することが必要です。そのため、“実際の場面”で実施・体験する方法だけにこだわりすぎず、“模擬的”に実施する方法も取り入れていくことが効果的です。

この“模擬的”な体験による具体的実習内容を検討する際には、“模擬的”な体験が持つ２つの意味について理解しておく必要があります。

まず１つが、“実際の場面”での実施・体験に向けた練習としての“模擬的”体験です。例えば、実習生がクライエントと面接を行うという具体的実習内容を設定する場合、実習生のかかわり行動や面接技法の到達水準、面接の展開方法に関する理解度について確認・指導せずに直接クライエントとの面接を実施するのは、クライエントにとっての不利益を防止する視点からすると危険であり、不適切といえます。実習生にとっても不安や戸惑いが多く、ストレスが高まってしまう可能性もあります。そこで、まずは実習指導者と面接のロールプレイを行うことで、実習生の状態等について確認すると同時に、実習生としてクライエントとの面接を行うにあたっての最低水準に到達できるように指導していくことが可能になります。これが、“実際の場面”での実施に向けた練習としての“模擬的”体験です。

そしてもう１つが“実際の場面”での実施・体験を実現することが難しい場合に、それを代替する方法としての“模擬的”体験です。例えば多職種連携として実施されている既存のカンファレンスに実習生が参加し、そのなかで発言することはできるかもしれません。他方で、まだ開催されていない多職種が参加するカンファレンスを実習生が構想・企画した場合、実際にそれらの多職種に声をかけて実習中にそのカンファレンスを実施することには高いハードルがあります。このような場合、実習生は構想・企画まで行い、その後は実習施設・機関内のメンバーに協力してもらい模擬的なカンファレンスを開催する方法で学びを保障することが可能となります。これが“実際の場面”での開催・実施が難しい場合の、それを代替する方法としての“模擬的”体験です。これは、“実際の場面”での体験にこだわることが不要といっているわけではありません。基本実習プログラムを作成する際には、“実際の場面”での実施が難しかったとしても、その一切をあきらめてしまう必要はないことを説明するものです。実習生の学びを保障するために“模擬的”体験で代替する方法を理解し、多様な視点から具体的実習内容を検討していくことが重要なポイントになってきます。

ソーシャルワーク実践の理解に関する内容（発展的）

この「ソーシャルワーク実践の理解に関する内容（発展的）」に設定する具体的実習内容は、「ソーシャルワーク実践の理解に関する内容」と同じく、ソーシャルワーク実践に関する実践的な理解の形成と能力の習得を目的とした具体的実習内容を設定します。ただし、（発展的）とあるとおり、実践的な能力の習得を目的とした具体的実習内容のなかでも実習生がより積極的に関与する能動的体験を設定していきます。具体的には、“模擬的”体験で重要な役割を担ったり、“実際の場面”での能動的な体験をしたりするなどの積極的・能動的体験を中心に構成します。これらと「ソーシャルワーク実践の理解に関する内容」との間には順序関係があり、基本的に「ソーシャルワーク実践の理解に関する内容」での具体的実習内容を体験している（またはその体験を通した目標が達成されている）ことを前提とした具体的実習内容を「ソーシャルワーク実践の理解に関する内容（発展的）」に設定することになります。

ただし、あまりに発展的な内容を設定してしまい、実際に実施できずに絵に描いた餅になってしまっては本末転倒です。実際の実施を阻む要素として、実習施設・機関側の要因と、実習生側の要因が考えられます。

実習施設・機関側の要因については、それがなぜか、どうすれば実施できるのかを検討し、実施可能な内容となるように施設・機関内の状況を調整していくことが重要です。このような組織内での働きかけ・調整もソーシャルワーク実践であり、実習指導者としてあきらめずに取り組んでいく姿勢が重要といえます。

実習生側の要因については、養成校とコミュニケーションをとり、それらの具体的実習内容の実施に向けて養成校内での事前指導や実習前教育を見直し、実習生のレディネスを向上してもらうことが重要です。これはもちろん実習施設・機関、実習指導者側の責任ではありません。養成校側の責任で取り組むべきものといえます。しかし、養成校として見直す必要性に気づいていない可能性もありますので、そのような状況があることについてフィードバックしていくことは、実習施設・機関や実習指導者に求められているといえます。実習施設・機関と養成校とが相互に否定しあう関係ではなく、実践力を有する社会福祉士養成という目標を共有し、お互いに必要なことを協議できる、そのような関係づくりが今後ますます重要になってきます。

5）ソーシャルワーク実践の構成要素間の関係性を踏まえた具体的実習内容の設定

基本実習プログラムは、各教育事項の具体的実習内容の一覧を示した、いわば実習のメニュー表的位置づけであることをこれまで説明してきました。そのため、実際の実習が、基本実習プログラムに記載される「ソーシャルワーク実践の場の理解」「ソーシャルワーカーの理解」「ソーシャルワーク実践の理解」「ソーシャルワーク実践の理解（発展的）」の順に進むことを意味しているわけではありません。これらはあくまでもソーシャルワーク実践を構成する要素ごとの具体的実習内容を整理・記述するために設定した枠組みであり、実際に実習生が体験する順序（つまり個別実習プログラムに記載する順序）にはさまざまなパターンがあり得ます。

したがって、この「ソーシャルワーク実践の場の理解」「ソーシャルワーカーの理解」「ソーシャルワーク実践の理解」「ソーシャルワーク実践の理解（発展的）」それぞれに設定する具体的実習内容を、実習生が体験すべき順序という視点から検討・設定するのは不適切といえます。

例えば、教育事項①「利用者やその関係者（家族・親族、友人等）、施設・事業者・機関・団体、住民やボランティア等との基本的なコミュニケーションや円滑な人間関係の形成」では、「クライエント等と人間関係を形成するための基本的なコミュニケーションをとることができる」という達成目標が設定されており、そのうちの行動目標の１つに「①クライエント、クライエントの家族、グループ、地域住民、職員等、さまざまな人たちとのあらゆる出会いの場面において、その人や状況に合わせて挨拶や自己紹介、声かけを行うことができる」が設定されています。これに基づいて「実習施設・機関の職員、クライエントやご家族、関連する施設機関や連携先の職員に挨拶と自己紹介をする」という具体的実習内容を設定したとします。この具体的実習内容は、いずれの枠（列）に設定すべきでしょうか。挨拶や自己紹介は、非常に基礎的なものかもしれませんが他者との人間関係形成に向けたコミュニケーションの方法の１つともいえるものです。おそらく実際の実習で実習生が最初に取り組むのはさまざまな人たちへの挨拶と自己紹介ですが、実習生が能動的に挨拶や自己紹介を実際に行い、その技術を習得・向上させることを意図したこの具体的実習内容は、「ソーシャルワーク実践の理解」に設定すべきものとなります。それに関連して何を理解していれば、何を学べばよりこの技術向上が見込まれるのか、という視点から「ソーシャルワーク実践の場の理解に関する内容」や「ソーシャルワーカーの理解に関する内容」の具体的実習内容を検討・設定していくことが必要です。

上記より、基本実習プログラムにおける４つの枠（列）は左から右に進む順序関係にあるわけではなく、各具体的実習内容の目的に応じて設定すべき枠（列）が決まってくることが確認できたと思います。そしてもう１つ、この４つの枠（列）に応じた具体的実習内容の設定において押さえておくべきポイントは、非常に似通った体験内容であっても、そこでの焦点の当て方や目的に応じて、設定すべき枠（列）は変化するということです。**図 3-8** では、教育事項「⑥当該実習先が地域社会の中で果たす役割の理解及び具体的な地域社会へのはたらきかけ」のうちの達成目標「(13) 地域住民や団体、施設、機関等に働きかけることができる」に向けた具体的実習内容のイメージ例を掲載しています。そのうち、社会福祉協議会の「実習指導者が立ち上げから支援を担当するサロン活動に参加する」を例として、４つの枠（列）に設定されうる具体的実習内容を確認してみましょう（**表 3-3**）。

表 3-3　焦点の当て方を変化させることによる具体的実習内容の設定（例）

実習指導者が立ち上げから支援を担当するサロン活動に参加する場合 （社会福祉協議会　教育事項⑥を例に）			
SW 実践の場の理解に関する内容	SWr の理解に関する内容	SW 実践の理解に関する内容	SW 実践の理解に関する内容（発展的）
・実習指導者に同行し、サロン全体の様子を観察する ・サロン参加者と日常的な会話をする	・実習指導者に同行し、サロンにおける実習指導者とサロン参加者とのかかわり方を観察する ・サロン参加者から実習指導者のサロンでの役割について話を聞く	・サロンで実習指導者が担当する講話の一部を手伝い、記録を作成する ・サロン参加者からサロン運営や地域生活での困りごとについて聞き取りを行う	・今後サロンで実施すべきイベントの企画書を作成し、サロンで発表する ・発表したイベント企画についてサロン参加者よりフィードバックを受け、報告書を作成する

※　SW はソーシャルワーク、SWr はソーシャルワーカーの略記です。

表 3-3 で設定した内容はあくまでもイメージとしての一例ではありますが、「ソーシャルワーク実践の場の理解」「ソーシャルワーカーの理解」「ソーシャルワーク実践の理解」「ソーシャルワーク実践の理解（発展的）」に設定すべき具体的実習内容の関係性を確認することができます。

まず、実習生が“実習指導者に同行し、サロンの様子を観察する”体験でも、その焦点の当て方によって「ソーシャルワーク実践の場の理解」と「ソーシャルワーカーの理解」のどちらにも設定できることが確認できます。“サロン全体の様子を観察する”ことで、その場を理解することを目的とする場合には、「ソーシャルワーク実践の場の理解」に設定します。他方で、“サロンにおける実習指導者とサロン参加者とのかかわり方を観察する”ことで、ソーシャルワーカーへの理解を促進することを目的とした場合には、「ソーシャルワーカーの理解」への位置づけとなってきます。

また、実習生が“サロン参加者と交流する”体験でも、目的によって設定すべき枠（列）が多様に変化することが確認できます。“サロン参加者と日常的な会話をする”という体験は、会話をすることに重点を置けば「ソーシャルワーク実践の理解」に設定されうるものといえます。しかし、**表 3-3**

では交流を通してサロン参加者を理解することに目的がおかれているため、「ソーシャルワーク実践の場の理解」に設定されています。逆に言えば、「ソーシャルワーク実践の場の理解」に設定されていることから、この“サロン参加者と日常的な会話をする”という体験は、会話を通してサロン参加者を理解することを目的とした内容であることが理解できます。次の“サロン参加者から実習指導者のサロンでの役割について話を聞く”という体験では、サロン参加者との会話であることに違いはありませんが、聞き取る内容に「実習指導者のサロンでの役割」を設定することで「ソーシャルワーカーの理解」に位置づけられていることがわかります。また“サロン参加者からサロン運営や地域生活での困りごとについて聞き取りを行う”では、聞き取る内容が「サロン運営や地域生活での困りごと」となっています。これはまさにソーシャルワーカーによる地域へのはたらきかけに向けた第一歩となる実践に位置づけられるため、「ソーシャルワーク実践の理解」として設定されています。さらに“発表したイベント企画についてサロン参加者よりフィードバックを受け、報告書を作成する”で実習生がサロン参加者とかかわる目的は、発表した企画（案）についてフィードバックを受ける、つまりサロン参加者の感想を確認することにあります。感想を聞くだけならばそこまで発展的な内容ではないかもしれません。ただしサロン参加者から聞いた困りごとを基にイベントを企画し、それをサロンで発表した上での感想の確認なので、実習生の積極的な取り組みが求められる体験といえるでしょう。そのため、「ソーシャルワーク実践の理解（発展的）」に位置づけられています。

これらの例示などを基に、「ソーシャルワーク実践の場の理解」「ソーシャルワーカーの理解」「ソーシャルワーク実践の理解」「ソーシャルワーク実践の理解（発展的）」への理解を深め、それぞれに設定すべき具体的実習内容のイメージを形成することが重要です。またここでの記述を踏まえつつ、第５節の基本実習プログラム例を確認すると、それぞれの具体的実習内容の目的を理解しやすくなると思います。理論的な説明（本節）と例示（第５節）を交互に確認し、基本実習プログラムの具体的実習内容への理解を深めていきましょう。

6）教育事項間の関連性を踏まえた具体的実習内容の設定

基本実習プログラムの具体的実習内容を設定する上での最後のポイントは、教育事項間の関連性を踏まえるということです。基本実習プログラムでは、教育事項ごとに行が設定されているため、全部で 16 行（教育事項⑩に１～７まであるため）あります。また各行において、「ソーシャルワーク実践の場の理解」「ソーシャルワーカーの理解」「ソーシャルワーク実践の理解」「ソーシャルワーク実践の理解（発展的）」という４列があるため、合計すると 64 マスになります。これらにすべて異なる具体的実習内容を設定するとなるとかなりの労力です。

先のポイントでは、同じ実習体験でも焦点を変えることで（目的設定によって）設定すべき枠（列）が変化することを確認しました。これも、多数の具体的実習内容を設定する労力を軽減する効果を有しています。さらに、教育事項間の関連性を踏まえた具体的実習内容の設定というポイントも、具体的実習内容設定の労力を低減させる効果を有したものといえます。実習体験の焦点の当て方で設定すべき枠（列）が変化するのは、基本実習プログラミングシートの横軸（ソーシャルワーク実践の構成要素間）の関連性に着目した具体的実習内容の設定方法であり、教育事項間の関連性を踏まえた具体的実習内容の設定はシートの縦軸の関連性に着目した視点といえるでしょう。

これは端的にいうと、具体的実習内容の中には複数の教育事項に共通して必要・有効である体験内容があることを意識して、積極的にそのような具体的実習内容がないかを検討し、またそのようなものがあった場合には他のマスにも積極的に設定していくことを意味しています。例えば、**表3-3**の「ソーシャルワーク実践の場の理解」では、“サロン参加者と日常的な会話をする”という具体的実習内容を設定しています。これの表現を少し変えれば(目的を加筆するなど)、教育事項①の「ソーシャルワーク実践の理解」に設定することもできる具体的実習内容となります。あるいは、「ソーシャルワーカーの理解」の“実習指導者に同行し、サロンにおける実習指導者とサロン参加者とのかかわり方を観察する”という具体的実習内容は、そこで実習指導者がサロン参加者からどのようにニーズを把握しているのか、ということを観察ポイントとしてあらかじめ指導しておくことで、⑩－１（アウトリーチの実践的な理解）の「ソーシャルワーカーの理解に関する内容」に適した具体的実習内容にもなるものといえます（**図3-10**）。

他方で、一つひとつの具体的実習内容が他の教育事項の達成目標につながる内容かどうかを検討する方法ではなく、多くの項目に関連する具体的実習内容を検討・創出する方法も重要です。例えば、実習の最後に職員向けの実習報告会を開催し、実習生がこれまでの学びを報告するという具体的実習内容を例に考えてみましょう。ここで報告する内容に、個別支援に取り組んだ際の支援計画と支援の結果、把握した地域課題とそれに対して開発すべき社会資源の構想、それらを実現させていくためのネゴシエーション等のあり方などを設定し、実習生が実習報告会の運営進行（ファシリテーション）と発表（プレゼンテーション）を行うことにした具体的実習内容を想定しましょう。この具体的実習内容は多くの教育事項に位置づけられます（**図3-11**）。

特に教育事項⑩は、他の教育事項に設定した具体的実習内容を通した目標達成が可能であるものが多くあるので、ぜひ、教育事項間の関連性を検討しながら具体的実習内容を設定することをお勧めします。

以上、基本実習プログラムの具体的実習内容の設定について６つのポイントを確認してきました。この具体的実習内容の設定は、ソーシャルワーク実習の実習プログラミングにおけるもっとも重要かつもっとも多くの労力を必要とする作業です。最初にそれぞれの要素がもつ意味や、各枠（列）に設定すべき具体的実習内容について十分理解した上で作業に取り組むことが重要といえます。

図3-10　教育事項間の関連性を踏まえた具体的実習内容の設定

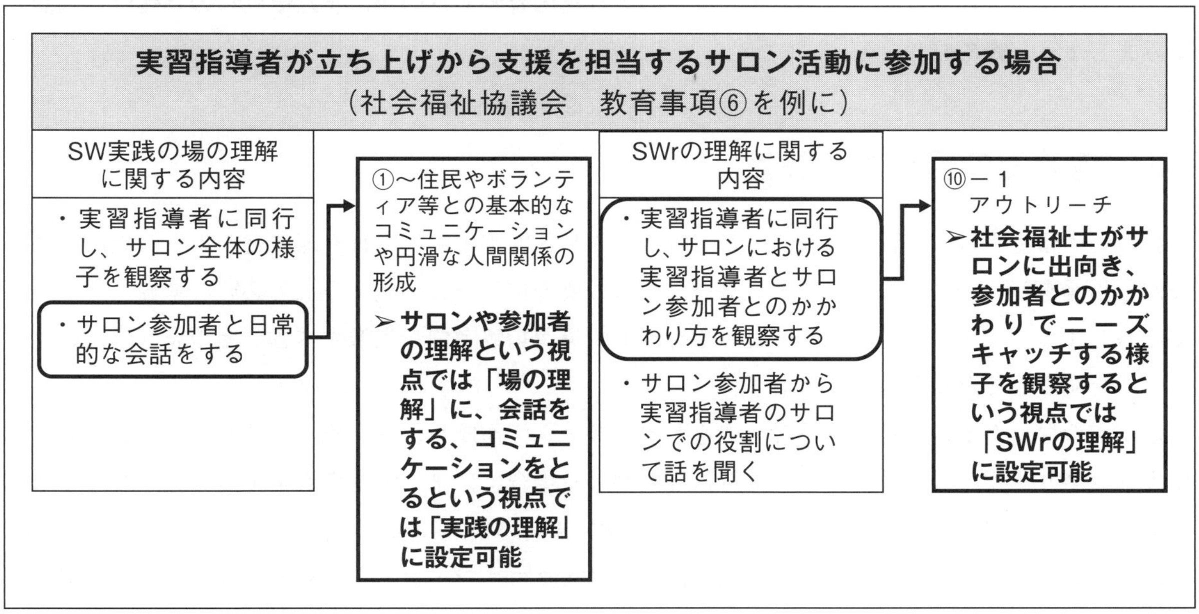

※　SWはソーシャルワーク、SWrはソーシャルワーカーの略記です。

図 3-11　複数の教育事項に関連する具体的実習内容の検討のイメージ

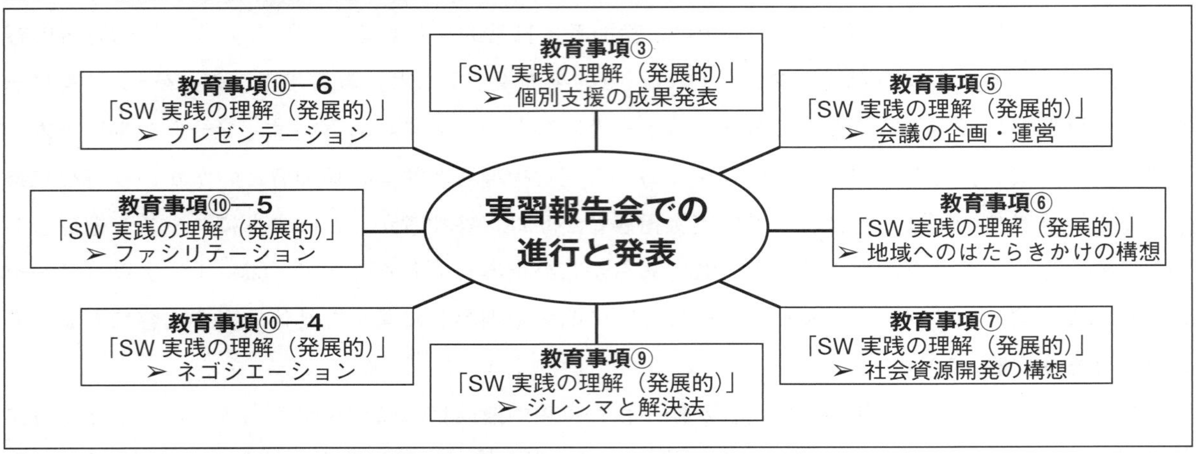

※　一例であり、他にもいろいろな内容の設定が可能です。
　　SW はソーシャルワークの略記です。

（3）実習生に求める事前学習の設定

各教育事項での具体的実習内容を設定したら、それらに取り組む上で実習生に求められる事前学習を設定します。ここでのポイントは、具体的かつ実行可能な内容にすることです。また、実習生に求める事前学習を設定する際に、それが実行可能かどうかを判断するためには参照物を明記する方法が効果的です。実習生がアクセス可能な参照物を確認しておくことで、事前学習として実習生が取り組めるか否かを判断することができると同時に、事前学習に向けて実習施設・機関側が実習生に対して行う準備も明確化することが可能になります。例えば、教育事項⑨「社会福祉士としての職業倫理と組織の一員としての役割と責任の理解」の事前学習に、“実習施設機関の就業規則を読み込み理解する”というものを設定した場合を考えてみましょう。これは当該実習施設・機関の就業規則が一般に閲覧できる状況でなければ実習生は取り組むことができません。そのため、これを事前学習に位置づけるためには、実習施設・機関側が実習生に実習前に“就業規則”を渡す必要があることを明確化することができます。それでは、事前学習としてどのような内容があるのか、またそれらの具体例を確認してみましょう（**表 3-4**）。

（4）指導上の留意点の設定

指導上の留意点は、実習指導者がそこで設定した具体的実習内容を行う際にどのような点に留意しながら指導を行うのか、また関連する職員たちへの協力依頼など実施する上で必要な準備などについて記載します。ポイントとしては、実習を行う上で実習指導者側が意識すべきことや忘れてはいけないことを明記しておくということです。

基本実習プログラムは実習指導者を中心とするチームで作成し、実習施設・機関からの承認を得て完成へと至ります。つまり、複数の実習指導者がいる場合には誰が実習指導を担当しても共通の水準で実施するために、また実習施設・機関において承認を得るためにも、具体的には誰が担当するのか、実施場所はどこか、指導方法での留意点は何か、リスクマネジメントも含めてクライエントや実習生に配慮すべき点は何か、これらの情報を記載しておくことが重要になってきます。

表 3-4　実習生に求める事前学習のカテゴリーと具体例

事前学習のカテゴリー	具体例
・実習施設に関連する法制度の理解（目的や支援体制）	・社会福祉協議会の法的根拠とそこで規定される目的を調べる（福祉六法、e-gov 等） ・介護保険制度の概要についての学習（教科書ならびに市の介護保険パンフ等参照）
・実習施設が所在する地域（市町村等）の理解	・市の人口・高齢化率・自治体組織率を調べる（市のＨＰを参照）
・実習施設が対象とする人々（クライエント）の理解	・特養の入居条件（制度的原則的）とその人々の身体的・認知的な特徴を調べる（教科書ならびに市の介護保険パンフ等参照）
・実習施設そのものについての理解	・実習施設である特養の法人理念、入居定員数、配置している専門職と職員数、サービス特色について調べる（ＨＰや特養パンフ等参照）
・ソーシャルワーク実践の理論的な理解	・アウトリーチの理論と具体例を調べる（教科書等参照）

※　HP はホームページの略記です。

(5) 参照物の設定

ここには各具体的実習内容を実施する際に使用する資料・参照物を記載します。あるいは、実習生に求める事前学習においても提供すべき資料があれば記載しておくとよいでしょう。つまり、実習生が自ら入手・閲覧可能な一般資料と、実習施設・機関でしか確認できない組織内部資料とを区別して記載しておくと、何を用いるのかが明確化できます。具体的には以下のような資料が考えられます。

表 3-5　基本実習プログラムに記載する資料・参照物の例

一般資料のカテゴリー例	組織内部資料の例
・社会福祉士養成の教科書	・支援記録、ケース記録、カルテ
・社会福祉やソーシャルワークに関する専門書	・事業計画書、事業報告書、決算書
・行政が運営する公的なＨＰ	・各種報告書 （例）事故報告書、調査分析報告書等
・行政が発行するパンフレット	・業務引継ぎノート
・実習施設が発行する案内やパンフレット	・各種規則、組織図、業務分掌表等
・職能団体や事業者団体のＨＰ	・各種マニュアル （例）事故・苦情・災害対応マニュアル、BCP 等

※　HP はホームページ、BCP は事業継続計画の略記です。

4 個別実習プログラムのプログラミング

基本実習プログラムを完成させ、養成校から実習依頼がきたら個別実習プログラムのプログラミングに取り組みます。改めての確認ですが、個別実習プログラムとは、実習生が体験する具体的実習内容と順序を設定したものであり、一般的にイメージされる各実習生の実習予定表を意味します（確定版は実習計画としての位置づけ）。つまり、多様な実習に対応するために、基本実習プログラムをもとに、実習生ごとにその状況や状態を踏まえて作成します。この基本実習プログラムと個別実習プログラムの関係性を整理したのが**図 3-2**「基本実習プログラムと個別実習プログラムの関係性」（p.118参照）です。

図 3-2 からも、実習施設・機関では、養成校から実習依頼があり、これを受け入れることを決定する時点で基本実習プログラムが作成されていることが望ましいことがわかります。もしくは、依頼があった時点では作成されていなくても、受け入れることを決めた後に早急に作成することが必要です。基本実習プログラムがなければ、個別実習プログラムを作成することはできません。つまり、実習生の実習計画がないままに実習を実施することを意味します。

それでは、基本実習プログラムが作成されている前提で、どのように個別実習プログラムのプログラミングを行っていけばよいのかを確認していきましょう。

個別実習プログラムのプログラミングとして行う作業は、基本実習プログラムをもとに、実施する教育事項の取捨選択（60 時間以下実習の場合のみ）、実施する教育事項のなかの具体的実習内容の取捨選択、さらに実施する具体的実習内容の順序の決定という３点になります。この３点の作業を行う際に必ず考慮すべき要素として、「実習の実施回数（１か所目の実習か、２か所目以降の実習か）」「実習時間数」「実習生の学年」「実習生の実習計画書（案）」があります。また、「養成校からの要望（養成校における当該実習のねらいや位置づけ）」「他の実習先」「他の実習先での学習状況」なども、実習受入時点で養成校側から示されている場合には考慮すべき要素になってきます。

そのなかでも、個別実習プログラムを規定するもっとも大きな要素が「実習時間数」です。ソーシャルワーク実習は合計で 240 時間以上の実習時間が必要であること、また機能の異なる２か所以上で実施すること、さらにそのうち１か所では 180 時間以上の時間数で実施することが規定されています。これらの規定を満たしていることを前提として、養成校ごとに実習の実施方法は多様であることが見込まれます。なお、日本社会福祉士会では 180 時間実習と 60 時間実習で 240 時間を達成する実施方法を基本形と捉えて、これを基に本テキストでは個別実習プログラムのプログラミングシート（pp.126 ～ 129）と個別実習プログラム例（第５節）を提示しました。

個別実習プログラミングシートを見ると、時間数によって横軸の枠（列）数が異なることがわかります。個別実習プログラムでは、概ね１～２週間ごとに実施する具体的実習内容を設定していきますので、180 時間実習では３枠（列）、60 時間実習では２枠（列）が設けられています。また時間数で具体的実習内容の枠（列）数は変化しますが、それ以外の実習基本情報や構成についてはすべて共通しています（**図 3-12**）。

個別実習プログラミングシートで共通する実習基本情報の記入方法については以下のとおりです。

・実習施設・機関名

➢実習受け入れを行う施設・機関・事業所名を記入します。

・実習指導者氏名

➢主たる実習指導者が決まっている場合にはその氏名を記入します。

（複数名で担当する場合には複数名の氏名を記載）

・実習期間

図 3-12　個別実習プログラミングシート（様式）180 時間用

ソーシャルワーク実習　個別実習プログラム（180 時間用：概ね 160 時間～200 時間）　プログラミングシート

実習基本情報						
実習施設名：	実習指導者氏名：		実習期間：202_年_月_日（_）～202_年_月_日（_）		他の実習施設	名称：
養成校：	実習生氏名：	学年：___年生	実習回数：___カ所目（全〇カ所）	実習時間数：_____時間		期間：202_年_月_日（_）～202_年_月_日（_）

ソーシャルワーク実習教育に含むべき事項（関通知）		達成目標（評価ガイドライン）※各達成目標の具体例は行動目標を参照	当該実習施設における実習の実施方法及び展開				
			事前学習・事前訪問	具体的実習内容			活用する資料・参照物
				1～2週目※	3～4週目※	4～5週目	
①	利用者やその関係者（家族・親族、友人等）、施設・事業者・機関・団体、住民やボランティア等との基本的なコミュニケーションや円滑な人間関係の形成	(1)クライエント等と人間関係を形成するための基本的なコミュニケーションをとることができる					
	利用者やその関係者（家						

➢実習を受け入れる期間を記入します。

（通年実習や分散実習の場合はそれがわかるように記述を工夫しましょう）

・養成校、実習生氏名、学年、実習回数、実習時間数

➢それぞれ受け入れる実習・実習生に応じて入力しましょう。

・他の実習施設

➢受け入れる実習生の他の実習・実習先の情報をわかる範囲で記入します。

（１か所目の場合は２か所目以降の実習先が決まっておらず入力できない場合があります）

5 180 時間実習の個別実習プログラミング

180 時間実習に関して、科目確認の指針では「相談援助業務の一連の過程を網羅的かつ集中的に学習できるよう、１の実習施設において 180 時間以上行うことを基本とする」、また「180 時間以上の実習を行う機関・事業所においては、相談援助業務の一連の過程の学習に加え、複数の機関・事業所や地域との関係性を含めた包括的な支援について学習すること」と規定されています。これらを踏まえると、180 時間実習の個別実習プログラミングでは、１か所目か２か所目以降かということにかかわらず、教育事項の取捨選択は行わず、基本実習プログラムで具体的実習内容が設定されているすべての教育事項を網羅的に実施することが求められているといえるでしょう。つまり、180 時間実習の個別実習プログラミングで行う作業は、基本的に教育事項ごとの具体的実習内容の取捨選択と、実施する具体的実習内容の順序の決定の２つとなります。

（1） 実施する具体的実習内容の取捨選択

180 時間実習においては、各教育事項において実施する具体的実習内容を選択するよりも、実施しない具体的実習内容を決める方法が適しています。実施しない具体的実習内容を決める方法としては以下の２つが考えられます。

まず１つが、実習期間と具体的実習内容を照らし合せた上で、その期間では実施できないものがないかを確認していく方法です（例：実習施設・機関や地域のお祭り参加などは、お祭りが開催される時期でなければ実施できない）。

そしてもう１つが、「ソーシャルワーク実践の理解（発展的）」のうち、高い能動性や積極性が求められる具体的実習内容で、特に１か所目の実習等ではそこまで実施することが難しいと考えられるも

のが設定されている場合に、それを実施するかどうかを検討する方法です。

他方で、実践力を有するソーシャルワーカー養成という目標に向けて、技術力の形成・向上を目的とした「ソーシャルワーク実践の理解」の実施は必須といえます。しかし、それだけに取り組んでも、その場がどのような意味をもつのか、何をモデルとして実践すればよいのか、その実践にはどのような理論的説明が可能なのか等が理解できていなければ、やはりソーシャルワーク専門職として十分な学びを得たとは言い難くなります。そのため、これらを理解するための「ソーシャルワーク実践の場の理解」「ソーシャルワーカーの理解」と「ソーシャルワーク実践の理解（発展的含む）」はセットで実施することが基本であることを理解しておきましょう。

（2）具体的実習内容を実施する順序の決定

個別実習プログラムに設定する具体的実習内容を決定したら、次はそれらをどのような順番で実施するのかを決めていきます。

まず注意すべき点は、各具体的実習内容の意味や関係性を検討せず、とにかく「ソーシャルワーク実践の場の理解」「ソーシャルワーカーの理解」「ソーシャルワーク実践の理解」「ソーシャルワーク実践の理解（発展的）」の順になるよう具体的実習内容を１週目から設定してしまうことです。

例えば、「ソーシャルワーク実践の場の理解」には、“～について説明を受ける”等、実習生にとって受動的な具体的実習内容が設定されやすくなります。これは、実習施設・機関側からすると実習生に説明・講話を行うことを意味しています。全教育事項の「ソーシャルワーク実践の場の理解」に設定されている説明・講話を１週目にすべて詰め込んで実施することは可能でしょうか。実習生自身も１週目のほとんどを説明・講話で過ごすのは負担が大きくなりますし、実習施設・機関側にもかなりの負担が発生してしまい、良い実習のスタートとはいい難いものになることが想定されます。

また「ソーシャルワーク実践の理解」の具体的実習内容は、実施時期を踏まえて設定されているわけではありません。例えば教育事項①では、「ソーシャルワーク実践の理解」に“挨拶をして自己紹介をする”等、実習１週目から取り組むべき具体的実習内容が設定されることが想定されます。つまり、「ソーシャルワーク実践の理解」の具体的実習内容をそのまま３～４週目に設定すると、３週目にようやく挨拶や自己紹介を行うという不可解な個別実習プログラムになってしまいます。

そのため、実習展開をしっかり想定して具体的実習内容を実施する順序を決定していくことが必要です。実習生の実習への慣れ等も勘案すると、最初は受動的な具体的実習内容を多く設定し、ソーシャルワーク実践の場を理解していくことから取り組み始め、徐々に能動的な具体的実習内容を増やしていき、ソーシャルワーカーやソーシャルワーク実践について理解していくような順序立てが基本的な実習展開といえるでしょう（**図3-13**）。

ただし、これはあくまでもイメージです。実際には「ソーシャルワーク実践の場の理解」や「ソーシャルワーカーの理解」で設定されている具体的実習内容は、「ソーシャルワーク実践の理解（発展的含む）」の具体的実習内容と随時関連づけながら実施されることが望ましくなります。つまりイメージ**図3-13**のように「ソーシャルワーク実践の場の理解」→「ソーシャルワーカーの理解」→「ソーシャルワーク実践の理解（発展的含む）」という一方向の順序ではなく、相互に行き来しながら実施されるものであることへの理解が必要です。

また**図3-13**とは異なり、「ソーシャルワーク実践の理解」に設定される具体的実習内容から取り組

図 3-13　基本的な実習展開（具体的実習内容の順序立て）のイメージ

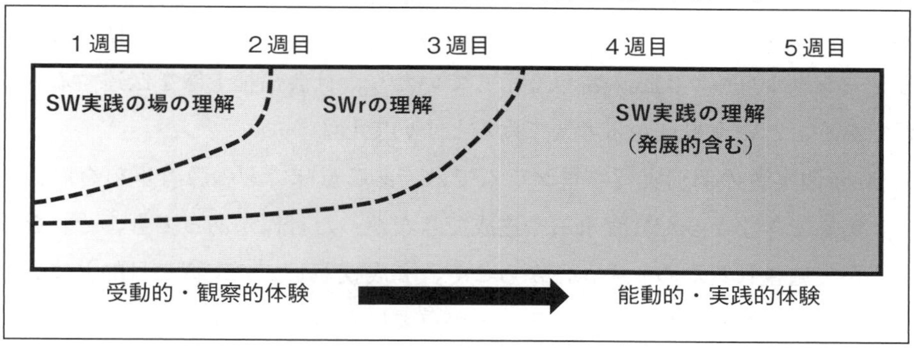

み、後から「ソーシャルワーク実践の場の理解」や「ソーシャルワーカーの理解」に設定されている具体的実習内容を実施するような方法もありえます。これは、能動的な体験（実践的経験）から入り、それに対する理論的な意味づけを後の受動的な体験を通して行っていくという学びをデザインした順序といえます。このように、個別実習プログラミングにおける具体的実習内容の順序立てには多様な方法があります。そのため、実習指導者の皆さんがさまざまな工夫を凝らして作成した個別実習プログラムを共有し、個別実習プログラミングの知見を業界全体で蓄積していくことが、この社会福祉士養成の発展に重要だと考えられます。そのためにも、まずは第５節の個別実習プログラム例（180時間実習）を確認し、基本実習プログラムをもとに作成した個別実習プログラムのイメージを形成することから始めることをお勧めします。

6 60時間実習の個別実習プログラミング

60時間以下の実習の個別実習プログラミングは基本実習プログラムからの調整幅が大きく、いずれの教育事項を実施するのかということから取捨選択していかなければならないため、180時間実習の個別実習プログラミングよりも検討すべきポイントが多くなります。では、どのようにして実施する教育事項、またそのなかの具体的実習内容を選択するのか、それらの順序をどのように設定すればよいのでしょうか。60時間以下の実習では、それが１か所目の実習なのか２か所目の実習なのかによって個別実習プログラミングの視点が変わってくるため、それらを分けて確認していきます。

（1）１か所目の60時間実習の個別実習プログラミング

１か所目の60時間実習の場合、実習生はこれまで実習を経験したことがありません。つまり、個別実習プログラミングでは、このような実習生に対して、60時間で何を経験させ、どこまでを目標とすべきかを考える必要があります。これに関しては、養成校がその実習の目的と位置づけを設定しているはずなので、まずはそれを確認しましょう。もしこの確認を行ったときに、養成校から「特に学校としてのねらいなどはなく、各実習施設・機関にお任せしています」というような回答が返ってくるようならば、それでは個別実習プログラムを作成することが難しいこと、養成校として実習の目的と実施すべき内容について明確化してもらう必要があることを伝えていく必要があります。

また、実施する教育事項や具体的実習内容を取捨選択する上では、養成校が設定している実習の目的と位置づけだけでなく、実習施設・機関としての考えやねらいも踏まえることが重要です。せっかく自らの実習施設・機関で実習をするからには、この体験をする必要がある、と考えられるような教育事項と具体的実習内容を抽出しておくことをお勧めしたいと思います。それは、皆さんの実習施設・機関におけるソーシャルワーク実践の特色を示していたり、社会福祉士像を伝達する上で効果的な具体的実習内容である、という視点から考えてみるとよいでしょう。

1か所目の60時間実習の個別実習プログラムでは、ある意味でどの教育事項を取捨選択しても問題ありません。実施できなかった教育事項や達成できなかった目標があっても、それを踏まえて2か所目以降の実習が実施されるためです。だからこそ、養成校としての実習の目的と位置づけ、実習施設・機関としての考えやねらいを明確にすることが重要になってきます。

1）実施する教育事項と具体的実習内容の取捨選択

60時間実習の個別実習プログラミングでは、実施する教育事項の取捨選択と具体的実習内容の取捨選択という作業はあわせて実施することになります。養成校から実習の位置づけについて「能動的体験は少なかったとしても、できる限り多くの実践に触れる（多くの教育事項を実施する）実習」と伝えられた場合と、「人間関係を形成するための基本的なコミュニケーション、クライエント等との援助関係の形成やアセスメントの実施などの個別支援（教育事項①～③）に限定して、技術力形成・向上を目的とした実習」と伝えられた場合を想定してみましょう。前者の場合には、それぞれどの程度の具体的実習内容の実施であれば、より多くの教育事項を体験できるか、という視点から個別実習プログラミングを行うことになります。後者の場合には、実施する教育事項を①～③に限定した場合にはどこまで具体的実習内容を実施できるか、という視点から個別実習プログラミングに取り組みます。つまり、いずれにおいても実施する教育事項と具体的実習内容はセットで検討する必要があることがわかります。

2）達成目標を考慮した具体的実習内容の選択

60時間実習の個別実習プログラミングでは、実施する教育事項と具体的実習内容はセットで検討することが必要であることを説明しました。その検討に際しては、達成目標も常に念頭に置きながら作業をする必要があります。

180時間実習の個別実習プログラミングで説明したとおり、各目標の達成には、「ソーシャルワーク実践の場の理解」「ソーシャルワーカーの理解」と「ソーシャルワーク実践の理解（発展的含む）」をセットで実施することが基本となります。ここで気をつけなければならないのが、1か所目の60時間実習では、「ソーシャルワーク実践の場の理解」や「ソーシャルワーカーの理解」に限定して個別実習プログラムを作成するのがよいのではないかという考え方は、ソーシャルワーク実習として不十分な学びにつながる可能性を有しているということです。

同じ実習施設・機関で1回目の60時間実習と2回目の180時間実習を実施するならば（ソーシャルワーク実習では認められません）、1回目の60時間を「ソーシャル実践の場の理解」や「ソーシャルワーカーの理解」に限定して実施する方法は効果的かもしれません。2回目の実習では「ソーシャルワーク実践の理解」に特化してより多くの能動的体験を積み、実践的な学びが得られることが期待できるからです。しかし、ソーシャルワーク実習において1か所目と2か所目は異なる実習施設・機関で実習を実施します。そうすると、1か所目の60時間実習で「ソーシャルワーク実践の場の理解」や「ソーシャルワーカーの理解」に焦点化して実習を実施しても、2か所目の180時間実習では結局

図 3-14　1か所目の60時間実習における具体的実習内容の設定の視点

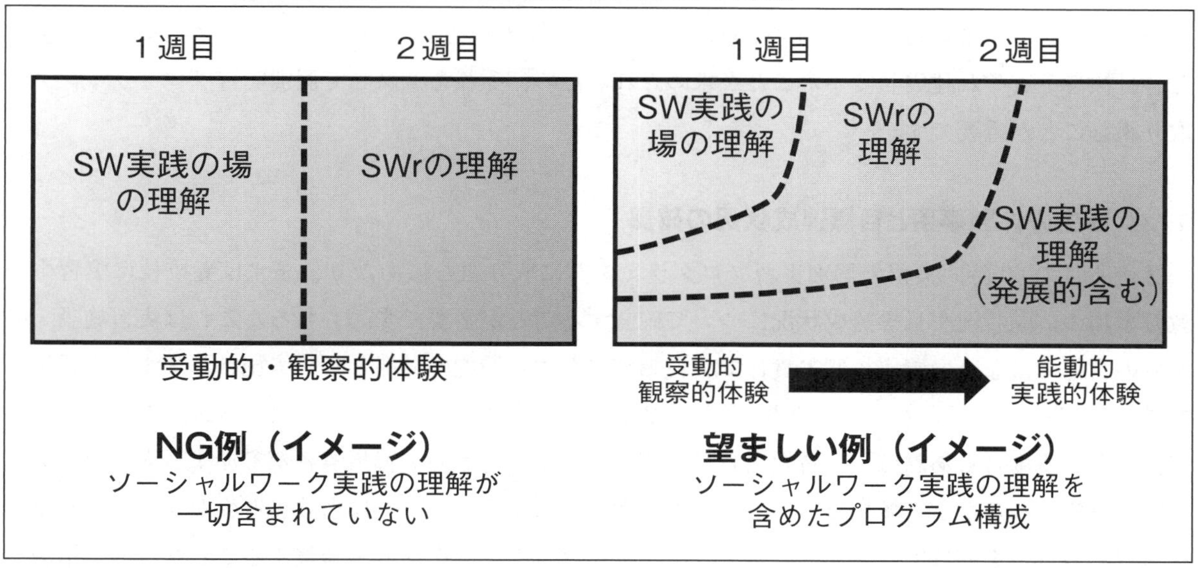

その実習施設・機関としての「ソーシャルワーク実践の場の理解」や「ソーシャルワーカーの理解」を学ぶ必要があり、２か所目の実習の学びを効率化するという効果は期待できません。加えて１か所目の実習の学びも、「ソーシャルワーク実践の理解」を含めない中途半端なもので終わってしまうことが懸念されます。

これらを踏まえると、60時間実習のように時間が限定的であっても、できるだけ「ソーシャルワーク実践の場の理解」「ソーシャルワーカーの理解」と「ソーシャルワーク実践の理解（発展的含む）」をセットで実施するような個別実習プログラムを作成することが望ましいといえます（**図 3-14**）。

3）個別実習プログラミングにおける実習生の学年の取り扱い

実施する教育事項と具体的実習内容を決定する上では、その実習生の学年も考慮すべき要素となります。ただし気をつけなければならないのが、実習生の学年にかかわらず、ソーシャルワーク実習として実施するからには同じ目的と目標を志向する必要があるという点です。実習生の学年は、その実習生の価値・知識・技術の形成や事前学習の達成度に直接関連しますので、それらを踏まえて実施する教育事項や具体的実習内容を決定することが重要です。しかし実習生が１年生であっても、ソーシャルワーク実習の教育事項や各目標といった枠組みを外してしまい、「とりあえず現場を見る機会にしてもらったらよい」と考えるのは間違いです。実習生の学年は、ソーシャルワーク実習の枠組みを外すか否かを決定する要素ではありません。むしろその学年であることを踏まえつつ、ソーシャルワーク実習の目標に向けて何ができるのか、何を学ぶべきかという視点から個別実習プログラミングを行う必要があることを覚えておきましょう。

（2）2か所目の60時間実習の個別実習プログラミング

２か所目以降の実習として実施する60時間実習の個別実習プログラミングの大きな特徴は、実習生が１か所目の180時間実習を経験しているという点です。２か所目の60時間実習であっても、養成校として設定している実習のねらいと位置づけは最初に確認する必要がありますが、それに加えて受け入れる実習生の１か所目実習における教育事項ごとの体験状況と各目標の達成状況も重要な要素になります。基本的には２か所目の60時間実習を終えた時点で、ソーシャルワーク実習の教育事項と各目標をそれぞれ達成していることが求められるため、それを意識して個別実習プログラミングに取り組むことが重要です。

1）実習生の体験事項と目標達成状況の確認

２か所目の60時間実習の個別実習プログラミングに取り組むにあたり、まずは養成校に実習生の教育事項の体験状況や目標達成状況について確認することが必要です。もちろんこれは実習施設・機関側の責任ではなく、養成校側の責任で実習調整に関する機能の発揮として実施されます。実習担当教員、実習生、１か所目の実習指導者、そして２か所目の実習指導者が一堂に会するような会議によって実施される場合もあれば、実習担当教員、実習生、２か所目の実習指導者が参加するミーティング形式で実施されるなど、多様な方法での実施が考えられます。ここでは当該実習生がソーシャルワーク実習の各目標を網羅的に達成できるように、実習プログラムを作成・調整することを目的に情報共有が行われます。ただし、実習生のためとはいえ、実習生が知らないところで、本人の合意なくその情報を共有することがあってはいけません。そのため、養成校が責任をもって対応していますので、実習施設・機関の実習指導者は他の実習施設・機関の実習指導者と直接やりとりするのではなく、養成校を通して情報を確認する必要があることを覚えておきましょう。

2）1か所目実習の体験事項や目標達成状況が確認できない場合の対応

２か所目の実習であっても、個別実習プログラミングの段階では、実習生の１か所目実習における教育事項の体験状況や目標の達成状況を確認できない場合があります。例えば、１か所目の180時間実習と２か所目の60時間実習の間に期間を挟まず、連続して２か所の実習が実施される場合などがその例として挙げられます。

このような場合には、やはり養成校としてのその実習の目的や位置づけをしっかりと確認し、それに基づいて個別実習プログラミングに取り組むことが重要です。もちろん、実習施設・機関として特色あるソーシャルワーク実践が理解でき、また社会福祉士像を伝達できるような具体的実習内容を盛り込むことも意識しましょう。

3）ソーシャルワーク実践の構成要素を踏まえた具体的実習内容の設定

180時間実習を終えていることを踏まえると、能動的体験や発展的な具体的実習内容を中心とした個別実習プログラムを作成することが望ましいと考えられます。ただし、180時間実習はあくまでも異なる機能の実習施設･機関で実施しているため、「ソーシャルワーク実践の場の理解」や「ソーシャルワーカーの理解」の具体的実習内容を一切設定せず、「ソーシャルワーク実践の理解」の具体的実習内容だけで十分な理解を形成できるのかというと、少し難しさがあるかもしれません。実習生が実習慣れしていることが期待されるので、短時間の説明や少ない経験で十分に理解できる可能性がありますし、あるいは事前学習でかなり実践的な理解を深めることも可能かもしれません。これらを踏まえると、２か所目の60時間実習においても、短時間でも「ソーシャルワーク実践の場の理解」や「ソーシャルワーカーの理解」の具体的実習内容を設定することが必要といえるでしょう（**図3-15**）。

図 3-15　2か所目の60時間実習における具体的実習内容の設定の視点

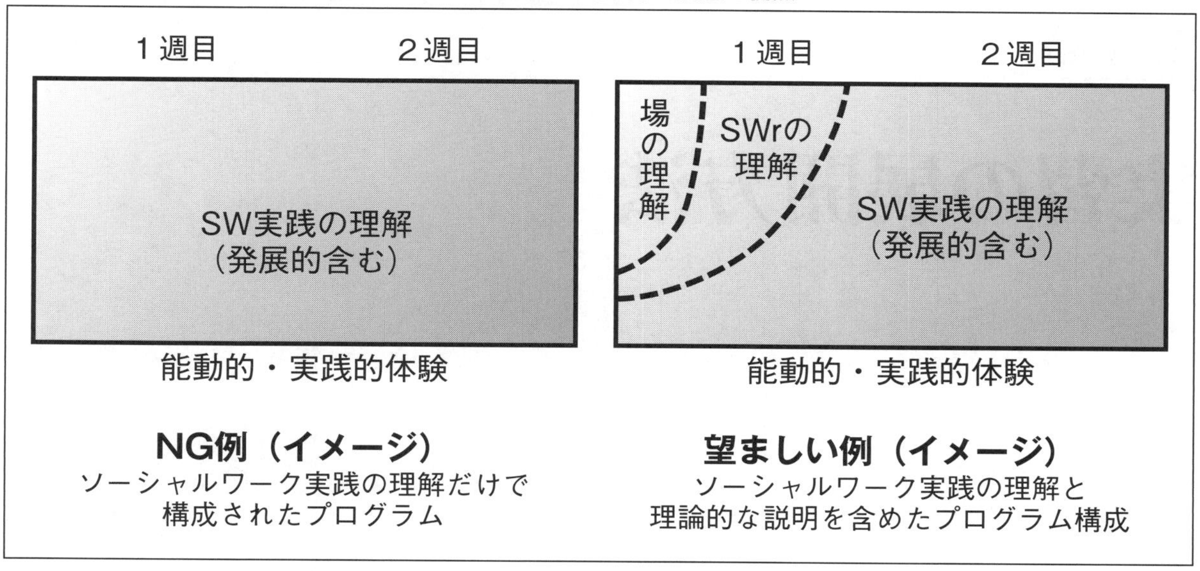

7 個別実習プログラミングにおける事前学習・事前訪問の設定

個別実習プログラミングとして具体的実習内容が設定できたら、それぞれ事前学習と事前訪問で実施することを記載します。基本実習プログラミングシートでは、この枠は「事前学習」でしたが、個別実習プログラミングシートでは「事前学習・事前訪問」となっています。事前学習として実習生が実習までに取り組む課題を記載すると同時に、事前訪問の際に説明したり指導したりすることを明記しておくことで、説明や指導が漏れることを防止することができます。

また、基本実習プログラムでは事前学習について何を学ぶか、何を調べておくのかということは記載しますが、個別実習プログラムではどの程度理解しておくことが望ましいのか、その到達目標についてもある程度明確化しておくことがポイントといえます。設定すべき水準としては、あまり高くても到達できない可能性があるため、個別実習プログラムに基づいて実習を実施できる程度の水準を設定しましょう。この設定が明確化されていない状態で実習が始まった場合、実習生にとっては自分の事前学習が十分なのか不十分なのか確認することができません。実習指導者としてイメージしている水準があった場合、実習生の事前学習に対して十分なのか不十分なのか判断することにつながります。実習指導者のイメージと比較して実習生の事前学習が十分だった場合には問題につながりにくいのですが、不十分だった場合にそれを実習指導者が実習生に伝えると、実習生は求められている水準もわからないまま不十分であることを伝えられることで萎縮してしまい、また実習指導者との信頼関係形成に支障をきたすことが懸念されます。

個別実習プログラムに基づいて実習を展開することができるよう、また実習指導者と実習生とが信頼関係を築けるようにするためにも、事前学習には内容と到達目標を記載することがポイントとなります。ただし、実習プログラミングシートの記載するスペースは狭いため、多くを記述することができません。到達目標については事前訪問や事前打ち合わせの際に伝えたり説明したりする方法もありますので、状況に応じて使い分けるとよいでしょう。ちなみに第５節の個別実習プログラム例ではスペースの問題から事前学習として実習生に求める水準まではあまり記載していません。

第３節

実習の展開方法

1 実習プログラムに基づいた実習展開

個別実習プログラムを作成したら、個別実習プログラムに基づいて実習を実施できるように準備していきます。この準備が不十分であれば、円滑に実習を実施することができず、個別実習プログラムも絵に描いた餅になってしまいかねません。

個別実習プログラムに基づいた実習を実施するための準備とは、個別実習プログラムに記載されている具体的実習内容を実習期間中の実施できる日程に位置づけ、その日程で実施できるように調整する作業です（**図3-16**）。

図 3-16　個別実習プログラムに基づいた実習実施の準備（イメージ）

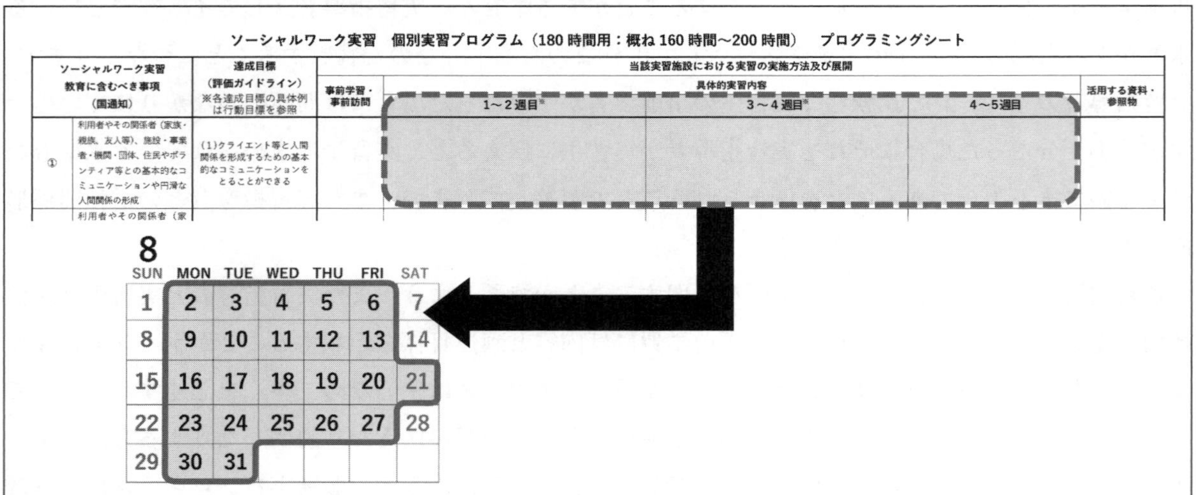

（1）具体的実習内容の実施日程を設定する際の視点

具体的実習内容をあらかじめ個々の日程に設定することに一定以上のハードルを感じる方もいると思います。たしかに、ソーシャルワークの実践現場において、いつ来談者が訪れたり会議が開催されたりするのかを事前にすべて把握することは不可能です。それでは、どのようにしてあらかじめ具体的実習内容を実施する日時を設定するのでしょうか。

具体的実習内容は大きく分けると、以下の３つに整理できます。

①来談者が訪れたり会議が開催されたりするタイミングで実施できるもの
②具体的実習内容を担当する者の予定を確保したタイミングで実施できるもの
③具体的実習内容が対象とする業務・取り組みを実施する日程でのみ実施できるもの

このうち①については、実習期間中のいつ来談者が訪れるのか、会議が開催されるのかあらかじめ想定することはできないため、事前に実施する日程を定めることは難しくなります。

しかし②と③については、ある程度事前の日程調整が可能です。ここでいう事前の実施日の調整とは、個別実習プログラムに定めるすべての具体的実習内容の実施する日時を定めるという意味ではありません。②や③のように、事前に日程調整が可能な具体的実習内容について、可能な範囲で実施日時を定めておくことを意味します。②では、事前に日程を定めていても急遽その指導を担当する職員の予定が変わり、予定していた日時に実施できなくなることも生じます。そうであったとしても、事前に日程を定めておくことは、それを担当する職員と実習生の両者にとって、準備を行う等さまざまな側面においてメリットがあります。

可能な範囲でかまいませんので、ぜひ事前に各具体的実習内容を実施する日程を定め、それを関係者や実習生に周知することを心がけましょう。

（2）具体的実習内容の実施日時を設定する上で調整を行う対象者

具体的実習内容を実施する日程を定める際、実習指導者自身のスケジュールを確保するだけでよいものと、実習指導者以外の職員等にスケジュール調整を依頼しなければならないものがあります。

このスケジュール調整等の依頼を行う対象者は、実習施設・機関において当該具体的実習内容による指導を担当する職員（以下「実習課題担当者」）と、関連する施設・機関で具体的実習内容を担当する職員（もしくは施設・機関そのもの）になります。そして実習担当教員とも調整を行わなければならない場合があります。それは、上記の③のように、特定の業務や取り組みを通して実施される具体的実習内容において、その業務や取り組み（例：行事やイベントなど）が土曜日などの帰校日指導を実施する予定の曜日で開催される場合です。実習生がその業務に参加する場合には帰校日指導を別日程で実施する必要があります。そのため、実習指導者はあらかじめ実習担当教員に連絡し、その業務に実習生が参加する予定のため、帰校日指導の日時を変更してもらうよう依頼することが求められます。これらの具体的実習内容の特性と、調整を依頼する対象者という２軸から、実習日時をあらかじめ設定するために必要な準備を整理したものが、**表 3-6** になります。

表 3-6　個別実習プログラムに基づく実習実施に向けた準備

		実習生への指導を担当する者			実習担当教員
		実習指導者	実習施設・機関の他職員（実習課題担当者）	関連施設・機関の担当者	
具体的実習内容の特性	② 担当者の日時調整で実施可能	実習指導者の業務を調整して実施日時を決定	実習課題担当者に調整を依頼して実施日時を決定	関連施設・機関の担当者に調整を依頼して実施日時を決定	左記のうち、平日夕方以降、土曜、日曜で実施することになった場合には事前に連絡・確認する（帰校日指導の日時の調整依頼）
	③ 業務や取り組みを実施する日に実施可能	業務や取り組みを実施する日程で実施できるよう実習日程を調整 （休日調整含む）	業務や取り組みがある日程に実習生を参加させてもらえるよう実習課題担当者や関係者に依頼	業務や取り組みを実施する日程で実習生を参加させてもらえるように実施施設・機関の実習課題担当者や関係者に依頼	

2 実習実施に向けた事前訪問／事前打ち合わせの対応

多くの場合、実習生は実習が始まるまでに実習先への事前訪問／事前打ち合わせを行います。これは“実習前”の訪問／打ち合わせとして位置づけられているものの、実習指導者と実習生にとって実質的な実習のスタートを意味しています。ある意味で事前訪問／事前打ち合わせは実習指導者と実習生との初回面接であり、今後の実習実施に向けた契約を行う場面ともいえる重要なものです（実際の契約は養成校と実習施設・機関との委託契約に基づいて交わされています）。

それでは、事前訪問／事前打ち合わせで実習指導者と実習生は何を確認すればよいのでしょうか。実習プログラム、実習マネジメント、実習スーパービジョンという３つの視点から実施すべき事項を整理したものが以下になります（**図 3-17**）。

図 3-17　事前訪問／事前打ち合わせにおける実施事項

実習プログラム
- **個別PG（案）提示と説明**
- **個別PG（案）と実習計画書（案）の調整**
- **事前学習の伝達**
  実習初日までの課題 等

実習マネジメント
- **実習受入マニュアルに基づいた説明**
- ✓ 実習生の権利と義務
- ✓ 実習マナー・服装
- ✓ リスクマネジメント
- ✓ 実習時間や休憩時間

実習スーパービジョン
- **実習生アセスメント**
- ✓ 実習生の力量
- ✓ 実習生の関心
- ✓ 実習生の学習タイプ
- **スーパービジョンの実施方法・頻度確認 等**

＋

簡単な施設見学や職員への紹介、１日実習なども実施可能

※　PG は実習プログラムの略記です。

(1) 個別実習プログラムの原案提示と調整

事前訪問／事前打ち合わせでは作成した個別実習プログラム（案）（具体的な日時にまで落とし込んだものである必要はありません）を実習生に提示し、それぞれの内容について説明します。この際、実習生が作成した実習計画書（案）と突合し、調整を行うことで個別実習プログラムは案から確定版になります。

なお、基本実習プログラムについては、養成校からの実習依頼に対して受け入れることを回答した時点で養成校側に送っておくことが望ましいでしょう。その理由は、養成校では基本実習プログラムがあることで、実習生たちの２か所以上の実習先を決定する際に全教育事項を網羅できるような調整が可能になると同時に、実習生が基本実習プログラムに基づいて実習計画書（案）を作成できるようにするためです。

(2) 個別実習プログラムに基づいた実習までに行う事前学習の説明

個別実習プログラム（案）を確認したら、実習生に対して実習当日までに取り組むべき事前学習を伝えます。その際、実習施設・機関として実習生に求める到達目標があるならば、それも併せて伝えておくことが必要です。到達目標を示さない場合には、実習初日を迎えたときの実習生の事前学習に対して十分・不十分という評価を伝えるべきではありません。また、事前学習の目標に関しては実習生自身が定める方法も可能です。これは実習への目標管理制度の導入ともいえるものであり、その場合には達成度の評価は実習生自身が行うものを尊重する必要があります。

いずれにしても目標を明確化することで、正確な評価が可能となります。限られた時間で実習を効果的・効率的に実施していくためにも、事前学習においても目標を設定し、実習生に伝えておくことが重要であるといえるでしょう。

(3) 事前訪問／事前打ち合わせ時の見学実習等の実施

養成校では実習生の実習先を決定する前の教育で見学実習や現場体験を導入している場合があります。しかしそれは実習先決定前なので、実習を行う施設・機関とは異なる場所での経験です。そのため、事前訪問／事前打ち合わせの際に実習施設・機関の見学実習等を実施することは、その後の事前学習や実習に向けたモチベーションの向上という点において効果が期待できる取り組みといえます。せっかく実習生が実習施設・機関を訪れる機会があるならば、限られた時間だけでも見学実習等を実施することも検討してみるとよいでしょう。

第４節

実習の評価

1 実習評価の視点

実習終了後には、実施した実習に関して実習生の評価を行います。ソーシャルワーク実習の評価について、科目確認の指針では以下のような規定があります。

大学等において開講する社会福祉に関する科目の確認に係る指針

７　実習に関する事項

（8）ソーシャルワーク実習指導を実施する際には、次の点に留意すること。

イ　実習後においては、その実習内容についての達成度を評価し、必要な個別指導を行うこと。

ウ　実習の評価基準を明確にし、評価に際しては実習先の実習指導担当者の評定はもとより、実習生本人の自己評価についても考慮して行うこと。

さらに、ソ教連が定める「ソーシャルワーク実習指導・実習のための教育ガイドライン」においては、以下の記述があります。

ソーシャルワーク実習指導・実習のための教育ガイドライン

②　実習中に行う評価活動の実際

・実習中に行う評価の対象となるのは、「ソーシャルワーク実習指導」と「ソーシャルワーク実習」の２つの科目に規定された内容となる。通知の教育に含むべき事項ならびに通知に対応して作成された「実習教育内容・実習評価ガイドライン」の教育目標（達成目標と行動目標）の達成状況を確認する。
・ソーシャルワーク実習を直接的に評価するのは実習指導者となる。したがって、実習指導担当教員から実習指導者に対して評価の意義や目的、方法等について説明し、一貫性のある教育評価となるようにしなければならない。
・実習計画に記載した目標の達成状況、進捗状況の確認、評価を行う。
・実習の評価対象の中には、利用者との関わりやコミュニケーション、実習生の姿勢や態度などというように、測定や数値化が難しいものがある。達成度評価だけでは測定できないものを、個別基準準拠評価を通して意欲の側面を汲み取ることも重要となる。

まずソーシャルワーク実習という科目の評価は、実習指導者による評定だけでなく、実習生の自己評価などさまざまな評価情報も考慮して行うことが規定されています（**図3-18**）。この図から、実習生のソーシャルワーク実習全体の評価は、さまざまな評価情報に基づき、実習担当教員が責任をもって実施することがわかります。各実習施設・機関の実習指導者には、それぞれ個別実習プログラムに基づいて実施した実習について評価することが求められています（ここでは実習指導者が評価した結果を示したものを評定として使用しています）。

そして実習評価は、評価ガイドラインに定められた達成目標と行動目標の達成状況の確認と、実習生の姿勢や態度などのように達成度評価では測定が難しい側面の確認といった2つの視点から行うことが記載されています。なお、評価にあたっては実習指導者が独自に行うのではなく、一貫性のある教育評価とするために評価の意義、目的、方法等について実習担当教員から説明があるため、それに基づいて実施することが必要です。

養成校によって使用している実習評価表、そこに定められた評価項目、また評価尺度などは多様である可能性があるため、まずは実習を受け入れた養成校の評価方法や評価表について確認し、それに基づいて評価していく必要があることを覚えておきましょう。

図3-18　ソーシャルワーク実習における評価の構造

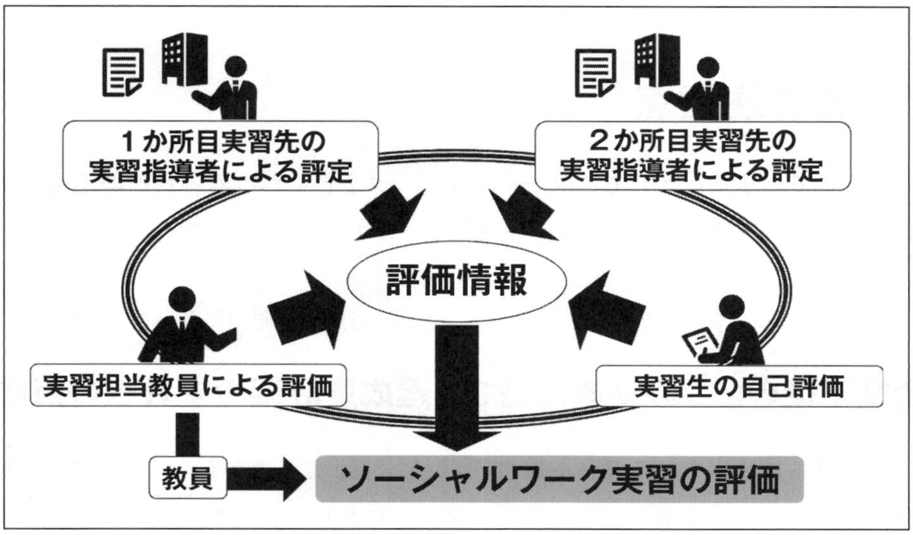

2 実習評価の方法

実習評価の基本的な方法として達成度評価が挙げられます。達成度とは、教育目標がどの程度達成されたのかを表すレベルを指します。

達成度を評価するためには、評価する対象となる実習内容と評価尺度が必要ですが、ソーシャルワーク実習においては評価ガイドラインの達成目標・行動目標が達成度評価の項目に該当します。基本的には各養成校の評価表にも評価ガイドラインの達成目標・行動目標に準じた項目が設定されていると考えられます。改めて達成目標・行動目標について十分に確認しておくとよいでしょう。また達成度評価は100%習得のみを目標とするものではありません。達成基準（分割点）を設定し、それに基づいて各実習生の技術習得などが尺度評価のどこに位置しているのかを明確化することを目的としています（**図3-19**）。

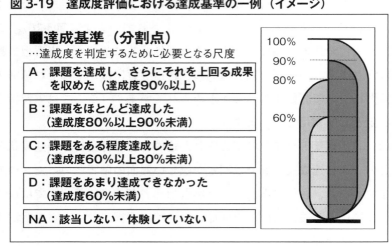

図3-19　達成度評価における達成基準の一例（イメージ）

■達成基準（分割点）
…達成度を判定するために必要となる尺度

- **A：課題を達成し、さらにそれを上回る成果を収めた（達成度90%以上）**
- **B：課題をほとんど達成した（達成度80%以上90%未満）**
- **C：課題をある程度達成した（達成度60%以上80%未満）**
- **D：課題をあまり達成できなかった（達成度60%未満）**
- **NA：該当しない・体験していない**

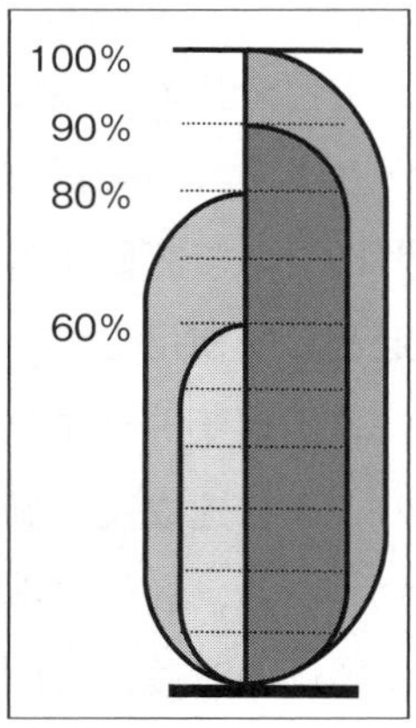

実習終了後に**図3-19**のような達成基準に基づいて実習生の各目標における達成度を評価するためには、実習中にも実習生がどの程度の達成基準にいるのか確認しておくことが必要です。実習評価はより高い目標達成に向けた教育活動の一部であり、ソーシャルワーク実習の成果を最大化させるという視点からも十分に理解しておくことが重要といえます。

3 実習評価の注意点

実習評価を行う上での注意点として、ソーシャルワーク実習における各目標の達成度評価と個別実習プログラムに基づいた実習評価でずれが生じる場合の対応と、評価エラーなどに関する対処があります。

（1）実習終了後の2つの基準に基づく達成度評価のずれへの対応

個別実習プログラムに設定される具体的実習内容が、評価ガイドラインの各目標を100%達成できる内容であれば、この2つの評価にずれは生じません。しかし、個別実習プログラムの具体的実習内

図 3-20　実習の評価方法に関する実習担当教員と実習指導者との共通認識形成

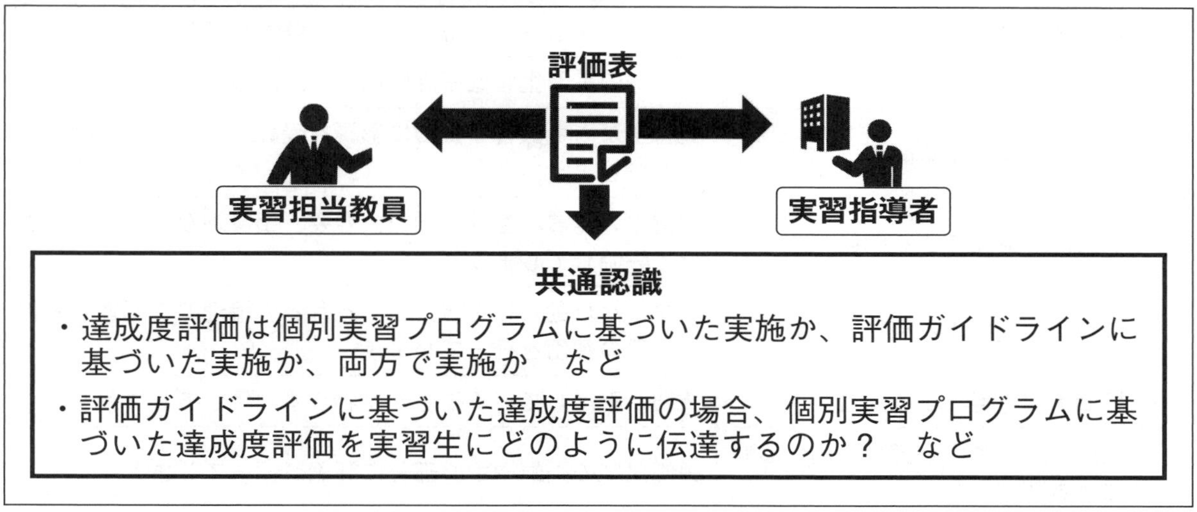
評価表
実習担当教員
実習指導者
共通認識
・達成度評価は個別実習プログラムに基づいた実施か、評価ガイドラインに基づいた実施か、両方で実施か　など
・評価ガイドラインに基づいた達成度評価の場合、個別実習プログラムに基づいた達成度評価を実習生にどのように伝達するのか？　など

容では評価ガイドラインにおける達成目標を100%達成することができない場合、実習生がその具体的実習内容に対して十分な成果を出したとしても、評価ガイドラインにおける目標の達成度評価では不十分な結果になってしまう可能性があります。養成校の実習評価表が評価ガイドラインの各目標で構成されているならば、実習指導者はその目標の達成度について評価することが求められるため、この状況ではＡではなくＢやＣといった達成度評価になります（達成基準に関しては**図 3-19** 参照）。ただし、実習指導者としては個別実習プログラムの範囲において実習生が十分以上の成果を出しているにもかかわらず、ＢやＣといった達成度評価をつけることには抵抗感があることが予測されます。

このような事態に対応するためには、養成校教員と実習指導者とが事前に協議を行い、評価方法について共通認識を形成しておくことが有効です（**図 3-20**）。

図 3-20 に示すような共通認識を形成しておくことで、実習評価で達成度評価と個別実習プログラムに基づいた評価との間にずれが生じた場合にも落ち着いて対応することが可能になります。

また、できるだけこのような評価のずれが生じないようにするためには、基本実習プログラムのプログラミングに取り組むときから評価ガイドラインの達成目標と行動目標を十分に確認し、それらを達成可能な具体的実習内容を設定していくこと、つまり実習プログラミングを丁寧に行うことが重要であることを改めて強調しておきます。

(2) 評価を行う際に生じる問題点への対処

人間は他者の評価を行う際、さまざまな問題から適切な評価ができなくなること（評価エラー）が確認されています。ここでは評価を行う際に生じやすい７つの問題（**表 3-7**）について整理した上で、それらの問題を低減させるための方法を提示します。

これらの問題は、評価者が意識する・しないにかかわらず生じるものです。どのようにすればこのような問題によって評価が偏ることを低減することができるのでしょうか。具体的には、評価者（この場合実習指導者）の評価に関する訓練を行うことと、360度評価を取り入れる方法が挙げられます。

評価者の訓練を行うには、実習指導に関する研修に参加したり、実習担当教員と交流したりすることで、実習評価への理解を向上させていく方法などが考えられます。評価の目的、評価項目、評価尺

表 3-7　評価を行う際に生じる問題

①　寛容さによって生じる問題	すべての実習生を高得点に偏って評価してしまう
②　厳格さによって生じる問題	すべての実習生を低得点に偏って評価してしまう
③　ハロー効果による問題	実習生がもつ顕著な特徴に影響を受けて他の項目の評価も歪んでしまう
④　個人的な偏見による問題	実習生の発言、性別、学力、容姿、出身地などに影響を受けて評価してしまう
⑤　論理的関連による問題	わずかな行動だけを観察し、それとの論理的な関連から他の項目の評価を行ってしまう
⑥　評価情報不足による問題	情報が不足しているにもかかわらず評価してしまう
⑦　尺度の両端や中心部分を用いる傾向による問題	評価尺度の両端や中心部分に評価が偏ってしまう

度についての理解を深めていくことが重要なので、実習評価を行うたびにこれらを再確認し、また評価の際に生じやすい問題点を意識することがポイントになってくるといえます。

また360度評価を取り入れる方法とは、実習指導者1人で実習評価を行わないことを意味しています。つまり、実習指導者が1人で実習評価を行うのではなく、実習生自身の自己評価や、実習生の指導を担当した実習課題担当者などの評価も含めて実習評価を行う方法です。このように多様な視点からの評価を取り入れることで、上記のような評価における問題を低減できるといわれています。

実習指導者が、実習評価も社会福祉士養成という目標達成に向けた教育活動の一環であることを理解し、より適切かつ的確な評価を行えるようになることが充実した実習を実施するために必要不可欠といえるでしょう。

第５節

代表的な実習種別における ソーシャルワーク 実習プログラムモデル

1 ソーシャルワーク実習プログラム構築の留意点

本節では、これまで学んできたソーシャルワーク実習の基本実習プログラムと個別実習プログラムについて、代表的な実習先種別機関・施設における実習プログラムのモデルを提示します。実習プログラムのモデルとして、各種別の基本実習プログラム、個別実習プログラム（180時間実習）、個別実習プログラム（60時間実習：１回目実習）、個別実習プログラム（60時間実習：２回目実習）の４つを掲載していますので､それぞれ実習プログラムを作成するときの参考にしてください。それでは、実習プログラムモデルを提示する前に、基本実習プログラムと個別実習プログラム作成における留意点を述べておきます。

（1）基本実習プログラム作成時の留意点

まずは基本実習プログラムの作成についてです。基本実習プログラムに設定される具体的実習内容が多ければ多いほど多様な実習の実施が可能となり、さまざまな実習生の目標達成に対応した実習が可能となります。これはつまり、基本実習プログラムは更新・改善し続けていくことが実習生の利益にもつながり、また実習施設・機関としての資質向上にも寄与することを意味します。

しかし、初めて基本実習プログラムを作成するときから、そのような充実した実習プログラムを目指す必要はありません。まずは実習生の網羅的な実習体験を実現するために、全教育事項に対応する具体的実習内容を設定することを目標に作成を進めましょう。その際には、第２節（実習プログラミングの方法）で説明した体験水準の調整（pp.136 ～ 138）などを積極的に活用することが有効です。

またこの目標に向けて、180時間実習用の個別実習プログラムを作成することができる程度の具体的実習内容を設定することが１つの目安となります。基本実習プログラムに設定したすべての具体的実習内容を用いて180時間実習の個別実習プログラムを作成できる状態のものを、ミニマムな基本実習プログラムと考えましょう。次項では各実習種別における実習プログラム例を提示していますが、ほとんどの種別において基本実習プログラムはこのミニマムな水準のものとなっています（基本実習プログラムに設定されているすべての具体的実習内容が個別実習プログラム（180 時間実習用）に用いられています）。

なお、障害領域の実習プログラム例のみ、基本実習プログラムがミニマムな水準以上のもので設定されていますので（180 時間実習用の個別実習プログラムに用いられていない具体的実習内容も基本実習プログラムに掲載されています）、ぜひ参考にしてみてください。また地域包括支援センターの実習プログラムでは、教育事項③や⑤においてミクロ・メゾ・マクロの区分を設定し、各具体的実習内容がソーシャルワークのどのような実践につながるものなのかをさらに意識しやすいように記載しています。実習プログラムの作成の１つの方法として参考にしてください。

（2）個別実習プログラム作成時の留意点

次に個別実習プログラムの作成についてです。第２節（実習プログラミングの方法）で説明したとおり、個別実習プログラムは基本実習プログラムを基に実習生のさまざまな要素を考慮して作成します。つまり、まずは実習依頼があった養成校から、その実習に関する実習生の実習回数（何回目の実習か）、実習時間数（180 時間以上、60 時間以下等）、実習目標の達成状況（２回目以降の場合）、実習としての位置づけ（どの程度の教育事項を体験し、どの程度の目標達成を目指すものなのか）等の各種情報を受け取り、それらを確認した上で作成作業に入ることが必要です。

1）180 時間実習

180 時間実習では、科目確認の指針で相談援助業務の一連の過程と包括的な支援について学習することが定められています。そのため、その実習が１か所目の場合でも、２か所目以降の場合であっても、教育事項を網羅的に実施する個別実習プログラムを目指して作成しましょう。２回目以降の実習の場合には、それまでの実習生の目標達成の状況に応じて具体的実習内容を調整することが考えられますが、本テキストでは基本実習プログラムと 180 時間実習の個別実習プログラムとの関係性も含めたイメージ形成に主眼を置き、180 時間実習の個別実習プログラムは１つだけ掲載しています。

2）60 時間実習

60 時間実習では、180 時間実習以上に基本実習プログラムからの調整幅が大きいため、実習依頼をしてきた養成校からの各種情報がとても重要です。本テキストでは、１か所目実習の場合の個別実習プログラム（60 時間実習）と２か所目実習の場合の個別実習プログラム（60 時間実習）をそれぞれ掲載しています。これらの個別実習プログラム作成の前提として、以下の状況を設定しました。ぜひ、これらの養成校からの依頼内容（実習情報含む）と関係性も含めて個別実習プログラムで設定される具体的実習内容やその実施順序などを参考にしてください。

60 時間実習（1回目の実習）に向けた養成校からの依頼内容

■基本情報
・２年生の春休み（３年生前の２月～３月）に実施する 60 時間実習（１回目）
・３年生の夏休み（８月～９月）に 180 時間実習２か所目を実施予定

■養成校との協議による確認
・全体：実習施設・機関が実施するソーシャルワークについて、基本的なクライエントや地域とのかかわりを理解できるように実施していただきたい
・今回の実習における各教育事項の位置づけ
教育に含むべき事項①：重点的に実施し、コミュニケーションについて十分な経験を積み、達成目標の到達を目指したい
教育に含むべき事項②③：180 時間で一連の体験をする予定なので、実践理解よりもソーシャルワーカーの理解を目標に実施する
教育に含むべき事項④：権利擁護は可能な限り実践の理解を目標に実施したい
教育に含むべき事項⑤：実習施設・機関の特徴を踏まえて、専門職や住民との基本的な連携について体験する
教育に含むべき事項⑥：地域社会における実習施設・機関の基本的な役割の理解を目標に実施する
教育に含むべき事項⑦：実習施設・機関として基本となる分野横断的・業種横断的なかかわりの実際を見学する
教育に含むべき事項⑧：実習施設・機関の運営の基本的な仕組みについて学ぶ
教育に含むべき事項⑨：実習施設・機関における社会福祉士の倫理に基づいた実践の理解を目標に実施する
教育に含むべき事項⑩：上記①～⑨に関連して学ぶ機会があれば実施する（アウトリーチやネットワーキング等の項目は事前には限定しない）

60 時間実習（2回目の実習）に向けた養成校からの依頼内容

■基本情報
・３年生の冬休み（12 月～１月）に実施する 60 時間実習（２回目）
・３年生の夏休み（８月～９月）に 180 時間実習１か所目を修了

■養成校との協議による確認
・全体：180 時間実習を通してほぼ網羅的に体験済みなので、教育事項③④⑤⑦⑧⑩などについて発展的な体験を可能な範囲で実施していただきたい

・180時間実習を通した目標の達成状況

教育に含むべき事項①：十分な水準で達成

教育に含むべき事項②：十分な水準で達成

教育に含むべき事項③：まあまあな水準で達成（実施・評価の期間は短かった）

教育に含むべき事項④：十分な水準で達成

教育に含むべき事項⑤：まあまあな水準で達成（企画・運営などは未体験）

教育に含むべき事項⑥：まあまあな水準で達成（時期が合わず活動には未参加）

教育に含むべき事項⑦：水準として少し不十分（調整・開発の企画は未体験）

教育に含むべき事項⑧：まあまあな水準で達成（分析的な取り組みは未体験）

教育に含むべき事項⑨：十分な水準で達成

教育に含むべき事項⑩：まあまあな水準で達成（ネゴシエーション、ファシリテーションについては直接体験の機会がなかった。ソーシャルアクションは過去事例の確認のみ）

2 実習プログラムの位置づけと表記の説明

（1）実習プログラムの位置づけ

掲載されている各実習プログラムについて、「なぜこの具体的実習内容が『ソーシャルワーク実践の場の理解』に位置づけられているのか？」「ここで記載されているような具体的実習内容を本当に実習生が実施できるのか？」、また「自らが所属する施設・機関と同じ種別の実習プログラムに必要な具体的実習内容が設定されていないのではないか？」等、さまざまな疑問をもたれる読者がいると思います。本テキストでは紙面の問題から、各具体的実習内容がなぜそこに位置づけられるのか、どのようにしてそれを実習生に実施させるのかなどを個別に説明することはかないません。ここに掲載している実習プログラムは本章執筆者とプログラム作成者が何回も打ち合わせをしながら作成したものです。なかには検討が不十分な部分も含まれていると思いますし、本格的にソーシャルワーク実習が始まる前に作成したので、今後修正が必要な部分も出てくるかもしれません。ただし現時点では十分にその表現や位置づけを吟味しながら作成しましたので、ぜひその意図を考えながら参考にしていただければ幸いです。

（2）実習プログラムの表記の説明

最後に、各プログラムにおける表記の説明をしておきます。まず基本実習プログラムには白い○番号（①②…）と黒い●番号（❶❷…）があります。白い○番号は教育事項の番号を表しており、黒い●番号は各教育事項での「ソーシャルワーク実践の場の理解に関する内容」「ソーシャルワーカーの理解に関する内容」…ごとの具体的実習内容の通し番号です。

基本実習プログラムの具体的実習内容は、（「教育に含むべき事項」の「構成要素」「通し番号」）という表記で記載されています。この構成要素では、「ソーシャルワーク実践の場の理解」を“場”、「ソーシャルワーカーの理解」を“SWr”、「ソーシャルワーク実践の理解」を“実”、「ソーシャルワーク実践の理解（発展的）」を“発”という略称を用いています。例えば、「『教育に含むべき事項①』の『ソーシャルワーク実践の場の理解に関する内容』の『３つ目に記載されている具体的実習内容』」であれば（①の場❸）という表現になります（共通する具体的実習内容や事前学習を設定している教育事項の番号のみ掲載している場合もあります）。

個別実習プログラムには基本実習プログラムとの関係性をすぐに確認できるよう、各具体的実習内容の最後に【　】で上記の基本実習プログラムの構成要素と通し番号を記載しています（教育事項は基本実習プログラムと個別実習プログラムで同一の事項に掲載されているため表記なし）。

❸ 代表的な実習先種別におけるプログラム例

ソーシャルワーク実習　基本実習プログラム

実習施設名：〇〇病院	作成メンバー：〇〇	作成日：〇年〇月〇日

	ソーシャルワーク実習教育に含むべき事項（国通知）	達成目標（評価ガイドライン）※各達成目標の具体例は行動目標を参照	当該実習施設における実習の実施方法及び展開 学生に求める事前学習	具体的実習内容 SW 実践の場の理解に関する内容	SWr の理解に関する内容	SW 実践の理解に関する内容	SW 実践の理解に関する内容（発展的）	指導上の留意点 活用する資料・参照物
①	利用者やその関係者（家族・親族、友人等）、施設・事業者・機関・団体、住民やボランティア等との基本的なコミュニケーションや円滑な人間関係の形成	(1) クライエント等と人間関係を形成するための基本的なコミュニケーションをとることができる	・医療法に定める病床区分及びそれぞれの機能を調べる ・病院で働く職種をピックアップし、各々の業務内容を調べる	❶就業規則を閲覧する ❷接遇マニュアルや個人情報保護規定の資料を閲覧する ❸病院内各病棟の見学を通して、当病院の機能や病床区分及び患者層の違いと特徴について実習指導者から説明を受ける ❹病院内の他職種の機能について実習指導者から説明を受ける	❶面接技法について実習指導者から説明を受ける ❷MSW による対象ごと（クライエント（以下、CL）・他職種・他機関）のコミュニケーション方法の変化（構造化・非構造化）を電話応対や面接を通して観察する	❶自ら挨拶する ❷CL と会話をし、その人の状況を理解する。また会話の内容を逐語録にまとめ、考察を含めて実習指導者に報告する ❸MSW の代行をする（伝言を他職種へ報告する。書類を届ける）	❶面接技法（傾聴、バーバルとノンバーバルコミュニケーションの実践、環境設定等）を考慮した会話をする	・CL 及び関係職種に実習生が同行、対応することを事前に伝える ・就業規則 ・接遇マニュアル ・個人情報保護規定
②	利用者やその関係者（家族・親族、友人等）との援助関係の形成	(2) クライエント等との援助関係を形成することができる	・SW の倫理綱領及び MSW の業務指針を閲覧する ・バイスティックの 7 原則を調べる	❶（①の場❸）の実習内容と共通	❶（①の SWr❶）の実習内容と共通 ❷（①の SWr❷）の実習内容と共通 ❸MSW と CL との援助関係形成に向けて MSW のアプローチ方法について説明を受ける	❶MSW の業務において援助関係形成場面を観察し、考察を実習指導者へ報告する ❷MSW の業務内容及び役割の説明、実習目的を説明するロールプレイを実習指導者と行う ❸MSW 立ち合いのもと CL から支援実施の同意を得る	❶支援実施に同意を得た CL（以下、対象 CL）に対して面接技法（バーバルとノンバーバルコミュニケーションの実践、環境設定等）を考慮した会話をする	・CL に実習生が同行することの同意を事前に得る ・社会福祉士の倫理綱領 ・MSW の業務指針 ・バイスティック 7 原則の資料
③	利用者や地域の状況を理解し、その生活上の課題（ニーズ）の把握、支援計画の作成と実施及び評価	(3) クライエント、グループ、地域住民等のアセスメントを実施し、ニーズを明確にすることができる (4) 地域アセスメントを実施し、地域の課題や問題解決に向けた目標を設定することができる (5) 各種計画の様式を使用して計画を作成・策定及び実施することができる (6) 各種計画の実施をモニタリング及び評価することができる	・医療法に定める病床区分及びそれぞれの機能を調べる ・市役所の HP を閲覧し、高齢化率、介護保険利用率等を調べる ・自治体が発行している冊子「介護保険と高齢者福祉の手引き」を熟読する	❶（①の場❸）の実習内容と共通 ❷（①の場❹）の実習内容と共通 ❸法人内の地域包括支援センターにおいて 1 日実習を行い、地域の特性等について社会福祉士から説明を受ける	❶MSW の業務マニュアルを閲覧する ❷MSW の支援記録を閲覧する ❸MSW の支援の過程について説明を受ける ❹MSW の情報収集・課題把握の方法を観察する（カルテからの読み取り方法、CL との面接に同席、他職種及び CL に関係する他機関からの聞き取り時に同行・同席し観察する） ❺MSW による CL との面接に同席し観察した上で、支援のポイントについて実習指導者から説明を受ける ❻医師の IC に同席する MSW の言動を観察した上で、IC に MSW が同席する目的について実習指導者から説明を受ける	❶実習生自身が対象 CL の情報を収集（カルテからの読み取り、対象 CL との面接、他職種からの聞き取り）し記録する ❷対象 CL との面接から CL が抱える課題を把握する ❸対象 CL との面接から CL のストレングスをみつける ❹CL との面接または家屋調査に同行し、対象 CL の住環境をアセスメントする ❺情報を整理し、対象 CL のエコマップを作成する ❻対象 CL の退院支援計画書を模擬的に作成する ❼介護保険制度の相談に来た CL を想定したロールプレイを行う	❶対象 CL に制度（介護保険制度、高額療養費制度等）を説明し、申請書を CL と共に作成する ❷退院する CL の移送車をアセスメント結果に基づいて手配し、CL へ案内する ❸対象 CL への退院支援を通して地域の課題を抽出し、その解決に向けた目標を設定する。作成した内容について部署内で発表する	・支援実施に向けて CL から同意を得る ・院内外多職種に、実習生が支援計画を模擬的に作成し支援を実施することを事前に共有する ・MSW 支援記録 ・カルテ ・介護保険申請書 ・介護タクシー資料 ・MSW 支援に必要な各種制度の資料 ・「介護保険と高齢者福祉の手引き」
④	利用者やその関係者（家族・親族、友人等）への権利擁護活動とその評価	(7) クライエント及び多様な人々の権利擁護並びにエンパワメントを含む実践を行い、評価することができる	・SW の倫理綱領及び MSW の業務指針を閲覧する ・成年後見制度及び日常生活自立支援事業を調べる ・虐待対応マニュアルを読む	❶病院の基本理念と基本方針について事務長から説明を受ける ❷病院の個人情報保護方針について事務長から説明を受ける ❸成年後見制度、日常生活自立支援事業、虐待に対する病院の役割について実習指導者から説明を受ける ❹苦情相談対応委員会について、実習指導者から説明を受ける	❶病院の組織図を閲覧し、当部署の位置づけ及び役割、特性の説明を実習指導者から受ける ❷MSW に同行し、権利擁護の実際の場面を観察する ❸権利擁護に関する MSW 支援記録を閲覧する ❹苦情相談対応委員会に MSW が参加する意義について実習指導者から説明を受ける	❶MSW の支援記録や業務の観察から代弁機能やエンパワメント、自己決定支援を行った場面を抜き出し、記録して報告する ❷権利擁護に関する各支援事業を活用する時、しない時を想定し CL にとってのメリット・デメリットを書き出し整理して、実習指導者へ報告する ❸苦情相談対応委員会に参加する MSW に同行し、観察し考察を報告する	❶CL にとって、病院生活上で権利侵害となっている点を見つけ、解決方法を考え、実習指導者に報告する	・関係部署へ実習生への対応や同行について事前に同意を得る ・社会福祉士の倫理綱領 ・MSW の業務指針 ・接遇マニュアル ・個人情報保護規定 ・組織図 ・苦情相談対応委員会規定、議事録等 ・MSW 支援記録
	多職種連携及びチーム	(8) 実習施設・機関等の	・病院で働く職種	❶病院内の他職種の部署において 1 日実	❶多職種連携及びチームアプローチのな	❶多職種連携及びチームアプローチでの	❶（MSW の代わりに）病棟カンファレ	・院内外の他職種及

⑤	アプローチの実践的理解	各職種の機能と役割を説明することができる (9) 実習施設・機関等と関係する社会資源の機能と役割を説明することができる (10) 地域住民、関係者、関係機関等と連携・協働することができる (11) 各種会議を企画・運営することができる	をピックアップし、各々の業務内容を調べる	習を行い、そこの機能と役割を各部署の担当者から説明を受け、業務の場面を観察する ❷法人内の地域包括支援センター・居宅介護支援事業所・訪問看護ステーションにおいて1日実習を行い、そこの機能と役割について担当者から説明を受け、業務の場面を観察する ❸院内外で開催される各カンファレンスや連携・協働場面を観察する ❹院内多職種を交えた病棟会議の目的について実習指導者から説明を受け、会議を観察する	かでのMSWの役割について実習指導者から説明を受ける ❷MSWの支援記録（多職種連携及びチームアプローチの実践の記録）を閲覧する ❸院内多職種を交えた病棟会議におけるMSWの役割について実習指導者から説明を受ける	MSWの言動を観察し、MSWが参加した意義を考察し、実習指導者へ報告する ❷実習生自身が支援することを仮定しケースを通して、どの職種及び機関とどのように連携していくのか、その目的等を考察し実習指導者へ報告する ❸（③の実❺）の実習内容と共通 ❹ MSWに同行し、カンファレンスや各種会議に参加し記録を作成する	ンスでCLの状況を報告する ❷院内外のカンファレンスに参加する職種や機関への日程調整を行う ❸各種会議で発言を求められた際に、社会福祉士の実習生としての見解を発言する ❹院内多職種を交えた病棟会議での議題を実習生が企画し、実習指導者へ報告する（④の発❶と関連させる）	び、他機関に実習生を1日派遣することを事前に交渉、同意を得る ・CL及び関係職種に実習生が同行、対応することを事前に伝える ・MSW支援記録 ・カンファレンス記録 ・各種会議の議事録
⑥	当該実習先が地域社会の中で果たす役割の理解及び具体的な地域社会への働きかけ	(12) 地域社会における実習施設・機関等の役割を説明することができる (13) 地域住民や団体、施設、機関等に働きかけることができる	・市内の他病院の場所及び病床区分と特性を調べる ・実習病院の病床区分と特性をHPで調べる	❶（①の場❸）の実習内容と共通 ❷病院主催の講座（市民講座）を見学する ❸広報委員会に参加するMSWに同行し見学をする ❹市内複数の病院MSWが共同で実施する地域活動について実習指導者から説明を受ける	❶病院が取り組んでいる地域活動においてMSWが果たしている役割を実習指導者から説明を受ける ❷広報委員会にMSWが参加する意義について実習指導者から説明を受ける ❸市内複数の病院MSWが共同で実施する相談活動や勉強会の記録を閲覧する	❶市民講座のチラシを作成する ❷市内複数の病院MSWが共同で行う地域の出張講座や相談会及び他職種が参加する勉強会で下記を行う (1)企画会議を見学し、会議録を作成する (2)地域の相談活動や勉強会の当日に参加し、受付、誘導、記録をとる	❶市内複数の病院MSWが共同で行う地域の出張講座や相談会及び勉強会で下記を行う (1)企画会議で発言をする (2)司会をする (3)グループワークのサブファシリテーターをする	・関係部署及び機関に実習生が同行、参加することを事前に説明し、協力を依頼する ・地域活動の記録
⑦	地域における分野横断的・業種横断的な関係形成と社会資源の活用・調整・開発に関する理解	(14) 地域における分野横断的・業種横断的な社会資源について説明し、問題解決への活用や新たな開発を検討することができる	・市内の社会資源を市役所のHPや社会資源ガイドブックで調べる	❶地域包括ケアシステム推進部会に病院が参加する意義について実習指導者から説明を受ける。また、部会に参加している団体の事業内容や役割を調べて実習指導者へ報告をする ❷市の在宅療養患者後方支援事業について実習指導者から説明を受ける ❸地域の勉強会について実習指導者から説明を受ける	❶地域包括ケアシステム推進部会にMSWが参加する意義について実習指導者から説明を受ける ❷市の在宅療養患者後方支援事業ができるまでMSWがどのようにかかわったか、また現在のかかわりについて実習指導者から説明を受ける ❸地域の勉強会にMSWがどのようにかかわっているか実習指導者から説明を受ける	❶地域包括ケアシステム推進部会に参加するMSWに同行し、MSWの言動を観察した上で考察を実習指導者に報告する ❷市の在宅療養患者後方支援事業の活用の場面及び、MSWが実際にどのようにCLを支援しているか言動を観察し、考察を実習指導者へ報告する ❸地域の勉強会に参加し、受付、誘導、記録をとる。勉強会の様子を観察した上で意義について考察し報告する	❶面接に同席し把握したCLのニーズと市内の社会資源を照らし合わせて、開発すべき社会資源を考え、部署内で発表する ❷地域の勉強会のテーマを地域の問題解決に向けた社会資源の活用・調整・開発に関連づけて企画し、部署内で発表する	・関係部署及び機関に実習生が同行、参加することを事前に説明し、協力を依頼する ・自治体の地域包括ケアシステムに関連した事業の資料 ・地域の勉強会の記録
⑧	施設・事業者・機関・団体等の経営やサービスの管理運営の実際（チームマネジメントや人材管理の理解を含む）	(15) 実習施設・機関等の経営理念や戦略を分析に基づいて説明することができる (16) 実習施設・機関等の法的根拠、財政、運営方法等を説明することができる	・実習病院の病床区分と特性をHPで調べる ・実習病院の病院機能評価結果をHPで熟読する	❶病院の沿革、理念、基本方針及び今後の経営方針（短期目標・長期目標）について事務長から説明を受ける ❷診療報酬の仕組み、当院の算定の方法について医事課長から説明を受ける ❸地域における医療ニーズや介護・医療体制の現状について実習指導者から説明を受ける	❶病院の理念、基本方針、組織図を踏まえてMSWの部署の構成と機能や特性、年間業務計画について実習指導者から説明を受ける ❷ MSWに関連する診療報酬算定について実習指導者から説明を受ける ❸運営会議へ提出するMSWの報告書を閲覧する	❶過去1か月間の入院相談の記録（フェイスシート、診療情報提供書、ADL票など）を閲覧し傾向を分析する ❷（③の実❻）の実習内容と共通	❶過去1か月間の入院相談から傾向を分析し、その結果を基に、経営改善や支援の向上に資する提案資料を作成して部署内で発表をする	・事務長、医事課長及び関係部署に実習指導の協力を事前に依頼する ・病院パンフレット ・組織図 ・業務・事業計画 ・運営会議資料 ・入院相談の資料
⑨	社会福祉士としての職業倫理と組織の一員としての役割と責任の理解	(17) 実習施設・機関等における社会福祉士の倫理に基づいた実践及びジレンマの解決を適切に行うことができる (18) 実習施設・機関等の規則等について説明することができる	・SWの倫理綱領及びMSWの業務指針を閲覧する ・MSW協会及び社会福祉士会等の団体及び活動内容をHPで調べる	❶（①の場❶）の実習内容と共通 ❷（⑧の場❶）の実習内容と共通 ❸（⑧の場❷）の実習内容と共通 ❹ MSW協会及び社会福祉士会等職能団体について実習指導者から説明を受ける	❶（⑧のSWr❶）の実習内容と共通 ❷業務上起こり得る倫理的ジレンマの場面を実習指導者から説明を受ける ❸職能団体にMSWが所属する意義について実習指導者から説明を受ける	❶ MSWの業務を観察し、社会福祉士の倫理に基づいた言動を抜き出し記録する ❷ MSWの業務を観察し、倫理的ジレンマの場面を抜き出し、ジレンマに対する解決手段についてMSWに聞き取る ❸ MSWに同行し、職能団体の活動場面を観察し、記録する	❶ MSWの業務の観察、また実習生が支援計画作成の過程で生じた倫理的ジレンマについて、ジレンマの構造と解決手段を実習指導者に報告する ❷ MSWとして病院に入職した1年目を想定し、組織の一員としての役割と責任をミクロ・メゾ・マクロの視点から書き出し、実習指導者へ報告をする	・事務長、医事課長及び関係部署に実習指導の協力を事前に依頼する ・就業規則 ・組織図 ・職能団体パンフレット、活動記録
1	アウトリーチ	(19) 以下の技術について目的、方法、留意点について説明することができる ・アウトリーチ ・ネットワーキング	・用語を調べる	❶病院におけるアウトリーチの目的、機能、方法について病院祭や市内3病院協働で実施する健康フェスティバルを例に実習指導者から説明を受ける ❷（③の場❸）の実習内容と共通	❶ MSWがアウトリーチを行う目的及び意義について、病院祭や健康フェスティバルにMSWがどのように参画しているかを例に、実習指導者から説明を受ける	❶病院祭や健康フェスティバルの企画、準備に参加する ❷（⑥の実❷）の実習内容と共通	❶病院祭や健康フェスティバルの当日に参加し、スタッフとして活動する ❷（⑥の発❶）の実習内容と共通	・関係部署及び機関に実習生が同行、参加することを事前に説明し、協力を依頼する

			・コーディネーション ・ネゴシエーション ・ファシリテーション ・プレゼンテーション ・ソーシャルアクション		❸（⑥の場❹）の実習内容と共通	❷（⑥の SWr ❸）の実習内容と共通			・病院祭や健康フェスティバルの資料 ・地域活動の記録
	2	ネットワーキング			❶ネットワーキングの種類（院内外多職種、院外同職種）、活用手段（対面、ICT）について実習指導者から説明を受ける ❷（③の場❸）の実習内容と共通	❶（④の SWr ❶）の実習内容と共通 ❷MSW のネットワークづくりや活用の目的及び意義、どのような場面で実践をしているか実習指導者から説明を受ける	❶MSW のネットワークづくり（地域の勉強会や交流会）や退院支援でのネットワーキングの活用場面を観察した上で、考察を実習指導者へ報告する	❶実習生が考えるネットワークづくり、活用手段を実習指導者へ報告をする	・地域の勉強会や交流会の資料 ・ICT
	3	コーディネーション			❶（①の場❸）の実習内容と共通	❶（④の SWr ❶）の実習内容と共通 ❷MSW がコーディネーションを行う目的や意義、どのような場面で活用しているか実習指導者から説明を受ける	❶コーディネーションの場面について院内外多職種の調整を例に、MSW がどのように調整をしているか観察した上で、考察を実習指導者へ報告する	❶カンファレンスに参加する院内外の職種や機関への日程調整を行う	・関係者へ実習生が日程調整を行う旨を事前に伝え、了承を得る
⑩	4	ネゴシエーション			❶（①の場❸）の実習内容と共通	❶（④の SWr ❶）の実習内容と共通 ❷MSW がネゴシエーションを行う目的及び意義、どのような場面で活用しているか実習指導者から説明を受ける	❶入院や退院に向けて、院内外の他職種・他機関へのネゴシエーション場面を観察し、考察を実習指導者へ報告する ❷MSW が受けた入院相談の患者資料を読み込み、実習生が医師へ入院の交渉をするロールプレイを実習指導者と行う	❶入院相談の資料を持参し MSW 立ち合いのもと、実習生が医師・看護師へ入院のネゴシエーションをする。またその場面を振り返り、実践から感じた考察をまとめ、実習指導者へ報告をする	・医師へ実習生が入院相談する旨を事前に伝え、了承を得る ・入院相談の資料
	5	ファシリテーション			❶（①の場❸）の実習内容と共通	❶MSW がファシリテーションを行う目的及び意義、どのような場面で活用しているか、実習指導者から説明を受ける	❶ファシリテーションを実施する MSW の言動を観察した上で、考察を実習指導者へ報告する	❶部署内会議でファシリテーターを行う ❷勉強会でサブファシリテーターを行う	
	6	プレゼンテーション			❶（①の場❸）の実習内容と共通	❶（④の SWr ❶）の実習内容と共通 ❷MSW がプレゼンテーションを行う目的や意義、どのような場面で活用しているか実習指導者から説明を受ける	❶会議で MSW が行うプレゼンテーションを見学し、参加者の反応やそれに応じた MSW の言動を観察した上で、考察を実習指導者へ報告する	❶部署内で以下の実習課題のプレゼンテーションにあたり資料を作成し、実行する（③の発❸、⑦の発❷、⑧の発❶）	・MSW 作成のプレゼンテーション資料
	7	ソーシャルアクション			❶（⑨の場❹）の実習内容と共通	❶職能団体に所属し、MSW がソーシャルアクションを実践する意義について実習指導者から説明を受ける	❶MSW に同行しソーシャルアクションの打ち合わせ（会議）での MSW の言動を観察した上で、考察を実習指導者へ報告する	❶MSW に同行し、ソーシャルアクションの打ち合わせ（会議）で意見を求められた際に発言をする	・関係者へ実習生が同行する旨を事前に伝え、了承を得る ・職能団体及び団体が行ったソーシャルアクションの資料

ソーシャルワーク実習　個別実習プログラム（180 時間用）

実習基本情報						
実習施設名：○○病院	実習指導者氏名：○○		実習期間：○年○月○日（○）～○年○月○日（○）		他の実習施設	名称：○○
養成校：○○	実習生氏名：○○	学年：○年生	実習回数：○カ所目（全○カ所）	実習時間数：180 時間		期間：○年○月○日（○）～○年○月○日（○）

ソーシャルワーク実習教育に含むべき事項（国通知）		達成目標（評価ガイドライン）※各達成目標の具体例は行動目標を参照	当該実習施設における実習の実施方法及び展開				
			事前学習・事前訪問	具体的実習内容			活用する資料・参照物
				1～2週目[※]	3～4週目[※]	4～5週目	
①	利用者やその関係者（家族・親族、友人等）、施設・事業者・機関・団体、住民やボランティア等との基本的なコミュニケーションや円滑な人間関係の形成	(1) クライエント等と人間関係を形成するための基本的なコミュニケーションをとることができる	・医療法に定める病床区分及びそれぞれの機能を調べる ・病院で働く職種をピックアップし、各々の業務内容を調べる	・就業規則を閲覧する（①の場❶） ・接遇マニュアルや個人情報保護規定の資料を閲覧する（①の場❷） ・病院内各病棟の見学を通して、当病院の機能や病床区分及び患者層の違いと特徴について実習指導者から説明を受ける（①の場❸） ・病院内の他職種の機能について実習指導者から説明を受ける（①の場❹） ・面接技法について実習指導者から説明を受ける（①の SWr ❶） ・MSW により対象ごと（クライエント（以下、CL）・他職種・他機関）のコミュニケーション方法の変化（構造化・非構造化）を電話応対や面接を通して観察する（①の SWr ❷） ・自ら挨拶する（①の実❶）	・CL と会話をし、その人の状況を理解する。また会話の内容を逐語録にまとめ、考察を含めて実習指導者に報告する（①の実❷） ・MSW の代行をする（伝言を他職種へ報告する。書類を届ける）（①の実❸）	・面接技法（傾聴、バーバルとノンバーバルコミュニケーションの実践、環境設定等）を考慮した会話をする（①の発❶）	・就業規則 ・接遇マニュアル ・個人情報保護規定
②	利用者やその関係者（家族・親族、友人等）との援助関係の形成	(2) クライエント等との援助関係を形成することができる	・SW の倫理綱領及び MSW の業務指針を閲覧する ・バイスティックの７原則を調べる	・（①の場❸）の実習内容と共通（②の場❶） ・（①の SWr ❶）の実習内容と共通（②の SWr ❶） ・（①の SWr ❷）の実習内容と共通（②の SWr ❷） ・MSW と CL との援助関係形成に向けて MSW のアプローチ方法について説明を受ける（②の SWr ❸）	・MSW の業務において援助関係形成場面を観察し、考察を実習指導者へ報告する（②の実❶） ・MSW の業務内容及び役割の説明、実習目的を説明するロールプレイを実習指導者と行う（②の実❷） ・MSW 立ち合いのもと CL から支援実施の同意を得る（②の実❸）	・支援実施に同意を得た CL（以下、対象 CL）に対して面接技法（バーバルとノンバーバルコミュニケーションの実践、環境設定等を考慮した会話をする（②の発❶）	・社会福祉士の倫理綱領 ・MSW の業務指針 ・バイスティック７原則の資料
③	利用者や地域の状況を理解し、その生活上の課題（ニーズ）の把握、支援計画の作成と実施及び評価	(3) クライエント、グループ、地域住民等のアセスメントを実施し、ニーズを明確にすることができる (4) 地域アセスメントを実施し、地域の課題や問題解決に向けた目標を設定することができる (5) 各種計画の様式を使用して計画を作成・策定及び実施することができる (6) 各種計画の実施をモニタリング及び評価することができる	・医療法に定める病床区分及びそれぞれの機能を調べる ・市役所の HP を閲覧し、高齢化率、介護保険利用率等を調べる ・自治体が発行している冊子「介護保険と高齢者福祉の手引き」を熟読する	・（①の場❸）の実習内容と共通（③の場❶） ・（①の場❹）の実習内容と共通（③の場❷） ・法人内の地域包括支援センターにおいて１日実習を行い、地域の特性等について社会福祉士から説明を受ける（③の場❸） ・MSW の業務マニュアルを閲覧する（③の SWr ❶） ・MSW の支援記録を閲覧する（③の SWr ❷） ・MSW の支援の過程について説明を受ける（③の SWr ❸） ・MSW の情報収集・課題把握の方法を観察する（カルテからの読み取り方法、CL との面接に同席、他職種及び CL に関係する他機関からの聞き取り時に同行・同席し観察する）（③の SWr ❹） ・MSW による CL との面接に同席し観察した上で、支援のポイントについて実習指導者から説明を受ける（③の SWr ❺） ・医師の IC に同席する MSW の言動を観察した上で、IC に MSW が同席する目的について実習指導者から説明を受ける（③の SWr ❻）	・実習生自身が対象 CL の情報を収集（カルテからの読み取り、対象 CL との面接、他職種からの聞き取り）し記録する（③の実❶） ・対象 CL との面接から CL が抱える課題を把握する（③の実❷） ・対象 CL との面接から CL のストレングスをみつける（③の実❸） ・CL との面接または家屋調査に同行し、対象 CL の住環境をアセスメントする（③の実❹） ・情報を整理し、対象 CL のエコマップを作成する（③の実❺） ・対象 CL の退院支援計画書を模擬的に作成する（③の実❻）	・介護保険制度の相談に来た CL を想定したロールプレイを行う（③の実❼） ・対象 CL に制度（介護保険制度、高額療養費制度等）を説明し、申請書を CL と共に作成する（③の発❶） ・退院する CL の移送車をアセスメント結果に基づいて手配し、CL へ案内する（③の発❷） ・対象 CL への退院支援を通して地域の課題を抽出し、その解決に向けた目標を設定する。作成した内容について部署内で発表する（③の発❸）	・MSW 支援記録 ・カルテ ・介護保険申請書 ・介護タクシー資料 ・MSW 支援に必要な各種制度の資料 ・「介護保険と高齢者福祉の手引き」
④	利用者やその関係者（家族・親族、友人等）への権利擁護活動とその評価	(7) クライエント及び多様な人々の権利擁護並びにエンパワメントを含む実践を行い、評価することができる	・SW の倫理綱領及び MSW の業務指針を閲覧する ・成年後見制度及び日常生活自立支援事業を調べる	・病院の基本理念と基本方針について事務長から説明を受ける（④の場❶） ・病院の個人情報保護方針について事務長から説明を受ける（④の場❷） ・成年後見制度、日常生活自立支援事業、虐待に対する病院の役割について実習指導者から説明を受ける（④の場❸）	・病院の組織図を閲覧し、当部署の位置づけ及び役割、特性の説明を実習指導者から受ける（④の SWr ❶） ・MSW に同行し、権利擁護の実際の場面を観察する（④の SWr ❷） ・権利擁護に関する MSW 支援記録を閲覧する（④の SWr ❸） ・MSW の支援記録や業務の観察から代弁機能やエンパワメント、自己決定支援を行った場面を抜き出し、記録して報告する（④の実❶） ・権利擁護に関する各支援事業を活用する時、しない時を想定し CL にとってのメリット・デメリットを書き出し整理して、実	・CL にとって、病院生活上で権利侵害となっている点を見つけ、解決方法を考え、実習指導者に報告する（④の発❶）	・社会福祉士の倫理綱領 ・MSW の業務指針 ・接遇マニュアル ・個人情報保護規定 ・組織図 ・苦情相談対応委員会規定、議事録等

			・虐待対応マニュアルを読む		習指導者へ報告する（④の実❷） ・苦情相談対応委員会について、実習指導者から説明を受ける（④の場❹） ・苦情相談対応委員会に MSW が参加する意義について実習指導者から説明を受ける（④の SWr ❹） ・苦情相談対応委員会に参加する MSW に同行し、観察し考察を報告する（④の実❸）		・MSW 支援記録
⑤	多職種連携及びチームアプローチの実践的理解	(8) 実習施設・機関等の各職種の機能と役割を説明することができる (9) 実習施設・機関等と関係する社会資源の機能と役割を説明することができる (10) 地域住民、関係者、関係機関等と連携・協働することができる (11) 各種会議を企画・運営することができる	・病院で働く職種をピックアップし、各々の業務内容を調べる	・病院内の他職種の部署において１日実習を行い、そこの機能と役割を各部署の担当者から説明を受け、業務の場面を観察する（⑤の場❶） ・法人内の地域包括支援センター・居宅介護支援事業所・訪問看護ステーションにおいて１日実習を行い、そこの機能と役割について担当者から説明を受け、業務の場面を観察する（⑤の場❷） ・院内外で開催される各カンファレンスや連携・協働場面を観察する（⑤の場❸） ・多職種連携及びチームアプローチのなかでの MSW の役割について実習指導者から説明を受ける（⑤の SWr ❶） ・MSW の支援記録（多職種連携及びチームアプローチの実践の記録）を閲覧する（⑤の SWr ❷）	・院内多職種を交えた病棟会議の目的について実習指導者から説明を受け、会議を観察する（⑤の場❹） ・院内多職種を交えた病棟会議における MSW の役割について実習指導者から説明を受ける（⑤の SWr ❸） ・多職種連携及びチームアプローチでの MSW の言動を観察し、MSW が参加した意義を考察し、実習指導者へ報告する（⑤の実❶） ・実習生自身が支援することを仮定しケースを通して、どの職種及び機関とどのように連携していくのか、その目的等を考察し実習指導者へ報告する（⑤の実❷） ・（③の実❺）の実習内容と共通（⑤の実❸） ・MSW に同行し、カンファレンスや各種会議に参加し記録を作成する（⑤の実❹）	・（MSW の代わりに）病棟カンファレンスで CL の状況を報告する（⑤の発❶） ・院内外のカンファレンスに参加する職種や機関への日程調整を行う（⑤の発❷） ・各種会議で発言を求められた際に、社会福祉士の実習生としての見解を発言する（⑤の発❸） ・院内多職種を交えた病棟会議での議題を実習生が企画し、実習指導者へ報告する（④の発❶と関連させる）（⑤の発❹）	・MSW 支援記録 ・カンファレンス記録 ・各種会議の議事録
⑥	当該実習先が地域社会の中で果たす役割の理解及び具体的な地域社会への働きかけ	(12) 地域社会における実習施設・機関等の役割を説明することができる (13) 地域住民や団体、施設、機関等に働きかけることができる	・市内の他病院の場所及び病床区分と特性を調べる ・実習病院の病床区分と特性を HP で調べる	・（①の場❸）の実習内容と共通（⑥の場❶）	・病院主催の講座（市民講座）を見学する（⑥の場❷） ・広報委員会に参加する MSW に同行し見学をする（⑥の場❸） ・広報委員会に MSW が参加する意義について実習指導者から説明を受ける（⑥の SWr ❷） ・病院が取り組んでいる地域活動において MSW が果たしている役割を実習指導者から説明を受ける（⑥の SWr ❶） ・市内複数の病院 MSW が共同で実施する地域活動について実習指導者から説明を受ける（⑥の場❹） ・市内複数の病院 MSW が共同で実施する相談活動や勉強会の記録を閲覧する（⑥の SWr ❸） ・市民講座のチラシを作成する（⑥の実❶）	・市内複数の病院 MSW が共同で行う地域の出張講座や相談会及び他職種が参加する勉強会で下記を行う (1)企画会議を見学し、会議録を作成する (2)地域の相談活動や勉強会の当日に参加し、受付、誘導、記録をとる（⑥の実❷） ・市内複数の病院 MSW が共同で行う地域の出張講座や相談会及び勉強会で下記を行う (1)企画会議で発言をする (2)司会をする (3)グループワークのサブファシリテーターをする（⑥の発❶）	・地域活動の記録
⑦	地域における分野横断的・業種横断的な関係形成と社会資源の活用・調整・開発に関する理解	(14) 地域における分野横断的・業種横断的な社会資源について説明し、問題解決への活用や新たな開発を検討することができる	・市内の社会資源を市役所の HP や社会資源ガイドブックで調べる	・市の在宅療養患者後方支援事業について実習指導者から説明を受ける（⑦の場❷） ・市の在宅療養患者後方支援事業ができるまで MSW がどのようにかかわったか、また現在のかかわりについて実習指導者から説明を受ける（⑦の SWr ❷）	・地域包括ケアシステム推進部会に病院が参加する意義について実習指導者から説明を受ける。また、部会に参加している団体の事業内容や役割を調べて実習指導者へ報告をする（⑦の場❶） ・地域包括ケアシステム推進部会に MSW が参加する意義について実習指導者から説明を受ける（⑦の SWr ❶） ・地域の勉強会について実習指導者から説明を受ける（⑦の場❸） ・地域の勉強会に MSW がどのようにかかわっているか実習指導者から説明を受ける（⑦の SWr ❸） ・市の在宅療養患者後方支援事業の活用の場面及び、MSW が実際にどのように CL を支援しているか言動を観察し、考察を実習指導者へ報告する（⑦の実❷）	・地域包括ケアシステム推進部会に参加する MSW に同行し、MSW の言動を観察した上で考察を実習指導者に報告する（⑦の実❶） ・地域の勉強会に参加し、受付、誘導、記録をとる。勉強会の様子を観察した上で意義について考察し報告する（⑦の実❸） ・面接に同席し把握した CL のニーズと市内の社会資源を照らし合わせて、開発すべき社会資源を考え、部署内で発表する（⑦の発❶） ・地域の勉強会のテーマを地域の問題解決に向けた社会資源の活用・調整・開発に関連づけて企画し、部署内で発表する（⑦の発❷）	・自治体の地域包括ケアシステムに関連した事業の資料 ・地域の勉強会の記録
⑧	施設・事業者・機関・団体等の経営やサービスの管理運営の実際（チームマネジメントや人材管理の理解を含む）	(15) 実習施設・機関等の経営理念や戦略を分析に基づいて説明することができる (16) 実習施設・機関等の法的根拠、財政、運営方法等を説明することができる	・実習病院の病床区分と特性を HP で調べる ・実習病院の病院機能評価結果を HP で熟読する	・病院の沿革、理念、基本方針及び今後の経営方針（短期目標・長期目標）について事務長から説明を受ける（⑧の場❶） ・診療報酬の仕組み、当院の算定の方法について医事課長から説明を受ける（⑧の場❷） ・地域における医療ニーズや介護・医療体制の現状について実習指導者から説明を受ける（⑧の場❸） ・病院の理念、基本方針、組織図を踏まえて MSW の部署の構成と機能や特性、年間業務計画について実習指導者から説明を受ける（⑧の SWr ❶） ・MSW に関連する診療報酬算定について実習指導者から説明を受ける（⑧の SWr ❷）	・運営会議へ提出する MSW の報告書を閲覧する（⑧の SWr ❸） ・（③の実❻）の実習内容と共通（⑧の実❷）	・過去１か月間の入院相談の記録（フェイスシート、診療情報提供書、ADL 票など）を閲覧し傾向を分析する（⑧の実❶） ・過去１か月間の入院相談から傾向を分析し、その結果を基に、経営改善や支援の向上に資する提案資料を作成して部署内で発表をする（⑧の発❶）	・病院パンフレット ・組織図 ・業務・事業計画 ・運営会議資料 ・入院相談の資料
	社会福祉士としての職業倫理と組織の一員としての役割と責任の理解	(17) 実習施設・機関等における社会福祉士の倫理に基づいた実践及びジレンマの解決	・SW の倫理綱領及び MSW の業務指針を閲覧す	・（①の場❶）の実習内容と共通（⑨の場❶） ・（⑧の場❶）の実習内容と共通（⑨の場❷） ・（⑧の場❷）の実習内容と共通（⑨の場❸）	・業務上起こり得る倫理的ジレンマの場面を実習指導者から説明を受ける（⑨の SWr ❷） ・MSW 協会及び社会福祉士会等職能団体について実習指導者か	・MSW の業務の観察、また実習生が支援計画作成の過程で生じた倫理的ジレンマについて、ジレンマの構造と解決手段を実習指導者に報告す	・就業規則 ・組織図 ・職能団体パンフレッ

⑨			を適切に行うことができる (18) 実習施設・機関等の規則等について説明することができる	る ・MSW 協会及び社会福祉士会等の団体及び活動内容を HP で調べる	・(⑧の SWr ❶) の実習内容と共通 (⑨の SWr ❶)	ら説明を受ける (⑨の場❹) ・職能団体に MSW が所属する意義について実習指導者から説明を受ける (⑨の SWr ❸) ・MSW の業務を観察し、社会福祉士の倫理に基づいた言動を抜き出し記録する (⑨の実❶) ・MSW の業務を観察し、倫理的ジレンマの場面を抜き出し、ジレンマに対する解決手段について MSW に聞き取る (⑨の実❷) ・MSW に同行し、職能団体の活動場面を観察し、記録する (⑨の実❸)	る (⑨の発❶) ・MSW として病院に入職した 1 年目を想定し、組織の一員としての役割と責任をミクロ・メゾ・マクロの視点から書き出し、実習指導者へ報告をする (⑨の発❷)	ト、活動記録
⑩	1	アウトリーチ	(19) 以下の技術について目的、方法、留意点について説明することができる ・アウトリーチ ・ネットワーキング ・コーディネーション ・ネゴシエーション ・ファシリテーション ・プレゼンテーション ・ソーシャルアクション	・用語を調べる	・(③の場❸) の実習内容と共通 (⑩ -1 の場❷)	・病院におけるアウトリーチの目的、機能、方法について病院祭や市内 3 病院協働で実施する健康フェスティバルを例に実習指導者から説明を受ける (⑩ -1 の場❶) ・MSW がアウトリーチを行う目的及び意義について、病院祭や健康フェスティバルに MSW がどのように参画しているかを例に、実習指導者から説明を受ける (⑩ -1 の SWr ❶) ・病院祭や健康フェスティバルの企画、準備に参加する (⑩-1 の実❶) ・(⑥の場❹) の実習内容と共通 (⑩ -1 の場❸) ・(⑥の SWr ❸) の実習内容と共通 (⑩ -1 の SWr ❷)	・病院祭や健康フェスティバルの当日に参加し、スタッフとして活動する (⑩ -1 の発❶) ・(⑥の実❷) の実習内容と共通 (⑩ -1 の実❷) ・(⑥の発❶) の実習内容と共通 (⑩ -1 の発❷)	・病院祭や健康フェスティバルの資料 ・地域活動の記録
	2	ネットワーキング			・ネットワーキングの種類 (院内外多職種、院外同職種)、活用手段 (対面、ICT) について実習指導者から説明を受ける (⑩ -2 の場❶) ・(③の場❸) の実習内容と共通 (⑩ -2 の場❷)	・(④の SWr ❶) の実習内容と共通 (⑩ -2 の SWr ❶) ・MSW のネットワークづくりや活用の目的及び意義、どのような場面で実践をしているか実習指導者から説明を受ける (⑩ -2 の SWr ❷) ・MSW のネットワークづくり (地域の勉強会や交流会) や退院支援でのネットワーキングの活用場面を観察した上で、考察を実習指導者へ報告する (⑩ -2 の実❶)	・実習生が考えるネットワークづくり、活用手段を実習指導者へ報告する (⑩ -2 の発❶)	・地域の勉強会や交流会の資料 ・ICT
	3	コーディネーション			・(①の場❸) の実習内容と共通 (⑩ -3 の場❶)	・(④の SWr ❶) の実習内容と共通 (⑩ -3 の SWr ❶) ・MSW がコーディネーションを行う目的や意義、どのような場面で活用しているか実習指導者から説明を受ける (⑩ -3 の SWr ❷) ・コーディネーションの場面について院内外多職種の調整を例に、MSW がどのように調整をしているか観察した上で、考察を実習指導者へ報告する (⑩ -3 の実❶)	・カンファレンスに参加する院内外の職種や機関への日程調整を行う (⑩ -3 の発❶)	
	4	ネゴシエーション			・(①の場❸) の実習内容と共通 (⑩ -4 の場❶)	・(④の SWr ❶) の実習内容と共通 (⑩ -4 の SWr ❶) ・MSW がネゴシエーションを行う目的及び意義、どのような場面で活用しているか実習指導者から説明を受ける (⑩ -4 の SWr ❷) ・入院や退院に向けて、院内外の他職種・他機関へのネゴシエーション場面を観察し、考察を実習指導者へ報告する (⑩ -4 の実❶)	・MSW が受けた入院相談の患者資料を読み込み、実習生が医師へ入院の交渉をするロールプレイを実習指導者と行う (⑩ -4 の実❷) ・入院相談の資料を持参し MSW 立ち合いのもと、実習生が医師・看護師へ入院のネゴシエーションをする。またその場面を振り返り、実践から感じた考察をまとめ、実習指導者へ報告をする (⑩ -4 の発❶)	・入院相談の資料
	5	ファシリテーション			・(①の場❸) の実習内容と共通 (⑩ -5 の場❶)	・MSW がファシリテーションを行う目的及び意義、どのような場面で活用しているか、実習指導者から説明を受ける (⑩ -5 の SWr ❶) ・ファシリテーションを実施する MSW の言動を観察した上で、考察を実習指導者へ報告する (⑩ -5 の実❶)	・部署内会議でファシリテーターを行う (⑩ -5 の発❶) ・勉強会でサブファシリテーターを行う (⑩ -5 の発❷)	
	6	プレゼンテーション			・(①の場❸) の実習内容と共通 (⑩ -6 の場❶)	・(④の SWr ❶) の実習内容と共通 (⑩ -6 の SWr ❶) ・MSW がプレゼンテーションを行う目的や意義、どのような場面で活用しているか実習指導者から説明を受ける (⑩ -6 の SWr ❷) ・会議で MSW が行うプレゼンテーションを見学し、参加者の反応やそれに応じた MSW の言動を観察した上で、考察を実習指導者へ報告する (⑩ -6 の実❶)	・部署内で以下の実習課題のプレゼンテーションにあたり資料を作成し、実行する (③の発❸、⑦の発❷、⑧の発❶) (⑩ -6 の発❶)	・MSW 作成のプレゼンテーション資料
	7	ソーシャルアクション				・(⑨の場❹) の実習内容と共通 (⑩ -7 の場❶) ・職能団体に所属し、MSW がソーシャルアクションを実践する意義について実習指導者から説明を受ける (⑩ -7 の SWr ❶) ・MSW に同行しソーシャルアクションの打ち合わせ (会議) での MSW の言動を観察した上で、考察を実習指導者へ報告する (⑩ -7 の実❶)	・MSW に同行し、ソーシャルアクションの打ち合わせ (会議) で意見を求められた際に発言をする (⑩ -7 の発❶)	・職能団体及び団体が行ったソーシャルアクションの資料

※ 1 ～ 2 週目、3 ～ 4 週目、4 ～ 5 週目の期間に関する表記は集中実習の場合のイメージであり、通年での実習や一定期間に分散して実習する場合には実習形態に適した期間を設定した上で使用する

【医療】回復期・慢性期病院

ソーシャルワーク実習　個別実習プログラム（1回目60時間用）

実習基本情報						
実習施設名：○○病院	実習指導者氏名：○○		実習期間：○年○月○日（○）～○年○月○日（○）		他の実習施設	名称：○○
養成校：○○	実習生氏名：○○	学年：○年生	実習回数：1カ所目（全○カ所）	実習時間数：60時間		期間：○年○月○日（○）～○年○月○日（○）

	ソーシャルワーク実習教育に含むべき事項（国通知）	達成目標（評価ガイドライン）※各達成目標の具体例は行動目標を参照	当該実習施設における実習の実施方法及び展開：事前学習・事前訪問	具体的実習内容：前半（概ね1週目）*	具体的実習内容：後半（概ね2週目）*	活用する資料・参照物
①	利用者やその関係者（家族・親族、友人等）、施設・事業者・機関・団体、住民やボランティア等との基本的なコミュニケーションや円滑な人間関係の形成	(1) クライエント等と人間関係を形成するための基本的なコミュニケーションをとることができる	・医療法に定める病床区分及びそれぞれの機能を調べる ・病院で働く職種をピックアップし、各々の業務内容を調べる	・就業規則を閲覧する（①の場❶） ・接遇マニュアルや個人情報保護規定の資料を閲覧する（①の場❷） ・病院内各病棟の見学を通して、当病院の機能や病床区分及び患者層の違いと特徴について実習指導者から説明を受ける（①の場❸） ・病院内の他職種の機能について実習指導者から説明を受ける（①の場❹） ・面接技法について実習指導者から説明を受ける（①の SWr ❶） ・MSW による対象ごと（クライエント（以下、CL）・他職種・他機関）のコミュニケーション方法の変化（構造化・非構造化）を電話応対や面接を通して観察する（①の SWr ❷） ・自ら挨拶する（①の実❶）	・CL と会話をし、その人の状況を理解する。また会話の内容を逐語録にまとめ、考察を含めて実習指導者に報告する（①の実❷）	・就業規則 ・接遇マニュアル ・個人情報保護規定
②	利用者やその関係者（家族・親族、友人等）との援助関係の形成	(2) クライエント等との援助関係を形成することができる	・SW の倫理綱領及び MSW の業務指針を閲覧する ・バイスティックの7原則を調べる	・（①の場❸）の実習内容と共通（②の場❶） ・（①の SWr ❶）の実習内容と共通（②の SWr ❶） ・（①の SWr ❷）の実習内容と共通（②の SWr ❷） ・MSW と CL との援助関係形成に向けて MSW のアプローチ方法について説明を受ける（②の SWr ❸） ・MSW の業務において援助関係形成場面を観察し、考察を実習指導者へ報告する（②の実❶）	・MSW の業務内容及び役割の説明、実習目的を説明するロールプレイを実習指導者と行う（②の実❷）	・社会福祉士の倫理綱領 ・MSW の業務指針 ・バイスティック7原則の資料
③	利用者や地域の状況を理解し、その生活上の課題（ニーズ）の把握、支援計画の作成と実施及び評価	(3) クライエント、グループ、地域住民等のアセスメントを実施し、ニーズを明確にすることができる (4) 地域アセスメントを実施し、地域の課題や問題解決に向けた目標を設定することができる (5) 各種計画の様式を使用して計画を作成・策定及び実施することができる (6) 各種計画の実施をモニタリング及び評価することができる	・医療法に定める病床区分及びそれぞれの機能を調べる ・市役所の HP を閲覧し、高齢化率、介護保険利用率等を調べる ・自治体が発行している冊子「介護保険と高齢者福祉の手引き」を熟読する	・（①の場❸）の実習内容と共通（③の場❶） ・（①の場❹）の実習内容と共通（③の場❷） ・MSW の業務マニュアルを閲覧する（③の SWr ❶） ・MSW の支援記録を閲覧する（③の SWr ❷） ・MSW の支援の過程について説明を受ける（③の SWr ❸） ・MSW の情報収集・課題把握の方法を観察する（カルテからの読み取り方法、CL との面接に同席、他職種及び CL に関係する他機関からの聞き取り時に同行・同席し観察する）（③の SWr ❹） ・MSW による CL との面接に同席し観察した上で、支援のポイントについて実習指導者から説明を受ける（③の SWr ❺） ・医師の IC に同席する MSW の言動を観察した上で、IC に MSW が同席する目的について実習指導者から説明を受ける（③の SWr ❻）	・介護保険制度の相談に来た CL を想定したロールプレイを行う（③の実❼）	・MSW 支援記録 ・カルテ ・MSW 支援に必要な各種制度の資料 ・「介護保険と高齢者福祉の手引き」
④	利用者やその関係者（家族・親族、友人等）への権利擁護活動とその評価	(7) クライエント及び多様な人々の権利擁護並びにエンパワメントを含む実践を行い、評価することができる	・SW の倫理綱領及び MSW の業務指針を閲覧する ・成年後見制度及び日常生活自立支援事業を調べる ・虐待対応マニュアルを読む	・病院の基本理念と基本方針について事務長から説明を受ける（④の場❶） ・病院の個人情報保護方針について事務長から説明を受ける（④の場❷） ・成年後見制度、日常生活自立支援事業、虐待に対する病院の役割について実習指導者から説明を受ける（④の場❸） ・病院の組織図を閲覧し、当部署の位置づけ及び役割、特性の説明を実習指導者から受ける（④の SWr ❶） ・MSW に同行し、権利擁護の実際の場面を観察する（④の SWr ❷）	・権利擁護に関する MSW 支援記録を閲覧する（④の SWr ❸） ・MSW の支援記録や業務の観察から代弁機能やエンパワメント、自己決定支援を行った場面を抜き出し、記録して報告する（④の実❶） ・CL にとって、病院生活上で権利侵害となっている点を見つけ、解決方法を考え、実習指導者に報告する（④の発❶）	・社会福祉士の倫理綱領 ・MSW の業務指針 ・接遇マニュアル ・個人情報保護規定 ・組織図 ・MSW 支援記録
⑤	多職種連携及びチームアプローチの実践的理解	(8) 実習施設・機関等の各職種の機能と役割を説明することができる (9) 実習施設・機関等と関係する社会資源の機能と役割を説明することができる	・病院で働く職種をピックアップし、各々の業務内容を調べる	・院内外で開催される各カンファレンスや連携・協働場面を観察する（⑤の場❸） ・多職種連携及びチームアプローチのなかでの MSW の役割について実習指導者から説明を受ける（⑤の SWr ❶） ・MSW の支援記録（多職種連携及びチームアプローチの実践の記録）を閲覧する（⑤の SWr ❷） ・多職種連携及びチームアプローチでの MSW の言動を観察し、MSW が参加した意義を考察し、実習指導者へ報告する（⑤の実❶）	・実習生自身が支援することを仮定しケースを通して、どの職種及び機関とどのように連携していくのか、その目的等を考察し実習指導者へ報告する（⑤の実❷）	・MSW 支援記録 ・カンファレンス記録 ・各種会議の議事録

		(10) 地域住民、関係者、関係機関等と連携・協働することができる (11) 各種会議を企画・運営することができる				
⑥	当該実習先が地域社会の中で果たす役割の理解及び具体的な地域社会への働きかけ	(12) 地域社会における実習施設・機関等の役割を説明することができる (13) 地域住民や団体、施設、機関等に働きかけることができる	・市内の他病院の場所及び病床区分と特性を調べる ・実習病院の病床区分と特性を HP で調べる	・(①の場❸) の実習内容と共通 (⑥の場❶)	・病院が取り組んでいる地域活動において MSW が果たしている役割を実習指導者から説明を受ける (⑥の SWr❶) ・市内複数の病院 MSW が共同で実施する地域活動について実習指導者から説明を受ける (⑥の場❹) ・市内複数の病院 MSW が共同で実施する相談活動や勉強会の記録を閲覧する (⑥の SWr❸)	・地域活動の記録
⑦	地域における分野横断的・業種横断的な関係形成と社会資源の活用・調整・開発に関する理解	(14) 地域における分野横断的・業種横断的な社会資源について説明し、問題解決への活用や新たな開発を検討することができる	・市内の社会資源を市役所の HP や社会資源ガイドブックで調べる	・市の在宅療養患者後方支援事業について実習指導者から説明を受ける (⑦の場❷) ・市の在宅療養患者後方支援事業ができるまで MSW がどのようにかかわったか、また現在のかかわりについて実習指導者から説明を受ける (⑦の SWr❷)	・地域包括ケアシステム推進部会に病院が参加する意義について実習指導者から説明を受ける。また、部会に参加している団体の事業内容や役割を調べて実習指導者へ報告をする (⑦の場❶) ・地域包括ケアシステム推進部会に MSW が参加する意義について実習指導者から説明を受ける (⑦の SWr❶) ・地域の勉強会について実習指導者から説明を受ける (⑦の場❸) ・地域の勉強会に MSW がどのようにかかわっているか実習指導者から説明を受ける (⑦の SWr❸)	・自治体の地域包括ケアシステムに関連した事業の資料 ・地域の勉強会の記録
⑧	施設・事業者・機関・団体等の経営やサービスの管理運営の実際(チームマネジメントや人材管理の理解を含む)	(15) 実習施設・機関等の経営理念や戦略を分析に基づいて説明することができる (16) 実習施設・機関等の法的根拠、財政、運営方法等を説明することができる	・実習病院の病床区分と特性を HP で調べる ・実習病院の病院機能評価結果を HP で熟読する	・病院の沿革、理念、基本方針及び今後の経営方針 (短期目標・長期目標) について事務長から説明を受ける (⑧の場❶) ・診療報酬の仕組み、当院の算定の方法について医事課長から説明を受ける (⑧の場❷) ・地域における医療ニーズや介護・医療体制の現状について実習指導者から説明を受ける (⑧の場❸) ・病院の理念、基本方針、組織図を踏まえて MSW の部署の構成と機能や特性、年間業務計画について実習指導者から説明を受ける (⑧の SWr❶) ・MSW に関連する診療報酬算定について実習指導者から説明を受ける (⑧の SWr❷)	・運営会議へ提出する MSW の報告書を閲覧する (⑧の SWr❸)	・病院パンフレット ・組織図 ・業務・事業計画 ・運営会議資料
⑨	社会福祉士としての職業倫理と組織の一員としての役割と責任の理解	(17) 実習施設・機関等における社会福祉士の倫理に基づいた実践及びジレンマの解決を適切に行うことができる (18) 実習施設・機関等の規則等について説明することができる	・SW の倫理綱領及び MSW の業務指針を閲覧する ・MSW 協会及び社会福祉士会等の団体及び活動内容を HP で調べる	・(①の場❶) の実習内容と共通 (⑨の場❶) ・(⑧の場❶) の実習内容と共通 (⑨の場❷) ・(⑧の場❷) の実習内容と共通 (⑨の場❸) ・(⑧の SWr❶) の実習内容と共通 (⑨の SWr❶)	・業務上起こり得る倫理的ジレンマの場面を実習指導者から説明を受ける (⑨の SWr❷) ・MSW 協会及び社会福祉士会等職能団体について実習指導者から説明を受ける (⑨の場❹) ・職能団体に MSW が所属する意義について実習指導者から説明を受ける (⑨の SWr❸) ・MSW の業務を観察し、社会福祉士の倫理に基づいた言動を抜き出し記録する (⑨の実❶) ・MSW の業務を観察し、倫理的ジレンマの場面を抜き出し、ジレンマに対する解決手段について、MSW に聞き取る (⑨の実❷)	・就業規則 ・組織図 ・職能団体パンフレット、活動記録
⑩ 1	アウトリーチ	(19) 以下の技術について目的、方法、留意点について説明することができる ・アウトリーチ ・ネットワーキング ・コーディネーション ・ネゴシエーション ・ファシリテーション ・プレゼンテーション ・ソーシャルアクション	・用語を調べる		・病院におけるアウトリーチの目的、機能、方法について病院祭や市内3病院協働で実施する健康フェスティバルを例に実習指導者から説明を受ける (⑩-1 の場❶) ・MSW がアウトリーチを行う目的及び意義について、病院祭や健康フェスティバルに MSW がどのように参画しているかを例に、実習指導者から説明を受ける (⑩-1 の SWr❶)	・病院祭や健康フェスティバルの資料
⑩ 2	ネットワーキング			・ネットワーキングの種類 (院内外多職種、院外同職種)、活用手段 (対面、ICT) について実習指導者から説明を受ける (⑩-2 の場❶) ・(④の SWr❶) の実習内容と共通 (⑩-2 の SWr❶) ・MSW のネットワークづくりや活用の目的及び意義、どのような場面で実践をしているか実習指導者から説明を受ける (⑩-2 の SWr❷)		・地域の勉強会や交流会の資料 ・ICT
⑩ 3	コーディネーション			・(①の場❸) の実習内容と共通 (⑩-3 の場❶) ・(④の SWr❶) の実習内容と共通 (⑩-3 の SWr❶) ・MSW がコーディネーションを行う目的や意義、どのような場面で活用しているか実習指導者から説明を受ける (⑩-3 の SWr❷)	・コーディネーションの場面について院内外多職種の調整を例に、MSW がどのように調整をしているか観察した上で、考察を実習指導者へ報告する (⑩-3 の実❶)	

	4	ネゴシエーション			・(①の場❸）の実習内容と共通（⑩-4の場❶） ・(④のSWr❶）の実習内容と共通（⑩-4のSWr❶） ・MSWがネゴシエーションを行う目的及び意義、どのような場面で活用しているか実習指導者から説明を受ける（⑩-4のSWr❷）	・入院や退院に向けて、院内外の他職種・他機関へのネゴシエーション場面を観察し、考察を実習指導者へ報告する（⑩-4の実❶）	・入院相談の資料
	5	ファシリテーション			・(①の場❸）の実習内容と共通（⑩-5の場❶） ・MSWがファシリテーションを行う目的及び意義、どのような場面で活用しているか、実習指導者から説明を受ける（⑩-5のSWr❶）	・ファシリテーションを実施するMSWの言動を観察した上で、考察を実習指導者へ報告する（⑩-5の実❶）	
	6	プレゼンテーション			・(①の場❸）の実習内容と共通（⑩-6の場❶） ・(④のSWr❶）の実習内容と共通（⑩-6のSWr❶）	・MSWがプレゼンテーションを行う目的や意義、どのような場面で活用しているか実習指導者から説明を受ける（⑩-6のSWr❷）	・MSW作成のプレゼンテーション資料
	7	ソーシャルアクション				・(⑨の場❹）の実習内容と共通（⑩-7の場❶） ・職能団体に所属し、MSWがソーシャルアクションを実践する意義について実習指導者から説明を受ける（⑩-7のSWr❶）	・職能団体及び団体が行ったソーシャルアクションの資料

※前半（概ね1週目）、後半（概ね2週目）の期間に関する表記は集中実習の場合のイメージであり、通年での実習や一定期間に分散して実習する場合には実習形態に適した期間を設定した上で使用する

ソーシャルワーク実習　個別実習プログラム（2回目60時間用）

実習基本情報						
実習施設名：○○病院	実習指導者氏名：○○		実習期間：○年○月○日（○）～○年○月○日（○）		他の実習施設	名称：○○
養成校：○○	実習生氏名：○○	学年：○年生	実習回数：2カ所目（全○カ所）	実習時間数：60時間		期間：○年○月○日（○）～○年○月○日（○）

	ソーシャルワーク実習教育に含むべき事項（国通知）	達成目標（評価ガイドライン）※各達成目標の具体例は行動目標を参照	当該実習施設における実習の実施方法及び展開：事前学習・事前訪問	具体的実習内容：前半（概ね1週目）※	具体的実習内容：後半（概ね2週目）※	活用する資料・参照物
①	利用者やその関係者（家族・親族、友人等）、施設・事業者・機関・団体、住民やボランティア等との基本的なコミュニケーションや円滑な人間関係の形成	(1) クライエント等と人間関係を形成するための基本的なコミュニケーションをとることができる	・医療法に定める病床区分及びそれぞれの機能を調べる ・病院で働く職種をピックアップし、各々の業務内容を調べる	・就業規則を閲覧する（①の場❶） ・接遇マニュアルや個人情報保護規定の資料を閲覧する（①の場❷） ・病院内各病棟の見学を通して、当病院の機能や病床区分及び患者層の違いと特徴について実習指導者から説明を受ける（①の場❸） ・病院内の他職種の機能について実習指導者から説明を受ける（①の場❹） ・面接技法について実習指導者から説明を受ける（①の SWr❶） ・MSW による対象ごと（クライエント（以下、CL）・他職種・他機関）のコミュニケーション方法の変化（構造化・非構造化）を電話応対や面接を通して観察する（①の SWr❷） ・自ら挨拶する（①の実❶）	・CL と会話をし、その人の状況を理解する。また会話の内容を逐語録にまとめ、考察を含めて実習指導者に報告する（①の実❷） ・面接技法（傾聴、バーバルとノンバーバルコミュニケーションの実践、環境設定等）を考慮した会話をする（①の発❶）	・就業規則 ・接遇マニュアル ・個人情報保護規定
②	利用者やその関係者（家族・親族、友人等）との援助関係の形成	(2) クライエント等との援助関係を形成することができる	・SW の倫理綱領及び MSW の業務指針を閲覧する ・バイスティックの7原則を調べる	・（①の場❸）の実習内容と共通（②の場❶） ・（①の SWr❷）の実習内容と共通（②の SWr❷） ・MSW と CL との援助関係形成に向けて MSW のアプローチ方法について説明を受ける（②の SWr❸） ・MSW の業務において援助関係形成場面を観察し、考察を実習指導者へ報告する（②の実❶）	・MSW の業務内容及び役割の説明、実習目的を説明するロールプレイを実習指導者と行う（②の実❷）	・社会福祉士の倫理綱領 ・MSW の業務指針 ・バイスティック7原則の資料
③	利用者や地域の状況を理解し、その生活上の課題（ニーズ）の把握、支援計画の作成と実施及び評価	(3) クライエント、グループ、地域住民等のアセスメントを実施し、ニーズを明確にすることができる (4) 地域アセスメントを実施し、地域の課題や問題解決に向けた目標を設定することができる (5) 各種計画の様式を使用して計画を作成・策定及び実施することができる (6) 各種計画の実施をモニタリング及び評価することができる	・医療法に定める病床区分及びそれぞれの機能を調べる ・市役所の HP を閲覧し、高齢化率、介護保険利用率等を調べる ・自治体が発行している冊子「介護保険と高齢者福祉の手引き」を熟読する	・（①の場❸）の実習内容と共通（③の場❶） ・（①の場❹）の実習内容と共通（③の場❷） ・MSW の業務マニュアルを閲覧する（③の SWr❶） ・MSW の支援記録を閲覧する（③の SWr❷） ・MSW の支援の過程について説明を受ける（③の SWr❸） ・MSW の情報収集・課題把握の方法を観察する（カルテからの読み取り方法、CL との面接に同席、他職種及び CL に関係する他機関からの聞き取り時に同行・同席し観察する）（③の SWr❹） ・MSW による CL との面接に同席し観察した上で、支援のポイントについて実習指導者から説明を受ける（③の SWr❺） ・医師の IC に同席する MSW の言動を観察した上で、IC に MSW が同席する目的について実習指導者から説明を受ける（③の SWr❻）	・介護保険制度の相談に来た CL を想定したロールプレイを行う（③の実❼）	・MSW 支援記録 ・カルテ ・MSW 支援に必要な各種制度の資料 ・「介護保険と高齢者福祉の手引き」
④	利用者やその関係者（家族・親族、友人等）への権利擁護活動とその評価	(7) クライエント及び多様な人々の権利擁護並びにエンパワメントを含む実践を行い、評価することができる	・SW の倫理綱領及び MSW の業務指針を閲覧する ・成年後見制度及び日常生活自立支援事業を調べる ・虐待対応マニュアルを読む	・病院の基本理念と基本方針について事務長から説明を受ける（④の場❶） ・病院の個人情報保護方針について事務長から説明を受ける（④の場❷） ・成年後見制度、日常生活自立支援事業、虐待に対する病院の役割について実習指導者から説明を受ける（④の場❸） ・病院の組織図を閲覧し、当部署の位置づけ及び役割、特性の説明を実習指導者から受ける（④の SWr❶） ・MSW に同行し、権利擁護の実際の場面を観察する（④の SWr❷）	・権利擁護に関する MSW 支援記録を閲覧する（④の SWr❸） ・MSW の支援記録や業務の観察から代弁機能やエンパワメント、自己決定支援を行った場面を抜き出し、記録して報告する（④の実❶） ・権利擁護に関する各支援事業を活用する時、しない時を想定し CL にとってのメリット・デメリットを書き出し整理して、実習指導者へ報告する（④の実❷） ・CL にとって、病院生活上で権利侵害となっている点を見つけ、解決方法を考え、実習指導者に報告する（④の発❶）	・社会福祉士の倫理綱領 ・MSW の業務指針 ・接遇マニュアル ・個人情報保護規定 ・組織図 ・MSW 支援記録
⑤	多職種連携及びチームアプローチの実践的理解	(8) 実習施設・機関等の各職種の機能と役割を説明することができる (9) 実習施設・機関等と関係する社会資源の機能と役割を説明することができる	・病院で働く職種をピックアップし、各々の業務内容を調べる	・院内外で開催される各カンファレンスや連携・協働場面を観察する（⑤の場❸） ・多職種連携及びチームアプローチのなかでの MSW の役割について実習指導者から説明を受ける（⑤の SWr❶） ・MSW の支援記録（多職種連携及びチームアプローチの実践の記録）を閲覧する（⑤の SWr❷） ・多職種連携及びチームアプローチでの MSW の言動を観察し、MSW が参加した意義を考察し、実習指導者へ報告する（⑤の実❶）	・実習生自身が支援することを仮定しケースを通して、どの職種及び機関とどのように連携していくのか、その目的等を考察し実習指導者へ報告する（⑤の実❷） ・各種会議で発言を求められた際に、社会福祉士の実習生としての見解を発言する（⑤の発❸） ・院内多職種を交えた病棟会議での議題を実習生が企画し、実習指導者へ報告する（④の発❶と関連させる）（⑤の発❹）	・MSW 支援記録 ・カンファレンス記録

		(10) 地域住民、関係者、関係機関等と連携・協働することができる (11) 各種会議を企画・運営することができる				
⑥	当該実習先が地域社会の中で果たす役割の理解及び具体的な地域社会への働きかけ	(12) 地域社会における実習施設・機関等の役割を説明することができる (13) 地域住民や団体、施設、機関等に働きかけることができる	・市内の他病院の場所及び病床区分と特性を調べる ・実習病院の病床区分と特性を HP で調べる	・（①の場❸）の実習内容と共通（⑥の場❶）	・市内複数の病院 MSW が共同で実施する地域活動について実習指導者から説明を受ける（⑥の場❹） ・市内複数の病院 MSW が共同で実施する相談活動や勉強会の記録を閲覧する（⑥の SWr❸） ・市内複数の病院 MSW が共同で行う地域の出張講座や相談会及び他職種が参加する勉強会で下記を行う (1) 企画会議を見学し、会議録を作成する (2) 地域の相談活動や勉強会の当日に参加し、受付、誘導、記録をとる（⑥の実❷）	・地域活動の記録
⑦	地域における分野横断的・業種横断的な関係形成と社会資源の活用・調整・開発に関する理解	(14) 地域における分野横断的・業種横断的な社会資源について説明し、問題解決への活用や新たな開発を検討することができる	・市内の社会資源を市役所の HP や社会資源ガイドブックで調べる		・地域の勉強会について実習指導者から説明を受ける（⑦の場❸） ・地域の勉強会に MSW がどのようにかかわっているか実習指導者から説明を受ける（⑦の SWr❸） ・地域の勉強会のテーマを地域の問題解決に向けた社会資源の活用・調整・開発に関連づけて企画し、部署内で発表する（⑦の発❷）	・地域の勉強会の記録
⑧	施設・事業者・機関・団体等の経営やサービスの管理運営の実際（チームマネジメントや人材管理の理解を含む）	(15) 実習施設・機関等の経営理念や戦略を分析に基づいて説明することができる (16) 実習施設・機関等の法的根拠、財政、運営方法等を説明することができる	・実習病院の病床区分と特性を HP で調べる ・実習病院の病院機能評価結果を HP で熟読する	・病院の沿革、理念、基本方針及び今後の経営方針（短期目標・長期目標）について事務長から説明を受ける（⑧の場❶） ・診療報酬の仕組み、当院の算定の方法について医事課長から説明を受ける（⑧の場❷） ・地域における医療ニーズや介護・医療体制の現状について実習指導者から説明を受ける（⑧の場❸） ・病院の理念、基本方針、組織図を踏まえて MSW の部署の構成と機能や特性、年間業務計画について実習指導者から説明を受ける（⑧の SWr❶） ・MSW に関連する診療報酬算定について実習指導者から説明を受ける（⑧の SWr❷）	・運営会議へ提出する MSW の報告書を閲覧する（⑧の SWr❸） ・過去 1 か月間の入院相談の記録（フェイスシート、診療情報提供書、ADL 票など）を閲覧し傾向を分析する（⑧の実❶）	・病院パンフレット ・組織図 ・業務・事業計画 ・運営会議資料 ・入院相談の資料
⑨	社会福祉士としての職業倫理と組織の一員としての役割と責任の理解	(17) 実習施設・機関等における社会福祉士の倫理に基づいた実践及びジレンマの解決を適切に行うことができる (18) 実習施設・機関等の規則等について説明することができる	・SW の倫理綱領及び MSW の業務指針を閲覧する ・MSW 協会及び社会福祉士会等の団体及び活動内容を HP で調べる	・（①の場❶）の実習内容と共通（⑨の場❶） ・（⑧の場❶）の実習内容と共通（⑨の場❷） ・（⑧の場❷）の実習内容と共通（⑨の場❸） ・（⑧の SWr❶）の実習内容と共通（⑨の SWr❶）	・MSW の業務を観察し、社会福祉士の倫理に基づいた言動を抜き出し記録する（⑨の実❶） ・MSW の業務を観察し、倫理的ジレンマの場面を抜き出し、ジレンマに対する解決手段について MSW に聞き取る（⑨の実❷）	・就業規則 ・組織図 ・職能団体パンフレット、活動記録
⑩ 1	アウトリーチ	(19) 以下の技術について目的、方法、留意点について説明することができる ・アウトリーチ ・ネットワーキング ・コーディネーション ・ネゴシエーション ・ファシリテーション ・プレゼンテーション ・ソーシャルアクション	・用語を調べる		・（⑥の場❹）の実習内容と共通（⑩-1 の場❸） ・（⑥の SWr❸）の実習内容と共通（⑩-1 の SWr❷） ・（⑥の実❷）の実習内容と共通（⑩-1 の実❷）	・地域活動の記録
⑩ 2	ネットワーキング			・ネットワーキングの種類（院内外多職種、院外同職種）、活用手段（対面、ICT）について実習指導者から説明を受ける（⑩-2 の場❶） ・（④の SWr❶）の実習内容と共通（⑩-2 の SWr❶）	・MSW のネットワークづくりや活用の目的及び意義、どのような場面で実践をしているか実習指導者から説明を受ける（⑩-2 の SWr❷）	・ICT
⑩ 3	コーディネーション			・（①の場❸）の実習内容と共通（⑩-3 の場❶） ・（④の SWr❶）の実習内容と共通（⑩-3 の SWr❶） ・MSW がコーディネーションを行う目的や意義、どのような場面で活用しているか実習指導者から説明を受ける（⑩-3 の SWr❷）	・コーディネーションの場面について院内外多職種の調整を例に、MSW がどのように調整をしているか観察した上で、考察を実習指導者へ報告する（⑩-3 の実❶）	
⑩ 4	ネゴシエーション			・（①の場❸）の実習内容と共通（⑩-4 の場❶） ・（④の SWr❶）の実習内容と共通（⑩-4 の SWr❶） ・MSW がネゴシエーションを行う目的及び意義、どのような場面で活用しているか実習指導者から説明を受ける（⑩-4 の SWr❷）	・MSW が受けた入院相談の患者資料を読み込み、実習生が医師へ入院の交渉をするロールプレイを実習指導者と行う（⑩-4 の実❷） ・入院相談の資料を持参し MSW 立ち合いのもと、実習生が医師・看護師へ入院のネゴシエーションをする。またその場面を振り返り、実践から感じた考察をまとめ、実習指導者へ報告をする（⑩-4 の発❶）	・入院相談の資料
⑩ 5	ファシリテーション			・（①の場❸）の実習内容と共通（⑩-5 の場❶） ・MSW がファシリテーションを行う目的及び意義、どのような場面で活用し	・ファシリテーションを実施する MSW の言動を観察した上で、考察を実習指導者へ報告する（⑩-5 の実❶）	

					ているか、実習指導者から説明を受ける（⑩-5 の SWr❶）	・部署内会議でファシリテーターを行う（⑩-5 の発❶）	
	6	プレゼンテーション			・（①の場❸）の実習内容と共通（⑩-6 の場❶） ・（④の SWr❶）の実習内容と共通（⑩-6 の SWr❶）	・MSW がプレゼンテーションを行う目的や意義、どのような場面で活用しているか実習指導者から説明を受ける（⑩-6 の SWr❷）	・MSW 作成のプレゼンテーション資料
	7	ソーシャルアクション				・（⑨の場❹）の実習内容と共通（⑩-7 の場❶） ・職能団体に所属し、MSW がソーシャルアクションを実践する意義について実習指導者から説明を受ける（⑩-7 の SWr❶） ・MSW に同行しソーシャルアクションの打ち合わせ（会議）での MSW の言動を観察した上で、考察を実習指導者へ報告をする（⑩-7 の実❶） ・MSW に同行し、ソーシャルアクションの打ち合わせ（会議）で意見を求められた際に発言をする（⑩-7 の発❶）	・職能団体及び団体が行ったソーシャルアクションの資料

※前半（概ね 1 週目）、後半（概ね 2 週目）の期間に関する表記は集中実習の場合のイメージであり、通年での実習や一定期間に分散して実習する場合には実習形態に適した期間を設定した上で使用する

【地域・包括】地域包括支援センター

ソーシャルワーク実習　基本実習プログラム

実習施設名：地域包括支援センター○○	作成メンバー：○○	作成日：○年○月○日

	ソーシャルワーク実習教育に含むべき事項（国通知）	達成目標（評価ガイドライン）※各達成目標の具体例は行動目標を参照	当該実習施設における実習の実施方法及び展開 学生に求める事前学習	具体的実習内容 SW 実践の場の理解に関する内容	SWr の理解に関する内容	SW 実践の理解に関する内容	SW 実践の理解に関する内容（発展的）	指導上の留意点 活用する資料・参照物
①	利用者やその関係者（家族・親族、友人等）、施設・事業者・機関・団体、住民やボランティア等との基本的なコミュニケーションや円滑な人間関係の形成	(1) クライエント等と人間関係を形成するための基本的なコミュニケーションをとることができる	・これまでに養成校で学んできた基本的な面接技術について復習する（援助技術に関する講義資料やテキストを参照）	❶地域包括支援センター（以下、センター）がどのような人たちを対象としているのか、どのような人たちとつながって仕事をしているのかについて SWr から説明を受ける ❷センター内外でのミーティングや会議に同席、観察し、その会議の目的や意味について考え、実習記録を作成する	❶ SWr がセンターの対象者や関係者とどのように関係を築いてきたのか、そのときにどのようなことに留意し、工夫をしてきたのかについて聞き取りをする ❷センター内外でのミーティングや会議で SWr がどのような役割や機能を担っているかを観察し、実習記録を作成する	❶ SWr の面接場面に同席し、SWr の人や状況に合わせた挨拶や自己紹介、声かけの仕方、活用していた面接技術（言語・非言語コミュニケーション含む）を観察し、実習記録を作成する ❷センター内外のミーティングや会議に同席した際に観察した場面について、SW 実践プロセスとしての意味や機能を考察し、実習記録を作成する	❶ SWr がかかわる会議や面接に同席する場面で求められた際に、実習生として挨拶や自己紹介、自身の考えや意見、感想等を言語化して伝える ❷地域住民に地域サロンやオレンジカフェの周知をするための広報誌を作成してみる。また、実際にサロンやカフェの参加者に次回の予告としてプレゼンテーションを行う	・面接に同席するにあたり、協力いただける CL 等に面接の同意を得る ・センターのパンフレット、サロンやカフェのチラシ等啓発に用いている資料
②	利用者やその関係者（家族・親族、友人等）との援助関係の形成	(2) クライエント等との援助関係を形成することができる	・①の事前学習と共通	❶実習施設であるセンターに関する事例等を閲覧し、センターがクライエント（以下、CL）等と出会い、援助関係を形成していく場や方法（訪問・来所・電話等）について、どのようなものがあるのかを整理する ❷面接の場や方法（電話、来所、訪問）にどのような特性（利点と限界）があるのか考え、実習記録を作成する	❶ SWr として CL 等と関係を構築する際に大切にしていることについて、センター職員それぞれに聞き取りをする ❷その際、②の“場の理解”で整理した面接の場や方法において、CL とのかかわり方にどのような違いや共通点があるのか、その実際についてセンター職員それぞれに質問をする（❶と同時に実施も可能）	❶ SWr の面接場面に同席するなかで、CL 等との関係構築や問題解決に向けた展開プロセスを考えるため、印象に残った場面を逐語録として起こす ❷逐語録で起こした場面について、観察した活用されていた面接技術を整理し、SW プロセスと関連づけて考え、実習記録を作成する	❶同意が得られた CL 等において、SWr への相談前後の CL 自身の気持ちについて質問シートに基づいて聞き取りを行い、相談者の気持ちを理解する ❷ SW 実習担当 CL が決定した後、プラン作成に向けた継続的な関係づくりを自ら体験し、各場面で得られた考察を実習記録にまとめる	・職員間で SWr の視点から実習生の質問に答えることを共有しておく ・事例集、質問シート ・SW 実習担当 CL の個別ケース記録
③	利用者や地域の状況を理解し、その生活上の課題（ニーズ）の把握、支援計画の作成と実施及び評価	(3) クライエント、グループ、地域住民等のアセスメントを実施し、ニーズを明確にすることができる (4) 地域アセスメントを実施し、地域の課題や問題解決に向けた目標を設定することができる (5) 各種計画の様式を使用して計画を作成・策定及び実施することができる (6) 各種計画の実施をモニタリング及び評価することができる	・市の HP 等から閲覧できる行政計画に目を通す ・ICF や基本的なアセスメントについての考え方についてテキスト等で復習する	（ミクロを中心） ❶実習生が担当する CL（以下、A さん）の個別ケース記録を閲覧し、生活の場や暮らしぶりについてイメージする ❷アセスメントシートに基づき、A さんの住む住宅内見取り図を作成し、さらに聞き取りながら生活動線を描き込む ❸アセスメントシートに基づき、A さんの住む住宅周辺の地図を作成し、さらに聞き取りながら活動動線を描き込む （メゾを中心） ❹地区社協単位での地域活動支援計画を閲覧し、センターの活動エリアについて地域特性や課題・ストレングス等についてのイメージを形成する （マクロを中心） ❺市地域福祉計画等を閲覧し、ミクロ・メゾとの関連から地域特性や課題・ストレングス等のイメージを形成する	（ミクロを中心） ❶ A さんとの個別面接のなかで一緒にジェノグラムを描き、家族の状況や構造を把握するプロセスを体験する ❷ A さんと一緒にエコマップを描き、地域での暮らしやつながりを把握するプロセスを体験する （メゾを中心） ❸センターが行っている地域診断・地域アセスメントの説明を受け、SWr が地域アセスメントを行う意義や方法、プロセスについて聞き取り、考察したことを実習記録に記す （マクロを中心） ❹市地域福祉計画等、行政計画の策定委員として関与している SWr から委員会で果たしている役割や発言内容等について聞き取り、SWr が行政計画に関与する意義にいついて考え、実習記録にまとめる	（ミクロを中心） ❶ A さんと一緒に生活歴を書くことを通して、A さんの人生をともに振り返り、そこから見えてくるストレングスを言語化して伝えていく ❷ A さん以外の他 CL への支援実施段階におけるモニタリング訪問に同行し、支援の結果について評価の視点から記録を作成する （メゾを中心） ❸所定のシートに基づき、特定の地域に実際に出向き、地区踏査を行う ❹センターの地域アセスメントの資料を読み込み、当地域のストレングスと課題をまとめる （マクロを中心） ❺地域ケア会議（⑤の実習内容で実施）をツールとして、ミクロ、メゾ、マクロの循環としてセンターの SW 実践について理解したことを実習記録に記す	（ミクロを中心） ❶ A さんの情報を所定の様式に示された項目に沿って、A さんの思いやニーズ、ストレングスや課題を ICF の視点から統合的なアセスメントとして整理する ❷アセスメントの結果を踏まえて、A さんの支援目標と支援計画を作成し、実習報告会で発表する ❸作成した支援計画について A さんに説明し、フィードバックをもらう （メゾを中心） ❹実習生自身が行った地区踏査等から考えた地域アセスメントに基づき、当地域の課題とストレングスについて実習報告会で発表する （マクロを中心） ❺地域ケア個別会議（⑤の実習内容で実施）の記録を閲覧し、地域課題の仮説キーワードを作成する。また、メゾ、マクロへの実践の可能性を考え、実習記録に記す	・実習生の特性や実習の進捗状況に応じて、担当 CL を選定（実際に担当することが難しいと実習指導者が判断した際には、水準を落とし、個別ケース記録から体験できる範囲のものに切り替える） ・実習生用の所定のアセスメントシート ・A さんの個別ケース記録 ・地域福祉活動計画・地域福祉計画等 ・会議やミーティングについての資料 ・地域ケア会議資料
④	利用者やその関係者（家族・親族、友人等）への権利擁護活動とその評価	(7) クライエント及び多様な人々の権利擁護並びにエンパワメントを含む実践を行い、評価することができる	・センターの基本業務についてテキスト等で学ぶ	❶センターの権利擁護業務について運営マニュアルを閲覧し、センターが果たすべき権利擁護実践について理解したことを実習記録に記す	❶センターに社会福祉士が必置になっている意義について説明を受ける ❷高齢者虐待対応事例や意思決定支援場面の実際を聞き取り、事例を通して考察した SWr の役割について実習記録を作成する	❶③でのミクロの実習内容と共通。また、③の SW 面接を通してエンパワメント過程を体験する ❷高齢者虐待対応や消費者被害防止、成年後見市長申し立て等の事例について説明を受け、権利擁護実践について考えたことを実習記録にまとめる	❶消費者被害の防止を切り口に、インターネットで最新の消費者被害のリスクを検索し、職員から当地域で最近あった事例のヒアリングを行い、啓発用チラシを作成し、民生委員に会議で伝える	・（発展的）では、民生委員の協力を得る ・運営マニュアル ・高齢者虐待対応マニュアル
	多職種連携及びチームアプローチの実践的理解	(8) 実習施設・機関等の各職種の機能と役割を説明することができる	・センターに必置となっている基本職種につい	（メゾ：組織を中心に） ❶センター内で働く各職種（保健師等、主任ケアマネ、事務職等）から、具体	（メゾ：組織を中心に） ❶センター内で働く各職種から、協働する SWr への役割期待を聞き取り、実	（メゾ：組織を中心に） ❶個別ケースの面接やセンター内外のミーティングや会議に同席した際に、	（メゾ：組織を中心に） ❶部署内のミーティングにおいて、会議進行の補佐として、資料の読み上げや	・実習生の特性や実習の進捗状況に応じて、発展的での体験

⑤		(9) 実習施設・機関等と関係する社会資源の機能と役割を説明することができる (10) 地域住民、関係者、関係機関等と連携・協働することができる (11) 各種会議を企画・運営することができる	て、テキスト等で学ぶ ・地域ケア会議の持つ目的や機能についてテキスト等で学ぶ	的な業務内容やその職種として大切にしていること等を聞き取り、その固有性と共通点を考察し、実習記録に記す ❷法人内の各部署（病院、居宅、相談支援事業所、地活、就労移行、デイケア、老健等）にて1日実習を行い、それぞれの機能と役割、センターとの連携について学んだことを実習記録に記す （メゾ：地域を中心に） ❸地域ケア会議や市の連絡会、多職種連携ネットワーク会議、住民主体のボランティア活動等に関する基本的な目的や機能について説明を受ける	習記録に記す ❷法人内の各関係部署で働く各々のSWrから、具体的な業務内容やSWrとして多職種連携のなかで大切にしていること等を聞き取り、その固有性と共通点について考察し、実習記録に記す （メゾ：地域を中心に） ❸地域ケア会議や市の連絡会、多職種連携ネットワーク会議、住民主体のボランティア活動等に関与するなかで、SWr自身が大切にしていること等を聞き取り、理解したことを実習記録に記す	SWrが多職種チームでの連携と協働を行う意義や、そこでのSWrの役割について考察する （メゾ：地域を中心に） ❷多職種連携の場面に同席してSWrの態度や言動を観察し、SWrの理解で聞いた「多職種連携でSWr自身が大切にしていること等」がどのように具現化されたのかを考察し、実習記録に記す ❸地域ケア会議に同席し、目標設定や役割分担の合意形成のプロセスを観察し、実習記録にまとめる	会議録の作成などを実際に行う （メゾ：地域を中心に） ❷地域ケア会議やカンファレンス等多職種が集まる会議において、ホワイトボードへの板書や記録の下書き等を行い、会議の進行を補助する ❸サロンやオレンジカフェ等地域住民が集まる場において、（④の発❶）で作成した消費者被害防止をテーマにした啓発チラシを活用したミニ講座を企画し、準備実施し、進行（ファシリテーター）を担当する	可能水準を柔軟に変更していく必要あり ・地域ケア会議、多職種連携ネットワーク会議、連絡会、ボランティア活動等資料 ・1日実習で回る各部署のパンフレットや資料
⑥	当該実習先が地域社会の中で果たす役割の理解及び具体的な地域社会への働きかけ	(12) 地域社会における実習施設・機関等の役割を説明することができる (13) 地域住民や団体、施設、機関等に働きかけることができる	・センターの概要について学ぶ（市のパンフレットやテキスト等） ・市についてHP等で確認する	❶センターの地域活動を中心とした具体的な取り組みや事業について説明を受ける ❷センターの月報や報告書や記録等を閲覧する ❸センターの担当地区の理解のために、センターの運営懇談会の資料や地域診断を閲覧し、センターの役割について考察する	❶センターの地域活動を中心とした具体的な取り組みや事業において、SWrが果たしてきた役割や機能について説明を受ける ❷SWrのかかわる地域活動に同行し、そこでの地域住民や団体等に対してのSWrの役割や機能を具体的に観察する	❶SWrが運営にかかわる地域のボランティア活動について、立ち上げから組織化までの一連のプロセスについて聞き取りをする ❷地域ケア会議に同席し、そこでの関係者や地域住民との課題解決プロセスを観察し、実習記録に書き起こす	❶地域住民や関係機関からみたセンターの役割や機能を聞き取り、報告書を作成し、センターのミーティングで発表する ❷過去の地域診断や地域ケア会議の資料から考察されるセンターの持つ課題やストレングスを書き出し、センターのミーティングで発表する	・聞き取りや報告書作成への許可を得る ・地域包括支援センター運営マニュアル ・地域ケア会議運営ハンドブック等 ・月報や報告書等
⑦	地域における分野横断的・業種横断的な関係形成と社会資源の活用・調整・開発に関する理解	(14) 地域における分野横断的・業種横断的な社会資源について説明し、問題解決への活用や新たな開発を検討することができる	・地域共生社会の実現に向けて、多職種多機関協働が求められる背景についてテキスト等で学ぶ	❶センターにおける各種ネットワーク会議や圏域内外の多職種連携の会の概要について説明を受ける ❷センター業務を行う上で、関係する機関や職種にどのようなところ（人）があるのかをセンター職員から聞き取り、その関係性を社会資源エコマップとして描く	❶地域住民主体の活動や各種ネットワーク会議等に参加する際、地域住民や多職種等が力を発揮するためのSWrの働きかけやかかわり方を観察し、実習記録に記す ❷市や他機関が主催する連絡会や部会に同行し、行政との協働をSWrが行う意義を考察し、実習記録に記す	❶多職種多機関が参加する地域ケア会議やカンファレンス等に同席し、分野横断的・業種横断的な社会資源との連携と協働において、目標設定や役割分担の合意形成のプロセスを観察する ❷❶の会議後に、参加していた他領域、他職種の人からセンターとの連携の意義やあり方について聞き取りをする	❶③や⑥の実習内容を通じて書き出した地域課題やストレングスについて、⑦の実習内容を通じて学んだ地域の社会資源と結びつけることで、考えられる問題解決に向けた社会資源の活用・調整・開発の可能性を実習生のアイディアとしてまとめる	・他機関への聞き取り協力依頼 ・地域ケア会議報告書 ・ネットワーク会議報告書 ・社会資源マップ
⑧	施設・事業者・機関・団体等の経営やサービスの管理運営の実際（チームマネジメントや人材管理の理解を含む）	(15) 実習施設・機関等の経営理念や戦略を分析に基づいて説明することができる (16) 実習施設・機関等の法的根拠、財政、運営方法等を説明することができる	・センターが設置されている法的根拠や関連する通知等を自ら確認して説明できるようにしておく	❶事前学習で学んだセンターの法的根拠や関連する通知等について実習指導者に説明する。また、疑問点について質問し、理解を深める ❷センターの運営要綱や予算書、決算書、事業計画及び報告書について、SWrから説明を受ける ❸法人組織図を閲覧し、センターが法人内でどのような位置づけで機能しているのか説明を受ける	❶法人内外の会議体の組織図を閲覧し、会議同士のつながりとそこでのSWrの役割について説明を受ける ❷部内でのミーティングや各種委員会についてセンター職員から説明を受け、会議運営の方法や合意形成に向けたSWrの役割を学ぶ ❸委託元である市役所所管課の担当SWrより、センター委託の意義や委託先のSWrへ期待することを聞き取る	❶センターの評価指標や事業計画・事業報告を閲覧し、センター運営のPDCAサイクルについてSW実践との関連性の視点から考察し、実習記録に記す ❷センターの運営懇談会の会議録を閲覧し、地域の各種団体がセンター運営にかかわる仕組みについて、SW実践との関連から考察し、実習記録に記す	❶センター職員のタイムスタディの結果を閲覧し、業務内容を分析し、チームマネジメントの視点から課題と改善点を考察し、実習指導者に報告する ❷センターの前年度の事業計画及び事業報告等から、運営上の課題を抽出し、改善案を1つ以上考え報告する ❸前年度の総合相談の集計表をもとに新規相談経路等を分析し、ニーズ把握のための方法を1つ以上考え報告する	・課題抽出や改善点のまとめについて、スモールステップで助言を行っていく ・予算書、決算書、運営要綱、事業計画及び事業報告、運営懇談会資料、評価指標、タイムスタディ等
⑨	社会福祉士としての職業倫理と組織の一員としての役割と責任の理解	(17) 実習施設・機関等における社会福祉士の倫理に基づいた実践及びジレンマの解決を適切に行うことができる (18) 実習施設・機関等の規則等について説明することができる	・社会福祉士の倫理綱領等を読み込み、SWrの基本的な倫理について学ぶ	❶事前学習で読み込むなかで生じた倫理綱領に関する感想や疑問点を現場の専門職であるSWrに伝え、実践的な理解を深めていく ❷法人の就業規則や個人情報の取り扱い、重要事項説明書、センター業務マニュアル等、センター業務を行うにあたっての基本的なルールについて説明を受ける	❶法人の就業規則や業務マニュアルを閲覧し、倫理綱領の項目と照合し、一致する部分やジレンマを感じる部分がないか考察したことをSWrに報告する ❷SWrが職能団体に所属すること、職域を超えての勉強会に参加することの意義についてSWrから説明を受ける	❶センターのSWrや1日実習を実施した施設・機関のSWrから、SW実践のなかで倫理を特に意識する場面や倫理的ジレンマを感じる場面について聞き取りをする ❷❶で現場SWrの考えを聞き取ったことについて、自分が現場のSWrだったらどうするかについて考えたことを実習記録に書く	❶センターのSWrや1日実習を実施した施設・機関のSWrの面接に同席した際に、倫理綱領の項目と照合できた場面をピックアップし、考察したことを実習記録にまとめる ❷❶について、実習生として考えた改善策を1つ以上まとめて、実習指導者に報告する	・時間外の開催が多い職能団体の勉強会等に実習生が参加できるよう調整する ・就業規則、個人情報取り扱い、重要事項説明書、センター業務マニュアル等
1	アウトリーチ	(19) 以下の技術について目的、方法、留意点について説明することができる ・アウトリーチ ・ネットワーキング ・コーディネーション ・ネゴシエーション ・ファシリテーション ・プレゼンテーション ・ソーシャルアクション	・センターの地域での相談活動についてテキストでイメージする	❶地域のなかで総合相談を担うアウトリーチ機関としてのセンターの意義と役割について、SWrからレクチャーを受ける	❶センターのSWrがアウトリーチを行う場面に同行し、CLとの出会いをどのようにデザインしているのか、ニーズを引き出していくのかを観察し記録する	❶（③の実❶❷）Aさんを訪問し、アセスメント面接を行う ❷（③の場❸❹）所定のシートに基づき、特定の地域に実際に出向き、地区踏査を行う	❶（③の発❶❷❸）Aさんへのアウトリーチを通して得た情報を、統合的アセスメントへ発展させ、報告する ❷（③の発❹）地区踏査から、ニーズの集まる場所やアクセス方法を考察する	・③の実習内容と連動させる ・地区踏査シート ・Aさんケース記録
2	ネットワーキング		・センター機能の基本的理解	❶（⑤の場❶❷）の実習内容と共通 ❷（⑤の場❸）の実習内容と共通 ❸（⑦の場）の実習内容と共通	❶（⑤のSWr❶❷）の実習内容と共通 ❷（⑤のSWr❸）の実習内容と共通 ❸（⑦のSWr）の実習内容と共通	❶（⑤の実❶）の実習内容と共通 ❷（⑤の実❷❸）の実習内容と共通 ❸（⑦の実）の実習内容と共通	❶（⑤の発❶）の実習内容と共通 ❷（⑤の発❷❸）の実習内容と共通 ❸（⑦の発）の実習内容と共通	・⑤、⑦の実習内容と連動させる

									・⑤、⑦と共通
⑩	3	コーディネーション		・センター機能の基本的理解	❶（⑤の場❶❷）の実習内容と共通 ❷（⑤の場❸）の実習内容と共通 ❸（⑦の場）の実習内容と共通	❶（⑤の SWr❶❷）の実習内容と共通 ❷（⑤の SWr❸）の実習内容と共通 ❸（⑦の SWr）の実習内容と共通	❶（⑤の実❶）の実習内容と共通 ❷（⑤の実❷❸）の実習内容と共通 ❸（⑦の実）の実習内容と共通	❶（⑤の発❶）の実習内容と共通 ❷（⑤の発❷❸）の実習内容と共通 ❸（⑦の発）の実習内容と共通	・⑤、⑦の実習内容と連動させる ・⑤、⑦と共通
	4	ネゴシエーション		・ネゴシエーションの用語の基本的理解	❶センターの過去の事例から、ネゴシエーションが必要だった場面について聞き取り、センターが行うネゴシエーションのイメージを実習記録に記す	❶SWrのネゴシエーションに関する成功体験と失敗体験をそれぞれ聞き取り、そこでのSWrの働きかけや工夫、SWrのなかで生じた思いや考えを聞き取り、実習生自身の感想を伝える	❶認知症の一人暮らしの人の地域生活支援において、医療機関や近隣住民との間でのコンフリクトの場面での、SWrとしてのネゴシエーションについて、実習指導者とロールプレイを行う	❶地域ケア会議やネットワーク会議等に参加してほしい人を考え、参加依頼のための文章を作成し、会議目的や期待される役割を具体的に伝えながら、参加依頼を行う	・参加依頼を受ける方へ実習趣旨を伝える ・ネゴシエーション場面を含む事例 ・参加依頼文
	5	ファシリテーション		・ファシリテーション技術の基本的理解	❶事前学習で学んできたファシリテーション技術について、SWrに概要を伝える。また、センターでファシリテーションが必要な場面について聞き取りをする	❶左記で聞き取ったセンターでのファシリテーションが必要な場面に同席し、SWrの言動を観察し、ファシリテーション技術と関連付けて考察したことを実習日誌に記載する	❶（⑤の実❶）の実習内容と共通 ❷（⑤の実❷❸）の実習内容と共通	❶（④⑤の発）の実習内容と共通→サロンやオレンジカフェ等地域住民が集まる場において、④で作成した消費者被害をテーマにした啓発チラシを活用したミニ講座を企画し、準備実施し、進行（ファシリテーター）を担当する	・④、⑤の実習内容と連動させる ・介護予防支援会議やケアマネ支援会議等進行方法の提示資料
	6	プレゼンテーション		・プレゼンテーション技術の基本的理解	❶事前学習で学んできたプレゼンテーション技術について、SWrに概要を伝える。また、センターでプレゼンテーションが必要な場面について聞き取りをする	❶左記で聞き取ったセンターでのプレゼンテーションが必要な場面に同席し、SWrの言動を観察し、プレゼンテーション技術と関連付けて考察したことを実習日誌に記載する	❶ SWrが直接的にプレゼンテーションを行う講演や会議に同席する。資料作成等準備段階からかかわり、当日のプレゼンテーションの補佐役として、パソコン操作や資料配りなどを手伝い、一連のプロセスをSW実践という視点から考察し実習記録に記録する	❶（①の発）の実習内容と共通→地域住民にサロンやカフェ参加促進のためのプレゼンテーションを行い、フィードバックを受ける ❷（③⑥の発）の実習内容と共通→集大成として、実習報告会でAさんのプラン及び地域アセスメントを発表し、フィードバックを受ける	・③、⑥の実習内容と連動させる ・プレゼン資料作成のための機器の貸し出し
	7	ソーシャルアクション		・ソーシャルアクションの用語の基本的理解	❶センターの過去の事例から、ソーシャルアクションが必要だった場面について聞き取り、センターが行うソーシャルアクションのイメージを実習日誌に記載する	❶ SWrのソーシャルアクションに関する成功体験と失敗体験をそれぞれ聞き取り、そこでのSWrの働きかけや工夫、SWrのなかで生じた思いや考えを聞き取り、実習生自身の感想を伝える	❶ 1年間の地域ケア会議録を閲覧し、地域での生活のしづらさにつながっている制度の矛盾や社会資源の不足についてピックアップし、ソーシャルアクションの必要性から整理する	❶左記で整理した項目について、誰と（どこと）協働し、どんな方法で実現できるかアイディアを複数考える。考えた内容をセンター職員や委託元の市の担当者に伝え、フィードバックを受ける	・伝達機会の保障 ・地域ケア会議録

ソーシャルワーク実習　個別実習プログラム（180 時間用）

実習基本情報					
実習施設名：地域包括支援センター〇〇	実習指導者氏名：〇〇		実習期間：〇年〇月〇日（〇）～〇年〇月〇日（〇）	他の実習施設	名称：〇〇
養成校：〇〇	実習生氏名：〇〇	学年：〇年生	実習回数：〇カ所目（全〇カ所）／実習時間数：180 時間		期間：〇年〇月〇日（〇）～〇年〇月〇日（〇）

	ソーシャルワーク実習教育に含むべき事項（国通知）	達成目標（評価ガイドライン）※各達成目標の具体例は行動目標を参照	当該実習施設における実習の実施方法及び展開：事前学習・事前訪問	具体的実習内容：1～2週目[*]	具体的実習内容：3～4週目[*]	具体的実習内容：4～5週目	活用する資料・参照物
①	利用者やその関係者（家族・親族、友人等）、施設・事業者・機関・団体、住民やボランティア等との基本的なコミュニケーションや円滑な人間関係の形成	(1) クライエント等と人間関係を形成するための基本的なコミュニケーションをとることができる	・これまでに養成校で学んできた基本的な面接技術について復習する（援助技術に関する講義資料やテキストを参照）	・地域包括支援センター（以下、センター）がどのような人たちを対象としているのか、どのような人たちとつながって仕事をしているのかについて SWr から説明を受ける（①の場❶） ・センター内外でのミーティングや会議に同席、観察し、その会議の目的や意味について考え、実習記録を作成する（①の場❷） ・SWr がセンターの対象者や関係者とどのように関係を築いてきたのか、そのときにどのようなことに留意し、工夫をしてきたのかについて聞き取りをする（①の SWr ❶）	・センター内外でのミーティングや会議で SWr がどのような役割や機能を担っているかを観察し、実習記録を作成する（①の SWr ❷） ・SWr の面接場面に同席し、SWr の人や状況に合わせた挨拶や自己紹介、声かけの仕方、活用していた面接技術（言語・非言語コミュニケーション含む）を観察し、実習記録を作成する（①の実❶） ・センター内外のミーティングや会議に同席した際に観察した場面について、SW 実践プロセスとしての意味や機能を考察し、実習記録を作成する（①の実❷） ・SWr がかかわる会議や面接に同席する場面で求められた際に、実習生として挨拶や自己紹介、自身の考えや意見、感想等を言語化して伝える（①の発❶）	・地域住民に地域サロンやオレンジカフェの周知をするための広報誌を作成してみる。また、実際にサロンやカフェの参加者に次回の予告としてプレゼンテーションを行う（①の発❷）	・センターのパンフレット、サロンやカフェのチラシ等啓発に用いている資料
②	利用者やその関係者（家族・親族、友人等）との援助関係の形成	(2) クライエント等との援助関係を形成することができる	・①の事前学習と共通	・実習施設であるセンターに関する事例等を閲覧し、センターがクライエント（以下、CL）等と出会い、援助関係を形成していく場や方法（訪問・来所・電話等）について、どのようなものがあるのかを整理する（②の場❶） ・面接の場や方法（電話、来所、訪問）にどのような特性（利点と限界）があるのか考え、実習記録を作成する（②の場❷） ・SWr として CL 等と関係を構築する際に大切にしていることについて、センター職員それぞれに聞き取りをする（②の SWr ❶） ・その際、②の“場の理解”で整理した面接の場や方法において、CL とのかかわり方にどのような違いや共通点があるのか、その実際についてセンター職員それぞれに質問をする（❶と同時に実施可能）（②の SWr ❷）	・SWr の面接場面に同席するなかで、CL 等との関係構築や問題解決に向けた展開プロセスを考えるため、印象に残った場面を逐語録として起こす（②の実❶） ・逐語録で起こした場面について、観察した活用されていた面接技術を整理し、SW プロセスと関連づけて考え、実習記録を作成する（②の実❷） ・同意が得られた CL 等において、SWr への相談前後の CL 自身の気持ちについて質問シートに基づいて聞き取りを行い、相談者の気持ちを理解する（②の発❶） ・SW 実習担当 CL が決定した後、プラン作成に向けた継続的な関係づくりを自ら体験し、各場面で得られた考察を実習記録にまとめる（②の発❷）		・事例集、質問シート ・SW 実習担当 CL の個別ケース記録
③	利用者や地域の状況を理解し、その生活上の課題（ニーズ）の把握、支援計画の作成と実施及び評価	(3) クライエント、グループ、地域住民等のアセスメントを実施し、ニーズを明確にすることができる (4) 地域アセスメントを実施し、地域の課題や問題解決に向けた目標を設定することができる (5) 各種計画の様式を使用して計画を作成・策定及び実施するこ	・市の HP 等から閲覧できる行政計画に目を通す ・ICF や基本的なアセスメントについての考え方についてテキスト等で復習する	（ミクロを中心） ・実習生が担当する CL（以下、A さん）以外の他 CL への支援実施段階におけるモニタリング訪問に同行し、支援の結果について評価の視点から記録を作成する（③の実❷） （メゾを中心） ・地区社協単位での地域活動支援計画を閲覧し、センターの活動エリアについて地域特性や課題・ストレングス等についてのイメージを形成する（③の場❹） ・センターが行っている地域診断・地域アセスメントの説明を受け、SWr が地域アセスメントを行う意義や方法、プロセスについて聞き取り、考察したことを実習記録に記す（③の SWr ❸） （マクロを中心） ・市地域福祉計画等を閲覧し、ミクロ・メゾとの関連から地域特性や課題・ストレングス等のイメージを形成する（③の場❺）	（ミクロを中心） ・A さんの個別ケース記録を閲覧し、生活の場や暮らしぶりについてイメージする（③の場❶） ・アセスメントシートに基づき、A さんの住む住宅内見取り図を作成し、さらに聞き取りながら生活動線を描き込む（③の場❷） ・アセスメントシートに基づき、A さんの住む住宅周辺の地図を作成し、さらに聞き取りながら活動動線を描き込む（③の場❸） ・A さんとの個別面接のなかで一緒にジェノグラムを描き、家族の状況や構造を把握するプロセスを体験する（③の SWr ❶） ・A さんと一緒にエコマップを描き、地域での暮らしやつながりを把握するプロセスを体験する（③の SWr ❷） ・A さんと一緒に生活歴を書くことを通して、A さんの人生をともに振り返り、そこから見えてくるストレングスを言語化して伝えていく（③の実❶） （メゾを中心）	（ミクロを中心） ・A さんの情報を所定の様式に示された項目に沿って、A さんの思いやニーズ、ストレングスや課題を ICF の視点から統合的なアセスメントとして整理する（③の発❶） ・アセスメントの結果を踏まえて、A さんの支援目標と支援計画を作成し、実習報告会で発表する（③の発❷） ・作成した支援計画について A さんに説明し、フィードバックをもらう（③の発❸） （メゾを中心） ・実習生自身が行った地区踏査等から考えた地域アセスメントに基づき、当地域の課題とストレングスについて実習報告会で発表する（③の発❹） （マクロを中心） ・地域ケア個別会議（⑤の実習内容で実施）の記録を閲覧し、地域課題の仮説キーワードを作成する。また、メゾ、マクロへの実践の可能性を考え、実習記録に記す（③の発❺）	・実習生用の所定のアセスメントシート ・A さんの個別ケース記録 ・地域福祉活動計画・地域福祉計画等 ・会議やミーティングについての資料 ・地域ケア会議資料

		とができる (6) 各種計画の実施をモニタリング及び評価することができる			・センターの地域アセスメントの資料を読み込み、当地域のストレングスと課題をまとめる（③の実❹） ・所定のシートに基づき、特定の地域に実際に出向き、地区踏査を行う（③の実❸） **(マクロを中心)** ・市地域福祉計画等、行政計画の策定委員として関与しているSWrから委員会で果たしている役割や発言内容等について聞き取り、SWrが行政計画に関与する意義について考え、実習記録にまとめる（③のSWr❹） ・地域ケア会議（⑤の実習内容で実施）をツールとして、ミクロ、メゾ、マクロの循環としてセンターのSW実践について理解したことを実習記録に記す（③の実❺）		
④	利用者やその関係者（家族・親族、友人等）への権利擁護活動とその評価	(7) クライエント及び多様な人々の権利擁護並びにエンパワメントを含む実践を行い、評価することができる	・センターの基本業務についてテキスト等で学ぶ	・センターの権利擁護業務について運営マニュアルを閲覧し、センターが果たすべき権利擁護実践について理解したことを実習記録に記す（④の場❶） ・センターに社会福祉士が必置になっている意義について説明を受ける（④のSWr❶） ・高齢者虐待対応事例や意思決定支援場面の実際を聞き取り、事例を通して考察したSWrの役割について実習記録を作成する（④のSWr❷）	・③でのミクロの実習内容と共通。また、③のSW面接を通してエンパワメント過程を体験する（④の実❶） ・高齢者虐待対応や消費者被害防止、成年後見市長申し立て等の事例について説明を受け、権利擁護実践について考えたことを実習記録にまとめる（④の実❷）	・消費者被害の防止を切り口に、インターネットで最新の消費者被害のリスクを検索し、職員から当地域で最近あった事例のヒアリングを行い、啓発用チラシを作成し、民生委員に会議で伝える（④の発❶）	・運営マニュアル ・高齢者虐待対応マニュアル
⑤	多職種連携及びチームアプローチの実践的理解	(8) 実習施設・機関等の各職種の機能と役割を説明することができる (9) 実習施設・機関等と関係する社会資源の機能と役割を説明することができる (10) 地域住民、関係者、関係機関等と連携・協働することができる (11) 各種会議を企画・運営することができる	・センターに必置となっている基本職種について、テキスト等で学ぶ ・地域ケア会議の持つ目的や機能についてテキスト等で学ぶ	**(メゾ：組織を中心に)** ・センター内で働く各職種（保健師等、主任ケアマネ、事務職等）から、具体的な業務内容やその職種として大切にしていること等を聞き取り、その固有性と共通点を考察し、実習記録に記す（⑤の場❶） ・センター内で働く各職種から、協働するSWrへの役割期待を聞き取り、実習記録に記す（⑤のSWr❶） ・法人内の各部署（病院、居宅、相談支援事業所、地活、就労移行、デイケア、老健等）にて1日実習を行い、それぞれの機能と役割、センターとの連携について学んだことを実習記録に記す（⑤の場❷） **(メゾ：地域を中心に)** ・地域ケア会議や市の連絡会、多職種連携ネットワーク会議、住民主体のボランティア活動等に関する基本的な目的や機能について説明を受ける（⑤の場❸）	**(メゾ：組織を中心に)** ・法人内の各関係部署で働く各々のSWrから、具体的な業務内容やSWrとして多職種連携のなかで大切にしていること等を聞き取り、その固有性と共通点について考察し、実習記録に記す（⑤のSWr❷） ・個別ケースの面接やセンター内外のミーティングや会議に同席した際に、SWrが多職種チームでの連携と協働を行う意義や、そこでのSWrの役割について考察する（⑤の実❶） **(メゾ：地域を中心に)** ・地域ケア会議や市の連絡会、多職種連携ネットワーク会議、住民主体のボランティア活動等に関与するなかでSWr自身が大切にしていること等を聞き取り、理解したことを実習記録に記す（⑤のSWr❸） ・多職種連携の場面に同席してSWrの態度や言動を観察し、SWrの理解で聞いた「多職種連携でSWr自身が大切にしていること等」がどのように具現化されたのかを考察し、実習記録に記す（⑤の実❷） ・地域ケア会議に同席し、目標設定や役割分担の合意形成のプロセスを観察し、実習記録にまとめる（⑤の実❸）	**(メゾ：組織を中心に)** ・部署内のミーティングにおいて、会議進行の補佐として、資料の読み上げや会議録の作成などを実際に行う（⑤の発❶） **(メゾ：地域を中心に)** ・地域ケア会議やカンファレンス等多職種が集まる会議において、ホワイトボードへの板書や記録の下書き等を行い、会議の進行を補助する（⑤の発❷） ・サロンやオレンジカフェ等地域住民が集まる場において、（④の発❶）で作成した消費者被害防止をテーマにした啓発チラシを活用したミニ講座を企画し、準備実施し、進行（ファシリテーター）を担当する（⑤の発❸）	・地域ケア会議、多職種連携ネットワーク会議、連絡会、ボランティア活動等資料 ・1日実習で回る各部署のパンフレットや資料
⑥	当該実習先が地域社会の中で果たす役割の理解及び具体的な地域社会への働きかけ	(12) 地域社会における実習施設・機関等の役割を説明することができる (13) 地域住民や団体、施設、機関等に働きかけることができる	・センターの概要について学ぶ（市のパンフレットやテキスト等） ・市についてHP等で確認する	・センターの地域活動を中心とした具体的な取り組みや事業について説明を受ける（⑥の場❶） ・センターの月報や報告書や記録等を閲覧する（⑥の場❷） ・センターの担当地区の理解のために、センターの運営懇談会の資料や地域診断を閲覧し、センターの役割について考察する（⑥の場❸） ・センターの地域活動を中心とした具体的な取り組みや事業において、SWrが果たしてきた役割や機能について説明を受ける（⑥のSWr❶）	・SWrのかかわる地域活動に同行し、そこでの地域住民や団体等に対してのSWrの役割や機能を具体的に観察する（⑥のSWr❷） ・SWrが運営にかかわる地域のボランティア活動について、立ち上げから組織化までの一連のプロセスについて聞き取りをする（⑥の実❶） ・地域ケア会議に同席し、そこでの関係者や地域住民との課題解決プロセスを観察し、実習記録に書き起こす（⑥の実❷）	・地域住民や関係機関からみたセンターの役割や機能を聞き取り、報告書を作成し、センターのミーティングで発表する（⑥の発❶） ・過去の地域診断や地域ケア会議の資料から考察されるセンターの持つ課題やストレングスを書き出し、センターのミーティングで発表する（⑥の発❷）	・地域包括支援センター運営マニュアル ・地域ケア会議運営ハンドブック等 ・月報や報告書等
	地域における分野横断的・業種横断的な関係形成と社会資源の活用・調整・開発に関する理解	(14) 地域における分野横断的・業種横断的な社会資源について説明し、問題解決への活用や新たな開発を検討することができる	・地域共生社会の実現に向けて、多職種多機関協働が求められる背景についてテ	・センターにおける各種ネットワーク会議や圏域内外の多職種連携の会の概要について説明を受ける（⑦の場❶） ・センター業務を行う上で、関係する機関や職種にどのようなところ（人）があるのかをセンター職員か	・地域住民主体の活動や各種ネットワーク会議等に参加する際、地域住民や多職種等が力を発揮するためのSWrの働きかけやかかわり方を観察し、実習記録に記す（⑦のSWr❶） ・市や他機関が主催する連絡会や部会に同行し、行政	・③や⑥の実習内容を通じて書き出した地域課題やストレングスについて、⑦の実習内容を通じて学んだ地域の社会資源と結びつけることで、考えられる問題解決に向けた社会資源の活用・調整・開発の可能性を実習生のアイディアとしてまとめる（⑦の発❶）	・地域ケア会議報告書 ・ネットワーク会議報告書 ・社会資源マップ

⑦			キスト等で学ぶ	ら聞き取り、その関係性を社会資源エコマップとして描く（⑦の場❷）	との協働をSWrが行う意義を考察し、実習記録に記す（⑦のSWr❷） ・多職種多機関が参加する地域ケア会議やカンファレンス等に同席し、分野横断的・業種横断的な社会資源との連携と協働において、目標設定や役割分担の合意形成のプロセスを観察する（⑦の実❶） ・❶の会議後に、参加していた他領域、他職種の人からセンターとの連携の意義やあり方について聞き取りをする（⑦の実❷）		
⑧	施設・事業者・機関・団体等の経営やサービスの管理運営の実際（チームマネジメントや人材管理の理解を含む）	(15) 実習施設・機関等の経営理念や戦略を分析に基づいて説明することができる (16) 実習施設・機関等の法的根拠、財政、運営方法等を説明することができる	・センターが設置されている法的根拠や関連する通知等を自ら確認して説明できるようにしておく	・事前学習で学んだセンターの法的根拠や関連する通知等について実習指導者に説明する。また、疑問点について質問し、理解を深める（⑧の場❶） ・センターの運営要綱や予算書、決算書、事業計画及び報告書について、SWrから説明を受ける（⑧の場❷） ・法人組織図を閲覧し、センターが法人内でどのような位置づけで機能しているのか説明を受ける（⑧の場❸） ・法人内外の会議体の組織図を閲覧し、会議同士のつながりとそこでのSWrの役割について説明を受ける（⑧のSWr❶）	・部内でのミーティングや各種委員会についてセンター職員から説明を受け、会議運営の方法や合意形成に向けたSWrの役割を学ぶ（⑧のSWr❷） ・委託元である市役所所管課の担当SWrより、センター委託の意義や委託先のSWrへ期待することを聞き取る（⑧のSWr❸） ・センターの評価指標や事業計画・事業報告を閲覧し、センター運営のPDCAサイクルについてSW実践との関連性の視点から考察し、実習記録に記す（⑧の実❶） ・センターの運営懇談会の会議録を閲覧し、地域の各種団体がセンター運営にかかわる仕組みについて、SW実践との関連から考察し、実習記録に記す（⑧の実❷）	・センター職員のタイムスタディの結果を閲覧し、業務内容を分析し、チームマネジメントの視点から課題と改善点を考察し、実習指導者に報告する（⑧の発❶） ・センターの前年度の事業計画及び事業報告等から、運営上の課題を抽出し、改善案を1つ以上考え報告する（⑧の発❷） ・前年度の総合相談の集計表をもとに新規相談経路等を分析し、ニーズ把握のための方法を1つ以上考え報告する（⑧の発❸）	・予算書、決算書、運営要綱、事業計画及び事業報告、運営懇談会資料、評価指標、タイムスタディ等
⑨	社会福祉士としての職業倫理と組織の一員としての役割と責任の理解	(17) 実習施設・機関等における社会福祉士の倫理に基づいた実践及びジレンマの解決を適切に行うことができる (18) 実習施設・機関等の規則等について説明することができる	・社会福祉士の倫理綱領等を読み込み、SWrの基本的な倫理について学ぶ	・事前学習で読み込むなかで生じた倫理綱領に関する感想や疑問点を現場の専門職であるSWrに伝え、実践的な理解を深めていく（⑨の場❶） ・法人の就業規則や個人情報の取り扱い、重要事項説明書、センター業務マニュアル等、センター業務を行うにあたっての基本的なルールについて説明を受ける（⑨の場❷）	・法人の就業規則や業務マニュアルを閲覧し、倫理綱領の項目と照合し、一致する部分やジレンマを感じる部分がないか考察したことをSWrに報告する（⑨のSWr❶） ・SWrが職能団体に所属すること、職域を超えての勉強会に参加することの意義についてSWrから説明を受ける（⑨のSWr❷） ・センターのSWrや1日実習を実施した施設・機関のSWrから、SW実践のなかで倫理を特に意識する場面や倫理的ジレンマを感じる場面について聞き取りをする（⑨の実❶） ・（⑨の実❶）で現場SWrの考えを聞き取ったことについて、自分が現場のSWrだったらどうするかについて考えたことを実習記録に書く（⑨の実❷）	・センターのSWrや1日実習を実施した施設・機関のSWrの面接に同席した際に、倫理綱領の項目と照合できた場面をピックアップし、考察したことを実習記録にまとめる（⑨の発❶） ・（⑨の実❶）について、実習生として考えた改善策を1つ以上まとめて、実習指導者に報告する（⑨の発❷）	・就業規則、個人情報取り扱い、重要事項説明書、センター業務マニュアル等
1	アウトリーチ	(19) 以下の技術について目的、方法、留意点について説明することができる ・アウトリーチ ・ネットワーキング ・コーディネーション ・ネゴシエーション ・ファシリテーション ・プレゼンテーション ・ソーシャルアクション	・センターの地域での相談活動についてテキストでイメージする	・地域のなかで総合相談を担うアウトリーチ機関としてのセンターの意義と役割について、SWrからレクチャーを受ける（⑩-1の場❶）	・センターのSWrがアウトリーチを行う場面に同行し、CLとの出会いをどのようにデザインしているのか、ニーズを引き出していくのかを観察し記録する（⑩-1のSWr❶） ・（③の実❶❷）Aさんを訪問し、アセスメント面接を行う（⑩-1の実❶） ・（③の場❸❹）所定のシートに基づき、特定の地域に実際に出向き、地区踏査を行う（⑩-1の実❷）	・（③の実❶❷❸）Aさんへのアウトリーチを通して得た情報を、統合的アセスメントへ発展させ、報告する（⑩-1の発❶） ・（③の場❹）地区踏査から、ニーズの集まる場所やアクセス方法を考察する（⑩-1の発❷）	・地区踏査シート ・Aさんケース記録
2	ネットワーキング		・センター機能の基本的理解	・（⑤の場❶❷）の実習内容と共通（⑩-2の場❶） ・（⑤の場❸）の実習内容と共通（⑩-2の場❷） ・（⑦の場）の実習内容と共通（⑩-2の場❸）	・（⑤のSWr❶❷）の実習内容と共通（⑩-2のSWr❶） ・（⑤のSWr❸）の実習内容と共通（⑩-2のSWr❷） ・（⑦のSWr）の実習内容と共通（⑩-2のSWr❸） ・（⑤の実❶）の実習内容と共通（⑩-2の実❶） ・（⑤の実❷❸）の実習内容と共通（⑩-2の実❷） ・（⑦の実）の実習内容と共通（⑩-2の実❸）	・（⑤の発❶）の実習内容と共通（⑩-2の発❶） ・（⑤の発❷❸）の実習内容と共通（⑩-2の発❷） ・（⑦の発）の実習内容と共通（⑩-2の発❸）	・⑤、⑦と共通
3	コーディネーション		・センター機能の基本的理解	・（⑤の場❶❷）の実習内容と共通（⑩-3の場❶） ・（⑤の場❸）の実習内容と共通（⑩-3の場❷） ・（⑦の場）の実習内容と共通（⑩-3の場❸）	・（⑤のSWr❶❷）の実習内容と共通（⑩-3のSWr❶） ・（⑤のSWr❸）の実習内容と共通（⑩-3のSWr❷） ・（⑦のSWr）の実習内容と共通（⑩-3のSWr❸） ・（⑤の実❶）の実習内容と共通（⑩-3の実❶） ・（⑤の実❷❸）の実習内容と共通（⑩-3の実❷） ・（⑦の実）の実習内容と共通（⑩-3の実❸）	・（⑤の発❶）の実習内容と共通（⑩-3の発❶） ・（⑤の発❷❸）の実習内容と共通（⑩-3の発❷） ・（⑦の発）の実習内容と共通（⑩-3の発❸）	・⑤、⑦と共通

⑩	4	ネゴシエーション		・ネゴシエーションの用語の基本的理解	・センターの過去の事例から、ネゴシエーションが必要だった場面について聞き取り、センターが行うネゴシエーションのイメージを実習記録に記す（⑩-4の場❶）	・SWrのネゴシエーションに関する成功体験と失敗体験をそれぞれ聞き取り、そこでのSWrの働きかけや工夫、SWrのなかで生じた思いや考えを聞き取り、実習生自身の感想を伝える（⑩-4のSWr❶） ・認知症の一人暮らしの人の地域生活支援において、医療機関や近隣住民との間でのコンフリクトの場面での、SWrとしてのネゴシエーションについて、実習指導者とロールプレイを行う（⑩-4の実❶）	・地域ケア会議やネットワーク会議等に参加してほしい人を考え、参加依頼のための文章を作成し、会議目的や期待される役割を具体的に伝えながら、参加依頼を行う（⑩-4の発❶）	・ネゴシエーション場面を含む事例 ・参加依頼文
	5	ファシリテーション		・ファシリテーション技術の基本的理解	・事前学習で学んできたファシリテーション技術について、SWrに概要を伝える。また、センターでファシリテーションが必要な場面について聞き取りをする（⑩-5の場❶）	・左記で聞き取ったセンターでのファシリテーションが必要な場面に同席し、SWrの言動を観察し、ファシリテーション技術と関連付けて考察したことを実習日誌に記載する（⑩-5のSWr❶） ・（⑤の実❶）の実習内容と共通（⑩-5の実❶） ・（⑤の実❷❸）の実習内容と共通（⑩-5の実❷）	・（④⑤の発）の実習内容と共通→サロンやオレンジカフェ等地域住民が集まる場において、④で作成した消費者被害をテーマにした啓発チラシを活用したミニ講座を企画し、準備実施し、進行（ファシリテーター）を担当する（⑩-5の発❶）	・介護予防支援会議やケアマネ支援会議等進行方法の提示資料
	6	プレゼンテーション		・プレゼンテーション技術の基本的理解	・事前学習で学んできたプレゼンテーション技術について、SWrに概要を伝える。また、センターでプレゼンテーションが必要な場面について聞き取りをする（⑩-6の場❶）	・左記で聞き取ったセンターでのプレゼンテーションが必要な場面に同席し、SWrの言動を観察し、プレゼンテーション技術と関連付けて考察したことを実習日誌に記載する（⑩-6のSWr❶） ・SWrが直接的にプレゼンテーションを行う講演や会議に同席する。資料作成等準備段階からかかわり、当日のプレゼンテーションの補佐役として、パソコン操作や資料配りなどを手伝い、一連のプロセスをSW実践という視点から考察し実習記録に記録する（⑩-6の実❶）	・（①の発）の実習内容と共通→地域住民にサロンやカフェ参加促進のためのプレゼンテーションを行い、フィードバックを受ける（⑩-6の発❶） ・（③⑥の発）の実習内容と共通→集大成として、実習報告会でAさんのプラン及び地域アセスメントを発表し、フィードバックを受ける（⑩-6の発❷）	・プレゼン資料作成のための機器の貸し出し
	7	ソーシャルアクション		・ソーシャルアクションの用語の基本的理解	・センターの過去の事例から、ソーシャルアクションが必要だった場面について聞き取り、センターが行うソーシャルアクションのイメージを実習日誌に記載する（⑩-7の場❶）	・SWrのソーシャルアクションに関する成功体験と失敗体験をそれぞれ聞き取り、そこでのSWrの働きかけや工夫、SWrのなかで生じた思いや考えを聞き取り、実習生自身の感想を伝える（⑩-7のSWr❶） ・1年間の地域ケア会議録を閲覧し、地域での生活のしづらさにつながっている制度の矛盾や社会資源の不足についてピックアップし、ソーシャルアクションの必要性から整理する（⑩-7の実❶）	・左記で整理した項目について、誰と（どこと）協働し、どんな方法で実現できるかアイディアを複数考える。考えた内容をセンター職員や委託元の市の担当者に伝え、フィードバックを受ける（⑩-7の発❶）	・地域ケア会議録

※1～2週目、3～4週目、4～5週目の期間に関する表記は集中実習の場合のイメージであり、通年での実習や一定期間に分散して実習する場合には実習形態に適した期間を設定した上で使用する

ソーシャルワーク実習　個別実習プログラム（1 回目 60 時間用）

実習基本情報					
実習施設名：地域包括支援センター○○	実習指導者氏名：○○		実習期間：○年○月○日（○）～○年○月○日（○）	他の実習施設	名称：○○
養成校：○○	実習生氏名：○○	学年：○年生	実習回数：1 カ所目（全○カ所）／実習時間数：60 時間		期間：○年○月○日（○）～○年○月○日（○）

	ソーシャルワーク実習教育に含むべき事項（国通知）	達成目標（評価ガイドライン）※各達成目標の具体例は行動目標を参照	当該実習施設における実習の実施方法及び展開：事前学習・事前訪問	具体的実習内容：前半（概ね 1 週目）※	具体的実習内容：後半（概ね 2 週目）※	活用する資料・参照物
①	利用者やその関係者（家族・親族、友人等）、施設・事業者・機関・団体、住民やボランティア等との基本的なコミュニケーションや円滑な人間関係の形成	(1) クライエント等と人間関係を形成するための基本的なコミュニケーションをとることができる	・これまでに養成校で学んできた基本的な面接技術について復習する（援助技術に関する講義資料やテキストを参照）	・地域包括支援センター（以下、センター）がどのような人たちを対象としているのか、どのような人たちとつながって仕事をしているのかについて SWr から説明を受ける（①の場❶） ・センター内外でのミーティングや会議に同席、観察し、その会議の目的や意味について考え、実習記録を作成する（①の場❷） ・SWr がセンターの対象者や関係者とどのように関係を築いてきたのか、そのときにどのようなことに留意し、工夫をしてきたのかについて聞き取りをする（①の SWr ❶）	・センター内外でのミーティングや会議で SWr がどのような役割や機能を担っているかを観察し、実習記録を作成する（①の SWr ❷） ・SWr の面接場面に同席し、SWr の人や状況に合わせた挨拶や自己紹介、声かけの仕方、活用していた面接技術（言語・非言語コミュニケーション含む）を観察し、実習記録を作成する（①の実❶） ・センター内外のミーティングや会議に同席した際に観察した場面について、SW 実践プロセスとしての意味や機能を考察し、実習記録を作成する（①の実❷） ・SWr がかかわる会議や面接に同席する場面で求められた際に、実習生として挨拶や自己紹介、自身の考えや意見、感想等を言語化して伝える（①の発❶）	・センターのパンフレット、サロンやカフェのチラシ等啓発に用いている資料
②	利用者やその関係者（家族・親族、友人等）との援助関係の形成	(2) クライエント等との援助関係を形成することができる	・①の事前学習と共通	・実習施設であるセンターに関する事例等を閲覧し、センターがクライエント（以下、CL）等と出会い、援助関係を形成していく場や方法（訪問・来所・電話等）について、どのようなものがあるのかを整理する（②の場❶） ・面接の場や方法（電話、来所、訪問）にどのような特性（利点と限界）があるのか考え、実習記録を作成する（②の場❷）	・SWr として CL 等と関係を構築する際に大切にしていることについて、センター職員それぞれに聞き取りをする（②の SWr ❶） ・その際、②の“場の理解”で整理した面接の場や方法において、CL とのかかわり方にどのような違いや共通点があるのか、その実際についてセンター職員それぞれに質問をする（❶と同様に実施も可能）（②の SWr ❷）	・事例集、質問シート ・SW 実習担当 CL の個別ケース記録
③	利用者や地域の状況を理解し、その生活上の課題（ニーズ）の把握、支援計画の作成と実施及び評価	(3) クライエント、グループ、地域住民等のアセスメントを実施し、ニーズを明確にすることができる (4) 地域アセスメントを実施し、地域の課題や問題解決に向けた目標を設定することができる (5) 各種計画の様式を使用して計画を作成・策定及び実施することができる (6) 各種計画の実施をモニタリング及び評価することができる	・市の HP 等から閲覧できる行政計画に目を通す ・ICF や基本的なアセスメントについての考え方についてテキスト等で復習する	(ミクロを中心) ・実習生が担当する CL（以下、A さん）以外の他 CL への支援実施段階におけるモニタリング訪問に同行し、支援の結果について評価の視点から記録を作成する（③の実❷） (メゾを中心) ・地区社協単位での地域活動支援計画を閲覧し、センターの活動エリアについて地域特性や課題・ストレングス等についてのイメージを形成する（③の場❹） ・センターが行っている地域診断・地域アセスメントの説明を受け、SWr が地域アセスメントを行う意義や方法、プロセスについて聞き取り、考察したことを実習記録に記す（③の SWr ❸） (マクロを中心) ・市地域福祉計画等を閲覧し、ミクロ・メゾとの関連から地域特性や課題・ストレングス等のイメージを形成する（③の場❺）	(ミクロを中心) ・A さんの個別ケース記録を閲覧し、生活の場や暮らしぶりについてイメージする（③の場❶） (メゾを中心) ・センターの地域アセスメントの資料を読み込み、当地域のストレングスと課題をまとめる（③の実❹） (マクロを中心) ・地域ケア会議（⑤の実習内容で実施）をツールとして、ミクロ、メゾ、マクロの循環としてセンターの SW 実践について理解したことを実習記録に記す（③の実❺）	・地域福祉活動計画・地域福祉計画等 ・会議やミーティングについての資料 ・地域ケア会議資料
④	利用者やその関係者（家族・親族、友人等）への権利擁護活動とその評価	(7) クライエント及び多様な人々の権利擁護並びにエンパワメントを含む実践を行い、評価することができる	・センターの基本業務についてテキスト等で学ぶ	・センターの権利擁護業務について運営マニュアルを閲覧し、センターが果たすべき権利擁護実践について理解したことを実習記録に記す（④の場❶） ・センターに社会福祉士が必置になっている意義について説明を受ける（④の SWr ❶） ・高齢者虐待対応事例や意思決定支援場面の実際を聞き取り、事例を通して考察した SWr の役割について実習記録を作成する（④の SWr ❷）	・高齢者虐待対応や消費者被害防止、成年後見市長申し立て等の事例について説明を受け、権利擁護実践について考えたことを実習記録にまとめる（④の実❷）	・運営マニュアル ・高齢者虐待対応マニュアル
⑤	多職種連携及びチームアプローチの実践的理解	(8) 実習施設・機関等の各職種の機能と役割を説明することができる (9) 実習施設・機関等と関係する社会資源の機能と役割を説明することができる (10) 地域住民、関係者、関係機関等と連携・協働することができる (11) 各種会議を企画・運	・センターに必置となっている基本職種について、テキスト等で学ぶ ・地域ケア会議の持つ目的や機能についてテキスト等で学ぶ	(メゾ：組織を中心に) ・センター内で働く各職種（保健師等、主任ケアマネ、事務職等）から、具体的な業務内容やその職種として大切にしていること等を聞き取り、その固有性と共通点を考察し、実習記録に記す（⑤の場❶） (メゾ：地域を中心に) ・地域ケア会議や市の連絡会、多職種連携ネットワーク会議、住民主体のボランティア活動等に関する基本的な目的や機能について説明を受ける（⑤の場❸）	(メゾ：組織を中心に) ・センター内で働く各職種から、協働する SWr への役割期待を聞き取り、実習記録に記す（⑤の SWr ❶） ・個別ケースの面接やセンター内外のミーティングや会議に同席した際に、SWr が多職種チームでの連携と協働を行う意義や、そこでの SWr の役割について考察する（⑤の実❶） (メゾ：地域を中心に) ・地域ケア会議や市の連絡会、多職種連携ネットワーク会議、住民主体のボランティア活動等に関与するなかで、SWr 自身が大切にしていること等を聞き取り、理解したことを実習記録に記す（⑤の SWr ❸） ・多職種連携の場面に同席して SWr の態度や言動を観察し、SWr の理解で聞いた「多職種連携で SWr 自身が大切にしていること等」がどのように具現化さ	・地域ケア会議、多職種連携ネットワーク会議、連絡会、ボランティア活動等資料

		営することができる			れたのかを考察し、実習記録に記す（⑤の実❷）	
⑥	当該実習先が地域社会の中で果たす役割の理解及び具体的な地域社会への働きかけ	（12）地域社会における実習施設・機関等の役割を説明することができる （13）地域住民や団体、施設、機関等に働きかけることができる	・センターの概要について学ぶ（市のパンフレットやテキスト等） ・市について HP 等で確認する	・センターの地域活動を中心とした具体的な取り組みや事業について説明を受ける（⑥の場❶） ・センターの月報や報告書や記録等を閲覧する（⑥の場❷） ・センターの担当地区の理解のために、センターの運営懇談会の資料や地域診断を閲覧し、センターの役割について考察する（⑥の場❸） ・センターの地域活動を中心とした具体的な取り組みや事業において、SWr が果たしてきた役割や機能について説明を受ける（⑥の SWr ❶）	・SWr のかかわる地域活動に同行し、そこでの地域住民や団体等に対しての SWr の役割や機能を具体的に観察する（⑥の SWr ❷） ・SWr が運営にかかわる地域のボランティア活動について、立ち上げから組織化までの一連のプロセスについて聞き取りをする（⑥の実❶）	・地域包括支援センター運営マニュアル ・地域ケア会議運営ハンドブック等 ・月報や報告書等
⑦	地域における分野横断的・業種横断的な関係形成と社会資源の活用・調整・開発に関する理解	（14）地域における分野横断的・業種横断的な社会資源について説明し、問題解決への活用や新たな開発を検討することができる	・地域共生社会の実現に向けて、多職種多機関協働が求められる背景についてテキスト等で学ぶ	・センターにおける各種ネットワーク会議や圏域内外の多職種連携の会の概要について説明を受ける（⑦の場❶） ・センター業務を行う上で、関係する機関や職種にどのようなところ（人）があるのかをセンター職員から聞き取り、その関係性を社会資源エコマップとして描く（⑦の場❷）	・地域住民主体の活動や各種ネットワーク会議等に参加する際、地域住民や多職種等が力を発揮するためのSWrの働きかけやかかわり方を観察し、実習記録に記す（⑦のSWr❶） ・市や他機関が主催する連絡会や部会に同行し、行政との協働を SWr が行う意義を考察し、実習記録に記す（⑦の SWr ❷） ・多職種多機関が参加する地域ケア会議やカンファレンス等に同席し、分野横断的・業種横断的な社会資源との連携と協働において、目標設定や役割分担の合意形成のプロセスを観察する（⑦の実❶）	・地域ケア会議報告書 ・ネットワーク会議報告書 ・社会資源マップ
⑧	施設・事業者・機関・団体等の経営やサービスの管理運営の実際（チームマネジメントや人材管理の理解を含む）	（15）実習施設・機関等の経営理念や戦略を分析に基づいて説明することができる （16）実習施設・機関等の法的根拠、財政、運営方法等を説明することができる	・センターが設置されている法的根拠や関連する通知等を自ら確認して説明できるようにしておく	・事前学習で学んだセンターの法的根拠や関連する通知等について実習指導者に説明する。また、疑問点について質問し、理解を深める（⑧の場❶） ・センターの運営要綱や予算書、決算書、事業計画及び報告書について、SWr から説明を受ける（⑧の場❷） ・法人内外の会議体の組織図を閲覧し、会議同士のつながりとそこでの SWr の役割について説明を受ける（⑧の SWr ❶）	・部内でのミーティングや各種委員会についてセンター職員から説明を受け、会議運営の方法や合意形成に向けた SWr の役割を学ぶ（⑧の SWr ❷） ・センターの評価指標や事業計画・事業報告を閲覧し、センター運営の PDCA サイクルについて SW 実践との関連性の視点から考察し、実習記録に記す（⑧の実❶） ・センターの運営懇談会の会議録を閲覧し、地域の各種団体がセンター運営にかかわる仕組みについて、SW 実践との関連から考察し、実習記録に記す（⑧の実❷）	・予算書、決算書、運営要綱、事業計画及び事業報告、運営懇談会資料、評価指標
⑨	社会福祉士としての職業倫理と組織の一員としての役割と責任の理解	（17）実習施設・機関等における社会福祉士の倫理に基づいた実践及びジレンマの解決を適切に行うことができる （18）実習施設・機関等の規則等について説明することができる	・社会福祉士の倫理綱領等を読み込み、SWr の基本的な倫理について学ぶ	・事前学習で読み込むなかで生じた倫理綱領に関する感想や疑問点を現場の専門職である SWr に伝え、実践的な理解を深めていく（⑨の場❶） ・法人の就業規則や個人情報の取り扱い、重要事項説明書、センター業務マニュアル等、センター業務を行うにあたっての基本的なルールについて説明を受ける（⑨の場❷）	・法人の就業規則や業務マニュアルを閲覧し、倫理綱領の項目と照合し、一致する部分やジレンマを感じる部分がないか考察したことを SWr に報告する（⑨の SWr ❶） ・SWr が職能団体に所属すること、職域を超えての勉強会に参加することの意義について SWr から説明を受ける（⑨の SWr ❷）	・就業規則、個人情報取り扱い、重要事項説明書、センター業務マニュアル等
⑩ 1	アウトリーチ	（19）以下の技術について目的、方法、留意点について説明することができる ・アウトリーチ ・ネットワーキング ・コーディネーション ・ネゴシエーション ・ファシリテーション ・プレゼンテーション ・ソーシャルアクション	・センターの地域での相談活動についてテキストでイメージする	・地域のなかで総合相談を担うアウトリーチ機関としてのセンターの意義と役割について、SWr からレクチャーを受ける（⑩-1 の場❶）	・センターの SWr がアウトリーチを行う場面に同行し、CL との出会いをどのようにデザインしているのか、ニーズを引き出していくのかを観察し記録する（⑩-1 の SWr ❶）	・地区踏査シート
2	ネットワーキング		・センター機能の基本的理解	・（⑤の場❶❷）の実習内容と共通（⑩-2 の場❶） ・（⑤の場❸）の実習内容と共通（⑩-2 の場❷） ・（⑦の場❶❷）の実習内容と共通（⑩-2 の場❸）	・（⑤の SWr ❶❷）の実習内容と共通（⑩-2 の SWr ❶） ・（⑤の実❶）の実習内容と共通（⑩-2 の実❶） ・（⑤の実❷❸）の実習内容と共通（⑩-2 の実❷）	・⑤、⑦と共通
3	コーディネーション		・センター機能の基本的理解	・（⑤の場❶❷）の実習内容と共通（⑩-3 の場❶） ・（⑤の場❸の実習内容と共通（⑩-3 の場❷） ・（⑦の場）の実習内容と共通（⑩-3 の場❸）	・（⑤の SWr ❶❷）の実習内容と共通（⑩-3 の SWr ❶） ・（⑤の実❶）の実習内容と共通（⑩-3 の実❶） ・（⑤の実❷❸）の実習内容と共通（⑩-3 の実❷）	・⑤、⑦と共通
4	ネゴシエーション		・ネゴシエーションの用語の基本的理解	・センターの過去の事例から、ネゴシエーションが必要だった場面について聞き取り、センターが行うネゴシエーションのイメージを実習記録に記す（⑩-4 の場❶）	・SWr のネゴシエーションに関する成功体験と失敗体験をそれぞれ聞きとり、そこでの SWr の働きかけや工夫、SWr のなかで生じた思いや考えを聞き取り、実習生自身の感想を伝える（⑩-4 の SWr ❶）	・ネゴシエーション場面を含む事例 ・参加依頼文
5	ファシリテーション		・ファシリテーション技術の基本的理解	・事前学習で学んできたファシリテーション技術について、SWr に概要を伝える。また、センターでファシリテーションが必要な場面について聞き取りをする（⑩-5 の場❶）	・左記で聞き取ったセンターでのファシリテーションが必要な場面に同席し、SWr の言動を観察し、ファシリテーション技術と関連付けて考察したことを実習日誌に記載する（⑩-5 の SWr ❶）	・介護予防支援会議やケアマネ支援会議等進行方法の提示資料
6	プレゼンテーション		・プレゼンテーション技術の基本的理解	・事前学習で学んできたプレゼンテーション技術について、SWr に概要を伝える。またセンターでプレゼンテーションが必要な場面について聞き取りをする（⑩-6 の場❶）	・左記で聞き取ったセンターでのプレゼンテーションが必要な場面に同席し、SWr の言動を観察し、プレゼンテーション技術と関連付けて考察したことを実習日誌に記載する（⑩-6 の SWr ❶）	・プレゼン資料作成のための機器の貸し出し
7	ソーシャルアクション		・ソーシャルアクションの用語の基本的理解	・センターの過去の事例から、ソーシャルアクションが必要だった場面について聞き取り、センターが行うソーシャルアクションのイメージを実習日誌に記載する（⑩-7 の場❶）	・SWr のソーシャルアクションに関する成功体験と失敗体験をそれぞれ聞き取り、そこでの SWr の働きかけや工夫、SWr のなかで生じた思いや考えを聞き取り、実習生自身の感想を伝える（⑩-7 の SWr ❶）	・地域ケア会議録

※前半（概ね１週目）、後半（概ね２週目）の期間に関する表記は集中実習の場合のイメージであり、通年での実習や一定期間に分散して実習する場合には実習形態に適した期間を設定した上で使用する

ソーシャルワーク実習　個別実習プログラム（2 回目 60 時間用）

実習基本情報						
実習施設名：地域包括支援センター○○	実習指導者氏名：○○		実習期間：○年○月○日（○）〜○年○月○日（○）		他の実習施設	名称：○○
養成校：○○	実習生氏名：○○	学年：○年生	実習回数：2 カ所目（全○カ所）	実習時間数：60 時間		期間：○年○月○日（○）〜○年○月○日（○）

ソーシャルワーク実習教育に含むべき事項（国通知）		達成目標（評価ガイドライン）※各達成目標の具体例は行動目標を参照	当該実習施設における実習の実施方法及び展開			
			事前学習・事前訪問	具体的実習内容 前半（概ね 1 週目）※	具体的実習内容 後半（概ね 2 週目）※	活用する資料・参照物
①	利用者やその関係者（家族・親族、友人等）、施設・事業者・機関・団体、住民やボランティア等との基本的なコミュニケーションや円滑な人間関係の形成	(1) クライエント等と人間関係を形成するための基本的なコミュニケーションをとることができる	・これまでに養成校で学んできた基本的な面接技術について復習する（援助技術に関する講義資料やテキストを参照）	・地域包括支援センター（以下、センター）がどのような人たちを対象としているのか、どのような人たちとつながって仕事をしているのかについて SWr から説明を受ける（①の場❶） ・センター内外でのミーティングや会議に同席、観察し、その会議の目的や意味について考え、実習記録を作成する（①の場❷）	・センター内外でのミーティングや会議で SWr がどのような役割や機能を担っているかを観察し、実習記録を作成する（①の SWr ❷） ・SWr の面接場面に同席し、SWr の人や状況に合わせた挨拶や自己紹介、声かけの仕方、活用していた面接技術（言語・非言語コミュニケーション含む）を観察し、実習記録を作成する（①の実❶） ・センター内外のミーティングや会議に同席した際に観察した場面について、SW 実践プロセスとしての意味や機能を考察し、実習記録を作成する（①の実❷） ・SWr がかかわる会議や面接に同席する場面で求められた際に、実習生として挨拶や自己紹介、自身の考えや意見、感想等を言語化して伝える（①の発❶）	・センターのパンフレット、サロンやカフェのチラシ等啓発に用いている資料
②	利用者やその関係者（家族・親族、友人等）との援助関係の形成	(2) クライエント等との援助関係を形成することができる	・①の事前学習と共通	・実習施設であるセンターに関する事例等を閲覧し、センターがクライエント（以下、CL）等と出会い、援助関係を形成していく場や方法（訪問・来所・電話等）について、どのようなものがあるのかを整理する（②の場❶）	・SWr として CL 等と関係を構築する際に大切にしていることについて、センター職員それぞれに聞き取りをする（②の SWr ❶）	・事例集、質問シート ・SW 実習担当 CL の個別ケース記録
③	利用者や地域の状況を理解し、その生活上の課題（ニーズ）の把握、支援計画の作成と実施及び評価	(3) クライエント、グループ、地域住民等のアセスメントを実施し、ニーズを明確にすることができる (4) 地域アセスメントを実施し、地域の課題や問題解決に向けた目標を設定することができる (5) 各種計画の様式を使用して計画を作成・策定及び実施することができる (6) 各種計画の実施をモニタリング及び評価することができる	・市の HP 等から閲覧できる行政計画に目を通す ・ICF や基本的なアセスメントについての考え方についてテキスト等で復習する	（ミクロを中心） ・実習生が担当する CL（以下、A さん）以外の他 CL への支援実施段階におけるモニタリング訪問に同行し、支援の結果について評価の視点から記録を作成する（③の実❷） （メゾを中心） ・地区社協単位での地域活動支援計画を閲覧し、センターの活動エリアについて地域特性や課題・ストレングス等についてのイメージを形成する（③の場❹） ・センターが行っている地域診断・地域アセスメントの説明を受け、SWr が地域アセスメントを行う意義や方法、プロセスについて聞き取り、考察したことを実習記録に記す（③の SWr ❸） （マクロを中心） ・市地域福祉計画等を閲覧し、ミクロ・メゾとの関連から地域特性や課題・ストレングス等のイメージを形成する（③の場❺）	（ミクロを中心） ・A さんの個別ケース記録を閲覧し、生活の場と暮らしぶりについてイメージする（③の場❶） （メゾを中心） ・センターの地域アセスメントの資料を読み込み、当地域のストレングスと課題をまとめる（③の実❹） （マクロを中心） ・地域ケア会議（⑤の実習内容で実施）をツールとして、ミクロ、メゾ、マクロの循環としてセンターの SW 実践について理解したことを実習記録に記す（③の実❺）	・地域福祉活動計画・地域福祉計画等 ・会議やミーティングについての資料 ・地域ケア会議資料
④	利用者やその関係者（家族・親族、友人等）への権利擁護活動とその評価	(7) クライエント及び多様な人々の権利擁護並びにエンパワメントを含む実践を行い、評価することができる	・センターの基本業務についてテキスト等で学ぶ	・センターの権利擁護業務について運営マニュアルを閲覧し、センターが果たすべき権利擁護実践について理解したことを実習記録に記す（④の場❶） ・センターに社会福祉士が必置になっている意義について説明を受ける（④の SWr ❶）	・消費者被害の防止を切り口に、インターネットで最新の消費者被害のリスクを検索し、職員から当地域で最近あった事例のヒアリングを行い、啓発用チラシを作成し、民生委員に会議で伝える（④の発❶）	・運営マニュアル ・高齢者虐待対応マニュアル
⑤	多職種連携及びチームアプローチの実践的理解	(8) 実習施設・機関等の各職種の機能と役割を説明することができる (9) 実習施設・機関等と関係する社会資源の機能と役割を説明することができる (10) 地域住民、関係者、関係機関等と連携・協働することができる	・センターに必置となっている基本職種について、テキスト等で学ぶ ・地域ケア会議の持つ目的や機能についてテキスト等で学ぶ	（メゾ：組織を中心に） ・センター内で働く各職種（保健師等、主任ケアマネ、事務職等）から、具体的な業務内容やその職種として大切にしていること等を聞き取り、その固有性と共通点を考察し、実習記録に記す（⑤の場❶） （メゾ：地域を中心に） ・地域ケア会議や市の連絡会、多職種連携ネットワーク会議、住民主体のボランティア活動等に関する基本的な目的や機能について説明を受ける（⑤の場❸）	（メゾ：組織を中心に） ・個別ケースの面接やセンター内外のミーティングや会議に同席した際に、SWr が多職種チームでの連携と協働を行う意義や、そこでの SWr の役割について考察する（⑤の実❶） ・部署内のミーティングにおいて、会議進行の補佐として、資料の読み上げや会議録の作成などを実際に行う（⑤の発❶） （メゾ：地域を中心に） ・地域ケア会議や市の連絡会、多職種連携ネットワーク会議、住民主体のボランティア活動等に関与するなかで、SWr 自身が大切にしていること等を聞き取り、理解したことを実習記録に記す（⑤の SWr ❸） ・多職種連携の場面に同席して SWr の態度や言動を観察し、SWr の理解で聞いた「多職種連携で SWr 自身が大切にしていること等」がどのように具現化されたのかを考察し、実習記録に記す（⑤の実❷）	・地域ケア会議、多職種連携ネットワーク会議、連絡会、ボランティア活動等資料

		(11) 各種会議を企画・運営することができる			・地域ケア会議に同席し、目標設定や役割分担の合意形成のプロセスを観察し、実習記録にまとめる（⑤の実❸） ・地域ケア会議やカンファレンス等多職種が集まる会議において、ホワイトボードへの板書や記録の下書き等を行い、会議の進行を補助する（⑤の発❷） ・サロンやオレンジカフェ等地域住民が集まる場において、（④の発❶）で作成した消費者被害防止をテーマにした啓発チラシを活用したミニ講座を企画し、準備実施し、進行（ファシリテーター）を担当する（⑤の発❸）	
⑥	当該実習先が地域社会の中で果たす役割の理解及び具体的な地域社会への働きかけ	(12) 地域社会における実習施設・機関等の役割を説明することができる (13) 地域住民や団体、施設、機関等に働きかけることができる	・センターの概要について学ぶ（市のパンフレットやテキスト等） ・市について HP 等で確認する	・センターの地域活動を中心とした具体的な取り組みや事業について説明を受ける（⑥の場❶） ・センターの地域活動を中心とした具体的な取り組みや事業において、SWr が果たしてきた役割や機能について説明を受ける（⑥の SWr ❶）	・SWr のかかわる地域活動に同行し、そこでの地域住民や団体等に対しての SWr の役割や機能を具体的に観察する（⑥の SWr ❷）	・地域包括支援センター運営マニュアル ・地域ケア会議運営ハンドブック等 ・月報や報告書等
⑦	地域における分野横断的・業種横断的な関係形成と社会資源の活用・調整・開発に関する理解	(14) 地域における分野横断的・業種横断的な社会資源について説明し、問題解決への活用や新たな開発を検討することができる	・地域共生社会の実現に向けて、多職種多機関協働が求められる背景についてテキスト等で学ぶ	・センターにおける各種ネットワーク会議や圏域内外の多職種連携の会の概要について説明を受ける（⑦の場❶） ・センター業務を行う上で、関係する機関や職種にどのようなところ（人）があるのかをセンター職員から聞き取り、その関係性を社会資源エコマップとして描く（⑦の場❷）	・地域住民主体の活動や各種ネットワーク会議等に参加する際、地域住民や多職種等が力を発揮するための SWr の働きかけやかかわり方を観察し、実習記録に記す（⑦の SWr ❶） ・市や他機関が主催する連絡会や部会に同行し、行政との協働を SWr が行う意義を考察し、実習記録に記す（⑦の SWr ❷）	・地域ケア会議報告書 ・ネットワーク会議報告書 ・社会資源マップ
⑧	施設・事業者・機関・団体等の経営やサービスの管理運営の実際（チームマネジメントや人材管理の理解を含む）	(15) 実習施設・機関等の経営理念や戦略を分析に基づいて説明することができる (16) 実習施設・機関等の法的根拠、財政、運営方法等を説明することができる	・センターが設置されている法的根拠や関連する通知等を自ら確認して説明できるようにしておく	・事前学習で学んだセンターの法的根拠や関連する通知等について実習指導者に説明する。また、疑問点について質問し、理解を深める（⑧の場❶）	・部内でのミーティングや各種委員会についてセンター職員から説明を受け、会議運営の方法や合意形成に向けた SWr の役割を学ぶ（⑧の SWr ❷）	・予算書、決算書、運営要綱、事業計画及び事業報告、運営懇談会資料、評価指標
⑨	社会福祉士としての職業倫理と組織の一員としての役割と責任の理解	(17) 実習施設・機関等における社会福祉士の倫理に基づいた実践及びジレンマの解決を適切に行うことができる (18) 実習施設・機関等の規則等について説明することができる	・社会福祉士の倫理綱領等を読み込み、SWr の基本的な倫理について学ぶ	・事前学習で読み込むなかで生じた倫理綱領に関する感想や疑問点を現場の専門職である SWr に伝え、実践的な理解を深めていく（⑨の場❶）	・SWr が職能団体に所属すること、職域を超えての勉強会に参加することの意義について SWr から説明を受ける（⑨の SWr ❷）	・就業規則、個人情報取り扱い、重要事項説明書、センター業務マニュアル等
⑩	1 アウトリーチ	(19) 以下の技術について目的、方法、留意点について説明することができる ・アウトリーチ ・ネットワーキング ・コーディネーション ・ネゴシエーション ・ファシリテーション ・プレゼンテーション ・ソーシャルアクション	・センターの地域での相談活動についてテキストでイメージする	・地域のなかで総合相談を担うアウトリーチ機関としてのセンターの意義と役割について、SWr からレクチャーを受ける（⑩-1 の場❶）	・センターの SWr がアウトリーチを行う場面に同行し、CL との出会いをどのようにデザインしているのか、ニーズを引き出していくのかを観察し記録する（⑩-1 の SWr ❶）	・地区踏査シート
	2 ネットワーキング		・センター機能の基本的理解	・（⑤の場❶❷）の実習内容と共通（⑩-2 の場❶） ・（⑤の場❸）の実習内容と共通（⑩-2 の場❷） ・（⑦の場）の実習内容と共通（⑩-2 の場❸）	・（⑤の SWr ❶❷）の実習内容と共通（⑩-2 の SWr ❶） ・（⑤の SWr ❸）の実習内容と共通（⑩-2 の SWr ❷） ・（⑦の SWr ❶❷）の実習内容と共通（⑩-2 の SWr ❸） ・（⑤の実❶）の実習内容と共通（⑩-2 の実❶） ・（⑤の実❷❸）の実習内容と共通（⑩-2 の実❷） ・（⑦の実❶❷）の実習内容と共通（⑩-2 の実❸）	・⑤、⑦と共通
	3 コーディネーション		・センター機能の基本的理解	・（⑤の場❶❷）の実習内容と共通（⑩-3 の場❶） ・（⑤の場❸）の実習内容と共通（⑩-3 の場❷） ・（⑦の場）の実習内容と共通（⑩-3 の場❸）	・（⑤の SWr ❶❷）の実習内容と共通（⑩-3 の SWr ❶） ・（⑤の SWr ❸）の実習内容と共通（⑩-3 の SWr ❷） ・（⑦の SWr）の実習内容と共通（⑩-3 の SWr ❸） ・（⑤の実❶）の実習内容と共通（⑩-3 の実❶） ・（⑤の実❷❸）の実習内容と共通（⑩-3 の実❷） ・（⑦の実）の実習内容と共通（⑩-3 の実❸）	・⑤、⑦と共通
	4 ネゴシエーション		・ネゴシエーションの用語の基本的理解	・センターの過去の事例から、ネゴシエーションが必要だった場面について聞き取り、センターが行うネゴシエーションのイメージを実習記録に記す（⑩-4 の場❶）		・ネゴシエーション場面を含む事例 ・参加依頼文
			・ファシリテーション技術の基本的理解	・事前学習で学んできたファシリテーション技術について、SWr に概要を伝える。また、センターでファシリテーションが必要な場面について聞き取りをする（⑩-5 の場❶）	・左記で聞き取ったセンターでのファシリテーションが必要な場面に同席し、SWr の言動を観察し、ファシリテーション技術と関連付けて考察したことを実習日誌に記載する（⑩-5 の SWr ❶）	・介護予防支援会議やケアマネ支援会議等進行方法の提示資料

	5	ファシリテーション				・（⑤の実❶）の実習内容と共通（⑩-5の実❶） ・（⑤の実❷❸）の実習内容と共通（⑩-5の実❷） ・（④⑤の発）の実習内容と共通→サロンやオレンジカフェ等地域住民が集まる場において、④で作成した消費者被害をテーマにした啓発チラシを活用したミニ講座を企画し、準備実施し、進行（ファシリテーター）を担当する（⑩-5の発❶）	
	6	プレゼンテーション		・プレゼンテーション技術の基本的理解	・事前学習で学んできたプレゼンテーション技術について、SWrに概要を伝える。また、センターでプレゼンテーションが必要な場面について聞き取りをする（⑩-6の場❶）		・プレゼン資料作成のための機器の貸し出し
	7	ソーシャルアクション		・ソーシャルアクションの用語の基本的理解	・センターの過去の事例から、ソーシャルアクションが必要だった場面について聞き取り、センターが行うソーシャルアクションのイメージを実習日誌に記載する（⑩-7の場❶）		・地域ケア会議録

※前半（概ね1週目）、後半（概ね2週目）の期間に関する表記は集中実習の場合のイメージであり、通年での実習や一定期間に分散して実習する場合には実習形態に適した期間を設定した上で使用する

ソーシャルワーク実習　基本実習プログラム

実習施設名：特別養護老人ホーム〇〇	作成メンバー：〇〇・〇〇	作成日：〇年〇月〇日

	ソーシャルワーク実習教育に含むべき事項（国通知）	達成目標（評価ガイドライン）※各達成目標の具体例は行動目標を参照	当該実習施設における実習の実施方法及び展開 学生に求める事前学習	具体的実習内容 SW 実践の場の理解に関する内容	SWr の理解に関する内容	SW 実践の理解に関する内容	SW 実践の理解に関する内容（発展的）	指導上の留意点 活用する資料・参照物
①	利用者やその関係者（家族・親族、友人等）、施設・事業者・機関・団体、住民やボランティア等との基本的なコミュニケーションや円滑な人間関係の形成	(1) クライエント等と人間関係を形成するための基本的なコミュニケーションをとることができる	・マイクロカウンセリングの技法、バイステックの7原則を確認する ・施設HP等を閲覧し、施設概要、利用者状況、専門職等職員の状況を調べる ・施設のある地域の特徴を調べる	❶事前学習から考察した施設利用者の状況とかかわりにおける留意点を整理して実習生より報告する ❷施設が地域に向けて理解促進のためにどのような情報をどのように発信しているか等の説明を受ける	❶ SWr と利用者とのかかわりの場面を観察し、SWr がどのような技法を使い、またどのような場面でその技法が有効であるか考察して実習記録に記す ❷施設の利用者や家族からの相談場面、待機者面接や多職種または関係機関との会議等に同席し、SWr の場面に応じた態度や姿勢、コミュニケーション技法を観察し、実習記録に記す	❶利用者と交流し、日常場面での会話を体験する ❷関係機関、地域住民とのかかわりの場面に同行し、場面に応じた態度、姿勢、言語・非言語のコミュニケーションをとる ❸各場面の経過を整理して記録（会議録、逐語録、面接記録等）し、実習指導者に報告する	❶傾聴技法を意識した利用者とのコミュニケーション場面を振り返って、自身の使った技法の意味と効果を考察して実習指導者に報告する ❷同行した面接を再現して、潜在ニーズを意識したかかわりを体験し、使われたコミュニケーション技法とその効果について考察して実習記録に記す ❸地域の公益的取組等、施設の行う事業について、公式サイト、施設の管理するSNSに掲載する原稿を作成する	・面接・会議等に同席するにあたり、事前に趣旨を説明して同意を得る ・接遇を意識した挨拶や態度を意識させる ・施設の概要（公式サイト、パンフレット、事業報告書）
②	利用者やその関係者（家族・親族、友人等）との援助関係の形成	(2) クライエント等との援助関係を形成することができる	・①の事前学習と共通	❶施設利用者の特性とかかわりに関する留意すべき点について実習指導者から説明を受ける	❶担当する利用者（以下、担当利用者）との援助関係形成に向けた利用者の概況などの説明を受ける ❷利用者の生活場面における実習指導者のかかわりに同行して観察し、マイクロカウンセリングの技法に基づく言動を実習記録に記す	❶担当利用者と日常生活場面において多様な話題で会話し、安心感のある関係づくりをする	❶自己紹介をして、実習の目的と今後のかかわりについて担当利用者に説明し、実習協力及び情報取得利用等の同意を得る	・利用者の生活場面での交流がスムーズに行えるように各職種に協力要請をする ・担当利用者の記録
③	利用者や地域の状況を理解し、その生活上の課題（ニーズ）の把握、支援計画の作成と実施及び評価	(3) クライエント、グループ、地域住民等のアセスメントを実施し、ニーズを明確にすることができる (4) 地域アセスメントを実施し、地域の課題や問題解決に向けた目標を設定することができる (5) 各種計画の様式を使用して計画を作成・策定及び実施することができる (6) 各種計画の実施をモニタリング及び評価することができる	・施設HP等を閲覧し、施設概要、利用者状況、専門職等職員の状況や取り組みの概要を調べる ・介護老人福祉施設指定基準に掲載されている計画書を確認する ・地域福祉計画、介護保険事業計画等を閲覧し、地域課題、自治体の取り組みや方向性を調べる	❶施設で使用する各種書式や面接記録を閲覧し、記入方法や収集すべき情報の概要について説明を受ける ❷各種計画書を閲覧して、利用者のニーズ把握、モニタリング、計画変更時期、多職種協働の仕組み等について各専門職から説明を受ける ❸施設サービス計画書と委員会等の計画、事業所・法人の事業計画の関連性について説明を受ける ❹地域福祉計画や介護保険事業計画、施設の作成する地域資源リスト・マップや地域の人口動態推計予測等を用いて、施設のある地域の特性や課題について説明を受ける	❶担当利用者の入居申込みから現在までの支援過程の記録を閲覧し、その過程における実習指導者のかかわりについてヒアリングする ❷各種計画書の関係性（関連性）について整理し、実習指導者の役割について考察し、その内容を実習記録に記す ❸地域資源リストの作成とその目的、具体的な活用事例、地域課題の解決に向けた取り組みを企画・実施するための仕組みについて実習指導者から説明を受ける ❹特別養護老人ホームが地域課題の解決に向けた取り組みを行う意義と SWr の役割について説明を受けて、要点をまとめ、考察を加えて実習記録に記す	❶担当利用者のケース記録、生活場面への同行から収集した客観的・主観的情報を、バイオ・サイコ・ソーシャル要因に分類して分析する ❷担当利用者のエコマップを作成し、取り巻く環境や関係性を理解してストレングスやニーズを把握する ❸収集した情報を統合してアセスメントし、支援目標を立てて、個別支援計画を作成し、模擬サービス担当者会議で評価を受け、実施協力を依頼する ❹担当利用者・家族に支援計画を説明し、同意を得て支援計画を実施する ❺（③の場❹）の資料を基に情報を統合して SWOT 分析を行い、地域の特性や課題を考察して実習指導者に報告する	❶支援計画に基づいた支援の実施後、傾聴のスキルを意識した利用者との会話のなかから本人の思いを考察し、支援目標と支援計画について自ら評価し、実習指導者に報告する ❷個別援助計画実践の振り返りから SWr の業務、機能、必要な専門性を考察して発表する（実習報告会） ❸ SWOT 分析から明らかになった地域の課題について、優先順位をつけ、その1つについて地域の強み・資源を活かしながら解決するための取り組みを企画して実習指導者に報告する	・実習生の特性や実習の進捗状況に応じて担当利用者を選定し、担当利用者から同意を得る ・実習生が支援計画を作成して支援を実施することを多職種と事前に共有する ・担当利用者の記録 ・施設サービス計画書等各種計画書 ・介護報酬の解釈② ・地域福祉計画、介護保険事業計画等 ・施設の作成した地域資源リスト、地域調査等
④	利用者やその関係者（家族・親族、友人等）への権利擁護活動とその評価	(7) クライエント及び多様な人々の権利擁護並びにエンパワメントを含む実践を行い、評価することができる	・介護老人福祉施設指定基準を確認する ・ユニットケアの理念等について調べる ・成年後見制度について調べる	❶利用者の尊厳を守ることが施設生活のなかで具体的にどのような事柄に意識を向けているか説明を受ける（生活習慣、価値観、信条等の尊重） ❷苦情解決システム、第三者評価等の概要や位置づけについて説明を受ける ❸施設の運営基準における高齢者虐待防止・身体拘束適正化の仕組みと施設における取り組みについて説明を受ける ❹成年後見制度の概要と活用事例について説明を受ける	❶ SWr のエンパワメントの視点に基づく実践事例から、自己決定のプロセス及び施設での生活における利用者の権利擁護の実際の説明を受ける ❷苦情解決、リスクマネジメント等について、実際の事例を用いて解決までの援助展開から SWr の果たすべき役割について考察して実習記録に記す ❸成年後見制度の活用事例における SWr のかかわりについて説明を受け、SWr の果たすべき役割について考察して実習記録に記す	❶担当利用者の生活習慣、価値観、信条等を把握し、施設生活で尊重されているか考察し、その達成度や課題を整理して実習指導者に報告する ❷厚生労働省等が公開する事例を閲覧し、解決策を検討するとともに、高齢者虐待や身体拘束が行われる要因、背景を考察し、施設の取り組みを評価して、実習指導者に報告する ❸後見人等に、業務、思い、やりがいや課題等を検討してインタビューする	❶担当利用者の課題を施設の課題へ普遍化するための提案をして評価を受ける ❷施設における権利擁護のための仕組みについて考察して報告する ❸高齢者虐待防止・身体拘束適正化のための研修を計画し、実習指導者の評価を受ける ❹施設利用者の成年後見制度の活用についての課題を整理して、自分なりの提言をまとめ、実習指導者に報告する	・実習生が施設の課題を考察する上で、要因や背景に目を向けられるよう支援する ・担当利用者の記録 ・成年後見制度活用事例のケース記録 ・身体拘束適正化・虐待防止委員会会議録・研修記録等

⑤	多職種連携及びチームアプローチの実践的理解	(8) 実習施設・機関等の各職種の機能と役割を説明することができる (9) 実習施設・機関等と関係する社会資源の機能と役割を説明することができる (10) 地域住民、関係者、関係機関等と連携・協働することができる (11) 各種会議を企画・運営することができる	・施設 HP を閲覧し、法人の運営する事業、拠点におけるサービスを確認する ・施設 HP から委員会等の取り組みを確認する ・地域の福祉・医療・介護等の施設・事業所・機関を調べる	❶法人の組織図などを参照して、運営する施設・事業所について、その特色や期待する役割、相互の連携などを交えて実習指導者から説明を受ける ❷併設事業所、実習施設内の各職種の機能と役割について各担当者より説明を受ける ❸実習施設に関係する機関、団体等の機能と役割、連携について、実際に使われている様式等を用いて実習指導者から説明を受ける ❹関係機関・団体、ボランティアについて SWr から説明を受ける	❶法人内外の事業所や機関、多職種の連携・調整に係る SWr の役割や業務について実習指導者から説明を受ける。また、各専門職等に SWr とのかかわりや役割分担等についてヒアリングし、施設内外の多職種協働における SWr の果たすべき役割について考察して実習記録に記す ❷併設の在宅サービス利用者が施設入居したケースや入退院支援において施設内外の専門職とのかかわりとツールについて説明を受け、実際に記入することにより、連携の意味や共通ルールがあることの有用性と課題について考察して実習記録に記す	❶サービス担当者会議に同席して、各専門職の意見が統合され、目標設定や役割分担の合意形成がなされ施設サービス計画書へと成り立つ過程を観察し、多職種連携における SWr の役割について考察して実習記録に記す ❷在宅サービスのサービス担当者会議に同席し、複数の機関・事業所における多職種・他事業所の連携・協働の過程を観察し、SWr に期待される役割を考察して実習記録に記す ❸地域資源マップを作成して多様な機関・団体等とのかかわり、効果について考察するとともに、地域に活かすことができる施設の機能をピックアップし、期待される効果とその理由を実習指導者に報告する	❶在宅サービス利用者や家族にサービス利用が暮らしの継続にどのように役立っているかインタビューし、在宅サービスと入居施設が連携することの利点と課題を考察する。また、在宅サービスと施設サービスのケアプランを比較し、それぞれの場で暮らしの継続のための多職種連携のあり方を考察して実習記録に記す ❷退院の受け入れに際し、医療機関、家族等から得た情報を整理し、退院後のケアについて実習指導者とともにカンファレンスで多職種に説明する ❸施設の持つ機能を地域に活かす取り組みを企画し、実施に至るまでのプロセスとそこでの SWr の役割を考察して実習指導者に報告する	・施設内外の他職種及び他機関に実習生が同席、対応することについて事前に交渉、同意を得る ・多職種に実習生が実習指導者とともに開催するカンファレンスについての協力を要請する ・事業報告・組織図 ・関係機関等リスト ・各種情報共有様式 ・在宅サービス利用者の計画・記録 ・地域資源リスト・マップ
⑥	当該実習先が地域社会の中で果たす役割の理解及び具体的な地域社会への働きかけ	(12) 地域社会における実習施設・機関等の役割を説明することができる (13) 地域住民や団体、施設、機関等に働きかけることができる	・施設のある地域（広域、圏域）の状況を調べる ・地域の社会資源の状況を調べる ・社会福祉法人の公益的取組の概要と施設が実施する公益的取組の状況を調べる	❶事業報告書を用いて地域社会における施設の役割について実習指導者より説明を受ける ❷公益的取組の目的や活動内容について実習指導者より説明を受ける（無償送迎付きサロン＆マルシェ、子育て支援事業、福祉避難所、かけこみ 110 番等）	❶地域共生社会の実現に向けた社会福祉士の機能・役割について、実習指導者の思いとその実現のために行っている事柄について説明を受ける ❷公益的取組の実施のきっかけと経緯、支援プロセスについて実習指導者から説明を受け、SWr が行う他機関や地域住民等への働きかけを観察し、SWr の役割を考察して実習記録に記す	❶社会福祉法人に地域の公益的取組が求められる背景と期待される役割について考察し、実習指導者に報告する ❷公益的取組（サロン等）や地域の集まりに参加し、参加者から生活上の困りごと、ニーズ等をヒアリングする ❸課題解決に向け、実習指導者と一緒に他機関や地域住民と実施中の取り組みの見直しや新たな取り組みについて企画する	❶公益的取組の実施や地域ニーズ等のヒアリングをして、新たな課題を整理し、地域共生社会の実現に向けた社会福祉士の機能と役割を考察して実習報告会で報告する ❷サロンでの催しやボランティア受け入れ等を企画・実施し、実習指導者や実施協力者から評価を受ける	・各関係機関・団体等に事前に実習生が同行・インタビュー等を行うことの同意を得る ・事業報告書 ・公益的取組の企画・実施記録、会議録等
⑦	地域における分野横断的・業種横断的な関係形成と社会資源の活用・調整・開発に関する理解	(14) 地域における分野横断的・業種横断的な社会資源について説明し、問題解決への活用や新たな開発を検討することができる	・地域の社会資源の状況を調べる ・施設 HP から施設の実施する公益的取組の状況を調べる	❶施設の関係機関・団体、ボランティア、また、施設の主催する運営推進会議について実習指導者から説明を受ける ❷他施設との連携事例（研修会・イベント等）とその成果について実習指導者から説明を受ける	❶関係機関・団体、ボランティアとの公益的取組の実施に向けた打ち合わせに同席し、実習指導者の役割について考察して実習記録に記す ❷他施設と連携した事業の打ち合わせ・運営推進会議に同席し、実習指導者が担う役割について観察し、実習記録に記す	❶関係機関・団体の職員、地域の協力者・ボランティアに施設と連携して行う公益的取組の効果と改善点についてインタビューする ❷運営推進会議等に同席し、地域課題の解決に向けた取り組みにつながるプロセスを観察し、求められたら意見を述べる	❶地域の公益的取組について発信する情報の原稿を作成し、発信する対象、方法について実習指導者に提案する	・各関係機関・団体等から事前に実習生の同行・インタビュー等に同意を得る ・他施設との連携研修イベント及び公益的取組の企画・実施記録 ・運営推進会議録
⑧	施設・事業者・機関・団体等の経営やサービスの管理運営の実際（チームマネジメントや人材管理の理解を含む）	(15) 実習施設・機関等の経営理念や戦略を分析に基づいて説明することができる (16) 実習施設・機関等の法的根拠、財政、運営方法等を説明することができる	・施設 HP、パンフレット等から法人理念、取り組みの概要を確認する ・介護保険の理念や事業所の運営基準を確認する ・施設 HP から事業計画・報告、決算書を確認する	❶事業報告書に沿って実習施設の理念や意義、BCP（感染症・災害）等を含む施設の取り組みや理事会・評議員会など組織の意思決定を行う組織体について実習指導者より説明を受ける ❷介護保険法の理念、施設の法的根拠、運営基準、介護報酬や加算等の仕組みとサービスの質向上の関連性について実習指導者より説明を受ける ❸施設が行う地域の人口動態推計予測、資源調査等の結果から、施設の取り組みに至ったプロセスについて実習指導者から説明を受ける	❶実習指導者から経営理念、経営戦略や組織における意思決定の仕組み（理事会等）について、実習指導者の業務との関連性を交えて説明を受ける ❷施設長から社会福祉士が施設の管理者の資格として明記されている意義・期待について説明を受ける ❸経営戦略に基づく各委員会の取り組みとその取り組みが利用者の生活や職員のモチベーション維持に与える影響について説明を受ける ❹加算取得とサービスの質と利用者の生活の質向上の取り組みの関連性、SWr の働きかけについて説明を受ける	❶実習指導者の説明や地域の社会資源の状況から、実習施設の状況を SWOT 分析で分析し、実習指導者に報告する ❷委員会に参加して、具体的な取り組みについて法人理念、事業計画と関連付けながら合意形成の過程を観察し、求められたら意見を述べる ❸ SWr になぜ根拠法令、指定基準、財務等の理解が必要なのか自分の考えを述べ、実習指導者から指導を受ける ❹加算取得の取り組みに期待する効果や課題について各委員にヒアリングする	❶ SWOT 分析に基づき、実習施設の弱みを改善して強みを活かす戦略を立て、多様な資源と連携した取り組みを企画して、実習報告会で発表する ❷委員会の取り組みを、法人理念、組織図、事業計画、決算書と関連づけて考察し、疑問点等を実習指導者に質問し、理解した内容を実習記録に記す ❸加算取得の取り組みが利用者の生活の質向上に具体的にどのような効果をもつか考察して実習指導者に報告する	・経営が一部の役員で行うのではなく、すべての職員にかかわることであることを意識させる ・事業計画・報告書 ・決算書・事業継続計画 ・各委員会等会議録 ・介護報酬の解釈①② ・地域資源リスト・マップ ・公益的取組の企画書・実施記録
⑨	社会福祉士としての職業倫理と組織の一員としての役割と責任の理解	(17) 実習施設・機関等における社会福祉士の倫理に基づいた実践及びジレンマの解決を適切に行うことができる	・社会福祉士の倫理綱領・行動規範を自分の言葉で表現できるよう整理する ・施設 HP から運営規程・重要事	❶社会福祉士の倫理綱領及び行動規範をともに確認しながら、実習施設が社会福祉士の倫理に基づいた実践を行う場であることの説明を受ける ❷法人の就業規則について働き方改革等関連法令との関連性を交えて実習指導者より説明を受ける	❶倫理綱領・行動規範に照らした具体的実践事例から、実習指導者のジレンマや決断の決め手、その根拠等の説明を受け、理解した内容を実習記録に記す ❷施設にある規則等の体系、概要について説明を受ける ❸就業規則について、法人理念・倫理や	❶利用者の生活場面に潜むジレンマの種になる状況を探した上で、実習指導者に理由を添えて報告する ❷運営規程・重要事項を閲覧し、利用者・組織・職員それぞれに対する利点・欠点を考察して実習指導者に報告する ❸ WLB 委員会に同席し、働きやすい職	❶⑨の実❶で気づいたジレンマ解消のための解決策を検討し、その利点、欠点を整理して実習指導者に報告する ❷サービス提供の場と規則の乖離、不具合等を整理して実習指導者に質問し、改善の必要がある項目と理由を述べる ❸働きやすい職場環境構築の取り組みを	・実習指導者が価値の伝達に向けて準備する ・実習生が施設の課題を考察できるよう多職種に協力を要請する

			(18) 実習施設・機関等の規則等について説明することができる	項説明書、職場環境改善等の取り組みを確認する		職員の働きやすさ等の関係性を踏まえて実習指導者から説明を受ける	場環境のための意見交換や合意形成の過程について理解した内容を実習記録に記す	評価し、課題を整理するとともにSWrの役割について考察して、実習指導者に報告する	・社会福祉士の倫理綱領・行動規範 ・運営規程・重要事項説明書・就業規則 ・両立支援委員会記録
⑩	1	アウトリーチ	(19) 以下の技術について目的、方法、留意点について説明することができる ・アウトリーチ ・ネットワーキング ・コーディネーション ・ネゴシエーション ・ファシリテーション ・プレゼンテーション ・ソーシャルアクション	・用語の意義、目的、機能、方法について調べる ・関連する社会資源を調べる	❶訪問記録、面接記録を閲覧し、アウトリーチについて実習指導者より説明を受ける	❶訪問に同行し、信頼関係の形成、傾聴、受容について観察し、実習記録に記す	❶訪問、面接で収集した情報を整理する。顕在的・潜在的なニーズを考察し、実習指導者へ報告した上で指導を受ける	❶訪問同行後、利用者の生活課題を抽出し、課題解決に向けた計画を作成し、模擬サービス担当者会議で発表する	・事前に実習生同行の同意を得る ・訪問記録・面接記録
	2	ネットワーキング			❶（⑤⑦の場）の実習内容と共通	❶（⑤⑦のSWr）の実習内容と共通	❶（⑤⑦の実）の実習内容と共通	❶（⑤⑦の発）の実習内容と共通	・⑤⑦の内容と連動 ・⑤⑦と共通
	3	コーディネーション			❶（⑤⑦の場）の実習内容と共通	❶（⑤⑦のSWr）の実習内容と共通	❶（⑤⑦の実）の実習内容と共通	❶（⑤⑦の発）の実習内容と共通	・⑤⑦の内容と連動 ・⑤⑦と共通
	4	ネゴシエーション			❶過去の事例からネゴシエーションについて実習指導者より説明を受ける	❶面談や会議等に同席し、SWrの態度や姿勢、説明の仕方、タイミング、了解の得方を観察し、実習記録へ記す	❶利用者との面談後、どのような内容で調整したか、どのように進めたか、相手の反応等、経過を実習記録に記す	❶他機関との共同事業（サービス）の会議（打合せ等）で、他機関やボランティアへ直接ネゴシエーションを行う	・事前に実習生同席の同意を得る
	5	ファシリテーション			❶過去の事例からファシリテーションについて実習指導者より説明を受ける	❶施設内外の会議に同席し、SWrの進行、意見調整や橋渡し、合意までのプロセス等を観察し、実習記録へ記す	❶施設内会議の企画、運営を実習指導者と一緒に行い、会議の目的、目標、役割分担について実習指導者に報告する	❶模擬サービス担当者会議を企画し、会議でファシリテーターを担当する	
	6	プレゼンテーション			❶過去の事例からプレゼンテーションについて実習指導者より説明を受ける	❶実際のプレゼンテーション場面に同席し、SWrの言動、プレゼンテーション技術を観察し、実習記録へ記す	❶プレゼンテーションの資料作成や準備等を実習指導者と一緒に行う	❶施設外部者を含めた場でプレゼンテーションを行い、実施後に参加者へ意見を求め、評価を受ける	・各種記録等
	7	ソーシャルアクション			❶過去の事例からソーシャルアクション、連携している機関、団体等について実習指導者より説明を受ける	❶公益的事業等の事例を用いて、SWrの役割、機能、展開過程について実習指導者より説明を受ける	❶他機関職員、団体、地域住民等との意見交換の場に同席し、地域課題や必要な取り組みについてヒアリングする	❶新たな課題や取り組みの展開過程について、自分の意見を模擬サービス担当者会議で発表し、評価を受ける	

ソーシャルワーク実習　個別実習プログラム（180 時間用）

実習基本情報					
実習施設名：特別養護老人ホーム○○	実習指導者氏名：○○・○○		実習期間：○年○月○日（○）～○年○月○日（○）	他の実習施設	名称：○○
養成校：○○	実習生氏名：○○	学年：○年生	実習回数：○カ所目（全○カ所）／実習時間数：180 時間		期間：○年○月○日（○）～○年○月○日（○）

	ソーシャルワーク実習教育に含むべき事項（国通知）	達成目標（評価ガイドライン）※各達成目標の具体例は行動目標を参照	当該実習施設における実習の実施方法及び展開：事前学習・事前訪問	具体的実習内容：1～2週目*	具体的実習内容：3～4週目*	具体的実習内容：4～5週目	活用する資料・参照物
①	利用者やその関係者（家族・親族、友人等）、施設・事業者・機関・団体、住民やボランティア等との基本的なコミュニケーションや円滑な人間関係の形成	(1) クライエント等と人間関係を形成するための基本的なコミュニケーションをとることができる	・マイクロカウンセリングの技法、バイステックの7原則を確認する ・施設 HP 等を閲覧し、施設概要、利用者状況、専門職等職員の状況、施設のある地域の特徴を調べる	・事前学習から考察した施設利用者の状況とかかわりにおける留意点を整理して実習生より報告する（①の場❶） ・施設が地域に向けて理解促進のためにどのような情報をどのように発信しているか等の説明を受ける（①の場❷） ・SWr と利用者とのかかわりの場面を観察し、SWr がどのような技法を使い、またどのような場面でその技法が有効であるか考察して実習記録に記す（①の SWr ❶） ・利用者と交流し、日常場面での会話を体験する（①の実❶） ・関係機関、地域住民とのかかわりの場面に同行し、場面に応じた態度、姿勢、言語・非言語のコミュニケーションをとる（①の実❷）	・施設の利用者や家族からの相談場面、待機者面接や多職種または関係機関との会議等に同席し、SWr の場面に応じた態度や姿勢、コミュニケーション技法を観察し、実習記録に記す（①の SWr ❷） ・各場面の経過を整理して記録（会議録、逐語録、面接記録等）し、実習指導者に報告する（①の実❸） ・傾聴技法を意識した利用者とのコミュニケーション場面を振り返って、自身の使った技法の意味と効果を考察して実習指導者に報告する（①の発❶）	・同行した面接を再現して、潜在ニーズを意識したかかわりを体験し、使われたコミュニケーション技法とその効果について考察して実習記録に記す（①の発❷） ・地域の公益的取組等、施設の行う事業について、公式サイト、施設の管理する SNS に掲載する原稿を作成する（①の発❸）	・施設の概要（公式サイト、パンフレット、事業報告書）
②	利用者やその関係者（家族・親族、友人等）との援助関係の形成	(2) クライエント等との援助関係を形成することができる	・①の事前学習と共通	・施設利用者の特性とかかわりに関する留意すべき点について実習指導者から説明を受ける（②の場❶） ・担当する利用者（以下、担当利用者）との援助関係形成に向けた利用者の概況などの説明を受ける（②の SWr ❶） ・利用者の生活場面における実習指導者のかかわりに同行して観察し、マイクロカウンセリングの技法に基づく言動を実習記録に記す（②の SWr ❷）	・担当利用者と日常生活場面において多様な話題で会話し、安心感のある関係づくりをする（②の実❶） ・自己紹介をして、実習の目的と今後のかかわりについて担当利用者に説明し、実習協力及び情報取得利用等の同意を得る（②の発❶）		・担当利用者の記録
③	利用者や地域の状況を理解し、その生活上の課題（ニーズ）の把握、支援計画の作成と実施及び評価	(3) クライエント、グループ、地域住民等のアセスメントを実施し、ニーズを明確にすることができる (4) 地域アセスメントを実施し、地域の課題や問題解決に向けた目標を設定することができる (5) 各種計画の様式を使用して計画を作成・策定及び実施することができる (6) 各種計画の実施をモニタリング及び評価することができる	・施設 HP 等を閲覧し、施設概要、利用者状況、専門職等職員の状況や取り組みの概要を調べる ・介護老人福祉施設指定基準に掲載されている計画書を確認する ・地域福祉計画、介護保険事業計画等を閲覧し、地域課題、自治体の取り組みや方向性を調べる	・施設で使用する各種書式や面接記録を閲覧し、記入方法や収集すべき情報の概要について説明を受ける（③の場❶） ・各種計画書を閲覧して、利用者のニーズ把握、モニタリング、計画変更時期、多職種協働の仕組み等について各専門職から説明を受ける（③の場❷） ・施設サービス計画書と委員会等の計画、事業所・法人の事業計画の関連性について説明を受ける（③の場❸） ・地域福祉計画や介護保険事業計画、施設の作成する地域資源リスト・マップや地域の人口動態推計予測等を用いて、施設のある地域の特性や課題について説明を受ける（③の場❹） ・担当利用者の入居申込みから現在までの支援過程の記録を閲覧し、その過程における実習指導者のかかわりについてヒアリングする（③の SWr ❶）	・各種計画書の関係性（関連性）について整理し、実習指導者の役割について考察し、その内容を実習記録に記す（③の SWr ❷） ・地域資源リストの作成とその目的、具体的な活用事例、地域課題の解決に向けた取り組みを企画・実施するための仕組みについて実習指導者から説明を受ける（③の SWr ❸） ・特別養護老人ホームが地域課題の解決に向けた取り組みを行う意義と SWr の役割について説明を受けて、要点をまとめ、考察を加えて実習記録に記す（③の SWr ❹） ・担当利用者のケース記録、生活場面への同行から収集した客観的・主観的情報を、バイオ・サイコ・ソーシャル要因に分類して分析する（③の実❶） ・担当利用者のエコマップを作成し、取り巻く環境や関係性を理解してストレングスやニーズを把握する（③の実❷） ・収集した情報を統合してアセスメントし、支援目標を立てて、個別支援計画を作成し、模擬サービス担当者会議で評価を受け、実施協力を依頼する（③の実❸） ・担当利用者・家族に支援計画を説明し、同意を得て支援計画を実施する（③の実❹）	・（③の場❹）の資料を基に情報を統合して SWOT 分析を行い、地域の特性や課題を考察して実習指導者に報告する（③の実❺） ・支援計画に基づいた支援の実施後、傾聴のスキルを意識した利用者との会話のなかから本人の思いを考察し、支援目標と支援計画について自ら評価し、実習指導者に報告する（③の発❶） ・個別援助計画実践の振り返りから SWr の業務、機能、必要な専門性を考察して発表する（実習報告会）（③の発❷） ・SWOT 分析から明らかになった地域の課題について、優先順位をつけ、その1つについて地域の強み・資源を活かしながら解決するための取り組みを企画して実習指導者に報告する（③の発❸）	・担当利用者の記録 ・施設サービス計画書等各種計画書 ・介護報酬の解釈② ・地域福祉計画、介護保険事業計画等 ・施設の作成した地域資源リスト、地域調査等
	利用者やその関係者（家族・親族、友人等）への権利擁護活動とその評価	(7) クライエント及び多様な人々の権利擁護並びにエンパワメントを含む実践を行い、評価することができる	・介護老人福祉施設指定基準を確認する ・ユニットケアの	・利用者の尊厳を守ることが施設生活のなかで具体的にどのような事柄に意識を向けているか説明を受ける（生活習慣、価値観、信条等の尊重）（④の場❶）	・担当利用者の生活習慣、価値観、信条等を把握し、施設生活で尊重されているか考察し、その達成度や課題を整理して実習指導者に報告する（④の実❶） ・施設の運営基準における高齢者虐待防止・身体拘束適正化の仕	・担当利用者の課題を施設の課題へ普遍化するための提案をして評価を受ける（④の発❶） ・施設における権利擁護のための仕組みについて考察して報告する（④の発❷）	・担当利用者の記録 ・成年後見制度活用事例のケース記録 ・身体拘束適正化・虐

④			理念等について調べる ・成年後見制度について調べる	・SWrのエンパワメントの視点に基づく実践事例から、自己決定のプロセス及び施設での生活における利用者の権利擁護の実際の説明を受ける（④のSWr❶） ・苦情解決システム、第三者評価等の概要や位置づけについて説明を受ける（④の場❷） ・苦情解決、リスクマネジメント等について、実際の事例を用いて解決までの援助展開からSWrの果たすべき役割について考察して実習記録に記す（④のSWr❷）	組みと施設における取り組みについて説明を受ける（④の場❸） ・厚生労働省等が公開する事例を閲覧し、解決策を検討するとともに、高齢者虐待や身体拘束が行われる要因、背景を考察し、施設の取り組みを評価して、実習指導者に報告する（④の実❷） ・成年後見制度の概要と活用事例について説明を受ける（④の場❹） ・成年後見制度の活用事例におけるSWrのかかわりについて説明を受け、SWrの果たすべき役割について考察して実習記録に記す（④のSWr❸）	・高齢者虐待防止・身体拘束適正化のための研修を計画し、実習指導者の評価を受ける（④の発❸） ・後見人等に、業務、思い、やりがいや課題等を検討してインタビューする（④の実❸） ・施設利用者の成年後見制度の活用についての課題を整理して、自分なりの提言をまとめ、実習指導者に報告する（④の発❹）	待防止委員会会議録・研修記録等
⑤	多職種連携及びチームアプローチの実践的理解	(8) 実習施設・機関等の各職種の機能と役割を説明することができる (9) 実習施設・機関等と関係する社会資源の機能と役割を説明することができる (10) 地域住民、関係者、関係機関等と連携・協働することができる (11) 各種会議を企画・運営することができる	・施設HPを閲覧し、法人の運営する事業、拠点におけるサービスを確認する ・施設HPから委員会等の取り組みを確認する ・地域の福祉・医療・介護等の施設・事業所・機関を調べる	・法人の組織図などを参照して、運営する施設・事業所について、その特色や期待する役割、相互の連携などを交えて実習指導者から説明を受ける（⑤の場❶） ・法人内外の事業所や機関、多職種の連携・調整に係るSWrの役割や業務について実習指導者から説明を受ける。また、各専門職等にSWrとのかかわりや役割分担等についてヒアリングし、施設内外の多職種協働におけるSWrの果たすべき役割について考察して実習記録に記す（⑤のSWr❶） ・併設事業所、実習施設内の各職種の機能と役割について各担当者より説明を受ける（⑤の場❷） ・実習施設に関係する機関、団体等の機能と役割、連携について、実際に使われている様式等を用いて実習指導者から説明を受ける（⑤の場❸） ・関係機関・団体、ボランティアについてSWrから説明を受ける（⑤の場❹）	・併設の在宅サービス利用者が施設入居したケースや入退院支援において施設内外の専門職とのかかわりとツールについて説明を受け、実際に記入することにより、連携の意味や共通ルールがあることの有用性と課題について考察して実習記録に記す（⑤のSWr❷） ・サービス担当者会議に同席して、各専門職の意見が統合され、目標設定や役割分担の合意形成がなされ施設サービス計画書へと成り立つ過程を観察し、多職種連携におけるSWrの役割について考察して実習記録に記す（⑤の実❶） ・在宅サービスのサービス担当者会議に同席し、複数の機関・事業所における多職種・他事業所の連携・協働の過程を観察し、SWrに期待される役割を考察して実習記録に記す（⑤の実❷） ・地域資源マップを作成して多様な機関・団体等とのかかわり、効果について考察するとともに、地域に活かすことができる施設の機能をピックアップし、期待される効果とその理由を実習指導者に報告する（⑤の実❸）	・在宅サービス利用者や家族にサービス利用が暮らしの継続にどのように役立っているかインタビューし、在宅サービスと入居施設が連携することの利点と課題を考察する。また、在宅サービスと施設サービスのケアプランを比較し、それぞれの場で暮らしの継続のための多職種連携のあり方を考察して実習記録に記す（⑤の発❶） ・退院の受け入れに際し、医療機関、家族等から得た情報を整理し、退院後のケアについて実習指導者とともにカンファレンスで多職種に説明する （⑤の発❷） ・施設の持つ機能を地域に活かす取り組みを企画し、実施に至るまでのプロセスとそこでのSWrの役割を考察して実習指導者に報告する （⑤の発❸）	・事業報告・組織図 ・関係機関等リスト ・各種情報共有様式 ・在宅サービス利用者の計画・記録 ・地域資源リスト・マップ
⑥	当該実習先が地域社会の中で果たす役割の理解及び具体的な地域社会への働きかけ	(12) 地域社会における実習施設・機関等の役割を説明することができる (13) 地域住民や団体、施設、機関等に働きかけることができる	・施設のある地域（広域、圏域）の状況と社会資源について調べる ・社会福祉法人の公益的取組の概要と施設が実施する公益的取組の状況を調べる	・事業報告書を用いて地域社会における施設の役割について実習指導者より説明を受ける（⑥の場❶） ・公益的取組の目的や活動内容について実習指導者より説明を受ける（無償送迎付きサロン＆マルシェ、子育て支援事業、福祉避難所、かけこみ110番等）（⑥の場❷） ・公益的取組の実施のきっかけと経緯、支援プロセスについて実習指導者から説明を受け、SWrが行う他機関や地域住民等への働きかけを観察し、SWrの役割を考察して実習記録に記す（⑥のSWr❷）	・社会福祉法人に地域の公益的取組が求められる背景と期待される役割について考察し、実習指導者に報告する（⑥の実❶） ・地域共生社会の実現に向けた社会福祉士の機能・役割について、実習指導者の思いとその実現のために行っている事柄について説明を受ける（⑥のSWr❶） ・公益的取組（サロン等）や地域の集まりに参加し、参加者から生活上の困りごと、ニーズ等をヒアリングする（⑥の実❷）	・課題解決に向け、実習指導者と一緒に他機関や地域住民と実施中の取り組みの見直しや新たな取り組みについて企画する（⑥の実❸） ・公益的取組の実施や地域ニーズ等のヒアリングをして、新たな課題を整理し、地域共生社会の実現に向けた社会福祉士の機能と役割を考察して実習報告会で報告する（⑥の発❶） ・サロンでの催しやボランティア受け入れ等を企画・実施し、実習指導者や実施協力者から評価を受ける（⑥の発❷）	・事業報告書 ・公益的取組の企画・実施記録、会議録等
⑦	地域における分野横断的・業種横断的な関係形成と社会資源の活用・調整・開発に関する理解	(14) 地域における分野横断的・業種横断的な社会資源について説明し、問題解決への活用や新たな開発を検討することができる	・地域の社会資源の状況を調べる ・施設HPから施設の実施する公益的取組の状況を調べる	・施設の関係機関・団体、ボランティア、また、施設の主催する運営推進会議について実習指導者から説明を受ける（⑦の場❶） ・他施設との連携事例（研修会・イベント等）とその成果について実習指導者から説明を受ける（⑦の場❷）	・関係機関・団体、ボランティアとの公益的取組の実施に向けた打ち合わせに同席し、実習指導者の役割について考察して実習記録に記す（⑦のSWr❶） ・他施設と連携した事業の打ち合わせ・運営推進会議に同席し、実習指導者が担う役割について観察し、実習記録に記す（⑦のSWr❷） ・関係機関・団体の職員、地域の協力者・ボランティアに施設と連携して行う公益的取組の効果と改善点についてインタビューする（⑦の実❶）	・運営推進会議等に同席し、地域課題の解決に向けた取り組みにつながるプロセスを観察し、求められたら意見を述べる（⑦の実❷） ・地域の公益的取組について発信する情報の原稿を作成し、発信する対象、方法について実習指導者に提案する（⑦の発❶）	・他施設との連携研修イベント及び公益的取組の企画・実施記録 ・運営推進会議録
	施設・事業者・機関・団体等の経営やサービスの管理運営の実際（チームマネジメントや人材管理の理解を含む）	(15) 実習施設・機関等の経営理念や戦略を分析に基づいて説明することができる	・施設HP、パンフレット等から法人理念、取り組みの概要を確認する ・介護保険の理念や事業所の運営基準を確認する ・施設HPから事	・事業報告書に沿って実習施設の理念や意義、BCP（感染症・災害）等を含む施設の取り組みや理事会・評議員会など組織の意思決定を行う組織体について実習指導者より説明を受ける（⑧の場❶） ・施設が行う地域の人口動態推計予測、資源調査等の結果から、施設の取り組みに至ったプロセスについて実習指導者から説明を受ける（⑧の場❸）	・介護保険法の理念、施設の法的根拠、運営基準、介護報酬や加算等の仕組みとサービスの質向上の関連性について実習指導者より説明を受ける（⑧の場❷） ・加算取得とサービスの質と利用者の生活の質向上の取り組みの関連性、SWrの働きかけについて説明を受ける（⑧のSWr❹） ・実習指導者の説明や地域の社会資源の状況から、実習施設の状況をSWOT分析で分析し、実習指導者に報告する（⑧の実❶） ・委員会に参加して、具体的な取り組みについて法人理念、事業計画と関連付けながら合意形成の過程を観察し、求められたら	・SWrになぜ根拠法令、指定基準、財務等の理解が必要なのか自分の考えを述べ、実習指導者から指導を受ける（⑧の実❸） ・SWOT分析に基づき、実習施設の弱みを改善して強みを活かす戦略を立て、多様な資源と連携した取り組みを企画して、実習報告会で発表する（⑧の発❶） ・委員会の取り組みを、法人理念、組織図、事業計画、決算書と関連づけて考察し、疑問点等を	・事業計画・報告書 ・決算書・事業継続計画 ・各委員会等会議録 ・介護報酬の解釈①② ・地域資源リスト・マップ ・公益的取組の企画書・実施記録

⑧			(16) 実習施設・機関等の法的根拠、財政、運営方法等を説明することができる	業計画・報告、決算書を確認する	・実習指導者から経営理念、経営戦略や組織における意思決定の仕組み（理事会等）について、実習指導者の業務との関連性を交えて説明を受ける（⑧の SWr ❶） ・施設長から社会福祉士が施設の管理者の資格として明記されている意義・期待について説明を受ける（⑧の SWr ❷） ・経営戦略に基づく各委員会の取り組みとその取り組みが利用者の生活や職員のモチベーション維持に与える影響について説明を受ける（⑧の SWr ❸）	意見を述べる（⑧の実❷） ・加算取得の取り組みに期待する効果や課題について各委員にヒアリングする（⑧の実❹）	実習指導者に質問し、理解した内容を実習記録に記す（⑧の発❷） ・加算取得の取り組みが利用者の生活の質向上に具体的にどのような効果をもつか考察して実習指導者に報告する（⑧の発❸）	
⑨		社会福祉士としての職業倫理と組織の一員としての役割と責任の理解	(17) 実習施設・機関等における社会福祉士の倫理に基づいた実践及びジレンマの解決を適切に行うことができる (18) 実習施設・機関等の規則等について説明することができる	・社会福祉士の倫理綱領・行動規範を自分の言葉で表現できるよう整理する ・施設 HP から運営規程・重要事項説明書、職場環境改善等の取り組みを確認する	・社会福祉士の倫理綱領及び行動規範をともに確認しながら、実習施設が社会福祉士の倫理に基づいた実践を行う場であることの説明を受ける（⑨の場❶） ・施設にある規則等の体系、概要について説明を受ける（⑨の SWr ❷） ・法人の就業規則について働き方改革等関連法令との関連性を交えて実習指導者より説明を受ける（⑨の場❷） ・就業規則について、法人理念・倫理や職員の働きやすさ等の関係性を踏まえて実習指導者から説明を受ける（⑨の SWr ❸）	・倫理綱領・行動規範に照らした具体的実践事例から、実習指導者のジレンマや決断の決め手、その根拠等の説明を受け、理解した内容を実習記録に記す（⑨の SWr ❶） ・利用者の生活場面に潜むジレンマの種になる状況を探した上で、実習指導者に理由を添えて報告する（⑨の実❶） ・運営規程・重要事項を閲覧し、利用者・組織・職員それぞれに対する利点・欠点を考察して実習指導者に報告する（⑨の実❷） ・WLB 委員会に同席し、働きやすい職場環境のための意見交換や合意形成の過程について理解した内容を実習記録に記す（⑨の実❸）	・（⑨の実❶）で気づいたジレンマ解消のための解決策を検討し、その利点、欠点を整理して実習指導者に報告する（⑨の発❶） ・サービス提供の場と規則の乖離、不具合等を整理して実習指導者に質問し、改善の必要がある項目と理由を述べる（⑨の発❷） ・働きやすい職場環境構築の取り組みを評価し、課題を整理するとともに SWr の役割について考察して、実習指導者に報告する（⑨の発❸）	・社会福祉士の倫理綱領・行動規範 ・運営規程・重要事項説明書・就業規則 ・両立支援委員会記録
⑩	1	アウトリーチ	(19) 以下の技術について目的、方法、留意点について説明することができる ・アウトリーチ ・ネットワーキング ・コーディネーション ・ネゴシエーション ・ファシリテーション ・プレゼンテーション ・ソーシャルアクション	・用語の意義、目的、機能、方法について調べる ・関連する社会資源を調べる	・訪問記録、面接記録を閲覧し、アウトリーチについて実習指導者より説明を受ける（⑩-1 の場❶） ・訪問に同行し、信頼関係の形成、傾聴、受容について観察し、実習記録に記す（⑩-1 の SWr ❶）	・訪問、面接で収集した情報を整理する。顕在的・潜在的なニーズを考察し、実習指導者へ報告した上で指導を受ける（⑩-1 の実❶） ・訪問同行後、利用者の生活課題を抽出し、課題解決に向けた計画を作成し、模擬サービス担当者会議で発表する（⑩-1 の発❶）		・訪問記録・面接記録
	2	ネットワーキング			・（⑤⑦の場）の実習内容と共通（⑩-2 の場❶） ・（⑤⑦の SWr）の実習内容と共通（⑩-2 の SWr ❶）	・（⑤⑦の実）の実習内容と共通（⑩-2 の実❶）	・（⑤⑦の発）の実習内容と共通（⑩-2 の発❶）	・⑤⑦と共通
	3	コーディネーション			・（⑤⑦の場）の実習内容と共通（⑩-3 の場❶） ・（⑤⑦の SWr）の実習内容と共通（⑩-3 の SWr ❶）	・（⑤⑦の実）の実習内容と共通（⑩-3 の実❶）	・（⑤⑦の発）の実習内容と共通（⑩-3 の発❶）	・⑤⑦と共通
	4	ネゴシエーション				・過去の事例からネゴシエーションについて実習指導者より説明を受ける（⑩-4 の場❶） ・面談や会議等に同席し、SWr の態度や姿勢、説明の仕方、タイミング、了解の得方を観察し、実習記録へ記す（⑩-4 の SWr ❶） ・利用者との面談後、どのような内容で調整したか、どのように進めたか、相手の反応等、経過を実習記録に記す（⑩-4 の実❶）	・他機関との共同事業（サービス）の会議（打合せ等）で、他機関やボランティアへ直接ネゴシエーションを行う（⑩-4 の発❶）	・各種記録等
	5	ファシリテーション				・過去の事例からファシリテーションについて実習指導者より説明を受ける（⑩-5 の場❶） ・施設内外の会議に同席し、SWr の進行、意見調整や橋渡し、合意までのプロセス等を観察し、実習記録へ記す（⑩-5 の SWr ❶）	・施設内会議の企画、運営を実習指導者と一緒に行い、会議の目的、目標、役割分担について実習指導者に報告する（⑩-5 の実❶） ・模擬サービス担当者会議を企画し、会議でファシリテーターを担当する（⑩-5 の発❶）	・各種記録等
	6	プレゼンテーション			・過去の事例からプレゼンテーションについて実習指導者より説明を受ける（⑩-6 の場❶）	・実際のプレゼンテーション場面に同席し、SWr の言動、プレゼンテーション技術を観察し、実習記録へ記す（⑩-6 の SWr ❶） ・プレゼンテーションの資料作成や準備等を実習指導者と一緒に行う（⑩-6 の実❶）	・施設外部者を含めた場でプレゼンテーションを行い、実施後に参加者へ意見を求め、評価を受ける（⑩-6 の発❶）	・各種記録等
	7	ソーシャルアクション			・過去の事例からソーシャルアクション、連携している機関、団体等について実習指導者より説明を受ける（⑩-7 の場❶） ・公益的事業等の事例を用いて、SWr の役割、機能、展開過程について実習指導者より説明を受ける（⑩-7 の SWr ❶）	・他機関職員、団体、地域住民等との意見交換の場に同席し、地域課題や必要な取り組みについてヒアリングする（⑩-7 の実❶）	・新たな課題や取り組みの展開過程について、自分の意見を模擬サービス担当者会議で発表し、評価を受ける（⑩-7 の発❶）	・各種記録等

※１～２週目、３～４週目、４～５週目の期間に関する表記は集中実習の場合のイメージであり、通年での実習や一定期間に分散して実習する場合には実習形態に適した期間を設定した上で使用する

【高齢】特別養護老人ホーム

ソーシャルワーク実習　個別実習プログラム（1 回目 60 時間用）

実習基本情報						
実習施設名：特別養護老人ホーム○○	実習指導者氏名：○○・○○		実習期間：○年○月○日（○）～○年○月○日（○）		他の実習施設	名称：○○
養成校：○○	実習生氏名：○○	学年：○年生	実習回数：1 カ所目（全○カ所）	実習時間数：60 時間		期間：○年○月○日（○）～○年○月○日（○）

	ソーシャルワーク実習教育に含むべき事項（国通知）	達成目標（評価ガイドライン）※各達成目標の具体例は行動目標を参照	当該実習施設における実習の実施方法及び展開 事前学習・事前訪問	具体的実習内容 前半（概ね 1 週目）※	後半（概ね 2 週目）※	活用する資料・参照物
①	利用者やその関係者（家族・親族、友人等）、施設・事業者・機関・団体、住民やボランティア等との基本的なコミュニケーションや円滑な人間関係の形成	(1) クライエント等と人間関係を形成するための基本的なコミュニケーションをとることができる	・マイクロカウンセリングの技法、バイステックの 7 原則を確認する ・施設 HP 等を閲覧し、施設概要、利用者状況、専門職等職員の状況を調べる ・施設のある地域の特徴を調べる	・事前学習から考察した施設利用者の状況とかかわりにおける留意点を整理して実習生より報告する（①の場❶） ・施設が地域に向けて理解促進のためにどのような情報をどのように発信しているか等の説明を受ける（①の場❷） ・SWr と利用者とのかかわりの場面を観察し、SWr がどのような技法を使い、またどのような場面でその技法が有効であるか考察して実習記録に記す（①の SWr ❶）	・施設の利用者や家族からの相談場面、待機者面接や多職種または関係機関との会議等に同席し、SWr の場面に応じた態度や姿勢、コミュニケーション技法を観察し、実習記録に記す（①の SWr ❷） ・利用者と交流し、日常場面での会話を体験する（①の実❶） ・関係機関、地域住民とのかかわりの場面に同行し、場面に応じた態度、姿勢、言語・非言語のコミュニケーションをとる（①の実❷） ・傾聴技法を意識した利用者とのコミュニケーション場面を振り返って、自身の使った技法の意味と効果を考察して実習指導者に報告する（①の発❶）	・施設の概要（公式サイト、パンフレット、事業報告書）
②	利用者やその関係者（家族・親族、友人等）との援助関係の形成	(2) クライエント等との援助関係を形成することができる	・①の事前学習と共通	・施設利用者の特性とかかわりに関する留意すべき点について実習指導者から説明を受ける（②の場❶）	・利用者の生活場面における実習指導者のかかわりに同行して観察し、マイクロカウンセリングの技法に基づく言動を実習記録に記す（②の SWr ❷）	・担当利用者の記録
③	利用者や地域の状況を理解し、その生活上の課題（ニーズ）の把握、支援計画の作成と実施及び評価	(3) クライエント、グループ、地域住民等のアセスメントを実施し、ニーズを明確にすることができる (4) 地域アセスメントを実施し、地域の課題や問題解決に向けた目標を設定することができる (5) 各種計画の様式を使用して計画を作成・策定及び実施することができる (6) 各種計画の実施をモニタリング及び評価することができる	・施設 HP 等を閲覧し、施設概要、利用者状況、専門職等職員の状況や取り組みの概要を調べる ・介護老人福祉施設指定基準に掲載されている計画書を確認する ・地域福祉計画、介護保険事業計画等を閲覧し、地域課題、自治体の取り組みや方向性を調べる	・施設で使用する各種書式や面接記録を閲覧し、記入方法や収集すべき情報の概要について説明を受ける（③の場❶） ・地域福祉計画や介護保険事業計画、施設の作成する地域資源リスト・マップや地域の人口動態推計予測等を用いて、施設のある地域の特性や課題について説明を受ける（③の場❹）	・各種計画書を閲覧して、利用者のニーズ把握、モニタリング、計画変更時期、多職種協働の仕組み等について各専門職から説明を受ける（③の場❷） ・各種計画書の関係性（関連性）について整理し、実習指導者の役割について考察し、その内容を実習記録に記す（③の SWr ❷） ・地域資源リストの作成とその目的、具体的な活用事例、地域課題の解決に向けた取り組みを企画・実施するための仕組みについて実習指導者から説明を受ける（③の SWr ❸） ・（③の場❹）の資料を基に情報を統合して SWOT 分析を行い、地域の特性や課題を考察して実習指導者に報告する（③の実❺）	・施設サービス計画書等各種計画書 ・介護報酬の解釈② ・地域福祉計画、介護保険事業計画等 ・施設の作成した地域資源リスト、地域調査等
④	利用者やその関係者（家族・親族、友人等）への権利擁護活動とその評価	(7) クライエント及び多様な人々の権利擁護並びにエンパワメントを含む実践を行い、評価することができる	・介護老人福祉施設指定基準を確認する ・ユニットケアの理念等について調べる ・成年後見制度について調べる	・施設の運営基準における高齢者虐待防止・身体拘束適正化の仕組みと施設における取り組みについて説明を受ける（④の場❸） ・SWr のエンパワメントの視点に基づく実践事例から、自己決定のプロセス及び施設での生活における利用者の権利擁護の実際の説明を受ける（④の SWr ❶） ・苦情解決システム、第三者評価等の概要や位置づけについて説明を受ける（④の場❷）	・苦情解決、リスクマネジメント等について、実際の事例を用いて解決までの援助展開から SWr の果たすべき役割について考察して実習記録に記す（④の SWr ❷） ・担当利用者の生活習慣、価値観、信条等を把握し、施設生活で尊重されているか考察し、その達成度や課題を整理して実習指導者に報告する（④の実❶） ・施設における権利擁護のための仕組みについて考察して報告する（④の発❷）	・担当利用者の記録 ・身体拘束適正化・虐待防止委員会会議録・研修記録等
⑤	多職種連携及びチームアプローチの実践的理解	(8) 実習施設・機関等の各職種の機能と役割を説明することができる (9) 実習施設・機関等と関係する社会資源の機能と役割を説明することができる (10) 地域住民、関係者、関係機関等と連携・協働することができる (11) 各種会議を企画・運	・施設 HP を閲覧し、法人の運営する事業、拠点におけるサービスを確認する ・施設 HP から委員会等の取り組みを確認する ・地域の福祉・医療・介護等の施設・事業所・機関を調べる	・併設事業所、実習施設内の各職種の機能と役割について各担当者より説明を受ける（⑤の場❷） ・関係機関・団体、ボランティアについて SWr から説明を受ける（⑤の場❹） ・法人内外の事業所や機関、多職種の連携・調整に係る SWr の役割や業務について実習指導者から説明を受ける。また、各専門職等に SWr とのかかわりや役割分担等についてヒアリングし、施設内外の多職種協働における SWr の果たすべき役割について考察して実習記録に記す（⑤の SWr ❶）	・サービス担当者会議に同席して、各専門職の意見が統合され、目標設定や役割分担の合意形成がなされ施設サービス計画書へと成り立つ過程を観察し、多職種連携における SWr の役割について考察して実習記録に記す（⑤の実❶） ・在宅サービスのサービス担当者会議に同席し、複数の機関・事業所における多職種・他事業所の連携・協働の過程を観察し、SWr に期待される役割を考察して実習記録に記す（⑤の実❷）	・事業報告・組織図 ・関係機関等リスト ・各種情報共有様式 ・在宅サービス利用者の計画・記録 ・地域資源リスト・マップ

		営することができる				
⑥	当該実習先が地域社会の中で果たす役割の理解及び具体的な地域社会への働きかけ	(12) 地域社会における実習施設・機関等の役割を説明することができる (13) 地域住民や団体、施設、機関等に働きかけることができる	・施設のある地域（広域、圏域）の状況を調べる ・地域の社会資源の状況を調べる ・社会福祉法人の公益的取組の概要と施設が実施する公益的取組の状況を調べる	・事業報告書を用いて地域社会における施設の役割について実習指導者より説明を受ける（⑥の場❶） ・公益的取組の目的や活動内容について実習指導者より説明を受ける（無償送迎付きサロン＆マルシェ、子育て支援事業、福祉避難所、かけこみ 110 番等）（⑥の場❷）	・地域共生社会の実現に向けた社会福祉士の機能・役割について、実習指導者の思いとその実現のために行っている事柄について説明を受ける（⑥の SWr ❶） ・社会福祉法人に地域の公益的取組が求められる背景と期待される役割について考察し、実習指導者に報告する（⑥の実❶）	・事業報告書 ・公益的取組の企画・実施記録、会議録等
⑦	地域における分野横断的・業種横断的な関係形成と社会資源の活用・調整・開発に関する理解	(14) 地域における分野横断的・業種横断的な社会資源について説明し、問題解決への活用や新たな開発を検討することができる	・地域の社会資源の状況を調べる ・施設 HP から施設の実施する公益的取組の状況を調べる	・施設の関係機関・団体、ボランティア、また、施設の主催する運営推進会議について実習指導者から説明を受ける（⑦の場❶） ・他施設との連携事例（研修会・イベント等）とその成果について実習指導者から説明を受ける（⑦の場❷）	・関係機関・団体、ボランティアとの公益的取組の実施に向けた打ち合わせに同席し、実習指導者の役割について考察して実習記録に記す（⑦の SWr ❶）	・他施設との連携研修イベント及び公益的取組の企画・実施記録 ・運営推進会議録
⑧	施設・事業者・機関・団体等の経営やサービスの管理運営の実際（チームマネジメントや人材管理の理解を含む）	(15) 実習施設・機関等の経営理念や戦略を分析に基づいて説明することができる (16) 実習施設・機関等の法的根拠、財政、運営方法等を説明することができる	・施設 HP、パンフレット等から法人理念、取り組みの概要を確認する ・介護保険の理念や事業所の運営基準を確認する ・施設 HP から事業計画・報告、決算書を確認する	・事業報告書に沿って実習施設の理念や意義、BCP（感染症・災害）等を含む施設の取り組みや理事会・評議員会など組織の意思決定を行う組織体について実習指導者より説明を受ける（⑧の場❶） ・介護保険法の理念、施設の法的根拠、運営基準、介護報酬や加算等の仕組みとサービスの質向上の関連性について実習指導者より説明を受ける（⑧の場❷）	・実習指導者から経営理念、経営戦略や組織における意思決定の仕組み（理事会等）について、実習指導者の業務との関連性を交えて説明を受ける（⑧の SWr ❶） ・施設長から社会福祉士が施設の管理者の資格として明記されている意義・期待について説明を受ける（⑧の SWr ❷） ・経営戦略に基づく各委員会の取り組みとその取り組みが利用者の生活や職員のモチベーション維持に与える影響について説明を受ける（⑧の SWr ❸）	・事業計画・報告書 ・決算書・事業継続計画 ・各委員会等会議録 ・介護報酬の解釈①②
⑨	社会福祉士としての職業倫理と組織の一員としての役割と責任の理解	(17) 実習施設・機関等における社会福祉士の倫理に基づいた実践及びジレンマの解決を適切に行うことができる (18) 実習施設・機関等の規則等について説明することができる	・社会福祉士の倫理綱領・行動規範を自分の言葉で表現できるよう整理する	・社会福祉士の倫理綱領及び行動規範をともに確認しながら、実習施設が社会福祉士の倫理に基づいた実践を行う場であることの説明を受ける（⑨の場❶） ・倫理綱領・行動規範に照らした具体的実践事例から、実習指導者のジレンマや決断の決め手、その根拠等の説明を受け、理解した内容を実習記録に記す（⑨の SWr ❶） ・法人の就業規則について働き方改革等関連法令との関連性を交えて実習指導者より説明を受ける（⑨の場❷）	・利用者の生活場面に潜むジレンマの種になる状況を探した上で、実習指導者に理由を添えて報告する（⑨の実❶） ・運営規程・重要事項を閲覧し、利用者・組織・職員それぞれに対する利点・欠点を考察して実習指導者に報告する（⑨の実❷）	・社会福祉士の倫理綱領・行動規範 ・運営規程・重要事項説明書・就業規則
⑩ 1	アウトリーチ	(19) 以下の技術について目的、方法、留意点について説明することができる ・アウトリーチ ・ネットワーキング ・コーディネーション ・ネゴシエーション ・ファシリテーション ・プレゼンテーション ・ソーシャルアクション	・用語の意義、目的、機能、方法について調べる ・関連する社会資源を調べる	・訪問記録、面接記録を閲覧し、アウトリーチについて実習指導者より説明を受ける（⑩ -1 の場❶）	・訪問に同行し、信頼関係の形成、傾聴、受容について観察し、実習記録に記す（⑩ -1 の SWr ❶）	・訪問記録・面接記録
⑩ 2	ネットワーキング			・（⑤の SWr）の実習内容と共通（⑩ -2 の SWr ❶）	・（⑤の実）の実習内容と共通（⑩ -2 の実❶） ・（⑦の SWr）の実習内容と共通（⑩ -2 の SWr ❶）	・⑤⑦と共通
⑩ 3	コーディネーション			・（⑤の SWr）の実習内容と共通（⑩ -3 の SWr ❶）	・（⑤の実）の実習内容と共通（⑩ -3 の実❶） ・（⑦の SWr）の実習内容と共通（⑩ -3 の SWr ❶）	・⑤⑦と共通
⑩ 4	ネゴシエーション			・過去の事例からネゴシエーションについて実習指導者より説明を受ける（⑩ -4 の場❶）	・面談や会議等に同席し、SWr の態度や姿勢、説明の仕方、タイミング、了解の得方を観察し、実習記録へ記す（⑩ -4 の SWr ❶）	・各種記録等
⑩ 5	ファシリテーション			・過去の事例からファシリテーションについて実習指導者より説明を受ける（⑩ -5 の場❶）	・施設内外の会議に同席し、SWr の進行、意見調整や橋渡し、合意までのプロセス等を観察し、実習記録へ記す（⑩ -5 の SWr ❶）	
⑩ 6	プレゼンテーション			・過去の事例からプレゼンテーションについて実習指導者より説明を受ける（⑩ -6 の場❶）	・実際のプレゼンテーション場面に同席し、SWr の言動、プレゼンテーション技術を観察し、実習記録へ記す（⑩ -6 の SWr ❶）	
⑩ 7	ソーシャルアクション			・過去の事例からソーシャルアクション、連携している機関、団体等について実習指導者より説明を受ける（⑩ -7 の場❶）	・公益的事業等の事例を用いて、SWr の役割、機能、展開過程について実習指導者より説明を受ける（⑩ -7 の SWr ❶） ・他機関職員、団体、地域住民等との意見交換の場に同席し、地域課題や必要な取り組みについてヒアリングする（⑩ -7 の実❶）	

※前半（概ね 1 週目）、後半（概ね 2 週目）の期間に関する表記は集中実習の場合のイメージであり、通年での実習や一定期間に分散して実習する場合には実習形態に適した期間を設定した上で使用する

【高齢】特別養護老人ホーム

ソーシャルワーク実習　個別実習プログラム（2 回目 60 時間用）

実習基本情報						
実習施設名：特別養護老人ホーム○○	実習指導者氏名：○○・○○		実習期間：○年○月○日（○）～○年○月○日（○）		他の実習施設	名称：○○
養成校：○○	実習生氏名：○○	学年：○年生	実習回数：2 カ所目（全○カ所）	実習時間数：60 時間		期間：○年○月○日（○）～○年○月○日（○）

ソーシャルワーク実習教育に含むべき事項（国通知）		達成目標（評価ガイドライン）※各達成目標の具体例は行動目標を参照	当該実習施設における実習の実施方法及び展開 事前学習・事前訪問	具体的実習内容 前半（概ね 1 週目）※	具体的実習内容 後半（概ね 2 週目）※	活用する資料・参照物
①	利用者やその関係者（家族・親族、友人等）、施設・事業者・機関・団体、住民やボランティア等との基本的なコミュニケーションや円滑な人間関係の形成	(1) クライエント等と人間関係を形成するための基本的なコミュニケーションをとることができる	・マイクロカウンセリングの技法、バイステックの 7 原則を確認する ・施設 HP 等を閲覧し、施設概要、利用者状況、専門職等職員の状況、施設のある地域の特徴を調べる	・施設が地域に向けて理解促進のためにどのような情報をどのように発信しているか等の説明を受ける（①の場❷） ・利用者と交流し、日常場面での会話を体験する（①の実❶） ・各場面の経過を整理して記録（会議録、逐語録、面接記録等）し、実習指導者に報告する（①の実❸）	・同行した面接を再現して、潜在ニーズを意識したかかわりを体験し、使われたコミュニケーション技法とその効果について考察して実習記録に記す（①の発❷） ・地域の公益的取組等、施設の行う事業について、公式サイト、施設の管理する SNS に掲載する原稿を作成する（①の発❸）	・施設の概要（公式サイト、パンフレット、事業報告書）
②	利用者やその関係者（家族・親族、友人等）との援助関係の形成	(2) クライエント等との援助関係を形成することができる	・①の事前学習と共通	・担当する利用者（以下、担当利用者）との援助関係形成に向けた利用者の概況などの説明を受ける（②の SWr ❶） ・担当利用者と日常生活場面において多様な話題で会話し、安心感のある関係づくりをする（②の実❶） ・自己紹介をして、実習の目的と今後のかかわりについて担当利用者に説明し、実習協力及び情報取得利用等の同意を得る（②の発❶）		・担当利用者の記録
③	利用者や地域の状況を理解し、その生活上の課題（ニーズ）の把握、支援計画の作成と実施及び評価	(3) クライエント、グループ、地域住民等のアセスメントを実施し、ニーズを明確にすることができる (4) 地域アセスメントを実施し、地域の課題や問題解決に向けた目標を設定することができる (5) 各種計画の様式を使用して計画を作成・策定及び実施することができる (6) 各種計画の実施をモニタリング及び評価することができる	・施設 HP 等を閲覧し、施設概要、利用者状況、専門職等職員の状況や取り組みの概要を調べる ・介護老人福祉施設指定基準に掲載されている計画書を確認する ・地域福祉計画、介護保険事業計画等を閲覧し、地域課題、自治体の取り組みや方向性を調べる	・各種計画書を閲覧して、利用者のニーズ把握、モニタリング、計画変更時期、多職種協働の仕組み等について各専門職から説明を受ける（③の場❷） ・担当利用者のケース記録、生活場面への同行から収集した客観的・主観的情報を、バイオ・サイコ・ソーシャル要因に分類して分析する（③の実❶） ・担当利用者のエコマップを作成し、取り巻く環境や関係性を理解してストレングスやニーズを把握する（③の実❷） ・収集した情報を統合してアセスメントし、支援目標を立てて、個別支援計画を作成し、模擬サービス担当者会議で評価を受け、実施協力を依頼する（③の実❸） ・担当利用者・家族に支援計画を説明し、同意を得て支援計画を実施する（③の実❹） ・地域福祉計画や介護保険事業計画、施設の作成する地域資源リスト・マップや地域の人口動態推計予測等を用いて、施設のある地域の特性や課題について説明を受ける（③の場❹） ・特別養護老人ホームが地域課題の解決に向けた取り組みを行う意義と SWr の役割について説明を受けて、要点をまとめ、考察を加えて実習記録に記す（③の SWr ❹）	・支援計画に基づいた支援の実施後、傾聴のスキルを意識した利用者との会話のなかから本人の思いを考察し、支援目標と支援計画について自ら評価し、実習指導者に報告する（③の発❶） ・個別援助計画実践の振り返りから SWr の業務、機能、必要な専門性を考察して発表する（実習報告会）（③の発❷） ・（③の場❹）の資料を基に情報を統合して SWOT 分析を行い、地域の特性や課題について考察して実習指導者に報告する（③の実❺） ・SWOT 分析から明らかになった地域の課題について、優先順位をつけ、その 1 つについて地域の強み・資源を活かしながら解決するための取り組みを企画して実習指導者に報告する（③の発❸）	・担当利用者の記録 ・施設サービス計画書等各種計画書 ・介護報酬の解釈② ・地域福祉計画、介護保険事業計画等 ・施設の作成した地域資源リスト、地域調査等
④	利用者やその関係者（家族・親族、友人等）への権利擁護活動とその評価	(7) クライエント及び多様な人々の権利擁護並びにエンパワメントを含む実践を行い、評価することができる	・介護老人福祉施設指定基準を確認する ・ユニットケアの理念等について調べる ・成年後見制度について調べる	・SWr のエンパワメントの視点に基づく実践事例から、自己決定のプロセス及び施設での生活における利用者の権利擁護の実際の説明を受ける（④の SWr ❶） ・担当利用者の生活習慣、価値観、信条等を把握し、施設生活で尊重されているか考察し、その達成度や課題を整理して実習指導者に報告する（④の実❶） ・厚生労働省等が公開する事例を閲覧し、解決策を検討するとともに、高齢者虐待や身体拘束が行われる要因、背景を考察し、施設の取り組みを評価して、実習指導者に報告する（④の実❷） ・成年後見制度の活用事例における SWr のかかわりについて説明を受け、SWr の果たすべき役割について考察して実習記録に記す（④の SWr ❸）	・担当利用者の課題を施設の課題へ普遍化するための提案をして評価を受ける（④の発❶） ・施設における権利擁護のための仕組みについて考察して報告する（④の発❷） ・高齢者虐待防止・身体拘束適正化のための研修を計画し、実習指導者の評価を受ける（④の発❸） ・施設利用者の成年後見制度の活用についての課題を整理して、自分なりの提言をまとめ、実習指導者に報告する（④の発❹）	・担当利用者の記録 ・成年後見制度活用事例のケース記録 ・身体拘束適正化・虐待防止委員会会議録・研修記録等
⑤	多職種連携及びチームアプローチの実践的理解	(8) 実習施設・機関等の各職種の機能と役割を説明することができる (9) 実習施設・機関等と関係する社会資源の機能と役割を説明することができる (10) 地域住民、関係者、関係機関等と連携・協働することができる	・施設 HP を閲覧し、法人の運営する事業、拠点におけるサービスを確認する ・施設 HP から委員会等の取り組みを確認する ・地域の福祉・医療・介護等の施設・事業所・機関を調べる	・法人の組織図などを参照して、運営する施設・事業所について、その特色や期待する役割、相互の連携などを交えて実習指導者から説明を受ける（⑤の場❶） ・併設の在宅サービス利用者が施設入居したケースや入退院支援において施設内外の専門職とのかかわりとツールについて説明を受け、実際に記入することにより、連携の意味や共通ルールがあることの有用性と課題について考察して実習記録に記す（⑤の SWr ❷） ・地域資源マップを作成して多様な機関・団体等とのかかわり、効果について考察するとともに、地域に活かすことができる施設の機能をピックアップし、期待される効果とその理由を実習指導者に報告する（⑤の実❸）	・退院の受け入れに際し、医療機関、家族等から得た情報を整理し、退院後のケアについて実習指導者とともにカンファレンスで多職種に説明する（⑤の発❷） ・施設の持つ機能を地域に活かす取り組みを企画し、実施に至るまでのプロセスとそこでの SWr の役割を考察して実習指導者に報告する（⑤の発❸）	・事業報告・組織図 ・関係機関等リスト ・各種情報共有様式 ・在宅サービス利用者の計画・記録 ・地域資源リスト・マップ

		(11) 各種会議を企画・運営することができる				
⑥	当該実習先が地域社会の中で果たす役割の理解及び具体的な地域社会への働きかけ	(12) 地域社会における実習施設・機関等の役割を説明することができる (13) 地域住民や団体、施設、機関等に働きかけることができる	・施設のある地域（広域、圏域）の状況と社会資源について調べる ・社会福祉法人の公益的取組の概要と施設が実施する公益的取組の状況を調べる	・公益的取組の目的や活動内容について実習指導者より説明を受ける（無償送迎付きサロン＆マルシェ、子育て支援事業、福祉避難所、かけこみ 110 番等）（⑥の場❷） ・公益的取組（サロン等）や地域の集まりに参加し、参加者から生活上の困りごと、ニーズ等をヒアリングする（⑥の実❷） ・サロンでの催しやボランティア受け入れ等を企画・実施し、実習指導者や実施協力者から評価を受ける（⑥の発❷）	・課題解決に向け、実習指導者と一緒に他機関や地域住民と実施中の取り組みの見直しや新たな取り組みについて企画する（⑥の実❸） ・公益的取組の実施や地域ニーズ等のヒアリングをして、新たな課題を整理し、地域共生社会の実現に向けた社会福祉士の機能と役割を考察して実習報告会で報告する（⑥の発❶）	・事業報告書 ・公益的取組の企画・実施記録、会議録等
⑦	地域における分野横断的・業種横断的な関係形成と社会資源の活用・調整・開発に関する理解	(14) 地域における分野横断的・業種横断的な社会資源について説明し、問題解決への活用や新たな開発を検討することができる	・地域の社会資源の状況を調べる ・施設 HP から施設の実施する公益的取組の状況を調べる	・施設の関係機関・団体、ボランティア、また、施設の主催する運営推進会議について実習指導者から説明を受ける（⑦の場❶） ・関係機関・団体、ボランティアとの公益的取組の実施に向けた打ち合わせに同席し、実習指導者の役割について考察して実習記録に記す（⑦の SWr ❶） ・関係機関・団体の職員、地域の協力者・ボランティアに施設と連携して行う公益的取組の効果と改善点についてインタビューする（⑦の実❶）	・運営推進会議等に同席し、地域課題の解決に向けた取り組みにつながるプロセスを観察し、求められたら意見を述べる（⑦の実❷） ・地域の公益的取組について発信する情報の原稿を作成し、発信する対象、方法について実習指導者に提案する（⑦の発❶）	・他施設との連携研修イベント及び公益的取組の企画・実施記録 ・運営推進会議録
⑧	施設・事業者・機関・団体等の経営やサービスの管理運営の実際（チームマネジメントや人材管理の理解を含む）	(15) 実習施設・機関等の経営理念や戦略を分析に基づいて説明することができる (16) 実習施設・機関等の法的根拠、財政、運営方法等を説明することができる	・施設 HP、パンフレット等から法人理念、取り組みの概要を確認する ・介護保険の理念や事業所の運営基準を確認する ・施設 HP から事業計画・報告、決算書を確認する	・施設が行う地域の人口動態推計予測、資源調査等の結果から、施設の取り組みに至ったプロセスについて実習指導者から説明を受ける（⑧の場❸） ・経営戦略に基づく各委員会の取り組みとその取り組みが利用者の生活や職員のモチベーション維持に与える影響について説明を受ける（⑧の SWr ❸） ・介護保険法の理念、施設の法的根拠、運営基準、介護報酬や加算等の仕組みとサービスの質向上の関連性について実習指導者より説明を受ける（⑧の場❷） ・実習指導者の説明や地域の社会資源の状況から、実習施設の状況を SWOT 分析で分析し、実習指導者に報告する（⑧の実❶） ・委員会に参加して、具体的な取り組みについて法人理念、事業計画と関連付けながら合意形成の過程を観察し、求められたら意見を述べる（⑧の実❷）	・SWOT 分析に基づき、実習施設の弱みを改善して強みを活かす戦略を立て、多様な資源と連携した取り組みを企画して、実習報告会で発表する（⑧の発❶） ・委員会の取り組みを、法人理念、組織図、事業計画、決算書と関連づけて考察し、疑問点等を実習指導者に質問し、理解した内容を実習記録に記す（⑧の発❷） ・加算取得の取り組みが利用者の生活の質向上に具体的にどのような効果をもつか考察して実習指導者に報告する（⑧の発❸）	・事業計画・報告書 ・決算書・事業継続計画 ・各委員会等会議録 ・介護報酬の解釈①② ・地域資源リスト・マップ ・公益的取組の企画書・実施記録
⑨	社会福祉士としての職業倫理と組織の一員としての役割と責任の理解	(17) 実習施設・機関等における社会福祉士の倫理に基づいた実践及びジレンマの解決を適切に行うことができる (18) 実習施設・機関等の規則等について説明することができる	・社会福祉士の倫理綱領・行動規範を自分の言葉で表現できるよう整理する ・施設の HP から運営規程・重要事項説明書、職場環境改善等の取り組みを確認する	・施設にある規則等の体系、概要について説明を受ける（⑨の SWr ❷） ・運営規程・重要事項を閲覧し、利用者・組織・職員それぞれに対する利点・欠点を考察して実習指導者に報告する（⑨の実❷） ・法人の就業規則について働き方改革等関連法令との関連性を交えて実習指導者より説明を受ける（⑨の場❷） ・WLB 委員会に同席し、働きやすい職場環境のための意見交換や合意形成の過程について理解した内容を実習記録に記す（⑨の実❸）	・サービス提供の場と規則の乖離、不具合等を整理して実習指導者に質問し、改善の必要がある項目と理由を述べる（⑨の発❷） ・働きやすい職場環境構築の取り組みを評価し、課題を整理するとともに SWr の役割について考察して、実習指導者に報告する（⑨の発❸）	・運営規程・重要事項説明書・就業規則 ・両立支援委員会記録
⑩ 1	アウトリーチ	(19) 以下の技術について目的、方法、留意点について説明することができる ・アウトリーチ ・ネットワーキング ・コーディネーション ・ネゴシエーション ・ファシリテーション ・プレゼンテーション ・ソーシャルアクション	・用語の意義、目的、機能、方法について調べる ・関連する社会資源を調べる	・訪問に同行し、信頼関係の形成、傾聴、受容について観察し、実習記録に記す（⑩-1 の SWr ❶） ・訪問、面接で収集した情報を整理する。顕在的・潜在的なニーズを考察し、実習指導者へ報告した上で指導を受ける（⑩-1 の実❶）	・訪問同行後、利用者の生活課題を抽出し、課題解決に向けた計画を作成し、模擬サービス担当者会議で発表する（⑩-1 の発❶）	・訪問記録・面接記録
⑩ 2	ネットワーキング			・（⑤⑦の場）の実習内容と共通（⑩-2 の場❶） ・（⑤⑦の SWr）の実習内容と共通（⑩-2 の SWr ❶） ・（⑤⑦の実）の実習内容と共通（⑩-2 の実❶）	・（⑤⑦の発）の実習内容と共通（⑩-2 の発❶）	・⑤⑦と共通
⑩ 3	コーディネーション			・（⑤⑦の場）の実習内容と共通（⑩-3 の場❶） ・（⑤⑦の SWr）の実習内容と共通（⑩-3 の SWr ❶） ・（⑤⑦の実）の実習内容と共通（⑩-3 の実❶）	・（⑤⑦の発）の実習内容と共通（⑩-3 の発❶）	・⑤⑦と共通
⑩ 4	ネゴシエーション			・利用者との面談後、どのような内容で調整したか、どのように進めたか、相手の反応等、経過を実習記録に記す（⑩-4 の実❶）	・他機関との共同事業（サービス）の会議（打合せ等）で、他機関やボランティアへ直接ネゴシエーションを行う（⑩-4 の発❶）	・各種記録等
⑩ 5	ファシリテーション			・施設内会議の企画、運営を実習指導者と一緒に行い、会議の目的、目標、役割分担について実習指導者に報告する（⑩-5 の実❶）	・模擬サービス担当者会議を企画し、会議でファシリテーターを担当する（⑩-5 の発❶）	
⑩ 6	プレゼンテーション			・プレゼンテーションの資料作成や準備等を実習指導者と一緒に行う（⑩-6 の実❶）	・施設外部者を含めた場でプレゼンテーションを行い、実施後に参加者へ意見を求め、評価を受ける（⑩-6 の発❶）	
⑩ 7	ソーシャルアクション			・他機関職員、団体、地域住民等との意見交換の場に同席し、地域課題や必要な取り組みについてヒアリングする（⑩-7 の実❶）	・新たな課題や取り組みの展開過程について、自分の意見を模擬サービス担当者会議で発表し、評価を受ける（⑩-7 の発❶）	

※前半（概ね 1 週目）、後半（概ね 2 週目）の期間に関する表記は集中実習の場合のイメージであり、通年での実習や一定期間に分散して実習する場合には実習形態に適した期間を設定した上で使用する

【行政】福祉事務所

ソーシャルワーク実習　基本実習プログラム

実習施設名：○○福祉事務所	作成メンバー：○○	作成日：○年○月○日

	ソーシャルワーク実習教育に含むべき事項（国通知）	達成目標（評価ガイドライン）※各達成目標の具体例は行動目標を参照	当該実習施設における実習の実施方法及び展開 学生に求める事前学習	具体的実習内容 SW 実践の場の理解に関する内容	SWr の理解に関する内容	SW 実践の理解に関する内容	SW 実践の理解に関する内容（発展的）	指導上の留意点 活用する資料・参照物
①	利用者やその関係者（家族・親族、友人等）、施設・事業者・機関・団体、住民やボランティア等との基本的なコミュニケーションや円滑な人間関係の形成	(1) クライエント等と人間関係を形成するための基本的なコミュニケーションをとることができる	・福祉事務所の各窓口の役割を調べる ・各法律の対象者の状態像をイメージできる書籍等を読む ・事前訪問において、対象エリア等を確認する	❶組織体制、業務に関する事務分掌、各課（担当）の業務説明を受ける ❷担当エリアの人口、年齢区分、地域の成り立ち、支援対象者数や状況の説明を受ける ❸各窓口、担当者からそれぞれの業務内容や来庁者の特徴、役割の説明を受ける	❶ SWr による制度説明や案内の場面に同席し、観察する ❷関係機関等との会議、打ち合わせに同席し、SWr によるかかわりを観察する ❸福祉事務所内の担当者会議、打ち合わせ等に同席し、SWr によるかかわりを観察する	❶窓口に来庁した新規利用者のインテーク場面を観察する ❷窓口来庁者の面接記録、ケースファイルを読み、記録の意味や目的について実習指導者から説明を受ける ❸窓口での面接場面に同席し、対象者の状況に合わせて自己紹介する ❹関係機関等との顔合わせの場面で、自身の立場を説明し、自己紹介する	❶面接場面において、対象者の状況に合わせた対応をする（バーバル、ノンバーバルを使い分ける） ❷担当者による発言や、かかわり方を観察し、その意味を実習指導者とともに振り返る ❸実習指導者とともに、面接記録の振り返りを行う（必要な情報を記録できているか確認する）	・業務全体を広く理解できるよう統計データを用いて簡潔に説明する ・市町村の HP、都市計画、福祉計画等 ・各対象者のケースファイル等
②	利用者やその関係者（家族・親族、友人等）との援助関係の形成	(2) クライエント等との援助関係を形成することができる	・各対象者の生活実態や、その背景等を題材にした書籍を読む	❶それぞれの窓口で使用している資料等を閲覧し、窓口業務とその意味を確認する ❷インテーク場面に同席し、制度案内や手続き等の場面を観察し、対象者に合わせた手続き内容について確認する	❶各窓口の対象者別ケースファイル等を閲覧し、相談に至った背景や環境等を確認し、実習記録にまとめる ❷窓口対応や、インテーク場面での信頼関係構築に関する留意点や方法について SWr から説明を受ける ❸個別支援において関係機関等とかかわる際の、SWr の立場や役割について説明を受ける	❶面接場面、訪問場面に同席する前に、対象者の状況を確認し実習記録にまとめ、かかわる際の留意点について SWr に報告する ❷面接場面、訪問場面に同席し、支援の意図を考察する	❶対象者との信頼関係構築に際しての留意点を実習指導者と振り返り、自身の言動で実践する ❷関係機関等とかかわる際に、自身の立場や役割を理解できるよう説明する	・実習生が同席することの理解を得ておく ・対象者、関係機関への事前説明、社会福祉士の倫理綱領、実習プログラム
③	利用者や地域の状況を理解し、その生活上の課題（ニーズ）の把握、支援計画の作成と実施及び評価	(3) クライエント、グループ、地域住民等のアセスメントを実施し、ニーズを明確にすることができる (4) 地域アセスメントを実施し、地域の課題や問題解決に向けた目標を設定することができる (5) 各種計画の様式を使用して計画を作成・策定及び実施することができる (6) 各種計画の実施をモニタリング及び評価することができる	・地域福祉保健計画を閲覧する ・各対象者別の福祉計画を HP から確認する ・市町村 HP に掲載される人口動態を調べる ・地域の成り立ちについて都市計画等を参照して調べる	❶各対象者のケースファイル等を閲覧するとともに、対象者の概要について説明を受ける ❷対象地域の特徴や成り立ちについて、説明を受ける ❸地域内で活動する団体等の情報を収集し、その活動内容を報告する ❹地域の強み、弱みを社会資源の量等に基づいて説明を受ける。地域アセスメントの実施方法について説明を受ける ❺各対象者別に使用されている支援計画様式を閲覧し、その特徴を理解する	❶対象者のケースファイルを閲覧し、アセスメント記録の内容を確認した上でアセスメントの視点について実習記録に整理する ❷対象地域における SWr の活動範囲について説明を受ける ❸地域内で活動する団体等に対する SWr のかかわり方（外勤への同行や団体会合への同席など）を観察する ❹地域に対する行政としてのアプローチ方法について説明を受ける ❺支援計画の策定に至った経過と、その実践（モニタリング）を行う SWr の取り組みについて説明を受ける	❶対象者のアセスメントを確認し、なぜそのアセスメントに至ったかの経過を確認した上で実習記録に記載する ❷地域の社会資源量や特性などを整理し、アセスメント結果としてまとめ、実習指導者と振り返る ❸地域に対する SWr によるかかわり方（外勤への同行や会合への同席など）を整理し、実習指導者と振り返る ❹支援計画のモニタリングから課題と今後の取り組み（地域における対象ケースの生活環境や状況と、地域団体及び関係団体との役割分担）を整理し、実習指導者に報告する	❶対象者宅の訪問に同行し、担当者による発言や、かかわり方を観察し、アセスメント内容やその目的を実習指導者とともに振り返る ❷地域課題を整理し、解決に向けた目標を立て、実践に向けた計画を策定する ❸モニタリングを踏まえた新たな支援計画を作成する	・組織内において、各分野におけるパッチワーク的な実習ではなく、一連の流れとして共通理解を図る ・各分野における様式集 ・記入マニュアル等
④	利用者やその関係者（家族・親族、友人等）への権利擁護活動とその評価	(7) クライエント及び多様な人々の権利擁護並びにエンパワメントを含む実践を行い、評価することができる	・虐待防止法各法における虐待防止の取り組みを学習する ・成年後見制度の基本を学習する ・権利擁護事業（日常生活自立支援事業等）を調べる ・意思決定支援の基本を確認する	❶対象者との窓口対応や訪問時に際しての留意点について説明を受ける（対象者理解） ❷権利擁護の取り組み（成年後見制度の市町村長申し立て等）や苦情解決の仕組みについて説明を受ける	❶ SWr による権利擁護の取り組みや、果たしている役割について説明を受ける ❷機関が行う取り組み（社協による日常生活自立支援事業等）の場面に同席し、SWr による実践を観察する	❶面接への同席、訪問に同行し、SWr による成年後見制度の説明場面を観察する ❷権利擁護の取り組みに対する SWr による実践を実習指導者と振り返る	❶対象者の発する言動等に着目し、権利擁護や意思決定支援に対する SWr のかかわりについて、実習指導者と振り返る	・社会福祉協議会との連携を図る ・虐待防止ガイドライン等 ・社会福祉協議会広報誌 ・意思決定支援ガイドライン等
	多職種連携及びチームアプローチの実践的理解	(8) 実習施設・機関等の各職種の機能と役割を説明することができる	・各職種の役割について参考書等から調べる	❶福祉事務所内の各職種の種類、役割について説明を受ける ❷エリア内の社会資源、関係機関、地域	❶各職種と SWr の関係について考察した内容を報告した上で、SWr の果たしている役割について説明を受ける	❶各職種等との情報共有や会議に同席し、SWr の発言、立場について観察するとともに、会議録等を作成する	❶ SWr と各職種との違い、役割をまとめ、実習指導者、SWr に説明する ❷関係機関等との連携の場に同席し、	・関係機関に対して、実習受け入れの旨を説明し、会議の場へ

⑤		(9) 実習施設・機関等と関係する社会資源の機能と役割を説明することができる	・エリア内の社会資源の量や種類を、HP等を活用して調べる ・HP等から特徴的な取り組みを確認する	団体等との連携実践について説明を受ける ❸地域福祉保健計画について説明を受け、各地域の特徴を整理する ❹分野別に開催される各種会議に同席する	❷関係機関等との連携場面におけるSWrの役割について説明を受ける ❸地域福祉保健計画の策定の経過、実践の過程におけるSWrの役割について説明を受ける ❹各種会議に同席し、SWrが果たす役割について観察する	❷関係機関等との連携の場（ケースカンファレンス等）に同席し、SWrの発言、かかわりを観察し、実習指導者と振り返る ❸地域福祉保健計画に基づく実践場面、その振り返りの場面に同席し、SWrが果たしている役割について観察し、実習指導者と振り返る ❹各種会議におけるSWrの役割について実習指導者と振り返り、課題や改善点についてまとめる	SWrとしての連携の重要性や必要性について、意見を述べる ❸地域住民との懇談の場に参加し、地域福祉保健計画の取り組みの一部を実践する（会議・イベント、サロン等） ❹地域課題の解決、ケースカンファレンスの開催に必要な関係者を選定し、模擬会議を組み立てる・計画する・開催する	の同席について了解を得ておく
		(10) 地域住民、関係者、関係機関等と連携・協働することができる						・エリア内の社会資源が発行するリーフレット等 ・過去の会議録、会議資料等
		(11) 各種会議を企画・運営することができる						
⑥	当該実習先が地域社会の中で果たす役割の理解及び具体的な地域社会への働きかけ	(12) 地域社会における実習施設・機関等の役割を説明することができる	・事業計画、都市計画、福祉計画をHP等から閲覧する ・記者発表資料や報道資料をもとに自治体の取組を調べる	❶エリア内で市町村や福祉事務所が実施している独自事業等について説明を受ける ❷予算、決算書類を閲覧し、内容を確認する ❸地域住民、当事者団体（家族会、母子サークル等含む）の活動状況について説明を受ける	❶独自事業の実践の場に同席し、SWrの動き、果たしている役割を観察する。事業の趣旨や目的について実習記録にまとめる ❷関係機関等との会議、またそこでのSWrの立場や役割について説明を受ける ❸地域住民、当事者団体の活動の場に同席し、その取り組み内容を実習記録にまとめる	❶関係機関等との地域づくりに関する会議に同席し、SWrの発言やその意味を実習指導者とともに振り返る ❷地域サロンや、家族会の活動場面に参加した上で記録を作成し、課題や改善策について具体的な取り組みを計画する	❶関係機関等との地域づくりに関する会議、カンファレンスの場において、気づき等を簡潔に説明する。SWrとしての立場や地域での役割について発言する ❷地域サロンや、家族会の活動場面で、改善策を踏まえた取り組みを実践（提案）する	・実習時期の活動状況のスケジュールを整理する
		(13) 地域住民や団体、施設、機関等に働きかけることができる						・団体紹介のパンフレット、活動チラシ等
⑦	地域における分野横断的・業種横断的な関係形成と社会資源の活用・調整・開発に関する理解	(14) 地域における分野横断的・業種横断的な社会資源について説明し、問題解決への活用や新たな開発を検討することができる	・社会資源マップがあれば閲覧する ・市町村HPに掲載している人口動態を調べる	❶福祉事務所（内外）の各分野において主催している連絡会議や取り組みについて説明を受ける ❷ここ数年で開始された新規事業や取り組みについて説明を受ける	❶（福祉事務所内外、分野別、業種・職種別に開催されている）連絡会議等に同席し、それらの意味や目的、会議におけるSWrの発言や立場等の役割について整理し、実習記録にまとめる ❷地域の課題等を踏まえて（⑤⑥）、事業の成り立ちや必要性について整理し、実習記録にまとめる	❶連絡会議等に同席し、連絡会議や取り組みにおけるSWrの役割、立場について実習指導者と振り返る ❷事業にかかわる関係者及び事業の意味や目的、課題等を考察し、実習指導者と振り返る	❶地域における新たな連携場面を検討するとともに、関与すべき関係者の洗い出しを行い（を選出し）、実習指導者に会議の開催を提案する ❷事業の課題を整理し、解決方法に向けたプロセスを提案する	・地図、社会資源マップ等を用いて視覚的に理解できるよう留意する ・地図 ・社会資源マップ ・各連絡会議録
⑧	施設・事業者・機関・団体等の経営やサービスの管理運営の実際（チームマネジメントや人材管理の理解を含む）	(15) 実習施設・機関等の経営理念や戦略を分析に基づいて説明することができる	・行政の予算決算をHPから確認する ・各種福祉計画をHP等から閲覧する ・都市計画をHP等から閲覧する	❶市町村、福祉事務所等の人員、組織の体制について説明を受ける ❷市町村等の福祉計画、予算決算について説明を受ける ❸直近の国の課長会議資料等を閲覧し、今後の施策展開について説明を受ける ❹組織内におけるスーパービジョン体制、人材育成手法について説明を受ける	❶市町村、福祉事務所において役職についている社会福祉士を確認し、その役割について説明を受けた上で、組織運営や人材確保・育成等に関してSWrが果たしている役割を実習記録に記載する ❷SWrに対するスーパービジョンの実践内容、人材育成プログラムについて整理し、実習記録にまとめる	❶人口動態、支援対象者の増減予測、国の制度変更等に基づく福祉事務所としての今後の取り組みや方向性、方針決定の方法について実習指導者と振り返る ❷組織内のSWrの育成に関する課題や、日々の業務におけるスーパービジョンの実践について実習指導者と振り返る	❶地域課題を踏まえた福祉事務所が取り組むべき今後の施策展開について実習報告会等で報告する ❷課題を指摘し、あるべきスーパービジョンの体制について提案する ❸現状の人材育成の仕組みを踏まえて、必要な人材育成手法を提案する	・年間スケジュールを用いて予算決算の仕組みを説明する ・議会について説明する
		(16) 実習施設・機関等の法的根拠、財政、運営方法等を説明することができる						・予算決定の仕組み、流れを記載する資料 ・組織の運営方針等 ・施設や団体が発行する事業報告等
⑨	社会福祉士としての職業倫理と組織の一員としての役割と責任の理解	(17) 実習施設・機関等における社会福祉士の倫理に基づいた実践及びジレンマの解決を適切に行うことができる	・社会福祉士の倫理綱領を一通り確認する ・社会福祉法における位置づけについて調べる ・地方自治法における役割の規定について調べる ・地方公務員法における役割について調べる	❶各分野における対象者、住民、関係機関等に対するかかわりにおけるSWrの倫理観、判断の機会について説明を受ける ❷対象者、住民、関係機関等に対して、福祉事務所としての「公平性」「公正性」について説明を受ける ❸社会福祉法、地方自治法、地方公務員法等に基づく規範について説明を受ける	❶訪問場面や面接を観察し、各分野における対象者、住民、関係機関に対するかかわりにおけるSWrの倫理判断について実習記録にまとめる ❷対象者とのかかわりの観察等での学びを踏まえて、福祉事務所でのSWrの役割と、関係機関等との取り組み内容の違いを実習記録にまとめる ❸対象者の面接場面や訪問場面を観察し、公務員としてのSWrによる「公平性」や「公正性」の担保について実習記録にまとめる	❶SWrの各面接場面における倫理判断に基づく取り組みを実習指導者とともに振り返る ❷対象者や関係機関等とのかかわりにおいて、行政と民間の果たすべき役割やその違いについて考察し、実習指導者と振り返る ❸公務員としてのSWrのあるべき姿を整理し、実習指導者と振り返る	❶倫理判断に基づく取り組みのプロセスを整理する ❷行政と民間におけるSWrの違いについて（ジレンマの発生と解消といった視点も含めつつ）整理し、報告会で発表する（各種法律に基づく業務の性質を踏まえて） ❸公務員としてのSWrのあるべき姿、求められる姿を簡潔な言葉で表現し、報告する	・行動規範や公務員宣誓書等を用いて説明する
		(18) 実習施設・機関等の規則等について説明することができる						・社会福祉士の倫理綱領 ・宣誓書 ・行動規範等 ・人材育成に関する資料 ・研究資料
1	アウトリーチ	(19) 以下の技術について目的、方法、留意点について説明することができる ・アウトリーチ ・ネットワーキング ・コーディネーション ・ネゴシエーション	・福祉事務所の基本的な業務内容、各分野における役割を学ぶ ・用語の意味や目的を調べる	❶福祉事務所におけるアウトリーチ手法の実践について説明を受ける	❶SWrによるアウトリーチの意味や目的について説明を受ける（他職種との違い）	❶アウトリーチとしての実践の内容により、果たしている役割を実習記録し、実習指導者と振り返る	❶これまで同行・同席した事例や閲覧した資料を振り返り、支援が届いていない対象者を抽出した上で、その人々に対する新たなアウトリーチ実践とその手法を提案する	・各分野別業務マニュアル等を用いて説明する

⑩	2	ネットワーキング	・ファシリテーション ・プレゼンテーション ・ソーシャルアクション	・地域の社会資源を調べる ・用語の意味や目的を調べる	❶ネットワーキングの範囲、関係機関、対象エリアについて説明を受ける	❶SWrが関与しているネットワーク、そのなかでSWrが果たしている役割について説明を受ける	❶SWrによるネットワーキング実践の内容をまとめ、実習指導者と振り返る	❶地域課題を解決するためのネットワーク構築に必要な関係者を洗い出し、関係構築場面を提案する	
	3	コーディネーション		・福祉事務所の機能を調べる ・用語の意味や目的を調べる	❶各分野における課題解決に向けた調整事例について説明を受ける	❶社会資源の活用等、調整場面におけるSWrの役割について整理し、日誌にまとめる	❶SWrによる社会資源の活用等に向けた調整事例についてSWrが行ったコーディネーションの手法とポイントを考察し、実習指導者と振り返る	❶対象者や地域の更なる課題解決に向けて、必要な関係者、関係機関との調整機会を検討し、実習指導者に報告する	
	4	ネゴシエーション		・用語の意味や目的を調べる	❶各分野における課題解決に向けた合意形成の場や、その取り組みついて説明を受ける	❶SWrによる合意形成手法について説明を受ける（ポイントなど）	❶課題解決に向けた会議場面における合意形成に向けたプロセスを整理し記録にまとめ、実習指導者と振り返る	❶これまで実践された取り組み以外に新たな合意形成プロセスを検討し、必要な関係機関等へのアプローチ方法を企画し、提案する	・業務マニュアル ・訪問記録 ・社会資源マップ ・会議録 ・SWrが作成した関係機関・住民向け資料
	5	ファシリテーション		・用語の意味や目的を調べる	❶対象者のケースカンファレンスや会議等の種類、方法について説明を受ける	❶SWrによるカンファレンスや会議における目標設定、その意味について説明を受ける	❶カンファレンスや会議におけるファシリテーションを観察し、その手法を記録し実習指導者と振り返る	❶カンファレンスにおける意思決定のポイントを整理する	
	6	プレゼンテーション		・プレゼンテーションの手法やパワーポイント技術の基本を調べる ・用語の意味や目的を調べる	❶住民や関係機関に対するプレゼンテーション機会について説明を受ける	❶SWrがどのような趣旨でプレゼンテーションするのか説明を受ける	❶住民や関係機関等に関するプレゼンテーション内容に盛り込むポイントをまとめ、実習指導者と振り返る ❷実習報告会の資料を作成し、報告する	❶実習まとめを作成し、報告会等の場において、定められた時間内で簡潔及び適切にプレゼンテーションを行う	
	7	ソーシャルアクション		・用語の意味や目的を調べる	❶これまでの制度改正や、その他のソーシャルアクションの取り組みについて説明を受ける	❶これまでのソーシャルアクションにかかわるSWrによる取り組みについて説明を受ける	❶制度施策を柔軟に運用している実践を整理して記録する。実習指導者と振り返る	❶制度施策の課題や改善点をまとめる	

ソーシャルワーク実習　個別実習プログラム（180 時間用）

実習基本情報						
実習施設名：○○福祉事務所	実習指導者氏名：○○		実習期間：○年○月○日（○）～○年○月○日（○）		他の実習施設	名称：○○
養成校：○○	実習生氏名：○○	学年：○年生	実習回数：○カ所目（全○カ所）	実習時間数：180 時間		期間：○年○月○日（○）～○年○月○日（○）

ソーシャルワーク実習教育に含むべき事項（国通知）		達成目標（評価ガイドライン）※各達成目標の具体例は行動目標を参照	当該実習施設における実習の実施方法及び展開				
			事前学習・事前訪問	具体的実習内容			活用する資料・参照物
				1～2 週目[※]	3～4 週目[※]	4～5 週目	
①	利用者やその関係者（家族・親族、友人等）、施設・事業者・機関・団体、住民やボランティア等との基本的なコミュニケーションや円滑な人間関係の形成	(1) クライエント等と人間関係を形成するための基本的なコミュニケーションをとることができる	・福祉事務所の各窓口の役割を調べる ・各法律の対象者の状態像をイメージできる書籍等を読む	・組織体制、業務に関する事務分掌、各課（担当）の業務説明を受ける（①の場❶） ・担当エリアの人口、年齢区分、地域の成り立ち、支援対象者数や状況の説明を受ける（①の場❷） ・各窓口、担当者からそれぞれの業務内容や来庁者の特徴、役割の説明を受ける（①の場❸） ・SWr による制度説明や案内の場面に同席し、観察する（①の SWr ❶） ・関係機関等との会議、打ち合わせに同席し、SWr によるかかわりを観察する（①の SWr ❷） ・福祉事務所内の担当者会議、打ち合わせ等に同席し、SWr によるかかわりを観察する（①の SWr ❸）	・窓口に来庁した新規利用者のインテーク場面を観察する（①の実❶） ・窓口来庁者の面接記録、ケースファイルを読み、記録の意味や目的について実習指導者から説明を受ける（①の実❷） ・窓口での面接場面に同席し、対象者の状況に合わせて自己紹介する（①の実❸） ・関係機関等との顔合わせの場面で、自身の立場を説明し、自己紹介する（①の実❹） ・面接場面において、対象者の状況に合わせた対応をする（バーバル、ノンバーバルを使い分ける）（①の発❶）	・担当者による発言や、かかわり方を観察し、その意味を実習指導者とともに振り返る（①の発❷） ・実習指導者とともに、面接記録の振り返りを行う（必要な情報を記録できているか確認する）（①の発❸）	・市町村の HP、都市計画、福祉計画等 ・各対象者のケースファイル等
②	利用者やその関係者（家族・親族、友人等）との援助関係の形成	(2) クライエント等との援助関係を形成することができる	・各対象者の生活実態や、その背景等を題材にした書籍を読む	・それぞれの窓口で使用している資料等を閲覧し、窓口業務とその意味を確認する（②の場❶） ・インテーク場面に同席し、制度案内や手続き等の場面を観察し、対象者に合わせた手続き内容について確認する（②の場❷） ・各窓口の対象者別ケースファイル等を閲覧し、相談に至った背景や環境等を確認し、実習記録にまとめる（②の SWr ❶） ・窓口対応や、インテーク場面での信頼関係構築に関する留意点や方法について SWr から説明を受ける（②の SWr ❷） ・個別支援において関係機関等とかかわる際の、SWr の立場や役割について説明を受ける（②の SWr ❸）	・面接場面、訪問場面に同席する前に、対象者の状況を確認し実習記録にまとめ、かかわる際の留意点について SWr に報告する（②の実❶） ・対象者との信頼関係構築に際しての留意点を実習指導者と振り返り、自身の言動で実践する（②の発❶） ・関係機関等とかかわる際に、自身の立場や役割を理解できるよう説明する（②の発❷）	・面接場面、訪問場面に同席し、支援の意図を考察する（②の実❷）	・対象者、関係機関への事前説明、社会福祉士の倫理綱領、実習プログラム
③	利用者や地域の状況を理解し、その生活上の課題（ニーズ）の把握、支援計画の作成と実施及び評価	(3) クライエント、グループ、地域住民等のアセスメントを実施し、ニーズを明確にすることができる (4) 地域アセスメントを実施し、地域の課題や問題解決に向けた目標を設定することができる (5) 各種計画の様式を使用して計画を作成・策定及び実施することができる (6) 各種計画の実施をモニタリング及び評価することができる	・地域福祉保健計画を閲覧する ・各対象者別の福祉計画を HP から確認する ・市町村 HP に掲載される人口動態を調べる ・地域の成り立ちについて都市計画等を参照して調べる	・各対象者のケースファイル等を閲覧するとともに、対象者の概要について説明を受ける（③の場❶） ・対象地域の特徴や成り立ちについて、説明を受ける（③の場❷） ・地域内で活動する団体等の情報を収集し、その活動内容を報告する（③の場❸） ・地域の強み、弱みを社会資源の量等に基づいて説明を受ける。地域アセスメントの実施方法について説明を受ける（③の場❹） ・地域に対する行政としてのアプローチ方法について説明を受ける（③の SWr ❹） ・各対象者別に使用されている支援計画様式を閲覧し、その特徴を理解する（③の場❺） ・支援計画の策定に至った経過と、その実践（モニタリング）を行う SWr の取り組みについて説明を受ける（③の SWr ❺）	・対象者のアセスメントを確認し、なぜそのアセスメントに至ったかの経過を確認した上で実習記録に記載する（③の実❶） ・地域の社会資源量や特性などを整理し、アセスメント結果としてまとめ、実習指導者と振り返る（③の実❷） ・地域に対する SWr によるかかわり方（外勤への同行や会合への同席など）を整理し、実習指導者と振り返る（③の実❸） ・支援計画のモニタリングから課題と今後の取り組み（地域における対象ケースの生活環境や状況と、地域団体及び関係団体との役割分担）を整理し、実習指導者に報告する（③の実❹）	・対象者宅の訪問に同行し、担当者による発言や、かかわり方を観察し、アセスメント内容やその目的を実習指導者とともに振り返る（③の発❶） ・地域課題を整理し、解決に向けた目標を立て、実践に向けた計画を策定する（③の発❷） ・モニタリングを踏まえた新たな支援計画を作成する（③の発❸）	・各分野における様式集 ・記入マニュアル等
	利用者やその関係者（家族・親族、友人等）への権利擁護活動とその評価	(7) クライエント及び多様な人々の権利擁護並びにエンパワメントを含む実践を行い、評価することができ	・虐待防止法各法における虐待防止の取り組みを学習する	・対象者との窓口対応や訪問時に際しての留意点について説明を受ける（対象者理解）（④の場❶） ・権利擁護の取り組み（成年後見制度の市町村長申し立て等）や苦情解決の仕組みについて説明を受ける	・面接への同席、訪問に同行し、SWr による成年後見制度の説明場面を観察する（④の実❶） ・権利擁護の取り組みに対する SWr による実践を実習指導者と振り返る（④の実❷）	・対象者の発する言動等に着目し、権利擁護や意思決定支援に対する SWr のかかわりについて、実習指導者と振り返る（④の発❶）	・虐待防止ガイドライン等 ・社会福祉協議会広報誌

④		る	・成年後見制度の基本を学習する ・権利擁護事業（日常生活自立支援事業等）を調べる ・意思決定支援の基本を確認する	（④の場❷） ・機関が行う取り組み（社協による日常生活自立支援事業等）の場面に同席し、SWr による実践を観察する（④の SWr ❷）			・意思決定支援ガイドライン等
⑤	多職種連携及びチームアプローチの実践的理解	(8) 実習施設・機関等の各職種の機能と役割を説明することができる (9) 実習施設・機関等と関係する社会資源の機能と役割を説明することができる (10) 地域住民、関係者、関係機関等と連携・協働することができる (11) 各種会議を企画・運営することができる	・各職種の役割について参考書等から調べる ・エリア内の社会資源の量や種類を、HP 等を活用して調べる ・HP 等から特徴的な取り組みを確認する	・福祉事務所内の各職種の種類、役割について説明を受ける（⑤の場❶） ・エリア内の社会資源、関係機関、地域団体等との連携実践について説明を受ける（⑤の場❷） ・地域福祉保健計画について説明を受け、各地域の特徴を整理する（⑤の場❸） ・分野別に開催される各種会議に同席する（⑤の場❹） ・各職種と SWr の関係について考察した内容を報告した上で、SWr の果たしている役割について説明を受ける（⑤の SWr ❶） ・関係機関等との連携場面における SWr の役割について説明を受ける（⑤の SWr ❷） ・地域福祉保健計画の策定の経過、実践の過程における SWr の役割について説明を受ける（⑤の SWr ❸） ・各種会議に同席し、SWr が果たす役割について観察する（⑤の SWr ❹）	・各職種との情報共有や会議に同席し、SWr の発言、立場について観察するとともに、会議録等を作成する（⑤の実❶） ・関係機関等との連携の場（ケースカンファレンス等）に同席し、SWr の発言、かかわりを観察し、実習指導者と振り返る（⑤の実❷） ・地域福祉保健計画に基づく実践場面、その振り返りの場面に同席し、SWr が果たしている役割について観察し、実習指導者と振り返る（⑤の実❸） ・各種会議における SWr の役割について実習指導者と振り返り、課題や改善点についてまとめる（⑤の実❹）	・SWr と各職種との違い、役割をまとめ、実習指導者、SWr に説明する（⑤の発❶） ・関係機関等との連携の場に同席し、SWr としての連携の重要性や必要性について、意見を述べる（⑤の発❷） ・地域住民との懇談の場に参加し、地域福祉保健計画の取り組みの一部を実践する（会議・イベント、サロン等）（⑤の発❸） ・地域課題の解決、ケースカンファレンスの開催に必要な関係者を選定し、模擬会議を組み立てる・計画する・開催する（⑤の発❹）	・エリア内の社会資源が発行するリーフレット等 ・過去の会議録、会議資料等
⑥	当該実習先が地域社会の中で果たす役割の理解及び具体的な地域社会への働きかけ	(12) 地域社会における実習施設・機関等の役割を説明することができる (13) 地域住民や団体、施設、機関等に働きかけることができる	・事業計画、都市計画、福祉計画を HP 等から閲覧する ・記者発表資料や報道資料をもとに自治体の取り組みを調べる	・エリア内で市町村や福祉事務所が実施している独自事業等について説明を受ける（⑥の場❶） ・予算、決算書類を閲覧し、内容を確認する（⑥の場❷） ・地域住民、当事者団体（家族会、母子サークル等含む）の活動状況について説明を受ける（⑥の場❸） ・独自事業の実践の場に同席し、SWr の動き、果たしている役割を観察する。事業の趣旨や目的について実習記録にまとめる（⑥の SWr ❶） ・関係機関等との会議、またそこでの SWr の立場や役割について説明を受ける（⑥の SWr ❷）	・地域住民、当事者団体の活動の場に同席し、その取り組み内容を実習記録にまとめる（⑥の SWr ❸） ・関係機関等との地域づくりに関する会議に同席し、SWr の発言やその意味を実習指導者とともに振り返る（⑥の実❶） ・地域サロンや、家族会の活動場面に参加した上で記録を作成し、課題や改善策について具体的な取り組みを計画する（⑥の実❷）	・関係機関等との地域づくりに関する会議、カンファレンスの場において、気づき等を簡潔に説明する SWr としての立場や地域での役割について発言する（⑥の発❶） ・地域サロンや、家族会の活動場面で、改善策を踏まえた取り組みを実践（提案）する（⑥の発❷）	・団体紹介のパンフレット、活動チラシ等
⑦	地域における分野横断的・業種横断的な関係形成と社会資源の活用・調整・開発に関する理解	(14) 地域における分野横断的・業種横断的な社会資源について説明し、問題解決への活用や新たな開発を検討することができる	・社会資源マップがあれば閲覧する ・市町村 HP に掲載している人口動態を調べる	・福祉事務所（内外）の各分野において主催している連絡会議や取り組みについて説明を受ける（⑦の場❶） ・ここ数年で開始された新規事業や取り組みについて説明を受ける（⑦の場❷）	・（福祉事務所内外、分野別、業種・職種別に開催されている）連絡会議等に同席し、それらの意味や目的、会議における SWr の発言や立場等の役割について整理し、実習記録にまとめる（⑦の SWr ❶） ・地域の課題等を踏まえて（⑤⑥）、事業の成り立ちや必要性について整理し、実習記録にまとめる（⑦の SWr ❷） ・連絡会議等に同席し、連絡会議や取り組みにおける SWr の役割、立場について実習指導者と振り返る（⑦の実❶）	・事業にかかわる関係者及び事業の意味や目的、課題等を考察し、実習指導者と振り返る（⑦の実❷）	・各連絡会議録
⑧	施設・事業者・機関・団体等の経営やサービスの管理運営の実際（チームマネジメントや人材管理の理解を含む）	(15) 実習施設・機関等の経営理念や戦略を分析に基づいて説明することができる (16) 実習施設・機関等の法的根拠、財政、運営方法等を説明することができる	・行政の予算決算を HP から確認する ・各種福祉計画を HP 等から閲覧する ・都市計画を HP 等から閲覧する	・市町村、福祉事務所等の人員、組織の体制について説明を受ける（⑧の場❶） ・市町村等の福祉計画、予算決算について説明を受ける（⑧の場❷） ・直近の国の課長会議資料等を閲覧し、今後の施策展開について説明を受ける（⑧の場❸） ・組織内におけるスーパービジョン体制、人材育成手法について説明を受ける（⑧の場❹）	・市町村、福祉事務所において役職についている社会福祉士を確認し、その役割について説明を受けた上で、組織運営や人材確保・育成等に関して SWr が果たしている役割を実習記録に記載する（⑧の SWr ❶） ・SWr に対するスーパービジョンの実践内容、人材育成プログラムについて整理し、実習記録にまとめる（⑧の SWr ❷） ・組織内の SWr の育成に関する課題や、日々の業務におけるスーパービジョンの実践について実習指導者と振り返る（⑧の実❷）	・地域課題を踏まえた福祉事務所が取り組むべき今後の施策展開について実習報告会等で報告する（⑧の発❶） ・課題を指摘し、あるべきスーパービジョンの体制について提案する（⑧の発❷）	・施設や団体が発行する事業報告等
	社会福祉士としての職業倫理と組織の一員としての役割と責任の理解	(17) 実習施設・機関等における社会福祉士の倫理に基づいた実践及びジレンマの解決を適切に行うことが	・社会福祉士の倫理綱領を一通り確認する ・社会福祉法にお	・各分野における対象者、住民、関係機関等に対するかかわりにおける SWr の倫理観、判断の機会について説明を受ける（⑨の場❶） ・対象者、住民、関係機関等に対して、福祉事務所と	・訪問場面や面接を観察し、各分野における対象者、住民、関係機関に対するかかわりにおける SWr の倫理判断について実習記録にまとめる（⑨の SWr ❶） ・対象者とのかかわりの観察等での学びを踏まえて、	・倫理判断に基づく取り組みのプロセスを整理する（⑨の発❶） ・行政と民間における SWr の違いについて（ジレンマの発生と解消といった視点も含めつつ）整理し、報	・人材育成に関する資料 ・研修資料

⑨		できる (18) 実習施設・機関等の規則等について説明することができる	ける位置づけについて調べる ・地方自治法における役割の規定について調べる ・地方公務員法における役割について調べる	して「公平性」「公正性」について説明を受ける（⑨の場❷） ・社会福祉法、地方自治法、地方公務員法等に基づく規範について説明を受ける（⑨の場❸）	福祉事務所での SWr の役割と、関係機関等との取り組み内容の違いを実習記録にまとめる（⑨の SWr ❷） ・対象者の面接場面や訪問場面を観察し、公務員としての SWr による「公平性」や「公正性」の担保について実習記録にまとめる（⑨の SWr ❸） ・SWr の各面接場面における倫理判断に基づく取り組みを実習指導者とともに振り返る（⑨の実❶）	告会で発表する（各種法律に基づく業務の性質を踏まえて）（⑨の発❷）	
⑩	1 アウトリーチ	(19) 以下の技術について目的、方法、留意点について説明することができる ・アウトリーチ ・ネットワーキング ・コーディネーション ・ネゴシエーション ・ファシリテーション ・プレゼンテーション ・ソーシャルアクション	・福祉事務所の基本的な業務内容、各分野における役割を学ぶ ・用語の意味や目的を調べる	・福祉事務所におけるアウトリーチ手法の実践について説明を受ける（⑩ -1 の場❶） ・SWr によるアウトリーチの意味や目的について説明を受ける（他職種との違い）（⑩ -1 の SWr ❶）	・アウトリーチとしての実践の内容により、果たしている役割を記録し、実習指導者と振り返る（⑩ -1 の実❶）	・これまで同行・同席した事例や閲覧した資料を振り返り、支援が届いていない対象者を抽出した上で、その人々に対する新たなアウトリーチ実践とその手法を提案する（⑩ -1 の発❶）	・各分野別業務マニュアル等を用いて説明する
	2 ネットワーキング		・地域の社会資源を調べる ・用語の意味や目的を調べる	・ネットワーキングの範囲、関係機関、対象エリアについて説明を受ける（⑩ -2 の場❶） ・SWr が関与しているネットワーク、そのなかで SWr が果たしている役割について説明を受ける（⑩ -2 の SWr ❶）	・SWr によるネットワーキング実践の内容をまとめ、実習指導者と振り返る（⑩ -2 の実❶）	・地域課題を解決するためのネットワーク構築に必要な関係者を洗い出し、関係構築場面を提案する（⑩ -2 の発❶）	
	3 コーディネーション		・福祉事務所の機能を調べる ・用語の意味や目的を調べる	・各分野における課題解決に向けた調整事例について説明を受ける（⑩ -3 の場❶） ・社会資源の活用等、調整場面における SWr の役割について整理し、日誌にまとめる（⑩ -3 の SWr ❶）	・SWr による社会資源の活用等に向けた調整事例について SWr が行ったコーディネーションの手法とポイントを考察し、実習指導者と振り返る（⑩ -3 の実❶）	・対象者や地域の更なる課題解決に向けて、必要な関係者、関係機関等との調整機会を検討し、実習指導者に報告する（⑩ -3 の発❶）	
	4 ネゴシエーション		・用語の意味や目的を調べる	・各分野における課題解決に向けた合意形成の場や、その取り組みついて説明を受ける（⑩ -4 の場❶） ・SWr による合意形成手法について説明を受ける（ポイントなど）（⑩ -4 の SWr ❶）	・課題解決に向けた会議場面における合意形成に向けたプロセスを整理し記録にまとめ、実習指導者と振り返る（⑩ -4 の実❶）	・これまで実践された取り組み以外に、新たな合意形成プロセスを検討し、必要な関係機関へのアプローチ方法を企画し、提案する（⑩ -4 の発❶）	・業務マニュアル ・訪問記録 ・社会資源マップ ・会議録 ・SWr が作成した関係機関・住民向け資料
	5 ファシリテーション		・用語の意味や目的を調べる		・対象者のケースカンファレンスや会議等の種類、方法について説明を受ける（⑩ -5 の場❶） ・SWr によるカンファレンスや会議における目標設定、その意味について説明を受ける（⑩ -5 の SWr ❶）	・課題解決に向けた会議場面における合意形成に向けたプロセスを整理し記録にまとめ、実習指導者と振り返る（⑩ -5 の実❶）	
	6 プレゼンテーション		・プレゼンテーションの手法やパワーポイント技術の基本を調べる ・用語の意味や目的を調べる		・住民や関係機関に対するプレゼンテーション機会について説明を受ける（⑩ -6 の場❶）	・SWr がどのような趣旨でプレゼンテーションするのか説明を受ける（⑩ -6 の SWr ❶） ・住民や関係機関等に関するプレゼンテーション内容に盛り込むポイントをまとめ、実習指導者と振り返る（⑩ -6 の実❶） ・実習報告会の資料を作成し、報告する（⑩ -6 の実❷）	
	7 ソーシャルアクション		・用語の意味や目的を調べる		・これまでの制度改正や、その他のソーシャルアクションの取り組みについて説明を受ける（⑩ -7 の場❶）	・これまでのソーシャルワークションにかかわる SWr による取り組みについて説明を受ける（⑩ -7 の SWr ❶）	

※１～２週目、３～４週目、４～５週目の期間に関する表記は集中実習の場合のイメージであり、通年での実習や一定期間に分散して実習する場合には実習形態に適した期間を設定した上で使用する

ソーシャルワーク実習　個別実習プログラム（1回目60時間用）

実習基本情報						
実習施設名：○○福祉事務所	実習指導者氏名：○○		実習期間：○年○月○日（○）～○年○月○日（○）		他の実習施設	名称：○○
養成校：○○	実習生氏名：○○	学年：○年生	実習回数：1カ所目（全○カ所）	実習時間数：60時間		期間：○年○月○日（○）～○年○月○日（○）

	ソーシャルワーク実習教育に含むべき事項（国通知）	達成目標（評価ガイドライン）※各達成目標の具体例は行動目標を参照	当該実習施設における実習の実施方法及び展開 事前学習・事前訪問	具体的実習内容 前半（概ね1週目）＊	後半（概ね2週目）＊	活用する資料・参照物
①	利用者やその関係者（家族・親族、友人等）、施設・事業者・機関・団体、住民やボランティア等との基本的なコミュニケーションや円滑な人間関係の形成	(1) クライエント等と人間関係を形成するための基本的なコミュニケーションをとることができる	・福祉事務所の各窓口の役割を調べる ・各法律の対象者の状態像をイメージできる書籍等を読む ・事前訪問において、対象エリア等を確認する	・組織体制、業務に関する事務分掌、各課（担当）の業務説明を受ける（①の場❶） ・SWrによる制度説明や案内の場面に同席し、観察する（①のSWr❶） ・関係機関等との会議、打ち合わせに同席し、SWrによるかかわりを観察する（①のSWr❷）	・窓口での面接場面に同席し、対象者の状況に合わせて自己紹介する（①の実❸） ・関係機関等との顔合わせの場面で、自身の立場を説明し、自己紹介する（①の実❹）	・市町村のHP、都市計画、福祉計画等
②	利用者やその関係者（家族・親族、友人等）との援助関係の形成	(2) クライエント等との援助関係を形成することができる	・各対象者の生活実態や、その背景等を題材にした書籍を読む	・各窓口の対象者別ケースファイル等を閲覧し、相談に至った背景や環境等を確認し、実習記録にまとめる（②のSWr❶） ・窓口対応や、インテーク場面での信頼関係構築に関する留意点や方法についてSWrから説明を受ける（②のSWr❷）	・個別支援において関係機関等とかかわる際の、SWrの立場や役割について説明を受ける（②のSWr❸）	・対象者、関係機関への事前説明、社会福祉士の倫理綱領、実習プログラム
③	利用者や地域の状況を理解し、その生活上の課題（ニーズ）の把握、支援計画の作成と実施及び評価	(3) クライエント、グループ、地域住民等のアセスメントを実施し、ニーズを明確にすることができる (4) 地域アセスメントを実施し、地域の課題や問題解決に向けた目標を設定することができる (5) 各種計画の様式を使用して計画を作成・策定及び実施することができる (6) 各種計画の実施をモニタリング及び評価することができる	・地域福祉保健計画を閲覧する ・各対象者別の福祉計画をHPから確認する ・市町村HPに掲載される人口動態を調べる ・地域の成り立ちについて都市計画等を参照して調べる	・対象地域の特徴や成り立ちについて、説明を受ける（③の場❷） ・地域内で活動する団体等の情報を収集し、その活動内容を報告する（③の場❸） ・地域の強み、弱みを社会資源の量等に基づいて説明を受ける。地域アセスメントの実施方法について説明を受ける（③の場❹） ・各対象者別に使用されている支援計画様式を閲覧し、その特徴を理解する（③の場❺）	・対象者のケースファイルを閲覧し、アセスメント記録の内容を確認した上でアセスメントの視点について実習記録に整理する（③のSWr❶） ・地域内で活動する団体等に対するSWrのかかわり方（外勤への同行や団体会合への同席など）を観察する（③のSWr❸） ・地域に対する行政としてのアプローチ方法について説明を受ける（③のSWr❹） ・支援計画の策定に至った経過と、その実践（モニタリング）を行うSWrの取り組みについて説明を受ける（③のSWr❺）	・各分野における様式集 ・記入マニュアル等
④	利用者やその関係者（家族・親族、友人等）への権利擁護活動とその評価	(7) クライエント及び多様な人々の権利擁護並びにエンパワメントを含む実践を行い、評価することができる	・虐待防止法各法における虐待防止の取り組みを学習する ・成年後見制度の基本を学習する ・権利擁護事業（日常生活自立支援事業等）を調べる ・意思決定支援の基本を確認する	・SWrによる権利擁護の取り組みや、果たしている役割について説明を受ける（④のSWr❶） ・機関が行う取り組み（社協による日常生活自立支援事業等）の場面に同席し、SWrによる実践を観察する（④のSWr❷）	・面接への同席、訪問に同行し、SWrによる成年後見制度の説明場面を観察する（④の実❶） ・権利擁護の取り組みに対するSWrによる実践を実習指導者と振り返る（④の実❷）	・虐待防止ガイドライン ・社会福祉協議会広報誌 ・意思決定支援ガイドライン等
⑤	多職種連携及びチームアプローチの実践的理解	(8) 実習施設・機関等の各職種の機能と役割を説明することができる (9) 実習施設・機関等と関係する社会資源の機能と役割を説明することができる (10) 地域住民、関係者、関係機関等と連携・協働することができる	・各職種の役割について参考書等から調べる ・エリア内の社会資源の量や種類を、HP等を活用して調べる ・HP等から特徴的な取り組みを確認する	・エリア内の社会資源、関係機関、地域団体等との連携実践について説明を受ける（⑤の場❷） ・地域福祉保健計画について説明を受け、各地域の特徴を整理する（⑤の場❸）	・関係機関等との連携場面におけるSWrの役割について説明を受ける（⑤のSWr❷） ・各職種等との情報共有や会議に同席し、SWrの発言、立場について観察するとともに、会議録等を作成する（⑤の実❶） ・関係機関等との連携の場（ケースカンファレンス等）に同席し、SWrの発言、かかわりを観察し、実習指導者と振り返る（⑤の実❷）	・エリア内の社会資源が発行するリーフレット等 ・過去の会議録、会議資料等

		(11) 各種会議を企画・運営することができる				
⑥	当該実習先が地域社会の中で果たす役割の理解及び具体的な地域社会への働きかけ	(12) 地域社会における実習施設・機関等の役割を説明することができる (13) 地域住民や団体、施設、機関等に働きかけることができる	・事業計画、都市計画、福祉計画を HP 等から閲覧する ・記者発表資料や報道資料をもとに自治体の取り組みを調べる	・エリア内で市町村や福祉事務所が実施している独自事業等について説明を受ける（⑥の場❶）	・独自事業の実践の場に同席し、SWr の動き、果たしている役割を観察する。事業の趣旨や目的について実習記録にまとめる（⑥の SWr ❶） ・関係機関等との会議、またそこでの SWr の立場やその役割について説明を受ける（⑥の SWr ❷）	・団体紹介のパンフレット、活動チラシ等
⑦	地域における分野横断的・業種横断的な関係形成と社会資源の活用・調整・開発に関する理解	(14) 地域における分野横断的・業種横断的な社会資源について説明し、問題解決への活用や新たな開発を検討することができる	・社会資源マップがあれば閲覧する ・市町村 HP に掲載している人口動態を調べる	・福祉事務所（内外）の各分野において主催している連絡会議や取り組みについて説明を受ける（⑦の場❶） ・（福祉事務所内外、分野別、業種・職種別に開催されている）連絡会議等に同席し、それらの意味や目的、会議における SWr の発言や立場等の役割について整理し、実習記録にまとめる（⑦の SWr ❶）	・連絡会議等に同席し、連絡会議や取り組みにおける SWr の役割、立場について実習指導者と振り返る（⑦の実❶）	・地図 ・社会資源マップ
⑧	施設・事業者・機関・団体等の経営やサービスの管理運営の実際（チームマネジメントや人材管理の理解を含む）	(15) 実習施設・機関等の経営理念や戦略を分析に基づいて説明することができる (16) 実習施設・機関等の法的根拠、財政、運営方法等を説明することができる	・行政の予算決算を HP から確認する ・各種福祉計画を HP 等から閲覧する ・都市計画を HP 等から閲覧する	・市町村、福祉事務所等の人員、組織の体制について説明を受ける（⑧の場❶） ・市町村等の福祉計画、予算決算について説明を受ける（⑧の場❷）	・市町村、福祉事務所において役職についている社会福祉士を確認し、その役割について説明を受けた上で、組織運営や人材確保・育成等に関して SWr が果たしている役割を実習記録に記載する（⑧の SWr ❶） ・人口動態、支援対象者の増減予測、国の制度変更等に基づく福祉事務所としての今後の取り組みや方向性、方針決定の方法について実習指導者と振り返る（⑧の実❶）	・予算決定の仕組み、流れを記載する資料 ・組織の運営方針等
⑨	社会福祉士としての職業倫理と組織の一員としての役割と責任の理解	(17) 実習施設・機関等における社会福祉士の倫理に基づいた実践及びジレンマの解決を適切に行うことができる (18) 実習施設・機関等の規則等について説明することができる	・社会福祉士の倫理綱領を一通り確認する ・社会福祉法における位置づけについて調べる ・地方自治法における役割の規定について調べる ・地方公務員法における役割について調べる	・各分野における対象者、住民、関係機関等に対するかかわりにおける SWr の倫理観、判断の機会について説明を受ける（⑨の場❶） ・訪問場面や面接を観察し、各分野における対象者、住民、関係機関に対するかかわりにおける SWr の倫理判断について実習記録にまとめる（⑨の SWr ❶）	・SWr が各面接場面における倫理判断に基づく取り組みを実習指導者とともに振り返る（⑨の実❶）	・社会福祉士の倫理綱領 ・宣誓書 ・行動規範等
⑩ 1	アウトリーチ	(19) 以下の技術について目的、方法、留意点について説明することができる ・アウトリーチ ・ネットワーキング ・コーディネーション ・ネゴシエーション ・ファシリテーション ・プレゼンテーション ・ソーシャルアクション	・福祉事務所の基本的な業務内容、各分野における役割を学ぶ ・用語の意味や目的を調べる	・福祉事務所におけるアウトリーチ手法の実践について説明を受ける（⑩-1 の場❶）	・アウトリーチとしての実践の内容により、果たしている役割を記録し、実習指導者と振り返る（⑩-1 の実❶）	・業務マニュアル等
2	ネットワーキング		・地域の社会資源を調べる ・用語の意味や目的を調べる	・ネットワーキングの範囲、関係機関、対象エリアについて説明を受ける（⑩-2 の場❶）	・SWr が関与しているネットワーク、そのなかで SWr が果たしている役割について説明を受ける（⑩-2 の SWr ❶）	・社会資源マップ等
3	コーディネーション					
4	ネゴシエーション					
5	ファシリテーション					
6	プレゼンテーション					
7	ソーシャルアクション					

※前半（概ね 1 週目）、後半（概ね 2 週目）の期間に関する表記は集中実習の場合のイメージであり、通年での実習や一定期間に分散して実習する場合には実習形態に適した期間を設定した上で使用する

ソーシャルワーク実習　個別実習プログラム（2回目60時間用）

実習基本情報						
実習施設名：○○福祉事務所	実習指導者氏名：○○		実習期間：○年○月○日（○）～○年○月○日（○）		他の実習施設	名称：○○
養成校：○○	実習生氏名：○○	学年：○年生	実習回数：2カ所目（全○カ所）	実習時間数：60時間		期間：○年○月○日（○）～○年○月○日（○）

	ソーシャルワーク実習教育に含むべき事項（国通知）	達成目標（評価ガイドライン）※各達成目標の具体例は行動目標を参照	当該実習施設における実習の実施方法及び展開：事前学習・事前訪問	具体的実習内容：前半（概ね1週目）*	具体的実習内容：後半（概ね2週目）*	活用する資料・参照物
①	利用者やその関係者（家族・親族、友人等）、施設・事業者・機関・団体、住民やボランティア等との基本的なコミュニケーションや円滑な人間関係の形成	(1) クライエント等と人間関係を形成するための基本的なコミュニケーションをとることができる	・福祉事務所の各窓口（5法）の役割を調べる ・各法律の対象者の状態像をイメージできる書籍等を読む	・福祉事務所内の担当者会議、打ち合わせ等に同席し、SWrによるかかわりを観察する（①のSWr❸）	・関係機関等との顔合わせの場面で、自身の立場を説明し、自己紹介する（①の実❹）	・市町村のHP、都市計画、福祉計画等
②	利用者やその関係者（家族・親族、友人等）との援助関係の形成	(2) クライエント等との援助関係を形成することができる	・各対象者の生活実態や、その背景等を題材にした書籍を読む	・面接場面、訪問場面に同席する前に、対象者の状況を確認し実習記録にまとめ、かかわる際の留意点についてSWrに報告する（②の実❶）	・対象者との信頼関係構築に際しての留意点を実習指導者と振り返り、自身の言動で実践する（②の発❶） ・関係機関等とかかわる際に、自身の立場や役割を理解できるよう説明する（②の発❷）	・対象者、関係機関への事前説明、社会福祉士の倫理綱領、実習プログラム
③	利用者や地域の状況を理解し、その生活上の課題（ニーズ）の把握、支援計画の作成と実施及び評価	(3) クライエント、グループ、地域住民等のアセスメントを実施し、ニーズを明確にすることができる (4) 地域アセスメントを実施し、地域の課題や問題解決に向けた目標を設定することができる (5) 各種計画の様式を使用して計画を作成・策定及び実施することができる (6) 各種計画の実施をモニタリング及び評価することができる	・地域福祉保健計画を閲覧する ・各対象者別の福祉計画をHPから確認する ・市町村HPに掲載される人口動態を調べる ・地域の成り立ちについて都市計画等を参照して調べる	・対象者のアセスメントを確認し、なぜそのアセスメントに至ったかの経過を確認した上で実習記録に記載する（③の実❶） ・地域の社会資源量や特性などを整理し、アセスメント結果としてまとめ、実習指導者と振り返る（③の実❷） ・地域に対するSWrによるかかわり方（外勤への同行や会合への同席など）を整理し、実習指導者と振り返る（③の実❸）	・対象者宅の訪問に同行し、担当者による発言や、かかわり方を観察し、アセスメント内容やその目的を実習指導者とともに振り返る（③の発❶） ・地域課題を整理し、解決に向けた目標を立て、実践に向けた計画を策定する（③の発❷）	・各分野における様式集 ・記入マニュアル等
④	利用者やその関係者（家族・親族、友人等）への権利擁護活動とその評価	(7) クライエント及び多様な人々の権利擁護並びにエンパワメントを含む実践を行い、評価することができる	・成年後見制度について基本的な学習をする ・意思決定支援の基本をガイドライン等で確認しておく	・面接への同席、訪問に同行し、SWrによる成年後見制度の説明場面を観察する（④の実❶）	・対象者の発する言動等に着目し、権利擁護や意思決定支援に対するSWrのかかわりについて、実習指導者と振り返る（④の発❶）	・社会福祉協議会広報誌
⑤	多職種連携及びチームアプローチの実践的理解	(8) 実習施設・機関等の各職種の機能と役割を説明することができる (9) 実習施設・機関等と関係する社会資源の機能と役割を説明することができる (10) 地域住民、関係者、関係機関等と連携・協働することができる (11) 各種会議を企画・運営することができる	・各職種の役割について参考書等から調べる ・エリア内の社会資源の量や種類を、HP等を活用して調べる ・HP等から特徴的な取り組みを確認する	・各種会議におけるSWrの役割について実習指導者と振り返り、課題や改善点についてまとめる（⑤の実❹） ・SWrと各職種との違い、役割をまとめ、実習指導者、SWrに説明する（⑤の発❶） ・関係機関等との連携の場に同席し、SWrとしての連携の重要性や必要性について、意見を述べる（⑤の発❷）	・地域住民との懇談の場に参加し、地域福祉保健計画の取り組みの一部を実践する（会議・イベント、サロン等）（⑤の発❸） ・地域課題の解決、ケースカンファレンスの開催に必要な関係者を選定し、模擬会議を組み立てる・計画する・開催する（⑤の発❹）	・エリア内の社会資源が発行するリーフレット等
	当該実習先が地域社会の中で果たす役割の理解及び具体的な地域社	(12) 地域社会における実習施設・機関等の役割を説明することが	・事業計画、都市計画、福祉計画をHP等から閲覧	・関係機関等との地域づくりに関する会議、ケースカンファレンスに同席し、SWrの発言やその意味を実習指導者とともに振り返る（⑥の実❶）	・関係機関等との地域づくりに関する会議、カンファレンスの場において、気づき等を簡潔に説明する。SWrとしての立場や地域での役割について発言す	・団体紹介のパンフレット、活動チラシ

⑥		会への働きかけ	できる (13) 地域住民や団体、施設、機関等に働きかけることができる	する ・記者発表資料や報道資料をもとに自治体の取り組みを調べる	・地域サロンや、家族会の活動場面に参加した上で記録を作成し、課題や改善策について具体的な取り組みを計画する（⑥の実❷）	る（⑥の発❶） ・地域サロンや、家族会の活動場面で、改善策を踏まえた取り組みを実践（提案）する（⑥の発❷）	等
⑦		地域における分野横断的・業種横断的な関係形成と社会資源の活用・調整・開発に関する理解	(14) 地域における分野横断的・業種横断的な社会資源について説明し、問題解決への活用や新たな開発を検討することができる	・社会資源マップがあれば閲覧する ・市町村 HP に掲載している人口動態を調べる	・連絡会議等に同席し、連絡会議や取り組みにおける SWr の役割、立場について実習指導者と振り返る（⑦の実❶） ・事業にかかわる関係者及び事業の意味や目的、課題等を考察し、実習指導者と振り返る（⑦の実❷）	・地域における新たな連携場面を検討するとともに、関与すべき関係者の洗い出しを行い（を選出し）、実習指導者に会議の開催を提案する（⑦の発❶） ・事業の課題を整理し、解決方法に向けたプロセスを提案する（⑦の発❷）	・地図 ・社会資源マップ
⑧		施設・事業者・機関・団体等の経営やサービスの管理運営の実際（チームマネジメントや人材管理の理解を含む）	(15) 実習施設・機関等の経営理念や戦略を分析に基づいて説明することができる (16) 実習施設・機関等の法的根拠、財政、運営方法等を説明することができる	・行政の予算決算を HP から確認する ・各種福祉計画を HP 等から閲覧する ・都市計画を HP 等から閲覧する	・人口動態、支援対象者の増減予測、国の制度変更等に基づく福祉事務所としての今後の取り組みや方向性、方針決定の方法について実習指導者と振り返る（⑧の実❶） ・組織内の SWr の育成に関する課題や、日々の業務におけるスーパービジョンの実践について実習指導者と振り返る（⑧の実❷）	・地域課題を踏まえた福祉事務所が取り組むべき今後の施策展開について実習報告会等で報告する（⑧の発❶） ・課題を指摘し、あるべきスーパービジョンの体制について提案する（⑧の発❷） ・現状の人材育成の仕組みを踏まえて、必要な人材育成手法を提案する（⑧の発❸）	・予算決定の仕組み、流れを記載する資料 ・組織の運営方針など
⑨		社会福祉士としての職業倫理と組織の一員としての役割と責任の理解	(17) 実習施設・機関等における社会福祉士の倫理に基づいた実践及びジレンマの解決を適切に行うことができる (18) 実習施設・機関等の規則等について説明することができる	・社会福祉士の倫理綱領を一通り確認する ・社会福祉法における位置づけについて調べる ・地方自治法における役割の規定について調べる ・地方公務員法における役割について調べる	・訪問場面や面接を観察し、各分野における対象者、住民、関係機関に対するかかわりにおける SWr の倫理判断について実習記録にまとめる（⑨の SWr❶） ・SWr が各面接場面における倫理判断に基づく取り組みを実習指導者とともに振り返る（⑨の実❶） ・対象者や関係機関等とのかかわりにおいて、行政と民間の果たすべき役割やその違いについて考察し、実習指導者と振り返る（⑨の実❷）	・倫理判断に基づく取り組みのプロセスを整理する（⑨の発❶） ・行政と民間における SWr の違いについて（ジレンマの発生と解消といった視点も含めつつ）整理し、報告会で発表する（各種法律に基づく業務の性質を踏まえて）（⑨の発❷）	・社会福祉士の倫理綱領 ・宣誓書 ・行動規範等
⑩	1	アウトリーチ	(19) 以下の技術について目的、方法、留意点について説明することができる ・アウトリーチ ・ネットワーキング ・コーディネーション ・ネゴシエーション ・ファシリテーション ・プレゼンテーション ・ソーシャルアクション	・福祉事務所の基本的な業務内容、各分野における役割を学ぶ	・アウトリーチとしての実践の内容により、果たしている役割を記録し、実習指導者と振り返る（⑩-1 の実❶）	・これまで同行・同席した事例や閲覧した資料を振り返り、支援が届いていない対象者を抽出した上で、その人々に対する新たなアウトリーチ実践とその手法を提案する（⑩-1 の発❶）	・各分野別業務マニュアル等を用いて説明する
	2	ネットワーキング		・地域の社会資源を調べる	・SWr が関与しているネットワーク、そのなかで SWr が果たしている役割について説明を受ける（⑩-2 の SWr❶）	・地域課題を解決するためのネットワーク構築に必要な関係者を洗い出し、関係構築場面を提案する（⑩-2 の発❶）	
	3	コーディネーション		・福祉事務所の機能を調べる	・SWr による社会資源の活用等に向けた調整事例について SWr が行ったコーディネーションの手法とポイントを考察し、実習指導者と振り返る（⑩-3 の実❶）	・対象者や地域の更なる課題解決に向けて、必要な関係者、関係機関との調整機会を検討し、実習指導者に報告する（⑩-3 の発❶）	
	4	ネゴシエーション		・用語の意味や目的を調べる	・SWr による合意形成手法について説明を受ける（ポイントなど）（⑩-4 の SWr❶） ・課題解決に向けた会議場面における合意形成に向けたプロセスを整理し記録にまとめ、実習指導者と振り返る（⑩-4 の実❶）	・これまで実践された取り組み以外に新たな合意形成プロセスを検討し、必要な関係機関等へのアプローチ方法を企画し、提案する（⑩-4 の発❶）	・業務マニュアル ・訪問記録 ・社会資源マップ ・会議録 ・SWr が作成した関係機関・住民向け資料
	5	ファシリテーション		・用語の意味や目的を調べる	・カンファレンスや会議におけるファシリテーションを観察し、その手法を記録し実習指導者と振り返る（⑩-5 の実❶）	・カンファレンスにおける意思決定のポイントを整理する（⑩-5 の発❶）	
	6	プレゼンテーション		・プレゼンテーションの手法やパワーポイント技術の基本を調べる ・用語の意味や目的を調べる		・実習まとめを作成し、報告会等の場において、定められた時間内で簡潔及び適切にプレゼンテーションを行う（⑩-6 の発❶）	
	7	ソーシャルアクション		・用語の意味や目的を調べる	・制度施策を柔軟に運用している実践を整理して記録する。実習指導者と振り返る（⑩-7 の実❶）	・制度施策の課題や改善点をまとめる（⑩-7 の発❶）	

※前半（概ね 1 週目）、後半（概ね 2 週目）の期間に関する表記は集中実習の場合のイメージであり、通年での実習や一定期間に分散して実習する場合には実習形態に適した期間を設定した上で使用する

【地域・社協】社会福祉協議会

ソーシャルワーク実習　基本実習プログラム

実習施設名：○○社会福祉協議会	作成メンバー：○○	作成日：○年○月○日

	ソーシャルワーク実習教育に含むべき事項（国通知）	達成目標（評価ガイドライン）※各達成目標の具体例は行動目標を参照	当該実習施設における実習の実施方法及び展開：学生に求める事前学習	具体的実習内容：SW 実践の場の理解に関する内容	具体的実習内容：SWr の理解に関する内容	具体的実習内容：SW 実践の理解に関する内容	具体的実習内容：SW 実践の理解に関する内容（発展的）	指導上の留意点 活用する資料・参照物
①	利用者やその関係者（家族・親族、友人等）、施設・事業者・機関・団体、住民やボランティア等との基本的なコミュニケーションや円滑な人間関係の形成	(1) クライエント等と人間関係を形成するための基本的なコミュニケーションをとることができる	・基本的な面接技術等について復習する	❶社協がどのような目的を持って活動をしているかについて説明を受ける ❷担当地域住民や関係機関から地域福祉活動について説明を受ける	❶社協事業に参加して、実習指導者の地域住民や来談者とのかかわり方を観察する ❷実習指導者が関係者や住民等のかかわり方で気を付けているポイント（技術的、価値的な内容）について説明を受ける	❶ケア会議、住民座談会、地域での研修会に同席して、SW 実践としての意味や機能を考察し、実習記録に記載する ❷地域住民の聞き取りを行うなかで、かかわり方のポイント（面接技術）を基にコミュニケーションをはかる ❸言語的・非言語的コミュニケーションを十分に観察し、対象者の言葉にしない感情にも注意を向ける面接技術について、実習記録に記載する	❶地域住民等から聞き取った内容を自らの言葉で具体的に説明する ❷実習のまとめと振り返りを行い、資料を作成し職員や地域住民へ実習報告を行う	・ケア会議、住民座談会等の参加・同席について、関係者に同意を得る ・社協パンフレット ・社協広報誌 ・ホームページ ・市町村要覧 ・事業計画、報告書
②	利用者やその関係者（家族・親族、友人等）との援助関係の形成	(2) クライエント等との援助関係を形成することができる	・社会福祉士の倫理綱領・行動規範、バイステックの７原則について復習する	❶社協が行っている各種相談事業の内容や面接の意義について説明を受ける ❷面接の場面（来訪、訪問）の設定の注意点について説明を受ける	❶社会福祉士の倫理綱領・行動規範、バイステックの７原則について学習内容を報告する ❷住民や対象者等との信頼関係（ラポール）を構築する際の留意点や方法について説明を受ける ❸社会福祉士が地域住民や対象者にどのようなアプローチを行っているか観察し、実習記録に記載する ❹社会福祉士と対象者との対話の逐語録を作成し、対象者の感情の変化に応じた社会福祉士のかかわり方を考察して、実習記録に記載する	❶住民座談会、協議体の参加者や対象者の特徴を想定して、実習指導者とロールプレイを行うなかで、「かかわり行動」と「基本的傾聴技法の連鎖」について確認を行う ❷心配ごと相談事業や障がい者生活支援センター事業での面接において、実際に上記の技法（閉じられた質問、開かれた質問、言い換え、要約等）を用いて対象者と話す	❶対象者等との面接後の振り返りとして、プロセスレコードを用いて、実習生自身から良かった点・改善点について報告を行い、実習指導者より指導を受ける ❷住民や対象者との「信頼関係の構築」「援助関係形成」に関して、新たなサポートネットワークの視点も含めつつ報告を行う	・実習生と対象者の関わり場面について支援する ・面接技法等について、実習生の理解度を確認しながら指導する ・社会福祉士の倫理綱領・行動規範 ・各種相談事業パンフレット
③	利用者や地域の状況を理解し、その生活上の課題（ニーズ）の把握、支援計画の作成と実施及び評価	(3) クライエント、グループ、地域住民等のアセスメントを実施し、ニーズを明確にすることができる (4) 地域アセスメントを実施し、地域の課題や問題解決に向けた目標を設定することができる (5) 各種計画の様式を使用して計画を作成・策定及び実施することができる (6) 各種計画の実施をモニタリング及び評価することができる	・地域福祉計画、地域福祉活動計画を閲覧する	❶各種相談事業のケースファイルを閲覧し、概要について説明を受ける ❷対象地域の特徴や成り立ちについて説明を受ける ❸実習指導者と担当地区の地域踏査を行い、地域の社会資源等の概況を把握する ❹実習指導者から地域福祉計画、地域福祉活動計画の内容について説明を受ける	❶地域福祉活動計画の作成において、アセスメントの方法や計画づくりのプロセスについて、説明を受ける ❷実習指導者から対象者のケース説明のなかで、バイオ・サイコ・ソーシャルの視点、ICF の社会的機能について確認し、健康状態、心身機能、活動、参加等に基づいた SWr による対象者理解の視点について説明を受ける ❸心配ごと相談事業や障がい者生活支援センター事業を通して、社会福祉士が個別・地域アセスメントシートからジェノグラムやエコマップを作成したり、生活歴などから生活背景や社会資源との関係性（クライエントシステム）を把握する方法について説明を受ける ❹計画づくりにおいて、量的調査、質的調査等の実際に行っている調査方法について説明を受ける ❺社会福祉士から、個別支援や各計画のモニタリング・評価、それを踏まえた実践の展開について説明を受ける	❶コミュニティソーシャルワーク（以下、CSW）シートを用いて個別・地域アセスメントを行う際に、構造的インタビューやグループインタビューの方法と留意点について説明を受け実施する ❷聞き取った情報を基にジェノグラムやエコマップ、CSW シートの個別・地域アセスメントシートを作成する ❸住民座談会等に参加し、KJ 法を用いて課題の抽出を行い、参加者同士での情報の共有化、解決に向けた新たな社会資源の検討を行う ❹住民座談会等を通して得られた情報を基に、個別・地域の持つ「強み・力（ストレングス）」と「課題」を把握し、CSW シートに記入する ❺個別・地域アセスメントの結果を踏まえて支援目標と計画を CSW シートに記入し、説明する	❶収集した情報からニーズを把握して個人の問題を集約し、地域の課題として整理を行い、地域の強み（ストレングス）により解決していく支援プログラムを検討し、CSW シートに記入する ❷収集した情報からニーズを把握するなかで、対象者を取り巻く家族や環境についてクライエントシステムの関係性を把握し、実習指導者に報告する ❸作成した支援計画に基づき、職員や地域住民へミクロ・メゾ・マクロレベルを意識した新たな事業提案（計画）を報告会で発表する ❹現在の地域福祉活動計画の一部の進行状況について、アセスメントした情報により評価した結果を報告し、実習指導者より指導を受ける	・実習における対象者の選定は、実習生と対象者の特性を踏まえて行う ・地域踏査は、中学校区単位と実習での対象者が住む自治会単位の視点で行う（自治会単位では歩いて踏査して社会資源等を把握する） ・地域福祉計画 ・地域福祉活動計画 ・高齢者福祉計画 ・介護保険事業計画 ・障がい福祉計画 ・子ども・子育て支援事業支援計画 ・CSW シート ・ケースファイル
④	利用者やその関係者（家族・親族、友人等）への権利擁護活動とその評価	(7) クライエント及び多様な人々の権利擁護並びにエンパワメントを含む実践を行い、評価することができる	・社会福祉士の倫理綱領を熟読する	❶実習指導者から法人の個人情報保護、守秘義務、職業倫理について説明を受ける ❷法令順守の推進に関する規程、ハラスメント苦情受付と対応について説明を	❶社会福祉士等が行う日常生活自立支援事業を通した認知症高齢者や知的障害者等の地域における自立した生活に向けた支援について説明を受けて、実習記録に記載する	❶権利擁護事業の取り組みに対する生活援助実践等について実習指導者に確認や質問を行い、実習記録に記載する ❷権利擁護事業での学びを踏まえて、対象者が持つ強み（ストレングス）や自	❶リスク管理において、モニタリングで得られた情報を基に本人や家族等の権利擁護と想定されるリスクを未然に防ぐことや早期に発見する視点について提案を行う	・個人情報の取扱いについて、改めて秘密保持の再確認を行う ・社会福祉士の倫理綱

				受ける	❷成年後見事業等、社会福祉士による権利擁護活動について説明を受ける	己決定支援について実習指導者へ報告し、指導を受ける		領 ・ハラスメントに関する規程
⑤	多職種連携及びチームアプローチの実践的理解	(8) 実習施設・機関等の各職種の機能と役割を説明することができる (9) 実習施設・機関等と関係する社会資源の機能と役割を説明することができる (10) 地域住民、関係者、関係機関等と連携・協働することができる (11) 各種会議を企画・運営することができる	・社協の事業について調べる	❶社協および他機関の役割や職種の専門性について説明を受ける ❷地域の社会資源、関係組織、団体の連携状態について説明を受ける ❸住民主体によるインフォーマルサポートとしての活動について説明を受ける ❹社協で行われている会議の種類や内容について説明を受ける	❶協議体やケア会議において、各専門職と参加する各機関との連携実績について、説明を受ける ❷地域福祉活動計画作成における住民座談会や協議体で確認された情報を基に、社会福祉士が整理した社会資源について説明を受ける ❸実習指導者から住民主体と参加による組織化されたボランティア活動やNPOの組織化のプロセス支援と連携と協働の状況について説明を受ける	❶地域ケア会議や住民座談会を想定して、実習指導者とロールプレイを行うなかで、チームアプローチの方法を学ぶ ❷協議体等に参加して、社会福祉士の会議の進め方やソーシャルサポートネットワーク形成に向けての参加者の発言を記録し、会議後に実習指導者に報告し、指導を受ける ❸実習報告会の準備として、資料の作成や発表の方法等、会議の企画を行う ❹地域ケア会議や住民座談会に出席して社会福祉士がどのような実践を行っているか観察し、実習記録に記載する	❶住民座談会や行政との連携会議に出席して意見を述べる ❷実習報告会において、作成した支援計画に基づき職員や地域住民へ新たな事業提案を行うとともに、参加者から意見をもらう ❸実習報告会後、出た意見に対して実習指導者と検討を行う	・関係機関に実習生がケア会議等に参加することの同意を得ておく ・地域ケア会議、協議体等の会議録 ・社協事業パンフレット
⑥	当該実習先が地域社会の中で果たす役割の理解及び具体的な地域社会への働きかけ	(12) 地域社会における実習施設・機関等の役割を説明することができる (13) 地域住民や団体、施設、機関等に働きかけることができる	・自治体の人口動態、歴史、風土、文化、地域性について調べる	❶実習指導者から社協事業・社協活動について説明を受ける ❷実習指導者に同行し、サロン全体の様子を観察する	❶社協事業や社協活動に参加し、また実習指導者から企画の意図や方法について説明を受ける ❷サロン活動において実習指導者とサロン参加者とのかかわり方を観察する	❶社協が実施している活動を通じて面接・訪問等を行い、アセスメントと計画作成を行う ❷サロン立ち上げの経緯の説明を受け、催しを企画する	❶作成した支援計画に基づき職員や地域住民へ新たな事業提案を行う ❷サロンで実習生が企画した催しを実施する	・サロン活動参加者に実習生が参加することの同意を得ておく ・事業計画予算書 ・事業報告決算書 ・社協広報・事業パンフレット
⑦	地域における分野横断的・業種横断的な関係形成と社会資源の活用・調整・開発に関する理解	(14) 地域における分野横断的・業種横断的な社会資源について説明し、問題解決への活用や新たな開発を検討することができる	・市内の社会資源について、HP等で調べる	❶実習指導者から地域福祉計画や地域福祉活動計画に基づき、担当地区の地域福祉を取り巻く現状について説明を受ける ❷住民座談会や協議体、ケア会議等に参加した上で、「人・機関・機能等」について説明を受ける	❶住民座談会や協議体、ケア会議等に参加するなかで、社協職員が自治会長や民生委員、保健師等とどのように連携・協働して関係構築するか観察し、実習記録に記載する	❶個別・地域アセスメントの結果を踏まえて支援目標をCSWシートに記載する。そのときに、不足する社会資源を見出して、地域のストレングスを活用し、地域課題を解決するための目標を設定して資源開発を企画する ❷協議体、ケア会議等の会議に参加した後に、分野横断的・業種横断的な社会資源との連携協働において問題解決を図る手法を実習指導者に質問し、考察したことを実習記録に記載する	❶実習報告会において、CSWアセスメントシートから資源開発を企画し、作成した支援計画に基づき職員や地域住民に対して住民と各関係機関・専門職との連携による新たな事業提案を行うとともに、参加者から意見をもらう ❷協議体、ケア会議等に参加し、会議後に各参加者から連携の意義や社会資源の活用・開発に関する意見を聞き取る	・住民座談会や協議体、ケア会議等に参加者に実習生が参加することの同意を得ておく ・地域福祉計画 ・地域福祉活動計画 ・CSWシート
⑧	施設・事業者・機関・団体等の経営やサービスの管理運営の実際（チームマネジメントや人材管理の理解を含む）	(15) 実習施設・機関等の経営理念や戦略を分析に基づいて説明することができる (16) 実習施設・機関等の法的根拠、財政、運営方法等を説明することができる	・社協の経営理念や財務状況についてHPで調べる ・ファンドレイジングの意味を調べる	❶法人事業報告や決算報告から、事業状況や財務状況について説明を受ける ❷社協発展強化計画（経営計画）における法人の使命・経営理念や経営計画、また今後の財源確保の取り組みの必要性について説明を受ける ❸社協事業継続計画（BCP）の災害時対応・感染予防対策と事業継続について、実習指導者から説明を受ける ❹社協会費や共同募金、ファンドレイジング等について説明を受ける	❶法人の財務諸表の見方や用語の意味について、決算報告書や予算書を用いて説明を受け、実習記録に記載する ❷社協発展強化計画から、社協事業・経営状況や将来計画の特徴について考察した内容を実習記録に記載する ❸社協事業継続計画（BCP）を基に災害時等の対応手順と方法、用語の意味について、実習記録に記載する	❶今後の社協経営について、現在の社協事業から今後の事業展開と新たな財源確保（ファンドレイジング等）について実習指導者と意見交換を行い、実習記録に記載する ❷実習指導者から、過去のインシデント報告について説明を受け、リスク管理や対策について実習指導者と意見交換を行い、実習記録に記載する	❶実習報告会での報告内容として、社会資源開発の提案に関して、新たな財源確保や基盤整備についても提案を行う ❷実習指導者に社協事業継続計画（BCP）やリスク管理について、発災後の福祉サービスの継続や災害ボランティア活動等の質問を行い、新たな提案を行う	・法人の決算報告書や財務諸表の見方や用語の意味について、財務担当者から理解しやすい資料を用いて説明を行う ・法人事業報告書 ・法人決算報告書 ・社協発展強化計画 ・社協事業継続計画
⑨	社会福祉士としての職業倫理と組織の一員としての役割と責任の理解	(17) 実習施設・機関等における社会福祉士の倫理に基づいた実践及びジレンマの解決を適切に行うことができる (18) 実習施設・機関等の規則等について説明することができる	・社会福祉士の倫理綱領・行動規範を熟読する	❶社会福祉士が遭遇する代表的な倫理的ジレンマについて復習した内容を報告する ❷法人就業規則、服務基準を閲覧し、実習指導者から説明を受ける	❶実習指導者と社協事業における「利用者や住民とのかかわり場面、問題解決過程、チームアプローチ場面等」を振り返り、倫理的ジレンマが生じた事項やその解決について説明を受け、実習記録に記載する ❷就業規則の服務の心得「法令及び諸規定に従い、職場の衛生と秩序を保持し業務能率の増進」を踏まえた現場職員の動きについて、実習記録に記載する	❶個別面接、ケア会議、住民座談会等に参加して、社会福祉士がソーシャルワーク実践をするなかで倫理的ジレンマが生じた事項について把握し、実習指導者と対策について意見交換を行い、実習記録に記載する	❶個別面接、ケア会議、住民座談会等に参加して、倫理的ジレンマが生じた事項について、その解決のプロセスを実習指導者に説明する	・法人就業規則を用いて、組織の一員としての役割や責任について説明を行う ・社会福祉士の倫理綱領・行動規範 ・法人就業規則
		(19) 以下の技術について	・用語について調	❶社協が取り組んでいる地域支援事業の	❶社協職員が各地域に出向いて、住民座	❶各地域に出向き実施している「住民座	❶住民座談会にスタッフとして参加し、	・各地域に出向く中

⑩	1	アウトリーチ	目的、方法、留意点について説明することができる ・アウトリーチ ・ネットワーキング ・コーディネーション ・ネゴシエーション ・ファシリテーション ・プレゼンテーション ・ソーシャルアクション	べる	目的・概要やアウトリーチの機能と方法について実習指導者から説明を受ける	談会を行う場合の場所の設定や参加者の調整などについて説明を受けて、アウトリーチに関する留意点を実習記録に記載する	談会」に参加し、実習指導者が行う実施方法やニーズキャッチの方法を観察して留意点を実習記録に記載する	KJ法等の進行のサポートを行い、座談会の運営やニーズキャッチの結果をアセスメントシートにまとめて、気づいた事項を実習指導者に報告する	で、生活課題を有するニーズ発見へ繋がるよう促す ・KJ法用具
	2	ネットワーキング			❶災害時図上訓練（DIG）や校区社協活動を通した小地域ネットワーク活動の意義について実習指導者から説明を受ける	❶災害時図上訓練（DIG）や小地域ネットワーク活動を行う場合の場所の設定や参加者の調整などについて、ネットワーキングに関する説明を受けて、留意点などを実習記録に記載する	❶災害時図上訓練（DIG）や小地域ネットワーク活動に参加し、実習指導者が行う実施方法やネットワーキングの方法を観察して、留意点などを実習記録に記載する	❶災害時図上訓練（DIG）や校区社協活動にスタッフとして参加し、災害弱者を地域資源や住民力で支えていくためのネットワーク構築の実践に携わる	・小地域ネットワーク活動やDIGを通して、ネットワーキングの実際を伝える ・災害時図上訓練（DIG）用具
	3	コーディネーション			❶災害ボランティアセンター事業におけるコーディネーション機能について実習指導者から説明を受ける	❶災害ボランティアセンター事業運営を行う場合の場所の設定や参加者の調整などについて、実習指導者から説明を受けて、コーディネーションに関する留意点などを実習記録に記載する	❶災害ボランティアセンター事業運営を実際に立ち上げ運営した社会福祉士から、記録映像や報告書を基に具体的なコーディネートの方法について説明を受け、実践プロセスにおける留意点を実習記録に記載する	❶災害ボランティアセンター模擬訓練にスタッフとして参加し、受付班、ニーズ班、マッチング班、送迎班、資料班、総務班等のコーディネーション業務に携わる	・職員の日々の業務中でコーディネーションが実施されていることを伝える ・災害ボランティアセンター運営マニュアル
	4	ネゴシエーション			❶新規のサロン活動や地域食堂等の新規立ち上げにおいて、運営のための他機関調整や交渉の概要について実習指導者から説明を受ける	❶新規のサロン活動や地域食堂等の新規立ち上げにおいて、場所の設定や参加者の調整、開設費用や運営について関係機関への交渉のやり方を、実習指導者から説明を受けて留意点を実習記録に記載する	❶中山間地域でのスーパー等の閉鎖により買い物難民の問題解決のために、住民座談会から住民主体のスーパーの開設を担当した社会福祉士や地域住民から、立ち上げまでの各機関との交渉について聞き取りを行い、その留意点を実習記録に記載する	❶実習報告会において、新たな資源開発を実現していくための各関係機関への交渉シミュレーションを作成し発表する	・実際の地域福祉活動の中でのネゴシエーションのポイントを伝える ・地域福祉活動報告書
	5	ファシリテーション			❶協議体や住民座談会運営の進行管理や意見調整について実習指導者から説明を受ける	❶（⑤のSWr）の実習内容と同じ	❶（⑤の実）の実習内容と同じ	❶（⑤の発）の実習内容と同じ	・⑤の実習内容と連動させる ・⑤と共通
	6	プレゼンテーション			❶実習先である社協（地域福祉）活動について事前に学習しておく ❷社協（地域福祉）活動を理解してもらうために住民に対して行うプレゼンテーションの内容や方法について説明を受ける	❶実習指導者が各福祉講座等で行うプレゼンテーション場面を観察する ❷各福祉講座で使用するプレゼンテーションの資料を閲覧する	❶実習指導者が各福祉講座等で行うプレゼンテーション場面を見学し、方法や参加者の意見に対しての実習指導者の言動を観察して留意点など記録する ❷実習報告会でのプレゼンテーションに向けた資料を作成する	❶小・中学生や住民を対象にした「福祉理解の講座」において、社協活動紹介に関するパワーポイント資料を作成し、プレゼンテーションを行う ❷実習報告会において、作成した支援計画に基づき職員や地域住民へ新たな事業提案のプレゼンテーションを行い意見をもらう	・福祉講座や研修企画のプレゼン資料（パワーポイント）や説明のポイントを伝える ・福祉講座企画書
	7	ソーシャルアクション			❶地域福祉活動計画の地域共生社会実現に向けて、新たなニーズに対応したソーシャルワークの視点と既存制度等の改善の意義について実習指導者から説明を受ける	❶今までの資源開発（新規事業）を立ち上げ、実施した意義について実習指導者から説明を受け、留意点などを実習記録に記載する	❶各団体が実施したソーシャルアクション事例を基に、ソーシャルアクションにおける社会福祉士の役割について実習生の考えを実習指導者に報告し、指導を受け、実習記録に記載する	❶実習報告会の資料作成過程において、地域共生社会実現に向けたソーシャルアクションに関する意見をまとめ、実習指導者に報告する	・社会福祉士が社会資源開発した展開のポイントを説明する ・地域福祉活動計画

ソーシャルワーク実習　個別実習プログラム（180時間用）

実習基本情報						
実習施設名：〇〇社会福祉協議会	実習指導者氏名：〇〇		実習期間：〇年〇月〇日（〇）～〇年〇月〇日（〇）		他の実習施設	名称：〇〇
養成校：〇〇	実習生氏名：〇〇	学年：〇年生	実習回数：〇カ所目（全〇カ所）	実習時間数：180時間		期間：〇年〇月〇日（〇）～〇年〇月〇日（〇）

	ソーシャルワーク実習教育に含むべき事項（国通知）	達成目標（評価ガイドライン）※各達成目標の具体例は行動目標を参照	当該実習施設における実習の実施方法及び展開 事前学習・事前訪問	具体的実習内容 1～2週目[※]	3～4週目[※]	4～5週目	活用する資料・参照物
①	利用者やその関係者（家族・親族、友人等）、施設・事業者・機関・団体、住民やボランティア等との基本的なコミュニケーションや円滑な人間関係の形成	(1) クライエント等と人間関係を形成するための基本的なコミュニケーションをとることができる	・基本的な面接技術等について復習する	・社協がどのような目的を持って活動をしているかについて説明を受ける（①の場❶） ・担当地域住民や関係機関から地域福祉活動について説明を受ける（①の場❷） ・社協事業に参加して、実習指導者の地域住民や来談者とのかかわり方を観察する（①の SWr❶） ・実習指導者が関係者や住民等のかかわり方で気を付けているポイント（技術的、価値的な内容）について説明を受ける（①の SWr❷）	・ケア会議、住民座談会、地域での研修会に同席して、SW実践としての意味や機能を考察し、実習記録に記載する（①の実❶） ・地域住民の聞き取りを行うなかで、かかわり方のポイント（面接技術）を基にコミュニケーションをはかる（①の実❷） ・言語的・非言語的コミュニケーションを十分に観察し、対象者の言葉にしない感情にも注意を向ける面接技術について、実習記録に記載する（①の実❸）	・地域住民等から聞き取った内容を自らの言葉で具体的に説明する（①の発❶） ・実習のまとめと振り返りを行い、資料を作成し職員や地域住民へ実習報告を行う（①の発❷）	・社協パンフレット ・社協広報誌 ・ホームページ ・市町村要覧 ・事業計画、報告書
②	利用者やその関係者（家族・親族、友人等）との援助関係の形成	(2) クライエント等との援助関係を形成することができる	・社会福祉士の倫理綱領・行動規範、バイステックの7原則について復習する	・社協が行っている各種相談事業の内容や面接の意義について説明を受ける（②の場❶） ・面接の場面（来訪、訪問）の設定の注意点について説明を受ける（②の場❷） ・社会福祉士の倫理綱領・行動規範、バイステックの7原則について学習内容を報告する（②の SWr❶） ・住民や対象者等との信頼関係（ラポール）を構築する際の留意点や方法について説明を受ける（②の SWr❷）	・社会福祉士が地域住民や対象者にどのようなアプローチを行っているか観察し、実習記録に記載する（②の SWr❸） ・社会福祉士と対象者との対話の逐語録を作成し、対象者の感情の変化に応じた社会福祉士のかかわり方を考察して、実習記録に記載する（②の SWr❹） ・住民座談会、協議体の参加者や対象者の特徴を想定して、実習指導者とロールプレイを行うなかで、「かかわり行動」と「基本的傾聴技法の連鎖」について確認を行う（②の実❶） ・心配ごと相談事業や障がい者生活支援センター事業での面接において、実際に上記の技法（閉じられた質問、開かれた質問、言い換え、要約等）を用いて対象者と話す（②の実❷）	・対象者等との面接後の振り返りとして、プロセスレコードを用いて、実習生自身から良かった点・改善点について報告を行い、実習指導者より指導を受ける（②の発❶） ・住民や対象者との「信頼関係の構築」「援助関係形成」に関して、新たなサポートネットワークの視点も含めつつ報告を行う（②の発❷）	・社会福祉士の倫理綱領・行動規範 ・各種相談事業パンフレット
③	利用者や地域の状況を理解し、その生活上の課題（ニーズ）の把握、支援計画の作成と実施及び評価	(3) クライエント、グループ、地域住民等のアセスメントを実施し、ニーズを明確にすることができる (4) 地域アセスメントを実施し、地域の課題や問題解決に向けた目標を設定することができる (5) 各種計画の様式を使用して計画を作成・策定及び実施することができる (6) 各種計画の実施をモニタリング及び評価することができる	・地域福祉計画、地域福祉活動計画を閲覧する	・各種相談事業のケースファイルを閲覧し、概要について説明を受ける（③の場❶） ・対象地域の特徴や成り立ちについて説明を受ける（③の場❷） ・実習指導者と担当地区の地域踏査を行い、地域の社会資源等の概況を把握する（③の場❸） ・実習指導者から地域福祉計画、地域福祉活動計画の内容について説明を受ける（③の場❹） ・地域福祉活動計画の作成において、アセスメントの方法や計画づくりのプロセスについて、説明を受ける（③の SWr❶） ・実習指導者から対象者のケース説明のなかで、バイオ・サイコ・ソーシャルの視点、ICFの社会的機能について確認し、健康状態、心身機能、活動、参加等に基づいたSWrによる対象者理解の視点について説明を受ける（③の SWr❷） ・心配ごと相談事業や障がい者生活支援センター事業を通して、社会福祉士が個別・地域アセスメントシートからジェノグラムやエコマップを作成したり、生活歴などから生活背景や社会資源との関係性（クライエントシステム）を把握する方法について説明を受ける（③の SWr❸）	・計画づくりにおいて、量的調査、質的調査等の実際に行っている調査方法について説明を受ける（③の SWr❹） ・社会福祉士から、個別支援や各計画のモニタリング・評価、それを踏まえた実践の展開について説明を受ける（③の SWr❺） ・コミュニティソーシャルワーク（以下、CSW）シートを用いて個別・地域アセスメントを行う際に、構造的インタビューやグループインタビューの方法と留意点について説明を受け実施する（③の実❶） ・聞き取った情報を基にジェノグラムやエコマップ、CSWシートの個別・地域アセスメントシートを作成する（③の実❷） ・住民座談会等に参加し、KJ法を用いて課題の抽出を行い、参加者同士での情報の共有化、解決に向けた新たな社会資源の検討を行う（③の実❸） ・住民座談会等を通して得られた情報を基に、個別・地域の持つ「強み・力（ストレングス）」と「課題」を把握し、CSWシートに記入する（③の実❹） ・個別・地域アセスメントの結果を踏まえて支援目標と計画をCSWシートに記入し、説明する（③の実❺）	・収集した情報からニーズを把握して個人の問題を集約し、地域の課題として整理を行い、地域の強み（ストレングス）により解決していく支援プログラムを検討し、CSWシートに記入する（③の発❶） ・収集した情報からニーズを把握するなかで、対象者を取り巻く家族や環境についてクライエントシステムの関係性を把握し、実習指導者に報告する（③の発❷） ・作成した支援計画に基づき、職員や地域住民へミクロ・メゾ・マクロレベルを意識した新たな事業提案（計画）を報告会で発表する（③の発❸） ・現在の地域福祉活動計画の一部の進行状況について、アセスメントした情報により評価した結果を報告し、実習指導者より指導を受ける（③の発❹）	・地域福祉計画 ・地域福祉活動計画 ・高齢者福祉計画 ・介護保険事業計画 ・障がい福祉計画 ・子ども・子育て支援事業支援計画 ・CSWシート ・ケースファイル
④	利用者やその関係者（家族・親族、友人等）への権利擁護活動とその評価	(7) クライエント及び多様な人々の権利擁護並びにエンパワメントを含む実践を行い、評価することができる	・社会福祉士会の倫理綱領を熟読する	・実習指導者から法人の個人情報保護、守秘義務、職業倫理について説明を受ける（④の場❶） ・法令順守の推進に関する規程、ハラスメント苦情受付と対応について説明を受ける（④の場❷） ・社会福祉士等が行う日常生活自立支援事業を通した認知症高齢者や知的障害者等の地域における自立し	・権利擁護事業の取り組みに対する生活援助実践等について実習指導者に確認や質問を行い、実習記録に記載する（④の実❶） ・権利擁護事業での学びを踏まえて、対象者が持つ強み（ストレングス）や自己決定支援について実習指導者へ報告し、指導を受ける（④の実❷）	・リスク管理において、モニタリングで得られた情報を基に本人や家族等の権利擁護と想定されるリスクを未然に防ぐことや早期に発見する視点について提案を行う（④の発❶）	・社会福祉士の倫理綱領 ・ハラスメントに関する規程

				・た生活に向けた支援について説明を受けて、実習記録に記載する（④の SWr ❶） ・成年後見事業等、社会福祉士による権利擁護活動について説明を受ける（④の SWr ❷）			
⑤	多職種連携及びチームアプローチの実践的理解	(8) 実習施設・機関等の各職種の機能と役割を説明することができる (9) 実習施設・機関等と関係する社会資源の機能と役割を説明することができる (10) 地域住民、関係者、関係機関等と連携・協働することができる (11) 各種会議を企画・運営することができる	・社協の事業について調べる	・社協および他機関の役割や職種の専門性について説明を受ける（⑤の場❶） ・地域の社会資源、関係組織、団体の連携状態について説明を受ける（⑤の場❷） ・住民主体によるインフォーマルサポートとしての活動について説明を受ける（⑤の場❸） ・社協で行われている会議の種類や内容について説明を受ける（⑤の場❹） ・協議体やケア会議において、各専門職と参加する各機関との連携実績について、説明を受ける（⑤の SWr ❶） ・地域福祉活動計画作成における住民座談会や協議体で確認された情報を基に、社会福祉士が整理した社会資源について説明を受ける（⑤の SWr ❷） ・実習指導者から住民主体と参加による組織化されたボランティア活動や NPO の組織化のプロセス支援と連携と協働の状況について説明を受ける（⑤の SWr ❸）	・地域ケア会議や住民座談会を想定して、実習指導者とロールプレイを行うなかで、チームアプローチの方法を学ぶ（⑤の実❶） ・協議体等に参加して、社会福祉士の会議の進め方やソーシャルサポートネットワーク形成に向けての参加者の発言を記録し、会議後に実習指導者に報告し、指導を受ける（⑤の実❷） ・実習報告会の準備として、資料の作成や発表の方法等、会議の企画を行う（⑤の実❸） ・地域ケア会議や住民座談会に出席して社会福祉士がどのような実践を行っているか観察し、実習記録に記載する（⑤の実❹）	・住民座談会や行政との連携会議に出席して意見を述べる（⑤の発❶） ・実習報告会において、作成した支援計画に基づき職員や地域住民へ新たな事業提案を行うとともに、参加者から意見をもらう（⑤の発❷） ・実習報告会後、出た意見に対して実習指導者と検討を行う（⑤の発❸）	・地域ケア会議、協議体等の会議録 ・社協事業パンフレット
⑥	当該実習先が地域社会の中で果たす役割の理解及び具体的な地域社会への働きかけ	(12) 地域社会における実習施設・機関等の役割を説明することができる (13) 地域住民や団体、施設、機関等に働きかけることができる	・自治体の人口動態、歴史、風土、文化、地域性について調べる	・実習指導者から社協事業・社協活動について説明を受ける（⑥の場❶） ・実習指導者に同行し、サロン全体の様子を観察する（⑥の場❷） ・社協事業や社協活動に参加し、また実習指導者から企画の意図や方法について説明を受ける（⑥の SWr ❶） ・サロン活動において実習指導者とサロン参加者とのかかわり方を観察する（⑥の SWr ❷）	・社協が実施している活動を通じて面接・訪問等を行い、アセスメントと計画作成を行う（⑥の実❶） ・サロン立ち上げの経緯の説明を受け、催しを企画する（⑥の実❷）	・作成した支援計画に基づき職員や地域住民へ新たな事業提案を行う（⑥の発❶） ・サロンで実習生が企画した催しを実施する（⑥の発❷）	・事業計画予算書 ・事業報告決算書 ・社協広報・事業パンフレット
⑦	地域における分野横断的・業種横断的な関係形成と社会資源の活用・調整・開発に関する理解	(14) 地域における分野横断的・業種横断的な社会資源について説明し、問題解決への活用や新たな開発を検討することができる	・市内の社会資源について、HP 等で調べる	・実習指導者から地域福祉計画や地域福祉活動計画に基づき、担当地区の地域福祉を取り巻く現状について説明を受ける（⑦の場❶） ・住民座談会や協議体、ケア会議等に参加した上で「人・機関・機能等」について説明を受ける（⑦の場❷） ・住民座談会や協議体、ケア会議等に参加するなかで、社協職員が自治会長や民生委員、保健師等とどのように連携・協働して関係構築するか観察し、実習記録に記載する（⑦の SWr ❶）	・個別・地域アセスメントの結果を踏まえて支援目標を CSW シートに記載する。そのときに、不足する社会資源を見出して、地域のストレングスを活用し、地域課題を解決するための目標を設定して資源開発を企画する（⑦の実❶） ・協議体、ケア会議等の会議に参加した後に、分野横断的・業種横断的な社会資源との連携協働において問題解決を図る手法を実習指導者に質問し、考察したことを実習記録に記載する（⑦の実❷）	・実習報告会において、CSW アセスメントシートから資源開発を企画し、作成した支援計画に基づき職員や地域住民に対して住民と各関係機関・専門職との連携による新たな事業提案を行うとともに、参加者から意見をもらう（⑦の発❶） ・協議体、ケア会議等に参加し、会議後に各参加者から連携の意義や社会資源の活用・開発に関する意見を聞き取る（⑦の発❷）	・地域福祉計画 ・地域福祉活動計画 ・CSW シート
⑧	施設・事業者・機関・団体等の経営やサービスの管理運営の実際（チームマネジメントや人材管理の理解を含む）	(15) 実習施設・機関等の経営理念や戦略を分析に基づいて説明することができる (16) 実習施設・機関等の法的根拠、財政、運営方法等を説明することができる	・社協の経営理念や財務状況について HP で調べる ・ファンドレイジングの意味を調べる	・法人事業報告や決算報告から、事業状況や財務状況について説明を受ける（⑧の場❶） ・社協発展強化計画（経営計画）における法人の使命・経営理念や経営計画、また今後の財源確保の取り組みの必要性について説明を受ける（⑧の場❷） ・社協事業継続計画（BCP）の災害時対応・感染予防対策と事業継続について、実習指導者から説明を受ける（⑧の場❸） ・社協会費や共同募金、ファンドレイジング等について説明を受ける（⑧の場❹） ・法人の財務諸表の見方や用語の意味について、決算報告書や予算書を用いて説明を受け、実習記録に記載する（⑧の SWr ❶）	・社協発展強化計画から、社協事業・経営状況や将来計画の特徴について考察した内容を実習記録に記載する（⑧の SWr ❷） ・社協事業継続計画（BCP）を基に災害時等の対応手順と方法、用語の意味について、実習記録に記載する（⑧の SWr ❸） ・今後の社協経営について、現在の社協事業から今後の事業展開と新たな財源確保（ファンドレイジング等）について実習指導者と意見交換を行い、実習記録に記載する（⑧の実❶） ・実習指導者から、過去のインシデント報告について説明を受け、リスク管理や対策について実習指導者と意見交換を行い、実習記録に記載する（⑧の実❷）	・実習報告会での報告内容として、社会資源開発の提案に関して、新たな財源確保や基盤整備についても提案を行う（⑧の発❶） ・実習指導者に社協事業継続計画（BCP）やリスク管理について、発災後の福祉サービスの継続や災害ボランティア活動等の質問を行い、新たな提案を行う（⑧の発❷）	・法人事業報告書 ・法人決算報告書 ・社協発展強化計画 ・社協事業継続計画
	社会福祉士としての職業倫理と組織の一員としての役割と責任の理解	(17) 実習施設・機関等における社会福祉士の倫理に基づいた実践及びジレンマの解決を適切に行うことができる	・社会福祉士の倫理綱領・行動規範を熟読する	・社会福祉士が遭遇する代表的な倫理的ジレンマについて復習した内容を報告する（⑨の場❶） ・法人就業規則、服務基準を閲覧し、実習指導者から説明を受ける（⑨の場❷）	・実習指導者と社協事業における「利用者や住民とのかかわり場面、問題解決過程、チームアプローチ場面等」を振り返り、倫理的ジレンマが生じた事項やその解決について説明を受け、実習記録に記載する（⑨の SWr ❶） ・就業規則の服務の心得「法令及び諸規定に従い、職場の衛生と	・個別面接、ケア会議、住民座談会等に参加して、倫理的ジレンマが生じた事項について、その解決のプロセスを実習指導者に説明する（⑨の発❶）	・社会福祉士の倫理綱領・行動規範 ・法人就業規則

⑨			(18) 実習施設・機関等の規則等について説明することができる			・（前頁より続く）秩序を保持し業務能率の増進」を踏まえた現場職員の動きについて、実習記録に記載する（⑨の SWr❷） ・個別面接、ケア会議、住民座談会等に参加して、社会福祉士がソーシャルワーク実践をするなかで倫理的ジレンマが生じた事項について把握し、実習指導者と対策について意見交換を行い、実習記録に記載する（⑨の実❶）		
⑩	1	アウトリーチ	(19) 以下の技術について目的、方法、留意点について説明することができる ・アウトリーチ ・ネットワーキング ・コーディネーション ・ネゴシエーション ・ファシリテーション ・プレゼンテーション ・ソーシャルアクション	・用語について調べる	・社協が取り組んでいる地域支援事業の目的・概要やアウトリーチの機能と方法について実習指導者から説明を受ける（⑩-1 の場❶）	・社協職員が各地域に出向いて、住民座談会を行う場合の場所の設定や参加者の調整などについて説明を受けて、アウトリーチに関する留意点を実習記録に記載する（⑩-1 の SWr❶） ・各地域に出向き実施している「住民座談会」に参加し、実習指導者が行う実施方法やニーズキャッチの方法を観察して留意点を実習記録に記載する（⑩-1 の実❶）	・住民座談会にスタッフとして参加し、KJ 法等の進行のサポートを行い、座談会の運営やニーズキャッチの結果をアセスメントシートにまとめて、気づいた事項を実習指導者に報告する（⑩-1 の発❶）	・KJ 法用具
	2	ネットワーキング			・災害時図上訓練（DIG）や校区社協活動を通した小地域ネットワーク活動の意義について実習指導者から説明を受ける（⑩-2 の場❶）	・災害時図上訓練（DIG）や小地域ネットワーク活動を行う場合の場所の設定や参加者の調整などについて、ネットワーキングに関する説明を受けて、留意点などを実習記録に記載する（⑩-2 の SWr❶） ・災害時図上訓練（DIG）や小地域ネットワーク活動に参加し、実習指導者が行う実施方法やネットワーキングの方法を観察して、留意点などを実習記録に記載する（⑩-2 の実❶）	・災害時図上訓練（DIG）や校区社協活動にスタッフとして参加し、災害弱者を地域資源や住民力で支えていくためのネットワーク構築の実践に携わる（⑩-2 の発❶）	・災害時図上訓練（DIG）用具
	3	コーディネーション			・災害ボランティアセンター事業におけるコーディネーション機能について実習指導者から説明を受ける（⑩-3 の場❶）	・災害ボランティアセンター事業運営を行う場合の場所の設定や参加者の調整などについて、実習指導者から説明を受けて、コーディネーションに関する留意点などを実習記録に記載する（⑩-3 の SWr❶） ・災害ボランティアセンター事業運営を実際に立ち上げ運営した社会福祉士から、記録映像や報告書を基に具体的なコーディネートの方法について説明を受け、実践プロセスにおける留意点を実習記録に記載する（⑩-3 の実❶）	・災害ボランティアセンター模擬訓練にスタッフとして参加し、受付班、ニーズ班、マッチング班、送迎班、資料班、総務班等のコーディネーション業務に携わる（⑩-3 の発❶）	・災害ボランティアセンター運営マニュアル
	4	ネゴシエーション			・新規のサロン活動や地域食堂等の新規立ち上げにおいて、運営のための他機関調整や交渉の概要について実習指導者から説明を受ける（⑩-4 場❶）	・新規のサロン活動や地域食堂等の新規立ち上げにおいて、場所の設定や参加者の調整、開設費用や運営について関係機関への交渉のやり方を、実習指導者から説明を受けて留意点を実習記録に記載する（⑩-4 の SWr❶） ・中山間地域でのスーパー等の閉鎖により買い物難民の問題解決のために、住民座談会から住民主体のスーパーの開設を担当した社会福祉士や地域住民から、立ち上げまでの各機関との交渉について聞き取りを行い、その留意点を実習記録に記載する（⑩-4 の実❶）	・実習報告会において、新たな資源開発を実現していくための各関係機関への交渉シミュレーションを作成し発表する（⑩-4 の発❶）	・地域福祉活動報告書
	5	ファシリテーション			・協議体や住民座談会運営の進行管理や意見調整について実習指導者から説明を受ける（⑩-5 の場❶）	・（⑤の SWr）の実習内容と同じ（⑩-5 の SWr❶）	・（⑤の発）の実習内容と同じ（⑩-5 の発❶）	・⑤と共通
	6	プレゼンテーション			・実習先である社協（地域福祉）活動について事前に学習しておく（⑩-6 の場❶） ・社協（地域福祉）活動を理解してもらうために住民に対して行うプレゼンテーションの内容や方法について説明を受ける（⑩-6 の場❷）	・実習指導者が各福祉講座等で行うプレゼンテーション場面を観察する（⑩-6 の SWr❶） ・各福祉講座で使用するプレゼンテーションの資料を閲覧する（⑩-6 の SWr❷） ・実習指導者が各福祉講座等で行うプレゼンテーション場面を見学し、方法や参加者の意見に対しての実習指導者の言動を観察して留意点など記録する（⑩-6 の実❶） ・実習報告会でのプレゼンテーションに向けた資料を作成する（⑩-6 の実❷）	・小・中学生や住民を対象にした「福祉理解の講座」において、社協活動紹介に関するパワーポイント資料を作成し、プレゼンテーションを行う（⑩-6 の発❶） ・実習報告会において、作成した支援計画に基づき職員や地域住民へ新たな事業提案のプレゼンテーションを行い意見をもらう（⑩-6 の発❷）	・福祉講座企画書
	7	ソーシャルアクション			・地域福祉活動計画の地域共生社会実現に向けて、新たなニーズに対応したソーシャルワークの視点と既存制度等の改善の意義について実習指導者から説明を受ける（⑩-7 の場❶）	・今までの資源開発（新規事業）を立ち上げ、実施した意義について実習指導者から説明を受け、留意点などを実習記録に記載する（⑩-7 の SWr❶） ・各団体が実施したソーシャルアクション事例を基に、ソーシャルアクションにおける社会福祉士の役割について実習生の考えを実習指導者に報告し、指導を受け、実習記録に記載する（⑩-7 の実❶）	・実習報告会の資料作成過程において、地域共生社会実現に向けたソーシャルアクションに関する意見をまとめ、実習指導者に報告する（⑩-7 の発❶）	・地域福祉活動計画

※１～２週目、３～４週目、４～５週目の期間に関する表記は集中実習の場合のイメージであり、通年での実習や一定期間に分散して実習する場合には実習形態に適した期間を設定した上で使用する

【地域・社協】社会福祉協議会

ソーシャルワーク実習　個別実習プログラム（1回目60時間用）

実習基本情報						
実習施設名：○○社会福祉協議会	実習指導者氏名：○○		実習期間：○年○月○日（○）～○年○月○日（○）		他の実習施設	名称：○○
養成校：○○	実習生氏名：○○	学年：○年生	実習回数：1カ所目（全○カ所）	実習時間数：60時間		期間：○年○月○日（○）～○年○月○日（○）

	ソーシャルワーク実習教育に含むべき事項（国通知）	達成目標（評価ガイドライン）※各達成目標の具体例は行動目標を参照	当該実習施設における実習の実施方法及び展開：事前学習・事前訪問	具体的実習内容：前半（概ね1週目）*	具体的実習内容：後半（概ね2週目）*	活用する資料・参照物
①	利用者やその関係者（家族・親族、友人等）、施設・事業者・機関・団体、住民やボランティア等との基本的なコミュニケーションや円滑な人間関係の形成	(1) クライエント等と人間関係を形成するための基本的なコミュニケーションをとることができる	・基本的な面接技術等について復習する	・社協がどのような目的を持って活動をしているかについて説明を受ける（①の場❶） ・担当地域住民や関係機関から地域福祉活動について説明を受ける（①の場❷） ・社協事業に参加して、実習指導者の地域住民や来談者とのかかわり方を観察する（①の SWr❶） ・実習指導者が関係者や住民等のかかわり方で気を付けているポイント（技術的、価値的な内容）について説明を受ける（①の SWr❷）	・ケア会議、住民座談会、地域での研修会に同席して、SW 実践としての意味や機能を考察し、実習記録に記載する（①の実❶） ・地域住民の聞き取りを行うなかで、かかわり方のポイント（面接技術）を基にコミュニケーションをはかる（①の実❷）	・社協パンフレット ・社協広報誌 ・ホームページ ・市町村要覧 ・事業計画、報告書
②	利用者やその関係者（家族・親族、友人等）との援助関係の形成	(2) クライエント等との援助関係を形成することができる	・社会福祉士の倫理綱領・行動規範、バイステックの7原則について復習する	・社協が行っている各種相談事業の内容や面接の意義について説明を受ける（②の場❶） ・面接の場面（来訪、訪問）の設定の注意点について説明を受ける（②の場❷） ・社会福祉士の倫理綱領・行動規範、バイステックの7原則について学習内容を報告する（②の SWr❶） ・住民や対象者等との信頼関係（ラポール）を構築する際の留意点や方法について説明を受ける（②の SWr❷）	・社会福祉士が地域住民や対象者にどのようなアプローチを行っているか観察し、実習記録に記載する（②の SWr❸） ・社会福祉士と対象者との対話の逐語録を作成し、対象者の感情の変化に応じた社会福祉士のかかわり方を考察して、実習記録に記載する（②の SWr❹）	・社会福祉士の倫理綱領・行動規範 ・各種相談事業パンフレット
③	利用者や地域の状況を理解し、その生活上の課題（ニーズ）の把握、支援計画の作成と実施及び評価	(3) クライエント、グループ、地域住民等のアセスメントを実施し、ニーズを明確にすることができる (4) 地域アセスメントを実施し、地域の課題や問題解決に向けた目標を設定することができる (5) 各種計画の様式を使用して計画を作成・策定及び実施することができる (6) 各種計画の実施をモニタリング及び評価することができる	・地域福祉計画、地域福祉活動計画を閲覧する	・各種相談事業のケースファイルを閲覧し、概要について説明を受ける（③の場❶） ・対象地域の特徴や成り立ちについて説明を受ける（③の場❷） ・実習指導者と担当地区の地域踏査を行い、地域の社会資源等の概況を把握する（③の場❸） ・実習指導者から地域福祉計画、地域福祉活動計画の内容について説明を受ける（③の場❹） ・地域福祉活動計画の作成において、アセスメントの方法や計画づくりのプロセスについて、説明を受ける（③の SWr❶）	・実習指導者から対象者のケース説明のなかで、バイオ・サイコ・ソーシャルの視点、ICF の社会的機能について確認し、健康状態、心身機能、活動、参加等に基づいた SWr による対象者理解の視点について説明を受ける（③の SWr❷） ・心配ごと相談事業や障がい者生活支援センター事業を通して、社会福祉士が個別・地域アセスメントシートからジェノグラムやエコマップを作成したり、生活歴などから生活背景や社会資源との関係性（クライエントシステム）を把握する方法について説明を受ける（③の SWr❸） ・計画づくりにおいて、量的調査、質的調査等の実際に行っている調査方法について説明を受ける（③の SWr❹） ・社会福祉士から、個別支援や各計画のモニタリング・評価、それを踏まえた実践の展開について説明を受ける（③の SWr❺）	・地域福祉計画 ・地域福祉活動計画 ・高齢者福祉計画 ・介護保険事業計画 ・障がい福祉計画 ・子ども・子育て支援事業支援計画 ・CSW シート ・ケースファイル
④	利用者やその関係者（家族・親族、友人等）への権利擁護活動とその評価	(7) クライエント及び多様な人々の権利擁護並びにエンパワメントを含む実践を行い、評価することができる	・社会福祉士の倫理綱領を熟読する	・実習指導者から法人の個人情報保護、守秘義務、職業倫理について説明を受ける（④の場❶） ・法令順守の推進に関する規程、ハラスメント苦情受付と対応について説明を受ける（④の場❷） ・社会福祉士等が行う日常生活自立支援事業を通した認知症高齢者や知的障害者等の地域における自立した生活に向けた支援について説明を受けて、実習記録に記載する（④の SWr❶）	・成年後見事業等、社会福祉士による権利擁護活動について説明を受ける（④の SWr❷） ・権利擁護事業の取り組みに対する生活援助実践等について実習指導者に確認や質問を行い、実習記録に記載する（④の実❶） ・権利擁護事業での学びを踏まえて、対象者が持つ強み（ストレングス）や自己決定支援について実習指導者へ報告し、指導を受ける（④の実❷）	・社会福祉士の倫理綱領 ・ハラスメントに関する規程
⑤	多職種連携及びチームアプローチの実践的理解	(8) 実習施設・機関等の各職種の機能と役割を説明することができる (9) 実習施設・機関等と関係する社会資源の機能と役割を説明することができる (10) 地域住民、関係者、関係機関等と連携・協働することができる	・社協の事業について調べる	・社協および他機関の役割や職種の専門性について説明を受ける（⑤の場❶） ・地域の社会資源、関係組織、団体の連携状態について説明を受ける（⑤の場❷） ・住民主体によるインフォーマルサポートとしての活動について説明を受ける（⑤の場❸） ・社協で行われている会議の種類や内容について説明を受ける（⑤の場❹）	・協議体やケア会議において、各専門職と参加する各機関との連携実績について、説明を受ける（⑤の SWr❶） ・地域福祉活動計画作成における住民座談会や協議体で確認された情報を基に、社会福祉士が整理した社会資源について説明を受ける（⑤の SWr❷） ・実習指導者から住民主体と参加による組織化されたボランティア活動や NPO の組織化のプロセス支援と連携と協働の状況について説明を受ける（⑤の SWr❸）	・地域ケア会議、協議体等の会議録 ・社協事業パンフレット

			(11) 各種会議を企画・運営することができる				
⑥		当該実習先が地域社会の中で果たす役割の理解及び具体的な地域社会への働きかけ	(12) 地域社会における実習施設・機関等の役割を説明することができる (13) 地域住民や団体、施設、機関等に働きかけることができる	・自治体の人口動態、歴史、風土、文化、地域性について調べる	・実習指導者から社協事業・社協活動について説明を受ける（⑥の場❶） ・実習指導者に同行し、サロン全体の様子を観察する（⑥の場❷）	・社協事業や社協活動に参加し、また実習指導者から企画の意図や方法について説明を受ける（⑥の SWr ❶） ・サロン活動において実習指導者とサロン参加者とのかかわり方を観察する（⑥の SWr ❷）	・事業計画予算書 ・事業報告決算書 ・社協広報・事業パンフレット
⑦		地域における分野横断的・業種横断的な関係形成と社会資源の活用・調整・開発に関する理解	(14) 地域における分野横断的・業種横断的な社会資源について説明し、問題解決への活用や新たな開発を検討することができる	・市内の社会資源について、HP 等で調べる	・実習指導者から地域福祉計画や地域福祉活動計画に基づき、担当地区の地域福祉を取り巻く現状について説明を受ける（⑦の場❶） ・住民座談会や協議体、ケア会議等に参加した上で、「人・機関・機能等」について説明を受ける（⑦の場❷）	・住民座談会や協議体、ケア会議等に参加するなかで、社協職員が自治会長や民生委員、保健師等とどのように連携・協働して関係構築するか観察し、実習記録に記載する（⑦の SWr ❶）	・地域福祉計画 ・地域福祉活動計画 ・CSW シート
⑧		施設・事業者・機関・団体等の経営やサービスの管理運営の実際（チームマネジメントや人材管理の理解を含む）	(15) 実習施設・機関等の経営理念や戦略を分析に基づいて説明することができる (16) 実習施設・機関等の法的根拠、財政、運営方法等を説明することができる	・社協の経営理念や財務状況について HP で調べる ・ファンドレイジングの意味を調べる	・法人事業報告や決算報告から、事業状況や財務状況について説明を受ける（⑧の場❶） ・社協発展強化計画（経営計画）における法人の使命・経営理念や経営計画、また今後の財源確保の取り組みの必要性について説明を受ける（⑧の場❷） ・社協事業継続計画（BCP）の災害時対応・感染予防対策と事業継続について、実習指導者から説明を受ける（⑧の場❸） ・社協会費や共同募金、ファンドレイジング等について説明を受ける（⑧の場❹） ・法人の財務諸表の見方や用語の意味について、決算報告書や予算書を用いて説明を受け、実習記録に記載する（⑧の SWr ❶）	・社協発展強化計画から、社協事業・経営状況や将来計画の特徴について考察した内容を実習記録に記載する（⑧の SWr ❷） ・社協事業継続計画（BCP）を基に災害時等の対応手順と方法、用語の意味について、実習記録に記載する（⑧の SWr ❸）	・法人事業報告書 ・法人決算報告書 ・社協発展強化計画 ・社協事業継続計画
⑨		社会福祉士としての職業倫理と組織の一員としての役割と責任の理解	(17) 実習施設・機関等における社会福祉士の倫理に基づいた実践及びジレンマの解決を適切に行うことができる (18) 実習施設・機関等の規則等について説明することができる	・社会福祉士の倫理綱領・行動規範を熟読する	・社会福祉士が遭遇する代表的な倫理的ジレンマについて復習した内容を報告する（⑨の場❶） ・法人就業規則、服務基準を閲覧し、実習指導者から説明を受ける（⑨の場❷）	・実習指導者と社協事業における「利用者や住民とのかかわり場面、問題解決過程、チームアプローチ場面等」を振り返り、倫理的ジレンマが生じた事項やその解決について説明を受け、実習記録に記載する（⑨の SWr ❶） ・就業規則の服務の心得「法令及び諸規定に従い、職場の衛生と秩序を保持し業務能率の増進」を踏まえた現場職員の動きについて、実習記録に記載する（⑨の SWr ❷） ・個別面接、ケア会議、住民座談会等に参加して、社会福祉士がソーシャルワーク実践をするなかで倫理的ジレンマが生じた事項について把握し、実習指導者と対策について意見交換を行い、実習記録に記載する（⑨の実❶）	・社会福祉士の倫理綱領・行動規範 ・法人就業規則
⑩	1	アウトリーチ	(19) 以下の技術について目的、方法、留意点について説明することができる ・アウトリーチ ・ネットワーキング ・コーディネーション ・ネゴシエーション ・ファシリテーション ・プレゼンテーション ・ソーシャルアクション	・用語について調べる	・社協が取り組んでいる地域支援事業の目的・概要やアウトリーチの機能と方法について実習指導者から説明を受ける（⑩-1 の場❶）	・社協職員が各地域に出向いて、住民座談会を行う場合の場所の設定や参加者の調整などについて説明を受けて、アウトリーチに関する留意点を実習記録に記載する（⑩-1 の SWr ❶）	
	2	ネットワーキング			・災害時図上訓練（DIG）や校区社協活動を通した小地域ネットワーク活動の意義について実習指導者から説明を受ける（⑩-2 の場❶）	・災害時図上訓練（DIG）や小地域ネットワーク活動を行う場合の場所の設定や参加者の調整などについて、ネットワーキングに関する説明を受けて、留意点などを実習記録に記載する（⑩-2 の SWr ❶）	
	3	コーディネーション			・災害ボランティアセンター事業におけるコーディネーション機能について実習指導者から説明を受ける（⑩-3 の場❶）	・災害ボランティアセンター事業運営を行う場合の場所の設定や参加者の調整などについて、実習指導者から説明を受けて、コーディネーションに関する留意点などを実習記録に記載する（⑩-3 の SWr ❶）	・災害ボランティアセンター運営マニュアル
	4	ネゴシエーション			・新規のサロン活動や地域食堂等の新規立ち上げにおいて、運営のための他機関調整や交渉の概要について実習指導者から説明を受ける（⑩-4 場❶）	・新規のサロン活動や地域食堂等の新規立ち上げにおいて、場所の設定や参加者の調整、開設費用や運営について関係機関への交渉のやり方を、実習指導者から説明を受けて留意点を実習記録に記載する（⑩-4 の SWr ❶）	・地域福祉活動報告書
	5	ファシリテーション			・協議体や住民座談会運営の進行管理や意見調整について実習指導者から説明を受ける（⑩-5 の場❶）	・（⑤の SWr）の実習内容と同じ（⑩-5 の SWr ❶）	・⑤と共通
	6	プレゼンテーション			・実習先である社協（地域福祉）活動について事前に学習しておく（⑩-6 の場❶） ・社協（地域福祉）活動を理解してもらうために住民に対して行うプレゼンテーションの内容や方法について説明を受ける（⑩-6 の場❷）	・実習指導者が各福祉講座等で行うプレゼンテーション場面を観察する（⑩-6 の SWr ❶） ・各福祉講座で使用するプレゼンテーションの資料を閲覧する（⑩-6 の SWr ❷）	
	7	ソーシャルアクション			・地域福祉活動計画の地域共生社会実現に向けて、新たなニーズに対応したソーシャルワークの視点と既存制度等の改善の意義について実習指導者から説明を受ける（⑩-7 の場❶）	・今までの資源開発（新規事業）を立ち上げ、実施した意義について実習指導者から説明を受け、留意点などを実習記録に記載する（⑩-7 の SWr ❶）	・地域福祉活動計画

※前半（概ね 1 週目）、後半（概ね 2 週目）の期間に関する表記は集中実習の場合のイメージであり、通年での実習や一定期間に分散して実習する場合には実習形態に適した期間を設定した上で使用する

ソーシャルワーク実習　個別実習プログラム（2回目60時間用）

実習基本情報						
実習施設名○○社会福祉協議会	実習指導者氏名：○○		実習期間：○年○月○日（○）～○年○月○日（○）		他の実習施設	名称：○○
養成校：○○	実習生氏名：○○	学年：○年生	実習回数：2カ所目（全○カ所）	実習時間数：60時間		期間：○年○月○日（○）～○年○月○日（○）

ソーシャルワーク実習教育に含むべき事項（国通知）		達成目標（評価ガイドライン）※各達成目標の具体例は行動目標を参照	当該実習施設における実習の実施方法及び展開			
			事前学習・事前訪問	具体的実習内容 前半（概ね1週目）※	具体的実習内容 後半（概ね2週目）※	活用する資料・参照物
①	利用者やその関係者（家族・親族、友人等）、施設・事業者・機関・団体、住民やボランティア等との基本的なコミュニケーションや円滑な人間関係の形成	(1) クライエント等と人間関係を形成するための基本的なコミュニケーションをとることができる	・基本的な面接技術等について復習する	・社協がどのような目的を持って活動をしているかについて説明を受ける（①の場❶） ・担当地域住民や関係機関から地域福祉活動について説明を受ける（①の場❷） ・実習指導者が関係者や住民等のかかわり方で気を付けているポイント（技術的、価値的な内容）について説明を受ける（①の SWr❷）	・ケア会議、住民座談会、地域での研修会に同席して、SW 実践としての意味や機能を考察し、実習記録に記載する（①の実❶） ・地域住民の聞き取りを行うなかで、かかわり方のポイント（面接技術）を基にコミュニケーションをはかる（①の実❷） ・地域住民等から聞き取った内容を自らの言葉で具体的に説明する（①の発❶）	・社協パンフレット ・社協広報誌 ・ホームページ ・市町村要覧 ・事業計画、報告書
②	利用者やその関係者（家族・親族、友人等）との援助関係の形成	(2) クライエント等との援助関係を形成することができる	・社会福祉士の倫理綱領・行動規範、バイステックの7原則について復習する	・社協が行っている各種相談事業の内容や面接の意義について説明を受ける（②の場❶） ・面接の場面（来訪、訪問）の設定の注意点について説明を受ける（②の場❷） ・社会福祉士の倫理綱領・行動規範、バイステックの7原則について学習内容を報告する（②の SWr❶） ・住民や対象者等との信頼関係（ラポール）を構築する際の留意点や方法について説明を受ける（②の SWr❷）	・社会福祉士が地域住民や対象者にどのようなアプローチを行っているか観察し、実習記録に記載する（②の SWr❸） ・社会福祉士と対象者との対話の逐語録を作成し、対象者の感情の変化に応じた社会福祉士のかかわり方を考察して、実習記録に記載する（②の SWr❹） ・住民座談会、協議体の参加者や対象者の特徴を想定して、実習指導者とロールプレイを行うなかで、「かかわり行動」と「基本的傾聴技法の連鎖」について確認を行う（②の実❶） ・心配ごと相談事業や障がい者生活支援センター事業での面接において、実際に上記の技法（閉じられた質問、開かれた質問、言い換え、要約等）を用いて対象者と話す（②の実❷）	・社会福祉士の倫理綱領・行動規範 ・各種相談事業パンフレット
③	利用者や地域の状況を理解し、その生活上の課題（ニーズ）の把握、支援計画の作成と実施及び評価	(3) クライエント、グループ、地域住民等のアセスメントを実施し、ニーズを明確にすることができる (4) 地域アセスメントを実施し、地域の課題や問題解決に向けた目標を設定することができる (5) 各種計画の様式を使用して計画を作成・策定及び実施することができる (6) 各種計画の実施をモニタリング及び評価することができる	・地域福祉計画、地域福祉活動計画を閲覧する	・各種相談事業のケースファイルを閲覧し、概要について説明を受ける（③の場❶） ・対象地域の特徴や成り立ちについて説明を受ける（③の場❷） ・実習指導者と担当地区の地域踏査を行い、地域の社会資源等の概況を把握する（③の場❸） ・実習指導者から地域福祉計画、地域福祉活動計画の内容について説明を受ける（③の場❹） ・地域福祉活動計画の作成において、アセスメントの方法や計画づくりのプロセスについて、説明を受ける（③の SWr❶） ・心配ごと相談事業や障がい者生活支援センター事業を通して、社会福祉士が個別・地域アセスメントシートからジェノグラムやエコマップを作成したり、生活歴などから生活背景や社会資源との関係性（クライエントシステム）を把握する方法について説明を受ける（③の SWr❸） ・社会福祉士から、個別支援や各計画のモニタリング・評価、それを踏まえた実践の展開について説明を受ける（③の SWr❺）	・コミュニティソーシャルワーク（以下、CSW）シートを用いて個別・地域アセスメントを行う際に、構造的インタビューやグループインタビューの方法と留意点について説明を受け実施する（③の実❶） ・聞き取った情報を基にジェノグラムやエコマップ、CSW シートの個別・地域アセスメントシートを作成する（③の実❷） ・住民座談会等に参加し、KJ 法を用いて課題の抽出を行い、参加者同士での情報の共有化、解決に向けた新たな社会資源の検討を行う（③の実❸） ・住民座談会等を通して得られた情報を基に、個別・地域の持つ「強み・力（ストレングス）」と「課題」を把握し、CSW シートに記入する（③の実❹） ・個別・地域アセスメントの結果を踏まえて支援目標と計画を CSW シートに記入し、説明する（③の実❺） ・収集した情報からニーズを把握して個人の問題を集約し、地域の課題として整理を行い、地域の強み（ストレングス）により解決していく支援プログラムを検討し、CSW シートに記入する（③の発❶）	・地域福祉計画 ・地域福祉活動計画 ・高齢者福祉計画 ・介護保険事業計画 ・障がい福祉計画 ・子ども・子育て支援事業支援計画 ・CSW シート ・ケースファイル
④	利用者やその関係者（家族・親族、友人等）への権利擁護活動とその評価	(7) クライエント及び多様な人々の権利擁護並びにエンパワメントを含む実践を行い、評価することができる	・社会福祉士の倫理綱領を熟読する	・実習指導者から法人の個人情報保護、守秘義務、職業倫理について説明を受ける（④の場❶） ・法令順守の推進に関する規程、ハラスメント苦情受付と対応について説明を受ける（④の場❷） ・社会福祉士等が行う日常生活自立支援事業を通した認知症高齢者や知的障害者等の地域における自立した生活に向けた支援について説明を受けて、実習記録に記載する（④の SWr❶）	・成年後見事業等、社会福祉士による権利擁護活動について説明を受ける（④の SWr❷） ・権利擁護事業の取り組みに対する生活援助実践等について実習指導者に確認や質問を行い、実習記録に記載する（④の実❶） ・権利擁護事業での学びを踏まえて、対象者が持つ強み（ストレングス）や自己決定支援について実習指導者へ報告し、指導を受ける（④の実❷）	・社会福祉士の倫理綱領 ・ハラスメントに関する規程
⑤	多職種連携及びチームアプローチの実践的理解	(8) 実習施設・機関等の各職種の機能と役割を説明することができる (9) 実習施設・機関等と関係する社会資源の機能と役割を説明することができる (10) 地域住民、関係者、	・社協の事業について調べる	・社協および他機関の役割や職種の専門性について説明を受ける（⑤の場❶） ・地域の社会資源、関係組織、団体の連携状態について説明を受ける（⑤の場❷） ・住民主体によるインフォーマルサポートとしての活動について説明を受ける（⑤の場❸） ・社協で行われている会議の種類や内容について説明を受ける（⑤の場❹） ・協議体やケア会議において、各専門職と参加する各機関との連携実績について、説明を受ける（⑤の SWr❶）	・地域福祉活動計画作成における住民座談会や協議体で確認された情報を基に、社会福祉士が整理した社会資源について説明を受ける（⑤の SWr❷） ・実習指導者から住民主体と参加による組織化されたボランティア活動や NPO の組織化のプロセス支援と連携と協働の状況について説明を受ける（⑤の SWr❸） ・地域ケア会議や住民座談会を想定して、実習指導者とロールプレイを行うなかで、チームアプローチの方法を学ぶ（⑤の実❶） ・協議体等に参加して、社会福祉士の会議の進め方やソーシャルサポートネッ	・地域ケア会議、協議体等の会議録 ・社協事業パンフレット

			関係機関等と連携・協働することができる (11) 各種会議を企画・運営することができる			・トワーク形成に向けての参加者の発言を記録し、会議後に実習指導者に報告し、指導を受ける（⑤の実❷） ・実習報告会の準備として、資料の作成や発表の方法等、会議の企画を行う（⑤の実❸）	
⑥		当該実習先が地域社会の中で果たす役割の理解及び具体的な地域社会への働きかけ	(12) 地域社会における実習施設・機関等の役割を説明することができる (13) 地域住民や団体、施設、機関等に働きかけることができる	・自治体の人口動態、歴史、風土、文化、地域性について調べる	・実習指導者から社協事業・社協活動について説明を受ける（⑥の場❶） ・実習指導者に同行し、サロン全体の様子を観察する（⑥の場❷） ・社協事業や社協活動に参加し、また実習指導者から企画の意図や方法について説明を受ける（⑥の SWr ❶）	・サロン活動において実習指導者とサロン参加者とのかかわり方を観察する（⑥の SWr ❷） ・社協が実施している活動を通じて面接・訪問等を行い、アセスメントと計画作成を行う（⑥の実❶） ・サロン立ち上げの経緯の説明を受け、催しを企画する（⑥の実❷）	・事業計画予算書 ・事業報告決算書 ・社協広報・事業パンフレット
⑦		地域における分野横断的・業種横断的な関係形成と社会資源の活用・調整・開発に関する理解	(14) 地域における分野横断的・業種横断的な社会資源について説明し、問題解決への活用や新たな開発を検討することができる	・市内の社会資源について、HP 等で調べる	・実習指導者から地域福祉計画や地域福祉活動計画に基づき、担当地区の地域福祉を取り巻く現状について説明を受ける（⑦の場❶） ・住民座談会や協議体、ケア会議等に参加した上で、「人・機関・機能等」について説明を受ける（⑦の場❷） ・住民座談会や協議体、ケア会議等に参加するなかで、社協職員が自治会長や民生委員、保健師等とどのように連携・協働して関係構築するか観察し、実習記録に記載する（⑦の SWr ❶）	・個別・地域アセスメントの結果を踏まえて支援目標を CSW シートに記載する。そのときに、不足する社会資源を見出して、地域のストレングスを活用し、地域課題を解決するための目標を設定して資源開発を企画する（⑦の実❶） ・協議体、ケア会議等の会議に参加した後に、分野横断的・業種横断的な社会資源との連携協働において問題解決を図る手法を実習指導者に質問し、考察したことを実習記録に記載する（⑦の実❷） ・協議体、ケア会議等に参加し、会議後に各参加者から連携の意義や社会資源の活用・開発に関する意見を聞き取る（⑦の発❷）	・地域福祉計画 ・地域福祉活動計画 ・CSW シート
⑧		施設・事業者・機関・団体等の経営やサービスの管理運営の実際（チームマネジメントや人材管理の理解を含む）	(15) 実習施設・機関等の経営理念や戦略を分析に基づいて説明することができる (16) 実習施設・機関等の法的根拠、財政、運営方法等を説明することができる	・社協の経営理念や財務状況について HP で調べる ・ファンドレイジングの意味を調べる	・法人事業報告や決算報告から、事業状況や財務状況について説明を受ける（⑧の場❶） ・社協発展強化計画（経営計画）における法人の使命・経営理念や経営計画、また今後の財源確保の取り組みの必要性について説明を受ける（⑧の場❷） ・社協事業継続計画（BCP）の災害時対応・感染予防対策と事業継続について、実習指導者から説明を受ける（⑧の場❸） ・社協会費や共同募金、ファンドレイジング等について説明を受ける（⑧の場❹） ・法人の財務諸表の見方や用語の意味について、決算報告書や予算書を用いて説明を受け、実習記録に記載する（⑧の SWr ❶）	・社協発展強化計画から、社協事業・経営状況や将来計画の特徴について考察した内容を実習記録に記載する（⑧の SWr ❷） ・社協事業継続計画（BCP）を基に災害時等の対応手順と方法、用語の意味について、実習記録に記載する（⑧の SWr ❸） ・今後の社協経営について、現在の社協事業から今後の事業展開と新たな財源確保（ファンドレイジング等）について実習指導者と意見交換を行い、実習記録に記載する（⑧の実❶） ・実習指導者から、過去のインシデント報告について説明を受け、リスク管理や対策について実習指導者と意見交換を行い、実習記録に記載する（⑧の実❷）	・法人事業報告書 ・法人決算報告書 ・社協発展強化計画 ・社協事業継続計画
⑨		社会福祉士としての職業倫理と組織の一員としての役割と責任の理解	(17) 実習施設・機関等における社会福祉士の倫理に基づいた実践及びジレンマの解決を適切に行うことができる (18) 実習施設・機関等の規則等について説明することができる	・社会福祉士の倫理綱領・行動規範を熟読する	・社会福祉士が遭遇する代表的な倫理的ジレンマについて復習した内容を報告する（⑨の場❶） ・法人就業規則、服務基準を閲覧し、実習指導者から説明を受ける（⑨の場❷） ・実習指導者と社協事業における「利用者や住民とのかかわり場面、問題解決過程、チームアプローチ場面等」を振り返り、倫理的ジレンマが生じた事項やその解決について説明を受け、実習記録に記載する（⑨の SWr ❶）	・就業規則の服務の心得「法令及び諸規定に従い、職場の衛生と秩序を保持し業務能率の増進」を踏まえた現場職員の動きについて、実習記録に記載する（⑨の SWr ❷） ・個別面接、ケア会議、住民座談会等に参加して、社会福祉士がソーシャルワーク実践をするなかで倫理的ジレンマが生じた事項について把握し、実習指導者と対策について意見交換を行い、実習記録に記載する（⑨の実❶） ・個別面接、ケア会議、住民座談会等に参加して、倫理的ジレンマが生じた事項について、その解決のプロセスを実習指導者に説明する（⑨の発❶）	・社会福祉士の倫理綱領・行動規範 ・法人就業規則
⑩	1	アウトリーチ	(19) 以下の技術について目的、方法、留意点について説明することができる ・アウトリーチ ・ネットワーキング ・コーディネーション ・ネゴシエーション ・ファシリテーション ・プレゼンテーション ・ソーシャルアクション	・用語について調べる	・社協が取り組んでいる地域支援事業の目的・概要やアウトリーチの機能と方法について実習指導者から説明を受ける（⑩-1 の場❶）	・社協職員が各地域に出向いて、住民座談会を行う場合の場所の設定や参加者の調整などについて説明を受けて、アウトリーチに関する留意点を実習記録に記載する（⑩-1 の SWr ❶） ・各地域に出向き実施している「住民座談会」に参加し、実習指導者が行う実施方法やニーズキャッチの方法を観察して留意点を実習記録に記載する（⑩-1 の実❶）	・KJ 法用具
	2	ネットワーキング			・災害時図上訓練（DIG）や校区社協活動を通した小地域ネットワーク活動の意義について実習指導者から説明を受ける（⑩-2 の場❶）	・災害時図上訓練（DIG）や小地域ネットワーク活動を行う場合の場所の設定や参加者の調整などについて、ネットワーキングに関する説明を受けて、留意点などを実習記録に記載する（⑩-2 の SWr ❶） ・災害時図上訓練（DIG）や小地域ネットワーク活動に参加し、実習指導者が行う実施方法やネットワーキングの方法を観察して、留意点などを実習記録に記載する（⑩-2 の実❶）	・災害時図上訓練（DIG）用具
	3	コーディネーション			・災害ボランティアセンター事業におけるコーディネーション機能について実習指導者から説明を受ける（⑩-3 の場❶）	・災害ボランティアセンター事業運営を行う場合の場所の設定や参加者の調整などについて、実習指導者から説明を受けて、コーディネーションに関する留意点などを実習記録に記載する（⑩-3 の SWr ❶） ・災害ボランティアセンター事業運営を実際に立ち上げ運営した社会福祉士から、記録映像や報告書を基に具体的なコーディネートの方法について説明を受け、実践プロセスにおける留意点を実習記録に記載する（⑩-3 の実❶）	・災害ボランティアセンター運営マニュアル
					・新規のサロン活動や地域食堂等の新規立ち上げにおいて、運営のための他機関調整や交渉の概要について実習指導者から説明を受ける（⑩-4 の場❶）	・新規のサロン活動や地域食堂等の新規立ち上げにおいて、場所の設定や参加者の調整、開設費用や運営について関係機関への交渉のやり方を、実習指導	・地域福祉活動報告書

4	ネゴシエーション				者から説明を受けて留意点を実習記録に記載する（⑩-4 の SWr❶） ・中山間地域でのスーパー等が閉鎖により買い物難民の問題解決のために、住民座談会から住民主体のスーパーの開設を担当した社会福祉士や地域住民から、立ち上げまでの各機関との交渉について聞き取りを行い、その留意点を実習記録に記載する（⑩-4 の実❶）	
5	ファシリテーション			・協議体や住民座談会運営の進行管理や意見調整について実習指導者から説明を受ける（⑩-5 の場❶）	・（⑤の SWr）の実習内容と同じ（⑩-5 の SWr❶） ・（⑤の実）の実習内容と同じ（⑩-5 の実❶）	・⑤と共通
6	プレゼンテーション			・実習先である社協（地域福祉）活動について事前に学習しておく（⑩-6 の場❶） ・社協（地域福祉）活動を理解してもらうために住民に対して行うプレゼンテーションの内容や方法について説明を受ける（⑩-6 の場❷）	・実習指導者が各福祉講座等で行うプレゼンテーション場面を観察する（⑩-6 の SWr❶） ・各福祉講座で使用するプレゼンテーションの資料を閲覧する（⑩-6 の SWr❷） ・実習指導者が各福祉講座等で行うプレゼンテーション場面を見学し、方法や参加者の意見に対しての実習指導者の言動を観察して留意点など記録する（⑩-6 の実❶）	・福祉講座企画書
7	ソーシャルアクション			・地域福祉活動計画の地域共生社会実現に向けて、新たなニーズに対応したソーシャルワークの視点と既存制度等の改善の意義について実習指導者から説明を受ける（⑩-7 の場❶）	・今までの資源開発（新規事業）を立ち上げ、実施した意義について実習指導者から説明を受け、留意点などを実習記録に記載する（⑩-7 の SWr❶） ・各団体が実施したソーシャルアクション事例を基に、ソーシャルアクションにおける社会福祉士の役割について実習生の考えを実習指導者に報告し、指導を受け、実習記録に記載する（⑩-7 の実❶）	・地域福祉活動計画

※前半（概ね１週目）、後半（概ね２週目）の期間に関する表記は集中実習の場合のイメージであり、通年での実習や一定期間に分散して実習する場合には実習形態に適した期間を設定した上で使用する

ソーシャルワーク実習　基本実習プログラム

実習施設名：児童養護施設〇〇	作成メンバー：〇〇	作成日：〇年〇月〇日

ソーシャルワーク実習教育に含むべき事項（国通知）		達成目標（評価ガイドライン）※各達成目標の具体例は行動目標を参照	当該実習施設における実習の実施方法及び展開					
			学生に求める事前学習	具体的実習内容				指導上の留意点
				SW 実践の場の理解に関する内容	SWr の理解に関する内容	SW 実践の理解に関する内容	SW 実践の理解に関する内容（発展的）	活用する資料・参照物
①	利用者やその関係者（家族・親族、友人等）、施設・事業者・機関・団体、住民やボランティア等との基本的なコミュニケーションや円滑な人間関係の形成	(1) クライエント等と人間関係を形成するための基本的なコミュニケーションをとることができる	・法人 HP 閲覧する ・コミュニケーション技法を確認する ・バイステックの 7 原則を確認する	❶職員やクライエント（以下、CL）、地域住民の特性及びその人々とのかかわりの必要性について説明を受ける ❷法人 HP 内の日記を閲覧し、CL の日々の生活や法人の取り組みについて説明を受ける。また、それらについて HP でどのように発信しているか説明を受ける	❶会議、プロジェクトチーム（以下、PT）、カンファレンスに参加し、SWr を観察し、実習記録に記載する ❷職員の CL とのかかわりにおける言語コミュニケーション・非言語コミュニケーションの使い分けを観察し、実習記録に記載する ❸ HP 作成マニュアルを閲覧し、HP 更新時の留意点の説明を受ける	❶職員や CL とかかわる場において挨拶や自己紹介を実践する ❷言語コミュニケーション・非言語的コミュニケーションを用いた CL へのかかわりを SWr とのロールプレイを通して実践する ❸法人 HP 内の日記の原稿を作成する	❶言語コミュニケーション・非言語的コミュニケーションを用いた CL へのかかわりを実践する ❷会議、PT、カンファレンスにおいて自分の考えを説明する ❸報告会にて自身が作成した自立支援計画の内容について具体的に説明を行う	・事前オリエンテーションで施設職員同様のかかわり方を意識することを伝える ・CL のプライバシーに十分配慮して HP を作成する ―――― ・PT 資料、CSP 資料 ・HP 作成マニュアル ・ケアガイドライン
②	利用者やその関係者（家族・親族、友人等）との援助関係の形成	(2) クライエント等との援助関係を形成することができる	・児童養護施設の機能と役割を調べる ・児童指導員の仕事を調べる	❶児童養護施設に入所する CL や家族の特性、傾向について説明を受ける ❷職員と CL や家族との関係構築の必要性、施設全体で取り組んでいるコモンセンスペアレンティング（以下、CSP）について説明を受ける	❶ CL の特性や入所背景に基づいた SWr のアセスメントの視点について説明を受ける ❷日常場面における職員と CL の生活場面面接を観察し、実習記録に記載する ❸ CSP を用いた CL とのかかわりを観察し、実習記録に記載する	❶言語コミュニケーション・非言語的コミュニケーションや CSP を用いた CL とのかかわりを SWr とのロールプレイを通して実践する ❷職員の CL との問題解決に向けたかかわりの場面を観察もしくは状況説明を受け、今後の援助過程について検討・報告し、職員より指導を受ける	❶（①の発❶）の実習内容と共通 ❷自身の CL へのかかわりの実践において、特性や課題の異なる CL へのかかわり方の違いを説明する ❸自立支援計画を作成した CL（以下、対象児）との信頼関係構築に向けたかかわりを実践する	・実習生と CL とのかかわりで利用者が不利益を被らないよう職員が配慮する ―――― ・CSP 資料 ・自立支援計画
③	利用者や地域の状況を理解し、その生活上の課題（ニーズ）の把握、支援計画の作成と実施及び評価	(3) クライエント、グループ、地域住民等のアセスメントを実施し、ニーズを明確にすることができる ―――― (4) 地域アセスメントを実施し、地域の課題や問題解決に向けた目標を設定することができる ―――― (5) 各種計画の様式を使用して計画を作成・策定及び実施することができる ―――― (6) 各種計画の実施をモニタリング及び評価することができる	・アセスメントに関するテキストを読み理解する ・発達障害に関するテキストを読み理解する	❶各ホームにおいて児童特性シートを閲覧し、CL の特性や課題について説明を受ける ❷法人の策定している自立支援計画においてホーム・各種 PT の参画過程から、アセスメント会議による立案から評価に至るまでの展開過程について説明を受ける ❸事業報告書を閲覧し、法人の役割について説明を受ける ❹法人が取り組んでいる地域支援事業の概要ならびに活動の理念について説明を受ける（法人による地域支援）	❶ CL の入所前から現在に至るまでの成育歴と CL を取り巻く環境に基づいた SWr のアセスメントの視点について説明を受ける ❷アセスメント会議に参加し、自立支援計画策定や見直しの展開過程を観察する。また、その場における SWr の役割を観察する ❸法人内の SW 会議に参加し、法人の地域支援事業における地域ニーズについて SWr より説明を受ける ❹みんなの食堂や学習支援事業・子育て支援センターの訪問に同行する	❶自立支援計画作成に向け、対象児のニーズを把握するための CL とのかかわりを実践する。また、SWr・心理士等各専門職へヒアリングを行う ❷自立支援計画作成に向け、対象児のニーズや課題の整理を行う ❸地域支援事業の同行を通し地域支援におけるニーズを考察し、実習日誌に記載する ❹地域支援における CL の課題や問題解決に向けた目標（地域アセスメント）を考察し、実習日誌に記載する	❶自立支援計画を作成し、計画に基づいた援助を実践する ❷計画に基づいた援助の実践について実習報告会にて説明をする ❸自立支援計画作成から評価までの一連の流れを実習指導者との報告会にて報告し、実習指導者より評価を受ける ❹地域支援におけるニーズや、CL のアセスメントについて実習指導者との報告会にて報告し、実習指導者より評価を受ける	・自立支援計画作成の対象児選定について実習生の特性・利用者の特性を考慮した上で行う ・他職種に実習生が自立支援計画を作成することを事前に伝達しておく ―――― ・児童特性シート ・自立支援計画 ・事業報告書 ・PT 会議録
④	利用者やその関係者（家族・親族、友人等）への権利擁護活動とその評価	(7) クライエント及び多様な人々の権利擁護並びにエンパワメントを含む実践を行い、評価することができる	・社会福祉士の倫理綱領を読む ・法人HP閲覧（苦情処理・第三者評価結果）する	❶ CL の意見表明やアドボケイトについての法人としての取り組みや支援内容について報告を受ける ❷苦情解決システム、第三者評価の概要について説明を受ける	❶ホーム運営会議に同席し、CL の意見表明やアドボケイト・意見調整を職員がどのように実践しているか観察する ❷日常場面において、職員のエンパワメントの視点に基づいた CL への支援実践を観察する	❶ CL へのエンパワメントの視点に基づいた支援について過去事例を基に考察し、実習日誌に記載する ❷考察した内容を SWr とのロールプレイを通して実践する	❶ CL へのエンパワメントの視点に基づいた支援を実践する ❷模擬ホーム会議を通して、CL の意見表明やアドボケイト・意見調整を実践する	・ホーム運営会議への実習生同席について CL から同意を得る ―――― ・ホーム運営会議録 ・第三者評価結果表 ・意見箱 ・ケアガイドライン
	多職種連携及びチームアプローチの実践的理解	(8) 実習施設・機関等の各職種の機能と役割を説明することができる ―――― (9) 実習施設・機関等と関係する社会資源の機能と役割を説明す	・法人 HP 閲覧する ・多職種連携に関するテキストを読み事前理解を行う	❶各職種の機能と役割、PT・各種会議の機能と役割について説明を受ける ❷法人内における各職種の連携や協働の実践について説明を受ける ❸法人と地域社会資源との連携や協働の実践について説明を受ける	❶各種会議・PT・アセスメントに参加し、多職種連携によるチームアプローチ・合意形成に向けた実践及びそこでの SWr の役割を観察する ❷地域支援事業に同行し、各種関係機関の役割を観察した上で、SWr の関係機	❶各種 PT・会議・ケース検討会に参加し、考察した自分の意見を実習指導者との振り返りの場で伝える ❷各種 PT・会議・ケース検討会に参画し、会議録を作成し、実習指導者へ報告する	❶各種 PT・会議・ケース検討会に参画し、意見を求められた際には自分の意見を発表する ❷実習報告会の実施において準備・ファシリテーターを担当する ❸チームアプローチの場面を観察し、	・実習生が各種会議参加や地域支援事業に同行することの同意を得る

⑤		ることができる (10) 地域住民、関係者、関係機関等と連携・協働することができる (11) 各種会議を企画・運営することができる			関との連携の実際を観察する		チームにおける SWr の役割と合意形成の留意点を実習指導者へ報告する	・法人 HP ・PT 会議録
⑥	当該実習先が地域社会の中で果たす役割の理解及び具体的な地域社会への働きかけ	(12) 地域社会における実習施設・機関等の役割を説明することができる (13) 地域住民や団体、施設、機関等に働きかけることができる	・法人HP閲覧(地域支援事業)する	❶事業報告書を閲覧し、法人の役割について説明を受ける ❷法人が取り組んでいる地域支援事業の概要ならびに活動の理念について説明を受ける（法人による地域支援） ❸法人の CL と地域とのつながりについて説明を受ける（利用者への支援）	❶法人内の SW 会議に参加し、法人の地域支援事業において SWr が行っている実践内容について説明を受ける ❷ SWr の実際の活動を観察するため、みんなの食堂や学習支援事業・子育て支援センターの訪問に同行する。また、そこでの SWr と CL とのかかわりを観察し、実際の援助の説明を受ける	❶地域支援事業の説明や同行から地域支援におけるニーズを実習指導者との検討会にて考察する ❷実習指導者とのロールプレイで地域における CL への援助場面を実践する ❸実習指導者（＝行政職員・教員・法人が連携をしている地域支援従事者等の役を担う）とのロールプレイを通して地域支援の問題解決に向けた関係構築過程を実践する	❶考察した地域支援におけるニーズについて、当法人の立場での支援展開を検討し、報告書を作成する。また、実習指導者との報告会において発表する ❷学習支援事業に同行し、地域における CL への援助場面を実践する	・実習生が各種会議参加や地域支援事業に同行することの同意を得る ・事業報告書 ・SW 会議録 ・法人 HP
⑦	地域における分野横断的・業種横断的な関係形成と社会資源の活用・調整・開発に関する理解	(14) 地域における分野横断的・業種横断的な社会資源について説明し、問題解決への活用や新たな開発を検討することができる	・法人HP閲覧(法人の歴史）する ・パンフレット・法人 HP から法人立ち上げの経緯を理解する	❶法人の成り立ちからみる社会資源との関係形成のあり方について、当法人の基本方針の観点を基に説明を受ける ❷入所児の生活状況や法人の取り組む事業内容を踏まえて、社会資源の活用・開発の必要性について説明を受ける	❶児相連絡会、各学校連絡会、行政との連絡会、医療機関との連携のなかでの SWr の役割について説明する	❶法人の連携している社会資源を整理し、リストにまとめる ❷自立支援計画作成時、支援内容における社会資源の活用について考察し、自立支援計画に記載する ❸過去事例や自立支援計画作成過程から新たな社会資源の開発について考察し、実習記録や自立支援計画に記載する	❶法人の連携している社会資源とその内容について実習報告会にて説明する ❷自立支援計画作成における社会資源の活用と実習生が SWr の立場で留意する点を実習報告会にて報告する ❸新たな社会資源の開発について考察した内容を実習報告会にて報告し、実習指導者より評価を受ける	・各機関との連携における留意点の説明で、各機関について批判的な理解にならないよう配慮する ・法人 HP ・自立支援計画
⑧	施設・事業者・機関・団体等の経営やサービスの管理運営の実際（チームマネジメントや人材管理の理解を含む）	(15) 実習施設・機関等の経営理念や戦略を分析に基づいて説明することができる (16) 実習施設・機関等の法的根拠、財政、運営方法等を説明することができる	・児童養護施設の財源について理解する ・児童福祉法や社会的養護を取り巻く制度について調べる	❶法人の財務について説明を受ける ❷法人の事業計画書・報告書を閲覧する ❸児童福祉法や同法改正に基づく社会的養護を取り巻く制度の変化とそれに伴う現場の状況について説明を受ける ❹法人の作成した事業継続計画（以下、BCP）を閲覧する ❺各種会議、PT の役割と会議の進行過程について説明を受ける	❶児童養護施設におけるチームマネジメントの必要性を踏まえ、法人でのチームマネジメントのための SWr の実践について説明を受ける ❷社会的養護を取り巻く制度を基に SWr の実践について説明を受ける ❸児童養護施設、地域支援事業における SWr の役割、位置づけについて財務の観点から説明を受ける ❹ BCP の現場での実践において SWr の役割について説明を受ける	❶児童養護施設におけるチームマネジメントの必要性について考察し、実習記録に記載する ❷社会的養護を取り巻く制度について理解し、児童養護施設の今後の在り方や SWr が担う実践について考察し、実習記録に記載する ❸財務諸表を読み込み、法人の今後の地域分散化・小規模化の計画を財務の観点から考察し、実習記録に記載する	❶チームマネジメントの必要性について実習報告会にて報告する ❷社会的養護を取り巻く制度について実習報告会にて説明する。また今後のあり方や SWr の担う実践について考察したものを実習報告会にて報告する ❸法人の今後の地域分散化・小規模化の計画について実習生が考察した内容に対して実習指導者より評価を受ける	・実習生の理解度に応じた説明の進め方を行う ・厚労省 HP 資料 ・事業計画書・報告書 ・新しい社会的養育ビジョン資料 ・施設 BCP
⑨	社会福祉士としての職業倫理と組織の一員としての役割と責任の理解	(17) 実習施設・機関等における社会福祉士の倫理に基づいた実践及びジレンマの解決を適切に行うことができる (18) 実習施設・機関等の規則等について説明することができる	・社会福祉士の倫理綱領を理解する ・事前オリエンテーションを受ける	❶法人の就業規則等の規則について閲覧し、説明を受ける ❷法人の個人情報保護のための取り組みについて説明を受ける	❶会議、PT、アセスメント会議、日常場面における SWr のチームアプローチ場面・問題解決過程を観察する ❷児童養護施設における社会福祉士としての倫理について SWr より説明を受ける	❶ SWr の実践における倫理的ジレンマが生じた場面について SWr へヒアリングを行い、実習記録へ記載する ❷会議、PT、アセスメント会議、日常生活場面に参加し、チームアプローチや問題解決過程における SWr の倫理判断に基づく行為を発見し、実習記録へ記載する	❶ SWr へのヒアリングから挙げられた倫理的ジレンマについて実習生自身の立場で考察（ジレンマの構造や解決法など）し、実習指導者へ説明する ❷ SWr の倫理判断に基づく行為について実習指導者へ説明する ❸各種会議、PT、アセスメント会議参画時、意見を求められた際に SWr の専門性や立場から発言を行う	・実習生が各種会議に参加することの同意を得る。 ・実習のしおり ・社会福祉士の倫理綱領 ・PT 会議録
1	アウトリーチ	(19) 以下の技術について目的、方法、留意点について説明することができる ・アウトリーチ ・ネットワーキング ・コーディネーション ・ネゴシエーション ・ファシリテーション ・プレゼンテーション ・ソーシャルアクション	・用語について調べる ・法人HP閲覧(法人地域支援事業）する	❶法人が取り組んでいる地域支援事業の概要ならびに活動の理念について説明を受ける。（法人による地域支援）	❶アウトリーチ実践現場であるみんなの食堂や学習支援事業に同行し SWr の実際の活動を観察する。また、SWr と参加者とのかかわりについて説明を受ける	❶法人のアウトリーチ実践における目的や方法を整理し、実習記録に記載する ❷地域支援事業における過去事例を基にアウトリーチ実践の場で生じる問題や困難について考察し、実習記録に記載する	❶過去事例を基に考察したアウトリーチ実践について実習指導者とのロールプレイを通して援助過程を実践する ❷実習指導者との振り返りの場でアウトリーチにおける援助過程の実践の留意点について説明する	・実習生が地域支援事業に同行することの同意を得る ・法人 HP ・PT 会議録
2	ネットワーキング			❶法人基本方針を基にネットワーク構築の必要性について説明を受ける	❶地域支援事業、児相、学校、行政、医療との連携における SWr のネットワーク構築への取り組みを説明する	❶他機関とのネットワーク構築の展開過程におけるそれぞれの機関の役割を明確にし、法人の立場について考察し、実習記録に記載する	❶他機関とのネットワーク構築過程を実習指導者とのロールプレイを通して実践する	・職員の日々の業務のなかでこれらの技術が行われていることを実習生に伝える ・実習生の実践におい

⑩	3	コーディネーション			❶各種会議、PTにおけるコーディネーションの必要性について説明を受ける	❶各種会議、PTにおいてSWrのコーディネーション場面を観察する	❶各種会議、PTにおけるSWrの観察を踏まえて、SWrのコーディネーション場面の必要性、留意点を考察し、実習記録に記載する	❶実習指導者との模擬ホーム会議の中でコーディネーターを担当する ❷コーディネーションとファシリテーションの違いを実習指導者へ説明する	てこれらの技術が行われていることを伝え、意識できるように指導する。
	4	ネゴシエーション			❶各種会議、PTにおけるネゴシエーションの必要性について説明を受ける	❶各種会議、PTにおいてSWrのネゴシエーション場面を観察する	❶各種会議、PTにおけるSWrの観察を踏まえて、SWrのネゴシエーション場面の必要性、留意点を考察し、実習記録に記載する	❶模擬ホーム会議の実施までの過程でネゴシエーションを実践する ❷実習指導者との振り返りの場で実践したネゴシエーションについて説明する	・PT会議録
	5	ファシリテーション			❶各種会議、PTにおけるファシリテーションの必要性について説明を受ける	❶各種会議、PTにおいてSWrのファシリテーション場面を観察する	❶各種会議、PTにおけるSWrの観察を踏まえて、SWrのファシリテーション場面の必要性、留意点を考察し、実習記録に記載する	❶実習指導者との振り返りの場や実習報告会の実施においてファシリテーターを担当する ❷（⑩-3の発❷）の実習内容と共通	
	6	プレゼンテーション			❶各種会議、PTにおけるプレゼンテーションの必要性について説明を受ける	❶各種会議、PTにおいてSWrのプレゼンテーション場面を観察する	❶各種会議、PTにおけるSWrの観察を踏まえて、SWrのプレゼンテーション場面の必要性、留意点を考察し、実習記録に記載する ❷実習報告会でのプレゼンテーションに向けた資料を作成する	❶実習報告会においてプレゼンテーションを実践する ❷実習指導者よりプレゼンテーションにおける評価を受ける	
	7	ソーシャルアクション			❶法人の成り立ちから事業運営におけるソーシャルアクション実践について説明を受ける	❶過去事例（法人立ち上げの背景から立ち上げに至る活動等）を用いSWrのソーシャルアクションにおける役割と展開過程の説明を受ける	❶過去事例や現制度から求められる社会変革や法人の取り組みについて整理し、実習記録に記載する ❷社会的養護分野におけるニーズを阻害する制度や現状を整理する。また、ソーシャルアクションに向けた展開過程について考察し、実習記録に記載する	❶実習報告会にてソーシャルアクションに向けた展開過程を報告する ❷実習指導者よりソーシャルアクションに向けた展開過程について評価を受ける	

ソーシャルワーク実習　個別実習プログラム（180 時間用）

実習基本情報					
実習施設名：児童養護施設○○	実習指導者氏名：○○		実習期間：○年○月○日（○）～○年○月○日（○）	他の実習施設	名称：○○
養成校：○○	実習生氏名：○○	学年：○年生	実習回数：○カ所目（全○カ所）　実習時間数：180 時間		期間：○年○月○日（○）～○年○月○日（○）

	ソーシャルワーク実習教育に含むべき事項（国通知）	達成目標（評価ガイドライン）※各達成目標の具体例は行動目標を参照	当該実習施設における実習の実施方法及び展開 事前学習・事前訪問	具体的実習内容 1～2週目※	3～4週目※	4～5週目	活用する資料・参照物
①	利用者やその関係者（家族・親族、友人等）、施設・事業者・機関・団体、住民やボランティア等との基本的なコミュニケーションや円滑な人間関係の形成	(1) クライエント等と人間関係を形成するための基本的なコミュニケーションをとることができる	・法人 HP 閲覧する ・コミュニケーション技法を確認する ・バイステックの 7 原則を確認する	・職員やクライエント（以下、CL）、地域住民の特性及びその人々とのかかわりの必要性について説明を受ける（①の場❶） ・法人 HP 内の日記を閲覧し、CL の日々の生活や法人の取り組みについて説明を受ける。また、それらについて HP でどのように発信しているか説明を受ける（①の場❷） ・職員の CL とのかかわりにおける言語コミュニケーション・非言語コミュニケーションの使い分けを観察し、実習記録に記載する（①の SWr❷） ・HP 作成マニュアルを閲覧し、HP 更新時の留意点の説明を受ける（①の SWr❸） ・職員や CL とかかわる場において挨拶や自己紹介を実践する（①の実❶）	・会議、プロジェクトチーム（以下、PT）、カンファレンスに参加し、SWr を観察し、実習記録に記載する（①の SWr❶） ・言語コミュニケーション・非言語的コミュニケーションを用いた CL へのかかわりを SWr とのロールプレイを通して実践する（①の実❷） ・言語コミュニケーション・非言語的コミュニケーションを用いた CL へのかかわりを実践する（①の発❶） ・会議、PT、カンファレンスにおいて自分の考えを説明する（①の発❷）	・法人 HP 内の日記の原稿を作成する（①の実❸） ・報告会にて自身が作成した自立支援計画の内容について具体的に説明を行う（①の発❸）	・PT 資料、CSP 資料 ・HP 作成マニュアル ・ケアガイドライン
②	利用者やその関係者（家族・親族、友人等）との援助関係の形成	(2) クライエント等との援助関係を形成することができる	・児童養護施設の機能と役割を調べる ・児童指導員の仕事を調べる	・児童養護施設に入所する CL や家族の特性、傾向について説明を受ける（②の場❶） ・職員と CL や家族との関係構築の必要性、施設全体で取り組んでいるコモンセンスペアレンティング（以下、CSP）について説明を受ける（②の場❷） ・日常場面における職員と CL の生活場面面接を観察し、実習記録に記載する（②の SWr❷） ・CSP を用いた CL とのかかわりを観察し、実習記録に記載する（②の SWr❸）	・CL の特性や入所背景に基づいた SWr のアセスメントの視点について説明を受ける（②の SWr❶） ・言語コミュニケーション・非言語的コミュニケーションや CSP を用いた CL とのかかわりを SWr とのロールプレイを通して実践する（②の実❶） ・職員の CL との問題解決に向けたかかわりの場面を観察もしくは状況説明を受け、今後の援助過程について検討・報告し、職員より指導を受ける（②の実❷） ・（①の発❶）の実習内容と共通（②の発❶）	・自身の CL へのかかわりの実践において、特性や課題の異なる CL へのかかわり方の違いを説明する（②の発❷） ・自立支援計画を作成した CL（以下、対象児）との信頼関係構築に向けたかかわりを実践する（②の発❸）	・CSP 資料 ・自立支援計画
③	利用者や地域の状況を理解し、その生活上の課題（ニーズ）の把握、支援計画の作成と実施及び評価	(3) クライエント、グループ、地域住民等のアセスメントを実施し、ニーズを明確にすることができる (4) 地域アセスメントを実施し、地域の課題や問題解決に向けた目標を設定することができる (5) 各種計画の様式を使用して計画を作成・策定及び実施することができる (6) 各種計画の実施をモニタリング及び評価することができる	・アセスメントに関するテキストを読み理解する ・発達障害に関するテキストを読み理解する	・各ホームにおいて児童特性シートを閲覧し、CL の特性や課題について説明を受ける（③の場❶） ・法人の策定している自立支援計画においてホーム・各種 PT の参画過程から、アセスメント会議による立案から評価に至るまでの展開過程について説明を受ける（③の場❷） ・事業報告書を閲覧し、法人の役割について説明を受ける（③の場❸） ・法人が取り組んでいる地域支援事業の概要ならびに活動の理念について説明を受ける（法人による地域支援）（③の場❹）	・CL の入所前から現在に至るまでの成育歴と CL を取り巻く環境に基づいた SWr のアセスメントの視点について説明を受ける（③の SWr❶） ・アセスメント会議に参加し、自立支援計画策定や見直しの展開過程を観察する。また、その場における SWr の役割を観察する（③の SWr❷） ・法人内の SW 会議に参加し、法人の地域支援事業における地域ニーズについて SWr より説明を受ける（③の SWr❸） ・みんなの食堂や学習支援事業・子育て支援センターの訪問に同行する（③の SWr❹） ・自立支援計画作成に向け、対象児のニーズを把握するための CL とのかかわりを実践する。また、SWr・心理士等各専門職へヒアリングを行う（③の実❶） ・自立支援計画作成に向け、対象児のニーズや課題の整理を行う（③の実❷） ・地域支援事業の同行を通し地域支援におけるニーズを考察し、実習日誌に記載する（③の実❸） ・地域支援における CL の課題や問題解決に向けた目標（地域アセスメント）を考察し、実習日誌に記載する（③の実❹）	・自立支援計画を作成し、計画に基づいた援助を実践する（③の発❶） ・計画に基づいた援助の実践について実習報告会にて説明をする（③の発❷） ・自立支援計画作成から評価までの一連の流れを実習指導者との報告会にて報告し、実習指導者より評価を受ける（③の発❸） ・地域支援におけるニーズや、CL のアセスメントについて実習指導者との報告会にて報告し、実習指導者より評価を受ける（③の発❹）	・児童特性シート ・自立支援計画 ・事業報告書 ・PT 会議録
	利用者やその関係者（家族・親族、友人等）への権利擁護活動とその評価	(7) クライエント及び多様な人々の権利擁護並びにエンパワメントを含む実践を行い、	・社会福祉士の倫理綱領を読む ・法人 HP 閲覧	・CL の意見表明やアドボケイトについての法人としての取り組みや支援内容について報告を受ける（④の場❶）	・ホーム運営会議に同席し、CL の意見表明やアドボケイト・意見調整を職員がどのように実践しているかを観察する（④の SWr❶）	・CL へのエンパワメントの視点に基づいた支援を実践する（④の発❶） ・模擬ホーム会議を通して、CL の意見表明やアドボケ	・ホーム運営会議録 ・第三者評価結果表 ・意見箱

④		評価することができる	（苦情処理・第三者評価結果）する	・苦情解決システム、第三者評価の概要について説明を受ける（④の場❷） ・日常場面において、職員のエンパワメントの視点に基づいたCLへの支援実践を観察する（④のSWr❷）	・CLへのエンパワメントの視点に基づいた支援について過去事例を基に考察し、実習日誌に記載する（④の実❶） ・考察した内容をSWrとのロールプレイを通して実践する（④の実❷）	イト・意見調整を実践する（④の発❷）	・ケアガイドライン
⑤	多職種連携及びチームアプローチの実践的理解	(8) 実習施設・機関等の各職種の機能と役割を説明することができる (9) 実習施設・機関等と関係する社会資源の機能と役割を説明することができる (10) 地域住民、関係者、関係機関等と連携・協働することができる (11) 各種会議を企画・運営することができる	・法人HP閲覧する ・多職種連携に関するテキストを読み事前理解を行う	・各職種の機能と役割、PT・各種会議の機能と役割について説明を受ける（⑤の場❶） ・法人内における各職種の連携や協働の実践について説明を受ける（⑤の場❷） ・法人と地域社会資源との連携や協働の実践について説明を受ける（⑤の場❸） ・各種会議・PT・アセスメントに参加し、多職種連携によるチームアプローチ・合意形成に向けた実践及びそこでのSWrの役割を観察する（⑤のSWr❶） ・各種PT・会議・ケース検討会に参加し、考察した自分の意見を実習指導者との振り返りの場で伝える（⑤の実❶）	・地域支援事業に同行し、各種関係機関の役割を観察した上で、SWrの関係機関との連携の実際を観察する（⑤のSWr❷） ・各種PT・会議・ケース検討会に参画し、会議録を作成し、実習指導者へ報告する（⑤の実❷）	・各種PT・会議・ケース検討会に参画し、意見を求められた際には自分の意見を発表する（⑤の発❶） ・実習報告会の実施において準備・ファシリテーターを担当する（⑤の発❷） ・チームアプローチの場面を観察し、チームにおけるSWrの役割と合意形成の留意点を実習指導者へ報告する（⑤の発❸）	・法人HP ・PT会議録
⑥	当該実習先が地域社会の中で果たす役割の理解及び具体的な地域社会への働きかけ	(12) 地域社会における実習施設・機関等の役割を説明することができる (13) 地域住民や団体、施設、機関等に働きかけることができる	・法人HP閲覧（地域支援事業）する	・事業報告書を閲覧し、法人の役割について説明を受ける（⑥の場❶） ・法人が取り組んでいる地域支援事業の概要ならびに活動の理念について説明を受ける（法人による地域支援）（⑥の場❷） ・法人のCLと地域とのつながりについて説明を受ける（利用者への支援）（⑥の場❸） ・法人内のSW会議に参加し、法人の地域支援事業においてSWrが行っている実践内容について説明を受ける（⑥のSWr❶）	・SWrの実際の活動を観察するため、みんなの食堂や学習支援事業・子育て支援センターの訪問に同行する。また、そこでのSWrとCLとのかかわりを観察し、実際の援助の説明を受ける（⑥のSWr❷） ・地域支援事業の説明や同行から地域支援におけるニーズを実習指導者との検討会にて考察する（⑥の実❶） ・実習指導者とのロールプレイで地域におけるCLへの援助場面を実践する（⑥の実❷） ・実習指導者（＝行政職員・教員・法人が連携をしている地域支援従事者等の役を担う）とのロールプレイを通して地域支援の問題解決に向けた関係構築過程を実践する（⑥の実❸）	・考察した地域支援におけるニーズについて、当法人の立場での支援展開を検討し、報告書を作成する。また、実習指導者との報告会において発表する（⑥の発❶） ・学習支援事業に同行し、地域におけるCLへの援助場面を実践する（⑥の発❷）	・事業報告書 ・SW会議録 ・法人HP
⑦	地域における分野横断的・業種横断的な関係形成と社会資源の活用・調整・開発に関する理解	(14) 地域における分野横断的・業種横断的な社会資源について説明し、問題解決への活用や新たな開発を検討することができる	・法人HP閲覧（法人の歴史）する ・パンフレット・法人HPから法人立ち上げの経緯を理解する	・法人の成り立ちからみる社会資源との関係形成のあり方について、当法人の基本方針の観点を基に説明を受ける（⑦の場❶） ・入所児の生活状況や法人の取り組む事業内容を踏まえて、社会資源の活用・開発の必要性について説明を受ける（⑦の場❷）	・児相連絡会、各学校連絡会、行政との連絡会、医療機関との連携のなかでのSWrの役割について説明する（⑦のSWr❶） ・法人の連携している社会資源を整理し、リストにまとめる（⑦の実❶） ・自立支援計画作成時、支援内容における社会資源の活用について考察し、自立支援計画に記載する（⑦の実❷） ・過去事例や自立支援計画作成過程から新たな社会資源の開発について考察し、実習記録や自立支援計画に記載する（⑦の実❸）	・法人の連携している社会資源とその内容について実習報告会にて説明する（⑦の発❶） ・自立支援計画作成における社会資源の活用と実習生がSWrの立場で留意する点を実習報告会にて報告する（⑦の発❷） ・新たな社会資源の開発について考察した内容を実習報告会にて報告し、実習指導者より評価を受ける（⑦の発❸）	・法人HP ・自立支援計画
⑧	施設・事業者・機関・団体等の経営やサービスの管理運営の実際（チームマネジメントや人材管理の理解を含む）	(15) 実習施設・機関等の経営理念や戦略を分析に基づいて説明することができる (16) 実習施設・機関等の法的根拠、財政、運営方法等を説明することができる	・児童養護施設の財源について理解する ・児童福祉法や社会的養護を取り巻く制度について調べる	・法人の財務について説明を受ける（⑧の場❶） ・法人の事業計画書・報告書を閲覧する（⑧の場❷） ・児童福祉法や同法改正に基づく社会的養護を取り巻く制度の変化とそれに伴う現場の状況について説明を受ける（⑧の場❸） ・法人の作成した事業継続計画（以下、BCP）を閲覧する（⑧の場❹） ・各種会議、PTの役割と会議の進行過程について説明を受ける（⑧の場❺） ・児童養護施設、地域支援事業におけるSWrの役割、位置づけについて財務の観点から説明を受ける（⑧のSWr❸） ・BCPの現場での実践においてSWrの役割について説明を受ける（⑧のSWr❹）	・児童養護施設におけるチームマネジメントの必要性を踏まえ、法人でのチームマネジメントのためのSWrの実践について説明を受ける（⑧のSWr❶） ・社会的養護を取り巻く制度を基にSWrの実践について説明を受ける（⑧のSWr❷） ・児童養護施設におけるチームマネジメントの必要性について考察し、実習記録に記載する（⑧の実❶） ・社会的養護を取り巻く制度について理解し、児童養護施設の今後の在り方やSWrが担う実践について考察し、実習記録に記載する（⑧の実❷）	・財務諸表を読み込み、法人の今後の地域分散化・小規模化の計画を財務の観点から考察し、実習記録に記載する（⑧の実❸） ・チームマネジメントの必要性について実習報告会にて報告する（⑧の発❶） ・社会的養護を取り巻く制度について実習報告会にて説明する。また今後のあり方やSWrの担う実践について考察したものを実習報告会にて報告する（⑧の発❷） ・法人の今後の地域分散化・小規模化の計画について実習生が考察した内容に対して実習指導者より評価を受ける（⑧の発❸）	・厚労省HP資料 ・事業計画書・報告書 ・新しい社会的養育ビジョン資料 ・施設BCP
	社会福祉士としての職業倫理と組織の一員としての役割と責任の理解	(17) 実習施設・機関等における社会福祉士の倫理に基づいた実践及びジレンマの解決	・社会福祉士の倫理綱領を理解する	・法人の就業規則等の規則について閲覧し、説明を受ける（⑨の場❶） ・法人の個人情報保護のための取り組みについて説明	・会議、PT、アセスメント会議、日常場面におけるSWrのチームアプローチ場面・問題解決過程を観察する（⑨のSWr❶）	・SWrへのヒアリングから挙げられた倫理的ジレンマについて実習生自身の立場で考察（ジレンマの構造や解決法など）し、実習指導者へ説明する（⑨の発❶）	・実習のしおり ・社会福祉士の倫理綱領

⑨		を適切に行うことができる (18) 実習施設・機関等の規則等について説明することができる	・事前オリエンテーションを受ける	を受ける（⑨の場❷） ・児童養護施設における社会福祉士としての倫理について SWr より説明を受ける（⑨の SWr ❷）	・SWr の実践における倫理的ジレンマが生じた場面について SWr へヒアリングを行い、実習記録へ記載する（⑨の実❶） ・会議、PT、アセスメント会議、日常生活場面に参加し、チームアプローチや問題解決過程における SWr の倫理判断に基づく行為を発見し、実習記録へ記載する（⑨の実❷）	・SWr の倫理判断に基づく行為について実習指導者へ説明する（⑨の発❷） ・各種会議、PT、アセスメント会議参画時、意見を求められた際に SWr の専門性や立場から発言を行う（⑨の発❸）	・PT 会議録
⑩	1 アウトリーチ	(19) 以下の技術について目的、方法、留意点について説明することができる ・アウトリーチ ・ネットワーキング ・コーディネーション ・ネゴシエーション ・ファシリテーション ・プレゼンテーション ・ソーシャルアクション	・用語について調べる ・法人HP閲覧(法人地域支援事業）する	・法人が取り組んでいる地域支援事業の概要ならびに活動の理念について説明を受ける（法人による地域支援）（⑩-1 の場❶）	・アウトリーチ実践現場であるみんなの食堂や学習支援事業に同行し SWr の実際の活動を観察する。また、SWr と参加者とのかかわりについて説明を受ける（⑩-1 の SWr ❶） ・法人のアウトリーチ実践における目的や方法を整理し、実習記録に記載する（⑩-1 の実❶） ・地域支援事業における過去事例を基にアウトリーチ実践の場で生じる問題や困難について考察し、実習記録に記載する（⑩-1 の実❷） ・過去事例を基に考察したアウトリーチ実践について実習指導者とのロールプレイを通して援助過程を実践する（⑩-1 の発❶）	・実習指導者との振り返りの場でアウトリーチにおける援助過程の実践の留意点について説明する（⑩-1 の発❷）	・法人 HP ・PT 会議録
	2 ネットワーキング			・法人基本方針を基にネットワーク構築の必要性について説明を受ける（⑩-2 の場❶）	・地域支援事業、児相、学校、行政、医療との連携における SWr のネットワーク構築への取り組みを説明する（⑩-2 の SWr ❶） ・他機関とのネットワーク構築の展開過程におけるそれぞれの機関の役割を明確にし、法人の立場について考察し、実習記録に記載する（⑩-2 の実❶）	・他機関とのネットワーク構築過程を実習指導者とのロールプレイを通して実践する（⑩-2 の発❶）	・PT 会議録
	3 コーディネーション			・各種会議、PT におけるコーディネーションの必要性について説明を受ける（⑩-3 の場❶） ・各種会議、PT において SWr のコーディネーション場面を観察する（⑩-3 の SWr ❶）	・各種会議、PT における SWr の観察を踏まえて、SWr のコーディネーション場面の必要性、留意点を考察し、実習記録に記載する（⑩-3 の実❶）	・実習指導者との模擬ホーム会議の中でコーディネーターを担当する（⑩-3 の発❶） ・コーディネーションとファシリテーションの違いを実習指導者へ説明する（⑩-3 の発❷）	
	4 ネゴシエーション			・各種会議、PT におけるネゴシエーションの必要性について説明を受ける（⑩-4 の場❶） ・各種会議、PT において SWr のネゴシエーション場面を観察する（⑩-4 の SWr ❶）	・各種会議、PT における SWr の観察を踏まえて、SWr のネゴシエーション場面の必要性、留意点を考察し、実習記録に記載する（⑩-4 の実❶）	・模擬ホーム会議の実施までの過程でネゴシエーションを実践する（⑩-4 の発❶） ・実習指導者との振り返りの場で実践したネゴシエーションについて説明する（⑩-4 の発❷）	
	5 ファシリテーション			・各種会議、PT におけるファシリテーションの必要性について説明を受ける（⑩-5 の場❶） ・各種会議、PT において SWr のファシリテーション場面を観察する（⑩-5 の SWr ❶）	・各種会議、PT における SWr の観察を踏まえて、SWr のファシリテーション場面の必要性、留意点を考察し、実習記録に記載する（⑩-5 の実❶）	・実習指導者との振り返りの場や実習報告会の実施においてファシリテーターを担当する（⑩-5 の発❶） ・（⑩-3 の発❷）の実習内容と共通（⑩-5 の発❷）	
	6 プレゼンテーション			・各種会議、PT におけるプレゼンテーションの必要性について説明を受ける（⑩-6 の場❶） ・各種会議、PT において SWr のプレゼンテーション場面を観察する（⑩-6 の SWr ❶）	・各種会議、PT における SWr の観察を踏まえて、SWr のプレゼンテーション場面の必要性、留意点を考察し、実習記録に記載する（⑩-6 の実❶） ・実習報告会でのプレゼンテーションに向けた資料を作成する（⑩-6 の実❷）	・実習報告会においてプレゼンテーションを実践する（⑩-6 の発❶） ・実習指導者よりプレゼンテーションにおける評価を受ける（⑩-6 の発❷）	
	7 ソーシャルアクション			・法人の成り立ちから事業運営におけるソーシャルアクション実践について説明を受ける（⑩-7 の場❶） ・過去事例（法人立ち上げの背景から立ち上げに至る活動等）を用い SWr のソーシャルアクションにおける役割と展開過程の説明を受ける（⑩-7 の SWr ❶）	・過去事例や現制度から求められる社会変革や法人の取り組みについて整理し、実習記録に記載する（⑩-7 の実❶） ・社会的養護分野におけるニーズを阻害する制度や現状を整理する。また、ソーシャルアクションに向けた展開過程について考察し、実習記録に記載する（⑩-7 の実❷）	・実習報告会にてソーシャルアクションに向けた展開過程を報告する（⑩-7 の発❶） ・実習指導者よりソーシャルアクションに向けた展開過程について評価を受ける（⑩-7 の発❷）	

※1～2週目、3～4週目、4～5週目の期間に関する表記は集中実習の場合のイメージであり、通年での実習や一定期間に分散して実習する場合には実習形態に適した期間を設定した上で使用する

ソーシャルワーク実習　個別実習プログラム（1 回目 60 時間用）

実習基本情報						
実習施設名：児童養護施設○○	実習指導者氏名：○○		実習期間：○年○月○日（○）～○年○月○日（○）		他の実習施設	名称：○○
養成校：○○	実習生氏名：○○	学年：○年生	実習回数：1 カ所目（全○カ所）	実習時間数：60 時間		期間：○年○月○日（○）～○年○月○日（○）

ソーシャルワーク実習教育に含むべき事項（国通知）		達成目標（評価ガイドライン）※各達成目標の具体例は行動目標を参照	当該実習施設における実習の実施方法及び展開			
			事前学習・事前訪問	具体的実習内容 前半（概ね 1 週目）※	具体的実習内容 後半（概ね 2 週目）※	活用する資料・参照物
①	利用者やその関係者（家族・親族、友人等）、施設・事業者・機関・団体、住民やボランティア等との基本的なコミュニケーションや円滑な人間関係の形成	(1) クライエント等と人間関係を形成するための基本的なコミュニケーションをとることができる	・法人 HP 閲覧する ・コミュニケーション技法を確認する ・バイステックの 7 原則を確認する	・職員やクライエント（以下、CL）、地域住民の特性及びその人々とのかかわりの必要性について説明を受ける（①の場❶） ・法人 HP 内の日記を閲覧し、CL の日々の生活や法人の取り組みについて説明を受ける。また、それらについて HP でどのように発信しているか説明を受ける（①の場❷） ・職員の CL とのかかわりにおける言語コミュニケーション・非言語コミュニケーションの使い分けを観察し、実習記録に記載する（①の SWr ❷） ・職員や CL とかかわる場において挨拶や自己紹介を実践する（①の実❶）	・会議、プロジェクトチーム（以下、PT）、カンファレンスに参加し、SWr を観察し、実習記録に記載する（①の SWr ❶） ・言語コミュニケーション・非言語的コミュニケーションを用いた CL へのかかわりを SWr とのロールプレイを通して実践する（①の実❷） ・言語コミュニケーション・非言語的コミュニケーションを用いた CL へのかかわりを実践する（①の発❶）	・PT 資料、CSP 資料 ・HP 作成マニュアル ・ケアガイドライン
②	利用者やその関係者（家族・親族、友人等）との援助関係の形成	(2) クライエント等との援助関係を形成することができる	・児童養護施設の機能と役割を調べる ・児童指導員の仕事を調べる	・児童養護施設に入所する CL や家族の特性、傾向について説明を受ける（②の場❶） ・職員と CL や家族との関係構築の必要性、施設全体で取り組んでいるコモンセンスペアレンティング（以下、CSP）について説明を受ける（②の場❷） ・日常場面における職員と CL の生活場面面接を観察し、実習記録に記載する（②の SWr ❷）	・CL の特性や入所背景に基づいた SWr のアセスメントの視点について説明を受ける（②の SWr ❶） ・CSP を用いた CL とのかかわりを観察し、実習記録に記載する（②の SWr ❸） ・言語コミュニケーション・非言語的コミュニケーションや CSP を用いた CL とのかかわりを SWr とのロールプレイを通して実践する（②の実❶）	・CSP 資料 ・自立支援計画
③	利用者や地域の状況を理解し、その生活上の課題（ニーズ）の把握、支援計画の作成と実施及び評価	(3) クライエント、グループ、地域住民等のアセスメントを実施し、ニーズを明確にすることができる (4) 地域アセスメントを実施し、地域の課題や問題解決に向けた目標を設定することができる (5) 各種計画の様式を使用して計画を作成・策定及び実施することができる (6) 各種計画の実施をモニタリング及び評価することができる	・アセスメントに関するテキストを読み理解する ・発達障害に関するテキストを読み理解する	・各ホームにおいて児童特性シートを閲覧し、CL の特性や課題について説明を受ける（③の場❶） ・法人の策定している自立支援計画においてホーム・各種 PT の参画過程から、アセスメント会議による立案から評価に至るまでの展開過程について説明を受ける（③の場❷） ・事業報告書を閲覧し、法人の役割について説明を受ける（③の場❸） ・法人が取り組んでいる地域支援事業の概要ならびに活動の理念について説明を受ける（法人による地域支援）（③の場❹）	・CL の入所前から現在に至るまでの成育歴と CL を取り巻く環境に基づいた SWr のアセスメントの視点について説明を受ける（③の SWr ❶） ・法人内の SW 会議に参加し、法人の地域支援事業における地域ニーズについて SWr より説明を受ける（③の SWr ❸） ・みんなの食堂や学習支援事業・子育て支援センターの訪問に同行する（③の SWr ❹）	・児童特性シート ・自立支援計画 ・事業報告書 ・PT 会議録
④	利用者やその関係者（家族・親族、友人等）への権利擁護活動とその評価	(7) クライエント及び多様な人々の権利擁護並びにエンパワメントを含む実践を行い、評価することができる	・社会福祉士の倫理綱領を読む ・法人 HP 閲覧（苦情処理・第三者評価結果）する	・CL の意見表明やアドボケイトについての法人としての取り組みや支援内容について報告を受ける（④の場❶） ・苦情解決システム、第三者評価の概要について説明を受ける（④の場❷） ・日常場面において、職員のエンパワメントの視点に基づいた CL への支援実践を観察する（④の SWr ❷）	・ホーム運営会議に同席し、CL の意見表明やアドボケイト・意見調整を職員がどのように実践しているか観察する（④の SWr ❶） ・CL へのエンパワメントの視点に基づいた支援について過去事例を基に考察し、実習日誌に記載する（④の実❶） ・考察した内容を SWr とのロールプレイを通して実践する（④の実❷）	・ホーム運営会議録 ・第三者評価結果表 ・意見箱 ・ケアガイドライン
⑤	多職種連携及びチームアプローチの実践的理解	(8) 実習施設・機関等の各職種の機能と役割を説明することができる (9) 実習施設・機関等と関係する社会資源の機能と役割を説明することができる (10) 地域住民、関係者、関係機関等と連携・協働することができる	・法人 HP 閲覧する ・多職種連携に関するテキストを読み事前理解を行う	・各職種の機能と役割、PT・各種会議の機能と役割について説明を受ける（⑤の場❶） ・法人内における各職種の連携や協働の実践について説明を受ける（⑤の場❷） ・法人と地域社会資源との連携や協働の実践について説明を受ける（⑤の場❸）	・各種会議・PT・アセスメントに参加し、多職種連携によるチームアプローチ・合意形成に向けた実践及びそこでの SWr の役割を観察する（⑤の SWr ❶） ・地域支援事業に同行し、各種関係機関の役割を観察した上で、SWr の関係機関との連携の実際を観察する（⑤の SWr ❷） ・各種 PT・会議・ケース検討会に参加し、考察した自分の意見を実習指導者との振り返りの場で伝える（⑤の実❶）	・法人 HP ・PT 会議録

		(11) 各種会議を企画・運営することができる				
⑥	当該実習先が地域社会の中で果たす役割の理解及び具体的な地域社会への働きかけ	(12) 地域社会における実習施設・機関等の役割を説明することができる (13) 地域住民や団体、施設、機関等に働きかけることができる	・法人HP閲覧（地域支援事業）する	・事業報告書を閲覧し、法人の役割について説明を受ける（⑥の場❶） ・法人が取り組んでいる地域支援事業の概要ならびに活動の理念について説明を受ける（法人による地域支援）（⑥の場❷） ・法人のCLと地域とのつながりについて説明を受ける（利用者への支援）（⑥の場❸）	・法人内のSW会議に参加し、法人の地域支援事業においてSWrが行っている実践内容について説明を受ける（⑥のSWr❶） ・SWrの実際の活動を観察するため、みんなの食堂や学習支援事業・子育て支援センターの訪問に同行する。また、そこでのSWrとCLとのかかわりを観察し、実際の援助の説明を受ける（⑥のSWr❷）	・事業報告書 ・SW会議録 ・法人HP
⑦	地域における分野横断的・業種横断的な関係形成と社会資源の活用・調整・開発に関する理解	(14) 地域における分野横断的・業種横断的な社会資源について説明し、問題解決への活用や新たな開発を検討することができる	・法人HP閲覧（法人の歴史）する ・パンフレット・法人HPから法人立ち上げの経緯を理解する	・法人の成り立ちからみる社会資源との関係形成のあり方について、当法人の基本方針の観点を基に説明を受ける（⑦の場❶） ・入所児の生活状況や法人の取り組む事業内容を踏まえて、社会資源の活用・開発の必要性について説明を受ける（⑦の場❷）	・児相連絡会、各学校連絡会、行政との連絡会、医療機関との連携のなかでのSWrの役割について説明する（⑦のSWr❶） ・法人の連携している社会資源を整理し、リストにまとめる（⑦の実❶）	・法人HP ・自立支援計画
⑧	施設・事業者・機関・団体等の経営やサービスの管理運営の実際（チームマネジメントや人材管理の理解を含む）	(15) 実習施設・機関等の経営理念や戦略を分析に基づいて説明することができる (16) 実習施設・機関等の法的根拠、財政、運営方法等を説明することができる	・児童養護施設の財源について理解する ・児童福祉法や社会的養護を取り巻く制度について調べる	・法人の財務について説明を受ける（⑧の場❶） ・法人の事業計画書・報告書を閲覧する（⑧の場❷） ・児童福祉法や同法改正に基づく社会的養護を取り巻く制度の変化とそれに伴う現場の状況について説明を受ける（⑧の場❸） ・児童養護施設、地域支援事業におけるSWrの役割、位置づけについて財務の観点から説明を受ける（⑧のSWr❸）	・法人の作成した事業継続計画（以下、BCP）を閲覧する（⑧の場❹） ・各種会議、PTの役割と会議の進行過程について説明を受ける（⑧の場❺） ・BCPの現場での実践においてSWrの役割について説明を受ける（⑧のSWr❹）	・厚労省HP資料 ・事業計画書・報告書 ・新しい社会的養育ビジョン資料 ・施設BCP
⑨	社会福祉士としての職業倫理と組織の一員としての役割と責任の理解	(17) 実習施設・機関等における社会福祉士の倫理に基づいた実践及びジレンマの解決を適切に行うことができる (18) 実習施設・機関等の規則等について説明することができる	・社会福祉士の倫理綱領を理解する ・事前オリエンテーションを受ける	・法人の就業規則等の規則について閲覧し、説明を受ける（⑨の場❶） ・法人の個人情報保護のための取り組みについて説明を受ける（⑨の場❷） ・児童養護施設における社会福祉士としての倫理についてSWrより説明を受ける（⑨のSWr❷）	・会議、PT、アセスメント会議、日常場面におけるSWrのチームアプローチ場面・問題解決過程を観察する（⑨のSWr❶） ・SWrの実践における倫理的ジレンマが生じた場面についてSWrへヒアリングを行い、実習記録へ記載する（⑨の実❶） ・会議、PT、アセスメント会議、日常生活場面に参加し、チームアプローチや問題解決過程におけるSWrの倫理判断に基づく行為を発見し、実習記録へ記載する（⑨の実❷）	・実習のしおり ・社会福祉士の倫理綱領 ・PT会議録
⑩ 1	アウトリーチ	(19) 以下の技術について目的、方法、留意点について説明することができる ・アウトリーチ ・ネットワーキング ・コーディネーション ・ネゴシエーション ・ファシリテーション ・プレゼンテーション ・ソーシャルアクション	・用語について調べる ・法人HP閲覧（法人地域支援事業）する	・法人が取り組んでいる地域支援事業の概要ならびに活動の理念について説明を受ける（法人による地域支援）（⑩-1の場❶）	・アウトリーチ実践現場であるみんなの食堂や学習支援事業に同行しSWrの実際の活動を観察する。また、SWrと参加者とのかかわりについて説明を受ける（⑩-1のSWr❶）	・法人HP ・PT会議録
2	ネットワーキング			・法人基本方針を基にネットワーク構築の必要性について説明を受ける（⑩-2の場❶）	・地域支援事業、児相、学校、行政、医療との連携におけるSWrのネットワーク構築への取り組みを説明する（⑩-2のSWr❶）	・PT会議録
3	コーディネーション			・各種会議、PTにおけるコーディネーションの必要性について説明を受ける（⑩-3の場❶）	・各種会議、PTにおいてSWrのコーディネーション場面を観察する（⑩-3のSWr❶） ・各種会議、PTにおけるSWrの観察を踏まえて、SWrのコーディネーション場面の必要性、留意点を考察し、実習記録に記載する（⑩-3の実❶）	
4	ネゴシエーション			・各種会議、PTにおけるネゴシエーションの必要性について説明を受ける（⑩-4の場❶）	・各種会議、PTにおいてSWrのネゴシエーション場面を観察する（⑩-4のSWr❶） ・各種会議、PTにおけるSWrの観察を踏まえて、SWrのネゴシエーション場面の必要性、留意点を考察し、実習記録に記載する（⑩-4の実❶）	
5	ファシリテーション			・各種会議、PTにおけるファシリテーションの必要性について説明を受ける（⑩-5の場❶）	・各種会議、PTにおいてSWrのファシリテーション場面を観察する（⑩-5のSWr❶） ・各種会議、PTにおけるSWrの観察を踏まえて、SWrのファシリテーション場面の必要性、留意点を考察し、実習記録に記載する（⑩-5の実❶）	
6	プレゼンテーション			・各種会議、PTにおけるプレゼンテーションの必要性について説明を受ける（⑩-6の場❶）	・各種会議、PTにおけるSWrの観察を踏まえて、SWrのプレゼンテーション場面の必要性、留意点を考察し、実習記録に記載する（⑩-6の実❶） ・各種会議、PTにおいてSWrのプレゼンテーション場面を観察する（⑩-6のSWr❶） ・実習報告会でのプレゼンテーションに向けた資料を作成する（⑩-6の実❷）	
7	ソーシャルアクション			・法人の成り立ちから事業運営におけるソーシャルアクション実践について説明を受ける（⑩-7の場❶）	・過去事例（法人立ち上げの背景から立ち上げに至る活動等）を用いSWrのソーシャルアクションにおける役割と展開過程の説明を受ける（⑩-7のSWr❶）	

※前半（概ね1週目）、後半（概ね2週目）の期間に関する表記は集中実習の場合のイメージであり、通年での実習や一定期間に分散して実習する場合には実習形態に適した期間を設定した上で使用する

ソーシャルワーク実習　個別実習プログラム（2回目60時間用）

実習基本情報							
実習施設名：児童養護施設○○	実習指導者氏名：○○		実習期間：○年○月○日（○）～○年○月○日（○）		他の実習施設	名称：○○	
養成校：○○	実習生氏名：○○	学年：○年生	実習回数：2カ所目（全○カ所）	実習時間数：60時間		期間：○年○月○日（○）～○年○月○日（○）	

	ソーシャルワーク実習教育に含むべき事項（国通知）	達成目標（評価ガイドライン）※各達成目標の具体例は行動目標を参照	当該実習施設における実習の実施方法及び展開　事前学習・事前訪問	具体的実習内容　前半（概ね1週目）※	具体的実習内容　後半（概ね2週目）※	活用する資料・参照物
①	利用者やその関係者（家族・親族、友人等）、施設・事業者・機関・団体、住民やボランティア等との基本的なコミュニケーションや円滑な人間関係の形成	(1) クライエント等と人間関係を形成するための基本的なコミュニケーションをとることができる	・法人HP閲覧する ・コミュニケーション技法を確認する ・バイステックの7原則を確認する	・職員やクライエント（以下、CL）、地域住民の特性及びその人々とのかかわりの必要性について説明を受ける（①の場❶） ・法人HP内の日記を閲覧し、CLの日々の生活や法人の取り組みについて説明を受ける。また、それらについてHPでどのように発信しているか説明を受ける（①の場❷） ・職員のCLとのかかわりにおける言語コミュニケーション・非言語コミュニケーションの使い分けを観察し、実習記録に記載する（①のSWr❷） ・HP作成マニュアルを閲覧し、HP更新時の留意点の説明を受ける（①のSWr❸） ・職員やCLとかかわる場において挨拶や自己紹介を実践する（①の実❶）	・会議、プロジェクトチーム（以下、PT）、カンファレンスに参加し、SWrを観察し、実習記録に記載する（①のSWr❶） ・言語コミュニケーション・非言語的コミュニケーションを用いたCLへのかかわりをSWrとのロールプレイを通して実践する（①の実❷） ・言語コミュニケーション・非言語的コミュニケーションを用いたCLへのかかわりを実践する（①の発❶） ・会議、PT、カンファレンスにおいて自分の考えを説明する（①の発❷）	・PT資料、CSP資料 ・HP作成マニュアル ・ケアガイドライン
②	利用者やその関係者（家族・親族、友人等）との援助関係の形成	(2) クライエント等との援助関係を形成することができる	・児童養護施設の機能と役割を調べる ・児童指導員の仕事を調べる	・児童養護施設に入所するCLや家族の特性、傾向について説明を受ける（②の場❶） ・職員とCLや家族との関係構築の必要性、施設全体で取り組んでいるコモンセンスペアレンティング（以下、CSP）について説明を受ける（②の場❷） ・日常場面における職員とCLの生活場面面接を観察し、実習記録に記載する（②のSWr❷） ・CSPを用いたCLとのかかわりを観察し、実習記録に記載する。（②のSWr❸）	・CLの特性や入所背景に基づいたSWrのアセスメントの視点について説明を受ける（②のSWr❶） ・言語コミュニケーション・非言語的コミュニケーションやCSPを用いたCLとのかかわりをSWrとのロールプレイを通して実践する（②の実❶） ・職員のCLとの問題解決に向けたかかわりの場面を観察もしくは状況説明を受け、今後の援助過程について検討・報告し、職員より指導を受ける（②の実❷） ・（①の発❶）の実習内容と共通（②の発❶） ・自身のCLへのかかわりの実践において、特性や課題の異なるCLへのかかわり方の違いを説明する（②の発❷）	・CSP資料 ・自立支援計画
③	利用者や地域の状況を理解し、その生活上の課題（ニーズ）の把握、支援計画の作成と実施及び評価	(3) クライエント、グループ、地域住民等のアセスメントを実施し、ニーズを明確にすることができる (4) 地域アセスメントを実施し、地域の課題や問題解決に向けた目標を設定することができる (5) 各種計画の様式を使用して計画を作成・策定及び実施することができる (6) 各種計画の実施をモニタリング及び評価することができる	・アセスメントに関するテキストを読み理解する ・発達障害に関するテキストを読み理解する	・各ホームにおいて児童特性シートを閲覧し、CLの特性や課題について説明を受ける（③の場❶） ・法人の策定している自立支援計画においてホーム・各種PTの参画過程から、アセスメント会議による立案から評価に至るまでの展開過程について説明を受ける（③の場❷） ・事業報告書を閲覧し、法人の役割について説明を受ける（③の場❸） ・法人が取り組んでいる地域支援事業の概要ならびに活動の理念について説明を受ける（法人による地域支援）（③の場❹）	・CLの入所前から現在に至るまでの成育歴とCLを取り巻く環境に基づいたSWrのアセスメントの視点について説明を受ける（③のSWr❶） ・アセスメント会議に参加し、自立支援計画策定や見直しの展開過程を観察する。また、その場におけるSWrの役割を観察する（③のSWr❷） ・法人内のSW会議に参加し、法人の地域支援事業における地域ニーズについてSWrより説明を受ける（③のSWr❸） ・みんなの食堂や学習支援事業・子育て支援センターの訪問に同行する（③のSWr❹） ・地域支援事業の同行を通し地域支援におけるニーズを考察し、実習日誌に記載する（③の実❸） ・地域支援におけるCLの課題や問題解決に向けた目標（地域アセスメント）を考察し、実習日誌に記載する（③の実❹） ・地域支援におけるニーズや、CLのアセスメントについて実習指導者との報告会にて報告し、実習指導者より評価を受ける（③の発❹）	・児童特性シート ・自立支援計画 ・事業報告書 ・PT会議録
④	利用者やその関係者（家族・親族、友人等）への権利擁護活動とその評価	(7) クライエント及び多様な人々の権利擁護並びにエンパワメントを含む実践を行い、評価することができる	・社会福祉士の倫理綱領を読む ・法人HP閲覧（苦情処理・第三者評価結果）する	・CLの意見表明やアドボケイトについての法人としての取り組みや支援内容について報告を受ける（④の場❶） ・苦情解決システム、第三者評価の概要について説明を受ける（④の場❷） ・日常場面において、職員のエンパワメントの視点に基づいたCLへの支援実践を観察する（④のSWr❷） ・ホーム運営会議に同席し、CLの意見表明やアドボケイト・意見調整を職員がどのように実践しているか観察する（④のSWr❶）	・CLへのエンパワメントの視点に基づいた支援について過去事例を基に考察し、実習日誌に記載する（④の実❶） ・考察した内容をSWrとのロールプレイを通して実践する（④の実❷） ・CLへのエンパワメントの視点に基づいた支援を実践する（④の発❶） ・模擬ホーム会議を通して、CLの意見表明やアドボケイト・意見調整を実践する（④の発❷）	・ホーム運営会議録 ・第三者評価結果表 ・意見箱 ・ケアガイドライン
	多職種連携及びチームアプローチの実践的理解	(8) 実習施設・機関等の各職種の機能と役割を説明することができる (9) 実習施設・機関等と	・法人HP閲覧する ・多職種連携に関するテキストを読み事前理解を行う	・各職種の機能と役割、PT・各種会議の機能と役割について説明を受ける（⑤の場❶） ・法人内における各職種の連携や協働の実践について説明を受ける（⑤の場❷） ・法人と地域社会資源との連携や協働の実践について説明を受ける（⑤の場❸） ・各種会議・PT・アセスメントに参加し、多職種連携によるチームアプローチ・	・地域支援事業に同行し、各種関係機関の役割を観察した上で、SWrの関係機関との連携の実際を観察する（⑤のSWr❷） ・各種PT・会議・ケース検討会に参画し、会議録を作成し、実習指導者へ報告する（⑤の実❷） ・各種PT・会議・ケース検討会に参画し、意見を求められた際には自分の意見	・法人HP ・PT会議録

⑤		関係する社会資源の機能と役割を説明することができる		合意形成に向けた実践及びそこでの SWr の役割を観察する（⑤の SWr ❶） ・各種 PT・会議・ケース検討会に参加し、考察した自分の意見を実習指導者との振り返りの場で伝える（⑤の実❶）	を発表する（⑤の発❶）	
		(10) 地域住民、関係者、関係機関等と連携・協働することができる				
		(11) 各種会議を企画・運営することができる				
⑥	当該実習先が地域社会の中で果たす役割の理解及び具体的な地域社会への働きかけ	(12) 地域社会における実習施設・機関等の役割を説明することができる	・法人 HP 閲覧（地域支援事業）する	・事業報告書を閲覧し、法人の役割について説明を受ける（⑥の場❶） ・法人が取り組んでいる地域支援事業の概要ならびに活動の理念について説明を受ける（法人による地域支援）（⑥の場❷） ・法人の CL と地域とのつながりについて説明を受ける（利用者への支援）（⑥の場❸） ・法人内の SW 会議に参加し、法人の地域支援事業において SWr が行っている実践内容について説明を受ける（⑥の SWr ❶）	・SWr の実際の活動を観察するため、みんなの食堂や学習支援事業・子育て支援センターの訪問に同行する。また、そこでの SWr と CL とのかかわりを観察し、実際の援助の説明を受ける（⑥の SWr ❷） ・地域支援事業の説明や同行から地域支援におけるニーズを実習指導者との検討会にて考察する（⑥の実❶） ・実習指導者とのロールプレイで地域における CL への援助場面を実践する（⑥の実❷） ・実習指導者（＝行政職員・教員・法人が連携をしている地域支援従事者等の役を担う）とのロールプレイを通して地域支援の問題解決に向けた関係構築過程を実践する（⑥の実❸）	・事業報告書 ・SW 会議録 ・法人 HP
		(13) 地域住民や団体、施設、機関等に働きかけることができる				
⑦	地域における分野横断的・業種横断的な関係形成と社会資源の活用・調整・開発に関する理解	(14) 地域における分野横断的・業種横断的な社会資源について説明し、問題解決への活用や新たな開発を検討することができる	・法人 HP 閲覧（法人の歴史）する ・パンフレット・法人 HP から法人立ち上げの経緯を理解する	・法人の成り立ちからみる社会資源との関係形成のあり方について、当法人の基本方針の観点を基に説明を受ける（⑦の場❶） ・入所児の生活状況や法人の取り組む事業内容を踏まえて、社会資源の活用・開発の必要性について説明を受ける（⑦の場❷）	・児相連絡会、各学校連絡会、行政との連絡会、医療機関との連携のなかでの SWr の役割について説明する（⑦の SWr ❶） ・法人の連携している社会資源を整理し、リストにまとめる（⑦の実❶） ・自立支援計画作成時、支援内容における社会資源の活用について考察し、自立支援計画に記載する（⑦の実❷） ・過去事例や自立支援計画作成過程から新たな社会資源の開発について考察し、実習記録や自立支援計画に記載する（⑦の実❸） ・法人の連携している社会資源とその内容について実習報告会にて説明する（⑦の発❶）	・法人 HP ・自立支援計画
⑧	施設・事業者・機関・団体等の経営やサービスの管理運営の実際（チームマネジメントや人材管理の理解を含む）	(15) 実習施設・機関等の経営理念や戦略を分析に基づいて説明することができる	・児童養護施設の財源について理解する ・児童福祉法や社会的養護を取り巻く制度について調べる	・法人の財務について説明を受ける（⑧の場❶） ・法人の事業計画書・報告書を閲覧する（⑧の場❷） ・児童福祉法や同法改正に基づく社会的養護を取り巻く制度の変化とそれに伴う現場の状況について説明を受ける（⑧の場❸） ・各種会議、PT の役割と会議の進行過程について説明を受ける（⑧の場❺） ・児童養護施設、地域支援事業における SWr の役割、位置づけについて財務の観点から説明を受ける（⑧の SWr ❸）	・法人の作成した事業継続計画（以下、BCP）を閲覧する（⑧の場❹） ・BCP の現場での実践において SWr の役割について説明を受ける（⑧の SWr ❹） ・児童養護施設におけるチームマネジメントの必要性を踏まえ、法人でのチームマネジメントのための SWr の実践について説明を受ける（⑧の SWr ❶） ・社会的養護を取り巻く制度を基に SWr の実践について説明を受ける（⑧の SWr ❷） ・児童養護施設におけるチームマネジメントの必要性について考察し、実習記録に記載する（⑧の実❶） ・社会的養護を取り巻く制度について理解し、児童養護施設の今後の在り方や SWr が担う実践について考察し、実習記録に記載する（⑧の実❷）	・厚労省 HP 資料 ・事業計画書・報告書 ・新しい社会的養育ビジョン資料 ・施設 BCP
		(16) 実習施設・機関等の法的根拠、財政、運営方法等を説明することができる				
⑨	社会福祉士としての職業倫理と組織の一員としての役割と責任の理解	(17) 実習施設・機関等における社会福祉士の倫理に基づいた実践及びジレンマの解決を適切に行うことができる	・社会福祉士の倫理綱領を理解する ・事前オリエンテーションを受ける	・法人の就業規則等の規則について閲覧し、説明を受ける（⑨の場❶） ・法人の個人情報保護のための取り組みについて説明を受ける（⑨の場❷） ・児童養護施設における社会福祉士としての倫理について SWr より説明を受ける（⑨の SWr ❷）	・会議、PT、アセスメント会議、日常場面における SWr のチームアプローチ場面・問題解決過程を観察する（⑨の SWr ❶） ・SWr の実践における倫理的ジレンマが生じた場面について SWr へヒアリングを行い、実習記録へ記載する（⑨の実❶） ・会議、PT、アセスメント会議、日常生活場面に参加し、チームアプローチや問題解決過程における SWr の倫理判断に基づく行為を発見し、実習記録へ記載する（⑨の実❷）	・実習のしおり ・社会福祉士の倫理綱領 ・PT 会議録
		(18) 実習施設・機関等の規則等について説明することができる				
1	アウトリーチ	(19) 以下の技術について目的、方法、留意点について説明することができる ・アウトリーチ ・ネットワーキング ・コーディネーション ・ネゴシエーション ・ファシリテーション ・プレゼンテーション ・ソーシャルアクション	・用語について調べる ・法人 HP 閲覧（法人地域支援事業）する	・法人が取り組んでいる地域支援事業の概要ならびに活動の理念について説明を受ける（法人による地域支援）（⑩-1 の場❶）	・アウトリーチ実践現場であるみんなの食堂や学習支援事業に同行し SWr の実際の活動を観察する。また、SWr と参加者とのかかわりについて説明を受ける（⑩-1 の SWr ❶） ・法人のアウトリーチ実践における目的や方法を整理し、実習記録に記載する（⑩-1 の実❶） ・地域支援事業における過去事例を基にアウトリーチ実践の場で生じる問題や困難について考察し、実習記録に記載する（⑩-1 の実❷） ・過去事例を基に考察したアウトリーチ実践について実習指導者とのロールプレイを通して援助過程を実践する（⑩-1 の発❶）	・法人 HP ・PT 会議録
2	ネットワーキング			・法人基本方針を基にネットワーク構築の必要性について説明を受ける（⑩-2 の場❶）	・地域支援事業、児相、学校、行政、医療との連携における SWr のネットワーク構築への取り組みを説明する（⑩-2 の SWr ❶） ・他機関とのネットワーク構築の展開過程におけるそれぞれの機関の役割を明	・PT 会議録

						確にし、法人の立場について考察し、実習記録に記載する（⑩-2の実❶）	
⑩	3	コーディネーション			・各種会議、PTにおけるコーディネーションの必要性について説明を受ける（⑩-3の場❶） ・各種会議、PTにおいてSWrのコーディネーション場面を観察する（⑩-3のSWr❶）	・各種会議、PTにおけるSWrの観察を踏まえて、SWrのコーディネーション場面の必要性、留意点を考察し、実習記録に記載する（⑩-3の実❶）	
	4	ネゴシエーション			・各種会議、PTにおけるネゴシエーションの必要性について説明を受ける（⑩-4の場❶） ・各種会議、PTにおいてSWrのネゴシエーション場面を観察する（⑩-4のSWr❶）	・各種会議、PTにおけるSWrの観察を踏まえて、SWrのネゴシエーション場面の必要性、留意点を考察し、実習記録に記載する（⑩-4の実❶） ・模擬ホーム会議の実施までの過程でネゴシエーションを実践する（⑩-4の発❶） ・実習指導者との振り返りの場で実践したネゴシエーションについて説明する（⑩-4の発❷）	
	5	ファシリテーション			・各種会議、PTにおけるファシリテーションの必要性について説明を受ける（⑩-5の場❶） ・各種会議、PTにおいてSWrのファシリテーション場面を観察する（⑩-5のSWr❶）	・各種会議、PTにおけるSWrの観察を踏まえて、SWrのファシリテーション場面の必要性、留意点を考察し、実習記録に記載する（⑩-5の実❶） ・実習指導者との振り返りの場や実習報告会の実施においてファシリテーターを担当する（⑩-5の発❶） ・（⑩-3の発❷）の実習内容と共通（⑩-5の発❷）	
	6	プレゼンテーション			・各種会議、PTにおけるプレゼンテーションの必要性について説明を受ける（⑩-6の場❶） ・各種会議、PTにおいてSWrのプレゼンテーション場面を観察する（⑩-6のSWr❶）	・各種会議、PTにおけるSWrの観察を踏まえて、SWrのプレゼンテーション場面の必要性、留意点を考察し、実習記録に記載する（⑩-6の実❶） ・実習報告会でのプレゼンテーションに向けた資料を作成する（⑩-6の実❷）	
	7	ソーシャルアクション			・法人の成り立ちから事業運営におけるソーシャルアクション実践について説明を受ける（⑩-7の場❶） ・過去事例（法人立ち上げの背景から立ち上げに至る活動等）を用いSWrのソーシャルアクションにおける役割と展開過程の説明を受ける（⑩-7のSWr❶）	・過去事例や現制度から求められる社会変革や法人の取り組みについて整理し、実習記録に記載する（⑩-7の実❶） ・社会的養護分野におけるニーズを阻害する制度や現状を整理する。また、ソーシャルアクションに向けた展開過程について考察し、実習記録に記載する（⑩-7の実❷）	

※前半（概ね1週目）、後半（概ね2週目）の期間に関する表記は集中実習の場合のイメージであり、通年での実習や一定期間に分散して実習する場合には実習形態に適した期間を設定した上で使用する

ソーシャルワーク実習　基本実習プログラム

実習施設名：障がい福祉サービス事業所○○	作成メンバー：○○・○○	作成日：○年○月○日

ソーシャルワーク実習教育に含むべき事項（国通知）		達成目標（評価ガイドライン）※各達成目標の具体例は行動目標を参照	当該実習施設における実習の実施方法及び展開					
			学生に求める事前学習	具体的実習内容				指導上の留意点
				SW 実践の場の理解に関する内容	SWr の理解に関する内容	SW 実践の理解に関する内容	SW 実践の理解に関する内容（発展的）	活用する資料・参照物
①	利用者やその関係者（家族・親族、友人等）、施設・事業者・機関・団体、住民やボランティア等との基本的なコミュニケーションや円滑な人間関係の形成	(1) クライエント等と人間関係を形成するための基本的なコミュニケーションをとることができる	・施設 HP 閲覧 ・障がい特性（知的障害、発達障害）について調べる	❶施設の成り立ちやどのような人たちを対象としている施設なのか、説明を受ける ❷施設が提供するサービスについて説明を受ける ❸利用者と日常会話をし、話を聞く ❹利用者が取り組む作業（椎茸栽培、下請け作業等）の手順の説明を受ける	❶職員が利用者と会話している様子を観察する ❷職員が利用者とジェスチャー等の非言語コミュニケーションを用いてかかわっている様子を観察する ❸職員が作業準備や利用者への作業提供、手順の説明をしている様子を観察する	❶朝のミーティングで職員、利用者に自己紹介をする ❷利用者や保護者、施設職員、関係機関、ボランティア、地域住民等に自ら挨拶、自己紹介をする ❸利用者との会話を展開させるために、自ら質問をする等、話題を提供する ❹職員からの説明を聞いた上で、利用者と一緒に作業に取り組む ❺利用者に作業手順の説明をする ❻実習指導者に 1 日の出来事を報告する ❼フロア会議で、その日の利用者の様子を他の職員に報告する	❶相手の話の意図をくみ取り、気持ちを想像しながら会話をする ❷必要に応じて、時と場所を考慮して、職員に相談をする	・実習生も施設職員の一員であることを伝える ・実習の初期段階は、実習生の特性に応じて利用者とのかかわり場面を実習指導者がサポートをする --- ・施設パンフレット ・保護者懇談会資料 ・施設利用マニュアル ・施設実習要綱
②	利用者やその関係者（家族・親族、友人等）との援助関係の形成	(2) クライエント等との援助関係を形成することができる	・マイクロカウンセリングの技法について調べる ・バイステックの 7 原則を確認する ・傾聴の姿勢について調べる ・障害特性（知的障害、発達障害）について調べる	❶生活場面面接と構造化面接の特徴と、施設での日常的な職員と利用者との会話の目的について説明を受ける	❶マイクロカウンセリングの技法について事前学習の内容を報告する ❷バイスティックの 7 原則について事前学習の内容を報告する ❸職員による利用者との面接を観察する ❹（①の SWr❷）の実習内容と共通 ❺職員が利用者と生活場面面接や構造化面接を行なっている様子や利用者とかかわっている様子を観察して、マイクロカウンセリングの技法に基づく言動を実習記録に記す ❻ケース研究対象の利用者（以下、対象者）に同意を得るために実習指導者が説明をしている場面に同席し、観察する	❶利用者との面接を展開させるために、自ら質問をする等、話題を提供する ❷かかわり技法（視線、表情等）を用い、意図を持って利用者と話をする ❸基本的傾聴技法（言い換え、閉ざされた質問、開かれた質問等）を用い、意図を持って利用者と話をする ❹利用者の非言語の表出を観察し、その意味を考える	❶積極技法（助言、情報提供、説明、論理的帰結等）を用い利用者とかかわる ❷実習生自身の対象者とのかかわりを、バイスティックの 7 原則を基に自己評価し、自己理解を深める	・実習生が職員の様子を観察することで利用者が不快な思いをしないよう配慮する ・技法について実習生の理解度を確認しながら指導をする --- ・ケース記録
③	利用者や地域の状況を理解し、その生活上の課題（ニーズ）の把握、支援計画の作成と実施及び評価	(3) クライエント、グループ、地域住民等のアセスメントを実施し、ニーズを明確にすることができる --- (4) 地域アセスメントを実施し、地域の課題や問題解決に向けた目標を設定することができる --- (5) 各種計画の様式を使用して計画を作成・策定及び実施することができる --- (6) 各種計画の実施をモニタリング及び評価することができる	・アセスメントからモニタリングまでのプロセスを確認する ・障害者総合支援法の概要を確認する ・サービス管理責任者の役割、資格要件について調べる ・グループダイナミクスについて調べる	❶サービス管理責任者の役割等について、事前学習の内容を実習指導者に報告する ❷障害者総合支援法について説明を受ける（サービス管理責任者の役割・障害支援区分とサービス・職員配置等） ❸（②の場❶）の実習内容と共通	❶サービス管理責任者から個別支援計画立案の留意点について説明を受ける ❷アセスメントからモニタリング及び評価までのプロセスについて事前学習の内容を報告する ❸ケース記録等、過去の資料を閲覧する ❹（②の SWr❸）の実習内容と共通 ❺（①の SWr❷）の実習内容と共通 ❻個別支援計画作成の担当者会議に同席し、参加者の役割を観察し、個別支援計画作成のプロセスを踏まえ、施設指定の会議録を作成する	❶対象者について、施設内での様子や交友関係等を職員から聞き取る ❷利用者とアセスメント面接を実施する ❸アセスメント面接のプロレスレコードを作成する ❹収集した情報を基にエコマップ、ジェノグラム等を作成する ❺対象者の障害支援区分認定にかかわる調査項目への記入を行う ❻公共交通機関や社会資源等を把握するために周辺のフィールドワークを行う ❼アセスメント結果から利用者のニーズとストレングスを考え、実習指導者に報告する ❽個別支援計画を作成し、担当者会議を実施する ❾個別支援計画の実施について他の職員に説明し、必要に応じて支援者会議等で協力を求める ❿個別支援計画の実施に向けて環境や物など必要な準備を整える ⓫個別支援計画を実施する ⓬モニタリング及び評価を行う ⓭施設職員にケース研究報告を行う	❶対象者に合った面接方法を探すために複数回アセスメント面接を実施する ❷収集した情報をアセスメント 16 項目に基づいて整理し、分析する ❸モニタリング内容を踏まえ、個別支援計画を修正し、再び実施、評価をする	・対象者の選定は実習生と利用者の特性を考慮した上で行う ・対象者について他職員へ聞き取りを行う場合は、伝える内容に配慮し、実習生が自ら考えられるようにする ・エコマップ、ジェノグラム等の資料作成は実習生の特性や進捗に合わせて行う --- ・ケース記録 ・フェイスシート ・アセスメントシート ・個別支援計画 ・モニタリング表 ・障害支援区分認定調査項目 ・個別支援計画作成時の会議録

④	利用者やその関係者（家族・親族、友人等）への権利擁護活動とその評価	(7) クライエント及び多様な人々の権利擁護並びにエンパワメントを含む実践を行い、評価することができる	・社会福祉士の倫理綱領、日本知的障害者福祉協会の倫理綱領及び行動規範を読む ・障害者権利条約、障害者虐待防止法、障害者差別解消法の概要を調べる ・合理的配慮、ノーマライゼーション、アドボカシーの意味を調べる	❶障害者虐待防止法、障害者差別解消法について、事前学習の内容を実習指導者に報告する ❷人権侵害ゼロへの誓いについて説明を受ける ❸施設で取り組んでいる合理的配慮について説明を受ける（発送文書の振り仮名、写真やイラストの活用等） ❹施設での権利擁護の取り組み事例の説明を受ける ❺虐待防止委員会の設置義務や、委員会の取り組みについて説明を受ける ❻知的障害者への理解を促進するための取り組みについて説明を受ける（施設外作業、館外活動、社会福祉士養成校での講義等）	❶職員の利用者とのかかわりから権利擁護に基づく行動を実習記録に記す ❷自己決定の支援プロセス（意思形成支援、意思表出支援）について説明を受ける ❸施設内で日常的に行っている、職員が利用者の自己決定の支援をしている場面を観察し、実習記録に記す ❹虐待防止委員会に同席し、そこで委員会メンバーが何を話し合っているのか観察し、内容を実習記録に記す ❺利用者との施設外作業や館外活動の引率職員の役割を観察し、留意点を考え、実習記録に記す	❶対象者のアセスメント結果からストレングスを考え、実習指導者に報告する ❷利用者に合った合理的配慮を考え、実習指導者に報告する ❸利用者と権利擁護を意識したかかわりをする（言葉遣い等） ❹施設内で日常的に行っている利用者の自己決定支援を行い、実習記録に記す ❺虐待防止委員会に参加し、そのときの議題について、自分の意見を述べる ❻施設外作業や館外活動に参加し、知的障害者への理解促進を意識した行動を実践し、実習指導者に報告する	❶実習生自身で考えた合理的配慮の取り組みを実施する ❷施設内で利用者に権利侵害が生じていると思うことについて実習指導者に報告し、実習指導者と一緒に改善策を検討する ❸利用者が自己決定する場面において、より自己決定しやすくなるよう工夫して支援し、実習指導者と評価を行う ❹虐待防止にかかわる研修を企画して実習指導者に報告する ❺施設の実践の評価や、知的障害者の理解を促進させる取り組みを考え、実習記録に記し、実習指導者に報告する	・職員と利用者の家族が会話をしている場面に実習生が同席することの同意を得る ・実習生が施設の課題等を考察する際、施設批判のみにならないよう、実習指導者も一緒に考え、実習生に伝える ・法人の虐待防止規定 ・施設の行動規範 ・人権侵害ゼロへの誓い ・研修企画書 ・個別支援計画
⑤	多職種連携及びチームアプローチの実践的理解	(8) 実習施設・機関等の各職種の機能と役割を説明することができる (9) 実習施設・機関等と関係する社会資源の機能と役割を説明することができる (10) 地域住民、関係者、関係機関等と連携・協働することができる (11) 各種会議を企画・運営することができる	・障害者総合支援法の概要（障害支援区分、サービスの支給決定、療育手帳）を調べる ・関係機関（相談支援事業所、移動支援事業所、GH、SS等）や関係職種（サービス管理責任者、相談支援専門員等）について調べる	❶施設の委員会等の役割分担表を見て、説明を受ける ❷施設内の各職種について説明を受ける（施設長、サービス管理責任者、フロアチーフ、栄養士、目標工賃達成職員、作業補助職員等） ❸障害者総合支援法についての事前学習の内容を報告する ❹関係機関（嘱託医、相談支援事業所、移動支援事業所等）について、事前学習の内容を実習指導者に報告し、役割や連携について説明を受ける ❺法人内のGHやSSの世話人から業務内容の説明を受ける	❶実習指導者と他の職員が情報共有している場面を観察する ❷各職員が担う役割について、業務等を職員に聞き取り、実習記録に記す ❸フロア会議や職員会議等に同席し、そこでの実習指導者の役割を観察し、実習記録に記す ❹支援者会議やフロア会議に同席し、職員の役割を観察し、実習記録に記す ❺関係機関や家族との電話連絡の場面に同席し、職員が何に配慮して電話をしているかを観察し、実習記録に記す ❻（③のSWr❻）の実習内容と共通	❶（③の実❶）の実習内容と共通 ❷職員に利用者の様子や作業の進捗等を報告する ❸チームの一員として、職員から利用者支援について意見を求められたときに、自分の意見を伝える ❹（③の実❾）の実習内容と共通 ❺実習生自身で職場の情報共有メールを作成し、送る ❻支援者会議やフロア会議に参加し、会議録を作成し、実習指導者に報告する	❶実習指導者や他の職員への報告方法やタイミングが適切であったか、実習指導者と検討する ❷実習生自身が施設内での支援者会議の必要性を感じた時に、実習指導者と一緒に会議を企画、運営を行う	・関係機関（嘱託医、相談支援事業所等）に実習生が支援者会議等に参加することの同意を得る ・情報共有メールを送る際は、情報漏洩を防ぐため、実習指導者立会いのもと行う ・施設職員役割分担表 ・各会議録 ・施設PC（メール）
⑥	当該実習先が地域社会の中で果たす役割の理解及び具体的な地域社会への働きかけ	(12) 地域社会における実習施設・機関等の役割を説明することができる (13) 地域住民や団体、施設、機関等に働きかけることができる	・対象地域の地域特性、人口動態、社会資源について調べる	❶施設が町内会や市営住宅から請け負っている作業内容（回覧版配布、公園掃除等）の説明を受ける ❷施設と委託作業や椎茸の取引先のつながりについて説明を受ける ❸地域ボランティアの受け入れの概況（人数、頻度、役割等）について説明を受ける	❶町内会等から請け負っている作業や椎茸販売に同行し、職員が地域住民とどのようにかかわっているか観察する ❷委託作業の請負時や、椎茸の取引先との打ち合わせ（単価交渉等）に同席し職員の様子を観察し、実習記録に記す ❸地域ボランティアと利用者のかかわりに介入する職員の様子を観察し、職員の役割を考え、実習記録に記す	❶委託作業の請負時や、椎茸の取引先との打ち合わせ内容について報告書を作成し、実習指導者に報告する ❷地域ボランティアと会話をして、今後の課題を考察し、実習記録に記す ❸地域ボランティアと今後の課題について意見交換をする	❶地域ボランティア受け入れに関する課題解決に向けた取り組みを企画する	・取引先との打ち合わせに実習生が同席することの同意を得る ・地域ボランティアとの意見交換では必要に応じて実習指導者も同席する ・請負作業の単価表 ・椎茸価格表
⑦	地域における分野横断的・業種横断的な関係形成と社会資源の活用・調整・開発に関する理解	(14) 地域における分野横断的・業種横断的な社会資源について説明し、問題解決への活用や新たな開発を検討することができる	・法人HP閲覧（施設見学会案内等）	❶他法人や専門学校との合同研修について説明を受け、研修の映像を観る ❷各種教育機関からの施設見学の実績について説明を受ける ❸職員が社会福祉士養成校等の学校に出向き、後進の育成のために行っている活動について説明を受ける ❹取引先（金融機関、給食提供業者等）及び、それらと施設との連携について説明を受ける	❶他法人や専門学校との合同研修に向けた打ち合わせに同席し、職員の様子を観察し、職員の役割を考え、実習記録に記す ❷各種教育機関からの施設見学に同席し、職員の様子を観察し、見学対応の留意点を考察し、実習記録に記す ❸取引先（金融機関、給食提供業者等）との打ち合わせに同席し、職員の様子や連携における留意点を考察し、実習記録に記す	❶合同研修で関係のある法人、専門学校についてホームページ等で調べた上で、合同研修に向けた打ち合わせ及び合同研修に参加する ❷施設職員と取引先（金融機関、給食提供業者等）との連携を考察し、（日々の食事提供場面・職員との連携）課題・解決に向けた自分の意見を実習指導者に報告する	❶他法人や専門学校との合同研修を企画し実習指導者に報告する ❷施設で行う後進育成、施設見学の企画を考え、実習指導者と意見交換を行う ❸取引先（金融機関、給食提供業者等）との会議後に施設所属の窓口（管理者・栄養士等）と会議を振り返り、自社運営と業務委託を比較、評価する	・取引先等に実習生が同席することの同意を得る ・法人概要資料 ・社会福祉士養成校等で使用している講義資料等の各種資料 ・合同研修の映像 ・各企画書
	施設・事業者・機関・団体等の経営やサービスの管理運営の実際（チームマネジメントや人材管理の理解を含む）	(15) 実習施設・機関等の経営理念や戦略を分析に基づいて説明することができる (16) 実習施設・機関等の	・法人HP閲覧（法人理念・定款・財務諸表） ・障害者総合支援法の概要	❶社会福祉法人の法的根拠・役割についての説明を受ける ❷職員役割分担表を基に間接的支援業務（職員育成等）について説明を受ける ❸障害者総合支援法の利用手続きについての説明を受ける ❹事業種別、定員、職員構成など、事前学習の確認を行う	❶社会福祉法人に期待される役割、そこでの社会福祉士の役割をまとめ、実習記録に記す ❷施設内の間接支援業務のなかで、実習指導者が担っている業務を抽出し、役割や機能について実習記録に記す ❸施設職員が障害支援区分認定調査前に行う準備に同席（資料閲覧）し、支給	❶社会福祉法人として公益性、透明性を意識した施設内の取り組みを抽出して実習指導者に報告をする ❷（③の実❺）の実習内容と共通 ❸施設の利用者の平均区分について説明を受け、職員配置基準を計算する ❹施設で作成している職員の業務マニュアルを基に、施設内の危機管理につな	❶施設で作成している職員業務マニュアルについて、課題を抽出し、改善点等について管理者と意見交換をする ❷工賃向上計画を客観的に評価し、強みや課題を抽出して作業担当者との意見交換をする ❸事業所の特色、強み、課題を評価し、管理者との意見交換を行う	・実習生の特性、実習所属フロアに応じて、わかりやすい内容から進める ・法人本部の職員にも協力を仰ぐ ・法人だより

⑧		法的根拠、財政、運営方法等を説明することができる		❺施設運営（財務・労務・人材・施設管理等）について説明を受ける ❻施設の危機管理（感染症対策、事故対応、業務マニュアル、苦情対応等）について説明を受ける ❼施設財務（福祉会計、授産会計）について説明を受ける ❽ SWOT 分析を用いた工賃向上計画を基に授産事業の説明を受ける	決定にかかわる評価スケールと障害支援区分における課題についての説明を受け、実習記録に記す ❹職員が作成した工賃向上計画を閲覧し、実習生が所属するフロアの目標、取り組み、課題を実習記録に記す	がる取り組みを自ら実践する ❺作業工賃分析会議に参加し、工賃向上に向けての課題を考察し、実習指導者に報告する		・施設運営規定 ・業務マニュアル等 ・施設職員役割分担表 ・工賃向上計画 ・支援区分認定調査項目
⑨	社会福祉士としての職業倫理と組織の一員としての役割と責任の理解	(17) 実習施設・機関等における社会福祉士の倫理に基づいた実践及びジレンマの解決を適切に行うことができる (18) 実習施設・機関等の規則等について説明することができる	・④の事前学習と共通	❶施設が社会福祉士の倫理に基づいた実践を行う場であることの説明を受ける ❷（④の場❺）の実習内容と共通 ❸法人の就業規則（服務規定、個人情報保護規定等）を読み、説明を受ける ❹秘密保持のための取り組み（文書、メール等の取り扱い方）について説明を受ける	❶実習指導者のタイムスタディを行い、倫理綱領に基づいた行動を抽出し、記録する ❷法人の就業規則を読んだ上で、職員の立ち振る舞い等を観察し、実習指導者に報告する ❸（⑤の SWr❶）の実習内容と共通	❶施設でのジレンマ事例について、倫理綱領に基づいた行動を考察し、実習指導者と意見交換をする ❷翌日の勤務（実習）開始時間を確認する ❸実習開始時間に間に合うように出勤し、朝のミーティングに参加する ❹勤務時間（実習時間）の計算を行う ❺実習中に作成した文書や課題、資料等を必要な物と不要な物に分け、不要な物はシュレッダーで破棄する ❻（⑤の実❺）の実習内容と共通	❶実習中に感じたジレンマを抽出し、どこにジレンマが生じているのか、どのように感じているのか等を実習指導者に説明する ❷実習中に感じたジレンマについて、倫理綱領に基づいた行動を考察し、実習指導者と一緒にジレンマの解決策について意見交換をする ❸（①の発❷）の実習内容と共通	・タイムスタディの留意点を事前に確認する ・就業規則の内容と実践内容が結びつくよう指導する ・人権侵害ゼロへの誓い ・法人の就業規則 ・日本知的障害者福祉協会の倫理綱領、行動規範
⑩ 1	アウトリーチ	(19) 以下の技術について目的、方法、留意点について説明することができる ・アウトリーチ ・ネットワーキング ・コーディネーション ・ネゴシエーション ・ファシリテーション ・プレゼンテーション ・ソーシャルアクション	・用語を調べる	❶事前学習の内容を実習指導者に報告する	❶作業の手が止まっている利用者に声をかけている職員の様子を観察する	❶作業の手が止まっている利用者に声をかける	❶作業の手が止まっている利用者に声をかけ、手が止まっている理由の聞き取りをする	・アウトリーチの捉え方を事前に確認した上で進める
2	ネットワーキング			❶事前学習の内容を実習指導者に報告する ❷（⑤の場❷）の実習内容と共通 ❸（⑤の場❹）の実習内容と共通	❶（⑤の SWr❸）の実習内容と共通 ❷（⑤の SWr❹）の実習内容と共通 ❸（⑤の SWr❺）の実習内容と共通	❶（①の実❷）の実習内容と共通 ❷（③の実❾）の実習内容と共通 ❸（⑤の実❷）の実習内容と共通 ❹（⑤の実❸）の実習内容と共通 ❺（⑤の実❻）の実習内容と共通	❶利用者や保護者、施設職員、関係機関、ボランティア、地域住民等に自ら挨拶、自己紹介をすることで、相手の立場、役割等を理解する ❷（⑤の発❷）の実習内容と共通 ❸（⑥の発❶）の実習内容と共通	・実習生の実践のなかでネットワーキングが行われていることを伝える ・各種会議録
3	コーディネーション			❶事前学習の内容を実習指導者に報告する ❷（⑥の場❸）の実習内容と共通	❶（⑤の SWr❶）の実習内容と共通 ❷（⑤の SWr❹）の実習内容と共通 ❸（⑤の SWr❺）の実習内容と共通 ❹（⑥の SWr❸）の実習内容と共通	❶（③の実❽）の実習内容と共通 ❷（③の実❾）の実習内容と共通 ❸（⑤の実❺）の実習内容と共通 ❹（⑤の実❻）の実習内容と共通 ❺（⑥の実❷）の実習内容と共通 ❻（⑥の実❸）の実習内容と共通	❶（⑤の発❷）の実習内容と共通 ❷（⑥の発❶）の実習内容と共通	・実習生の実践のなかでコーディネーションが行われていることを伝える ・施設 PC（メール）
4	ネゴシエーション			❶事前学習の内容を実習指導者に報告する	❶（⑤の SWr❸）の実習内容と共通 ❷（⑤の SWr❹）の実習内容と共通 ❸（③の SWr❻）の実習内容と共通 ❹（⑥の SWr❷）の実習内容と共通	❶（③の実❾）の実習内容と共通 ❷（⑤の実❻）の実習内容と共通 ❸（⑥の実❶）の実習内容と共通	❶（⑤の発❷）の実習内容と共通	・ネゴシエーションが説得にならないように注意する ・各種会議録
5	ファシリテーション			❶事前学習の内容を実習指導者に報告する ❷施設が行う各種会議についてと、開催準備から会議後までのプロセスについて説明を受ける	❶フロア会議に同席し、ファシリテーターの役割を観察し、留意点等を考察し、実習記録に記す ❷（⑤の SWr❸）の実習内容と共通 ❸（⑥の SWr❷）の実習内容と共通	❶フロア会議に参加し、ファシリテーターの役割を担う ❷（③の実❾）の実習内容と共通 ❸（⑤の実❻）の実習内容と共通 ❹（⑥の実❶）の実習内容と共通	❶（⑤の発❷）の実習内容と共通	・ファシリテーターは会議の一部分でも良い ・請負作業の単価表 ・椎茸価格表 ・各種会議録
6	プレゼンテーション			❶事前学習の内容を実習指導者に報告する	❶（⑤の SWr❸）の実習内容と共通 ❷（⑥の SWr❷）の実習内容と共通	❶（①の実❼）の実習内容と共通 ❷（③の実❾）の実習内容と共通 ❸（③の実⓭）の実習内容と共通 ❹（⑤の実❻）の実習内容と共通	❶（④の発❹）の実習内容と共通 ❷（④の発❺）の実習内容と共通 ❸（⑤の発❷）の実習内容と共通 ❹（⑥の発❶）の実習内容と共通 ❺（⑦の発❶）の実習内容と共通 ❻（⑦の発❷）の実習内容と共通	・実習生の特性に合わせ、必要な準備期間を設ける ・各種会議録 ・各種企画書
7	ソーシャルアクション			❶事前学習の内容を実習指導者に報告する ❷（④の場❻）の実習内容と共通	❶（④の SWr❺）の実習内容と共通	❶（④の実❻）の実習内容と共通	❶（④の発❺）の実習内容と共通	・アウトリーチの捉え方を実習生と実習指導者で確認した上で進める

ソーシャルワーク実習　個別実習プログラム（180 時間用）

実習基本情報						
実習施設名：障がい福祉サービス事業所○○	実習指導者氏名：○○・○○		実習期間：○年○月○日（○）～○年○月○日（○）		他の実習施設	名称：○○
養成校：○○	実習生氏名：○○	学年：○年生	実習回数：○カ所目（全○カ所）	実習時間数：180 時間		期間：○年○月○日（○）～○年○月○日（○）

	ソーシャルワーク実習教育に含むべき事項（国通知）	達成目標（評価ガイドライン）※各達成目標の具体例は行動目標を参照	当該実習施設における実習の実施方法及び展開 事前学習・事前訪問	具体的実習内容 1～2週目※	3～4週目※	4～5週目	活用する資料・参照物
①	利用者やその関係者（家族・親族、友人等）、施設・事業者・機関・団体、住民やボランティア等との基本的なコミュニケーションや円滑な人間関係の形成	(1) クライエント等と人間関係を形成するための基本的なコミュニケーションをとることができる	・施設 HP 閲覧 ・障がい特性（知的障害、発達障害）について調べる	・利用者や保護者、施設職員、関係機関、ボランティア、地域住民等に自ら挨拶、自己紹介をする（①の実❷） ・施設が提供するサービスについて説明を受ける（①の場❷） ・利用者と日常会話をし、話を聞く（①の場❸） ・実習指導者に 1 日の出来事を報告する（①の実❻） ・施設の成り立ちやどのような人たちを対象としている施設なのか、説明を受ける（①の場❶） ・利用者が取り組む作業（椎茸栽培、下請け作業等）の手順の説明を受ける（①の場❹） ・職員が利用者と会話している様子を観察する（①の SWr ❶）	・職員が作業準備や利用者への作業提供、手順の説明をしている様子を観察する（①の SWr ❸） ・職員が利用者とジェスチャー等の非言語コミュニケーションを用いてかかわっている様子を観察する（①の SWr ❷） ・職員からの説明を聞いた上で、利用者と一緒に作業に取り組む（①の実❹） ・必要に応じて、時と場所を考慮して、職員に相談をする（①の発❷）	・フロア会議で、その日の利用者の様子を他の職員に報告する（①の実❼）	・施設パンフレット ・保護者懇談会資料 ・施設利用マニュアル ・施設実習要綱
②	利用者やその関係者（家族・親族、友人等）との援助関係の形成	(2) クライエント等との援助関係を形成することができる	・マイクロカウンセリングの技法、傾聴の姿勢について調べる ・バイステックの 7 原則を確認する	・生活場面面接と構造化面接の特徴と、施設での日常的な職員と利用者との会話の目的について説明を受ける（②の場❶） ・マイクロカウンセリングの技法について事前学習の内容を報告する（②の SWr ❶） ・バイステックの 7 原則について事前学習の内容を報告する（②の SWr ❷）	・職員による利用者との面接を観察する（②の SWr ❸） ・かかわり技法（視線、表情等）を用い、意図を持って利用者と話をする（②の実❷） ・基本的傾聴技法（言い換え、閉ざされた質問、開かれた質問等）を用い、意図を持って利用者と話をする（②の実❸） ・ケース研究対象の利用者（以下、対象者）に同意を得るために実習指導者が説明をしている場面に同席し、観察する（②の SWr ❻）	・利用者の非言語の表出を観察し、その意味を考える（②の実❹） ・実習生自身の対象者とのかかわりを、バイステックの 7 原則を基に自己評価し、自己理解を深める（②の発❷）	
③	利用者や地域の状況を理解し、その生活上の課題（ニーズ）の把握、支援計画の作成と実施及び評価	(3) クライエント、グループ、地域住民等のアセスメントを実施し、ニーズを明確にすることができる (4) 地域アセスメントを実施し、地域の課題や問題解決に向けた目標を設定することができる (5) 各種計画の様式を使用して計画を作成・策定及び実施することができる (6) 各種計画の実施をモニタリング及び評価することができる	・アセスメントからモニタリングまでのプロセスを確認する ・障害者総合支援法の概要を確認する ・サービス管理責任者の役割、資格要件について調べる ・グループダイナミクスについて調べる	・（②の場❶）の実習内容と共通（③の場❸） ・サービス管理責任者の役割等について、事前学習の内容を実習指導者に報告する（③の場❶） ・サービス管理責任者から個別支援計画立案の留意点について説明を受ける（③の SWr ❶） ・アセスメントからモニタリング及び評価までのプロセスについて事前学習の内容を報告する（③の SWr ❷） ・利用者とアセスメント面接を実施する（③の実❷） ・アセスメント面接のプロセスレコードを作成する（③の実❸）	・障害者総合支援法について説明を受ける（サービス管理責任者の役割・障害支援区分とサービス・職員配置等）（③の場❷） ・ケース記録等、過去の資料を閲覧する（③の SWr ❸） ・個別支援計画作成の担当者会議に同席し、参加者の役割を観察し、個別支援計画作成のプロセスを踏まえ、施設指定の会議録を作成する（③の SWr ❻） ・対象者について、施設内での様子や交友関係等を職員から聞き取る（③の実❶） ・収集した情報を基にエコマップ、ジェノグラム等を作成する（③の実❹） ・対象者の障害支援区分認定にかかわる調査項目への記入を行う（③の実❺） ・公共交通機関や社会資源等を把握するために周辺のフィールドワークを行う（③の実❻） ・アセスメント結果から利用者のニーズとストレングスを考え、実習指導者に報告する（③の実❼） ・個別支援計画を作成し、担当者会議を実施する（③の実❽） ・対象者に合った面接方法を探すために複数回アセスメント面接を実施する（③の発❶） ・収集した情報をアセスメント 16 項目に基づいて整理し、分析する（③の発❷）	・個別支援計画の実施について他の職員に説明し、必要に応じて支援者会議等で協力を求める（③の実❾） ・個別支援計画の実施に向けて環境や物など必要な準備を整える（③の実❿） ・個別支援計画を実施する（③の実⓫） ・モニタリング及び評価を行う（③の実⓬） ・施設職員にケース研究報告を行う（③の実⓭）	・ケース記録 ・フェイスシート ・アセスメントシート ・個別支援計画 ・モニタリング表 ・障害支援区分認定調査項目 ・個別支援計画作成時の会議録
	利用者やその関係者（家族・親族、友人等）への権利擁護活動とその評価	(7) クライエント及び多様な人々の権利擁護並びにエンパワメントを含む実践を行い、	・社会福祉士の倫理綱領、日本知的障害者福祉協	・利用者と権利擁護を意識したかかわりをする（言葉遣い等）（④の実❸） ・施設で取り組んでいる合理的配慮について説明を受	・障害者虐待防止法、障害者差別解消法について、事前学習の内容を実習指導者に報告する（④の場❶） ・人権侵害ゼロへの誓いについて説明を受ける	・虐待防止委員会に参加し、そのときの議題について、自分の意見を述べる（④の実❺） ・虐待防止にかかわる研修を企画して実習指導者に報	・法人の虐待防止規定 ・施設の行動規範 ・人権侵害ゼロへの誓

④		評価することができる	会の倫理綱領及び行動規範を読む ・障害者権利条約、障害者虐待防止法、障害者差別解消法の概要を調べる ・合理的配慮、ノーマライゼーション、アドボカシーの意味を調べる	ける（発送文書の振り仮名、写真やイラストの活用等）（④の場❸） ・施設での権利擁護の取り組み事例の説明を受ける（④の場❹） ・職員の利用者とのかかわりから権利擁護に基づく行動を実習記録に記す（④の SWr❶） ・利用者に合った合理的配慮を考え、実習指導者に報告する（④の実❷）	（④の場❷） ・虐待防止委員会の設置義務や、委員会の取り組みについて説明を受ける（④の場❺） ・虐待防止委員会に同席し、そこで委員会メンバーが何を話し合っているのか観察し、内容を実習記録に記す（④の SWr❹） ・知的障害者への理解を促進するための取り組みについて説明を受ける（施設外作業、館外活動、社会福祉士養成校での講義等）（④の場❻） ・利用者との施設外作業や館外活動の引率職員の役割を観察し、留意点を考え、実習記録に記す（④の SWr❺） ・対象者のアセスメント結果からストレングスを考え、実習指導者に報告する（④の実❶） ・実習生自身で考えた合理的配慮の取り組みを実施する（④の発❶）	告する（④の発❹） ・施設外作業や館外活動に参加し、知的障害者への理解促進を意識した行動を実践し、実習指導者に報告する（④の実❻） ・施設の実践の評価や、知的障害者の理解を促進させる取り組みを考え、実習記録に記し、実習指導者に報告する（④の発❺）	い ・研修企画書 ・個別支援計画
⑤	多職種連携及びチームアプローチの実践的理解	(8) 実習施設・機関等の各職種の機能と役割を説明することができる (9) 実習施設・機関等と関係する社会資源の機能と役割を説明することができる (10) 地域住民、関係者、関係機関等と連携・協働することができる (11) 各種会議を企画・運営することができる	・障害者総合支援法の概要（障害支援区分、サービスの支給決定、療育手帳）を調べる	・障害者総合支援法についての事前学習の内容を報告する（⑤の場❸） ・施設の委員会等の役割分担表を見て、説明を受ける（⑤の場❶） ・施設内の各職種について説明を受ける（施設長、サービス管理責任者、フロアチーフ、栄養士、目標工賃達成職員、作業補助職員等）（⑤の場❷） ・各職員が担う役割について、業務等を職員に聞き取り、実習記録に記す（⑤の SWr❷） ・実習指導者と他の職員が情報共有している場面を観察する（⑤の SWr❶） ・法人内の GH や SS の世話人から業務内容の説明を受ける（⑤の場❺） ・フロア会議や職員会議等に同席し、そこでの実習指導者の役割を観察し、実習記録に記す（⑤の SWr❸） ・職員に利用者の様子や作業の進捗等を報告する（⑤の実❷）	・（③の SWr❻）の実習内容と共通（⑤の SWr❻） ・（③の実❶）の実習内容と共通（⑤の実❶） ・（③の実❾）の実習内容と共通（⑤の実❹） ・支援者会議やフロア会議に同席し、職員の役割を観察し、実習記録に記す（⑤の SWr❹） ・関係機関や家族との電話連絡の場面に同席し、職員が何に配慮して電話をしているかを観察し、実習記録に記す（⑤の SWr❺）	・関係機関（嘱託医、相談支援事業所、移動支援事業所等）について、事前学習の内容を実習指導者に報告し、役割や連携について説明を受ける（⑤の場❹） ・実習生自身で職場の情報共有メールを作成し、送る（⑤の実❺） ・支援者会議やフロア会議に参加し、会議録を作成し、実習指導者に報告する（⑤の実❻） ・チームの一員として、職員から利用者支援について意見を求められたときに、自分の意見を伝える（⑤の実❸）	・施設職員役割分担表 ・各会議録 ・施設 PC（メール）
⑥	当該実習先が地域社会の中で果たす役割の理解及び具体的な地域社会への働きかけ	(12) 地域社会における実習施設・機関等の役割を説明することができる (13) 地域住民や団体、施設、機関等に働きかけることができる	・対象地域の地域特性、人口動態、社会資源について調べる	・施設が町内会や市営住宅から請け負っている作業内容（回覧版配布、公園掃除等）の説明を受ける（⑥の場❶） ・施設と委託作業や椎茸の取引先のつながりについて説明を受ける（⑥の場❷） ・町内会等から請け負っている作業や椎茸販売に同行し、職員が地域住民とどのようにかかわっているか観察する（⑥の SWr❶）	・地域ボランティアの受け入れの概況（人数、頻度、役割等）について説明を受ける（⑥の場❸） ・地域ボランティアと利用者のかかわりに介入する職員の様子を観察し、職員の役割を考え、実習記録に記す（⑥の SWr❸）	・地域ボランティアと会話をして、今後の課題を考察し、実習記録に記す（⑥の実❷） ・地域ボランティアと今後の課題について意見交換をする（⑥の実❸） ・地域ボランティア受け入れに関する課題解決に向けた取り組みを企画する（⑥の発❶）	・請負作業の単価表 ・椎茸価格表
⑦	地域における分野横断的・業種横断的な関係形成と社会資源の活用・調整・開発に関する理解	(14) 地域における分野横断的・業種横断的な社会資源について説明し、問題解決への活用や新たな開発を検討することができる	・法人HP閲覧（施設見学会案内等）	・各種教育機関からの施設見学の実績について説明を受ける（⑦の場❷） ・職員が社会福祉士養成校等の学校に出向き、後進の育成のために行っている活動について説明を受ける（⑦の場❸） ・各種教育機関からの施設見学に同席し、職員の様子を観察し、見学対応の留意点を考察し、実習記録に記す（⑦の SWr❷）	・他法人や専門学校との合同研修について説明を受け、研修の映像を観る（⑦の場❶） ・他法人や専門学校との合同研修を企画し実習指導者に報告する（⑦の発❶） ・施設で行う後進育成、施設見学の企画を考え、実習指導者と意見交換を行う（⑦の発❷） ・取引先（金融機関、給食提供業者等）及び、それらと施設との連携について説明を受ける（⑦の場❹） ・取引先（金融機関、給食提供業者等）との打ち合わせに同席し、職員の様子や連携における留意点を考察し、実習記録に記す（⑦の SWr❸）	・施設職員と取引先（金融機関、給食提供業者等）との連携を考察し、（日々の食事提供場面・職員との連携）課題・解決に向けた自分の意見を実習指導者に報告する（⑦の実❷） ・取引先（金融機関、給食提供業者等）との会議後に施設所属の窓口（管理者・栄養士等）と会議を振り返り、自社運営と業務委託を比較、評価する（⑦の発❸）	・法人概要資料 ・社会福祉士養成校等で使用している講義資料等の各種資料 ・合同研修の映像 ・各企画書
⑧	施設・事業者・機関・団体等の経営やサービスの管理運営の実際（チームマネジメントや人材管理の理解を含む）	(15) 実習施設・機関等の経営理念や戦略を分析に基づいて説明することができる (16) 実習施設・機関等の	・法人 HP 閲覧（法人理念・定款・財務諸表） ・障害者総合支援法の概要	・社会福祉法人の法的根拠・役割についての説明を受ける（⑧の場❶） ・社会福祉法人に期待される役割、そこでの社会福祉士の役割をまとめ、実習記録に記す（⑧の SWr❶） ・職員役割分担表を基に間接的支援業務（職員育成等）について説明を受ける（⑧の場❷） ・施設内の間接支援業務のなかで、実習指導者が担っている業務を抽出し、役割や機能について実習記録	・障害者総合支援法の利用手続きについての説明を受ける（⑧の場❸） ・事業種別、定員、職員構成など、事前学習の確認を行う（⑧の場❹） ・施設職員が障害支援区分認定調査前に行う準備に同席（資料閲覧）し、支給決定にかかわる評価スケールと障害支援区分における課題についての説明を受け、実習記録に記す（⑧の SWr❸）	・施設運営（財務・労務・人材・施設管理等）について説明を受ける（⑧の場❺） ・施設財務（福祉会計、授産会計）について説明を受ける（⑧の場❼） ・施設で作成している職員業務マニュアルについて、課題を抽出し、改善点等について管理者と意見交換をする（⑧の発❶） ・事業所の特色、強み、課題を評価し、管理者との意	・法人だより ・施設運営規定 ・業務マニュアル等 ・施設職員役割分担表 ・工賃向上計画

			法的根拠、財政、運営方法等を説明することができる		に記す（⑧の SWr❷） ・施設の危機管理（感染症対策、事故対応、業務マニュアル、苦情対応等）について説明を受ける（⑧の場❻）	・（③の実❺）の実習内容と共通（⑧の実❷） ・施設で作成している職員の業務マニュアルを基に、施設内の危機管理につながる取り組みを自ら実践する（⑧の実❹）	見交換を行う（⑧の発❸）	
⑨		社会福祉士としての職業倫理と組織の一員としての役割と責任の理解	(17) 実習施設・機関等における社会福祉士の倫理に基づいた実践及びジレンマの解決を適切に行うことができる (18) 実習施設・機関等の規則等について説明することができる	・④の事前学習と共通	・翌日の勤務（実習）開始時間を確認する（⑨の実❷） ・実習開始時間に間に合うように出勤し、朝のミーティングに参加する（⑨の実❸） ・施設が社会福祉士の倫理に基づいた実践を行う場であることの説明を受ける（⑨の場❶） ・秘密保持のための取り組み（文書、メール等の取り扱い方）について説明を受ける（⑨の場❹） ・（⑤の SWr❶）の実習内容と共通（⑨の SWr❸）	・法人の就業規則（服務規定、個人情報保護規定等）を読み、説明を受ける（⑨の場❸） ・法人の就業規則を読んだ上で、職員の立ち振る舞い等を観察し、実習指導者に報告する（⑨の SWr❷） ・施設でのジレンマ事例について、倫理綱領に基づいた行動を考察し、実習指導者と意見交換をする（⑨の実❶） ・実習中に作成した文書や課題、資料等を必要な物と不要な物に分け、不要な物はシュレッダーで破棄する（⑨の実❺）	・実習中に感じたジレンマを抽出し、どこにジレンマが生じているのか、どのように感じているのか等を実習指導者に説明する（⑨の発❶） ・実習中に感じたジレンマについて、倫理綱領に基づいた行動を考察し、実習指導者と一緒にジレンマの解決策について意見交換をする（⑨の発❷） ・勤務時間（実習時間）の計算を行う（⑨の実❹）	・人権侵害ゼロへの誓い ・法人の就業規則 ・日本知的障害者福祉協会の倫理綱領、行動規範
⑩	1	アウトリーチ	(19) 以下の技術について目的、方法、留意点について説明することができる ・アウトリーチ ・ネットワーキング ・コーディネーション ・ネゴシエーション ・ファシリテーション ・プレゼンテーション ・ソーシャルアクション	・用語を調べる	・事前学習の内容を実習指導者に報告する（⑩-1 の場❶） ・作業の手が止まっている利用者に声をかけている職員の様子を観察する（⑩-1 の SWr❶）	・作業の手が止まっている利用者に声をかける（⑩-1 の実❶）	・作業の手が止まっている利用者に声をかけ、手が止まっている理由の聞き取りをする（⑩-1 の発❶）	
	2	ネットワーキング			・事前学習の内容を実習指導者に報告する（⑩-2 の場❶） ・（①の実❷）（⑤の場❷）（⑤の SWr❸）（⑤の実❷）を通して実施	・（⑤の SWr❹）（⑤の SWr❺）を通して実施	・利用者や保護者、施設職員、関係機関、ボランティア、地域住民等に自ら挨拶、自己紹介をすることで、相手の立場、役割等を理解する（⑩-2 の発❶） ・（③の実❾）（⑤の場❹）（⑤の実❻）（⑤の実❸）（⑥の発❶）を通して実施	・各種会議録
	3	コーディネーション			・事前学習の内容を実習指導者に報告する（⑩-3 の場❶） ・（⑤の SWr❶）を通して実施	・（⑤の SWr❹）（⑤の SWr❺）（⑥の場❸）（⑥の SWr❸）を通して実施	・（③の実❾）（⑤の実❺）（⑤の実❻）（⑥の実❷）（⑥の実❸）（⑥の発❶）を通して実施	・施設 PC（メール）
	4	ネゴシエーション			・事前学習の内容を実習指導者に報告する（⑩-4 の場❶） ・（⑤の SWr❸）を通して実施	・（③の SWr❻）（⑤の SWr❹）を通して実施	・（③の実❾）（⑤の実❻）を通して実施	・各種会議録
	5	ファシリテーション			・事前学習の内容を実習指導者に報告する（⑩-5 の場❶） ・施設が行う各種会議についてと、開催準備から会議後までのプロセスについて説明を受ける（⑩-5 の場❷） ・フロア会議に同席し、ファシリテーターの役割を観察し、留意点等を考察し、実習記録に記す（⑩-5 の SWr❶） ・（⑤の SWr❸）を通して実施	・フロア会議に参加し、ファシリテーターの役割を担う（⑩-5 の実❶）	・（③の実❾）（⑤の実❻）を通して実施	・請負作業の単価表 ・椎茸価格表 ・各種会議録
	6	プレゼンテーション			・事前学習の内容を実習指導者に報告する（⑩-6 の場❶）	・（⑦の発❶）（⑦の発❷）を通して実施	・（①の実❼）（③の実❾）（③の実⓭）（④の発❹）（④の発❺）（⑤の実❻）（⑥の発❶）を通して実施	・各種企画書
	7	ソーシャルアクション			・事前学習の内容を実習指導者に報告する（⑩-7 の場❶）	・（④の SWr❺）を通して実施	・（④の実❻）（④の発❺）を通して実施	

※１～２週目、３～４週目、４～５週目の期間に関する表記は集中実習の場合のイメージであり、通年での実習や一定期間に分散して実習する場合には実習形態に適した期間を設定した上で使用する

【障害】障がい福祉サービス事業所

ソーシャルワーク実習　個別実習プログラム（1 回目 60 時間用）

実習基本情報						
実習施設名：障害福祉サービス事業所○○	実習指導者氏名：○○・○○		実習期間：○年○月○日（○）～○年○月○日（○）		他の実習施設	名称：○○
養成校：○○	実習生氏名：○○	学年：○年生	実習回数：1 カ所目（全○カ所）	実習時間数：60 時間		期間：○年○月○日（○）～○年○月○日（○）

	ソーシャルワーク実習教育に含むべき事項（国通知）	達成目標（評価ガイドライン）※各達成目標の具体例は行動目標を参照	当該実習施設における実習の実施方法及び展開 事前学習・事前訪問	具体的実習内容 前半（概ね 1 週目）*	後半（概ね 2 週目）*	活用する資料・参照物
①	利用者やその関係者（家族・親族、友人等）、施設・事業者・機関・団体、住民やボランティア等との基本的なコミュニケーションや円滑な人間関係の形成	(1) クライエント等と人間関係を形成するための基本的なコミュニケーションをとることができる	・施設 HP 閲覧 ・障害特性（知的障害、発達障害）について調べる	・朝のミーティングで職員、利用者に自己紹介をする（①の実❶） ・利用者や保護者、施設職員、関係機関、ボランティア、地域住民等に自ら挨拶、自己紹介をする（①の実❷） ・利用者と日常会話をし、話を聞く（①の場❸） ・実習指導者に 1 日の出来事を報告する（①の実❻） ・施設の成り立ちやどのような人たちを対象としている施設なのか、説明を受ける（①の場❶） ・施設が提供するサービスについて説明を受ける（①の場❷） ・利用者が取り組む作業（椎茸栽培、下請け作業等）の手順の説明を受ける（①の場❹） ・職員が利用者と会話している様子を観察する（①の SWr ❶） ・職員からの説明を聞いた上で、利用者と一緒に作業に取り組む（①の実❹）	・職員が利用者とジェスチャー等の非言語コミュニケーションを用いてかかわっている様子を観察する（①の SWr ❷） ・職員が作業準備や利用者への作業提供、手順の説明をしている様子を観察する（①の SWr ❸） ・利用者との会話を展開させるために、自ら質問をする等、話題を提供する（①の実❸） ・必要に応じて、時と場所を考慮して、職員に相談をする（①の発❷）	・施設パンフレット ・施設利用マニュアル ・施設実習要綱
②	利用者やその関係者（家族・親族、友人等）との援助関係の形成	(2) クライエント等との援助関係を形成することができる	・マイクロカウンセリングの技法について調べる ・バイステックの 7 原則を確認する ・傾聴の姿勢について調べる ・障害特性（知的障害、発達障害）について調べる	・生活場面面接と構造化面接の特徴と、施設での日常的な職員と利用者との会話の目的について説明を受ける（②の場❶） ・マイクロカウンセリングの技法について事前学習の内容を報告する（②の SWr ❶） ・バイステックの 7 原則について事前学習の内容を報告する（②の SWr ❷） ・職員が利用者と生活場面面接や構造化面接を行っている様子や利用者とかかわっている様子を観察して、マイクロカウンセリングの技法に基づく言動を実習記録に記す（②の SWr ❺）	・職員による利用者との面接を観察する（②の SWr ❸） ・基本的傾聴技法（言い換え、閉ざされた質問、開かれた質問等）を用い、意図を持って利用者と話をする（②の実❸） ・利用者との面接を展開させるために、自ら質問をする等、話題を提供する（②の実❶）	
③	利用者や地域の状況を理解し、その生活上の課題（ニーズ）の把握、支援計画の作成と実施及び評価	(3) クライエント、グループ、地域住民等のアセスメントを実施し、ニーズを明確にすることができる (4) 地域アセスメントを実施し、地域の課題や問題解決に向けた目標を設定することができる (5) 各種計画の様式を使用して計画を作成・策定及び実施することができる (6) 各種計画の実施をモニタリング及び評価することができる	・アセスメントからモニタリングまでのプロセスを確認する ・障害者総合支援法の概要を確認する ・サービス管理責任者の役割、資格要件について調べる ・グループダイナミクスについて調べる	・サービス管理責任者の役割等について、事前学習の内容を実習指導者に報告する（③の場❶） ・サービス管理責任者から個別支援計画立案の留意点について説明を受ける（③の SWr ❶） ・ケース記録等、過去の資料を閲覧する（③の SWr ❸）	・（②の SWr ❸）の実習内容と共通（③の SWr ❹） ・（①の SWr ❷）の実習内容と共通（③の SWr ❻） ・個別支援計画作成の担当者会議に同席し、参加者の役割を観察し、個別支援計画作成のプロセスを踏まえ、施設指定の会議録を作成する（③の SWr ❻）	・ケース記録 ・個別支援計画 ・モニタリング表 ・個別支援計画作成時の会議録
④	利用者やその関係者（家族・親族、友人等）への権利擁護活動とその評価	(7) クライエント及び多様な人々の権利擁護並びにエンパワメントを含む実践を行い、評価することができる	・社会福祉士の倫理綱領、日本知的障害者福祉協会の倫理綱領及び行動規範を読む ・障害者権利条約、障害者虐待防止法、障害者差別解消法の概要を調べる ・合理的配慮、ノーマライゼーション、アドボカシーの意味を調べる	・利用者と権利擁護を意識したかかわりをする（言葉遣い等）（④の実❸） ・施設で取り組んでいる合理的配慮について説明を受ける（発送文書の振り仮名、写真やイラストの活用等）（④の場❸） ・自己決定の支援プロセス（意思形成支援、意思表出支援）について説明を受ける（④の SWr ❷） ・施設内で日常的に行っている、職員が利用者の自己決定の支援をしている場面を観察し、実習記録に記す（④の SWr ❸）	・利用者に合った合理的配慮を考え、実習指導者に報告する（④の実❷） ・施設内で日常的に行っている利用者の自己決定支援を行い、実習記録に記す（④の実❹） ・利用者が自己決定する場面において、より自己決定しやすくなるよう工夫して支援し、実習指導者と評価を行う（④の発❸）	・法人の虐待防止規定 ・施設の行動規範 ・人権侵害ゼロへの誓い
	多職種連携及びチームアプローチの実践的理	(8) 実習施設・機関等の各職種の機能と役割	・障害者総合支援法の概要（障害支援区分、サービ	・施設の委員会等の役割分担表を見て、説明を受ける（⑤の場❶） ・施設内の各職種について説明を受ける（施設長、サービス管理責任者、フロ	・職員に利用者の様子や作業の進捗等を報告する（⑤の実❷） ・チームの一員として、職員から利用者支援について意見を求められたときに、	・施設職員役割分担表

⑤	解	を説明することができる (9) 実習施設・機関等と関係する社会資源の機能と役割を説明することができる (10) 地域住民、関係者、関係機関等と連携・協働することができる (11) 各種会議を企画・運営することができる	スの支給決定、療育手帳）を調べる ・関係機関（相談支援事業所、移動支援事業所、GH、SS 等）や関係職種（サービス管理責任者、相談支援専門員等）について調べる	アチーフ、栄養士、目標工賃達成職員、作業補助職員等）（⑤の場❷） ・各職員が担う役割について、業務等を職員に聞き取り、実習記録に記す（⑤の SWr ❷） ・実習指導者と他の職員が情報共有している場面を観察する（⑤の SWr ❶） ・関係機関（嘱託医、相談支援事業所、移動支援事業所等）について、事前学習の内容を実習指導者に報告し、役割や連携について説明を受ける（⑤の場❹）	自分の意見を伝える（⑤の実❸）	
⑥	当該実習先が地域社会の中で果たす役割の理解及び具体的な地域社会への働きかけ	(12) 地域社会における実習施設・機関等の役割を説明することができる (13) 地域住民や団体、施設、機関等に働きかけることができる	・対象地域の地域特性、人口動態、社会資源について調べる	・施設が町内会や市営住宅から請け負っている作業内容（回覧版配布、公園掃除等）の説明を受ける（⑥の場❶） ・施設と委託作業や椎茸の取引先のつながりについて説明を受ける（⑥の場❷） ・地域ボランティアの受け入れの概況（人数、頻度、役割等）について説明を受ける（⑥の場❸）	・町内会等から請け負っている作業や椎茸販売に同行し、職員が地域住民とどのようにかかわっているか観察する（⑥の SWr ❶） ・地域ボランティアと利用者のかかわりに介入する職員の様子を観察し、職員の役割を考え、実習記録に記す（⑥の SWr ❸） ・地域ボランティアと会話をして、今後の課題を考察し、実習記録に記す（⑥の実❷）	・請負作業の単価表 ・椎茸価格表
⑦	地域における分野横断的・業種横断的な関係形成と社会資源の活用・調整・開発に関する理解	(14) 地域における分野横断的・業種横断的な社会資源について説明し、問題解決への活用や新たな開発を検討することができる	・法人 HP 閲覧（施設見学会案内等）	・各種教育機関からの施設見学の実績について説明を受ける（⑦の場❷） ・職員が社会福祉士養成校等の学校に出向き、後進の育成のために行っている活動について説明を受ける（⑦の場❸） ・取引先（金融機関、給食提供業者等）及び、それらと施設との連携について説明を受ける（⑦の場❹）	・取引先（金融機関、給食提供業者等）との打ち合わせに同席し、職員の様子や連携における留意点を考察し、実習記録に記す（⑦の SWr ❸） ・施設職員と取引先（金融機関、給食提供業者等）との連携を考察し、（日々の食事提供場面・職員との連携）課題・解決に向けた自分の意見を実習指導者に報告する（⑦の実❷）	・法人概要資料 ・社会福祉士養成校等で使用している講義資料等の各種資料
⑧	施設・事業者・機関・団体等の経営やサービスの管理運営の実際（チームマネジメントや人材管理の理解を含む）	(15) 実習施設・機関等の経営理念や戦略を分析に基づいて説明することができる (16) 実習施設・機関等の法的根拠、財政、運営方法等を説明することができる	・法人 HP 閲覧（法人理念・定款・財務諸表） ・障害者総合支援法の概要	・社会福祉法人の法的根拠・役割についての説明を受ける（⑧の場❶） ・職員役割分担表を基に間接的支援業務（職員育成等）について説明を受ける（⑧の場❷） ・施設の危機管理（感染症対策、事故対応、業務マニュアル、苦情対応等）について説明を受ける（⑧の場❻） ・施設財務（福祉会計、授産会計）について説明を受ける（⑧の場❼） ・施設の利用者の平均区分について説明を受け、職員配置基準を計算する（⑧の実❸）	・社会福祉法人に期待される役割、そこでの社会福祉士の役割をまとめ、実習記録に記す（⑧の SWr ❶） ・施設で作成している職員の業務マニュアルを基に、施設内の危機管理に繋がる取り組みを自ら実践する（⑧の実❹）	・法人だより ・施設運営規定 ・業務マニュアル等 ・施設職員役割分担表
⑨	社会福祉士としての職業倫理と組織の一員としての役割と責任の理解	(17) 実習施設・機関等における社会福祉士の倫理に基づいた実践及びジレンマの解決を適切に行うことができる (18) 実習施設・機関等の規則等について説明することができる	・④の事前学習と共通	・施設が社会福祉士の倫理に基づいた実践を行う場であることの説明を受ける（⑨の場❶） ・秘密保持のための取り組み（文書、メール等の取り扱い方）について説明を受ける（⑨の場❹） ・翌日の勤務（実習）開始時間を確認する（⑨の実❷） ・実習開始時間に間に合うように出勤し、朝のミーティングに参加する（⑨の実❸） ・勤務時間（実習時間）の計算を行う（⑨の実❹） ・実習中に作成した文書や課題、資料等を必要な物と不要な物に分け、不要な物はシュレッダーで破棄する（⑨の実❺）	・施設でのジレンマ事例について、倫理綱領に基づいた行動を考察し、実習指導者と意見交換をする（⑨の実❶） ・実習中に感じたジレンマを抽出し、どこにジレンマが生じているのか、どのように感じているのか等を実習指導者に説明する（⑨の発❶） ・実習中に感じたジレンマについて、倫理綱領に基づいた行動を考察し、実習指導者と一緒にジレンマの解決策について意見交換をする（⑨の発❷） ・（①の発❷）の実習内容と共通（⑨の発❸）	
⑩ 1	アウトリーチ	(19) 以下の技術について目的、方法、留意点について説明することができる ・アウトリーチ ・ネットワーキング ・コーディネーション ・ネゴシエーション ・ファシリテーション ・プレゼンテーション ・ソーシャルアクション	・用語を調べる	・事前学習の内容を実習指導者に報告する（⑩-1 の場❶） ・作業の手が止まっている利用者に声をかけている職員の様子を観察する（⑩-1 の SWr ❶）	・作業の手が止まっている利用者に声をかける（⑩-1 の実❶）	
⑩ 2	ネットワーキング			・事前学習の内容を実習指導者に報告する（⑩-2 の場❶） ・（①の実❷）（⑤の場❷）（⑤の場❹）を通して実施	・（⑤の実❷）（⑤の実❸）を通して実施	・各種会議録
⑩ 3	コーディネーション			・事前学習の内容を実習指導者に報告する（⑩-3 の場❶） ・（⑤の SWr ❶）（⑥の場❸）を通して実施	・（⑥の SWr ❸）（⑥の実❷）を通して実施	・施設 PC（メール）
⑩ 4	ネゴシエーション			・事前学習の内容を実習指導者に報告する（⑩-4 の場❶）	・（③の SWr ❻）を通して実施	・各種会議録 ・個別支援計画
⑩ 5	ファシリテーション					
⑩ 6	プレゼンテーション					
⑩ 7	ソーシャルアクション					

※前半（概ね１週目）、後半（概ね２週目）の期間に関する表記は集中実習の場合のイメージであり、通年での実習や一定期間に分散して実習する場合には実習形態に適した期間を設定した上で使用する

ソーシャルワーク実習　個別実習プログラム（2回目60時間用）

実習基本情報						
実習施設名：障害福祉サービス事業所○○	実習指導者氏名：○○		実習期間：○年○月○日（○）～○年○月○日（○）		他の実習施設	名称：○○
養成校：○○	実習生氏名：○○	学年：○年生	実習回数：2カ所目（全○カ所）	実習時間数：60時間		期間：○年○月○日（○）～○年○月○日（○）

	ソーシャルワーク実習教育に含むべき事項（国通知）	達成目標（評価ガイドライン）※各達成目標の具体例は行動目標を参照	事前学習・事前訪問	具体的実習内容 前半（概ね1週目）※	具体的実習内容 後半（概ね2週目）※	活用する資料・参照物
①	利用者やその関係者（家族・親族、友人等）、施設・事業者・機関・団体、住民やボランティア等との基本的なコミュニケーションや円滑な人間関係の形成	(1) クライエント等と人間関係を形成するための基本的なコミュニケーションをとることができる	・施設HP閲覧 ・障害特性（知的障害、発達障害）について調べる	・利用者や保護者、施設職員、関係機関、ボランティア、地域住民等に自ら挨拶、自己紹介をする（①の実❷） ・利用者と日常会話をし、話を聞く（①の場❸） ・実習指導者に1日の出来事を報告する（①の実❻） ・施設の成り立ちやどのような人たちを対象としている施設なのか、説明を受ける（①の場❶） ・施設が提供するサービスについて説明を受ける（①の場❷） ・職員が利用者と会話している様子を観察する（①のSWr❶） ・利用者との会話を展開させるために、自ら質問をする等、話題を提供する（①の実❸） ・職員からの説明を聞いた上で、利用者と一緒に作業に取り組む（①の実❹）	・職員が利用者とジェスチャー等の非言語コミュニケーションを用いてかかわっている様子を観察する（①のSWr❷） ・利用者に作業手順の説明をする（①の実❺） ・相手の話の意図をくみ取り、気持ちを想像しながら会話をする（①の発❶）	・施設パンフレット ・保護者懇談会資料 ・施設利用マニュアル ・施設実習要綱
②	利用者やその関係者（家族・親族、友人等）との援助関係の形成	(2) クライエント等との援助関係を形成することができる	・マイクロカウンセリングの技法について調べる ・傾聴の姿勢について調べる ・障害特性（知的障害、発達障害）について調べる	・生活場面面接と構造化面接の特徴と、施設での日常的な職員と利用者との会話の目的について説明を受ける（②の場❶） ・職員による利用者との面接を観察する（②のSWr❸） ・利用者との面接を展開させるために、自ら質問をする等、話題を提供する（②の実❶） ・基本的傾聴技法（言い換え、閉ざされた質問、開かれた質問等）を用い、意図を持って利用者と話をする（②の実❸）	・（①のSWr❷）の実習内容と共通（②のSWr❹） ・かかわり技法（視線、表情等）を用い、意図を持って利用者と話をする（②の実❷） ・利用者の非言語の表出を観察し、その意味を考える（②の実❹） ・積極技法（助言、情報提供、説明、論理的帰結等）を用い利用者とかかわる（②の発❶）	
③	利用者や地域の状況を理解し、その生活上の課題（ニーズ）の把握、支援計画の作成と実施及び評価	(3) クライエント、グループ、地域住民等のアセスメントを実施し、ニーズを明確にすることができる (4) 地域アセスメントを実施し、地域の課題や問題解決に向けた目標を設定することができる (5) 各種計画の様式を使用して計画を作成・策定及び実施することができる (6) 各種計画の実施をモニタリング及び評価することができる	・アセスメントからモニタリングまでのプロセスを確認する ・障害者総合支援法の概要を確認する ・サービス管理責任者の役割、資格要件について調べる	・障害者総合支援法について説明を受ける（サービス管理責任者の役割・障害支援区分とサービス・職員配置等）（③の場❷） ・サービス管理責任者の役割等について、事前学習の内容を実習指導者に報告する（③の場❶） ・サービス管理責任者から個別支援計画立案の留意点について説明を受ける（③のSWr❶） ・ケース記録等、過去の資料を閲覧する（③のSWr❸） ・個別支援計画の実施について他の職員に説明し、必要に応じて支援者会議等で協力を求める（③の実❾） ・個別支援計画の実施に向けて環境や物など必要な準備を整える（③の実❿） ・個別支援計画を実施する（③の実⓫）	・モニタリング及び評価を行う（③の実⓬） ・モニタリング内容を踏まえ、個別支援計画を修正し、再び実施、評価をする（③の発❸）	・ケース記録 ・フェイスシート ・個別支援計画 ・モニタリング表 ・個別支援計画作成時の会議録 ※現在施設職員で行っている個別支援計画を活用し、実施する
④	利用者やその関係者（家族・親族、友人等）への権利擁護活動とその評価	(7) クライエント及び多様な人々の権利擁護並びにエンパワメントを含む実践を行い、評価することができる	・社会福祉士の倫理綱領、日本知的障害者福祉協会の倫理綱領及び行動規範を読む ・障害者権利条約、障害者虐待防止法、障害者差別解消法の概要を調べる ・合理的配慮、ノーマライゼーション、アドボカシーの意味を調べる	・利用者と権利擁護を意識したかかわりをする（言葉遣い等）（④の実❸） ・障害者虐待防止法、障害者差別解消法について、事前学習の内容を実習指導者に報告する（④の場❶） ・人権侵害ゼロへの誓いについて説明を受ける（④の場❷） ・施設で取り組んでいる合理的配慮について説明を受ける（発送文書の振り仮名、写真やイラストの活用等）（④の場❸） ・施設での権利擁護の取り組み事例の説明を受ける（④の場❹） ・知的障害者への理解を促進するための取り組みについて説明を受ける（施設外作業、館外活動、社会福祉士養成校での講義等）（④の場❻）	・職員の利用者とのかかわりから権利擁護に基づく行動を実習記録に記す（④のSWr❶） ・利用者に合った合理的配慮を考え、実習指導者に報告する（④の実❷） ・実習生自身で考えた合理的配慮の取り組みを実施する（④の発❶） ・利用者との施設外作業や館外活動の引率職員の役割を観察し、留意点を考え、実習記録に記す（④のSWr❺） ・施設外作業や館外活動に参加し、知的障害者への理解促進を意識した行動を実践し、実習指導者に報告する（④の実❻） ・施設内で利用者に権利侵害が生じていると思うことについて実習指導者に報告し、実習指導者と一緒に改善策を検討する（④の発❷） ・施設の実践の評価や、知的障害者の理解を促進させる取り組みを考え、実習記録に記し、実習指導者に報告する（④の発❺）	・法人の虐待防止規定 ・施設の行動規範 ・人権侵害ゼロへの誓い
	多職種連携及びチーム	(8) 実習施設・機関等の	・障害者総合支援法の概要	・施設の委員会等の役割分担表を見て、説明を受ける（⑤の場❶）	・関係機関（嘱託医、相談支援事業所、移動支援事業所等）について、事前学	・施設職員役割分担表

⑤	アプローチの実践的理解	各職種の機能と役割を説明することができる (9) 実習施設・機関等と関係する社会資源の機能と役割を説明することができる (10) 地域住民、関係者、関係機関等と連携・協働することができる (11) 各種会議を企画・運営することができる	(障害支援区分、サービスの支給決定、療育手帳)を調べる ・関係機関（相談支援事業所、移動支援事業所、GH、SS 等）や関係職種(サービス管理責任者、相談支援専門員等)について調べる	・施設内の各職種について説明を受ける（施設長、サービス管理責任者、フロアチーフ、栄養士、目標工賃達成職員、作業補助職員等）（⑤の場❷） ・各職員が担う役割について、業務等を職員に聞き取り、実習記録に記す（⑤の SWr❷） ・実習指導者と他の職員が情報共有している場面を観察する（⑤の SWr❶） ・（③の SWr❻）の実習内容と共通（⑤の SWr❻） ・（③の実❾）の実習内容と共通（⑤の実❹）	習の内容を実習指導者に報告し、役割や連携について説明を受ける（⑤の場❹） ・フロア会議や職員会議等に同席し、そこでの実習指導者の役割を観察し、実習記録に記す（⑤の SWr❸） ・職員に利用者の様子や作業の進捗等を報告する（⑤の実❷） ・実習生自身で職場の情報共有メールを作成し、送る（⑤の実❺） ・チームの一員として、職員から利用者支援について意見を求められた時に、自分の意見を伝える（⑤の実❸） ・実習指導者や他の職員への報告方法やタイミングが適切であったか、実習指導者と検討する（⑤の発❶） ・実習生自身が施設内での支援者会議の必要性を感じたときに、実習指導者と一緒に会議を企画、運営を行う（⑤の発❷）	・各会議録 ・施設 PC（メール）
⑥	当該実習先が地域社会の中で果たす役割の理解及び具体的な地域社会への働きかけ	(12) 地域社会における実習施設・機関等の役割を説明することができる (13) 地域住民や団体、施設、機関等に働きかけることができる	・対象地域の地域特性、人口動態、社会資源について調べる	・施設が町内会や市営住宅から請け負っている作業内容（回覧版配布、公園掃除等）の説明を受ける（⑥の場❶） ・施設と委託作業や椎茸の取引先のつながりについて説明を受ける（⑥の場❷） ・町内会等から請け負っている作業や椎茸販売に同行し、職員が地域住民とどのようにかかわっているか観察する（⑥の SWr❶） ・地域ボランティアの受け入れの概況（人数、頻度、役割等）について説明を受ける（⑥の場❸） ・地域ボランティアと利用者のかかわりに介入する職員の様子を観察し、職員の役割を考え、実習記録に記す（⑥の SWr❸）	・委託作業の請負時や、椎茸の取引先との打ち合わせ（単価交渉等）に同席し職員の様子を観察し、実習記録に記す（⑥の SWr❷） ・委託作業の請負時や、椎茸の取引先との打ち合わせ内容について報告書を作成し、実習指導者に報告する（⑥の実❶） ・地域ボランティアと会話をして、今後の課題を考察し、実習記録に記す（⑥の実❷） ・地域ボランティアと今後の課題について意見交換をする（⑥の実❸）	・請負作業の単価表 ・椎茸価格表
⑦	地域における分野横断的・業種横断的な関係形成と社会資源の活用・調整・開発に関する理解	(14) 地域における分野横断的・業種横断的な社会資源について説明し、問題解決への活用や新たな開発を検討することができる	・法人 HP 閲覧（施設見学会案内等）	・他法人や専門学校との合同研修について説明を受け、研修の映像を観る（⑦の場❶） ・合同研修で関係のある法人、専門学校についてホームページ等で調べた上で、合同研修に向けた打ち合わせ及び合同研修に参加する（⑦の実❶） ・他法人や専門学校との合同研修に向けた打ち合わせに同席し、職員の様子を観察し、職員の役割を考え、実習記録に記す（⑦の SWr❶） ・各種教育機関からの施設見学の実績について説明を受ける（⑦の場❷） ・職員が社会福祉士養成校等の学校に出向き、後進の育成のために行っている活動について説明を受ける（⑦の場❸） ・取引先（金融機関、給食提供業者等）及び、それらと施設との連携について説明を受ける（⑦の場❹） ・取引先（金融機関、給食提供業者等）との打ち合わせに同席し、職員の様子や連携における留意点を考察し、実習記録に記す（⑦の SWr❸）	・他法人や専門学校との合同研修を企画し実習指導者に報告する（⑦の発❶） ・各種教育機関からの施設見学に同席し、職員の様子を観察し、見学対応の留意点を考察し、実習記録に記す（⑦の SWr❷） ・施設で行う後進育成、施設見学の企画を考え、実習指導者と意見交換を行う（⑦の発❷） ・施設職員と取引先（金融機関、給食提供業者等）との連携を考察し、（日々の食事提供場面・職員との連携）課題・解決に向けた自分の意見を実習指導者に報告する（⑦の実❷） ・取引先（金融機関、給食提供業者等）との会議後に施設所属の窓口（管理者・栄養士等）と会議を振り返り、自社運営と業務委託を比較、評価する（⑦の発❸）	・法人概要資料 ・社会福祉士養成校等で使用している講義資料等の各種資料 ・合同研修の映像 ・各企画書
⑧	施設・事業者・機関・団体等の経営やサービスの管理運営の実際（チームマネジメントや人材管理の理解を含む）	(15) 実習施設・機関等の経営理念や戦略を分析に基づいて説明することができる (16) 実習施設・機関等の法的根拠、財政、運営方法等を説明することができる	・法人 HP 閲覧(法人理念・定款・財務諸表) ・障害者総合支援法の概要	・社会福祉法人の法的根拠・役割についての説明を受ける（⑧の場❶） ・社会福祉法人に期待される役割、そこでの社会福祉士の役割をまとめ、実習記録に記す（⑧の SWr❶） ・職員役割分担表を基に間接的支援業務（職員育成等）について説明を受ける（⑧の場❷） ・施設内の間接支援業務のなかで、実習指導者が担っている業務を抽出し、役割や機能について実習記録に記す（⑧の SWr❷） ・施設の危機管理（感染症対策、事故対応、業務マニュアル、苦情対応等）について説明を受ける（⑧の場❻） ・施設財務（福祉会計、授産会計）について説明を受ける（⑧の場❼） ・SWOT 分析を用いた工賃向上計画を基に授産事業の説明を受ける（⑧の場❽）	・社会福祉法人として公益性、透明性を意識した施設内の取り組みを抽出して実習指導者に報告をする（⑧の実❶） ・職員が作成した工賃向上計画を閲覧し、実習生が所属するフロアの目標、取り組み、課題を実習記録に記す（⑧の SWr❹） ・作業工賃分析会議に参加し、工賃向上に向けての課題を考察し、実習指導者に報告する（⑧の実❺） ・工賃向上計画を客観的に評価し、強みや課題を抽出して作業担当者との意見交換をする（⑧の発❷）	・法人だより ・施設運営規定 ・業務マニュアル等 ・施設職員役割分担表 ・工賃向上計画
⑨	社会福祉士としての職業倫理と組織の一員としての役割と責任の理解	(17) 実習施設・機関等における社会福祉士の倫理に基づいた実践及びジレンマの解決を適切に行うことができる (18) 実習施設・機関等の規則等について説明することができる	・④の事前学習と共通	・翌日の勤務（実習）開始時間を確認する（⑨の実❷） ・実習開始時間に間に合うように出勤し、朝のミーティングに参加する（⑨の実❸） ・施設が社会福祉士の倫理に基づいた実践を行う場であることの説明を受ける（⑨の場❶） ・（④の場❺）の実習内容と共通（⑨の場❷） ・法人の就業規則（服務規定、個人情報保護規定等）を読み、説明を受ける（⑨の場❸） ・秘密保持のための取り組み（文書、メール等の取り扱い方）について説明を受ける（⑨の場❹） ・実習指導者と他の職員が情報共有している場面を観察する（⑨の SWr❸）	・実習指導者のタイムスタディを行い、倫理綱領に基づいた行動を抽出し、記録する（⑨の SWr❶） ・法人の就業規則を読んだ上で、職員の立ち振る舞い等を観察し、実習指導者に報告する（⑨の SWr❷） ・実習中に作成した文書や課題、資料等を必要な物と不要な物に分け、不要な物はシュレッダーで破棄する（⑨の実❺） ・勤務時間（実習時間）の計算を行う（⑨の実❹）	・人権侵害ゼロへの誓い ・法人の就業規則 ・日本知的障害者福祉協会の倫理綱領、行動規範

					・（⑤の実❺）の実習内容と共通（⑨の実❻）		
⑩	1	アウトリーチ	(19) 以下の技術について目的、方法、留意点について説明することができる ・アウトリーチ ・ネットワーキング ・コーディネーション ・ネゴシエーション ・ファシリテーション ・プレゼンテーション ・ソーシャルアクション	・用語を調べる	・事前学習の内容を実習指導者に報告する（⑩-1 の場❶） ・作業の手が止まっている利用者に声をかけている職員の様子を観察する（⑩-1 の SWr ❶） ・作業の手が止まっている利用者に声をかける（⑩-1 の実❶）	・作業の手が止まっている利用者に声をかけ、手が止まっている理由の聞き取りをする（⑩-1 の発❶）	
	2	ネットワーキング			・事前学習の内容を実習指導者に報告する（⑩-2 の場❶） ・（①の実❷）（③の実❾）（⑤の場❷）を通して実施	・利用者や保護者、施設職員、関係機関、ボランティア、地域住民等に自ら挨拶、自己紹介をすることで、相手の立場、役割等を理解する（⑩-2 の発❶） ・（⑤の場❹）（⑤の SWr ❸）（⑤の実❷）（⑤の実❸）（⑤の発❷）を通して実施	・各種会議録
	3	コーディネーション			・事前学習の内容を実習指導者に報告する（⑩-3 の場❶） ・（③の実❾）（⑤の SWr ❶）（⑥の SWr ❸）を通して実施	・（⑤の実❺）（⑤の発❷）（⑥の実❷）（⑥の実❸）を通して実施	・施設 PC（メール）
	4	ネゴシエーション			・事前学習の内容を実習指導者に報告する（⑩-4 の場❶） ・（③の実❾）を通して実施	・（⑤の SWr ❸）（⑤の発❷）（⑥の SWr ❷）（⑥の実❶）を通して実施	・各種会議録
	5	ファシリテーション			・事前学習の内容を実習指導者に報告する（⑩-5 の場❶） ・フロア会議に同席し、ファシリテーターの役割を観察し、留意点等を考察し、実習記録に記す（⑩-5 の SWr ❶） ・（③の実❾）を通して実施	・フロア会議に参加し、ファシリテーターの役割を担う（⑩-5 の実❶） ・（⑤の SWr ❸）（⑤の発❷）（⑥の SWr ❷）（⑥の実❶）を通して実施	・請負作業の単価表 ・椎茸価格表 ・各種会議録
	6	プレゼンテーション			・事前学習の内容を実習指導者に報告する（⑩-6 の場❶） ・（③の実❾）を通して実施	・（④の発❺）（⑤の SWr ❸）（⑤の発❷）（⑥の SWr ❷）（⑦の発❷）を通して実施	・各種会議録 ・各種企画書
	7	ソーシャルアクション			・事前学習の内容を実習指導者に報告する（⑩-7 の場❶） ・（④の場❻）を通して実施	・（④の SWr ❺）（④の実❻）（④の発❺）を通して実施	

※前半（概ね１週目）、後半（概ね２週目）の期間に関する表記は集中実習の場合のイメージであり、通年での実習や一定期間に分散して実習する場合には実習形態に適した期間を設定した上で使用する

第 4 章
実習スーパービジョン論

はじめに

ソーシャルワークの実践において、その専門性を担保する上で、スーパービジョンは必須のものであることは養成校、実習施設・機関においても共通に理解されていることでしょう。そして、社会福祉士の実習に取り組む学生は、ソーシャルワークにかかわる講義科目や演習科目で実習前にスーパービジョンの基本的な知識や実践の取り組みを学んでいます。さらに、実習では、スーパービジョンが実際に学生自身の実践として、どのような実習先でも体験する内容として捉えられています。

本章では、実習生の成長過程に直接的にかかわり、実習の展開を促していく実習スーパービジョンについて提示します。実習指導者が実習生のソーシャルワーク実習の理解を踏まえた上で、実習スーパービジョンとして必要な実践について確認できることを期待します。

第１節では、実習スーパービジョンの前提となるスーパービジョンの基礎知識を提示しています。スーパービジョンの意義や日本の社会福祉現場における取り組みの現状、スーパービジョンの基本的な構造と機能について述べます。

第２節では、実習スーパービジョンの特徴や基本的体制がどのようなものであるかについてまとめています。前章までの内容にもあるように、ソーシャルワーク実習は実習の目的や内容が定められ、それに沿って実習が展開されます。実習スーパービジョンの特徴的な体制や機能、いずれの展開過程においても必要となるスーパービジョンの留意点等について説明します。

第３節では、実習の展開過程や実習生の状況に応じて行われる実習スーパービジョンについて、スーパーバイザーが実践することを具体的に説明します。個別実習プログラムに従って、現場（フィールド）で実習生が携わるソーシャルワーク実践や、そこからさらに理解を深めていく学習過程に実習スーパービジョンはどのようにかかわっていくか、また、それらからどのような実習の評価を行っていくかを提示します。

第４節では、事例を含めて、スーパーバイザーの実践を提示しています。実習スーパービジョンの展開内容を踏まえて、必須となる契約にかかわるやり取りの内容を確認します。さらに、スーパービジョンの前提となる実習生のアセスメントやモニタリング、学びの促進として用いるスーパービジョンの方法や留意点、スーパービジョンの実践事例を提示します。

第1節

スーパービジョンの基礎理解

1 ソーシャルワークにおけるスーパービジョンの定義

本節では、実習スーパービジョンを行うにあたり、その基本となるソーシャルワーク・スーパービジョンについて確認していきます。

ソーシャルワークが専門職として体系化された知識や実践によって行われているものであるということを踏まえ[1)]、ソーシャルワーク・スーパービジョンはクライエントの利益になるソーシャルワーク実践の専門性の担保、ソーシャルワーカーとしての成長に欠かせないものとして位置づけられています。全米ソーシャルワーカー協会の定義では「ソーシャルワーク・スーパービジョンとはソーシャルワーカーがソーシャルワーク実践における責任主体として、技術・知識・態度・倫理的基準の発展を促進していくことを目的とするところのスーパーバイザーとスーパーバイジーで取り結ばれる関係性である」とされています[2)]。

ソーシャルワーク・スーパービジョンの歴史的展開をみると、現在のスーパービジョンの起こりは、19世紀に慈善組織協会（COS）で行われていた友愛訪問にかかわる有償チャリティワーカーの教育実践であるといわれています。COSの活動はソーシャルワーク実践としては萌芽的位置づけであり、かつ、社会的に承認された専門職業として成り立っている実践ではありませんでした。しかし、友愛訪問の目的を踏まえて、訪問員の質を保つ教育がなされていたことはソーシャルワーク実践におけるスーパービジョンに通じるものとして評価されています[3)]。

---

1) ソーシャルワークのグローバル定義（2014年、IFSW及びIASSWのメルボルン総会において採択）、「社会福祉士及び介護福祉士法」の条文等参照。

2) 全米ソーシャルワーカー協会・全米ソーシャルワーク連盟（National Association of Social Workers.Association of Social Work Boards（2013).）
野村豊子「序章 ソーシャルワークにおけるスーパービジョンの文化の醸成――ソーシャルワーク・スーパービジョンの現状と課題」 日本社会福祉教育学校連盟監『ソーシャルワーク・スーパービジョン論』中央法規出版、2015年、p.3

3) アルフレッド・カデューシン、ダニエル・ハークネス、福山和女監、萬歳芙美子・荻野ひろみ監訳、田中千枝子責任編集『スーパービジョン イン ソーシャルワーク 第5版』中央法規出版、2016年、pp.2～3

現在、ソーシャルワークにおけるスーパービジョンについてはさまざまな定義があります。スーパービジョンの歴史的な成り立ちはソーシャルワークの歴史的展開過程とソーシャルワーカーの専門性の検討からも、概念定義を検討・研究されてきました。

そのような経緯のなかで、包括的な内容を定義として示しているカデューシン（Kadushin,A.）は管理的、教育的、支持的という３つの機能を提示しています。そして、「スーパーバイザーとは有資格ソーシャルワーカーのことであり、スーパーバイジーの業務に関する説明責任をもつことから業務遂行を指示し、調整し、その質を高め、評価する権威を委譲されている」とし、さらに、「スーパーバイザーの究極の目標は機関の方針と手順に従ってクライエントに対し量及び質ともに可能な限り最善のサービスを提供することである」と述べています[4)]。

2 ソーシャルワーク・スーパービジョンの日本における歩み

日本において公的なソーシャルワーク専門職の育成が行われるようになった経緯は、第二次世界大戦後、連合国軍最高司令官総司令部（GHQ）の影響下で社会福祉法体制が形成されたことに始まったと捉えられます。制度のなかでは社会福祉援助実践にかかわる職員研修等にみることができます[5)]。

まず、「公的扶助」制度の形成過程のなかで、1951（昭和26）年に制定された「社会福祉事業法」において「福祉事務所」が設置され、そこで行われる「ケースワーク」にかかわる「生活保護指導職員制度」によって、スーパービジョンが制度となりました。具体的には、福祉事務所のケースワーカーに研修が行われていました。

さらに、「専門職の育成」ということでは、当時喫緊の課題となっていた戦災孤児に対する児童福祉課題に対して、1949（昭和24）年に国際連合からキャロール（Carrol,A.K.）女史が来日し、児童相談所をはじめとする児童福祉行政全般についての指導が行われました。そのなかで、児童福祉司の行う相談援助活動や児童相談所職員に対する専門の援助研修が行われ、スーパービジョンが児童相談所において展開されることとなりました。その後も児童相談所で事例検討やスーパービジョンは行われてはいましたが、いわゆる専門職人材の配置等が必ずしも継続されず、専門職の育成として有効に活用され続けたという評価に至っているとはいえません。

一方で、行政機関以外でみられたソーシャルワーク専門職の育成やスーパービジョンの導入ということでは、医療ソーシャルワークの領域にその展開をみることができます。その代表的なところとして葵橋病院（葵橋ファミリー・クリニック）や淀川キリスト教病院の先駆的な取り組みが1960年代から1970年代にみられます。デッソー（Dessau,D.）によって葵橋ファミリー・クリニックで行われていたソーシャルワーカーへのスーパービジョンは、地域の医療ソーシャルワーク専門職に大きな影響を及ぼしていたことが評価されています[6)]。

第二次世界大戦後に社会福祉制度の形成と確立、展開とともに社会福祉援助の拡充が要請されるようになりました。そのなかで、いわば、社会福祉制度とあわせて新たに取り入れられた社会福祉の専

---

4)　前掲3)、p.19

5)　仲村優一「戦後社会福祉とソーシャルワーク」、山崎美貴子「ミクロ的方法・技術の課題と展望」、窪田暁子「社会福祉実践分野と社会福祉の方法」等に詳しい。いずれも『戦後社会福祉の総括と21世紀への展望4 実践方法と援助技術』ドメス出版、2002年に掲載されている。

6)　ドロシー・デッソー顕彰会事務局「ドロシー・デッソーの人と思想：戦後日本のソーシャルワーク」2004年に詳しい。

門援助にかかわる育成において、スーパービジョンの導入も必要なものとして紹介され、いくつかの取り組みが始まり、スーパービジョンが民間の施設・機関において取り入れられてきた経緯がみられました。しかし、行政機関でスーパービジョンが用いられるにあたっては、導入の基底となっていた専門職採用の環境や行政機関内での専門職に対する業務役割が活かされる領域が限られているといった課題がありました。また、資格制度などの成立以前の時代においては、ソーシャルワーカーが専門職として社会的に認識され、専門職として養成や育成される体制が社会福祉援助の環境につくられることも難しく、具体的な展開には至りませんでした。

その後、1980年代になり、社会福祉の課題が複雑化するのにともない、ソーシャルワークや専門職の養成・育成の必要性が認識されるようになってきました。特に社会福祉士及び精神保健福祉士の国家資格にかかわる法整備の議論と資格化後の養成･育成のあり方について議論がなされ､改めてスーパービジョンの体制整備が必要なものとして社会的な認識にあがってくることとなりました。

1990年代になると、専門職制度のなかでは、資格取得のための実習において、事前・事後学習という枠組みだけでなく、実習中ならびに事前・事後における実習スーパービジョンが必須のものとして論じられ、カリキュラムに位置づけられました。

さらに、2000年以降は、地域における社会福祉援助、包括的なサービス提供が求められていくなかで、ソーシャルワーカーの位置づけと専門性のあるサービス提供がより明確に要請されるようになりました。職能団体の取り組みとしては、日本社会福祉士会、日本精神保健福祉士協会、日本医療ソーシャルワーカー協会等のスーパーバイザー養成研修認定などの取り組みがあります。2011（平成23）年に設立された認定社会福祉士認証・認定機構による認定社会福祉士ならびに認定上級社会福祉士の認定制度では、スーパービジョンを受ける・することが認定や更新に必要なこととなっています。

また、2016（平成28）年「ソーシャルワーカー養成教育の改革・改善の課題と論点＜最終報告＞」（ソーシャルワーク教育団体連絡協議会「新福祉ビジョン特別委員会」（日本社会福祉士養成校協会、日本精神保健福祉士養成校協会、日本社会福祉教育学校連盟））のなかで提示されたソーシャルワーカー養成の課題や「ソーシャルワーク専門職である 社会福祉士に求められる実践能力」（日本社会福祉士会（第10回社会保障審議会福祉部会福祉人材確保専門委員会　平成29年3月28日提出資料）にもスーパービジョンの必要性が明確になっていることが確認できます。

3 スーパービジョンの構造と機能

（1）スーパービジョンの機能

スーパービジョンは、ソーシャルワーク理論の発展とともにその定義や機能が多様になりました。ここではスーパービジョンの理論、実践の展開のなかで多く用いられているカデューシンによるものを提示します。

1）管理的スーパービジョン

スーパービジョンには、施設・機関の運営管理上の責任を果たす機能があります。内容としては、スタッフの募集や採用、スタッフの就任や配置にかかわること、さらに、業務のプランニングや振り分け、委託から評価、業務の調整や組織のなかでの調整等についても、組織や地域とスーパーバイジーとの媒介者等の役割を果たすこと等が挙げられています。スーパーバイザーは「機関の方針や手続きに従い、量と質の両面から職場、機関の設備、人的資源を組織する」[7]として提示されています。

2）教育的スーパービジョン

スーパーバイジーが効果的な実践をするためには、ソーシャルワーク実践に必要な専門職としての知識や技能、価値や理念を伝達し、学習を支援することが求められます。スーパーバイザーはスーパーバイジーの学びの計画やプロセスにかかわり、自己覚知を促していくこととなります。

3）支持的スーパービジョン

スーパービジョンには、スーパーバイジーの業務におけるストレス軽減などの機能があります。スーパーバイジーの実践を妨げるストレスを減らしたり、実践への意欲を高めることで、能力を向上させたり、効果的な実践につなげていきます。

そして、これらの機能は相互に補完的に機能していくものです。管理的機能が発揮されることによって、適切な業務量により、スーパーバイジーの学習意欲が増し、教育的スーパービジョンがより効果的に機能することにつながります。また、教育的スーパービジョンによって、専門知識がスーパーバイジーに活用可能なものになることで、業務もしくはクライエントに対してストレスが減り、意欲が増していくはたらきかけが有効に機能していく、という循環が期待できます。

よって、スーパービジョンがどのような影響を及ぼすことができているかについて、スーパービジョンの過程のなかで多様な側面から確認し、評価していくことはスーパービジョンを効果的に行うことに有効といえるでしょう。

上記のような機能の活用によって、ソーシャルワークにおける原理、倫理基準などを順守したクライエントの最善の利益に向かうソーシャルワーク実践が期待されています。殊に、倫理的ジレンマが生じるなかでは、ソーシャルワーク・スーパービジョンが有効になされることは必要であると考えられます。スーパービジョンにおいて、倫理的指針による実践の優先順位の確認など実践の根拠にかかわる内容を取り上げることも想定されます[8]。

(2) スーパービジョンの効果

スーパービジョンの効果としては、①サービス水準の確保、②施設、機関の信頼性の確保、③専門性の自己覚知、④職員のモチベーションの維持と向上、⑤施設、機関、組織の質の向上が提示されています。そして最終的には施設、機関全体の質の向上につながるといえます[9]。

---

7) 前掲 3)、p.89

8) Dolgoff, R., Harrington, D., & Loewenberg, F. M. (2012). Ethical decisions for social work practice (9th ed.). Belmont, CA: Brooks/Cole.,p.80 による価値の優先順位は、①生命の保護、②社会正義、③自己決定、自律、自由、④最小限の害、⑤生活の質、⑥プライバシーと守秘義務、⑦誠実さと開示、と提示されている。

9) 日本社会福祉士養成校協会編『相談援助実習指導・現場実習教員テキスト 第2版』中央法規出版、2015年、p.152

図 4-1　スーパービジョン構造

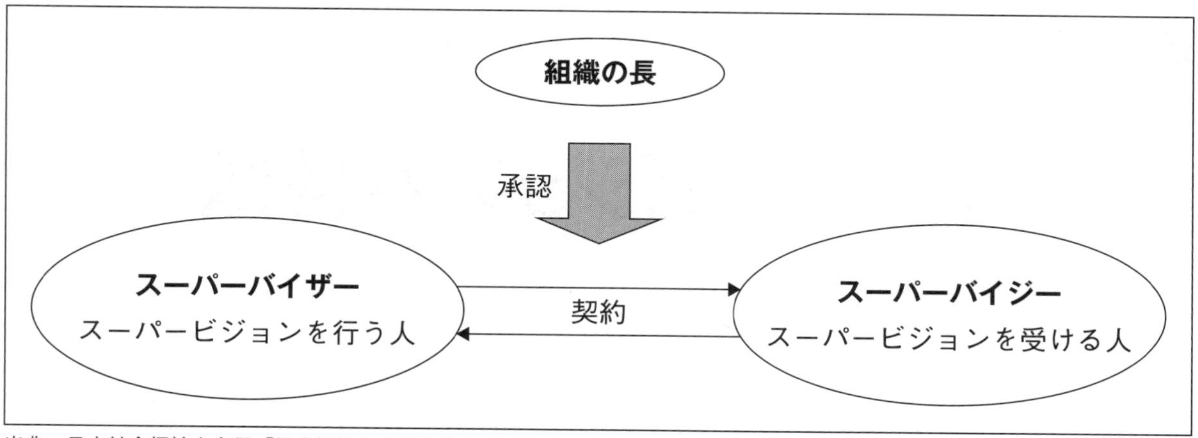

出典：日本社会福祉士会編『社会福祉士実習指導者テキスト 第２版』中央法規出版、2014 年、p.247 を一部改変

(3) スーパービジョンの構造

組織内で行われるスーパービジョンの構造は、**図 4-1** に示すとおり、スーパーバイザーとスーパーバイジーの関係を所属長の承認のもとに契約（相互了解）し、進めていくことになります。

(4) スーパービジョンの展開

スーパービジョンの展開は、論者によって示されている項目に違いがあります。例えば、シュルマン（Shulman, L.）(1982) によると、準備の段階、チューニング・イン、契約の段階、遂行の段階、評価・終結としていますが、ホーキンズ（Hawkins, P.)、ショヘット（Shohet, R.)、ライド（Ryde,J.)、ウィルモット（Wilmot, J.）(2012) によると、契約を交わす、聞き取る、探求する、行動を起こす、評価するとされています。諸理論を概観してみると、ソーシャルワーク展開と同じく、アセスメント、プランニング、実施、モニタリング、評価という展開に沿ったものと考えられます。

(5) スーパービジョンの方法

スーパービジョンの方法には、主には個人スーパービジョンとグループスーパービジョンがあります。個人スーパービジョンは１対１の面接方式によって行う方法です。グループスーパービジョンは、１人のスーパーバイザーに対してスーパーバイジーと複数のグループメンバー間の相互作用を活用する方法があります。さらに、スーパーバイザーがいない場合に、仲間同士で行うものをピアスーパービジョンとしています。また、クライエントの面前で行うライブスーパービジョンという方法もあります。

第2節

実習スーパービジョンの特徴

1 なぜ実習スーパービジョンが必要なのか

実習スーパービジョンは基本的には、ソーシャルワーク専門職間で行われるスーパービジョンと同じですが、実習という性格上異なる点もあります。ここでは、その特徴を理解する前に、なぜ実習スーパービジョンが必要なのかについて考えていきます。

第一に、実習スーパービジョンは次世代のソーシャルワーカーの養成になくてはならないものであるということです。経験を積んだソーシャルワーカーが次の時代を担うソーシャルワーカーを育て、やがて実習生が将来後進の育成に携わるという循環は、ソーシャルワーク専門職の維持発展に欠かせないものであるといえます。実習生は養成校において、さまざまな福祉的な課題やそれに対する支援技術について学んでいますが、実習ではソーシャルワークの実践現場において、どのような福祉的課題が実際にあって、それに対してどのように支援が展開されているのかについて、スーパーバイザーの指導を受けながら体験的に学ぶことができます。また、実習施設・機関にとっては、次世代の職員候補生を育てる機会でもあります。実習生が実習を通じて、ソーシャルワークの現場を理解しそのやりがいや魅力を感じることで、実習先や、あるいは同種の施設・機関への就職につながるということもあります。そのため、質の高い実習経験を実習生が得られることと、それを支える実習スーパービジョンの役割は重要です。

第二に、実習施設・機関職員にとっては、実習生を通じて多様性に触れ、職員や実習生への指導、クライエントへの支援の新たな視点や支援方法を学ぶ機会ともなります。実習指導者は実習生へのスーパービジョンを通じて、自らの実践を実習生に伝えることができます。また、実習生との双方向のやり取りから、これまでの実践を振り返りより深く理解し、さらには自らの課題を発見し専門職としての成長の機会を得ることができます。

第三に、実習担当教員にとっても、実習生へのスーパービジョンを通して、福祉現場の実際に触れ、実習指導者との協働から実習教育や研究に関する新たな視点や方法を得るなど、多くを学ぶ機会ともなります。また、養成校にとっては、専門職養成の社会的責任を果たす取り組みの一環として重要な役割を果たします。

このように、実習スーパービジョンは専門職養成のための重要な役割のほかに、実習生を受け入れる実習施設・機関や実習指導者にとって、また養成校や実習担当教員それぞれにとって意義のある取り組みであるといえます。

2 実習スーパービジョンの特徴

（1）専門職間のスーパービジョンとの違い

次に、専門職間で行われるスーパービジョンとの比較から、実習スーパービジョンの特徴について説明します。

まず、スーパービジョンの契約についての違いがあります。専門職間の場合は、職場内外問わずスーパーバイジーとスーパーバイザー間の契約に基づいて行われます。職場内では口頭での同意が含まれますが、認定社会福祉士の認定や更新のためのスーパービジョンや職場を離れて行われるものには契約書が必要です。一方で、実習スーパービジョンの場合は、実習生は養成校でのソーシャルワーク実習を履修することが契約となって、実習担当教員からスーパービジョンを受けます。また、養成校と実習施設・機関との実習契約の締結により、実習指導者から実習中のスーパービジョンを受けます。このように、専門職間のスーパービジョンはスーパーバイジーとスーパーバイザー間の契約に基づき実施されるのに対し、実習スーパービジョンは実習教育のなかに組み込まれているという特徴があります。

次に、スーパーバイジーの立場の違いがあります。専門職間のスーパービジョンの場合は、スーパーバイジーはすでに福祉の現場で職員としてはたらき、人によって経験年数は異なりますが、ソーシャルワーク実践の経験をもっています。一方で、実習スーパービジョンでは、実習施設・機関は実習生にとって一時的な居場所であり、また実習生はソーシャルワーク実践の経験をほとんどもっていないため、実習によりはじめてその経験を得ることができます。スーパービジョンはスーパーバイジーのソーシャルワーク実践の経験を基にそれを素材として展開されるため、実習生が実習施設・機関に慣れ、そして実習からソーシャルワーク実践の経験が得られるようにしていくことも実習スーパービジョンでは必要になります。

さらに、専門職間のスーパービジョンは通常職場内の上司など１人のスーパーバイザーがいるのに対して、実習スーパービジョンでは実習先の実習指導者と養成校の実習担当教員の２人のスーパーバイザーがいるという特徴があります。この特徴については、次に詳しく説明していきます。

（2）2人のスーパーバイザーと役割分担

図4-2は実習スーパービジョンの二重構造を示します。養成校では実習前、実習中、実習後の年間を通じてスーパービジョンが実施されます。実習先では、事前訪問時を含め、基本的に配属期間中に実施されますが、実習終了後に養成校で行われる実習報告会での実習生の発表や、実習報告レポートに対してコメントを求められることもあります。そして、実習中は実習指導者と実習担当教員がそれぞれの役割を果たしながら互いに連携をとって実習生へのスーパービジョンを実施していきます。さ

図 4-2　二重のスーパービジョン構造

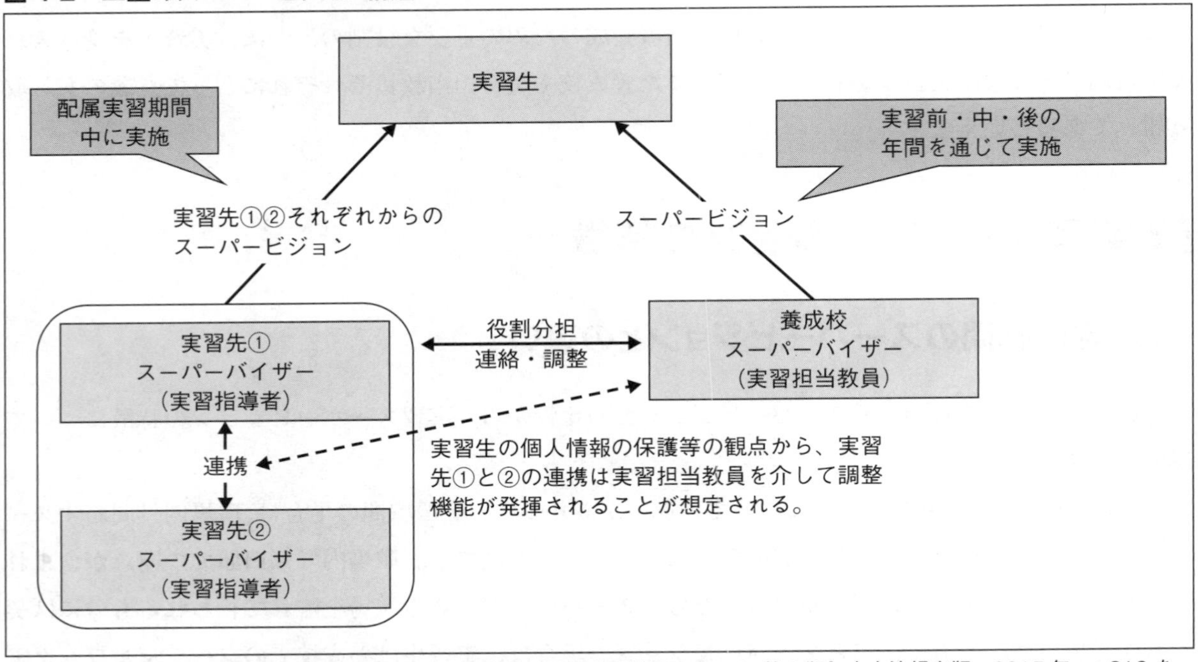

出典：日本社会福祉士養成校協会編『相談援助実習指導・現場実習教員テキスト 第２版』中央法規出版、2015 年、p.216 を一部改変

らに、２か所以上の実習が義務づけられているため、実習生にとって時期は異なりますが複数の実習指導者をもつことになります。１か所目実習の実習指導者から２か所目実習の実習指導者へ実習生の指導内容等について申し送りが必要な場合など、実習指導者間の連携は、実習生の個人情報の保護の観点から実習担当教員を介して調整機能が発揮されることが想定されます。

次に**表 4-1** は２人の実習指導者と実習担当教員の対象者別の役割分担を示します。実習スーパービジョンでは、実習指導者と実習担当教員がそれぞれ役割を分担します。実習指導者は、実習生とクライエント、職員、その他実習関係者との関係、さらにスーパーバイザーとの関係を対象とします。実習担当教員は、実習生の実習目的、知識、モチベーションや個人的に抱えている課題などのほか、実習生と実習担当教員との関係や他の実習生との関係が対象に含まれます。さらに、さまざまな理由で実習生と実習指導者との関係がうまく構築できない場合など、実習生や実習指導者の依頼に応じて実習生に対するスーパービジョンを実施することがあります。その他、実習中にかかわる人との関係以外にも、実習記録、実習施設・機関の組織や運営、諸制度、地域の社会資源など多岐に渡り、実習指導者は実習生の実習中の学びに関することについて必要なスーパービジョンを行います。また、実習担当教員も巡回指導や帰校指導を通じて必要なスーパービジョンを行います。

また、クライエントと実習生の権利擁護についても、実習指導者と実習担当教員の重要な役割に含まれます。実習指導者は実習生の学びの環境を整え実習の充実を図る一方で、実習によりクライエントの権利が侵害されることがないよう必要なスーパービジョンを行います。一方、実習担当教員は、実習生の権利擁護が中心となりますが、実習生を通じて間接的にクライエントの権利擁護について必要なスーパービジョンを行います。実習生が実習中に自らの権利が侵害されたと感じた場合や、クライエントに不利益を与えてしまったと感じた場合に実習指導者や実習担当教員と相談できる体制があることを、実習開始前のオリエンテーションはもちろん、実習中にも実習生に伝えていくことが大切です。

表 4-1　2人のスーパーバイザーの対象者別の役割分担

	時期	内容	備考
実習指導者	・事前訪問時を含めた配属 ・実習期間中	・クライエント（家族）との関係 ・職員との関係 ・その他実習関係者との関係 ・実習指導者との関係※	
実習担当教員	・実習事前指導時 ・配属実習期間中 ・実習事後指導時（年間を通じて）	・実習生自身の問題（実習目的、知識、モチベーションや実習生の個人的に抱えている課題等） ・実習担当教員や他の実習生との関係 ・実習指導者との関係※	実習指導者との関係が困難なとき、実習生や実習指導者からの依頼により実習担当職員がスーパービジョンをすることもある

※　どちらが行うかは、実習指導者と実習担当教員の相談により決める。
出典：日本社会福祉士会編『社会福祉士実習指導者テキスト 第2版』中央法規出版、2014年、p.252を一部改変

（3）スーパービジョンの機会

スーパービジョンは、実習契約に含まれているため、すべての実習生に対して、実施される必要があります。実施の機会は、実習プログラムの展開に沿って、事前訪問時、実習中、実習終了時に定期に行われますが、実習生と実習指導者の必要に応じて随時でも行われます。また、実習中に、実習担当教員が1週間毎に1回程度の頻度でスーパービジョンを実施します。実施方法は養成校により異なりますが、巡回訪問を最低1回含み、残りは帰校指導で実施する場合もあります。

3 実習スーパービジョンの3つの機能

実習スーパービジョンには、専門職間のスーパービジョンと同様に、管理的機能、教育的機能、支持的機能が含まれ、これらの機能が互いに関係しあっています。管理的機能は「実習生の学びの環境を調整する機能」、教育的機能は「実習生の学びを促す機能」、支持的機能は「実習生の学びの意欲を支える機能」と考えることができます。それぞれの機能について、日本ソーシャルワーク教育学校連盟による「ソーシャルワーク実習指導・実習のための教育ガイドライン（2021年8月改定版）」を基に説明します。

（1）実習生の学びの環境を調整する（管理的機能）

実習指導者は、実習生に実習施設における組織の目的や規則などを理解させながら実習計画の到達目標の達成に向け、マネジメントを行い、実習生が実習施設における職員の1人として、ソーシャルワーク実習ができるようその機能を担います[10]。

10）　日本ソーシャルワーク教育学校連盟「ソーシャルワーク実習指導・実習のための教育ガイドライン（2021年8月改訂版）」2021年、p.9

(2) 実習生の学びを促す（教育的機能）

実習指導者は、実習施設・機関で作成した個別実習プログラムと実習生が立てた実習計画書の到達目標達成に向けて課題となっている実際の実習場面において、実習前または実習中に学んだ知識や不足している知識の習得を促し、ソーシャルワーカーとして、知識を統合的に活用できるよう導いていきます[11)]。

その際の方法として実習体験を基にしたスーパービジョンが有効です。まず、①実習で得た具体的体験（実習場面）について実習生から傾聴します。次に②その経験について、質問を繰り返し、実習生がより詳しく振り返ることができるようにします。さらに、③その体験の意味について考え、同じような場面で今後活用できる方法について検討することを促し、そして④準備した方法を実習のなかで試すことを促します。この①～④の循環を繰り返すことで実習生が、ソーシャルワークの価値・知識・技術を実践場面で統合的に活用できるようになっていきます。また、この過程において実習生の理解や態度がソーシャルワークの専門職として間違っている場合は、実習生の気づきを促すような問いかけや専門職の価値・知識・技術の振り返りによって、実習生を正しい方向に導いていくことも重要です。

(3) 実習生の学びの意欲を支える（支持的機能）

実習生が倫理的なジレンマを抱えたり、予定していた個別実習プログラムや実習計画書の到達目標に達することができないなどにより、自信をなくしたり、自己肯定感が低下することもあるため、実習指導者によるスーパービジョンにおける支持的機能が求められます[12)]。

以上のように、実習指導者は、管理的機能、教育的機能、支持的機能の３つの機能を含むスーパービジョンを実施していきます。またこれらの３つの機能は相互にかかわっています。

4 実習スーパービジョンの基本的スキル

実習スーパービジョンで特によく用いられる、スーパービジョンの基本的スキルについてみていきます。

(1) 語りの保障と非審判的態度

スーパービジョンの際に、実習生が自らの実習体験や実習を通じて得た疑問などについて、自分自身の言葉で語ることが大切です。実習指導者が実習生の語りを傾聴することで、実習生が安心して実習体験や疑問に感じたことを言語化することができます。また、実習生の語ることを安易に否定しないことも大切です。実習指導者がそのような姿勢で実習生にかかわることは、良好なスーパービジョ

---

11) 前掲 10)、p.9
12) 前掲 10)、p.10

ン関係を構築することにも役立ちます。

(2) 語りを促す問いかけ

実習生は自身の実習体験を言語化することが時として困難な場合があります。スーパービジョンを通じて情報が整理され、気づき、体験を客観的にみることができるようになります。そのためには、実習指導者は、実習生の語りを促す問いかけをすることが必要になります。問いかけの例としては、「どういった状況だったのですか？」「そのとき、あなたはどんなかかわり方をしたのですか？」「どのように思いましたか？」「なぜ違和感をもったのでしょうか？」など、実習生の語りが深まるような問いかけをします。

(3) 実習生間の関係を活用する

養成校では、帰校指導や事後指導においてグループスーパービジョンを行うことがあります。実習生同士が体験を語り合うことによって、自身の体験を振り返り客観的に理解できるよう促していきます。実習施設・機関においても、実習生が複数いる場合は、実習生同士で実習の進捗状況の確認や、実習中の体験や疑問点などを話し合う機会を設け、スーパービジョンに活用することも有効です。

(4) 実習記録を活用する

クライエントや職員などとの実習でのかかわりの状況（具体的なやりとり）の記述と、それに対する考察が書けているか、また実習中に得られた情報や知識の情報源が明確になっているかなど、実習記録の書き方についての指導が必要になります。そして、この記録を活用して実習体験を振り返り、それを基にしたスーパービジョンを行うことができます。

(5) その他活用できる情報

その他、スーパービジョンに活用できる情報として、スーパーバイザーが実習の状況を観察して感じたことや、かかわった職員やクライエントからの評価、実習生の自己評価などがあります。さらに、実習評価表の項目は、実習目標、実習内容と連動しているので、これらを活用し実習生の自己評価を求め、それを踏まえたスーパービジョンを行うことが効果的です。

<参考文献>

・日本社会福祉士養成校協会編『相談援助実習指導・現場実習教員テキスト 第2版』中央法規出版、2015年
・日本社会福祉士会編『社会福祉士実習指導者テキスト 第2版』中央法規出版、2014年
・日本ソーシャルワーク教育学校連盟「『新たな社会福祉士養成カリキュラムにおける教員研修のあり方に関する調査研究事業』実施報告書」2021年
・ジェーン・ワナコット、野村豊子・片岡靖子・岡田まり・潮谷恵美訳『スーパービジョントレーニング――対人援助専門職の専門性の向上と成長を支援する』学文社、2020年

第３節

実習スーパービジョンの展開

実習指導者はすべての実習生に対して、定期的にスーパービジョンを実施することが必要です。ここでは、実習前の事前訪問時、実習中、実習後のそれぞれの時期で行うスーパービジョンの内容について説明します。

1 実習前のスーパービジョン

ここでは、実習開始１か月ほど前に行われる事前訪問の際に、実習指導者が実習生に対して行うことや、養成校に確認することについてみていきます。

（1）実習生とスーパービジョン契約を結ぶ

実習生との関係形成を行うことは、その後の実習スーパービジョンを円滑に展開していくためにとても重要です。そのためにも、実習生とスーパービジョンの実施方法･内容（契約の内容）について、相互合意を丁寧かつ積極的に図ることが求められます。

すでに実習施設・機関と養成校による契約に基づいて実習スーパービジョンを実施することになっていますが、ここでの契約とは、お互いの紹介とスーパービジョンの機会や対象、養成校の実習担当教員による実習期間中のかかわりなどを確認、合意することです[13)]。ここでは実習生に対して、実習期間中に実習指導者によりスーパービジョンが行われることを意識づけておくこと、また、以下について合意・確認をすることが必要です。

13）　日本ソーシャルワーク教育学校連盟編『最新社会福祉士養成講座⑧　ソーシャルワーク実習指導・ソーシャルワーク実習［社会専門］』中央法規出版、2021 年、p.120

1）実習生の果たすべき責任と態度の合意

実習生がスーパーバイジーとして受け身ではなく能動的にスーパービジョンを受ける姿勢が必要です。実習生は実習中の体験をスーパーバイザーに語り、また困難な状況や疑問に思うことなどがあるときはスーパーバイザーに相談することや、実習課題に積極的に取り組むといった態度で実習を行うことが求められます。

2）実習プログラムと実習計画の確認

実習施設・機関で作成した個別実習プログラム原案と実習生が立てた実習計画書の内容を確認し、両者のすり合わせを行います。必要に応じて、個別実習プログラムの修正を行ったり、実習生に実習計画書の修正を求めることもあります。

3）スーパービジョンの機会を伝える

実習中に実習指導者から定期的及び必要時にスーパービジョンを受けることを説明します。また、定期に行われるのはいつか具体的に伝えるとよいでしょう。例えば、短時間の振り返りとして毎日夕方実施し、週の終わりまたは実習プログラム上定めた段階ごとにスーパービジョンを実施するなど各実習施設・機関の実情に合わせて実施可能な予定を伝えておきます。

（2）実習生をアセスメントする

実習中のスーパービジョンを効果的に行うために、また、実習生が十分な準備をして実習に臨むことができるためにも、事前訪問時に実習生の状況を把握しておくことが大切です。アセスメントのポイントは以下のとおりです。

1）スーパービジョンについての理解度とこれまでの経験

実習生がスーパービジョンについてどの程度理解しているのか、また、これまで実習の経験はあるのか、もしあるのであれば、どのような実習を行い、また実習指導者から受けたスーパービジョンの経験をどのように感じているのかなどについて確認します。

2）事前学習で学んだこと

実習先の種別や法的根拠、クライエント支援のためによく活用される制度、クライエントの特性、専門職や関係機関、地域の特性など、実習先に合わせた事前学習がどの程度行われているのか確認することが必要です。もし事前学習が不十分な場合は、実習開始前までに取り組む課題を提示することもあります。

3）実習生のコミュニケーション能力やレポート作成能力

面談を通して、実習生のコミュニケーション能力を把握することのほかに、養成校から送られてきた、実習生に関する資料（個人票や健康診断書）、実習生が作成した実習志望動機や実習計画書などから実習生のレポート作成能力や個人特性を理解することができます。

(3) 養成校に確認すること

養成校から送付された書類を確認し、不明な点など必要に応じて養成校に確認しましょう。重要な点は主に以下のとおりとなります。

① 養成校におけるスーパーバイザーの確認

② スーパービジョンの機会や頻度

③ 緊急時の連絡相談体制

④ スーパービジョンに関する養成校の教育内容

⑤ 配属期間中の2人のスーパーバイザーの役割分担

2 実習中のスーパービジョン

(1) 開始段階

開始段階のスーパービジョンについては、実習生とのスーパービジョン関係の形成にややゆったりと時間を費やすことで、その後のスーパービジョンを展開していく上で多くの利点が生じます。例えば実習開始期において、実習生はいつ実習指導者に質問や相談をしてよいのか、タイミングがわからず悩むことがあります。こういった悩みが解消されずにいると、実習生がスーパービジョンの機会を十分に活用することができず実習の教育効果が低減してしまいます。事前訪問の受け入れの際に合意した内容であっても、実習開始期に丁寧に説明し、また初期段階では実習生が①実習環境に慣れることができているか、②実習生の果たすべき責任と態度で実習に取り組めているか、③個別実習プログラムと実習計画書の内容を理解し毎日の課題を意識して実習を行えているか、④スーパービジョンの機会を理解し、能動的にその機会を活用できているかといった点に焦点を当てたスーパービジョンを行うことが重要です。

(2) 実習展開段階

実習展開段階のスーパービジョンは、個別実習プログラムに沿って定期及び必要時に行います。実習先の状況によって異なりますが、例としては毎日の夕方に短時間の振り返りの時間を設け、実習生がその日の実習を通じてもった疑問点などについて質問ができるようにします。また、週の終わりや実習の各段階から次の段階に進むときに、これまでの学びを振り返る目的で30分から1時間程度のスーパービジョンの機会を設定しておくといった方法が考えられます。さらに、定期的なスーパービジョンの他に、必要性を感じたときは自ら進んでスーパービジョンを申し出るよう実習生に伝えておきます。

スーパービジョンの内容としては、主に以下のものが含まれます。

① 個別実習プログラムの進行状況と実習生の理解度について

② 実習生とクライエントや職員との関係形成について

③ 実習態度や実習生の意欲や体調管理について

④ 実習体験を基にしたスーパービジョンの実施について

（3）個別実習プログラムの各段階

1）実習体験を素材にしたスーパービジョンの実施

実習生は個別実習プログラムの各段階において、実習先や関連機関の概要について講義を受けたり、他専門職の業務に同行しながらその仕事内容や社会福祉士との連携について学ぶなどさまざまなことを経験します。また、実習先の種別によっても違いがありますが、中盤以降は個別のクライエントとのかかわりを通じて、アセスメントの実施と支援計画の立案を目標に実習が展開されていきます。そこでは実習生のより主体的な取り組みが求められますが、同時にさまざまな困難や疑問に直面することがあります。実習生が経験した困難や疑問について、それを素材として実習生自身が深く理解をしたり、困難を克服するための方法を考えられるようスーパービジョンを実施していきます。

スーパービジョンを実施する際に、実習生による実習体験の語りを促すことはもちろんですが、さらに、実習記録も活用していきます。スーパービジョンに実習記録を活用する際には、そこに書かれたことが、実習生自身のかかわりや観察によるものか、他の職員から聞いたことか、客観か主観かなど、実習指導者の問いかけにより、実習生自身が気づき、情報を整理することができるよう促していきます。

2）ミクロ・メゾ・マクロの視点を意識したスーパービジョンの実施

実習が１か所目であるか２か所目以降であるか、または実習先の種別によっても異なりますが、実習中盤あたりからソーシャルワークの支援プロセスを学ぶ段階では、クライエントの支援についてミクロからメゾ、マクロの視点を意識できるよう、気づきを促すかかわりが重要になります。2021（令和３）年度から開始となった新たなカリキュラムでは、地域共生社会の実現のために、①複合化・複雑化した課題を受け止める多機関の協働による包括的な相談支援体制の構築や、②地域住民等が主体的に地域課題を把握し、解決を試みる体制の構築のために求められるソーシャルワークの機能が発揮できるソーシャルワーカーの養成が目指されています。そのため、実習スーパービジョンではソーシャルワークのミクロ、メゾ、マクロの支援の視点や方法を実習生が獲得できるよう教育的機能を発揮することが求められます。

具体例を挙げると、地域包括支援センターでの実習で、実習生が実習指導者に同行して、一人暮らしの認知症の高齢者宅を訪問したとします。実習生はその訪問をきっかけに、認知症の高齢者が地域で暮らすということはどういうことなのかを考えることになるでしょう。そこで、実習指導者は実習生に対して、この訪問体験を素材として、①実習生自身にどんな体験だったのかを振り返ってもらい、②認知症の方が自宅での生活を続けることについて、個人にとっての意味や課題となることなどを考えるよう促します。また、③認知症の方を取り巻く家族や近隣に視点を向け、さらには、④認知症の方が地域で一人暮らしを続けることを支える制度や地域社会の現状や課題について考えることを促していくといったスーパービジョンの進め方が考えられます。このような展開は、一度に行うのではなく実習の段階を踏むなかで徐々に視点を広げて理解が深まるよう個別実習プログラムと連動させ、また、実習生の成長にあわせて展開することが大切です。

上述の例のようにクライエントが地域での生活を送っている場合はもちろんですが、入所施設においてもクライエントが地域に暮らす個人としての社会とのつながりや、社会資源を活用した支援の展開などの視点の広がりがもてるよう、また、施設が地域における役割を果たす地域貢献の視点を得ることができるように、実習中の経験が得られるよう配慮し、実習生の気づきが得られるようなスーパービジョンを行うことが大切です。

3 実習終了時のスーパービジョンと実習評価

実習終了時のスーパービジョンでは、個別実習プログラムと実習計画書で予定していたことを学ぶことができたか、実習の目的が達成できたかということについて実習生と振り返りを行います。また、その際に、実習生自身が実習の目的をどの程度達成できたと考えているのか、またなぜそう思うのかについて確認していきます。これらの振り返りを通じて、実習生の今後の課題について明確にしていきます。課題には、制度理解など短期間で取り組めるものもあれば、面接技術の向上などソーシャルワーク専門職として長期にわたり取り組んでいく課題もあります。また、1か所目実習の場合は、2か所目実習に向けて取り組むべき課題を明確にしておくことも大切です。

最後に、実習の評価は終了時だけに行われるものではなく、実習の中間時期にも実習状況の把握を兼ねて行われる必要があります。その意味でも、実習中のスーパービジョンで実習の進捗状況や実習で学んだことへの理解度を確認する際に実習評価表の項目を活用することが有効です。実習終了時の評価の視点や方法の詳細については、第3章第4節を参照してください。

＜参考文献＞

・日本社会福祉士養成校協会編『相談援助実習指導・現場実習教員テキスト 第2版』中央法規出版、2015年
・日本社会福祉士会編『社会福祉士実習指導者テキスト 第2版』中央法規出版、2014年
・日本ソーシャルワーク教育学校連盟「『新たな社会福祉士養成カリキュラムにおける教員研修のあり方に関する調査研究事業』実施報告書」2021年
・社会保障審議会福祉部会福祉人材確保専門委員会「ソーシャルワーク専門職である社会福祉士に求められる役割等について」2018年
・ジェーン・ワナコット、野村豊子・片岡靖子・岡田まり・潮谷恵美訳『スーパービジョントレーニング――対人援助専門職の専門性の向上と成長を支援する』学文社、2020年

第4節

実習スーパービジョンの実際

この節では、実習スーパービジョンを行う際のポイントを提示します。

1 実習スーパービジョンの契約（相互確認）を結ぶ

実習スーパービジョンは、その背景に実習受け入れと実習生の送り出しにかかわる実習契約があります。それを踏まえて実習生と実習指導者のスーパービジョンに関する契約（相互確認）を結びます。この機会は、事前訪問時であることが想定されます。

実習スーパービジョンの契約（相互確認）の展開過程に沿って具体的に説明します。

(1) 役割と責任の説明と確認

個別実習プログラムで予定されている実習内容に即して、実習スーパーバイザーとして、実習指導上の施設・機関における役割と責任について説明をします。

例えば、実習中の配属部署等で日々の実習の場面に関係する職員との連携上の立場や役割を伝えます。加えて、養成校のスーパーバイザーである実習担当教員と実習施設・機関のスーパーバイザーとの関係、役割についても説明と確認をします。また、実習記録等の実習生からの提出物についての扱いや自身のかかわりを説明します。

以上のことを説明するにあたり、自身の組織内と養成校の実習担当教員とのスーパービジョン関係についての理解の確認があらかじめできていることが必要です。実習の展開に応じてどのような責任をもつかということも説明できるとさらに理解を促すことになります。

実習生について、スーパービジョンの機能を具体的にどのように活用することになるか、実習の継続にかかわる判断や評価にかかわる責任があることなども伝え、確認します。

具体的には以下のようなことが考えられます。

・「これから実習が始まるにあたって、実習スーパービジョンを行っていきます。私は実習におけるスーパーバイザーで、あなたはスーパーバイジーになります。この関係についてどのように理解していますか？」

・「スーパーバイザーとして養成校の実習担当教員とも連携して実習の指導を行っていきます。基本的に実習スーパービジョンは実習担当教員と協働し、連携して行います。あなたの状況や言動については承諾が得られている内容について情報を共有し、スーパービジョンに活用します。また、養成校に対して、実習の評価も伝えることになります」

・「あなたを配属する部署には複数の職員が関係します。私はスーパーバイザーとして実習に関する調整等の役割も担っています」

・「あなたや実習施設・機関のクライエントが危機的な状況になったり、それが起こることが予測され、実習継続の検討が必要になった場合には、あなたに検討するべきことを投げかけたり、実習施設・機関の職員、養成校の実習担当教員とも対応を検討します」

(2) スーパービジョンの活用と責任の確認

実習契約開始時は、実習スーパービジョンの関係形成のはじまりの機会にあたります。援助関係の形成と同様に、相手の緊張度や取り組み姿勢をアセスメントしつつ、関係形成を図っていくスキルを使うことも重要です。そして、実習生がスーパーバイジーとしてスーパービジョンを活用することや、実習生が果たす責任について説明し、合意を得ます。

具体的には、実習生はスーパーバイジーとしてスーパービジョンを活用するのと同時に、その準備をしたり、スーパーバイザーから求められたことを実践する責任があることを説明します。また、スーパービジョン関係において不安なことや疑問がある場合は、自身からスーパーバイザーに伝えることができる関係であることも説明します。

単に責任を確認するだけでは実習生の主体性が損なわれることが想定されるので、実際には活用する当事者であることを確認できるとよいでしょう。スーパービジョンの管理的機能とかかわることが含まれています。

以下に、確認の例を挙げます。

・「実習スーパービジョンを活用するにあたって、あなたの主体的な取り組みが重要になります」

・「スーパービジョンの内容を実践に反映していくことが大切です」

・「あなたがスーパービジョンで活用できる道具に実習記録の内容があります。実習記録は毎日必ず書いて提出してください」

・「実習スーパービジョンに必要な記録やまとめなども活用できます。スーパーバイジーとして、スーパーバイザーが提出を求めたものは準備をして臨んでください」

・「実習スーパービジョンを活用することに対して、何か確認や疑問があったら伝えてください」

(3) スーパービジョンを受ける機会と方法の確認

実習生が実践する実習内容や展開を確認し、それに応じたスーパービジョンを受ける機会と方法を説明し、相互了解とします。

実習スーパービジョンをもつ機会が定期的にあり、実習期間の特定の時期にあることや、スーパーバイザーから、あるいはスーパーバイジーからスーパービジョンの機会を求めることができることなども説明します。

また、スーパービジョンを行うにあたって準備しておくことや、活用する記録等の方法についても説明します。こうしたことは、教育的機能、管理的機能にかかわるはたらきかけといえます。

具体的な説明の例として、以下のことがあります。

- 「その日の実習が終わった後、○○分程度、振り返りの時間をもち、そこでスーパービジョンを行います。そのときには、その日の目標に応じて、もしくは実習内容に即して振り返りを行います」
- 「○○を経験した後に、中間期間の○月○日の○時から中間振り返りと、最終日の○月○日に振り返りを行います。振り返りは他の実習生も一緒にグループで行います」

（4）学習目標及び達成目標の確認

さらに、実習生が立てている実習での学習目的や達成目標を確認します。それを踏まえて、実習施設・機関で提供する基本実習プログラムと個別実習プログラムを確認し、必要な調整や事前に学ぶこと、準備することも含めて、実習での取り組みを相互了解の上で進められるようにします。

具体的には以下のような例があります。

- 「実習に臨んで、学ぼうとしている内容について準備をしてこられたと思います。実習の目的や達成目標について聞かせてください」
- 「こちらで準備している実習配属の部署と、個別実習プログラムの内容はこのようなものです（準備しているものを提示する）」
- 「個別実習プログラムによる○日目と○日目の実習内容は、○○について学習する内容になります。また、○○については、今回の実習で対象となる会議の開催の日程から○日目の実習で行います」
- 「実習で○○について学ぶには、事前に○○にかかわる手続きの知識を確認したり、ソーシャルワークモデルの○○を整理したりすることでより学びが深くなりますので、事前に取り組んでおきましょう」

（5）再確認と支持的なはたらきかけ

実習スーパービジョンについて相互の了解となるように説明したり、発言を求めたりして確認を進めていきます。ここまででやり取りした内容について、実習生が理解したこと、疑問に思ったことなどがないかを聞き、あれば必要な説明をします。スーパービジョン関係の理解に齟齬がないことを確認し、実習施設・機関におけるスーパービジョン関係は相互の確認と了解ができ次第開始することを伝えます。

具体的な確認の展開として、以下のようなことが考えられます。

- 「実習のスーパービジョンについてお伝えしたことを改めて確認したいと思います」
- 「実習スーパービジョンについて事前に学習していると思いますが、いま説明した内容はどのように理解できましたか？」

・「ここでの実習スーパービジョンについて説明しましたが、何かイメージや理解と違った、また、わからなかったところなどありますか？」

理解が不十分なことについては、指導資料や個別実習プログラムを確認しつつ、そこでの具体的なスーパービジョンのテーマ等を提示することも有効です。また、実習生がどのように受け止めたか、意欲や気持ちなどの確認も必要です。実習に関する意欲が後退しないよう、支持的なはたらきかけを行うことも必要です。

2 実習生のアセスメント

（1）実習生の個性や実習スーパービジョン経験の確認

実習生の個別性への配慮が、実習スーパービジョンの過程に影響を及ぼす場合があります。よって、実習前のアセスメントは、実習生に適したスーパービジョンを行う大切な取り組みとなります。

まず、実習スーパービジョンの活用を効果的に行えるか、また、それを阻む要素はないかなど、あらかじめ実習生の言葉でスーパービジョン経験や理解について語ることができるように促します。これは、実習生の事前アセスメントとして有効です。その問いに対する反応や態度によって、実習生がスーパービジョンを有効に活用できる準備ができているかなどを確認することができます。

実習生が実習に問題を抱えた場合に、これまでどのような実習経験や、そこにおけるスーパービジョン経験がどのようであったか、ということが影響することが考えられます。これまでのスーパービジョン経験が、本人にとって有効なものであったか、不全感が残っているかなどの違いによって、主体的、積極的にスーパービジョンを活用できるか否かにかかわることが想定されるからです。実習生の反応や理解によっては、必要な説明を加えたり、不安を解消することも、その後のスーパービジョンを進めていく上で大切になります。

さらに、養成校における実習担当教員とのスーパービジョンがどのように行われているのか、実習期間にはどのようにかかわるかを確認し、連携することも必要です。

具体的なやりとりには以下のような例があります。

・「学内でスーパービジョンについて学んできたと思いますが、スーパービジョンはどのようなものだと捉えたり、理解したりしているか伝えてください」
・「スーパービジョンのことで、わからないことはありますか？」
・「これまで、スーパービジョンを活用して実習で学んだことはありますか？　もしあれば、それはどのような体験でしたか？」
・「スーパービジョンが活用できなかったと思ったことはありますか？　もしあれば、それはどのようなことからそのように思ったのか伝えてください」

（2）事前実習の学びに関する確認

事前実習の学びについて確認することも、実習の準備状況を確認し、加えて準備することを指導することに役に立ちます。

具体的なやりとりとして、以下のようなことがあります。

・「本施設で行っている事業の目的や内容を定めた法律など、あらかじめどのようなことを確認しているか伝えてください」
・「実習で出会い、かかわりをもつことになるクライエントは、どのような方と捉えているか教えてください」
・「本実習で実践するであろうと思っている具体的な取り組みについて、どのような内容か説明してください」

そして、上記のことを確認するコミュニケーションの内容も踏まえて、事前に準備されている実習生の資料等で捉えられた特性を理解した上で、適切で有効なスーパービジョンを行っていくことが期待されます。

3 実習記録を通じてのスーパービジョン

実習記録の書式は、それぞれの養成校が教育目的に沿って作り、活用しています。例えば、日々の実践の振り返りや一定の実習期間、あるいは実習期間すべての振り返りを記述する形式があります。また、実習中の実践を事例としてまとめたり、援助計画を作成することなどを含むものもみられます。

スーパービジョンに実習記録を活用する場合は、養成校と活用の仕方や指導のねらい・方法について確認及び合意をするとともに、実習生とも確認した上で活用します。記録のなかに書かれている内容、書かれていない内容、また、表現などは実習生の学びをモニタリングする材料となります。

実習記録に実習指導者がスーパービジョンの視点から講評を記入したり、指導を入れたりする場合には、スーパービジョンの目的や実践のねらいに沿って、実習生の記録内容を踏まえた記述を行います。基本的には、記録形式上の視点での指導（誤字脱字、加筆、修正の必要な点など）、実践を振り返った記述の内容、記述表現の用語や言葉、知識内容、考察内容などについて確認し、それに則って記述します。加えて、それぞれの記述を活用するスーパービジョンの機会をもつことも想定されます。

次頁に例示した実習記録とその指導の内容は、１つのモデルとして示しています。このような形式に限るものではありません。上記の内容を実習生とやり取りする方法例、記録の活用例として示しています。

実習記録ノート（例）

実習先：○○地域包括支援センター

年　月　日（　日目）	実習配属部署 ○○○	実習課題担当者 ○○○

本日の実習目標：
クライエントの個別の援助ニーズの把握と関係形成を学ぶ
援助のなかでの多職種連携について学ぶ

実習時間	実習内容
（略）	（略）

実習記録（経過・所感・考察等）

今日はAさんの援助ニーズを把握することを目的にB職員の面接に同席させていただいた①。Aさんと挨拶をしてから②面接が始まった。

B職員の質問にAさんは時々、わからない、とか、黙っていて面談はうまく進んでいないように思った③。でも、B職員さんの話には、ニコニコしていたので、面談をすることを拒否しているようには見えなかった。援助関係は形成されているように感じた④。Aさんの面談は20分ぐらいで終わった。クライエントの情報が得られた経験となった。

（以下略）

【所見、講評等】

援助の理解を進めるにあたって、目的をもって取り組んでいたことがうかがえます。

下線を引いた部分について説明等を加筆してみましょう。考察を深められるとよいと思います。例えば、①面接はどのようなことを目的にした面接だったか、②クライエントの方にどのようにはたらきかけ、どのような反応があったか、③うまくいっていないと判断した理由はどのようなことを考えたかなどについてです。また、クライエントに対して、どのような理解をできたかも記録に記述してみましょう。クライエントの表情をよく見られていました。さらに、そのときの職員のはたらきかけについても振り返ってみると、④の関係形成にかかわる学びが深まります。

（以下略）

氏名　　　　　　　　　印

4 スーパービジョンの事例

スーパービジョンの事例を４つ示します。スーパービジョンが意図的に行われた場面とスーパービジョンの内容を提示し、実際の実習スーパービジョンに活かされることをねらいとします。

事例は、実習中によくみられるつまずき、学びの深まりや広がりに対してスーパービジョンを行った内容をもとに構成しています。

（1）関係形成時のつまずきに関する事例

1）概要

・テーマ：クライエントとの関係形成の悩み

・実習施設：障害者入所支援施設

・SV 場面：実習初期。１日の振り返りの時間に「クライエントとの関係に悩んでいる」ということがテーマとなった。

2）SV の展開

その日の実習終了後、１日の実習の振り返りが一通り終了し、実習指導者が「今日の実習の目標についての内容の振り返りは終わったけれど、その他に何か確認したり、質問したりしたいことはないかな？」と投げかけたところ、実習生から「ええと、質問ではないんですけど……（言いにくそうな表情）」と口ごもったので、話を促しました。

実習生は「あの、僕、Ｃさんとうまくいっていなくて、一緒に活動するのをどうしたらいいか……」と、言葉を止めました。そこで、「困っていることがありそうだね。何かクライエントとの関係で、困っていることがあるのかな？」と促すとやっと話し始めました。

「はい。困っています。Ｃさんは日中活動のときに僕が近づくととても嫌がって、『やだ！！！』と言って逃げてしまいます。僕じゃダメなので、職員の人がいいんだと思います」「そんな場面があって、大変だったのかな。困っているんだね。『うまくいっていない』と感じたことは具体的にどのようなことがあったのかな。一緒に考えてみようか。そのなかで実習生としての学びにとても大切なこともあるかもしれませんね」と、共感をした上で、振り返りの目的を確認し、気になった場面のやりとりを言語化することを促しました。

そのなかで、実習生が認識している「Ｃさんとかかわったのはどのような場面だったかな？」というように、逐語的な振り返りと、その状況で理解や確認ができていること、できていないことを共有できるように話を進めていきました。

具体的なクライエントの状況やそれをもとにした理解を整理し、クライエントの言動の意味や想定されることを確認しました。さらに、かかわる際にどのようなはたらきかけが適切と思われるかなど、クライエントのアセスメントや援助計画についての視野も広げていくことで、次の日に取り組む課題も明確になりました。

3）解説

援助において関係の形成は基本的な実践です。知識としては理解していたり、演習のなかで行ったロールプレイで友達と経験しているかもしれません。しかし、相手によく知られていない自分が、相手にとってどのような存在なのかをはたらきかけによって伝える実践は、実習で初めて体験することでしょう。

まず、実習生の心情に着目していることを伝えた上で（支持的機能）、起こっている自身の感情の理解や相手にとってどのような影響を与えているか、意図的なはたらきかけをするときの言動の振り返りなどによって自己の確認を促すことになります（教育的機能）。さらに、相手の特徴を踏まえ、生活を理解した上で関係形成に効果的なはたらきかけを一緒に考えていくといったアセスメントの視点や援助理解にもつながる振り返りとなり（教育的機能）、さらに実習の展開を進めることにつながります。

(2) 個別性の重要性を学んだ事例

1) 概要

・テーマ：個別性を尊重した支援へと視点の転換を促す
・実習施設：特別養護老人ホーム
・SV 場面：実習中期。夕方、１日の振り返りを実習指導者と実習生で行った。

2) SV の展開

実習２週間目に入り、実習生は１人の入所者について理解し、その方の生活課題を見つけることを目標として取り組んでいました。実習生が担当することになった入所者Ｄさんは、１か月前に入所したばかりの男性で、脳梗塞の後遺症による半身麻痺がある方でした。

スーパービジョンの際に、実習生はＤさんとのかかわりで気がついたことについて話しました。

「Ｄさんは施設での生活を楽しんでいないようです。レクリエーションに誘ってもいつも手を横に振って断ってしまいます。レクリエーションに参加できていないという問題が、Ｄさんの生活課題だと考えました」

それに対して実習指導者が「どうしてＤさんが施設での生活を楽しんでいないと思ったのですか」と問いかけると、実習生はＤさんとのかかわりや日常生活の観察を通じてそう思ったと説明しました。さらに実習指導者が「なぜＤさんがレクリエーションに参加することが大切なのですか」と問いかけると、実習生は黙って考え込んでしまいました。

実習指導者は実習生に対して、「Ｄさんが施設での生活を楽しんでいないということを、Ｄさんとのかかわりや生活の観察から気づいたことは素晴らしいと思いますよ。Ｄさんは今の生活をどう感じているのでしょうか。Ｄさんがどんな生活を望まれているのか、引き続き考えてみてください」と、実習生の気づきを支持し、さらにＤさんへの支援のあり方について考えることを促しました。

3) 解説

このスーパービジョンでは、実習生が集団生活にあわせることができていないクライエントの状況を問題と捉えていることに対して、本人を中心に、その方が何を必要としているのかを考える個別性を尊重した支援の必要性に気がつくことを促す、視点の転換を意図しています。

実習生がＤさんとのかかわりと観察から何らかの支援の必要性を感じ取ったことについて、積極的に褒めること（支持的機能）は、実習に対する意欲を高め、実習指導者とのスーパービジョン関係にもよい影響を与えると考えられます。また、クライエントは施設の生活を他の人と一緒に楽しまなければならないという想定が実習生のなかにあることなどについて、実習生自らが気づきを得ることを重視し、考えることを促す問いかけ（教育的機能）を行いました。それにより、実習生はDさんを多面的な視点で理解することの必要性を感じ、本人の語りを促すコミュニケーション、生活の記録やこれまでの生活歴等の閲覧、他の職員からの聞き取りなどから情報を収集し、Dさんの生活課題の把握に取り組むようになりました。

(3) 施設・機関等が地域社会のなかで果たす役割を知ってもらった事例

1) 概要

・テーマ：地域共生社会の実現に資する社会福祉士の役割理解のために、ミクロレベルからメゾ・マクロレベルへの視点の転換を促す

・実習施設：障害者入所支援施設

・SV 場面：実習中期。地域共同防災訓練の開催準備会議の後に行った。

2) SV の展開

この施設では、地域貢献事業の一環として「地域共同防災訓練※」に取り組んできました。地域の自治会代表者と「地域共同防災訓練」の開催準備会議が開かれることになったので、事前に実習生に施設の社会貢献事業の概要や開催までの取り組み、生活支援員（社会福祉士）の役割を説明した上で同席してもらうことにしました。会議当日は、関係者に実習生を紹介して会議に同席し、その会議後、実習生にスーパービジョンを行いました。

実習指導者から実習生に「会議の内容や参加者の様子から、どのような感想をもちましたか」と問いかけると、「はい、Eさん（実習指導者）が司会をしているのを見て、すごいなと感心しました。施設ではクライエントとコミュニケーションをとり、支援計画を作ることなど、施設のなかでの業務のみを想像していたので、こんなことは、とても自分にはできないと思いました。それにクライエントにとって地域の防災訓練は直接関係ないと考えていました」と答えました。

実習生は、施設での生活支援員の役割は、クライエントとコミュニケーションを取り、関係を築いた上でアセスメントし、支援計画などを立て、実施することが中心であると考えていたようで、このような発言をしたと思われます。

実習指導者は「Fさん（実習生）もきちんと挨拶してくれて、雰囲気よく会議を行うことができました（支持的機能）。<中略：解説参照>施設ではクライエントへの個別支援も大切ですが、どうして、地域共同防災訓練を行うのか、クライエントにとってどのような意味があるのかを考えてみてください」と実習生に伝え、スーパービジョンを終えました。

※ 「地域共同防災訓練」は、この施設と地域の機関、団体との間で結んだ「地域共同防災協定」に基づく、災害時用食料の備蓄・緊急救急用品の準備や施設が避難場所になる等を知らせる地域との訓練。

3) 解説

この事例では、施設という場での実習であったため、クライエントへの個別支援というミクロレベルの実習を想定していた実習生に、クライエントも地域住民の1人であること、地域との協力なしに

は施設運営の継続は難しいこと、また、施設がもつ機能を地域に還元し、共に地域活動していく施設の役割を伝え、地域共生社会の実現に資するソーシャルワーカーの役割理解というメゾ・マクロレベルへの転換を促すこと（教育的機能）をねらいとしたスーパービジョンを行いました。

また、地域会議を開催するまでの準備や当日の会議運営の過程で、社会福祉士の実践に求められる技術（アウトリーチ、コーディネート、ネゴシエーション、プレゼンテーションなど）についても理解してもらえるよう説明しました。現場でこうした技術が実際に使われている場面を体験し、可視化することもスーパービジョンの大切な役割です。

(4) ソーシャルワーク倫理、原理にかかわる実習体験を振り返る事例

1）概要

・テーマ：クライエントの利益における「秘密」をどう考えるか

・実習施設：児童養護施設

・SV 場面：実習中期。１日の振り返りの時間に「クライエントの秘密」ということがテーマとなった。

2）SV の展開

前日の実習記録に「Ｇ君から秘密を打ち明けられて、関係性ができたと感じられた」という記述があり、「このことについて振り返る必要があります」とスーパーバイザーから１日の終了時の振り返りの機会に投げかけを行いました。

記述内容には、「秘密」の内容が書かれていませんでした。スーパーバイザーから、「秘密」を打ち明けられて、関係形成ができたと感じたということについて、どのようなことか、具体的に話すように促しました。すると「秘密の内容は約束だから言えないのですが、職員の人にも言えないようなことを僕に言ってくれて、信頼してくれているんだと嬉しくなりました」という答えでした。スーパーバイザーからは、「そうなのですね。では、２つの内容について確認してみようか。まず、秘密って、本人にとってはどのような影響があることなのかな。支援計画にある本人の課題や援助目標と照らすとどのような意味づけができるかな？」と問うと、Ｇ君が園からおこづかいとして渡されていたお金を他児から欲しいと言われたプレゼントに使っているということが確認されました。本来ならば指導を必要とするかもしれない子ども同士の関係について職員が把握していないことで、児童の不利益につながる可能性があることを実習生は気づきました。さらに、実習生がクライエントに対して形成できる関係は実習指導の体制のなかにあり、「秘密」はもてないということについても実習の構造や自身の責任から検討すべきことであったことを確認しました。また、「信頼関係」はどのような関係として考えられるのか、実習生としてのかかわりの範囲、今後の実践について検討することにしました。

最後に、これからの実習での具体的な対応への疑問や不安などについても実習指導者とともに確認を行いました。

3）解説

このスーパービジョンでは、ソーシャルワークの倫理原則、子どもの最善の利益、実習生としての

関係形成など、それぞれの側面で、知識的に学んでいることについて、現場での体験として確認できていなかったことを自覚することとなりました。

実習生の自覚について確認が必要なことについて投げかけ、振り返りの機会をもちました。効果的な質問によって、実習生が自身の実践を振り返り、言語化し、ソーシャルワークの原理や倫理に照らして判断や評価を行い、理解を確認したり、知識と実践の統合を行う展開となっています（教育的機能）。さらに、今後の対応について確認、指導する機会ともなりました（管理的機能）。

ソーシャルワーク実習において、実習施設・機関での実践ならびに実習スーパービジョンによって、実習生は多くの学びを得ます。理論的な学び（原理や技術に関することも含む）を実践の場で活用し、クライエントの最善の利益に向けた実践を安心できる環境のなかで体験できることは、実習だからこそ可能な学びといえるでしょう。実習指導者が実習スーパービジョンの力を向上させていくことは、優れたソーシャルワーカー養成に資することとして期待されます。

資料編

社会福祉士の倫理綱領

2020年6月30日採択

前文

われわれ社会福祉士は、すべての人が人間としての尊厳を有し、価値ある存在であり、平等であることを深く認識する。われわれは平和を擁護し、社会正義、人権、集団的責任、多様性尊重および全人的存在の原理に則り、人々がつながりを実感できる社会への変革と社会的包摂の実現をめざす専門職であり、多様な人々や組織と協働することを言明する。

われわれは、社会システムおよび自然的・地理的環境と人々の生活が相互に関連していることに着目する。社会変動が環境破壊および人間疎外をもたらしている状況にあって、この専門職が社会にとって不可欠であることを自覚するとともに、社会福祉士の職責についての一般社会及び市民の理解を深め、その啓発に努める。

われわれは、われわれの加盟する国際ソーシャルワーカー連盟と国際ソーシャルワーク教育学校連盟が採択した、次の「ソーシャルワーク専門職のグローバル定義」(2014年7月)を、ソーシャルワーク実践の基盤となるものとして認識し、その実践の拠り所とする。

ソーシャルワーク専門職のグローバル定義

ソーシャルワークは、社会変革と社会開発、社会的結束、および人々のエンパワメントと解放を促進する、実践に基づいた専門職であり学問である。社会正義、人権、集団的責任、および多様性尊重の諸原理は、ソーシャルワークの中核をなす。ソーシャルワークの理論、社会科学、人文学、および地域・民族固有の知を基盤として、ソーシャルワークは、生活課題に取り組みウェルビーイングを高めるよう、人々やさまざまな構造に働きかける。

この定義は、各国および世界の各地域で展開してもよい。

(IFSW;2014.7.) ※注1

われわれは、ソーシャルワークの知識、技術の専門性と倫理性の維持、向上が専門職の責務であることを認識し、本綱領を制定してこれを遵守することを誓約する。

原理

Ⅰ(人間の尊厳)社会福祉士は、すべての人々を、出自、人種、民族、国籍、性別、性自認、性的指向、年齢、身体的精神的状況、宗教的文化的背景、社会的地位、経済状況などの違いにかかわらず、かけがえのない存在として尊重する。

Ⅱ(人権)社会福祉士は、すべての人々を生まれながらにして侵すことのできない権利を有する存在であることを認識し、いかなる理由によってもその権利の抑圧・侵害・略奪を容認しない。

Ⅲ(社会正義)社会福祉士は、差別、貧困、抑圧、排除、無関心、暴力、環境破壊などの無い、自由、平等、共生に基づく社会正義の実現をめざす。

Ⅳ(集団的責任)社会福祉士は、集団の有する力と責任を認識し、人と環境の双方に働きかけて、互恵的な社会の実現に貢献する。

Ⅴ(多様性の尊重)社会福祉士は、個人、家族、集団、地域社会に存在する多様性を認識し、それらを尊重する社会の実現をめざす。

Ⅵ（全人的存在）社会福祉士は、すべての人々を生物的、心理的、社会的、文化的、スピリチュアルな側面からなる全人的な存在として認識する。

倫理基準

Ⅰ　クライエントに対する倫理責任

1．（クライエントとの関係）社会福祉士は、クライエントとの専門的援助関係を最も大切にし、それを自己の利益のために利用しない。

2．（クライエントの利益の最優先）社会福祉士は、業務の遂行に際して、クライエントの利益を最優先に考える。

3．（受容）社会福祉士は、自らの先入観や偏見を排し、クライエントをあるがままに受容する。

4．（説明責任）社会福祉士は、クライエントに必要な情報を適切な方法・わかりやすい表現を用いて提供する。

5．（クライエントの自己決定の尊重）社会福祉士は、クライエントの自己決定を尊重し、クライエントがその権利を十分に理解し、活用できるようにする。また、社会福祉士は、クライエントの自己決定が本人の生命や健康を大きく損ねる場合や、他者の権利を脅かすような場合は、人と環境の相互作用の視点からクライエントとそこに関係する人々相互のウェルビーイングの調和を図ることに努める。

6．（参加の促進）社会福祉士は、クライエントが自らの人生に影響を及ぼす決定や行動のすべての局面において、完全な関与と参加を促進する。

7．（クライエントの意思決定への対応）社会福祉士は、意思決定が困難なクライエントに対して、常に最善の方法を用いて利益と権利を擁護する。

8．（プライバシーの尊重と秘密の保持）社会福祉士は、クライエントのプライバシーを尊重し秘密を保持する。

9．（記録の開示）社会福祉士は、クライエントから記録の開示の要求があった場合、非開示とすべき正当な事由がない限り、クライエントに記録を開示する。

10．（差別や虐待の禁止）社会福祉士は、クライエントに対していかなる差別・虐待もしない。

11．（権利擁護）社会福祉士は、クライエントの権利を擁護し、その権利の行使を促進する。

12．（情報処理技術の適切な使用）社会福祉士は、情報処理技術の利用がクライエントの権利を侵害する危険性があることを認識し、その適切な使用に努める。

Ⅱ　組織・職場に対する倫理責任

1．（最良の実践を行う責務）社会福祉士は、自らが属する組織・職場の基本的な使命や理念を認識し、最良の業務を遂行する。

2．（同僚などへの敬意）社会福祉士は、組織・職場内のどのような立場にあっても、同僚および他の専門職などに敬意を払う。

3．（倫理綱領の理解の促進）社会福祉士は、組織・職場において本倫理綱領が認識されるよう働きかける。

4．（倫理的実践の推進）社会福祉士は、組織・職場の方針、規則、業務命令がソーシャルワークの倫理的実践を妨げる場合は、適切・妥当な方法・手段によって提言し、改善を図る。

5．（組織内アドボカシーの促進）社会福祉士は、組織・職場におけるあらゆる虐待または差別的・抑圧的な行為の予防および防止の促進を図る。

6．（組織改革）社会福祉士は、人々のニーズや社会状況の変化に応じて組織・職場の機能を評価し必要な改革を図る。

Ⅲ　社会に対する倫理責任

1．（ソーシャル・インクルージョン）社会福祉士は、あらゆる差別、貧困、抑圧、排除、無関心、暴力、環境破壊などに立ち向かい、包摂的な社会をめざす。

2．（社会への働きかけ）社会福祉士は、人権と社会正義の増進において変革と開発が必要であるとみなすとき、人々の主体性を活かしながら、社会に働きかける。

3．（グローバル社会への働きかけ）社会福祉士は、人権と社会正義に関する課題を解決するため、全世界のソーシャルワーカーと連帯し、グローバル社会に働きかける。

Ⅳ　専門職としての倫理責任

1．（専門性の向上）社会福祉士は、最良の実践を行うために、必要な資格を所持し、専門性の向上に努める。

2．（専門職の啓発）社会福祉士は、クライエント・他の専門職・市民に専門職としての実践を適切な手段をもって伝え、社会的信用を高めるよう努める。

3．（信用失墜行為の禁止）社会福祉士は、自分の権限の乱用や品位を傷つける行いなど、専門職全体の信用失墜となるような行為をしてはならない。

4．（社会的信用の保持）社会福祉士は、他の社会福祉士が専門職業の社会的信用を損なうような場合、本人にその事実を知らせ、必要な対応を促す。

5．（専門職の擁護）社会福祉士は、不当な批判を受けることがあれば、専門職として連帯し、その立場を擁護する。

6．（教育・訓練・管理における責務）社会福祉士は、教育・訓練・管理を行う場合、それらを受ける人の人権を尊重し、専門性の向上に寄与する。

7．（調査・研究）社会福祉士は、すべての調査・研究過程で、クライエントを含む研究対象の権利を尊重し、研究対象との関係に十分に注意を払い、倫理性を確保する。

8．（自己管理）社会福祉士は、何らかの個人的・社会的な困難に直面し、それが専門的判断や業務遂行に影響する場合、クライエントや他の人々を守るために必要な対応を行い、自己管理に努める。

注1．本綱領には「ソーシャルワーク専門職のグローバル定義」の本文のみを掲載してある。なお、アジア太平洋（2016年）および日本（2017年）における展開が制定されている。

注2．本綱領にいう「社会福祉士」とは、本倫理綱領を遵守することを誓約し、ソーシャルワークに携わる者をさす。

注3．本綱領にいう「クライエント」とは、「ソーシャルワーク専門職のグローバル定義」に照らし、ソーシャルワーカーに支援を求める人々、ソーシャルワークが必要な人々および変革や開発、結束の必要な社会に含まれるすべての人々をさす。

社会福祉士の行動規範

2021年3月20日採択

行動規範は倫理綱領を行動レベルに具体化したものであり、社会福祉士が倫理綱領に基づいて実践するための行動を示してあります。行動規範は、倫理綱領の各項目を総体的に具体化したものと、個別の行動として具体化したもので構成されています。

Ⅰ．クライエントに対する倫理責任

1．クライエントとの関係

社会福祉士は、クライエントとの専門的援助関係を最も大切にし、それを自己の利益のために利用してはならない。

1－1　社会福祉士はクライエントに対して、相互の関係は専門的援助関係に基づくものであることを説明しなければならない。

1－2　社会福祉士は、クライエントとの専門的援助関係を構築する際には、対等な協力関係を尊重しなければならない。

1－3　社会福祉士は、専門職としてクライエントと社会通念上、不適切と見なされる関係を持ってはならない。

1－4　社会福祉士は、自分の個人的・宗教的・政治的な動機や利益のために専門的援助関係を利用してはならない。

1－5　社会福祉士は、クライエントと利益相反関係になることが避けられないときは、クライエントにその事実を明らかにし、専門的援助関係を終了しなければならない。その場合は、クライエントを守る手段を講じ、新たな専門的援助関係の構築を支援しなければならない。

2．クライエントの利益の最優先

社会福祉士は、業務の遂行に際して、クライエントの意思を尊重し、その利益の最優先を基本にしなければならない。

2－1　社会福祉士は、専門職の立場を私的に利用してはならない。

2－2　社会福祉士は、クライエントから専門職としての支援の代償として、正規の報酬以外に物品や金銭を受けとってはならない。

2－3　社会福祉士は、支援を継続できない何らかの理由が生じた場合、必要な支援が継続できるように最大限の努力をしなければならない。

3．受容

社会福祉士は、クライエントに対する先入観や偏見を排し、クライエントをあるがままに受容しなければならない。

3－1　社会福祉士は、クライエントを尊重し、あるがままに受け止めなければならない。

3－2　社会福祉士は、自身の価値観や社会的規範によってクライエントを非難・審判することがあってはならない。

4．説明責任

社会福祉士は、クライエントが必要とする情報を、適切な方法やわかりやすい表現を用いて提供しなければならない。

4－1　社会福祉士は、クライエントの側に立って支援を行うことを伝えなければならない。

4－2　社会福祉士は、クライエントが自身の権利について理解できるよう支援しなければならない。

4－3　社会福祉士は、クライエントが必要とする情報を十分に説明し、理解できるよう支援しなければ

資料編

ならない。

4－4　社会福祉士は、自身が行う実践について、クライエントだけでなく第三者からも理解が得られるよう説明できなければならない。

5．クライエントの自己決定の尊重

社会福祉士は、クライエントの自己決定を尊重して支援しなければならない。

5－1　社会福祉士は、クライエントが自己決定の権利を有する存在であると認識しなければならない。

5－2　社会福祉士は、クライエントが選択の幅を広げることができるように、必要な情報を提供し、社会資源を活用しなければならない。

5－3　社会福祉士は、クライエントの自己決定に基づく行動が自己に不利益をもたらしたり、他者の権利を侵害すると想定される場合は、その行動を制限することがあることをあらかじめ伝えなければならない。また、その場合は理由を具体的に説明しなければならない。

6．参加の促進

社会福祉士は、クライエントが自らの人生に影響を及ぼす決定や行動のすべての局面において、完全な関与と参加を促進しなければならない。

6－1　社会福祉士は、クライエントが自らの人生に影響を及ぼす決定や行動の局面への関与や参加から排除されがちな現状について認識しなければならない。

6－2　社会福祉士は、クライエントの関与と参加を促進するために、クライエントの自尊心と能力を高めるよう働きかけなければならない。

6－3　社会福祉士は、クライエントの関与と参加に向けて、必要な情報や社会資源を提供したり、機会やプロセスを形成することに貢献しなければならない。

7．クライエントの意思決定への対応

社会福祉士は、クライエントの利益と権利を擁護するために、最善の方法を用いて意思決定を支援しなければならない。

7－1　社会福祉士は、クライエントを意思決定の権利を有する存在として認識しなければならない。

7－2　社会福祉士は、クライエントの意思決定能力をアセスメントしなければならない。

7－3　社会福祉士は、クライエントの意思決定のためにクライエントの特性や状況を理解し、その特性や状況に応じた最善の方法を用いなければならない。

8．プライバシーの尊重と秘密の保持

社会福祉士は、クライエントのプライバシーを尊重し、秘密を保持しなければならない。

8－1　社会福祉士は、クライエントが自らのプライバシーの権利を認識できるように働きかけなければならない。

8－2　社会福祉士は、クライエントの情報を収集する場合、クライエントの同意を得なければならない。ただし、合理的な理由がある場合（生命、身体又は財産の保護のために緊急に必要な場合など）は、この限りではない。

8－3　社会福祉士は、業務の遂行にあたり、必要以上の情報収集をしてはならない。

8－4　社会福祉士は、合理的な理由がある場合を除き、クライエントの同意を得ることなく収集した情報を使用してはならない。

8－5　社会福祉士は、クライエントのプライバシーや秘密の取り扱いに関して、敏感かつ慎重でなければならない。

8－6　社会福祉士は、業務中であるか否かにかかわらず、また業務を退いた後も、クライエントのプライバシーを尊重し秘密を保持しなければならない。

8－7　社会福祉士は、記録の取り扱い（収集･活用･保存･廃棄）について、クライエントのプライバシーや秘密に関する情報が漏れないよう、慎重に対応しなければならない。

9．記録の開示

社会福祉士は、クライエントから開示の要求があった場合は、原則として記録を開示しなければならない。

9－1　社会福祉士は、クライエントが記録の閲覧を希望した場合は、特別な理由なくそれを拒んではならない。

9－2　社会福祉士は、クライエント自身やクライエントを取り巻く環境の安全が脅かされると想定する場合は、その限りではない。

10．差別や虐待の禁止

社会福祉士は、クライエントに対していかなる差別や虐待も行ってはならない。

10－1　社会福祉士は、クライエントに対して肉体的・精神的苦痛や損害を与えてはならない。

10－2　社会福祉士は、差別や虐待を受けている可能性があるクライエントを発見した場合、すみやかに対応しなければならない。

10－3　社会福祉士は、差別や虐待について正しい知識を得るようにしなければならない。

10－4　社会福祉士は、クライエントが差別や虐待の状況を認識できるよう働きかけなければならない。

11．権利擁護

社会福祉士は、クライエントの権利を擁護し、その権利の行使を促進しなければならない。

11－1　社会福祉士は、クライエントの権利について十分に認識し、敏感かつ積極的に対応しなければならない。

11－2　社会福祉士は、クライエントの権利が擁護されるよう、環境に働きかけなければならない。

11－3　社会福祉士は、クライエントの権利擁護について積極的に啓発しなければならない。

11－4　社会福祉士は、クライエントが自身の権利を自覚し、適切に行使できるよう支援しなければならない。

12．情報処理技術の適切な使用

社会福祉士は、業務を遂行するにあたり情報処理技術を適切に使用しなければならない。

12－1　社会福祉士は、クライエントの権利を擁護するために、情報リテラシーを高める必要があることを自覚しなければならない。

12－2　社会福祉士は、情報処理に関する原則やリスクなどの最新情報について学ばなければならない。

12－3　社会福祉士は、各種の情報媒体を適切に利用し、必要な情報を収集・整理し、活用しなければならない。

12－4　社会福祉士は、情報処理技術（デジタル化された情報、デジタル・ネットワークを活用した情報の収集・拡散を含む）が、クライエントの権利を侵害することがないよう、細心の注意を払わなければならない。

12－5　社会福祉士は、クライエントの情報を電子媒体などにより取り扱う場合、厳重な管理体制と最新のセキュリティに配慮しなければならない。また、クライエントの個人情報の乱用・紛失その他あらゆる危険に対し、安全保護に関する措置を講じなければならない。

12－6　社会福祉士は、クライエントがSNSの利用などにより権利を侵害された場合は、情報処理技術や法律などの専門職と連携して、その回復に努めなければならない。

Ⅱ．組織・職場に対する倫理責任

1．最良の実践を行う責務

社会福祉士は、所属する組織・職場の基本的な使命や理念を認識し、最良の実践を行わなければならない。

1－1　社会福祉士は、所属する組織・職場における専門職としての使命と職責を認識しなければならない。

1－2　社会福祉士は、本倫理綱領に基づき、所属する組織・職場における専門職としての職責を果たさなければならない。

2．同僚などへの敬意

社会福祉士は、同僚や上司･部下の職責や専門性の違いを尊重し、敬意を払って接しなければならない。

2－1　社会福祉士は、同僚や上司・部下の職責を理解し、所属する組織・職場での意思疎通が円滑に行われるよう働きかけなければならない。

2－2　社会福祉士は、同僚や上司・部下の専門性を尊重し、連携・協働を図らなければならない。

3．倫理綱領の理解の促進

社会福祉士は、自らが所属する組織・職場において本倫理綱領および行動規範が適切に理解されるよう働きかけなければならない。

3－1　社会福祉士は、所属する組織・職場において本倫理綱領に基づいた実践を行うことによって、専門性を示さなければならない。

4．倫理的実践の推進

社会福祉士は、組織・職場において、本倫理綱領に基づいた倫理的実践を推進しなければならない。

4－1　社会福祉士は、所属する組織・職場の方針、規則、手続き、業務命令などを本倫理綱領に沿って適切かどうかを把握しなければならない。

4－2　社会福祉士は、所属する組織・職場の方針、規則、手続き、業務命令などが本倫理綱領に反する場合は、適切・妥当な方法・手段によって提言し、改善を図らなければならない。

5．組織内アドボカシーの促進

社会福祉士は、組織・職場におけるあらゆる虐待、差別的・抑圧的な行為、ハラスメントを認めてはならない。

5－1　社会福祉士は、組織・職場においてあらゆる虐待、差別的・抑圧的な行為、ハラスメントを認めた場合は、それらの行為が迅速かつ適切に解消するよう対応しなければならない。

5－2　社会福祉士は、組織・職場においてあらゆる虐待、差別的・抑圧的な行為、ハラスメントを防止するための周知・啓発を行い、同僚などへの権利擁護を実現しなければならない。

6．組織改革

社会福祉士は、人々のニーズや社会状況の変化に応じて組織・職場の機能をアセスメントし、必要な改革を図らなければならない。

6－1　社会福祉士は、人々や地域社会のニーズ、社会状況の変化をアセスメントしなければならない。

6－2　社会福祉士は、人々や地域社会のニーズ、社会状況の変化に照らして組織・職場の機能をアセスメントしなければならない。

6－3　社会福祉士は、組織・職場の機能が人々や地域社会のニーズ、社会状況の変化に対応していない場合には、必要な組織改革を行わなければならない。

Ⅲ．社会に対する倫理責任

1．ソーシャル・インクルージョン

社会福祉士は、あらゆる差別、貧困、抑圧、排除、無関心、暴力、環境破壊などを認識した場合は、専門的な視点と方法により、解決に努めなければならない。

1－1　社会福祉士は、あらゆる差別、貧困、抑圧、排除、無関心、暴力、環境破壊などに専門的な視点から関心を持たなければならない。

1－2　社会福祉士は、専門的な視点と方法により、クライエントの状況とニーズを社会に発信し、ソーシャル・インクルージョンの実現に努めなければならない。

2．社会への働きかけ

社会福祉士は、人権と社会正義が守られるよう、人々とともに社会に働きかけなければならない。

2－1　社会福祉士は、社会における人権と社会正義の状況に関心を持たなければならない。

2－2　社会福祉士は、人権と社会正義の増進において変革と開発が必要であるとみなすとき、人々が主体的に社会の政策・制度の形成に参加し、互恵的な社会が実現されるよう支援しなければならない。

2－3　社会福祉士は、集団の有する力を認識し、人権と社会正義の実現のために、人と環境の双方に働きかけなければならない。

3．グローバル社会への働きかけ

社会福祉士は、人権と社会正義に関する課題についてグローバル社会に働きかけなければならない。

3－1　社会福祉士は、グローバル社会の情勢に関心を持たなければならない。

3－2　社会福祉士は、グローバル社会における文化的社会的差異を認識し、多様性を尊重しなければならない。

3－3　社会福祉士は、出自、人種、民族、国籍、性別、性自認、性的指向、年齢、身体的精神的状況、宗教的文化的背景、社会的地位、経済状況などによる差別、抑圧、支配などをなくすためのソーシャルワーカーの国際的な活動に連帯しなければならない。

Ⅳ．専門職としての倫理責任

1．専門性の向上

社会福祉士は、最良の実践を行うため必要な資格を所持し専門性の向上に努めなければならない。

1－1　社会福祉士は、研修・情報交換・自主勉強会などの機会を活かして、常に自己研鑽に努めなければならない。

1－2　社会福祉士は、常に自己の専門分野や関連する領域の情報に精通するよう努めなければならない。

1－3　社会福祉士は、自らの実践力を明らかにするために、専門性の向上に合わせて必要な資格を取得しなければならない。

2．専門職の啓発

社会福祉士は、本倫理綱領を遵守し、専門職として社会的信用を高めるように努めなければならない。

2－1　社会福祉士は、クライエント・他の専門職・市民に社会福祉士であることを名乗り、専門職としての自覚を高めなければならない。

2－2　社会福祉士は、自己が獲得し保持している専門的力量をクライエント・他の専門職・市民に適切な手段をもって伝え、社会的信用を高めるよう努めなければならない。

2－3　社会福祉士は、個人並びに専門職集団として、責任ある行動をとり、その専門職の役割を啓発するよう努めなければならない。

3．信用失墜行為の禁止

社会福祉士は、専門職としての信用を失墜する行為をしてはならない。

3－1　社会福祉士は、倫理綱領及び行動規範を逸脱する行為をしてはならない。

3－2　社会福祉士は、倫理綱領及び行動規範を遵守し、社会的信用を高めるよう行動しなければならない。

4．社会的信用の保持

社会福祉士は、専門職としての社会的信用を保持するために必要な働きかけを相互に行わなければならない。

4－1　社会福祉士は、他の社会福祉士の行為が社会的信用を損なう可能性がある場合、その内容や原因を明らかにし、本人に必要な対応を促さなければならない。

4－2　社会福祉士は、他の社会福祉士の行為が倫理綱領および行動規範を逸脱するとみなした場合は、本人が所属する社会福祉士会や関係機関などに対して適切な対応を取るよう働きかけなければならない。

4－3　社会福祉士は、社会的信用を保持するため、他の社会福祉士と協力してお互いの行為をチェックし、ともに高め合わなければならない。

5．専門職の擁護

社会福祉士は、専門職として不当な批判を受けることがあれば、連帯してその立場を擁護しなければならない。

5－1　社会福祉士は、専門職として日頃から高い倫理観を持って自らを律しなければならない。

5－2　社会福祉士は、社会福祉士の専門性に対する不当な批判や扱いに対して、正当性をアピールするなど適切な対応をしなければならない。

6．教育・訓練・管理における責務

社会福祉士は、専門職として教育・訓練・管理を行う場合、それらを受ける人の専門性の向上に寄与しなければならない。

6－1　社会福祉士は、後進育成にあたっては、対象となる人の人権を尊重しなければならない。

6－2　社会福祉士は、研修や事例検討などの企画・実施にあたっては、その効果が最大限になるように努めなければならない。

6－3　社会福祉士は、スーパービジョンを行う場合、専門職として公正で誠実な態度で臨み、その機能を積極的に活用して社会福祉士の専門性の向上に寄与しなければならない。

6－4　社会福祉士は、業務のアセスメントや人事考課にあたっては、明確な基準に基づいて行い、評価の判断を説明できるようにしておかなければならない。

6－5　社会福祉士は、組織マネジメントにあたっては、職員の働きがいを向上させ、クライエントの満足度を高めるようにしなければならない。

7．調査・研究

社会福祉士は、調査・研究を行うにあたっては、その目的、内容、方法などを明らかにし、クライエントを含む研究対象の不利益にならないように、最大限の倫理的配慮を行わなければならない。

7－1　社会福祉士は、調査・研究を行うにあたっては、日本社会福祉士会が定める研究倫理に関する規程などに示された内容を遵守しなければならない。

7－2　社会福祉士は、調査・研究の対象者とその関係者の人権に最大限の配慮をしなければならない。

7－3　社会福祉士は、事例研究などにケースを提供するにあたっては、ケースを特定できないように配慮し、その関係者に対して事前に了解を得なければならない。

8．自己管理

社会福祉士は、自らが個人的・社会的な困難に直面する可能性があることを自覚し、日頃から心身の健康の増進に努めなければならない。

8－1　社会福祉士は、自身の心身の状態が専門的な判断や業務遂行にどのように影響しているかについて、認識しなければならない。

8－2　社会福祉士は、自身が直面する困難が専門的な判断や業務遂行に影響を及ぼす可能性がある場合、クライエントなどに対する支援が適切に継続されるよう、同僚や上司に相談し対応しなければならない。

ソーシャルワーク専門職のグローバル定義

ソーシャルワークは、社会変革と社会開発、社会的結束、および人々のエンパワメントと解放を促進する、実践に基づいた専門職であり学問である。社会正義、人権、集団的責任、および多様性尊重の諸原理は、ソーシャルワークの中核をなす。ソーシャルワークの理論、社会科学、人文学、および地域・民族固有の知[注1]を基盤として、ソーシャルワークは、生活課題に取り組みウェルビーイングを高めるよう、人々やさまざまな構造に働きかける[注2]。

この定義は、各国および世界の各地域で展開してもよい[注3]。

注釈

注釈は、定義に用いられる中核概念を説明し、ソーシャルワーク専門職の中核となる任務・原則・知・実践について詳述するものである。

中核となる任務

ソーシャルワーク専門職の中核となる任務には、社会変革・社会開発・社会的結束の促進、および人々のエンパワメントと解放がある。

ソーシャルワークは、相互に結び付いた歴史的・社会経済的・文化的・空間的・政治的・個人的要素が人々のウェルビーイングと発展にとってチャンスにも障壁にもなることを認識している、実践に基づいた専門職であり学問である。構造的障壁は、不平等・差別・搾取・抑圧の永続につながる。人種・階級・言語・宗教・ジェンダー・障害・文化・性的指向などに基づく抑圧や、特権の構造的原因の探求を通して批判的意識を養うこと、そして構造的・個人的障壁の問題に取り組む行動戦略を立てることは、人々のエンパワメントと解放をめざす実践の中核をなす。不利な立場にある人々と連帯しつつ、この専門職は、貧困を軽減し、脆弱で抑圧された人々を解放し、社会的包摂と社会的結束を促進すべく努力する。

社会変革の任務は、個人・家族・小集団・共同体・社会のどのレベルであれ、現状が変革と開発を必要とするとみなされる時、ソーシャルワークが介入することを前提としている。それは、周縁化・社会的排除・抑圧の原因となる構造的条件に挑戦し変革する必要によって突き動かされる。社会変革のイニシアチブは、人権および経済的・環境的・社会的正義の増進において人々の主体性が果たす役割を認識する。また、ソーシャルワーク専門職は、それがいかなる特定の集団の周縁化・排除・抑圧にも利用されない限りにおいて、社会

注1：「地域・民族固有の知（indigenous knowledge）」とは、世界各地に根ざし、人々が集団レベルで長期間受け継いできた知を指している。中でも、本文注釈の「知」の節を見ればわかるように、いわゆる「先住民」の知が特に重視されている。

注2：この文の後半部分は、英語と日本語の言語的構造の違いから、簡潔で適切な訳出が非常に困難である。本文注釈の「実践」の節で、ここは人々の参加や主体性を重視する姿勢を表現していると説明がある。これを加味すると、「ソーシャルワークは、人々が主体的に生活課題に取り組みウェルビーイングを高められるよう人々に関わるとともに、ウェルビーイングを高めるための変革に向けて人々とともにさまざまな構造に働きかける」という意味合いで理解すべきであろう。

注3：今回、各国および世界の各地域（IFSW/IASSWは、世界をアジア太平洋、アフリカ、北アメリカ、南アメリカ、ヨーロッパという5つの地域＝リージョンに分けている）は、このグローバル定義を基に、それに反しない範囲で、それぞれの置かれた社会的・政治的・文化的状況に応じた独自の定義を作ることができることとなった。これによって、ソーシャルワークの定義は、グローバル（世界）・リージョナル（地域）・ナショナル（国）という3つのレベルをもつ重層的なものとなる。

的安定の維持にも等しく関与する。

社会開発という概念は、介入のための戦略、最終的にめざす状態、および（通常の残余的および制度的枠組に加えて）政策的枠組などを意味する。それは、（持続可能な発展をめざし、ミクロ－マクロの区分を超えて、複数のシステムレベルおよびセクター間・専門職間の協働を統合するような）全体的、生物―心理―社会的、およびスピリチュアルなアセスメントと介入に基づいている。それは社会構造的かつ経済的な開発に優先権を与えるものであり、経済成長こそが社会開発の前提条件であるという従来の考え方には賛同しない。

原則

ソーシャルワークの大原則は、人間の内在的価値と尊厳の尊重、危害を加えないこと、多様性の尊重、人権と社会正義の支持である。

人権と社会正義を擁護し支持することは、ソーシャルワークを動機づけ、正当化するものである。ソーシャルワーク専門職は、人権と集団的責任の共存が必要であることを認識する。集団的責任という考えは、一つには、人々がお互い同士、そして環境に対して責任をもつ限りにおいて、はじめて個人の権利が日常レベルで実現されるという現実、もう一つには、共同体の中で互恵的な関係を確立することの重要性を強調する。したがって、ソーシャルワークの主な焦点は、あらゆるレベルにおいて人々の権利を主張すること、および、人々が互いのウェルビーイングに責任をもち、人と人の間、そして人々と環境の間の相互依存を認識し尊重するように促すことにある。

ソーシャルワークは、第一・第二・第三世代の権利を尊重する。第一世代の権利とは、言論や良心の自由、拷問や恣意的拘束からの自由など、市民的･政治的権利を指す。第二世代の権利とは、合理的なレベルの教育･保健医療・住居・少数言語の権利など、社会経済的・文化的権利を指す。第三世代の権利は自然界、生物多様性や世代間平等の権利に焦点を当てる。これらの権利は、互いに補強し依存しあうものであり、個人の権利と集団的権利の両方を含んでいる。

「危害を加えないこと」と「多様性の尊重」は、状況によっては、対立し、競合する価値観となることがある。たとえば、女性や同性愛者などのマイノリティの権利（生存権さえも）が文化の名において侵害される場合などである。『ソーシャルワークの教育・養成に関する世界基準』は、ソーシャルワーカーの教育は基本的人権アプローチに基づくべきと主張することによって、この複雑な問題に対処しようとしている。そこには以下の注が付されている。

文化的信念、価値、および伝統が人々の基本的人権を侵害するところでは、そのようなアプローチ（基本的人権アプローチ）が建設的な対決と変化を促すかもしれない。そもそも文化とは社会的に構成されるダイナミックなものであり、解体され変化しうるものである。そのような建設的な対決、解体、および変化は、特定の文化的価値・信念・伝統を深く理解した上で、人権という（特定の文化よりも）広範な問題に関して、その文化的集団のメンバーと批判的で思慮深い対話を行うことを通して促進されうる。

知

ソーシャルワークは、複数の学問分野をまたぎ、その境界を超えていくものであり、広範な科学的諸理論および研究を利用する。ここでは、「科学」を「知」というそのもっとも基本的な意味で理解したい。ソーシャルワークは、常に発展し続ける自らの理論的基盤および研究はもちろん、コミュニティ開発・全人的教育学・行政学・人類学・生態学・経済学・教育学・運営管理学・看護学・精神医学・心理学・保健学・社会学など、他の人間諸科学の理論をも利用する。ソーシャルワークの研究と理論の独自性は、その応用性と解放志向性にある。多くのソーシャルワーク研究と理論は、サービス利用者との双方向性のある対話的過程を通して共同で作り上げられてきたものであり、それゆえに特定の実践環境に特徴づけられる。

この定義は、ソーシャルワークは特定の実践環境や西洋の諸理論だけでなく、先住民を含めた地域・民族固有の知にも拠っていることを認識している。植民地主義の結果、西洋の理論や知識のみが評価され、地域・民族固有の知は、西洋の理論や知識によって過小評価され、軽視され、支配された。この定義は、世界のどの地域・国・区域の先住民たちも、その独自の価値観および知を作り出し、それらを伝達する様式によって、科学に対して計り知れない貢献をしてきたことを認めるとともに、そうすることによって西洋の支配の過程を止め、反転させようとする。ソーシャルワークは、世界中の先住民たちの声に耳を傾け学ぶことによって、西洋の歴史的な科学的植民地主義と覇権を是正しようとする。こうして、ソーシャルワークの知は、先住民の人々と共同で作り出され、ローカルにも国際的にも、より適切に実践されることになるだろう。国連の資料に拠りつつ、IFSWは先住民を以下のように定義している。

- 地理的に明確な先祖伝来の領域に居住している（あるいはその土地への愛着を維持している）。
- 自らの領域において、明確な社会的・経済的・政治的制度を維持する傾向がある。
- 彼らは通常、その国の社会に完全に同化するよりも、文化的・地理的・制度的に独自であり続けることを望む。
- 先住民あるいは部族というアイデンティティをもつ。

（https:ifsw.org/policies/indigenous-peoples）

資料編

実践

ソーシャルワークの正統性と任務は、人々がその環境と相互作用する接点への介入にある。環境は、人々の生活に深い影響を及ぼすものであり、人々がその中にある様々な社会システムおよび自然的・地理的環境を含んでいる。ソーシャルワークの参加重視の方法論は、「生活課題に取り組みウェルビーイングを高めるよう、人々やさまざまな構造に働きかける」という部分に表現されている。ソーシャルワークは、できる限り、「人々のために」ではなく、「人々とともに」働くという考え方をとる。社会開発パラダイムにしたがって、ソーシャルワーカーは、システムの維持あるいは変革に向けて、さまざまなシステムレベルで一連のスキル・テクニック・戦略・原則・活動を活用する。ソーシャルワークの実践は、さまざまな形のセラピーやカウンセリング・グループワーク・コミュニティワーク、政策立案や分析、アドボカシーや政治的介入など、広範囲に及ぶ。この定義が支持する解放促進的視角からして、ソーシャルワークの戦略は、抑圧的な権力や不正義の構造的原因と対決しそれに挑戦するために、人々の希望・自尊心・創造的力を増大させることをめざすものであり、それゆえ、介入のミクロ—マクロ的、個人的—政治的次元を一貫性のある全体に統合することができる。ソーシャルワークが全体性を指向する性質は普遍的である。しかしその一方で、ソーシャルワークの実践が実際上何を優先するかは、国や時代により、歴史的・文化的・政治的・社会経済的条件により、多様である。

この定義に表現された価値や原則を守り、高め、実現することは、世界中のソーシャルワーカーの責任である。ソーシャルワーカーたちがその価値やビジョンに積極的に関与することによってのみ、ソーシャルワークの定義は意味をもつのである。

※「IFSW 脚注」

2014年7月6日のIFSW総会において、IFSWは、スイスからの動議に基づき、ソーシャルワークのグローバル定義に関して以下の追加動議を可決した。

IFSW総会において可決された、ソーシャルワークのグローバル定義に関する追加動議

「この定義のどの一部分についても、定義の他の部分と矛盾するような解釈を行わないものとする」

「国・地域レベルでの『展開』は、この定義の諸要素の意味および定義全体の精神と矛盾しないものとする」

「ソーシャルワークの定義は、専門職集団のアイデンティティを確立するための鍵となる重要な要素であるから、この定義の将来の見直しは、その実行過程と変更の必要性を正確に吟味した上ではじめて開始されるものでなければならない。定義自体を変えることを考える前に、まずは注釈を付け加えることを検討すべきである。」

2014年7月メルボルンにおける国際ソーシャルワーカー連盟（IFSW）総会及び国際ソーシャルワーク学校連盟（IASSW）総会において定義を採択。日本語定義の作業は社会福祉専門職団体協議会と（一社）日本社会福祉教育学校連盟が協働で行った。2015年2月13日、IFSWとしては日本語訳、IASSWは公用語である日本語定義として決定した。

社会福祉専門職団体協議会は、（NPO）日本ソーシャルワーカー協会、（公社）日本社会福祉士会、（公社）日本医療社会福祉協会、（公社）日本精神保健福祉士協会で構成され、IFSWに日本国代表団体として加盟しています。

「ソーシャルワーク実習教育内容・実習評価ガイドライン」「モデル実習計画書」「モデル実習評価表」　2021年8月更新版

ソーシャルワーク実習教育内容・実習評価ガイドライン

○ 本実習教育内容・実習評価ガイドラインにおいては、科目「ソーシャルワーク実習」の通知に規定されている「教育に含むべき事項①～⑩」に対応した「教育目標」を設定している。教育目標は、「達成目標」と「行動目標」で構成される。

○ 「達成目標」は、実習生が実習を終えた時点において「どのような行動ができるようになっているか」を示したものであり、実習の結果としての状態を表している。達成目標の習得の深度や段階は、実習施設の種別や法人の理念等に基づき、実習前に実習担当教員と実習指導者との間で調整して設定する。

○ 「行動目標」は、達成目標を細分化し、「説明できる、図示できる、実施できる、作成できる」など、より具体的かつ観察可能な行動を示している。

○ ソーシャルワーク実習では、実習施設の種別を問わず、ミクロ・メゾ・マクロの全てのレベルにおいて支援（介入）の対象が存在しているため、実際に活用する際は、それぞれのレベルで想定される対象を念頭に置いた行動目標を設定する。本ガイドラインでは、「ミクロ」「メゾ」「マクロ」を以下の通り定義する。

> ミクロレベル：直接援助の対象である個人と家族への介入。
> メゾレベル：家族ほど親密ではないが、グループや学校・職場、近隣など有意義な対人関係があるレベルで、クライエントに直接、影響するシステムの変容をめざす介入。
> マクロレベル：対面での直接サービス提供ではなく、社会問題に対応するための社会計画や地域組織化。

○ なお、教育に含むべき事項①～⑩の項目配列の順序は実習過程の順序を示したものではないため、実習施設・機関および実習生の状況に合わせ、各項目を関連付けて目標を達成するための実習計画を立案する。

厚労省通知「ソーシャルワーク実習」		ソーシャルワーク実習の教育目標	
ねらい	教育に含むべき事項	達成目標	行動目標
①ソーシャルワークの実践に必要な各科目の知識と技術を統合し、社会福祉士としての価値と倫理に基づく支援を行うための実践能力を養う。	①利用者やその関係者（家族・親族、友人等）、施設・事業者・機関・団体、住民やボランティア等との基本的なコミュニケーションや円滑な人間関係の形成	（1）クライエント等と人間関係を形成するための基本的なコミュニケーションをとることができる	①クライエント、クライエントの家族、グループ、地域住民、職員等、様々な人たちとのあらゆる出会いの場面において、その人や状況に合わせて挨拶や自己紹介、声掛けを行うことができる。 ②クライエント、クライエントの家族、グループ、地域住民、職員等と関わる場面において、その人や状況に合わせて言語コミュニケーションと非言語コミュニケーションを使い分けることができる。 ③ミーティングや会議等において発言を求められた際に具体的に説明することができる。 ④カンファレンスで利用者の状況を具体的に説明することができる。 ⑤地域住民をはじめ、広い範囲に発信するための広報やウェブサイトの原稿を作成することができる。
②支援を必要とする人や地域の状況を理解し、その生活上の課題（ニーズ）について把握する。	②利用者やその関係者（家族・親族、友人等）との援助関係の形成	（2）クライエント等との援助関係を形成することができる	①クライエント等との信頼関係（ラポール）を構築する際の留意点や方法を説明することができる。 ②クライエント等に対して実習生としての立場や役割を理解できるよう説明することができる。 ③クライエント等と対話の場面で傾聴の姿勢（視線を合わせる、身体言語や声の質に配慮する、言語的追跡をする等）を相手に示し、コミュニケーションをとることができる。 ④実習指導者や職員がクライエントとの問題解決に向けた信頼関係を構築する場面を観察し、重要な点を説明することができる。
③生活上の課題（ニーズ）に対応するため、支援を必要とする人の内的資源やフォーマル・インフォーマルな社会資源を活用した支援計画の作成、実施及びその評価を行う。	③利用者や地域の状況を理解し、その生活上の課題（ニーズ）の把握、支援計画の作成と実施及び評価	（3）クライエント、グループ、地域住民等のアセスメントを実施し、ニーズを明確にすることができる	①現在または過去のクライエント等の各種記録を参考に、収集すべき情報を説明することができる。 ②バイオ・サイコ・ソーシャルの側面からクライエント等の客観的・主観的情報を系統的に収集することができる。 ③クライエント等のエコマップを作成し、クライエント等を取り巻く環境（クライエントシステム）や関係性を把握し、説明することができる。 ④クライエントの了解のもと、本人の家族や利用しているサービス事業者から情報を収集し、クライエントを強みの視点から理解・説明することができる。 ⑤収集した情報を統合してアセスメントし、クライエント等のニーズを明らかにすることができる。 ⑥収集した情報を指定の様式や用紙に記録することができる。

④施設・機関等が地域社会の中で果たす役割を実践的に理解する。		(4)地域アセスメントを実施し、地域の課題や問題解決に向けた目標を設定することができる	①地域アセスメントの意義や方法、活用可能なツールについて説明することができる。 ②地域住民の生活の状況と地域及び地域を取り巻く環境との関係を説明することができる。 ③収集した情報を統合してSWOT分析を行い、地域特性や地域の強み（ストレングス）、地域の顕在的・潜在的な課題を明確にすることができる。 ④地域課題について多角的に判断し、取組むべき優先順位を地域住民と共に検討することができる。
⑤総合的かつ包括的な支援における多職種・多機関、地域住民等との連携のあり方及びその具体的内容を実践的に理解する。		(5)各種計画の様式を使用して計画を作成・策定及び実施することができる	①実習で関係するミクロ・メゾ・マクロレベルにおける計画（個別支援計画、事業計画、各種行政計画等）の作成・策定の要点や方法を説明することができる。 ②アセスメントの結果を踏まえて支援目標と支援計画を作成し（状況に応じてクライエント等と一緒に）説明することができる。 ③自ら作成した支援目標・支援計画の一部または全部を実施することができる。
		(6)各種計画の実施をモニタリングおよび評価することができる	①現在または過去のケース記録等を参考に、モニタリングおよび評価の方法について説明することができる。 ②特定のクライエントやグループ、地域を対象とした計画実施のモニタリングおよび評価を行うことができる。 ③実習施設・機関等の計画実施についてモニタリング及び評価を行い、その結果を適切に報告することができる。
	④利用者やその関係者（家族・親族、友人等）への権利擁護活動とその評価	(7)クライエントおよび多様な人々の権利擁護ならびにエンパワメントを含む実践を行い、評価することができる	①クライエントおよび多様な人々を理解し、尊厳や価値観、信条、生活習慣等を尊重した言動をとることができる。 ②クライエントおよび多様な人々の持つ「強み・力」（ストレングス）と「課題」を把握することができる。 ③クライエントおよび多様な人々を対象にした実習指導者や職員および実習施設・機関等が行っている権利擁護活動を理解し、説明することができる。 ④実習指導者や職員および実習施設・機関等のエンパワメントの視点に基づく実践を確認し、行うことができる。 ⑤実習施設・機関等が実施している権利擁護や苦情解決の取組み（法制度、事業等）を確認し、説明することができる。
	⑤多職種連携及びチームアプローチの実践的理解	(8)実習施設・機関等の各職種の機能と役割を説明することができる	①実習施設・機関等の各職種の種類について把握し、それぞれの職務および機能と役割を説明することができる。 ②チームにおける社会福祉士の役割・機能を説明することができる。 ③具体的な問題解決の事例を踏まえて連携や協働の必要性を説明することができる。
		(9)実習施設・機関等と関係する社会資源の機能と役割を説明することができる	①関係する社会資源をマッピングした上で、それらの役割や機能等について説明することができる。 ②関係する専門職の役割・業務内容等について説明することができる。 ③事例検討会・ケースカンファレンス等に同席し、出席している各機関・施設の視点や連携するための工夫等について説明することができる。
		(10)地域住民、関係者、関係機関等と連携・協働することができる	①協働するためのコミュニケーションを取りながら地域住民、関係者、関係機関等との信頼関係を築くことができる。 ②活動目的や必要な情報を地域住民、関係者、関係機関等と共有することができる。 ③地域住民、関係者、関係機関の相互の役割の違いや重なりを認識し、連携・協働した活動を実施するための必要な調整を行うことができる。 ④実習施設・機関等の持つ資源や果たすことのできる機能・役割を地域住民、関係者、関係機関等に説明することができる。 ⑤包括的な支援体制における社会福祉士の機能と役割を説明することができる。
		(11)各種会議を企画・運営することができる	①カンファレンスや地域ケア会議等に同席し、職種ごとの業務の特徴やアセスメントの視点の違いを説明することができる。 ②多職種によるチームアプローチとして、目標設定や役割分担の合意形成の留意点等について説明することができる。 ③職員会議・委員会・事例検討会など組織内外で開催される会議の企画・運営を実習指導者と共に実施することができる。 ④他機関との合同会議、住民参加の会議など組織外で開催される会議に同席し、会議の種類や目的について説明することができる。 ⑤参加・同席した会議の記録を適切に作成し、必要に応じて参加者及び欠席者に説明・共有することができる。 ⑥実習施設・機関等で必要な会議を企画・実施準備し、会議の進行（ファシリテーター）を担当することができる。
	⑥当該実習先が地域社会の中で果たす役割の理解及び具体的な地域社会への働きかけ	(12)地域社会における実習施設・機関等の役割を説明することができる	①実習施設・機関等が地域を対象として具体的に取組んでいる事業や活動の理念や目的を明らかにし、説明することができる。 ②事業報告書、月次報告書、実績報告書、調査報告書等を閲覧し、課題等を発見し、説明することができる。 ③クライエントや地域の問題解決に向けた実習施設の役割について検討することができる。
		(13)地域住民や団体、施設、機関等に働きかける	①地域住民に働きかける方法（地域組織化・当事者組織化・ボランティア組織化や事業企画実施等）を実践することができる。 ②関係機関や住民組織等に対して、問題解決に向けた連携・協働の必要性を説明し、関係構築を実施することができる。 ③情報発信の具体的な取組みと方法を実践することができる。

	⑦地域における分野横断的・業種横断的な関係形成と社会資源の活用・調整・開発に関する理解	(14) 地域における分野横断的・業種横断的な社会資源について説明し、問題解決への活用や新たな開発を検討することができる。	①実習施設・機関等の事業や活動と関係のある社会資源とその内容をマッピングし、実習施設・機関等を取り巻く社会資源の状況を説明することができる。 ②実習施設・機関等の事業やサービスを中心として、分野横断的・業種横断的な社会資源との関係性について明らかにし、説明することができる。 ③地域の問題解決に向けて分野横断的・業種横断的な社会資源が関係を形成するための方法を説明することができる。 ④地域の問題解決に向けて社会資源が力を発揮するための調整方法について説明することができる。 ⑤地域の問題解決のために必要な社会資源を創出・開発するための方法を説明することができる。
	⑧施設・事業者・機関・団体等の経営やサービスの管理運営の実際（チームマネジメントや人材管理の理解を含む。）	(15) 実習施設・機関等の経営理念や戦略を分析に基づいて説明することができる	①実習施設・機関等の経営理念、経営戦略について説明できるとともに、SWOT 分析等に基づいて意見を提示できる。 ②実習施設・機関等の理事会や評議員会など、意思を決定する組織体の機能について説明することができる。 ③各種委員会の役割や合意形成の過程と方法を説明することができる。
		(16) 実習施設・機関等の法的根拠、財政、運営方法等を説明することができる	①実習施設・機関等が設置されている法的根拠や関連する通知等を自ら確認し、説明することができる。 ②実習施設・機関等における運営方法を決定する機関等を自ら理解し、説明することができる。 ③事前学習で調べた組織図、事業報告書及び決算書に関して質問をし、不明点や疑問点等を適切に指摘することができる。
	⑨社会福祉士としての職業倫理と組織の一員としての役割と責任の理解	(17) 実習施設・機関等における社会福祉士の倫理に基づいた実践及びジレンマの解決を適切に行うことができる	①実習指導者業務を観察し、クライエントや地域住民、関係者等との関わり場面、問題解決過程、チームアプローチ場面等を振り返り、倫理判断に基づく行為を発見・抽出することができる。 ②①により抽出した倫理的判断に基づく実践のうち、倫理的ジレンマが生じた場面に気づき、その解決のプロセスを説明することができる。 ③自分自身に倫理的ジレンマが生じた場面をソーシャルワークの価値・倫理に基づいて振り返り、解決することができる。 ④多職種によるカンファレンス等において、クライエントや地域住民、関係者との問題解決に向けて社会福祉士の専門性や立場から発言することができる。 ⑤個人情報保護のための取組について説明することができる。
		(18) 実習施設・機関等の規則等について説明することができる	①実習施設・機関等が組織運営をするために必要な規則等が体系的に整備されていることを理解し、説明することができる。 ②実習施設・機関等の規則等のうち、職員が遵守すべき事項と労働条件が規定されている就業規則等を理解し、説明することができる。 ③実習施設・機関等の規則等のうち、事務分掌や職務権限を規定する規則等を理解し、説明することができる。 ④実習施設・機関等の規則等のうち、文書の保管や廃棄、記録の開示等を規定する規則等を理解し、説明することができる。
	⑩ソーシャルワーク実践に求められる以下の技術の実践的理解 ・アウトリーチ ・ネットワーキング ・コーディネーション ・ネゴシエーション ・ファシリテーション ・プレゼンテーション ・ソーシャルアクション	(19) 以下の技術について目的、方法、留意点について説明することができる ・アウトリーチ ・ネットワーキング ・コーディネーション ・ネゴシエーション ・ファシリテーション ・プレゼンテーション ・ソーシャルアクション	①具体的な事例を踏まえ、各技術の目的、方法、留意点について説明することができる。 ②各技術を実施することができる。 （アウトリーチ） (4)-③への取り組みを踏まえて、実習施設・機関等と関連して、当事者自身が声を上げられない状態にあるなどの理由で潜在化している問題や困難に気づき、解決に向けて当事者の居場所に出かけていくことができる。 （ネットワーキング） (8)-③・(9)・(10)-①②③・(11)・(13)-②・(14)-①②③への取り組みを踏まえて、実習施設・機関等の立場からミクロ・メゾ・マクロレベルの問題解決に必要な職種・機関を検討し、その必要性を対象となる地域住民、各職種・機関に説明することができる。 （コーディネーション） (10)-③・(11)・(14)-④への取り組みを踏まえて、問題解決に必要な資源を把握し、その資源を円滑に活用できるよう調整することができる。 （ネゴシエーション） (4)-③・(10)-③・(11)-②への取り組みを踏まえて、必要な情報を集めて交渉の戦略を検討し、問題解決に必要な変化や合意形成に向けてその戦略を実施することができる。 （ファシリテーション） (10)-①②・(11)-②⑥・(13)への取り組みを踏まえて、カンファレンスや地域の会議、ネットワーク会議等における意思決定のプロセスが円滑になるよう働きかけることができる。 （プレゼンテーション） (1)-④・(2)-②・(3)-④・(10)-④・(11)-⑤の取り組みを踏まえて、適切に説明する内容をまとめ、場に応じた方法でその内容を発表することができる。 （ソーシャルアクション） (1)-⑤・(7)・(13)・(14)-⑤の取り組みを踏まえて、人がより良く生きることを阻害している法律・制度等の存在に気づくことができるとともに、それを変えるための戦略を検討し、実施することができる。

出典：一般社団法人日本ソーシャルワーク教育学校連盟「ソーシャルワーク実習指導・実習のための教育ガイドライン（2021 年 8 月改訂版）」2021 年、pp.42 ～ 44

モデル実習計画書

※記入欄の幅や列は最小設定している

ソーシャルワーク実習 実習計画書

学生氏名：
所属施設・学校名：
実習施設・機関名：
実習施設・機関住所：
実習施設・機関連絡先（電話番号）：
実習施設・機関連絡先（E メール）：
実習指導者名：
実習指導者所属部署：
実習期間： 年　月　日（　）～　年　月　日（　）
当該施設・機関での予定実習時間数（当該施設・機関での実習終了時の総実習時間数）： 時間（　時間）

署名

実習生
教員
実習指導者

セクション１

＜実習の概要＞（実習施設・機関の種別や対象について）

実習施設・機関名：

実習施設・機関の社会的使命：

実習施設・機関が提供しているサービス：

実習施設・機関がかかわりの対象とする人々：

＜実習生の実習内容の概要＞

実習中に実習生（あなた）が担当する主な内容（例：インテーク面接、アセスメントの実施、グループの運営、地域住民の会議の開催、クライエントに関係する法改正の確認、など）

実習先で自分が取り組めると思う内容（例：プログラム評価の実施と報告、助成金や補助金の申請書作成、会議の開催、プログラム開発、など）

クライエント個人や家族、グループ、コミュニティと直接かかわりを持つ方法

＜スーパービジョンの実施＞

毎週の定期的なスーパービジョンの日程

実習指導者：	養成校教員：

スーパービジョンに向けた実習生の準備内容

実習指導者：	養成校教員：

セクション２

厚生労働省の通知では、ソーシャルワーク実習のねらいと教育に含むべき事項が明記されています。

ソーシャルワーク実習のねらいは、「①ソーシャルワークの実践に必要な各科目の知識と技術を統合し、社会福祉士としての価値と倫理に基づく支援を行うための実践能力を養う。②支援を必要とする人や地域の状況を理解し、その生活上の課題（ニーズ）について把握する。③生活上の課題（ニーズ）に対応するため、支援を必要とする人の内的資源やフォーマル・インフォーマルな社会資源を活用した支援計画の作成、実施及びその評価を行う。④施設・機関等が地域社会の中で果たす役割を実践的に理解する。⑤総合的かつ包括的な支援における多職種・多機関、地域住民等との連携のあり方及びその具体的内容を実践的に理解する。」の５項目です。

ソーシャルワーク実習の教育に含むべき事項は、10項目が挙げられています。ソーシャルワーク実習を履修する学生は、教育に含むべき事項10項目の説明を十分に理解し、それらすべての項目の評価において求められる基準を満たす必要があります。

ソーシャルワーク実習のねらい①は、実習全体のあり方を示していると解釈することができ、「実践能力を養う」と明記されていることに留意する必要があります。そこで、ソーシャルワーク実習教育内容・実習評価ガイドラインでは、教育に含むべき事項10項目を根拠に、それぞれの項目についてコンピテンシーの考え方に基づいた実習達成目標を提示しています。

実習の終了時点においてすべての項目について基準を満たしていることを説明するために、教育に含むべき事項10項目に関する実習での達成目標すべてについて、それぞれに対応する実習内容を計画・評価する必要があります。

各項目について、実習施設・機関の指導方法・評価方法と実施担当者の氏名を記入してください。

＜記入上の留意点＞

■ ソーシャルワーク実習教育内容・実習評価ガイドラインの実習内容（例）を参考にして、すべての項目に関して実習の具体的な実施内容を計画してください。
■　実際に実践するための計画なので、実習の具体的な実施計画として、実習生の行動レベルで記述してください。
■ 本ガイドラインにおいて「実践的理解」とは、実習において実践に取り組んだ経験をもって当該技能を理解し、社会福祉士（ソーシャルワーカー）の初任者として実践できるレベルになることを指します。
■ 実習先が２ヵ所以上に分かれる場合は、それぞれの実習先について本計画書を作成し、それらを合わせて教育に含むべき事項10項目すべてが計画されるよう留意してください。
■ １つの達成目標に対して、２つ以上の実施内容を計画してください。項目10は、１つの達成目標に対して、１つ以上の実施内容を計画してください。
■ １つの実習内容が複数の達成目標に関係することもあります。同じ実習内容を複数回記入する場合には、２回目の記入以降、文末に「（再掲）」と書き込んでください。
■ 本実習計画を作成する際には、これまで学んできた様々な講義やそれらのテキストから、科目横断的にこれまでの学びを確認してください。

<実習の具体的な実施計画>

項目１：利用者やその関係者（家族・親族、友人等）、施設・事業者・機関・団体、住民やボランティア等との基本的なコミュニケーションや円滑な人間関係の形成

ミクロ・メゾ・マクロレベルに渡って、クライエント（以下、利用者を含む）及びその関係者（家族・親族、友人等）、施設・事業者・機関・団体、住民やボランティア等と基本的なコミュニケーションと円滑な人間関係を形成できる力を養うことを表しています。円滑な人間関係を形成できる力とは、基本的なコミュニケーションに加えて、クライエントとの対等な関係の形成に向けた専門的なコミュニケーションの力を指します。ミクロレベルでは、上記の対象への適切な声掛けができることの他、適切に応答技法を活用できること、メゾ・マクロレベルでは、部署内でのミーティングで必要な説明ができること、カンファレンスでクライエントの状況を適切に説明できること、広報やウェブサイトの原稿の作成などを含む様々なツールを活用して、地域住民をはじめ広い範囲に適切に情報を届けることなどを指します。

達成目標(1)：クライエント等と人間関係を形成するための基本的なコミュニケーションをとることができる。

評価の実施方法（予定）：

□直接指導による評価（担当者：　　　　　　　）	□同僚やクライエントからのフィードバック
□本人の作成した書類の確認（担当者：　　　　　　　）	□スーパービジョンでのディスカッション
□その他＿＿＿＿＿＿＿＿＿＿＿＿	

項目２：利用者やその関係者（家族・親族、友人等）との援助関係の形成

援助関係の形成とは、クライエントやその関係者（家族・親族、友人、様々な組織・団体、地域等）との信頼関係の構築を表しています。ミクロ・メゾ・マクロの各レベルでの直接のコミュニケーションを通して、クライエントやその関係者と理解し合い、問題解決に向けて協働できる関係づくりをする力、また、ソーシャルワーク専門職として境界線（バウンダリー）を設定する力を養うことです。具体的には、クライエントやその関係者が、問題解決に必要な自分に関する情報を安心して公開できる関係を築くことや、実習生からの説明や情報の提示、提案などについて、理解しようとする姿勢を示す関係を築くことです。

達成目標(2)：クライエント等との援助関係を形成することができる。

評価の実施方法（予定）：

□直接指導による評価（担当者：　　　　　　　）	□同僚やクライエントからのフィードバック
□本人の作成した書類の確認（担当者：　　　　　　　）	□スーパービジョンでのディスカッション
□その他＿＿＿＿＿＿＿＿＿＿＿＿	

項目３：利用者や地域の状況を理解し、その生活上の課題（ニーズ）の把握、支援計画の作成と実施及び評価

クライエントや地域の状況の理解とは、ミクロ・メゾ・マクロのすべてのレベルの状況に関する情報を収集し、ミクロ・メゾ・マクロレベルで何が起きているかをアセスメントすることを指します。具体的には、ソーシャルワークの価値規範・倫理に基づいて、システム理論やエコロジカルモデル、BPSモデルを活用し、今、ここで、何が起きているか、ミクロ・メゾ・マクロシステムの何が関係していて、過去や未来の何が関係しているか、アセスメントをもとに説明できる力を養うことです。

加えて、アセスメントに基づいて、その生活上の課題（ニーズ）及び変化に向けて働きかける対象を把握するこ

と（問題解決に向けたターゲットの設定）、理論・モデル、アプローチに基づいた支援計画の作成、実施及び評価を行う力を養うことが説明されています。具体的には、実習先で活用されているミクロ・メゾ・マクロレベルにわたるすべての計画様式（個別支援計画、事業計画、各種行政計画等）を使用して計画を作成し、その一部または全部を実施し、事前事後の比較によってターゲットの変化と問題状況を評価することを指します。

達成目標(3)：クライエント、グループ、地域住民等のアセスメントを実施し、ニーズを明確にすることができる。

達成目標(4)：地域アセスメントを実施し、地域の課題や問題解決に向けた目標を設定することができる。

達成目標(5)：各種計画の様式を使用して計画を作成・策定及び実施することができる。

達成目標(6)：各種計画の実施をモニタリングおよび評価することができる。

評価の実施方法（予定）：

☐直接指導による評価（担当者：　　　　　　　　）☐同僚やクライエントからのフィードバック
☐本人の作成した書類の確認（担当者：　　　　　）☐スーパービジョンでのディスカッション
☐その他____________________

項目４：利用者やその関係者（家族・親族、友人等）への権利擁護活動とその評価

権利擁護活動は、ソーシャルワーカー（社会福祉士）としての活動そのものです。

クライエントやその関係者（家族・親族、友人等）として、クライエント及び多様な人々が存在します。ソーシャルワーカー（社会福祉士）は、実践においてクライエント及び多様な人々を理解し、尊重した言動をとることができることが求められます。ソーシャルワーカー（社会福祉士）は、自らが多様な人々の権利を尊重するだけではなく、クライエント及び多様な人々の立場に立って、彼らの権利が侵害されている状況に気づき、擁護し、エンパワメントと解放を促す専門職です。

権利擁護活動とは、誰もが人としての尊厳や価値観、信条、生活習慣等が尊重され、その人らしく生きることができるように働きかけることを指します。例えば、権利を侵害されている人の言葉にならないつらさや苦しさを理解し、その理解をもとにその人の状況を他者に伝え、変えていくミクロレベルでの働きかけ、そのつらさや苦しさに直面している人々に対する権利侵害の状況を社会に訴え、社会の変化を促していくマクロレベルでの働きかけを含む実践です。

達成目標（7）：クライエントおよび多様な人々の権利擁護ならびにエンパワメントを含む実践を行い、評価することができる。

評価の実施方法（予定）：

☐直接指導による評価（担当者：　　　　　　　　）☐同僚やクライエントからのフィードバック
☐本人の作成した書類の確認（担当者：　　　　　）☐スーパービジョンでのディスカッション
☐その他____________________

項目５：多職種連携及びチームアプローチの実践的理解

記入上の留意点にもあるように、本ガイドラインにおいて「実践的理解」とは、実習において実践に取り組んだ経験をもって当該技能を説明するなど表現ができ、ソーシャルワーカー（社会福祉士）の初任者として実践できるレベルになることを指します。

多職種連携及びチームアプローチとは、問題解決に向けて、クライエントとその関係者（家族・親族、友人、様々な組織・団体、地域等）も含む、それぞれの専門性を持つ人や組織・団体が、それぞれが持ちうる力を発揮できるよう働きかけるとともに、そこで発揮された力が問題解決に向けて相乗的に高め合える関係をつくることを指します。

それぞれの専門性を持つ人や組織・団体が集まる場をコーディネートすること、実際の集まる場ではファシリテーターを担当し、参加している多様な人たちが発言できる環境をつくること、多職種間や多機関（組織・団体）間で互いに理解し合えるように働きかけ、ミクロ・メゾ・マクロレベルにおける変化に向けた計画作成・実施への役割分担、協働に向けた信頼関係の構築を指します。

達成目標(8)：実習施設・機関等の各職種の機能と役割を説明することができる。

達成目標(9)：実習施設・機関等と関係する社会資源の機能と役割を説明することができる。

達成目標(10)：地域住民、関係者、関係機関等と連携・協働することができる。

達成目標(11)：各種会議を企画・運営することができる。

評価の実施方法（予定）：

□直接指導による評価（担当者：　　　　　　）	□同僚やクライエントからのフィードバック
□本人の作成した書類の確認（担当者：　　　　　　）	□スーパービジョンでのディスカッション
□その他＿＿＿＿＿＿＿＿	

項目６：当該実習先が地域社会の中で果たす役割の理解及び具体的な地域社会への働きかけ

実習先は、施設・機関として、必ず何らかの地域社会の中に位置しています。施設・機関がサービスを提供している対象かどうかや、実際にサービスを利用している人かどうかなどにかかわらず、地域社会の中でどのような役割を果たしているかを理解します。

はじめに、施設・機関の持つ機能を理解する（セクション１）こと、そして、地域社会の中で何が起きているかを理解する必要があります（項目３）。次に、その施設・機関が持つ機能と地域社会の中で起きていることの関係性から、実習施設・機関が、地域の中で果たしている役割を理解する力を養います。具体的には、施設・機関が地域社会の中で果たす役割を地域住民に適切に説明できること、加えて、施設・機関が地域社会において実施している活動に参加することなどを通して、実際に地域社会に働きかける力を養います。

達成目標(12)：地域社会における実習施設・機関等の役割を説明することができる。

達成目標(13)：地域住民や団体、施設、機関等に働きかける。

評価の実施方法（予定）：

□直接指導による評価（担当者：　　　　　　　　　　　　）□同僚やクライエントからのフィードバック
□本人の作成した書類の確認（担当者：　　　　　　　　　）□スーパービジョンでのディスカッション
□その他＿＿＿＿＿＿＿＿＿＿＿＿＿＿＿

項目７：地域における分野横断的・業種横断的な関係形成と社会資源の活用・調整・開発に関する理解

地域には、多様な分野での問題解決を目的にしている組織・団体の他、社会福祉に限らず、商工業や環境、観光、交通、物流など、業種横断的な組織・団体、企業などがあります。ソーシャルワークでは、ミクロ・メゾ・マクロレベルにわたるこれらすべてが社会の問題解決に関係する存在であり、社会資源として捉えます。そこで、ソーシャルワーカーとして、これらが社会の問題解決に向けて協働できる横断的な関係を形成することを目指して、分野横断的・業種横断的な対話の場をコーディネートし設定する力を養います。また、これら社会資源が社会の問題解決に向けて力を相乗的に発揮し合うための場づくりや組織・団体、企業間を調整する力、問題解決のために必要な社会資源が一定の範囲にない場合に、範囲内にある組織・団体、企業間で新しい仕組みをつくる力、範囲外にある社会資源を問題解決に活用できるよう働きかける力、一定の範囲内外に問題解決に必要な社会資源をつくり出す力を養います。

社会資源には、サービス提供にかかわる法律・制度も含まれます。「必要な社会資源を作り出す力」は政策的なアプローチによる問題解決に向けた法律・制度の新規・修正提案をする力、その提案の実現に向け働きかける力を養うことを含みます。

ミクロ・メゾ・マクロレベルにわたる社会の問題解決に関係する社会資源として、テクノロジーの活用は現代社会において必要不可欠です。ソーシャルワーカーとして、テクノロジーを活用する技術を養います。

達成目標(14)：地域における分野横断的・業種横断的な社会資源について説明し、問題解決への活用や新たな開発を検討することができる。

評価の実施方法（予定）：

□直接指導による評価（担当者：　　　　　　　　　　　　）□同僚やクライエントからのフィードバック
□本人の作成した書類の確認（担当者：　　　　　　　　　）□スーパービジョンでのディスカッション
□その他＿＿＿＿＿＿＿＿＿＿＿＿＿＿＿

項目８：施設・事業者・機関・団体等の経営やサービスの管理運営の実際（チームマネジメントや人材管理の理解を含む）

施設・事業者・機関・団体等において、実習先が提供しているサービスの品質管理やリスク管理、チームのスタッフが力を発揮するためのマネジメントやリーダーシップのあり方、人材確保のあり方の実際について理解します。具体的には、実習先ではどのようなチームマネジメントの理論や方法が活用されているのかを具体的に理解することや、予算編成の方法や財務諸表を理解すること、事業実施に必要な財源をどのように確保するのかを理解すること、リスク管理のために何をしているのかを理解すること、求人のプロセスを理解することなどを含みます。

上記についての理解と情報を踏まえて、実習先についてのSWOT分析などを行い、メゾレベルでアセスメントをする力を養います。

達成目標(15)：実習施設・機関等の経営理念や戦略を分析に基づいて説明することができる。

達成目標(16)：実習施設・機関等の法的根拠、財政、運営方法等を説明することができる。

評価の実施方法（予定）：

□直接指導による評価（担当者：　　　　　　　　　）□同僚やクライエントからのフィードバック
□本人の作成した書類の確認（担当者：　　　　　　）□スーパービジョンでのディスカッション
□その他＿＿＿＿＿＿＿＿＿＿＿＿＿＿

項目９：社会福祉士としての職業倫理と組織の一員としての役割と責任の理解

はじめに、実習先で対応している多様な問題はどのように見えるのか、その問題に対してどのような意見を持ち得るのか、ミクロ・メゾ・マクロレベルにおけるソーシャルワークのプロセス（関係形成、情報収集、アセスメント、ターゲットの設定、計画、実施、評価、終結など）においてどのような判断をするのか、ソーシャルワーカー（社会福祉士）の倫理綱領に基づいて検討する力を養います。また、その際に倫理的ジレンマが必ず発生するので、その倫理的ジレンマを一定の枠組み・モデルに基づいて、解決を検討する力を養います。

同時に、それぞれの組織には、ソーシャルワークを専門とするスタッフだけではなく、様々な考え方を持った専門職が集まっていることが多く、実習先の組織には組織独自のミッション（社会的使命）やルール（決まり）、価値・倫理があるので、これらを理解した上で、ソーシャルワーカー（社会福祉士）の倫理綱領との関係を理解し、ジレンマが発生する場合は解決を検討する力を養います。実際の実習場面を通じて、これらの判断や検討を実施し、ソーシャルワーカー（社会福祉士）として、組織の一員としての役割と責任を理解します。

達成目標(17)：実習施設・機関等における社会福祉士の倫理に基づいた実践及びジレンマの解決を適切に行うことができる。

達成目標(18)：実習施設・機関等の規則等について説明することができる。

評価の実施方法（予定）：

□直接指導による評価（担当者：　　　　　　　　　）□同僚やクライエントからのフィードバック
□本人の作成した書類の確認（担当者：　　　　　　）□スーパービジョンでのディスカッション
□その他＿＿＿＿＿＿＿＿＿＿＿＿＿＿

項目１０：ソーシャルワーク実践に求められる以下の技術の実践的理解

記入上の留意点にもあるように、本ガイドラインにおいて「実践的理解」とは、実習において実践に取り組んだ経験をもって当該技能を理解し、社会福祉士（ソーシャルワーカー）の初任者として実践できるレベルになることを指します。

ソーシャルワーク実践に求められる技術として、７つの技術（アウトリーチ、ネットワーキング、コーディネーション、ネゴシエーション、ファシリテーション、プレゼンテーション、ソーシャルアクション）が挙げられており、それぞれの技術についてテキストや演習を通して学んだ上で、実習の中で実践に取り組むことを通して、実践できる力を養います。

達成目標(19)-1：アウトリーチの実践的理解

達成目標(19)-2：ネットワーキングの実践的理解

達成目標(19)-3：コーディネーションの実践的理解

達成目標(19)-4：ネゴシエーションの実践的理解

達成目標(19)-5：ファシリテーションの実践的理解

達成目標(19)-6：プレゼンテーションの実践的理解

達成目標(19)-7：ソーシャルアクションの実践的理解

評価の実施方法（予定）：

□直接指導による評価（担当者：　　　　　　　　　　）	□同僚やクライエントからのフィードバック
□本人の作成した書類の確認（担当者：　　　　　　　）	□スーパービジョンでのディスカッション
□その他＿＿＿＿＿＿＿＿＿＿＿＿	

出典：一般社団法人日本ソーシャルワーク教育学校連盟「ソーシャルワーク実習指導・実習のための教育ガイドライン（2021年８月改訂版）」2021年、pp.45～52

モデル評価表

《記入上の留意点の記入例》

1. 本評価表は、①厚生労働省通知「ソーシャルワーク実習」の教育内容、ならびに②日本ソーシャルワーク教育学校連盟「ソーシャルワーク実習教育内容・実習評価ガイドライン」の教育目標に対応しています。
2. 評価の際は、「ソーシャルワーク実習教育内容・実習評価ガイドライン」の「行動目標」を参考にしてください。行動目標には、実習生が習得すべき又は達成すべき具体的な言動を記載しています。
3. 達成度評価は、100%完全習得のみを目的とするものではなく、達成までの連続体をなすとする考え方です。行動目標に対して、実習生がどれくらい・どこまでできているのかを評価してください。
4. 評価尺度はＡ～Ｄの４段階です。評価尺度を参考に「評価」欄に記入してください。実習指導上、該当しない項目や体験していない項目がある場合は　NA　を選択してください。その理由を所見欄にご記入ください。
5. 評価項目ごとに所見欄（コメント記入欄）を設けています。評価尺度では十分に評価できない場合や実習生の状況を説明する必要がある場合は記入してください。（所見欄の記入は必須ではありません）
6. 総合評価は、実習全体を通した総合評価を、Ａ～Ｄの中から選択してください。
7. 実習生に対する総評（高く評価できる点や今後の学習課題となる点など）を具体的に記入してください。
8. 評価表は事後指導の資料として実習生本人に開示します。

《評価尺度と評価基準》

A　：教育目標を達成し、さらにそれを上回る成果を収めた（おおむね行動目標の９０%以上達成した場合）

B　：教育目標をほとんど達成した（おおむね行動目標の８０%程度達成した場合）

C　：教育目標をある程度達成した（おおむね行動目標の６０%程度達成した場合）

D　：教育目標をあまり達成できなかった（おおむね行動目標の５９%以下達成した場合）

NA：該当しない・体験していない

《評価記入欄》※所見記入欄の大きさは適宜修正して使用

１．クライエント等と人間関係を形成するための基本的なコミュニケーションをとることができる	評価
所見	
２．クライエント等との援助関係を形成することができる	評価
所見	
３．クライエント、グループ、地域住民等のアセスメントを実施し、ニーズを明確にすることができる	評価
所見	
４．地域アセスメントを実施し、地域の課題や問題解決に向けた目標を設定することができる	評価
所見	
５．各種計画の様式を使用して計画を作成・策定及び実施することができる	評価
所見	
６．各種計画の実施をモニタリング及び評価することができる	評価
所見	
７．クライエントおよび多様な人々の権利擁護ならびにエンパワメントを含む実践を行い、評価することができる	評価
所見	

8．実習施設・機関等の各職種の機能と役割を説明することができる 所見	評価
9．実習施設・機関等と関係する社会資源の機能と役割を説明することができる 所見	評価
10. 地域住民、関係者、関係機関等と連携・協働することができる 所見	評価
11. 各種会議を企画・運営することができる 所見	評価
12. 地域社会における実習施設・機関等の役割を説明することができる 所見	評価
13. 地域住民や団体、施設、機関等に働きかける 所見	評価
14. 地域における分野横断的・業種横断的な社会資源について説明し、問題解決への活用や新たな開発を検討することができる 所見	評価
15. 実習施設・機関等の経営理念や戦略を分析に基づいて説明することができる 所見	評価
16. 実習施設・機関等の法的根拠、財政、運営方法等を説明することができる 所見	評価
17. 実習施設・機関等における社会福祉士の倫理に基づいた実践及びジレンマの解決を適切に行うことができる 所見	評価
18. 実習施設・機関等の規則等について説明することができる 所見	評価
19. 以下の技術について目的、方法、留意点について説明することができる	評価
・アウトリーチ	
・ネットワーキング	
・コーディネーション	
・ネゴシエーション	
・ファシリテーション	
・プレゼンテーション	
・ソーシャルアクション	
所見	

総合評価（いずれかを○で囲んでください）　A ・ B ・ C ・ D

「実習生に対する総評」

出典：一般社団法人日本ソーシャルワーク教育学校連盟「ソーシャルワーク実習指導・実習のための教育ガイドライン（2021 年８月改訂版）」2021 年、pp.53 ～ 54

資料編

ソーシャルワーク実習委託契約（協定）書等（モデル様式）

【モデル様式1】ソーシャルワーク実習委託契約（協定）書

実習施設・機関（以下、「甲」という）と、養成校（以下、「乙」という）とは、乙が乙の学生（以下、「実習生」とする）のソーシャルワーク実習（以下、「実習」という）の指導を甲に委託することに関し、次のとおり委託契約（協定）を締結する。

（実習の委託）

第1条 実習の最終的な責任は乙が負うものとし、その教育の一部として乙は甲に対し、実習の指導を委託し、甲はこれを受託するものとする。

（実習の内容）

第2条 実習期間は、●日間・●時間とする（ただし、休憩時間は除く）。

2 実習場所は、原則として______________とする。

3 実習生の氏名、実習時期については別表1に定める。

4 乙は甲に「実習要綱」等を提示し、甲は乙に実習の指導（以下、「実習指導」という）の方針等を説明し、実習の指針とするが、具体的な実習内容については、甲と乙の協議のうえ、決定するものとする。なお、甲と乙の協議により第2項・第3項は変更することができる。

（実習教育と指導に関する合意書）

第3条 実習指導は、あらかじめ甲が乙に示した実習指導者等を責任者として行うものとし、詳細については別に定める「ソーシャルワーク実習に係る教育と指導に関する合意書」（以下、「合意書」という）によるものとする。

（連携と協働）

第4条 甲と乙は、実習の実施にあたって連携・協働し、円滑な実習の実施に努めるものとする。

（事故の責任）

第5条 本委託契約第2条で規定する実習を甲にて実施している実習生が、実習中に過失等により、甲または甲の利用者および第三者に損害を与えた場合は、実習生もしくは乙がその損害賠償の責任を負うものとし、その責任の範囲は、乙が加入する賠償責任保険によるものとする。

2 実習生の実習期間中における事故および災害等による責任は、甲に故意または過失がある場合を除き、実習生もしくは乙が負うものとする。

（緊急時の対応）

第6条 乙は甲に対し、あらかじめ実習中の事故、病気、自然災害、感染症等緊急時における連絡先を伝えておくものとする。ただし、やむを得ない事情により甲が乙に対して連絡することが困難な場合は、当該事故等に対して甲の判断で対応後、速やかに乙に連絡するものとする。

（利用者等への説明責任）

第7条 甲は、実習に関して、利用者等への説明責任を果たし、利用者の権利を侵害しないよう、適切な配慮を行うものとする。

(実習生の権利)

第8条　甲は、実習生の権利を侵害しないよう、適切な配慮を行うものとする。

2　乙は、甲に対して実習生に関する個人情報を実習実施上必要とする最小限の範囲で提供するものとし、甲は実習生の個人情報について守秘義務を負うものとする。

(実習生の義務)

第9条　乙は、実習生に対し、実習期間中に知り得た事実について、実習期間中はもとより、実習終了後においても、個人情報保護法、社会福祉士及び介護福祉士法ならびに社会福祉士の倫理綱領・行動規範の趣旨に則り、守秘義務を負わせるものとする。

2　実習期間中の実習日および実習時間は、甲の職員の勤務日および勤務時間に準じるものとする。

3　実習生は、必要な事項の報告など、甲の実習指導者の指示に従うものとする。

(実習指導料)

第10条　乙は甲に対し、実習委託料（実習指導料）として実習生１名につき＿＿＿＿＿＿円（税込）を支払うものとする。ただし、実習期間中、実習生が実習に要した費用については、実習委託料（実習指導料）とは別に精算するものとする。

(実習フィードバック・システム)

第11条　甲ならびに乙は、実習の経過と結果において相互の疑問と評価を容認し、相互に回答し協議することを通じて、その後の実習を有意義なものとするとともに、甲における実践のさらなる向上を目的として、合意書に基づき実習フィードバック・システムを構築するものとする。

(契約（協定）の解除、変更)

第12条　合意書第７条「実習中止の措置」に該当する状況に至った場合は、甲と乙の協議のうえ、本委託契約（協定）の解除もしくは変更を行うことができる。

(その他)

第13条　本委託契約（協定）の履行に関し、特に定めのない事項の取り扱いおよび解釈上、疑義が生じた場合の取り扱いについては、その都度、甲乙協議によるものとする。

以上、契約（協定）の締結を証するため、本書を２通作成し、甲乙両者記名捺印のうえ、各自１通を保有するものとする。

年　　月　　日

甲＿＿＿＿＿＿＿＿＿＿＿＿＿＿㊞

乙＿＿＿＿＿＿＿＿＿＿＿＿＿＿㊞

〔別表1　第2条第3項関係　〕実習生の氏名・実習時期

No.	実習生氏名	実習時期	実習時期	実習時期
1		年　月　日～ 年　月　日	年　月　日～ 年　月　日	年　月　日～ 年　月　日
2		年　月　日～ 年　月　日	年　月　日～ 年　月　日	年　月　日～ 年　月　日
3		年　月　日～ 年　月　日	年　月　日～ 年　月　日	年　月　日～ 年　月　日
4		年　月　日～ 年　月　日	年　月　日～ 年　月　日	年　月　日～ 年　月　日
5		年　月　日～ 年　月　日	年　月　日～ 年　月　日	年　月　日～ 年　月　日

【モデル様式2】ソーシャルワーク実習に係る教育と指導に関する合意書

実習施設･機関（以下、「甲」という）と、養成校（以下、「乙」という）とは、乙が乙の学生（以下、「実習生」という）のソーシャルワーク実習（以下、「実習」という）の指導を甲に委託することに関し、次のとおり合意書を締結する。

(基本方針)

第1条　実習は、甲乙（実習指導者および実習担当教員を含む）並びに実習生の三者（以下、「実習関係三者」という）の連携・協働のもとで、その目的を達成することができるものである。本合意書は、ソーシャルワーク実習委託契約（協定）書第3条の規定に従い、実習における実習関係三者が果たすべき役割･責務について明らかにするものである。

(実習教育体制の確立)

第2条　社会福祉士養成課程の指定を受けた乙は、実習を巡る乙の教育体制（以下、「実習教育体制」という）を整備するものとする。

2　実習教育体制は、実習前・実習中・実習後を一貫した方針のもとに編成するものとする。

3　実習教育体制の整備は、実習関係科目のみならず、他の専門教育科目や教養科目との整合性ならびに「講義 - 演習 - 実習」等の学習循環を踏まえて行うものとする。

4　実習を巡る乙の教育（以下、「実習教育」という）に直接･間接に関係する教員（以下、「実習担当教員」という）は、実習教育にふさわしい要件を保持し、向上させる義務を負う。

5　乙は、甲に対して実習生に関する個人情報を、実習に必要な最小限の範囲で提供するものとし、甲は実習生の個人情報について守秘義務を負うものとする。

(実習指導体制の確立)

第3条　ソーシャルワーク実習委託契約（協定）に合意した甲は、実習生を受け入れ、指導する体制を整備するものとする。

2　甲に所属し法令に基づき実習を担当する職員（以下、「実習指導者」という）は、実習指導を向上させる義務を負う。

3　甲において、実習指導者が複数の部署や員数にわたる場合は、その役割分担と責任範囲を明確にするものとする。

4　甲は、実習生の権利を侵害しないよう、適切な配慮を行うものとする。

(実習生の取り組み)

第4条　実習生は、実習教育と実習指導において要求される資質と能力を事前に可能なかぎり身につけるものとする。

2　実習生は、実習において要求される専門的知識・技術・価値および態度に関して、乙における実習教育に基づいて学習するものとする。

3　実習生は、実習において実習指導者の指導のもとに真摯に取り組むものとする。

4　実習生は、個人情報保護法や社会福祉士及び介護福祉士法、社会福祉士の倫理綱領・行動規範に基づき、実習において要求される守秘義務や信用失墜行為防止義務、さらに誠実義務を果たすものとする。

(実習関係者の協力義務)

第5条　甲乙ならびに実習指導者および実習担当教員（以下、「実習関係者」という）は、乙における実習教育の内容、実習生における学習状況、甲における実習指導の内容、および社会福祉士養成教育に関する養成校団体及び職能団体等の取り組み内容について、相互に情報を交換し共有するものとする。

2　実習関係者は、甲においては「実習受入マニュアル」等、乙においては「実習教育マニュアル」等の作成に務め、その内容は共有されるものとする。

3　実習は次の各号の整合性がとれ、情報が共有された上で、計画的に実施されなければならない。

(1) 甲の基本実習プログラム

(2) 乙の教育計画

(3) 実習生の実習計画書を含む事前学習内容

(4) 実習関係者と実習生の協議および合意に基づく個別実習プログラム

4　実習関係者は、実習生へのスーパービジョン（以下、「実習スーパービジョン」という）の能力の維持・向上を目指して相互に研鑽しなければならない。

5　実習生は自身の能力の維持・向上を目指して実習スーパービジョンを活用するものとする。

6　甲は実習の達成度等を乙が示した「実習評価表」を使用して行い、実習の評価は乙の責任において「実習評価表」や実習生の自己評価等を総合的に判断して行わなければならない。

(実習フィードバック・システム)

第6条　実習フィードバック・システムとは、実習関係者が実習の経過と結果において相互の疑問に真摯に回答し、実習中に生じる課題等の状況を改善・修正し、また実習関係者がその後の実習を有意義なものするとともに、実習施設・機関における実践のさらなる向上を意図して行われる手続き・方法および実習関係三者の関係性を指す。

2　相互にフィードバックが必要な事項は以下のものとする。

(1) 実習生のディレンマ経験：実習の経験、人権侵害事項、実習生へのハラスメント、実習スーパービジョン等

(2) 実習指導者のディレンマ経験：実習生の姿勢・態度・能力等

(3) 実習指導者と実習担当教員の連携・協働による実習スーパービジョンが必要となる事項：精神的な困難をもった実習生、社会的常識・マナー等に欠ける実習生等
(4) 実習中止が必要と考えられる事態：ルール違反を行う実習生等
(5) 相互の疑問：実習教育への疑問、実習指導への疑問等
(6) 甲から実習生に関する情報の要請：実習ならびに実習指導に関する評価に関する情報等
(7) その他、実習関係者相互に実習展開上で疑問が生じた事柄

3　フィードバックは以下の方法によって実習関係者間で相互に行うものとする。
(1)「実習記録」（実習ノート）等の実習生の記録
(2) 文書
(3) 口頭

なお、この場合、書き方・話す方法や表現に細心の注意を払いつつ行うが、書いたこと・話したことへの責任は問われず、不利益は受けないことを相互に保証する。

4　フィードバック上で留意するべき事項は次のとおりとする。
(1) フィードバックを受けた実習関係者は相互に、伝えられた事柄に対して回答の義務（説明責任）を負う。
(2) 実習関係者は相互にいつでも疑問を表明してよく、その表明は歓迎され、かつそれに回答する用意がある風土の醸成に努める。
(3) 実習生の場合、実習生の捉えた事柄が実習指導者へのフィードバックに馴染まないと判断されるときには（例えば、実習指導者からのハラスメントや「人権侵害」の疑いの発見など）、実習指導者を越えて直接に甲の長や上司、あるいは直接に実習担当教員に連絡・相談することができる（図1参照）。ただし、これは各種の虐待防止法における通告義務を妨げるものではない。
(4) 実習教育・実習指導・実習後の相互の協議や研鑽の機会など、実習に関するあらゆる機会を通して、本フィードバック・システムを活用する。

5　実習関係者は、相互の研鑽のため実習スーパービジョン研修の機会を設けるよう努めるものとする。

(実習中止の措置)

第7条　実習中に以下の事態が生じた場合は、実習中止をめぐって実習関係者は即時に協議するものとする。

2　実習指導者は、実習中に以下のような事態が生じた場合、実習中止の措置をとることがあり得ることを、実習開始時に実習生に伝達し、了解を得ておくものとする。
(1) 実習生に帰すべき責任によって実習継続が困難と判断される事態になったとき
①実習生の重大なルール違反（就業規則ならびにそれに準ずる実習のルールへの違反）
②利用者への加害行為・人権侵害行為
③心身の事由による実習継続困難
④守秘義務違反および信用失墜行為
⑤実習生に行った指摘に対して適切に対応しなかったとき
⑥その他
(2) 乙に帰すべき責任によって実習継続が困難と判断される事態が生じた場合
①実習契約に反した行為を行ったとき
②事前教育が不適切・不十分であると認められたとき
③適切な巡回指導（養成校における指導を含む）を行わなかったとき
④乙に行った指摘に対して適切に対応しなかったとき

⑤その他

(3) 甲の不適切な対応による実習中止の措置

①実習生への各種の権利侵害

②甲における人権侵害的行為ならびにサービスの発覚や確定

③実習スーパービジョンの不履行

④実習指導の不履行

⑤甲に行った指摘に対して適切に対応しなかったとき

⑥その他

(実習中止後の措置)

第8条 実習が中止になった場合、乙の責任において実習生に対する適切な対応をとるものとする。

(実習教育並びに実習指導に関する指針)

第9条 本合意書の規定の他、実習教育ならびに実習指導に関する指針は、「ソーシャルワーク実習教育ならびに実習指導に関する指針」として定め、甲乙真摯に履行するものとする。

(改訂)

第10条 本合意書の改訂が必要な場合は、甲乙において協議するものとする。

以上、合意を証するため、本書を2通作成し、甲乙両者記名捺印のうえ、各自1通を保有するものとする。

年　　月　　日

甲＿＿＿＿＿＿＿＿＿＿㊞

乙＿＿＿＿＿＿＿＿＿＿㊞

【モデル様式3】ソーシャルワーク実習教育ならびに実習指導に関する指針

「ソーシャルワーク実習に係る教育と指導に関する合意書」第９条にある「指針」は、実習関係三者（実習担当教員／養成校・実習生・実習施設・機関／実習指導者）が、より質の高い実習に向けて、実習前・実習中・実習後に果たすべき各々の役割の全体を鳥瞰し、その最低基準（ミニマム・スタンダード）を定めたもので、以下の内容から構成される。

区分	養成校と実習担当教員の対応（実習教育）	実習生の対応	実習施設・機関と実習指導者の対応（実習指導）
実習前	１．実習施設・機関に対する事前準備 ２．養成校内の事前準備 ３．実習生に対する事前指導 【領域１】	１．事前学習 ２．実習計画書の作成 ３．事前訪問（事前打ち合わせ） 【領域４】	１．養成校に対する対応 ２．実習受入・指導体制の整備 ３．基本実習プログラムおよび個別実習プログラムの作成 ４．事前訪問（事前打ち合わせ）の対応 【領域７】
実習中	１．実習中の指導体制の確保 ２．ソーシャルワーク実習指導 ３．実習施設・機関に対する連絡・調整 【領域２】	１．姿勢・態度 ２．実習スーパービジョン 【領域５】	１．実習受入・指導体制の確保 ２．実習生の権利擁護 ３．実習スーパービジョン ４．養成校に対する連絡・調整 ５．中間評価と総括評価 【領域８】
実習後	１．ソーシャルワーク実習指導 ２．実習施設・機関に対する連絡・調整 【領域３】	１．自己評価 ２．ふり返り ３．実習施設・機関への謝意 ４．実習成果と課題の共有 【領域６】	１．養成校に対する連絡・調整や問題提起 ２．次年度の実習受入計画の検討 ３．実習総括評価への協力 【領域９】

（用語解説）

①基本実習プログラム

実習施設・機関（実習指導者）が、厚生労働省通知に示されたソーシャルワーク実習の「教育に含むべき事項」の内容を網羅する形で具体的実習内容として作成するもの。

②個別実習プログラム案

実習施設・機関（実習指導者）が、基本実習プログラムをもとに養成校から依頼された実習時間や実習生の学習状況・実習経験等を勘案し、個別の実習生向けに作成するもの。

③個別実習プログラム

事前訪問・事前打ち合わせにおいて、個別実習プログラム案と実習生が作成した実習計画書案の内容をすり合わせ協議した結果、実習関係三者で合意されたもの。

④実習計画

実習生にとっての「実習計画書」、実習指導者にとっての「個別実習プログラム」をさすもので、事前訪問や事前打ち合わせを経て実習関係三者が合意したもの。

【領域1（実習前）】養成校と実習担当教員の対応（実習教育）

1．実習施設・機関に対する事前準備

(1) 実習依頼においては、次の内容を依頼先の施設・機関へ説明・提示すること。

①提出書類や依頼文書の様式・内容

②実習期間（日程）・基本実習プログラムの作成依頼

③養成校の実習指導内容

④養成校の施設機関への対応体制

⑤実習評価の方法とプロセス

⑥実習生への合理的配慮の必要性

⑦緊急時の対応方法と体制

⑧巡回指導（帰校日指導）の方法や時期の確認

⑨実習生が加入する保険の内容

(2) 事前打合せ会等において、２か所以上での実習であることを踏まえて、実習施設・機関ならびに実習指導者に実習の目標や内容、展開方法、期間等について説明し理解を得ること。

①各実習施設・機関の基本実習プログラムの確認

②基本実習プログラムを踏まえた２か所以上の実習施設・機関の選定

③実習の目標や内容、展開方法、期間等に基づく個別実習プログラム（案）の作成依頼・確認

(3) 実習指導者が作成する個別実習プログラム（案）と実習生が作成する実習計画書（案）の内容をすり合わせ、実習計画（実習計画書・個別実習プログラム）を決定する機会、及び、双方の事前の準備状況を共有する機会を設定すること。

(4) ２か所以上での実習であることを踏まえて、実習に必要な価値、知識、技術に関する実習生の到達度を確認し、実習指導者に伝えること。

(5) 実習施設・機関が実習の受け入れ要件を満たしているか確認すること。

2．養成校内の事前準備

(1) 関係法令・通知ならびに一般社団法人日本ソーシャルワーク教育学校連盟による「ソーシャルワーク実習指導・実習のための教育ガイドライン」（以下、「ガイドライン」という）等の内容に基づいて、実習前、実習中、実習後の教育スケジュールを含んだソーシャルワーク実習指導のシラバスならびに指導計画を作成し、実施すること。

①ソーシャルワーク実習指導の意義と目的の整理

②「ガイドライン」に基づくソーシャルワーク実習指導の方法の作成

③「ガイドライン」に基づく評価方法および単位認定方法の整理

④ソーシャルワーク実習指導の年間計画の作成

⑤なお、ソーシャルワーク実習指導のシラバスには次に掲げる事項を盛り込み、個別指導および集団指導を行うこと

・実習及び実習指導の意義（スーパービジョン含む。）

・多様な施設や事業所における現場体験学習や見学実習

・実際に実習を行う実習分野（利用者理解含む。）と施設・機関、地域社会等に関する基本的な理解

・実習先で関わる他の職種の専門性や業務に関する基本的な理解

・実習先で必要とされるソーシャルワークの価値規範と倫理・知識及び技術に関する理解

・実習における個人のプライバシーの保護と守秘義務等の理解

・実習記録への記録内容及び記録方法に関する理解
・実習生、実習担当教員、実習先の実習指導者との三者協議を踏まえた実習計画の作成及び実習後の評価
・巡回指導
・実習体験や実習記録を踏まえた課題の整理と実習総括レポートの作成
・実習の評価及び全体総括会

⑥実習生用の「実習指導マニュアル」「実習記録」（実習ノート）や「実習計画書」等、各種様式の作成

(2) 実習担当教員と巡回指導を担当する教員が異なる場合は、実習教育の目標や実際の実施方法等について、細部にわたって確認すること。

(3) ソーシャルワーク実習指導のシラバス・指導計画は、実習生が以下の点について理解を深め、ソーシャルワーク実習に活用できることを念頭に作成すること。

①実習施設・機関の法的根拠、目的、組織、機構、機能、運営管理に関する理解
②実習施設・機関の利用者（家族を含む）とニーズの理解
③実習施設・機関で働く職員の職種ごとの業務内容・役割と職種間の連携に関する理解
④実習施設・機関に関連する他施設・機関、制度、社会資源への理解
⑤実習施設・機関のサービス等に関連する技術の理解
⑥地域における分野横断的・業種横断的な関係形成と社会資源の活用・調整・開発への理解
⑦利用者やその関係者の権利擁護への理解
⑧利用者に対して共感的に接する姿勢・技術の理解
⑨場面や相手ごとにふさわしい対人関係の構築に関する理解
⑩実習に対して意欲的に取り組むことの理解

3．実習生に対する事前指導

(1) 実習の目的や実習に必要な職業人としてのマナー、知識、技術、守秘義務等の専門職業倫理について、個人情報保護法や社会福祉士及び介護福祉士法、社会福祉士の倫理綱領・行動規範に基づいて事前教育を行い、実習生に実習に対する積極的な動機づけを行うこと。

(2) 実習計画書（案）の作成および実習中に要求される体験（経験）項目などについて個別的な指導を行うこと。

(3) 実習計画書には、次に掲げる事項が含まれていることを確認しておかなければならない。

①利用者やその関係者（家族・親族、友人等）、施設・事業者・機関・団体、住民やボランティア等との基本的なコミュニケーションや円滑な人間関係の形成
②利用者やその関係者（家族・親族、友人等）との援助関係の形成
③利用者や地域の状況を理解し、その生活上の課題（ニーズ）の把握、支援計画の作成と実施及び評価
④利用者やその関係者（家族・親族、友人等）への権利擁護活動とその評価
⑤多職種連携及びチームアプローチの実践的理解
⑥当該実習先が地域社会の中で果たす役割の理解及び具体的な地域社会への働きかけ
⑦地域における分野横断的・業種横断的な関係形成と社会資源の活用・調整・開発に関する理解
⑧施設・事業者・機関・団体等の経営やサービスの管理運営の実際（チームマネジメントや人材管理の理解を含む。）
⑨社会福祉士としての職業倫理と組織の一員としての役割と責任の理解
⑩ソーシャルワーク実践に求められる以下の技術の実践的理解

・アウトリーチ
・ネットワーキング
・コーディネーション
・ネゴシエーション
・ファシリテーション
・プレゼンテーション
・ソーシャルアクション

(4) 実習生が実習計画書（案）に（3）に掲げる事項を具体的な実習内容として設定できるよう、実習施設・機関の基本実習プログラムを実習生に提供し、事前訪問などを通して実習計画書（案）を修正・調整した上で完成させることができるよう指導すること。

(5) 実習生に対して、「ソーシャルワーク実習委託契約（協定）書」「ソーシャルワーク実習にかかる教育と指導に関する合意書」および本指針の内容について、事前に周知すること。

(6) 宿泊を伴う実習の場合、実習施設・機関における遵守事項をあらかじめ確認のうえ、その内容について、実習生に十分に教育すること。

(7) 実習生の実習に向かう姿勢、態度に不適切な点がある場合は、改善されるよう、十分な実習教育を行うこと。

(8) 実習生としての適格性に問題があると判断される場合は、改善されるよう、十分な実習教育を行うこと。

【領域2（実習中）】養成校と実習担当教員の対応（実習教育）

1．実習中の指導体制の確保

(1) 科目担当教員あるいは巡回指導を担当する教員による巡回指導（帰校日指導含む）の調整を行うこと。

(2) 実習中に自然災害や事故などが発生した場合に、適切に対処すること。

(3) 実習施設・機関からの苦情、問題提起に対して、養成校としての対応を協議し、適切に対処すること。

(4) 実習生からの疑問や不安に対して、必要に応じて養成校としての対応を協議し、適切に対処すること。

2．ソーシャルワーク実習指導

(1) 巡回指導（帰校日指導も含む）

①実習生の心身の健康状態などについて確認を行い、必要に応じて適切に対応すること。

②実習生からの質問・相談等に適切に対応すること。

③「巡回指導・帰校日指導マニュアル」等に基づいて甲を訪問し、実習スーパービジョンを行うこと。なお、実習スーパービジョンの内容については記録（巡回指導・帰校日指導の記録）を作成すること。

④巡回指導に際しては、次の点について指導・確認すること。帰校日指導の場合は、実習指導者との十分な連携を前提として巡回指導と同様の内容を実施すること。

④-1実習計画の確認と調整

ア．実習計画（実習計画書・個別実習プログラム）に設定された具体的実習内容がどの程度、どのように実施されているか。

イ．具体的実習内容を通して達成目標がどの程度達成されてきているのか。

ウ．必要に応じた実習計画（実習計画書・個別実習プログラム）の調整の検討。

④-2実習生の適応状況の確認と指導と必要に応じての修正

ア．実習指導者や他の職員と良好な関係を形成しているか。

イ．利用者との良好な関係を形成しているか。

ウ．実習生の実習中の生活で改善すべき点はあるか。

④-3「実習記録」（実習ノート）に関する指導

ア．表現や文章が正確、適切、客観的に書かれているか。

イ．その日の課題への取り組みが明確に記録されているか。

ウ．提出期日が守られているか。

エ．記録方法の確認

3．実習施設・機関に対する連絡・調整

(1) 実習内容が実習計画（実習計画書・個別実習プログラム）に基づいて適切に行われているかについて確認すること。

(2) 実習生が果たすべき義務等について疑義がないか確認し、必要に応じて、適切に対処すること。

(3) 実習生の実習態度などについて問題がないか確認し、必要に応じて、適切に対処すること。

(4) 実習担当教員と巡回指導を担当する教員が異なる場合、巡回指導を担当する教員による実習施設・機関への訪問回数および日時等について依頼すること。帰校日指導の場合も同様とする。

【領域3（実習後）】 養成校と実習担当教員の対応（実習教育）

1．ソーシャルワーク実習指導

(1) 授業展開

①実習の成果と課題についてグループ討議を行うこと。

②実習生に対する個別指導を行うこと。

③実習生が抱えている問題意識やジレンマに適切に対応すること。

④実習生が実習指導者の評価に対して疑義を申し出た場合への対応を行うこと。

⑤実習記録（実習ノート）の確認を行うとともに、実習レポートの作成と指導を行うこと。

⑥実習施設・機関に対する実習レポートの送付と謝意を表する指導を行うこと。

⑦実習時間の確認を行うこと。

(2) 実習の総括・評価

①実習計画書、実習記録（実習ノート）、巡回指導（帰校日指導）等の記録、自己評価をもとに実習内容の総括を行う。

②実習指導者による実習評価表と実習生の自己評価表を照らし合わせ、実習の達成度と今後の課題の確認を行うこと。

③全体総括会（実習報告会）の実施し実習生に対して実習を総括する機会を設けること。

④実習指導者の評価、実習生の自己評価、実習担当教員の評価の結果を総合的に判断し、適切な成績評価を行うこと。

2．実習施設・機関に対する連絡・調整

(1) 実習報告会への参加や実習総括への協力を依頼すること。

(2) 実習教育（運営、指導方法など）に関する問題点や改善すべき事項について相互に情報交換を行うなど適切に対応すること。

(3) 実習生から実習指導者の実習評価表の内容について質問や疑義があった場合は、その旨説明を行い、情報収集を行う。

(4) 実習計画の最終的な実施状況及び各目標の達成状況について実習生及び実習指導者と打ち合わせ、確認する。これから行われる実習が計画されている場合には、実習計画の実施状況及び各目標の達成状況を実習生の次の実習計画書（案）の作成・指導に反映し、次の実習の実習施設・機関と共有した上で、個別実習プログラム（案）の作成を依頼する。その際、ミーティングを開催する等、実習担当教員、実習生、実習指導者の三者が円滑に協議できる方法で実施すること。

【領域4（実習前）】 実習生の対応

1．事前学習

(1) 養成校の授業や実習指導マニュアル、ガイドライン等から、実習の目標や展開方法について理解を深めること。

(2) 実習施設・機関の法的位置づけ、目的、組織、業務体系等の機構、機能、運営に関する事項について理解を深めること。

(3) 実習施設・機関の資料を収集し、実習施設・機関の実態について詳細に理解を深めること。

(4) 実習施設・機関の利用者（家族等を含む）と、そのニーズについて理解を深めること。

(5) 実習施設・機関に関連する他施設・機関、制度、社会資源等について理解を深めること。

(6) 実習に必要な価値、知識、技術について理解を深め、その到達度を確認し、その向上に努めること。

(7)「個人情報保護法」や「社会福祉士及び介護福祉士法」「社会福祉士の倫理綱領・行動規範」に基づき、実習施設・機関の利用者や組織に関するプライバシー情報への接近のルール、記録のルール、開示のルールについて学習するとともに、守秘義務など、実習に必要な倫理について理解を深めること。

(8) 実習生は、「ソーシャルワーク実習委託契約（協定）書」「ソーシャルワーク実習にかかる教育と指導に関する合意書」および本指針の内容について、十分理解すること。

(9) 事前学習において、問題点や疑問を感じた場合には、積極的に実習担当教員に質問し、適切に理解すること。

(10) 実習生としての学習を十分に積んでおくこと。

(11) 実習施設・機関に提出する個人票を作成すること。

2．実習計画書の作成

(1) 実習計画書（案）は、ソーシャルワーク実習における各目標（「一般社団法人日本ソーシャルワーク教育学校連盟「ソーシャルワーク実習教育内容・実習評価ガイドライン」（以下、ソ教連評価ガイドライン）の達成目標・行動目標）を達成するために、実習中に実施する具体的実習内容とその順序を整理して作成されるものであること。

(2) 実習計画書（案）の作成にあたっては実習施設・機関の基本実習プログラムを参照しつつ、実習時間数や実習を実施するまでの学習状況も踏まえて、実習担当教員による指導を受けながら取り組むことが必要であること。

(3) 実習計画書は実習生の作成作業だけで完成されるものではない。事前訪問（事前打ち合わせ）等において実習指導者へ提示・説明をした上で、実習指導者が作成した個別実習プログラム（案）との突き合わせを行い、齟齬がないよう相互に内容の調整を行ったうえで完成させること。この工程を経て、実習計画書・個別実習プログラムのそれぞれを実習計画と位置づけること。

(4) ただし、完成させた実習計画書は固定的なものではなく、実習中の様々な事情や状況を踏まえて、随時調整を行う場合があること。また、実習計画書の変更が必要な状況になった場合には、実習指導者、実習担当教員に報告し、適宜、指導を受けた上で調整を行うこと。

(5)（2か所目以降の実習の場合）実習生は、前の実習施設・機関での実習計画の実施状況及び各目標の達成状況を実習指導者や実習担当教員とともに十分に振り返り、実習計画書（案）の作成に反映すること。

3．事前訪問（事前打ち合わせ）

(1) 円滑な実習を進めるために、実習生が自ら実習施設・機関に事前訪問の依頼を行い、実習指導者からの指導を受けること。ただし、何らかの事由により訪問の形態によることが困難な場合は、電話等により指導を受けることも想定されること。

(2) 実習に際して必要な、心構え、事前に学習しておくべき内容、持ち物、その他の注意事項について実習指導者から指導を受けること。

(3) 実習中におけるスケジュールについて、実習指導者から指導を受けること。

(4) 事前訪問の際には、実習施設・機関に関する資料提供、施設見学を依頼すること。

(5) （２か所目以降の実習の場合）これまでに行われた実習における実習計画の実施状況及び各目標の達成状況を実習指導者や実習担当教員とともに十分に振り返り、実習計画書（案）のすり合わせとあわせて、これから行われる実習の実習施設・機関の実習指導者と共有すること。

【領域５（実習中）】 実習生の対応

1．姿勢・態度

(1) 実習生として、利用者（および家族・地域住民）や職員等に対して真摯な態度で実習に臨むこと。

(2) 実習をとおして得られる利用者等のプライバシーに関して、個人情報保護法や社会福祉士及び介護福祉士法、社会福祉士の倫理綱領・行動規範を遵守して守秘義務を徹底すること。なおこのことに関しては、実習終了後も守秘義務が課せられているものと理解すること。

(3) 実習中は、実習指導者の指導と指示のもとに実習を行うこと。

(4) 疑問が生じた場合は、積極的に実習指導者に質問すること。

(5) 実習中に遭遇した諸問題については、いつでも実習担当教員に相談が可能であること。

2．実習スーパービジョン

(1) 面談

①実習指導者から実習スーパービジョンを展開するために必要な材料（実習記録／実習ノート、ケース記録、ケース研究記録等）の提示を求められた場合は、速やかに提出すること。

②計画された定期的な実習スーパービジョンの機会はもとより、実習中に臨時に実習スーパービジョンを希望する場合は、実習指導者に実習スーパービジョンの機会の設定を依頼すること。

③実習スーパービジョンの際には、積極的に実習指導者からの指導を仰ぐとともに、疑問点については的確に理解できるまで指導を求めること。

(2) 記録

①「実習記録」（実習ノート）は、毎日その１日の実習経過などについて克明に記録し、翌日（休日の場合は次出勤日）に実習指導者に提出し、コメントと押印を受けること。

②「実習記録」（実習ノート）には、実習で体験した諸事実、それらに対する疑問、考察、実習中に受けた指導内容などについて、正確かつ明晰に記録すること。

③その日の課題を明確に記録し、事実と解釈を混同させることなく、客観的に記録すること。

④個人情報保護法や社会福祉士及び介護福祉士法、社会福祉士の倫理綱領・行動規範を遵守して、個人の秘密は守り、人権尊重の立場に立ち、記録のルールに則って記録すること。

⑤記録は誤字脱字に注意し、正しい日本語で記録すること。ただし、PC 作成の場合もあること。

(3) 巡回指導

①実習期間中に、実習担当教員（あるいは巡回指導を担当する教員）が訪問した際には、主に次の事項について確認することとなるので、事前に準備をしておくこと。なお、帰校日指導の場合も基本的に同様である。

①-１心身の健康状態および実習遂行に影響する困りごと

①-２実習上の質問・相談等の有無

①-３実習計画の実施状況、各目標（達成目標や行動目標）の達成度や課題

①-４「実習記録」（実習ノート）の記載内容

①-５実習計画の調整等の必要性

②実習全般について、実習担当教員（あるいは巡回指導を担当する教員）に相談したい事項がある場

合は、率直に相談すること。

③実習担当教員（あるいは巡回指導を担当する教員）から助言などがある場合は、「実習記録」（実習ノート）に整理しておくこと。

④実習生から実習担当教員（あるいは巡回指導を担当する教員）に対する相談およびそれに対する助言などについて、記録を作成しておくこと。

⑤実習生は必要に応じて、定められた訪問日以外に、実習担当教員（あるいは巡回指導を担当する教員）による訪問を要請することができること。

【領域6（実習後）】 実習生の対応

1．自己評価

（1）実習終了後に甲から送られてくる実習評価表と、実習生自身が記入した自己評価（表）を対照し、実習を客観的に振り返る機会を設定すること。

（2）実習評価表と自己評価（表）との間に齟齬がある場合には、その要因を探り、以後の学習に役立てること。

（3）実習評価表の内容について疑義照会・質問等がある場合は実習担当教員に相談し、学習内容の理解と今後の課題の明確化のため、実習担当教員から実習指導者に連絡するよう依頼すること。

2．ふり返り

（1）問題の明確化

①実習中に生じた問題意識は、その後の貴重な学習素材として大切にすること。

②実習中に生じた問題意識を派生させ、継続的に学習・研究することによって、問題解決へと発展させること。

（2）ジレンマの解消

①実習中にジレンマを感じる場合、ジレンマの言語化を心がける。

②実習中に生じたジレンマについては、ソーシャルワーク実習指導の授業等を活用し、深く考察することで解消し、有意義な実習体験（経験）として、その後の学習に活かすようにすること。

（3）講義及び演習の学びと実習のつながりの確認

①講義及び演習で学んだソーシャルワークの知識・技術と、実習で取り組んだ内容の関係をあらためて確認する。

②自己が取り組むべき課題を確認し、今後、ソーシャルワーク専門職である社会福祉士を目指してどのように研鑽に取り組むことが必要かを具体的に検討する。

③（これから実習が予定されている場合）これまでに行われた実習で明らかになった自身の学習課題を踏まえ、次の実習に向けた準備に取り組む。

3．実習施設・機関への謝意

（1）実習施設・機関に対して、礼状を送り、実習の受け入れに対して謝意を表すること。

4．実習成果と課題の共有

（1）実習報告集に掲載するレポート（「実習総括レポート」等）を作成し、自らの実習の成果と課題をふり返るとともに、他者との共有を図ること。

（2）実習報告会に参加するなど、実習の成果と課題を他者と共有する機会を積極的に活用すること。

（3）実習生は、実習全体（ソーシャルワーク実習指導・ソーシャルワーク実習）をとおしての実習教育や実習指導への評価を行い、実習担当教員に疑義や要望、提案等を伝えることができる。

【領域7（実習前）】 実習施設・機関と実習指導者の対応（実習指導）

1．養成校に対する対応

(1) 実習依頼を受けた後に養成校との各種情報の確認・共有を行い、依頼内容等の相互理解に齟齬のないように努めること。

(2) 養成校からの実習依頼に伴う書類の作成等に適切に対応すること。

2．実習受入・指導体制の整備

(1) 実習生の受け入れについて、その意義を共有し、組織内での合意形成を図ること。

(2) 実習生に対する実習指導体制を定め、総括的な指導責任者と実際の指導者が異なる場合は、それぞれの担当範囲と役割を明確にすること。

(3) 実習指導に必要な他職種・職員の協力を得られるよう、組織内の調整を図ること。

(4) 基本実習プログラムを作成し、組織内に周知すること。

(5) 実習施設・機関内の利用者等に対して、実習生を受け入れることを周知し、さまざまな接近があることとその際の協力を依頼すること。

(6) 実習の実施に際して、外部施設・機関の見学等を予定する場合は、事前に必要な依頼を行うこと。

(7) 実習指導のためのマニュアルを作成するよう努めること。

(8) 実習施設・機関内の職員に対して、実習生に対するハラスメントに関する知識について理解が得られるよう、組織内の調整を図ること。

3．基本実習プログラムおよび個別実習プログラムの作成

(1) 実習受け入れ・指導体制の構築の一環として基本実習プログラムを作成し、実習生が実習計画書（案）を作成する際に参照できるよう養成校と共有すること。

(2) 基本実習プログラムの作成に当たっては、特に下記の点に配慮すること。

①ソーシャルワーク実習は個別の実習施設・機関に所属する社会福祉士の養成ではなく、ジェネラリストとしてのソーシャルワーク専門職である社会福祉士の養成が目的であることを踏まえて、実習生に伝達すべき社会福祉士像を整理すること。

②できる限り全ての「教育に含むべき事項」（ならびに達成目標の達成）に対応した具体的実習内容を設定すること。

③具体的実習内容では、目標達成に向けて適切な方法（観察型･参加型･体験型など）を設定すること。

④各具体的実習内容に取り組むにあたって必要な事前学習を記載すること。

(3) 各実習生に対して、基本実習プログラムをもとに実習生の実習時間数、実習回数、これまでの学習内容や実習経験を踏まえた個別実習プログラムを作成すること。

(4) 個別実習プログラムは事前訪問（事前打ち合わせ）等において実習生が作成した実習計画書案と実習指導者が作成した個別実習生プログラム案のすり合わせ・協議を行い、内容に齟齬がないよう相互に調整を行ったうえで完成させること。この工程を経て、実習計画書・個別実習プログラムのそれぞれを実習計画と位置づけること。

(5)（2か所目以降の場合）事前訪問・事前打ち合わせにおいて、前の実習における実習生の実習計画の実施状況及び各目標の達成状況を十分に確認し、個別実習プログラムの作成に反映すること。

4．事前訪問（事前打ち合わせ）の対応

(1) 実習生の事前訪問を受け入れるとともに、養成校が主催する実習打合せ会等に出席し、実習生・実習担当教員と事前に必要な指導・調整を行うこと。

(2) 実習計画書案の内容について、個別実習プログラム案と照らしながら実習生と協議あるいは指導を行うこと。

(3) 厚生労働省通知にある実習・実習指導の「教育に含むべき事項」を踏まえ、実習前にどのような価値・知識・技術等をどのような水準で身につけるべきかを伝えるとともに、参考となる文献・資料等を提示すること。

(4) 実習に向けて下記の事項について説明・指導すること。

①出退勤、実習生として求める姿勢・態度、身だしなみや健康管理、提出物・返却物に関する事項。

②実習に要した費用の個人負担分の精算に関する事項。

③実習施設・機関の概要（設置根拠、運営指針、組織構成、施設・機関の見学・紹介、管理職はじめ職員の紹介他）

④実習受入方針（クライエントとのかかわりの考え方、受入部署と実習生の担当業務・座席、使用するPCとパスワード、備品の使用、電話の対応、ロッカー、服装、休憩、持ち物、実習ノートの提出方法、実習時間他）

⑤実習指導者の役割と責任（スーパービジョンの実施計画、安全管理、健康管理、心理的サポート他）

⑥実習生に求められる責任（実習に取り組む態度、SNSの扱い、個人情報保護、遅刻・欠勤等の連絡他）

⑦実習契約の要点（実習中断・中止に関する内容を含む）

⑧安全管理及び健康管理（業務上のリスク、緊急時の対応・行動計画、トラブル発生時の連絡先の確認他）

⑨個別実習プログラム案（実習指導者）と実習計画書案（実習生）の内容のすり合わせと合意

⑩クライエント等の個人情報の適切な取り扱い

⑪実習生の実習誓約書

⑫実習生の個人情報保護と権利

(5) 可能なかぎり実習施設・機関を見学する機会を設けること。

【領域8（実習中）】 実習施設・機関と実習指導者の対応（実習指導）

1．実習受入・指導体制の確保

(1) 実習中において、実習に関して他職種・職員との何らかの調整が必要な場合に適切に対処すること。

(2) 実習生もしくは実習生に起因した事故や緊急事態が発生した場合に、適切に対処すること。

2．実習生の権利擁護

(1) 実習指導者は、実習生の実習展開が円滑にすすめられるよう配慮する。

(2) 次のような実習生の権利を侵害しないよう適切な配慮を行うものとする。

①実習生へのハラスメントの防止および対応

・パワーハラスメント

・セクシュアルハラスメント

・アカデミックハラスメント

・過剰な負荷

・その他、不適切なかかわり

②実習生に関する個人情報の漏洩の防止および対応

・住所、電話番号、既往歴、服薬情報など

（参考）実習生と実習指導者との契約

・以下は、ハラスメントの防止について、全米ソーシャルワーカー協会の倫理綱領を参考に作成した。

・実習生と実習指導者の契約は、事前訪問時（あるいは実習初日）に実習指導者から実習生に提示されることを想定している。実習指導者は「実習指導者確認書」を作成し、実習生に文書で示し、口頭で説明する必要がある。

実習生の皆さんへ

私たちは、社会福祉士及び介護福祉士法第45条に規定された「信用失墜行為」を行わないため、以下のとおり、皆さんに対する倫理責任があることを確認します。

年　　月　　日

施設・機関名＿＿＿＿＿　実習指導者名＿＿＿＿＿＿＿＿

1．実習生の皆さんへのかかわり方

私たちの第一義的責任は、実習生の皆さんが「ソーシャルワーク実習」の期間中、倫理問題にさらされることなく、実習がすすめられるようにすることです。

2．自己決定

私たちは、実習生の皆さんの自己決定を尊重し、皆さん自身が目標を見定め、明確化しようとする努力を支援します。

私たちは、皆さんの自己決定を制限することがあります。第1に、皆さんの現在の行動や起こしうる行動が、皆さん自身や【施設・機関名】の利用者の皆さんに重大な危険をもたらすと予見できる場合です。第2に、皆さんが個別実習プログラムに含まれていない内容を実習指導者に何の相談もなく実施しようとしたり、皆さんの所属する学校の決まりに反する行動を行おうとした場合です。

3．プライバシーと秘密保持

私たちは、実習生の皆さんのプライバシーに対する権利を尊重します。私たちは、実習上必要でない限り、皆さんから個人的な情報を伺うことをしません。皆さんから得た情報は守られます。また、皆さんの学校から寄せられた皆さんの情報についても同様です。

4．ハラスメント

私たちは、実習生の皆さんにハラスメント（パワーハラスメント、セクシュアルハラスメント、アカデミックハラスメント）をしません。実習におけるパワーハラスメントとは、①優越的な関係を背景とした言動であって、②実習遂行上必要かつ相当な範囲を超えたものにより、③実習生の実習環境が害されるものであり、①から③までの3つの要素を全て満たすものです。また、セクシュアルハラスメントとは、実習において行われる実習生の意に反する「性的な言動」により、実習生が実習遂行や評価について不利益を受けたり、実習環境が害されることさします。アカデミックハラスメントとは、研究教育に関わる優位な力関係のもとで行われる理不尽な行為等です。

5．実習時間と場所

私たちは、皆さんの所属する学校と交わした契約の範囲にある、所定の時間・場所・期間内で、実習の指導を行います。したがって、所定の時間外に、所定の場所以外で指導を行うことはありません。特別な事情がある場合は、施設長・事務長・課長等より実習生の皆さんに相談することがありますが、強要するものではありません。

3．実習スーパービジョン

(1) 実習中は定期的に実習生に対するスーパービジョンを実施すること。また定期的なスーパービジョンだけではなく、実習生の様々な状況を踏まえて随時必要なスーパービジョンを実施すること。これらの実習中に実施されるスーパービジョンを実習スーパービジョンと呼ぶこととする。

(2) 実習スーパービジョンを展開するために必要な材料（実習記録／実習ノート、ケース記録、ケース研究記録等）の提示を実習生に事前に求めること。

(3)「実習記録」（実習ノート）にコメントを記し、実習生の実習経験に対する何らかの修正、理解の指針等を示すと同時に、今後の実習展開への助言を与えること。

(4) 実習生から、実習スーパービジョンの機会を要望することができることをあらかじめ伝達し、実習生から要望があった場合は、速やかに対応すること。

(5) 実習で関わる他職種･職員あるいは他施設･機関からのフィードバックを考慮して､必要な実習スーパービジョンの機会をもつこと。

(6) 実習スーパービジョンは、実習生の価値・知識・技術等の習得状況や実習の遂行状況に焦点をあてて行われることが原則であり、実習に関連して実習生のパーソナリティなどに焦点をあてる場合は、ハラスメント等に注意すること。

(7) 利用者等との対応のあり方や、個人情報保護法等を遵守したプライバシー情報およびケース記録等の扱いについて助言を与えること。

(8) 実習展開上の実習指導者と他職種・他職員あるいは他施設・他機関等で実習生が指示を受ける担当者が異なる場合には、当該担当者ならびにそれぞれの役割を、あらかじめ実習生に伝達すること。

4．養成校に対する連絡・調整

(1) 巡回指導における実習担当教員（あるいは巡回指導担当教員）の来所に際しては、事前の予約内容を確認し、「巡回指導・帰校日指導マニュアル」等に基づいて対応すること。

(2) 実習生もしくは実習生に起因した事故や自然災害、その他の緊急事態が発生した場合、速やかに養成校に連絡すること。

(3) 事前に予約がなされた日以外に、実習担当教員（あるいは巡回指導担当教員）の来所が必要な事由が生じた場合は、速やかに養成校に連絡すること。

5．中間評価と総括評価

(1) 中間評価

①実習期間の中間にあたる段階で以下の項目の評価を行い、今後の実習に反映させること。

・実習計画の進捗状況
・達成目標の達成度や修正点
・今後の学習において取り組むべき課題

②実習指導者による評価表と実習生による自己評価（表）を照らし合わせ、実習生の理解度や課題を確認すること。

③実習期間が終了する直前（最終日）に、実習生と面談し、実習の成果と課題に関する情報交換を行うこと。

④情報交換のなかで、実習生が疑問に思っていることがあれば、できる限り応答すること。

(2) 総括評価

①「実習評価表」は、実習生に開示されることをあらかじめ認識しておくこと。

②「実習評価表」を使用し、実習生の実習成果と課題を説明し、適切に評価を行うこと。

③評定（SABCD, 12345, 優良可など）の理由や根拠を実習生が理解できるよう、所見欄などに具体的に記述すること。

④厚生労働省通知による実習の「教育に含むべき事項」やソ教連評価ガイドラインの達成目標を基準として、実習中の具体的な実習生の行動を提示し、達成目標の達成度や課題を評価し、説明すること。

⑤実習評価表の内容等に関する養成校および実習生から疑義照会・質問等があった場合は適切に対応すること。

【領域9（実習後）】 実習施設・機関と実習指導者の対応（実習指導）

1．養成校に対する連絡・調整や問題提起

(1) 実習終了後、実習生から実習日誌や出勤簿等の提出がなかったり必要経費の支払いが遅れていたりする場合は、速やかに養成校に連絡・相談すること。

(2) 実習生の個人票、実習評価表、出勤簿等の書類を養成校に返送すること。

(3) これから行われる実習に向けて、実習計画の実施状況及び各目標の達成状況の振り返りに協力すること。また、実習生及び実習担当教員の同席または同意のもと、これから行われる実習の実習担指導者への実習計画の実施状況及び各目標の達成状況の共有に協力すること。

2．次年度の実習受入計画の検討

(1) 実習施設・機関の次年度事業計画（案）並びに予算（案）に実習にかかる事項が盛り込まれるよう次年度実習受入計画を検討すること。

(2) 養成校が実施する次年度の実習依頼に係るアンケートや相談に協力すること。

3．実習総括評価への協力

(1) 養成校が開催する全体総括会（実習報告会）に参加すること。

(2) 一般社団法人日本ソーシャルワーク教育学校連盟およびその地域ブロックが開催する研修等に参加し、協議および提言を行うこと。

(3) 実習施設・機関は厚生労働大臣が定める「社会福祉士実習指導者講習会」に実習指導者候補となる職員を派遣し、その課程の修了を支援すること。

社団法人日本社会福祉士会設立趣意書

21世紀における超高齢社会の到来を前にして、昭和62年に『社会福祉士及び介護福祉士法』が制定されてから既に7年が経過した。この間に6回の社会福祉士試験が実施され、合格者は約4000人を数えている。さらに今後毎年1000人前後の合格者が出ることが予想され、合格者総数が1万人を超えるのも遠くないものと推測される。

このような状況の中で、われわれは、社会福祉士が自己研鑽によってその専門的力量を高め、援助を必要とする人々に質の高い良い福祉サービスを提供し、併せて社会福祉専門職者としての社会的評価を確立することを目的として、平成5年1月15日に「日本社会福祉士会」を結成し、社会福祉士登録者の結集を呼びかけてきた。幸いにわれわれの呼びかけは多くの社会福祉士の支持を受け、全国すべての都道府県に支部を持つ、名実ともに社会福祉士を代表する唯一の全国組織となった。

こうした組織基盤の拡大と並行して、「日本社会福祉士会・社会福祉学会」の開催、研究誌「社会福祉士」の創刊、「第1回社会福祉士全国実態調査」の実施、ブロック単位の自主研修の実施、「社会福祉士実践事例集」の編纂等、専門的職能団体として社会福祉士の専門的力量を高め、社会福祉士に対する社会の理解を深めるための努力も行ってきた。

また、厚生省をはじめとする中央・地方の関係行政機関並びに関係各団体の理解と支援も与かって、社会福祉士と日本社会福祉士会に対する社会の理解と期待は次第に深まりかつ高まってきている。

しかし、これらの成果は、今日の社会が社会福祉士に求めているところから見れば極めて初歩的なものに過ぎない。時代は、われわれの予想をはるかに超える速度と規模で変化している。時代の変化につれて社会のニーズも変化し、それはまた社会福祉に関わる制度・施策のめまぐるしい改変を招き、われわれに対しても思想・理論・方法の根本的な変革を迫っている。職域毎の業務分析と社会福祉士の専門的機能・役割の明確化、指導者の系統的な養成、生涯研修体系の確立等、時代の要請に応えて社会福祉士を国民の期待を担い得る資質と力量を兼ね備えた社会福祉専門職者とするために、日本社会福祉士会が直ちに取り組まなければならない緊急の課題は山積している。また、長期的に見るならば、社会福祉士の蓄積した専門的知識・技能を適切な方法で社会に還元することによって、広く国内及び国際社会に貢献することも重要な課題であろう。

これらの課題を着実に遂行し、併せて毎年1000人あるいはそれ以上にも及ぶ新しい社会福祉士登録者を組織化して行くことは、もはや任意団体の力の限界を超えるものである。今日一定の社会的認知と制度的保障の下に日本社会福祉士会の組織的・財政的基盤を確立することは、ひとり日本社会福祉士会の発展にとって必要であるだけでなく社会福祉士制度自体の発展にとっても不可欠な要件であると考え、ここに「日本社会福祉士会」を発展的に解消し、「社団法人　日本社会福祉士会」の設立を図るものである。

平成7年1月20日

社団法人日本社会福祉士会設立総会

公益社団法人日本社会福祉士会

公益社団法人日本社会福祉士会は、「社会福祉士」の職能団体です。

「社会福祉士」とは「社会福祉士及び介護福祉士法（昭和62年法律第30号）」に定められた国家資格で、「専門的知識および技術をもって、身体上若しくは精神上の障害があること又は環境上の理由により日常生活を営むのに支障がある者の福祉に関する相談に応じ、助言、指導、福祉サービスを提供する者又は医師その他の保健医療サービスを提供する者その他の関係者との連絡及び調整その他の援助を行う」専門職です。

■組織

日本社会福祉士会は、47の都道府県社会福祉士会を正会員とする連合体組織です。

47の都道府県社会福祉士会に所属する正会員数（社会福祉士）は、2022年1月末現在4万4425人です。

■沿革

1987年5月　「社会福祉士及び介護福祉士法」公布
1989年3月　第1回社会福祉士国家試験実施（登録開始）
1993年1月　日本社会福祉士会（任意団体）を設立
1994年12月　全都道府県に支部を設置
1995年1月　「ソーシャルワーカーの倫理綱領」を採択
1996年4月　社団法人日本社会福祉士会を設立（任意団体から組織変更）
1998年7月　国際ソーシャルワーカー連盟に正式加盟
2005年6月　「ソーシャルワーカーの倫理綱領」を改定、「社会福祉士の倫理綱領」採択
2007年12月　「社会福祉士及び介護福祉士法」改正
2010年3月　47都道府県すべての社会福祉士会が法人格を取得
2011年10月　認定社会福祉士認証・認定機構設立
2012年4月　連合体組織に移行
2014年4月　公益社団法人に移行
2015年6月　公益社団法人日本社会福祉士会憲章制定
2020年6月　「社会福祉士の倫理綱領」改定、採択
2021年3月　「社会福祉士の行動規範」改定、採択

■目的

本会は、社会福祉士の倫理を確立し、専門的技能を研鑽し、社会福祉士の資質と社会的地位の向上に努めるとともに、社会福祉の援助を必要とする人々の生活と権利の擁護及び社会福祉の増進に寄与することを目的としています。

■活動

●調査・研究・研修

★調査・研究事業

ソーシャルワーク実践に関する調査・研究やそれに基づく援助ツールの開発、マニュアルの作成、国の調査事業等の受託を行っています。

★研究成果の発表

毎年１回、実践を共有する研究発表の場として、「日本社会福祉士学会」を開催しています。また、研究誌『社会福祉士』を毎年発行しています。

★専門性の維持・向上

社会福祉士は、より良い相談活動ができるよう、社会福祉についての最新動向や知識・技術の修得に努める必要があります。日本社会福祉士会の「生涯研修制度」は、都道府県社会福祉士会に所属する正会員の自己研鑽をサポートしています。

★さまざまな研修の開催

日本社会福祉士会では、都道府県社会福祉士会に所属する正会員のみならず、社会福祉士が共通に必要とされる力量を身につけるための研修や専門性を深める研修を開催しています。集合して行う研修の他に、豊富なe-ラーニング講座（オンデマンド講座）を提供しています。

その他、全国47都道府県社会福祉士会でさまざまな研修を開催しています。

★認定社会福祉士制度の推進

認定社会福祉士制度は、社会福祉士のより高い実践力や専門性を認定する制度です。この制度は、認定社会福祉士認証・認定機構が運営をしています。日本社会福祉士会は機構の正会員として、機構の運営に参画するとともに、その活用が進むよう、取得のためのフォローアップや環境整備を行っています。また、認定社会福祉士登録機関として、機構の審査に合格した社会福祉士の登録を行っています。

★世界のソーシャルワーカーとの連携

日本社会福祉士会は、国際ソーシャルワーカー連盟（IFSW）に加盟しています。IFSWを通じて、諸外国との交流や情報交換を行っています。

★独立型社会福祉士の研修・名簿登録等

行政や既存の福祉サービス提供者に所属せず、地域で独立し、社会福祉士としての専門性に基づいて相談援助を提供する「独立型社会福祉士」に関する研修・名簿登録等を行っています。

●事業

★権利擁護センターぱあとなあ事業

権利擁護センターぱあとなあは、後見活動（成年･未成年）や虐待防止に関する広報、人材育成、調査研究、政策提言等の取組をはじめ、広く人びとの権利を擁護するための地域の権利擁護体制の整備を推進していくための取組を行っています。

★出版事業

ソーシャルワーク関する書籍を幅広く出版しています。

●広報

★日本社会福祉士会ニュース（年４回発行）

社会福祉士に必要な最新情報や日本社会福祉士会の活動について掲載しています。

★ホームページ

社会福祉士のこと、日本社会福祉士会の情報や研修情報を見ることができます。

https://www.jacsw.or.jp/

■入会の案内

入会申し込みの詳細については、日本社会福祉士会ホームページをご確認ください。

資料編

公益社団法人日本社会福祉士会・全国都道府県社会福祉士会連絡先

2021年9月現在

日本社会福祉士会事務局

	郵便番号	所在地	TEL
	160-0004	東京都新宿区四谷1-13 カタオカビル2階	03-3355-6541

全国都道府県社会福祉士会

	郵便番号	所在地	TEL
(公社) 北海道社会福祉士会	060-0002	北海道札幌市中央区北二条西7丁目 かでる2.7-4階	011-213-1313
(公社) 青森県社会福祉士会	030-0822	青森県青森市中央3-20-30 県民福祉プラザ5階	017-723-2560
(一社) 岩手県社会福祉士会	020-0816	岩手県盛岡市中野2丁目16-1 SETビル3階A号室	019-613-5505
(一社) 宮城県社会福祉士会	981-0935	宮城県仙台市青葉区三条町10-19 PROP三条館内	022-233-0296
(一社) 秋田県社会福祉士会	010-0922	秋田県秋田市旭北栄町1-5 秋田県社会福祉会館内	018-896-7881
(一社) 山形県社会福祉士会	990-0021	山形県山形市小白川町2-3-31 山形県総合社会福祉センター内	023-615-6565
(一社) 福島県社会福祉士会	963-8045	福島県郡山市新屋敷1丁目166番 SビルB号室	024-924-7201
(一社) 茨城県社会福祉士会	310-0851	茨城県水戸市千波町1918 茨城県総合福祉会館5F	029-244-9030
(一社) 栃木県社会福祉士会	320-8508	栃木県宇都宮市若草1-10-6 とちぎ福祉プラザ内 とちぎソーシャルケアサービス共同事務所	028-600-1725
(一社) 群馬県社会福祉士会	371-0843	群馬県前橋市新前橋町13-12 群馬県社会福祉総合センター7階	027-212-8388
(公社) 埼玉県社会福祉士会	338-0003	埼玉県さいたま市中央区本町東1-2-5 ベルメゾン小島103	048-857-1717
(一社) 千葉県社会福祉士会	260-0026	千葉県千葉市中央区千葉港7-1 ファーストビル千葉みなと3階	043-238-2866
(公社) 東京社会福祉士会	170-0005	東京都豊島区南大塚3-43-11 福祉財団ビル5階	03-5944-8466
(公社) 神奈川県社会福祉士会	221-0825	神奈川県横浜市神奈川区反町3-17-2 神奈川県社会福祉センター4F	045-317-2045
(公社) 新潟県社会福祉士会	950-0994	新潟県新潟市中央区上所2丁目2-2 新潟ユニゾンプラザ3階	025-281-5502
(一社) 山梨県社会福祉士会	400-0073	山梨県甲府市湯村三丁目11-30	055-269-6280
(公社) 長野県社会福祉士会	380-0836	長野県長野市南県町685-2 長野県食糧会館6F	026-266-0294
(一社) 富山県社会福祉士会	939-0341	富山県射水市三ケ579 富山福祉短期大学内	0766-55-5572
(一社) 石川県社会福祉士会	920-8557	石川県金沢市本多町3丁目1-10 石川県社会福祉会館2階	076-207-7770
(一社) 福井県社会福祉士会	918-8011	福井県福井市月見3-2-37 NTT西日本福井南交換所ビル1階	0776-63-6277
(一社) 岐阜県社会福祉士会	500-8385	岐阜県岐阜市下奈良2丁目2-1 岐阜県福祉農業会館6階	058-277-7216
(一社) 静岡県社会福祉士会	420-0856	静岡県静岡市葵区駿府町1-70 静岡県総合社会福祉会館4階	054-252-9877

（一社）	愛知県社会福祉士会	460-0001	愛知県名古屋市中区三の丸1丁目7番2号 桜華会館　南館1階	052-202-3005
（一社）	三重県社会福祉士会	514-0003	三重県津市桜橋2-131 三重県社会福祉会館4階	059-253-6009
（公社）	滋賀県社会福祉士会	525-0072	滋賀県草津市笠山7-8-138 滋賀県立長寿社会福祉センター内	077-561-3811
（一社）	京都社会福祉士会	604-0874	京都市中京区竹屋町通烏丸東入清水町375 京都府立総合社会福祉会館（ハートピア京都）7F	075-585-5430
（公社）	大阪社会福祉士会	542-0012	大阪府大阪市中央区谷町7-4-15 大阪府社会福祉会館内（1階）	06-4304-2772
（一社）	兵庫県社会福祉士会	651-0062	兵庫県神戸市中央区坂口通2-1-1 兵庫県福祉センター5階	078-265-1330
（一社）	奈良県社会福祉士会	634-0061	奈良県橿原市大久保町320-11 奈良県社会福祉総合センター5F	0744-48-0722
（一社）	和歌山県社会福祉士会	640-8319	和歌山県和歌山市手平2-1-2 県民交流プラザ和歌山ビッグ愛6階	073-499-4529
（一社）	鳥取県社会福祉士会	689-0201	鳥取県鳥取市伏野1729-5 県立福祉人材研修センター内1階	0857-30-6308
（一社）	島根県社会福祉士会	690-0011	島根県松江市東津田町1741-3 いきいきプラザ島根1階	0852-28-8181
（公社）	岡山県社会福祉士会	700-0807	岡山県岡山市北区南方2丁目13-1 岡山県総合福祉・ボランティア・NPO会館7階	086-201-5253
（公社）	広島県社会福祉士会	732-0816	広島県広島市南区比治山本町12-2 広島県社会福祉会館内	082-254-3019
（一社）	山口県社会福祉士会	753-0072	山口県山口市大手町9-6 社会福祉会館内	083-928-6644
（一社）	徳島県社会福祉士会	770-0943	徳島県徳島市中昭和町1丁目2番地 徳島県立総合福祉センター3階	088-678-8041
（公社）	香川県社会福祉士会	762-0083	香川県丸亀市飯山町下法軍寺581-1 丸亀市飯山総合保健福祉センター1F	0877-98-0854
（一社）	愛媛県社会福祉士会	790-0905	愛媛県松山市樽味2丁目2-3 ラ・マドレーヌビル2F	089-948-8031
（一社）	高知県社会福祉士会	780-0870	高知県高知市本町4丁目1番37号 丸の内ビル3F12号室	088-855-5921
（公社）	福岡県社会福祉士会	812-0011	福岡県福岡市博多区博多駅前3-9-12 アイビーコートⅢビル5階	092-483-2944
（公社）	佐賀県社会福祉士会	849-0935	佐賀県佐賀市八戸溝1丁目15-3 佐賀県社会福祉士会館	0952-36-5833
（一社）	長崎県社会福祉士会	852-8104	長崎県長崎市茂里町3-24 長崎県総合福祉センター県棟5階	095-848-6012
（一社）	熊本県社会福祉士会	862-0910	熊本県熊本市東区健軍本町1-22 東部ハイツ105	096-285-7761
（公社）	大分県社会福祉士会	870-0907	大分県大分市大津町2-1-41 大分県総合社会福祉会館内	097-576-7071
（一社）	宮崎県社会福祉士会	880-0007	宮崎県宮崎市原町2-22 宮崎県福祉総合センター人材研修館内	0985-86-6111
（公社）	鹿児島県社会福祉士会	890-8517	鹿児島県鹿児島市鴨池新町1-7 鹿児島県社会福祉センター内	099-213-4055
（一社）	沖縄県社会福祉士会	903-0804	沖縄県那覇市首里石嶺町4-135-1 くしばるビル207号室	098-943-4249

索引

た行

な行

は行

ま行

や行

り行

編集委員（五十音順）

石附　敬（東北福祉大学総合福祉学部社会福祉学科准教授）※
伊藤新一郎（北星学園大学社会福祉学部福祉計画学科教授）※
熊坂　聡（宮城学院女子大学教育学部教育学科幼児教育専攻前特任教授）
潮谷恵美（十文字学園女子大学教育人文学部幼児教育学科教授）
島崎義弘（社会福祉法人今治市社会福祉協議会コーディネーター）
田上　明（一般社団法人東京都医療ソーシャルワーカー協会監事）
中　恵美（金沢市地域包括支援センターとびうめセンター長）
中田雅章（中田社会福祉士事務所所長）
畑　亮輔（北星学園大学社会福祉学部福祉臨床学科准教授）※
渡辺裕一（武蔵野大学人間科学部社会福祉学科教授）※
※印は一般社団法人日本ソーシャルワーク教育学校連盟より参加

執筆者及び執筆分担（執筆順）

第１章　実習指導概論
伊藤新一郎（再掲）…………………………………………………… 第１節～第３節
第２章　実習マネジメント論
渡辺裕一（再掲）……………………………………………………… 第１節～第５節
田上　明（再掲）……………………………………………………… 実習受入マニュアル（例）
第３章　実習プログラミング論
畑　亮輔（再掲）……………………………………………………… 第１節～第５節
〈プログラム例〉
内田美沙子（医療法人財団緑秀会田無病院医療福祉連携部）… 回復期・慢性期病院
中　恵美（再掲）……………………………………………………… 地域包括支援センター
仁木則子（社会福祉法人津山福祉会高寿園）…………………… 特別養護老人ホーム
野尾徳子（社会福祉法人津山福祉会高寿園）…………………… 特別養護老人ホーム
松浦拓郎（横浜市健康福祉局障害施策推進課）………………… 福祉事務所
島崎義弘（再掲）……………………………………………………… 社会福祉協議会
霜　大輝（社会福祉法人越前自立支援協会一陽）……………… 児童養護施設
菊地　悟（社会福祉法人愛敬園北愛館）………………………… 障がい福祉サービス事業所
三浦真美（社会福祉法人愛敬園北愛館）………………………… 障がい福祉サービス事業所
第４章　実習スーパービジョン論
潮谷恵美（再掲）……………………………………………………… 第１節・第４節
石附　敬（再掲）……………………………………………………… 第２節・第３節、第４節４（２）
田上　明（再掲）……………………………………………………… 第４節４（３）2)
中田雅章（再掲）……………………………………………………… 第４節４（３）2)

新版 社会福祉士実習指導者テキスト

2022年 4 月30日 初　版　発　行
2023年12月15日 初版第 3 刷発行

編　　集　公益社団法人日本社会福祉士会
発 行 者　荘村明彦
発 行 所　中央法規出版株式会社
〒110-0016 東京都台東区台東 3-29-1 中央法規ビル
TEL 03-6387-3196
https://www.chuohoki.co.jp/

装　　幀　大下賢一郎
印刷・製本　株式会社アルキャスト

ISBN 978-4-8058-8495-9
定価はカバーに表示してあります。
落丁本・乱丁本はお取り替えいたします。

本書のコピー、スキャン、デジタル化等の無断複製は、著作権法上での例外を除き禁じられています。また、本書を代行業者等の第三者に依頼してコピー、スキャン、デジタル化することは、たとえ個人や家庭内での利用であっても著作権法違反です。

本書の内容に関するご質問については、下記URLから「お問い合わせフォーム」にご入力いただきますようお願いいたします。
https://www.chuohoki.co.jp/contact/